国家出版基金项目
NATIONAL PUBLICATION FOUNDATION

第五卷

中国古代文献文化史

明代书籍生产与文化生活

程章灿 主编

俞士玲 著

南京大学出版社

图书在版编目（CIP）数据

明代书籍生产与文化生活 / 俞士玲著. —南京：
南京大学出版社，2022.12
（中国古代文献文化史 / 程章灿主编）
ISBN 978 - 7 - 305 - 25280 - 8

Ⅰ. ①明… Ⅱ. ①俞… Ⅲ. ①图书史-中国-明代
Ⅳ. ①G256.1

中国版本图书馆 CIP 数据核字(2022)第 001776 号

出版发行　南京大学出版社
社　　址　南京市汉口路 22 号　　　　邮　编　210093
出 版 人　金鑫荣

丛 书 名　中国古代文献文化史
主　　编　程章灿
书　　名　明代书籍生产与文化生活
著　　者　俞士玲
责任编辑　石　旻
出版统筹　胡　豪　李　亭
装帧设计　赵　秦
封底篆印　徐兴无
责任监制　郭　欣

照　　排　南京紫藤制版印务中心
印　　刷　南京爱德印刷有限公司
开　　本　718×1000　1/16　印张 35　字数 488 千
版　　次　2022 年 12 月第 1 版　2022 年 12 月第 1 次印刷
ISBN　978 - 7 - 305 - 25280 - 8
定　　价　150.00 元

网　　址：http://www.njupco.com
官方微博：http://weibo.com/njupco
官方微信：njupress
销售咨询热线：(025)83594756

总　序

程章灿

　　中华民族有着五千年悠久而灿烂的文明，绵延至今，从未断绝。浩如烟海、形式多样的中国古代文献，在中华文明传承过程中发挥了重要的作用。中国古代文献不仅是文化的载体，也承载着历史的记忆，生生不息，成为中华文明一大特色。"中国古代文献文化史"这一研究课题，就是以文献为切入点来研究文化，从文化的视角来研究文献，前者强调文化研究的实证基础，后者突出文献研究的宏观视野。对于认识中华文化的形成过程及其特点，认识中国古代文献的发展变化及其文化价值，这一研究的意义是显而易见的。

　　纵观五千年中华文明史，造纸术与印刷术的发明，早已被公认是推动人类文明重大跨越的不朽贡献。实际上，早在造纸术和印刷术发明之前，中国古代就有了甲骨契刻、简帛书写、金石镌刻等文献生产方式，开创了源远流长的文字书写传统，也确立了坚实深厚的文献历史传统。《尚书·多士》最早用文字记载确认了这一传统："惟殷先人，有册有典。"这个传统一方面体现在中国古代文献数量极夥，以现存 1911 年以前的古籍文献（不包括出土文献）而言，即不下二十万种。另一方面，这个传统体现在中国古代文献类型十分丰富，除书本外，文书、卷子、档案、信札、石刻、契约、账册、书画等不一而足。中国古代文献在书写、制作、印刷与流通等方面取得了很高的成就，为中国乃至世界文化发展做出了巨大的贡献，它吸引后人展开全面而深入的文化研究，同时也为这种研究奠定了坚实的文献基础。

从文化史的角度来看,文献既是文化的重要载体,也是突出的文化现象,具有重要的文化史研究价值。狭义的文献一般指书籍或有文字、图像的载体,广义的文献外延较广,包括一切人类符号载体。文献是思想知识的载体,其根本属性是"精神"与"物质"的结合。文献的这一属性决定了它本身也是一种重要的文化现象,不仅以自身的内容记载传承文化,而且以自身的物质形式嵌入广义的文化史架构之中。据《论语·八佾》记载,孔子最早使用"文献"一词,他说:"夏礼吾能言之,杞不足征也;殷礼吾能言之,宋不足征也。文献不足故也,足则吾能征之矣。"宋代大儒朱熹在《论语集注》中解释"文献"这个词,明确指出:"文,典籍也。献,贤也。言二代之礼我能言之,而二国不足取以为证,以其文献不足故也。文献若足,则我能取之以证吾言矣。"这是"文献"一词的经典解释。在这个话语体系中,"文献"包括典籍与贤人两个方面。典籍是载录文化的载体,贤人是传承文化的主体,典籍与贤人亦即物与人的深刻交集,恰好揭示了文献的物质文化与精神文化本质。环绕着文献的制作、生产、衍生、阅读、聚散、流通、使用等过程,各种社会群体与历史力量参与其间,纵横交错,在文化与文献之间形成无数交叉联结之点。经由这些联结点,既可以看到被文化史所塑造的文献现象,也可以看到文献史所凸显的文化特性。这正是中国古代文献文化史研究首要着力的方向。

中西学术传统都很重视对于文献本身的研究,由此产生了目录学、版本学、校勘学、书志学、典藏学等文献学相关学科,图书馆学、金石学、历史文献学等学科也涉及对古代文献的研究。涵盖校勘学、目录学、版本学和典藏学等学科的中国古典文献学,历来以整理图书为己任,尤重考镜源流、辨章学术,为往圣继绝学,表现出强烈的延续文化学术的历史使命感。具体而言,校勘学揭示了古代书写与传播的方式与特点;目录学揭示了文献的历史状况、分类源流和学术思想轨迹;版本学揭示了文献的物质文化形态;典藏学揭示了文献聚散传承的轨迹及其社会文化因缘。它们都为中国古代文献文化史研究提供了宝贵的学术文献资源,其中所蕴含的文化自觉和历史意识,更为中国古代文献文化史研究提供了重要的文化思想资源。

随着 20 世纪初中国学术现代化的发轫,中国古典文献研究中的文化自觉更加明显,其代表作有王国维《简牍检署考》、孙德谦《汉书艺文志举例》《刘向校雠学纂微》、陈登原《古今典籍聚散考》、余嘉锡《古书通例》等。其后又有刘国钧《中国书史简编》、张秀民《中国印刷术的发明及其影响》等,它们带动了一大批关于书史、印刷史的研究,但此类研究仍然偏重于书籍物质形态本身,对文献的文化史意义的抉发不够深广,还谈不上是系统的中国古代文献文化史研究。

自 20 世纪西方新史学诞生以来,特别是社会史、文化史观照视角兴起以后,开始出现以社会、经济、文化取代传统历史编纂学叙事关注的倾向。文献,特别是印刷书籍成为被关注的热点之一,书籍史研究于是应运而生。1958 年,法国年鉴学派史学家费夫贺(Lucien Febvre)与马尔坦(Henri-Jean Martin)出版了《印刷书的诞生》,从宏观角度解答印刷术发明对整个欧洲历史的深远影响,为书籍史研究导夫先路。20 世纪中期以后,广义历史研究的"文化转向"进一步明显,图书的阅读史、接受传播史、商品贸易史,特别是图书对社会文化影响的研究成为一种重要的学术思潮,其代表作为美国史学家达恩顿(Robert Darnton)所著《启蒙运动的生意:〈百科全书〉出版史(1775—1800)》,以 18 世纪狄德罗《百科全书》为个案,从其出版过程及流通的角度,探讨图书出版与启蒙运动的互动历史。其突出贡献在于提出了"书的历史"的重要价值,将书籍的传播过程视为理解思想、社会以及历史的最佳途径及策略。

简而言之,西方学者的这些"书籍史"(histoire de livre)研究,不同于图书馆学、目录学和版本学意义上的"图书史"(history of the book),它是一种文化史的观照,其核心是将书籍理解为文化历史中的一股力量。书的制作情形如何?由谁制作?为谁制作?撰著者与出版商之间的关系为何?国家意识形态如何影响书籍的出版?思想理念又如何通过书籍而传播?书的价格与书的贸易情况如何?书籍的传播与接受的社会效果如何?读者的阅读能力与参与性怎样?国家文化当局的权威及其影响力如何?等等。这些问题的产生,使二十世纪六七十年代以来的当代书籍史研究开始超越传统的文献学研究，成为一个专门学科。这一学科的内涵是：在文献书籍存在的长久时段内，用最广泛、最完整的视角来看待它，探究其社会功用、经济和政治利益、文化实践与影响等等。

西方学者运用西方书籍史的视角，研究中国古代文献与社会文化历史的关系，产生了一系列富有价值的成果，也在一定程度上推动了中国本土学者在书籍史方面的探索。但西方学者主要关注近世以来的书籍与印刷，对其他时代、其他形态的文献关注不足，亦较少利用中国传统文献学中的学术资源。因而，结合中西学术积累进行中国古代文献文化史研究，是一个极富意义并具有广阔发展前景的学科方向。

2010 年底，以程章灿教授为首席专家的南京大学文学院古典文献研究所团队成功申请国家社科基金重大项目"中国古代文献文化史"（批准号：10&ZD130），项目分为十个子课题，子课题负责人依次为：赵益教授、徐兴无教授、于溯副教授、巩本栋教授、俞士玲教授、徐雁平教授、张宗友教授、程章灿教授、金程宇教授等九位。其预期成果为十卷本《中国古代文献文化史》。这个研究团队及其依托的学科群体，在古典文献学、域外汉籍研究、古代文化史研究等领域已有较为丰厚的学术积累，也较早开始了中国古代文献文化史的研究探索。

立项以来，研究团队多次对十卷本《中国古代文献文化史》的架构进行系统规划，深入研讨这一课题的内涵、意义、价值及研究方法，凝聚共识。研究团队多次主办学术讨论会、专题暑期学校、学术论坛、工作坊、系列报告会等，深化对文献文化史概念及其研究思路的思考。研究团队还在《文献》《南京大学学报》《学术研究》《古典文献研究》等重要学术刊物上组织专栏，发布文献文化史研究的阶段性成果。2013 年 1 月 23 日，《中国社会科学报》A1 版以《古代文献文化史：超越"书籍史"的本土化尝试》为题，发表该报记者霍文琦对程章灿教授的访谈；同年赵益教授在《南京大学学报》第 3 期发表《从文献史、书籍史到文献文化史》一文，系统阐述文献文化史的研究思路，扩大了本项目的社会影响和学术影响。从 2010 年至 2020 年，研究团队邀请来自美、欧、日、韩的国外学者来校交流、讲学，通过多种形式的国际学术交流，以更好地借鉴外来的学术方法与观念,开阔视野。在研究团队成员的指导下,南京大学中国古典文献学和中国古代文学专业的研究生们围绕中国古代文献文化史进行专题研究,进一步开拓了中国古代文献文化史这一新的学科领域。

"十年磨一剑,霜刃未曾试。"经过十年的辛勤耕耘,十卷本《中国古代文献文化史》终告完成。2020 年,十卷本《中国古代文献文化史》荣获国家出版基金资助,标志着这一成果获得了学界同行的认可。十卷本《中国古代文献文化史》包括:

第一卷　中国古代文献:历史、社会与文化(赵益著)

第二卷　早期经典的形成与文化自觉(徐兴无著)

第三卷　中古时期的历史文献与知识传播(于溯著)

第四卷　宋代文献编纂与文化变革(巩本栋著)

第五卷　明代书籍生产与文化生活(俞士玲著)

第六卷　清代的书籍流转与社会文化(徐雁平著)

第七卷　治乱交替中的文献传承(张宗友著)

第八卷　作为物质文化的石刻文献(程章灿著)

第九卷　汉籍东传与东亚汉文化圈(金程宇著)

第十卷　中国古代文献文化史史料辑要(程章灿、许勇编著)

第一卷《中国古代文献:历史、社会与文化》是全书之绪论。本卷开宗明义,就中国古代文献文化史之研究内容与撰述方针提出自己的见解。全卷除"绪论"之外共设五章,分别从中国古代文献之历史、社会与文化三个方面,拈出具有宏观性的问题进行系统论述,对其中悬而未决或有待探索的重要问题,辨证前说,阐述新见,也为深入的思考和未来的研究提示方向。

第二卷《早期经典的形成与文化自觉》是专论之一,专论先秦两汉时代早期经典形成的历史语境和形成条件。本卷既注重从文明史的角度讨论中国"前轴心时代"和"轴心时代"的经典文化,又重视从经典文化的角度讨论早期中国经典的意义、体系及其文化转变。从早期经典的发生,到诸子文献的形成,从先秦两汉经学文献体系的形成,到西汉末年谶纬的兴起,本卷系统论述了经典的宇宙化、历史化和神秘化过程。

第三卷《中古时期的历史文献与知识传播》是专论之二,专论中古史部文献之形成与传播。本卷第一章抓住中古时期历史编纂和历史知识传播的新特点进行讨论。以下四章围绕这些特点,以史书、史志、史注、史部形成以及具体史传文本为中心,讨论中古时期不同历史文献的书写策略,进而论述中古文献收藏以及史部文献在收藏活动中的优势和劣势,呈现中古史部文献的存佚与当时文化环境之间的关系。

第四卷《宋代文献编纂与文化变革》是专论之三,专论宋代文献编纂及其对文化变革之影响。宋代正式从钞本时代进入刻本时代,文献数量浩如烟海,其编纂方式、阅读方式与传播方式都发生了显著改变。本卷选取宋初四大书、经部文献、北宋私家藏书与文献编纂、南渡之际文献传承以及集部文献的新变等个案,通过对具体文献之编纂、整理、刊刻、流传的研究,挖掘和揭示其蕴含的思想文化意义,确立其在宋代思想文化史上的作用和地位,勾勒有宋一代思想文化发展的轨迹。

第五卷《明代书籍生产与文化生活》是专论之四,专论明代书籍生产及其文化环境。本卷挑战传统文献学中所谓"明人刻书而书亡"的观念,从新的角度思考明代图书生产现象。明代图书生产者身份多样,官刻、坊刻与家刻长期互动,时常联手,造成嘉靖、万历以降图书生产的兴盛,其征稿、编书、写书方式以及图书文化功能发生丕变,足以体现明代图书生产的灵活性和复杂性。本卷十分重视商业出版,但不是在商业出版的框架内讨论书籍的社会史和文化史,而是在书籍的社会史和文化史中发现商业因素,从而确认在图书生产中政府、社会群体、作者、赞助者、出版者、评论者、接受者各自的位置、角色及身份的变化。

第六卷《清代的书籍流转与社会文化》是专论之五,专论清代之文献文化,其基本思路是关注社会中层与底层,尤其是区域社会的"书群",以体现清代文献的时代特色和本土特色。本卷强调,文献文化史要研究"动态的文献"或者有"社会情缘的文献",具体而言,是既要关注文献的内容与物质形态呈现(如家集、新学书籍、日记等新文献形态),关注文献之著述、编辑、刊印、流通、阅读等环节以及每一环节所牵涉的行为动机,又要关注所关联的环节与人群之间的互动,如关注抄书、藏书题跋、石印等环节以及书估、女性读者等人群，通过对零散材料的搜集与整合，提炼问题，展开深入而有新意的探讨。

第七卷《治乱交替中的文献传承》是专论之六，专论治乱交替与文献传承之关系。本卷以治乱交替之背景为切入点，研讨中国古代文献传承的内在理路。文献作为文化载体，具有强大的文化内驱力，在历代研习、注解、新纂中不断实现文本衍生与代际传承，以刘向、刘歆父子与朱熹等人为代表的历代知识阶层是推动文献传承的主体力量。历代帝王从维护巩固其统治地位、加强思想控制出发，也往往重视文化建设，建构同本朝政治体制相适应的文献体系，从而成为文献恢复、整理、编纂与传承的有力推动者。

第八卷《作为物质文化的石刻文献》是专论之七，专论石刻文献，弥补了以往文献研究及书籍史研究之不足。中国古代石刻源远流长，类型繁多，影响深远。本卷超越以往石刻研究偏重史料研究和史学研究的格局，从物质文化角度深入石刻的生产、使用、阅读、传播全过程，特别关注刻工与拓工这两个以往被忽视或遗忘的人群，透过刻工、拓工与文士的交往，突显其社会文化存在。各章论述中提炼的"尤物""礼物""景物""方物""文物""读物"等主题词语，概括并凸显了作为物质文化的石刻在中国文化史上的功能与意义。

第九卷《汉籍东传与东亚汉文化圈》是专论之八，专论汉籍东传与汉文化之东亚传播。汉籍不只是文化交流的媒介和途径，也是东亚汉文化的重要组成部分；不只是中国与东亚其他国家之间的文化桥梁，也是日本、韩国等国吸收世界其他文明的媒介。可以说，汉籍东传是促使东亚汉文化圈形成、东亚文明格局发生变化的动力之一。从东亚汉文化圈的视野研究汉籍东传，意义重大。本卷从汉籍东传之途径、特点以及汉籍回流等角度切入论题，详细论述汉籍东传对东亚各国广泛与深远之文化影响。

第十卷《中国古代文献文化史史料辑要》分为两个部分：第一部分是从古典文献中辑录有关古代文献文化史研究之资料，分门别类，首次建构了中国古代文献文化史的传统论述框架；第二部分选取海内外有关书籍史、印刷史、阅读史、藏书史等方面的研究著作四十馀种,各撰提要,加以评述,为中国古代文献文化史研究融合中外、开拓创新提供思考和参证的基础。

从总体架构上看,十卷本《中国古代文献文化史》舍弃传统的线性叙事和面面俱到的论述结构,而以绪论、专论与史料辑要来建构全书论述。绪论一卷(第一卷)以中国古代文献的总体状况为基础,以历史发展为线索,以若干具有全局性问题的论述作为发端,对中国古代文献文化史进行宏观观照。专论八卷(第二卷至第九卷),由各项专门研究组成,包括不同时期及不同类型文献的作用与影响,各种文献现象的社会文化内涵,不同的文献制作、传播、阅读、授受方式与社会文化的互动关系等众多的专门问题。史料辑要一卷(第十卷)汇辑有关中国古代文献文化的史料以及海内外重要研究成果提要,通过资料汇编和研究文献评述来总结学术历史,为未来研究奠定基础。

从总体思路上看,《中国古代文献文化史》有如下三个重点:第一,从文化的视角阐释文献,突出新视角与开阔视野,以文献为依据叙述文化,强调实证求是,勾勒文献发展的历史线索,突出中国古代文献的民族文化特色;第二,注重文献的生产、阐释、传播与接受的历史传统,在动态过程中把握文献的社会文化意义,重视中国古代文献的域外传播及其对东亚文化圈形成的影响;第三,既强调对中国古代文献历史的整体把握,也注重文献形态的复杂性与多样性,特别是书籍以外的其他文献形态,如石刻等。总而言之,本丛书始终把文献理解为中国文化史中的一股重要力量,探寻这股力量如何发生作用,具有怎样的意义,以及如何形塑了中国文化的传统。

本丛书采取多维视角,运用多学科研究方法,主要包括而不限于如下三个层面:第一,在文献层面上,采取包括传统校雠学、目录学、版本学、典藏学、编纂学等多学科相结合的方法,以期更好地分析与解决问题。本丛书第四卷较多采用编纂学的研究视角,而第七卷较多采用了目录学的视角。第二,在文化层面上,结合当代文化研究的理论与方法,如新文化史、物质文化研究、接受学、传播学等,更好地揭示了古代文献的文化内涵。本丛书第八卷较为集中运用物质文化研究的视角,而第九卷则结合了目录学与传播学的方法。第三,在历史层面上,既以技术史,也以经济史、社会史、学术史、思想史、文化史的视野进行多方面的观照。本丛书第六卷第十章使用技术史的视角,第一卷和第二卷则较多使用学术史和思想史的视角,而在第三卷和第五卷中,社会史视角比较突出。

本丛书的总体特色主要体现在如下三个方面:第一,结构体系上,以问题为中心,以历史发展为线索,对文献文化史进行全面而系统的观照。丛书的总体框架大致以绪论与专论相结合,既重视各卷之间的连续性和整体性,也突出各自的专题性和独特性。每个子课题都设立核心焦点,从各自不同的角度切入,追求论述的深度和视角的创新。第二,具体操作上,简牍时代、写本时代与印本时代并重,在继续深入进行明清书籍史研究的同时,显著填补宋以前文献文化史的空白;在突出其历史阶段性的同时,重视中国古代文献的形态多样性,动态把握其历史进程,特别重视中国古代文献外传对东亚汉文化圈形成的意义。第三,理论方法上,从原始文献出发,传世文献与出土文献兼收,文字材料与图像资料互相参证,考据与义理并重,旨在总结中国古代文献的民族特色,彰显其对人类文化的贡献。

本丛书确立了中国古代文献文化史这一新的研究方向与领域,在文献发掘、研究方法及学术思路上都力求创新。本丛书重视发掘以往未受重视的文献类型,在传统的书籍文献之外,重视日记、书札、石刻与出土文献;在传统的古文献学资料之外,重视国外的书籍史、印刷史、新文化史等研究文献。此其一。本丛书由多位在古典文献学领域素有研究的学者承担,注重"长时段"的时间观念,弱化单纯的线性进程,各以一个较大问题为中心,如古代文献的核心问题、早期经典的形成与文化自觉、中古时期的历史文献与知识传播、治乱交替中的文献传承、宋代文献编纂与文化变革、明代书籍生产与文化生活、清代的书籍流转与社会文化、汉籍东传的文化意义以及古代石刻文献的内涵与意义等,进行深入细致的探讨,多维度阐释中国古代文献文化的丰富内涵。此其二。本丛书的学术思路是将文献与文化相互融合,从文献的实证角度阐释文化,从文化的宏观视角审视文献，突破了已有研究成果将文献史研究与文化史研究割裂的格局。换句话说，本丛书的研究突破了传统文献史研究的旧有框架，借鉴"书籍史"此一新文化史研究视野并力求超越，研究对象从"书籍"扩展至"文献"，时间范围从"宋元明清"扩展至整个中华文明史，深入挖掘中国古代文献的文化历史内涵，特别注重发掘古代文献的文化建构意义。此其三。

本丛书虽然已有十卷之多，字数也多达 400 万，但是，相对于浩瀚的中国古代文献文化史研究领域，这只是扬帆初航而已。我们深知，已经完成的工作尚有诸多不足，还有大量的领域有待继续深化拓展。

"路漫漫其修远兮，吾将上下而求索。"

2021 年 6 月 26 日初稿

8 月 3 日定稿

目　次

插图目次

绪论
明代书籍史研究当突破商业出版框架

一、明代书籍史研究的多重葛藤

在中国古典文献研究语境中,对明代文献进行研究,初涉者有时不免迷惘。有统计,明代刻书数量多达 35000 种;[①]杜信孚《明代版刻综录》收书 7876 种;杜信孚、杜同书合著《全明分省分县刻书考》收录刻书者 4672 人,书 8262 种;杨绳信编著《中国版刻综录》收录宋至明图书 3094 种,其中嘉靖至崇祯间书 2019 种:凡此皆雄辩地证明了明代刻书的数量极其庞大且超越前代。但传统文献学领域又流传着"明人刻书而书亡"之说法,几乎是对明代刻书的全盘否定。此说法在明代嘉靖、万历图书生产兴盛伊始就已出现,又经清人、近人和今人不断重复和扩大,似乎已成定谳。这是我们必须面对的第一重葛藤。

中国古代文学研究的现代进程,是以"对传统的一种反抗和叛逆"[②]的姿态出现的,同时带有对西方社会和文化的深刻企慕。近代以来西方资本主义强有力的形象迫使我们思考中国古代的社会形态,并在晚明令

<hr>

① 参缪咏禾《明代出版史稿》第二章《明代出书种数》,江苏人民出版社,2000 年,第 43 页;赵前《明本》,江苏古籍出版社,2003 年,第 1 页。郭孟良《晚明商业出版》据一些书目以及其他人的估算比例得 30366 种(中国书籍出版社,2010 年,第 69 页)。

② 李欧梵《追求现代性(1895—1927)》,见氏著《现代性的追求:李欧梵文化评论精选集》,生活·读书·新知三联书店,2000 年,第 178 页。

人欣慰地看到了"资本主义萌芽",与之相应,书坊作为私人经济出版形态也被赋予了某种意识形态上的先进性。戏剧和小说同样因在西方文学中的主流地位而在近代以来古代文学史的建构和阐释中被赋予了主流地位,同时因其大部分作品被归属于人民的创造物和欣赏物,明代的戏剧、小说便具有了文学上的正统性、政治上的革命性,因而书坊的小说、戏剧刊刻成为明代刊刻研究的主体。① 然而据贾晋珠(Lucille Chia)统计,明代建阳书坊刊刻最多的是子部医学类书籍,占建阳书坊出版书籍的 14.7%;第二是子部类书类,占 13.9%;第三是集部诗文别集类,占 8.7%;第四是集部总集类,占 8.3%;长篇小说居第五位,占 6.6%;词曲还在子部术数(5.5%)和史部编年史(5.2%)之后,处第八位,占 3.3%。② 又据《全明分省分县刻书考》统计,江苏刊刻最多的是子部类书类,占 20.8%,这与明胡应麟所言"吴会、金陵""本方所梓""刻本至多,巨帙类书咸会萃焉"③相合;第二是戏曲类,占 15%;第三是医药类,占 10%;其后是史部(8.8%)、别集(7.6%)、经部(6%),小说类更在此后。也就是说,在绝对数量上,建阳书坊、江苏刻书中都有相当多的小说、戏曲刊刻,但相对于其他种类图书而言,两者并非是刊刻最多的。更值得重视的是,当书坊或商业出版已成为明代出版研究的思维定式,它也就成为我们必须面对的又一重葛藤。比如程国赋《明代书坊与小说研究》在出版文化视角下研究明代小说,极具开创性。可惜的是因为要用"书坊"这一概念,而小说绝不都是书坊刊刻的,比如内府就藏有《三国志演义》书板,都察院也刻过《三国志演义》和《水浒传》,所以此书只能自我定义"书坊"为"包括民间书坊与官坊";同时为了突出书坊的先进性,还要对"官刻"下"主要为刊布政令、宣传教化,或者出版学术价值较高的经史著作"这

---

① 参刘天振《明清江南城市商业出版与文化传播》,中国社会科学出版社,2011 年,第 5 页。

② Lucille Chia, *Printing for Profit: The Commercial Publishers of Jianyang, Fujian (11th-17th Centuries)*, Harvard University Press, 2002, pp.312 - 313.

③ 胡应麟《少室山房笔丛》甲部卷四《经籍会通四》,上海书店出版社,2001 年,第 42 页。

样与全书学术性很不相称的不周延的描述性定义。①

二十世纪八九十年代,西方学术文化已进入全面的后现代时期。基思·詹金斯在《论"历史是什么"?》一书中宣称:"今天我们都生活于全面后现代性的情境中。我们对此毫无选择。因为后现代性不是我们可以选择赞成或否定的一种'意识形态'或立场;后现代性正是我们的处境:它是我们的命运!"②关于后现代学术走向,从精神内核上讲,福柯在《知识考古学·引言》中的表述依然精到,他说:"巴什拉曾这样描述过'认识论的条条框框与界限':它们推迟了各种认识的不确定并合,打破了这些认识的缓慢的成熟过程,迫使它们进入一个崭新的时空,把这些认识从它们的经验论的根源和它们原始的动机中截取下来,把它们从它们的虚构同谋关系中澄清出来,因而它们在历史分析中就不再意味着追寻静默的起始,无限地上溯最早的征兆,而是意味着测定合理性的新形式以及它的各种不同的效果。……总而言之,思想、知识、哲学、文学的历史似乎是在增加断裂,并且寻找不连续性的所有现象。"③打破目的论体系以及单一的因果解释,相信人类生活方式的无限可能性,是后现代思潮给予学术研究的最大启发。作为后现代学术的史学表达样式的新文化史运动开拓出的新领域的书籍史研究,也努力突破传统的版本目录学和印刷技术史的研究取径,用《书史导论》的话来说:"书籍史并没有表现出一种狭隘的技术决定论,它必须考察范围更广的书籍的经济、社会和文化状况,不仅要包括生产,还要包括发行和接受。"④罗伯特·达恩顿是印刷和阅读文化研究的"领军人物",⑤对本土书籍史研究影响颇大。达恩

---

① 程国赋《明代书坊与小说研究》,中华书局,2008年,第5页。

② 基思·詹金斯著,江政宽译《论"历史是什么"? ——从卡尔和艾尔顿到罗蒂和怀特》之《导论》,商务印书馆,2007年,第11页。

③ 米歇尔·福柯著,谢强、马月译,顾嘉琛校《知识考古学》第一章《引言》,生活·读书·新知三联书店,2003年,第2—3,5页。

④ 芬克尔斯坦、麦克利里著,何朝晖译《书史导论》,商务印书馆,2012年,第3页。

⑤ 姜进《新文化史经典译丛·媒体与传播史·总序》,罗伯特·达恩顿著,郑国强译《法国大革命前的畅销禁书》,华东师范大学出版社,2012年,第4页。

顿在《法国大革命前的畅销禁书》开头展示自己的研究方法,他首先肯定莫奈从"18世纪法国都读些什么"入手探究"法国大革命的思想根源"的思路,然而莫奈的研究却让人产生"启蒙运动与法国大革命之间的纽带好像消失了"的印象,达恩顿指出不是启蒙运动与法国大革命没有关联,而是莫奈的研究有"失误",其中重要的是"资料有瑕疵",莫奈使用的是"公开拍卖的藏书",但"公开拍卖的藏书""却不代表普遍的藏书种类,更不要提阅读范围",况且,"为拍卖而印制的目录还需通过审查"。因此,"莫奈调查所忽视的部分:非法文学作品",成为达恩顿的追踪方向,这些"坏书"由"数百代理商操作一个地下组织为读者供给",商人因利益驱动而生产图书,违禁书传达出某种政治信号和普遍政治观点,他的"启蒙的生意"的结论因而得以成立。① 罗伯特·达恩顿无论在资料的使用还是研究思路上都别开生面,其最大的启发意义在于发现被忽视和被过滤掉的与过去的实际文化经验相关联的材料和现象。达恩顿在"生意"中寻找启蒙思想的思路对本土研究者影响甚巨,张献忠、何朝晖可视为本土明代书籍史研究的代表学者。张献忠先生在《从出版史到书籍的社会史》一文中自道是在"西方社会史文化史的研究范式影响下"进行的研究,2015年其出版了《从精英文化到大众传播》一书,所谈皆为商业出版,之后又有数篇论文发表,如《启蒙的生意:晚明商业出版与启蒙思潮的兴起和传播》,标题就来自于罗伯特·达恩顿《启蒙运动的生意》,可见其旨趣。② 何朝晖《晚明士人与商业出版》,将"商业出版"定义为"以书籍作为商品出售的营利性出版活动",又说"官刻和家刻也存在售卖获利的行为","就刻书主体而言,所谓'私人'、'私家'与'书商'之间并无泾渭分明的界限",③则"商业出版"似变得无所不包,失去边界,也就极易失去内涵。从某种意义上说,达恩顿富有启发性的思路似更强化了本土主

---

① 罗伯特·达恩顿著,郑国强译《法国大革命前的畅销禁书·绪言》,第1—6页。

② 张献忠《从出版史到书籍的社会史》(《中国史研究动态》2017年第2期)、《从精英文化到大众传播:明代商业出版研究》(广西师范大学出版社,2015年)、《启蒙的生意:晚明商业出版与启蒙思潮的兴起和传播》(《河北学刊》2017年第1期)。

③ 何朝晖《晚明士人与商业出版》,上海古籍出版社,2019年,第19、21页。

流的重书坊和商业出版的研究倾向，如不正视，它可能成为缠绕明代书籍史研究的第三重葛藤。

以下，我将略推究西方书籍史在商业出版中寻找启蒙运动的合理性以及明代书籍史研究不当局限在商业框架中讨论的原因，我也会在各章节合理位置进一步清理上述三重葛藤。

二、明代以前图书审查制度的有限性

达恩顿在《启蒙运动的生意》中指出在商业出版中寻找启蒙运动的理由是：

> 事实上，在 18 世纪的法国，图书目录和图书一样必须经过审查，所以，启蒙运动没有出现在以书目和对印书特许权（一种王室版权）的申请为基础的研究中，就并不是一件怪事。启蒙运动存在于别处。它首先存在于哲学家的沉思中，其次则存在于出版商的投机中——他们为超越了法国法律边界的思想市场投资。①

欧洲有严格的图书审查制度，文本的生产有检查机构，"主教或大学的许可，宗教教廷的检查，教皇委托给大学的审查特权"，皇权和行会也是教皇的奥援，由皇家审查委员会和印刷厂总监发给作者特许文书；掌玺大臣公署颁发印刷许可证或流通许可证，又使国王站在书籍制造过程的上游。达恩顿《法国大革命前的畅销禁书·绪言》也说："这种做法始于 17 世纪，当时政府全力控制出版物，使其服从于体现路易十四专制的各种制度：报刊审查（隶属于图书检署或图书贸易管理局的王家审查处）、警察（巴黎警察总监辖下的专门图书检察官）以及垄断性行会（外省公会，尤其是图书协会和巴黎出版商会，他们拥有多种书籍出版特权并且通过

---

① 罗伯特·达恩顿著，叶桐、顾杭译《启蒙运动的生意》第一章《导言》，生活·读书·新知三联书店，2005 年，第 3 页。

检查国内图书装运强化这些特权）。一本书为了合法出版，不得不经过这一制度的道道关卡并且加盖上王家特许大印章。"[①]正因为强有力的管制造成商业竞争的失衡，奠定了 18 世纪书籍走私的基础，才出现了《百科全书》这样的书籍。这是政治的坏事，却是好商机，故西方书籍史只有在出版商的投机中寻找启蒙运动。[②] 中国图书生产的语境与之不同。

中华帝国建立伊始的秦帝国实施过一场类似于思想文化灭绝式的焚书坑儒运动，也使秦成为暴政的代表给后世政权以警示。如牛弘上隋文帝书说秦始皇"任用威力，事不师古"，"先王坟籍，扫地皆尽"，因"本既先亡"，从而造成王朝"颠覆"的下场。[③] 从制度史角度看，中国古代从未见常设的图书审查机构。从法治角度看，有关于图书的法律条文，以现存最早的成文法典《唐律疏议》而论，有两条。一条涉及图书生产、流传、使用和收藏。《唐律疏议》卷十八"贼盗"律条："诸造祅书及祅言者，绞。造，谓自造休咎及鬼神之言，妄说吉凶，涉于不顺者。传用以惑众者，亦如之。传，谓传言。用，谓用书。其不满众者，流三千里。言理无害者，杖一百。即私有祅书，虽不行用，徒二年；言理无害者，杖六十。"[④]一条涉及学术和图书的国家垄断。《唐律疏议》卷九"职制"律条："诸玄象器物、天文、图书、谶书、兵书、《七曜历》、《太一》、《雷公式》，私家不得有，违者徒二年。私习天文者亦同。其纬、候及《论语谶》，不在禁限。"[⑤]与正史诸记载对照，此两条自秦汉至明清皆实施，两条的共同点是禁止一般人学习、生产、传播与天象、天命、鬼神等有关的知识和信息，前条律文主要防止由此形成大规模的叛逆以造成社会和政治动荡，后者是为了保证君权和朝

---

① 罗伯特·达恩顿著，郑国强译《法国大革命前的畅销禁书·绪言》，第 3 页。

② 参达恩顿《启蒙运动的生意》、雷吉斯·德布雷《法国近代史上的书报审查逻辑》(《国际新闻界》2014 年第 8 期)等。

③ 魏徵等撰《隋书·牛弘传》，中华书局点校本，1973 年，第 1298 页。

④ 长孙无忌等撰，刘俊文点校《唐律疏议》，中华书局，1983 年，第 345 页。

⑤ 长孙无忌等撰，刘俊文点校《唐律疏议》，第 196 页。

廷的权威和合法性。① 中国古代确有数例知识分子因私习天文而受惩处之例。如北宋大中祥符九年，河西军节度使、知许州石普即因"私习天文，妄言日蚀"，被"除名"，流配贺州。因石普在监禁时思幼子辄泣下，十一月八日，真宗特颁"诏听其挈族从行"，因此留下了这条史料。② 石普后以左卫大将军卒。中国古代自孔子即"不语怪、力、乱、神"，而"天文"，一部分是专门知识，如制定历法，"非湛密者弗能由也"；一部分是"纪吉凶之象"，发挥"圣王所以参政"的功用。不过《汉书·艺文志》即认为后一部分已沦落为"以不能由之臣，谏不能听之王，此所以两有患也"③的存在，所以，中国古代一般的士农工商并不视这两条法律为政治专制条款。如东汉极精天文、阴阳、历算的张衡即建议由朝廷收藏图谶，民间则"一禁绝之"；④欧阳修也有《论删去九经正义中谶纬札子》等文。他们判断这类书当禁，不是为了政权专制服务，而是希望学者和广大民众"不为怪异之言惑乱"。⑤

　　中国古代较少有图书生产上游的制度性审查。历史上也发生过因"私撰国史"而遭遇惩处之例，如东汉班固作《汉书》被人上书显宗而收系京兆狱，但说明所撰非图谶后，依然任职兰台令史。⑥ 唐代郑虔"集缀当世事，著书八十馀篇"，被告"私撰国史"，坐谪十年，后更为置广文馆，以虔为博士。⑦ 古代也有相关禁令，较早的有隋文帝开皇十三年(593)五月"人间有撰集国史、臧否人物者，皆令禁绝"之诏。⑧ 南宋高宗朝，在秦桧主导下，屡有禁绝"私史""野史"之令。这些案例和禁令应该对意欲作

---

① 本质上也防止此类书用于惑众并可能引起社会动荡。《唐律疏议》"诸玄象器物"条下注曰："若将传用，言涉不顺者，自从'造袄言'之法。"(第 196 页)

② 徐松编，刘琳等点校《宋会要辑稿·刑法四》，上海古籍出版社，2014 年，第 8449 页。

③ 班固撰，颜师古注《汉书·艺文志·天文略》，中华书局点校本，1962 年，第 1765 页。

④ 范晔撰，李贤等注《后汉书·张衡传》，中华书局点校本，1965 年，第 1912 页。

⑤ 欧阳修著，李逸安点校《欧阳修全集》卷一一二，中华书局，2001 年，第 1707 页。

⑥ 范晔撰，李贤等注《后汉书·班固传》，第 1334 页。

⑦ 欧阳修、宋祁撰《新唐书·郑虔传》，中华书局点校本，1975 年，第 5766 页。

⑧ 魏徵等撰《隋书·高祖纪下》，第 38 页。

史者造成负面影响,不过,中国古代士人往往视这种禁令为缺乏权威和合法性的当权者的诡计和暴力行为而已,故与其对抗未始不是秉笔直书者的责任。如《纲鉴易知录》以为绍兴私史禁令,是著作郎林机"从秦桧请",因言"有失意之人,匿迹近地,窥伺朝廷,作为私史,以售其邪说,请禁绝之"。①《两朝纲目备要》载高宗朝禁令后,反而"近岁私史益多,郡国皆锓本,人竞传之"。② 嘉泰二年(1202)二月,因有商人戴十六私持熊克《中兴小历》《九朝通略》《东都事略》等书欲渡淮至金国贸易,引起了又一波有关禁私史的讨论,除此三书外,还涉及李焘《续资治通鉴长编》、李丙《丁未录》等私史。史官对诸书进行甄别,最终的审查报告是:"焘所著《长编》凡九千馀卷,孝宗甚重之;偁与克皆尝上其书,除职迁官,仍付史馆;丙以父任监行在都盐仓,乾道八年夏上其所编《丁未录》二百卷,自治平四年至靖康元年,诏特改京官,付国史院,然纪载无法,学者弗称焉。……《中兴小历》者,自建炎初元至绍兴之季年,虽已成,③未尝进御。其书多避就之辞,不为精博,非《长编》比也。"④可见私史在修成之后,可以通过上书、进御等手段使之合法化。上述私史,除《九朝通略》散佚外,其他都较完好地流传至今。中国古代私史文献一直十分发达。

　　中国古代也有从印刷流传图书上游进行审查的制度。主要见于北宋,针对有可能涉及国家机密的文集和邸报定本。如天圣五年(1027)二月中书门下省针对雄州榷场贸易往来中,"因兹将带皇朝臣僚著撰文集

---

① 吴乘权等辑《纲鉴易知录·南宋纪》"高宗绍兴十四年"下,中华书局,1960年,第2232页。李心传编撰,胡坤点校《建炎以来系年要录》卷一六○"绍兴十九年十二月"下:"秘书省著作佐郎林机面对,言:'访闻有异意之人,匿迹近地,窥伺朝廷,作为私史,以售其邪谋伪说。臣若知而不言,则异日害正泪真之患,臣实任其咎。欲望密加搜索,严为禁绝。'"(中华书局,2013年,第3035页)。

② 佚名编,汝企和点校《续编两朝纲目备要》卷七,中华书局,1995年,第125页。

③ 岳珂《鄂国金佗粹编》卷二一《吁天辩诬》卷之一《建储辩》云:"熊克又从而信之,笔之《小历》,上之史院,板而行之天下。"(岳珂编,王曾瑜校注《鄂国金佗粹编续编校注》,中华书局,1989年,第1034页)

④ 佚名编,汝企和点校《续编两朝纲目备要》卷七,第125—126页。

印本传布往彼，其中多有论说朝廷防遏边鄙机宜事件，深不便稳"，诏令"今后如合有雕印文集，仰于逐处投纳，附递闻奏。候差官看详，别无妨碍，许令开板，方得雕印"。① 文集在开板印刷之前整本投递官府，并附呈禀奏，等待被委派的官员的审查。这种做法实施起来非常不易，观欧阳修至和二年（1055）、苏辙元祐四年（1089）依然有类似建议的奏章可知。宋代进奏院状报定本制度，始建于真宗咸平二年（999），然多数时候形同虚设，故熙宁三年（1070）刘奉世建议"乞革定本，去实封，但以通函腾报"，并被接受。《宋史·刘敞传》附《刘奉世传》载："初置枢密院诸房检详文字，以太子中允居吏房。先是，进奏院每五日具定本报状，上枢密院，然后传之四方。而邸吏辄先期报下，或矫为家书以入邮置。"②谈到进奏院定本尚未来得及下发，诸路州郡进奏吏为了赶发送任务已将邸报发送出去。又绍兴二十六年（1156）右正言凌哲上疏云："国家自祖宗时置进奏院，若朝廷之号令政事、注拟赏罚之类，皆付之邮传，播告天下。比年以来，用事之臣乃令本院监官先次具本，纳于时相，谓之定本。动辄旬日，俟许报行，方敢传录。而官吏迎合意旨，多是删去紧要事目，止传常程文书。偏州下邑，往往有经历时月，不闻朝廷诏令。切恐民听妄生迷惑，有害治体。望将进奏院定本亟行罢去，以复祖宗之旧，以通上下之情。"③从之。因为新闻要求快捷，而行政效率不佳、新闻取舍标准难定等原因，都使处于传播上游之审查制度难以施行。

中国古代最多的是文书流通后发现问题再加以查禁，上文所述袄书、袄言、天文、图谶等法律明言治罪的图书，许多也是流通后被发觉而被禁。流通后被查禁的图书颇有时代特征，如上文提到的绍兴年间禁私史、野史，又如北宋末十馀年间禁元祐党人著作、南宋禁道学等，④不过这些书似乎皆有越禁越传之势。历史上有的图书被查禁似乎颇具偶然

① 徐松编，刘琳等点校《宋会要辑稿·刑法二》，第8290—8291页。

② 脱脱等撰《宋史·刘敞传》附《刘奉世传》，中华书局点校本，1977年，第10388—10389页。

③ 李心传编撰，胡坤点校《建炎以来系年要录》卷一七一，第3270页。

④ 参林平《宋代禁书研究》第七章、第十章，四川大学出版社，2010年，第95—113、145—160页。

性,细究起来,似乎也有合理解释。比如唐中宗神龙元年(705),佛道二教论衡,佛教胜,为维持僧众颜面,故禁宣传道在佛先的《老子化胡经》。① 禁《老子化胡经》似乎是偶然的,但朝廷希望通过三教论衡达到各种思想平等共处则符合时代要求。又如宋太宗太平兴国八年(983)禁吴铉所定《切韵》。《切韵》为隋陆法言等所著韵书,唐初被定为科举考试标准韵书,之后增订本很多,吴铉《切韵》也是一种增订本,他在其中收入吴音,②并增加数千俗字,其举进士时献上此书。此书在社会上应该也有流传,有士子在礼部贡举中使用吴铉所定韵字被考官判误,故吴铉所定《切韵》成为社会问题,经史馆校勘定性后,决定禁毁。③ 吴铉所定《切韵》可视为区域语言学家的一家之言,是在新的语言环境中增订韵书的一种尝试,作为学术著作是可以存在的,但其不能贸然成为全国士子考试用书则是必然的。不知此书对二十馀年后(大中祥符元年,1008)陈彭年等编修的《大宋重修广韵》是否有影响,可知的是吴铉本人仕途并未因此书被禁而受影响,他的字学才能依然被看重,他是《雍熙广韵》最重要的参与者之一。《续资治通鉴长编》卷三十"端拱二年(989)"下载:"上尝谓直史馆句中正曰:'卿深于字学,凡有声无文者几何?'中正退,条为一卷以上。上曰:'朕亦得二十馀字,可并录之。'因命中正与史馆编修吴铉等撰定《雍熙广韵》。六月丁丑,《广韵》成,凡一百卷,诏书嘉奖焉。"④又如绍兴二十二年(1152)禁毁程瑀《论语解》。程瑀借解说《论语》"弋不射宿"及"周公谓鲁公"感慨当代动辄得咎的政治气候,洪兴祖在序中亦同声相和,魏安行以官钱为之刊刻,流传甚广,故此书被视为谤书而禁毁,

---

① 参唐中宗《禁化胡经敕》,董诰等编《全唐文》卷十七,中华书局,1983年,第202页。

② 如孙光宪《北梦琐言》卷九载:"广明(880—881)以前,《切韵》多用吴音,而清、青之字,不必分用。涪改《切韵》,全刊吴音,当方进而闻于宰相,金许之。无何,巢寇犯阙,因而寝止,于今无人敢以声韵措怀也。然尝见《韵铨》,鄙驳《切韵》,改正吴音,亦甚核当,不知八座于此,又何规制也? 惜哉!"(孙光宪撰,贾二强点校《北梦琐言》,《唐宋史料笔记丛刊》本,中华书局,2002年,第198页)可见,唐李涪所改《切韵》已通过官方审查,但因黄巢之变,未能施行。还有《韵铨》也有改正吴音。对此,出生于四川、由后唐入南平国、再入宋的孙光宪甚表赞同。

③ 李焘《续资治通鉴长编》卷二四,中华书局,1995年,第547—548页。

④ 李焘《续资治通鉴长编》卷三十,第680页。

作者、作序者、刊刻者皆被惩处。此书被禁可划入党争之列，但党争是有时间性的，一旦时过境迁，禁令也就不复存在。

明代书禁，一是明初太祖、成祖两朝禁被杀士人之作，[①]此属因人废书，而非书中有违碍内容。这类书禁强度似因人而异。如太祖朝高启被杀后，其妻依然完整保存其手稿，士大夫竞相传抄。永乐元年(1403)妻侄周立为高启重编并刊刻《缶鸣集》所作"识"语，完全不提书禁，其曰："先姑夫殁今殁且二十馀年，不幸无后以传，四方之士，莫不仰慕风裁，争录其稿而传诵之。然而传写之讹，不得真者多矣。幸吾姑尚无恙，藏其手泽亲稿在焉。因不揆庸陋，益加考订校正，重编足一千首，俾学子李盛缮写成帙，用绣诸梓，贻于不朽。……及镂是编，同志之士，或有喜助之者，太原王震则赠以板云。"[②]周立毫无刻禁书的忐忑，他清晰地列举缮写者、助刊者姓名、身份，并不担心牵连他人。或许可以说，永乐元年，高启书禁实际上已不存在。[③]永乐朝方孝孺(1357—1402)书禁似乎要严

---

① 参陈正宏、谈培芳《中国禁书简史》，学林出版社，2004 年，第 133—148 页。

② 高启著，金檀辑注，徐澄宇、沈北宗校点《高青丘集》"附录"，上海古籍出版社，1985 年，第 984 页。

③ 吴敬梓是清朝人，《儒林外史》又是小说，清朝严酷于往代的禁书举措或许也影响了吴敬梓对明代禁书的认识，不过书中写明人收藏、传播禁书没有什么负担，倒令人印象深刻。如第八回，王惠作为南赣道道台，枕箱中却藏有"青邱亲笔缮写，甚是精工"的《高青邱集诗话》"一百多纸"。(吴敬梓《儒林外史》，人民文学出版社，1958 年，第 93 页)王惠因任宁王伪官，在宁王被擒后仓皇逃亡，途中获故交蘧太守之孙救助，于是将不方便之物(包括这本书)托付给了蘧公孙，毫无可能连累故人子弟的担心。后来蘧太守告诉孙子此书来历："这本书多年藏之大内，数十年来，多少才人求见一面不能，天下并没有第二本。你今无心得了此书，真乃天幸，须是收藏好了，不可轻易被人看见！"(第 93 页)以得此书为幸。蘧公孙因为"此书既是天下没有第二本"，"竟去刻了起来，把高季迪名字写在上面，下面写'嘉兴蘧来旬骓夫氏补辑'。刻毕，刷印了几百部，遍送亲戚朋友。人人见了，赏玩不忍释手。自此，浙西各郡都仰慕蘧太守公孙是个少年名士"。(第 93 页)此回可看出从宫廷到士人都对高启集十分宝爱，对收藏、传布此集没有害怕、不安情绪。第三十五回情况有所不同。湖广卢德(字信侯)有遍藏本朝名人文集之志，他说国初四大家，"只有高青邱是被了祸的，文集人家是没有，只有京师一个人家收着"，所以他去京师，"用重价买到手"。(第 347 页)可见，其人被祸，影响其作品的存续和传播，但卢德追踪高启集，也不讳言自己购买和收藏的兴趣。但到京师应征的庄绍光对收藏高启集有(转下页)

厉得多,因为方孝孺书禁留下了丰富史料,可借此对明代书禁方式以及书禁官方解除与民间事实解除之复杂性略作分析。《皇明通纪法传全录》永乐三年(1405)十一月"杀庶吉士章朴"事下追溯道:"先是禁收藏方孝孺诗文,令刑部出榜,晓谕天下,都行烧毁,敢有收藏者,照依奸恶罪之。时朴屡以讹误,与序班杨善同坐事,朴与善言家有孝孺文集,善即借观,密以奏闻。上怒,逮朴戮于市而复善官。"①虽然章朴也有其他政治失误,但导致被杀无疑因其收藏禁书,可见永乐初方孝孺书禁执行严酷。尽管如此,章朴依然收藏方孝孺文集,且与同事分享。《皇明通纪》此处评点道:"朴既疏虞,善亦阴狡,以友性命复己官职,于心安乎?"②批评杨善卖友求荣,认为章朴错在疏忽,不该与阴狡之人分享秘书,言下之意,自己收藏即可。永乐书禁时,之前公共场所的方孝孺诗文被划掉。《吴门表隐》记苏州玄妙观前无字碑,本不是无字碑,是"洪武四年清理道教碑,方孝孺记,后因忌讳划去其文"③。中秘所藏书中方孝孺名字也被涂掉。如钱谦益记他在内殿见方孝孺等为宋濂编刊之《续文粹》,其中"孝孺氏名皆用墨涂乙"④。这造成了之后确定方孝孺作品真伪的难度。如吴宽记:"吴江莫景周尝从它处得正学方先生所记其家寿朴堂文,而或者疑非出于正学之手,虽景周亦不能无疑也。去岁,予偶从金华王允达获观正学文抄,而此作在焉。允达之先忠文公(引者按:王祎)与正学为契旧,所抄当得其真,因以告诸景周,景周之疑一旦冰释,遂请予识于后,其

(接上页)不同看法,他说:"青邱文字,虽其中并无毁谤朝廷的言语,既然太祖恶其为人,且现在又是禁书,先生就不看他的著作也罢。"(第 348 页)庄绍光不愿仕进,赐还金陵后,卢信侯于玄武湖拜访庄绍光。后卢信侯因藏禁书被人告发入监,庄绍光写了十几封信,遍托京中大老,从部里发出文书,不但"把卢信侯放了,反把那出首(告发卢德私藏禁书)的人问了罪"(第 356 页)。故事反转十分奇妙,以显示明朝政治只有人情没有原则。

① 陈建《皇明通纪法传全录》卷十四,《续修四库全书》据崇祯九年刻本影印,上海古籍出版社,2002 年,第 357 册,第 233 页。

② 陈建《皇明通纪法传全录》卷十四,《续修四库全书》第 357 册,第 233 页。

③ 顾震涛《吴门表隐》卷五,江苏古籍出版社,1991 年,第 63 页。

④ 钱谦益撰集,许逸民、林淑敏点校《列朝诗集》甲集第十二"宋太史公濂"下,中华书局,2007 年,第 1395 页。

意盖欲予为左证耳。"①明人因尊崇方孝孺而对其文献格外珍惜。吴宽《跋宋方二公墨迹》云："宋仲珩舍人、方希直侍讲同生国初,其书与诗皆世所贵重者也。惟立吏部[引者按:杨守阯(1435—1512),字惟立,曾任南京吏部左、右侍郎]得其手迹而联为卷藏之,岂非哀其先后以死、有慨于中耶? 希直犹为人取讳言,故其名氏遂被剟去。然甫百年,则其长篇巨什已题刻于世,而家有之矣。"②宋仲珩,名璲,宋濂次子,受胡惟庸案牵连而死,其《圹志铭》即出方孝孺之手。杨守阯有感于宋、方二公之死,故将二人书法连缀为卷保藏。士大夫也一直谋求朝廷弛方孝孺文禁。如正统七年(1442),张皇后大渐时,诏杨士奇等问国家尚未办之大事,杨士奇奏事之一是:"太宗诏有收方孝孺诸臣遗书者死,宜弛其禁。"③《逊志斋集》,天顺七年(1463)被刊出;成化十八年(1482),以工部侍郎谢铎、礼部尚书黄孔昭为首广为搜求,编成了四十卷本总集式的《逊志斋集》,由方孝孺家乡地方政府刊出(详第二章第二节),与吴宽"甫百年,则其长篇巨什已题刻于世,而家有之"呼应。

明代还有禁《剪灯新话》[正统七年(1442)]、八股文选[弘治十二年(1499)、正德十年(1515)]、李贽书[万历三十年(1602)]、《水浒传》[万历四十年(1612)、崇祯十五年(1642)]、《金瓶梅》(崇祯年间)的动议,都是在图书流通产生巨大社会影响后以禁书意欲遏制。虽然施行与否以及效果不能确考,可知的是,《剪灯新话》有正德六年(1511)"重校""补相"新刊本,其所据是禁书动议之前[宣德八年(1433)]所刊张光启本(详本章第四节),倘此书确曾被禁,也表明此书禁而不绝而新版又起的存在状态。其他四种,查禁似乎使之名声更著,它们都是明代名副其实的畅销书(详本章第四节、第一章第一节、第三章第四节)。

---

①　吴宽《匏翁家藏集》卷五二《跋方正学寿朴堂文》,《四库提要著录丛书》据正德三年吴奭刻本影印,北京出版社,2010年,集部第268册,第321页。

②　吴宽《匏翁家藏集》卷五五《跋宋方二公墨迹》,《四库提要著录丛书》集部第268册,第341页。

③　张廷玉等撰《明史·仁宗诚孝张皇后传》,中华书局点校本,1974年,第3513页。本书所引《明史》,若无特别说明,皆本此。

三、中国古代官刻的非垄断性

五代至北宋，以官方刻书为主，熙宁年间，朝廷出于经济和思想原因，曾短暂实施部分图书的刊刻和售卖垄断，但这些都随着王安石变法失败而废除。其一，司天监出于经济利益，意欲实行历书刊刻的垄断。李焘《续资治通鉴长编》卷二二〇载：宋神宗熙宁四年（1071）"诏司天监印卖历日，民间毋得私印，以息均给本监官属。后自判监已下凡六十八员皆增食钱，判监月七千五，官正三千，见卖历日官增食钱外，更支茶汤钱三千。时，初罢司天监官监在京库务及仓草场门，而中书议增其俸，故有是诏。"其下注引《司马光日记》曰："民侯氏世于司天监请历本印卖，民间或更印小历，每本直一二钱，至是尽禁小历，官自印卖大历，每本直钱数百，以收其利。"①历书包括一年的天文气象、时令季节以及人们日常生活的禁忌等，在中国古代社会是上自帝王下至百姓之必需，有极大的需求量。本来司天监是利用自己的专业知识确定节令并颁布历书的机构，民侯氏自司天监请历后印卖精美的历书，民间为降低成本印卖小历，以满足社会不同人群对历书的需求。熙宁变法期间，朝廷断绝了司天监原来的资金来源（"罢司天监官监在京库务及仓草场门"），以印卖历书之利润（"息"）来维持司天监人员部分工资（"增俸"）和福利补贴（"增食钱""茶汤钱"），故朝廷给予司天监垄断历书印卖的权利。其二，熙宁八年（1075），朝廷垄断新编科举考试必备书（《三经新义》：《书义》《诗义》《周礼义》）的刊刻和售卖。《续资治通鉴长编》卷二六六载是年七月："诏以新修《经义》付杭州、成都府路转运司镂板，所入钱封椿库半年一上中书。禁私印及鬻之者，杖一百，许人告，赏钱二百千。从中书礼房请也。初，进呈条贯，监司失觉察私印及鬻之者，当行朝典。上嫌其太重，命王安石改之，安石谢：'诚如圣旨，乃臣卤莽，不细看所奏之罪也。'"又引《吕陶记闻》："嘉祐、治平间，鬻书者为监本，字大难售，巾箱又字小，有不便，遂别

---

① 李焘《续资治通鉴长编》，第 5360 页。

刻一本，不大不小，谓之《中书五经》，读者竞买。其后王荆公用事，《新义》盛行，盖《中书五经》谶于先也。"①《三经新义》是熙宁变法的重要理论依据，熙宁八年颁于学校，是科举取士的法定教材，出于"统一经义"的政治思想动机和经济动机，管理科举的中书礼房请求垄断此书的刻印和售卖。

中国古代书籍刊刻史上，官方刻书非为控制思想或垄断资源，大体可视为非营利性的公益事业。幸运的是，苏轼《乞赐州学书板状》提供了细致的账目让我们对宋代官刻性质，特别是熙丰变法时期的部分官刻性质有更清晰的了解。书状曰：

> 元祐四年八月 日，龙图阁学士朝奉郎知杭州苏轼状奏。右臣伏见本州学，见管生员二百馀人，及入学参假之流，日益不已。盖见朝廷尊用儒术，更定贡举条法，渐复祖宗之旧，人人慕义，学者日众。若学粮不继，使至者无归，稍稍引去，甚非朝廷乐育之意。前知州熊本曾奏乞用废罢市易务书板赐与州学，印赁收钱，以助学粮；或乞卖与州学，限十年还钱。今蒙都督指挥，只限五年。见今转运司差官重行估价，约计一千四百六贯九百八十三文。若依限送纳，即州学岁纳二百八十一贯三百九十七文，五年之间，深为不易。学者旦夕阙食，而望利于五年之后，何补于事？而朝廷岁得二百八十一贯三百九十七文，如江海之中增损涓滴，了无所觉。徒使一方士民，以谓朝廷既已捐利与民，废罢市易，所放欠负，动以万计，农商小民，衔荷圣泽，莫知纪极，而独于此饥寒儒素之士，惜毫末之费，犹欲于此追收市易之息，流传四方，为损不小，此乃有司出纳之吝，非朝廷宽大之政也。臣以侍从，备位守臣，怀有所见，不敢不尽。伏望圣慈特出宸断，尽以市易书板赐与州学，更不估价收钱，所贵稍服士心以全国体。谨录奏闻，伏候敕旨。
>
> 贴黄。臣勘会市易务元造书板用钱一千九百五十一贯四百

---

① 李焘《续资治通鉴长编》，第 6529 页。

六十九文,自今日以前所收净利,已计一千八百八十九贯九百五十七文,今若赐与州学,除已收净利外,只是实破官本六十一贯五百一十二文,伏乞详酌施行。①

此状是地方政府官员在熙丰新法被废除后对新法实施期间所设机构遗留的国有财产之一的书板合理使用的建议。熙丰变法期间,政府在西北、西南、东南、河北等地设立市易务,杭州市易务设立于熙宁六年。②市易法的主要内容,一是政府以他人担保或财产抵押的方式以较低利息借贷给商人(商人有充裕的资金经营,政府有利息增加财政收入);一是当市场上某种商品供过于求时,朝廷买入部分商品,或某种商品供不应求时,朝廷卖出相应产品,调节市场供需以平抑物价。从苏轼书状贴黄可知,此书板为市易务用钱 1951.469 贯"元造",或许是市场"供不应求"时为平抑书价而"造"。③ 新法废除后,两任杭州知府都惦记着杭州市易务所藏的书板,前任知府熊本④提出两条建议,一是将书板赐与杭州州学,二是卖给州学,但州学资金有限,请求十年还清。熊本的第二条建议被部分采纳,将书板卖给州学,但要求五年付完全款。于是由两浙路转运司差官对现存书板进行估价为 1406.983 贯,"州学岁纳"给国家 281.397 贯。此时,龙图阁学士朝奉郎杭州知府苏轼向哲宗皇帝上此奏状。苏轼指出,废除市易法后,"所放欠负,动以万计,农商小民,衔荷圣泽,莫知纪极",原来欠市易务的农商小民都不再被"追收市易之息",希望朝廷能将此书板免费赐予州学。苏轼又在状后贴黄补充了此书板收支账目:

---

① 苏轼著,孔凡礼点校《苏轼文集》,中华书局,1986 年,第 839—840 页。

② 参陈晓珊《熙丰变法时期市易机构的分布特征与作用分析》,《中国经济史研究》2015 年第 4 期。如果此推测有理,则表明此时市场有非官刻的此类图书的存在。

③ 我们虽无从确考书板内容,但肯定不是上文提及的请"杭州""转运司镂板"的《三经新义》,因为新法废除后,《三经新义》不再是科举必读书,州学靠此书板"印赁收钱,以助学粮"的愿望不可能实现。

④ 据李焘《续资治通鉴长编》卷四一二,元祐三年六月,知杭州杨绘去世,(第 10017 页)熊本为继任者。

"元造书板用钱一千九百五十一贯四百六十九文,自今日以前所收净利,已计一千八百八十九贯九百五十七文。"此账目表明,市易务书板一直在使用中,至今"实破官本六十一贯五百一十二文",可见并没有回收成本;联系转运司差官 1406.983 贯的估价,可见此书板有较好的赚钱潜能,如熊本所预估,即使州学买这批书板,也是有可能通过"印赁收钱",最终"以助学粮"的。由此可知,市易务选择所刻的这批书板确实有市场需求,但市易务并非急于赚钱的机构,而是调控物价的机构,它应该发挥了这一功能。更重要的是,以苏轼为代表的士大夫认为政府就应该"不估价收钱",只有这样才能体现朝廷"乐育之意",才可能"稍服士心",更重要的是才能"以全国体"。一句话,这批书板是可以赚钱的,但政府不应当赚这份钱。虽然现在不能确知哲宗皇帝是否采纳了苏轼的建议,但元祐年间的其他材料使我们倾向于认为苏轼的建议多半会被采纳。如元祐初陈师道作《论国子卖书状》建议国子监以成本价甚至低于成本价提供书籍。其云:"伏见国子监所卖书,向用越纸而价小,今用襄纸而价高,纸既不迨,而价增于旧,甚非圣朝章明古训以教后学之意。臣愚欲乞计工纸之费以为之价,务广其传,不以求利,亦圣教之一助。"①此状下"贴黄"又曰:"臣惟诸州学所买监书,系用官钱,买充官物,价之高下,何所损益。而外学常苦无钱,而书价贵,以是在所不能有国子之书,而学者闻见亦寡。今乞止计工纸,别为之价,所冀学者益广见闻,以称朝廷教养之意。"陈师道认为国子监、州学等官学系统本属朝廷,由官钱买官书供其学者使用是不言而喻的,其状书关心的是官学系统之外的学者以及其他有志于学者,认为国家、朝廷应该为这些学者提供教养,国子监为这些学者所提供的书应该只是"计工纸之费以为之价",不应有任何盈馀("息")。总之,国家有教养学者的义务。元祐三年(1088),国子监所刻医书,即"只收官纸工墨本价",宋本《伤寒论》所附国子监牒文中的中书省勘会云:"下项医书,册数重大,纸墨价高,民间难以买置。八月一日奉

———

① 陈师道《后山居士文集》卷十一,《四库提要著录丛书》据宋刻本影印,集部第 12 册,第 152 页。

圣旨,令国子监别作小字雕印。内有浙路小字本者,令所属官司校对,别无差错,即摹印雕版,并候了日,广行印造。只收官纸工墨本价,许民间请买,仍送诸路出卖。"①国家应该为民众提供基本的医药书,与国子监为学者提供教科书的思路是一致的。

中国古代的官刻书,多是官府提供资金,通过合理的定价使读书人乐于由此获得图书,官方由此支持经典的传播,也因此可以回收成本或略有盈利,以维持文化活动的长期进行。《资治通鉴》卷二九一载后周太祖广顺三年(953)六月:"初,唐明宗之世,宰相冯道、李愚请令判国子监田敏校正《九经》,刻板印卖,朝廷从之。丁巳,板成,献之。由是,虽乱世,《九经》传布甚广。"②史家称赞官刻《九经》在乱世流布经典的贡献。北宋刻本《说文解字》,雍熙三年(986)中书门下牒文称:"其书宜付史馆,仍令国子监雕为印版,依《九经》书例,许人纳纸墨价钱收赎。"③天禧元年(1017),有增监本书价之议,《续资治通鉴长编》卷九十载:"(九月)癸亥,上封者言国子监所鬻书,其直甚轻,望令增定。上曰:'此固非为利也,政欲文字流布耳。'不许。"④北宋国子监刻书盈馀归国子监支用。雍熙四年(987)十月,"诏:国子监应卖书价钱,依旧置账,本监支用,三司不得管系。"⑤中央如此,地方学校也是如此,如淳熙十年(1183),南宋从事郎知明州象山县主管劝农公事兼主管玉泉盐场蒋鹗等刻林钺《汉隽》置象山县学,杨王休《题》云:"善本锓木,储之县庠,且藉工墨盈馀,为养士之助。"⑥此书末详列书价等:"《汉隽》每部二册,见卖钱六百文足,印造用纸一百六十幅,碧纸二幅,赁版钱一百文足,工墨装背钱一百六十文足。"也就是说,买书者可自带纸张,如此则付260文(赁版费100加工墨

① 刘渡舟主编《伤寒论校注》,人民卫生出版社,1991年,第21页。
② 司马光《资治通鉴》,中华书局,1956年,第9495页。
③ 许慎《说文解字》,宋刻元修本,《中华再造善本》,北京图书馆出版社,2004年,第6册,第54页。
④ 李焘《续资治通鉴长编》,第2082页。
⑤ 徐松编,刘琳等点校《宋会要辑稿·职官二八》,第3749页。
⑥ 林钺《汉隽》,广陵书社,2003年,第103—105页。

装背费 160）；不带纸，则付 600 文。此书工墨以外的盈馀，则留县学，为
"养士之助"，如同苏轼状所言"印赁收钱，以助学粮"。所以《天禄琳琅书
目后编》卷四《汉隽》条下总结道："宋元郡庠书院多以刻书印鬻供膏火，
不同坊贾居奇。"①

　　综上，中国古代书籍史研究当突破商业刻书框架，同时不能因官刻
（包括书院、寺庙）存在售卖获利的可能性而将其与家刻、坊刻混为一谈。

四、贯通与离合：从图书生产角度看官刻、家刻与坊刻

　　从"一代有一代文学之所胜"的角度看，明人已经认识到自己时代在
小说、戏剧方面的建树，小说方面又以由"说话"伎艺发展而来的"通俗演
义"为代表。如绿天馆主人《古今小说叙》云："皇明文治既郁，靡流不波，
即演义一斑，往往有远过宋人者。"②笑花主人《今古奇观序》曰：

> 　　至有宋，孝皇以天下养太上，命侍从访民间奇事，日进一回，谓
> 之"说话人"。而通俗演义一种，乃始盛行。然事多鄙俚，加以忌讳，
> 读之嚼蜡，殊不足观。元施、罗二公，大畅斯道，《水浒》《三国》，奇奇
> 正正，河汉无极，论者以二集配伯喈、西厢传奇，号"四大书"。厥观
> 伟矣。讫于皇明，文治聿新，作者竞爽。勿论廊庙鸿编，即稗官野
> 史，卓然复绝千古。说书一家，亦有专门。……墨憨斋增补《平妖》，
> 穷工极变，不失本末，其技在《水浒》《三国》之间。至所纂《喻世》《警
> 世》《醒世》三言，极摹人情世态之岐，备写悲欢离合之致。③

笑花主人从皇家"说话"这一源头讨论"通俗演义"，由此可将《三国演

---

　　① 彭元瑞等《天禄琳琅书目后编》，《明清以来公藏书目汇刊》本，北京图书馆出版社，
2008 年，第 4 册，第 213—214 页。

　　② 冯梦龙《古今小说》，《续修四库全书》据天许斋刻本影印，第 1784 册，第 128 页。

　　③ 抱瓮老人辑《今古奇观》，《古本小说集成》本，上海古籍出版社，1994 年，第 2—4 页。

义》、《水浒传》、"三言"、"二拍"皆纳入其中,比我们今天以形式和篇幅称"话本小说"或"长篇章回"似更具发生论基础,也更深谙此类小说创作动力以及方法论和目的论。叶盛则从农工商贩的喜好与书坊图书生产以及好事者、士大夫等推波助澜等角度谈到明代"小说戏文"的流行。《水东日记》卷二一"小说戏文"条曰:

> 今书坊相传射利之徒伪为小说杂书,南人喜谈如汉小王光武、蔡伯喈邕、杨六使文广,北人喜谈如继母大贤等事甚多。农工商贩,抄写绘画,家畜而人有之;痴騃女妇,尤所酷好,好事者因目为《女通鉴》,有以也。甚者晋王休徵(祥)、宋吕文穆(蒙正)、王龟龄(十朋)诸名贤,至百态诬饰,作为戏剧,以为佐酒乐客之具。有官者不以为禁,士大夫不以为非;或者以为警世之为,而忍为推波助澜者,亦有之矣。[①]

叶盛所云的书坊"伪为"之"小说戏文",是指从书坊流布出来的有历史人物之名而其内容已脱离历史记载的戏剧和小说,这些小说戏文为农工商贩乃至痴騃女妇所喜爱,叶盛还在书坊、农工商贩、痴騃女妇之外划出"好事者""有官者""士大夫"几大人群,"好事者"希望利用"农工商贩"和"痴騃女妇"的酷嗜而寓教育于其中,让戏文小说发挥"《通鉴》"和"《女通鉴》"的作用。有官者和士大夫也不认为戏剧小说借历史人物之名而其内容脱离历史记载的创作方法有何不可,甚至因为这些小说戏文可发挥"警世"之用,故加以推波助澜。社会各阶层怀着各自的目的,共同促成了小说戏曲的流行。

赵琦美《酉阳杂俎序》则从吴门闹市的书摊子说起:

> 吴中廛市闹处,辄有书籍列入檐蔀下,谓之书摊子。所鬻者,悉小说、门事、唱本之类。所谓门事,皆闺中儿女子之所唱说也。或有

---

① 叶盛《水东日记》,中华书局,1980年,第213—214页。

一二遗编断简，如玄珠落地，间为罔象得之。美每从吴门过，必于书摊子上觅书一遍。岁戊子(1588)，偶一摊见《杂俎》续集十卷，宛然具存，乃以铢金易归，奋然思校，恨无善本。……丁未(1607)官留台，侍御内乡李公，有士安、元凯之癖，与美同好，自美案头见之，欣然欲刻焉。……迪功郎南京都察院照磨所照磨海虞赵琦美撰。①

赵琦美(1563—1624)每次过吴门，必逛闹市中的书摊子，他对万历年间吴中闹市书摊子所售书类型的观感是"悉小说、门事、唱本之类"，然而赵琦美感兴趣的并非此类，他自诩为通玄的罔象，可在茫茫赤水中获得玄珠，即其所云之"遗编断简"。比如万历十六年(1588)，他曾觅得笔记小说《酉阳杂俎》，即属此类。两相对比，书铺子中大量的"小说、门事、唱本"，则是他认为的明代市场的图书赤水。然而大而言之，《酉阳杂俎》也是小说，赵琦美自诩罔象，他从不忽视书摊子。赵琦美之例颇能见明人对图书既有贯通认识也作区别对待的意识。

明代戏曲小说图书生产最初大多可追溯到皇家、宗室、勋臣或官员之刻，之后有家刻、坊刻之扩散和传播。比如《山海经》，今有图《山海经》的本子多为明代中晚期金陵书坊刊本，但其初乃取当时的监本为底本聘请名家摹绘图像而成。②《博物志》《续博物志》较早有弘治衢州推官贺志同刊本，又有湖南按察御史崔世节等刊印。明代流传甚早、甚广的传奇当以《剪灯新话》《馀话》为代表，其书早期在士人中以抄本流传，洪武

① 赵琦美《酉阳杂俎序》，段成式《酉阳杂俎》，《子海珍本编》第一辑据万历三十六年李云鹄刻本影印，凤凰出版社，2014年，第107册，第121—124页。

② 参郭明芳《明代山海经图流传研究》，《2011道南论衡》，2012年6月。今存成化六年(1470)国子监刊本《山海经》，卷首有成化四年戊子(1468)国子祭酒襄陵邢让等志，有"监学今刻郭璞注《山海经》，置诸公库，摹印流传，永为士大夫博学之助"等语。又成化六年陈鉴缉熙识语云："国学新刻《山海经》，卷帙殽混，行列牵联，尚多讹舛，阁老彭先生尝是正之，予手为编校，以便检阅。若夫正所未正，犹有望于博雅君子。"对监本又有所校正。潘承弼、顾廷龙纂《明代版本图录》(《民国丛书》据开明书店版影印，上海书店，1995年，第五编，第100册)卷二"监本"下有此识语页书影(第10页)。

年间也有刊本,今所知较早的《剪灯新话》单刻本,是瞿佑侄子瞿暹为其刊行的,可称家刻,后有"杭州在城官亭桥经坊郯家刊行"。最初的《新话》《馀话》合刻本,是建宁府建阳知县张光启宣德八年(1433)刊刻的,(书刻成时,其已调任上杭知县。)张光启序后有诗云其刊刻目的乃为化俗敦伦:"四海相传新话工,若观馀话迥难同。搜寻神异新奇事,敦尚人伦节义风。……笑予刻枣非狂僭,化俗宁无小补功。"①今存正德六年"清江书堂杨氏重校刊行""书林正巳詹吾孟简图相"《新增补相剪灯新话大全》使用了建阳知县刻本,《剪灯新话》卷末题"建阳县知县张光启校正",《剪灯馀话》卷首题"上杭县知县盱江张光启校刊,建阳县县丞何景春同校绣行"。② 作为前代较少见而明代生产甚多的图书种类,明代的通俗演义类小说生产确实令人印象深刻。③ 其中最有影响力的作品,明人众口一词以《三国演义》《水浒传》为源头和高标。《晁氏宝文堂书目》子杂类《三国通俗演义》下注云"武定板"④;《酌中志》卷十八载司礼监藏《三国志通俗演义》书板,"二十四本,一千一百五十叶";⑤《古今书刻》载都察院也有《三国演义》《水浒传》刻本。今存数种嘉靖本《三国志通俗演义》(其实未必是嘉靖本,也可能是翻刻本,因没有明确标识,姑且称之),版型阔大,行款畅明,字大悦目,刻印精美。如王重民《中国善本书提要》认为美

---

① 李昌祺《剪灯馀话》卷首,《古本小说集成》本,第 1 页。

② 市成直子《关于〈剪灯新话〉的版本》[《上海大学学报(社会科学版)》1995 年第 3 期]、方彦寿《建阳古代刻书通考》(见收氏著《福建刻书论稿》,花木兰文化出版社,2011 年,第 291—292 页)、乔光辉《剪灯新话〉的版本流传考述》(《中国典籍与文化》2006 年第 1 期)。

③ 《汉书·艺文志·诸子略》虽看轻第十家"小说家",但著录"小说十五家",特别是小说的篇数令人印象深刻,达到"千三百八十篇"(第 1745 页),是所有平行类目中最多的。其次是"六艺"中《春秋》二十三家,九百四十八篇(第 1714 页);再次是"诸子"中的"儒家五十三家,八百三十六篇"(第 1727 页)。被《汉书·艺文志》纳入"小说"类的作品,或因其事迂诞,或因其语浅薄,或因语体与时代不合,或因作者身份不易得君王史料,故其"小说",也颇有通俗演义历史之内涵。

④ 晁瑮《晁氏宝文堂书目》,上海古籍出版社,2005 年,第 109 页。

⑤ 刘若愚《酌中志》卷十八,伟文图书出版社影印,1976 年,第 460 页。

国国会图书馆藏二十四册《三国志通俗演义》为司礼监刻本，虽不能肯定，①但应该属内府本②或官刻大字系统，之后《三国志通俗演义》版本多从嘉靖本而来。③《三国志通俗演义》"文不甚深，言不甚俗"，希望"通乎众人"，"盖欲读诵者，人人得而知之，若《诗》所谓里巷歌谣之义也"。其实，"众人"既包括农工商贩，也包括士君子，如金华蒋大器《三国志通俗演义叙》言："书成，士君子之好事者，争相誊录，以便观览。……其最尚者，孔明之忠，昭如日星，古今仰之；而关张之义，尤宜尚也。其他得失，彰彰可考，遗芳遗臭，在人贤与不肖，君子小人，义与利之间而已。观演义之君子，宜致思焉。"④上言明都察院曾刻《水浒传》，而据现有材料，武定侯本《水浒传》无疑是最有影响力的一种。天都外臣《水浒传叙》曰："故老传闻：洪武初，越人罗氏，诙诡多智，为此书，共一百回，各以妖异之语引于其首，以为之艳。嘉靖时，郭武定重刻其书，削去致语，独存本传。……自此版者渐多，复为村学究所损益。……近有好事者，憾致语不能复收，乃求本传善本校之，一从其旧，而以付梓。"⑤天都外臣将武定

---

① 《三国志通俗演义》二十四卷，二十四册，明嘉靖司礼监刻本，九行十七字，23.1 厘米×15.8 厘米，原题"晋平阳侯陈寿史传，后学罗本贯中编次"，卷端有《三国志宗僚》，于书内人物，各系一小传。刘若愚《内板经书纪略》云《三国志通俗演义》廿四本，一千一百五十叶"者，即此书。全书凡分二百四十节，盖就至治本《三国志平话》而增损演变之。商务印书馆影印《明弘治本三国志通俗演义》即此本，因所据适阙修髯子序，故误为弘治本。此书由两书配成，卷十二全阙，然已抄补。（王重民《中国善本书提要》，上海古籍出版社，1983 年，第 401 页）今存嘉靖本《三国志通俗演义》（《古本小说集成》本），九行十七字，24.1 厘米×16.4 厘米，有 1947 叶，与《酌中志》所言页数不符，或非同一版本。

② 马学良、陈明、金颖《明内府本〈三国志通俗演义〉考略》，《衡水学院学报》2016 年第 3 期。

③ 《古本小说集成》本《三国志通俗演义》（万卷楼本）徐朔方《前言》曰："从本书同今传嘉靖本的上述比较，可以想见当时各书坊竞出新意翻刻古本即嘉靖本《三国志通俗演义》。"（第 1—2 页）万卷楼本题署为"新刊校正古本大字音释三国志通俗演义"。

④ 《三国志通俗演义》（嘉靖本），《古本小说集成》本，上海古籍出版社，1994 年，第 12—14 页。

⑤ 天都外臣《水浒传叙》，录自丁锡根编著《中国历代小说序跋集》，人民文学出版社，1996 年，第 1462 页。

侯重刊本作为之后大量刊刻的源头。① 张凤翼《水浒传序》强调《水浒传》为精英之作、其大量刊刻以及坊本之衍生与情节增加的关系等,他说:"论宋道,至徽宗无足观矣。当时南牙北司,非京即贯,非球即勔,盖无刃而戮,不火而焚,盗莫大于斯矣。宋江辈通逃于城旦,渊薮于山泽,指而鸣之曰:'是鼎食而当鼎烹者也,是丹毂而当赤其族者也,建旗鼓而攻之!'即其事未必悉如《传》所言而令读者快心,要非徒虞初谬悠之论矣。……《传》行而称雄稗家,宜矣!刻本惟郭武定为佳,坊间杂以王庆、田虎,便成添足,赏音者当辨之。"②今存万历建阳书坊所刊《新刻京本全像插增田虎王庆忠义水浒全传》③、万历种德书堂重刊《新刻全本插增田虎忠义水浒志传》④,坊本多在嘉靖本/武定侯本之上"省诗去词"而增加征讨内容,与张凤翼语相印证。可见,讨论明代《三国志通俗演义》图书生产既需将官刻、家刻、坊刻通贯起来考虑,也需注意彼此之间的不同。又如《西游记》,今日本天理大学藏世德堂系统本《西游记》,内封页栏内左右两侧大字竖题"刻官板全像西游记",中间小字竖题"金陵唐氏世德堂校梓",卷首题作"新刻出像官板大字西游记",⑤据其中陈元之序,是书为唐光禄首先刊出,其自称"官板",并不像《三国志演义》《水浒传》确有官板之源,而是模仿官板的阔大和行制,显示出通俗小说的官板企慕。此本卷首第三行多作"金陵世德堂梓行",而卷九、十、十

---

① 今所见天都外臣叙本《水浒传》乃康熙五年石渠阁补修本,"天都外臣"问题学界也有争论[参聂绀弩《中国古典小说论集》(复旦大学出版社,2005 年,第 151 页)、马幼垣《水浒二论》(生活·读书·新知三联书店,2007 年,第 102 页)]。但据沈德符《万历野获编》(中华书局,1959 年)卷五"武定侯进公"条:"武定侯郭勋在世宗朝号好文多艺能计数,今新安所刻《水浒传》善本,即其家所传,前有汪太函序,托名天都外臣者。"(第 139 页)并不影响本处之判断。

② 张凤翼《水浒传序》,见氏著《处实堂续集》卷六,《续修四库全书》第 1353 册,第 474 页。

③ 《古本小说集成》本《插增田虎王庆忠义水浒全传》袁世硕《前言》认为此书:"版式与明万历余氏双峰堂所刊《三国志传》相同,当亦为万历间建阳书坊所刊。"(第 1 页)

④ 《新刻全本插增田虎忠义水浒志传》,明万历种德书堂刊本,见吴希贤编《所见中国古代小说戏曲版本图录》,中国全国图书馆文献缩微复制中心,1995 年,第 2524 页。

⑤ 《新刻出像官板大字西游记》,潘建国编《海外所藏〈西游记〉珍稀版本丛刊》本,北京大学出版社,2017 年,第 4 页。

九、二十第三行作"金陵荣寿堂梓行",卷十六又作"书林熊云滨重锲",熊云滨属建阳书林。① 可见,世德堂本虽经多次刊刻,但保留了此版本的官板风貌。

明代戏曲小说文本,在民众中流传很广,这些书为我们接触大众文化提供了便利和可能性,但不能因此而忽视这些图书的早期生产以及其他侧面。比如其产生伊始并非是大众通俗读物,它们是知识精英书写或者为知识精英而写,在进入大众阅读视野之前,都至少出现过一个版本,后来其内容被改造,如去掉闲笔,保留或增加更多故事情节,或者刊刻形式发生变化,如加上句读、注音、插图等,以期待并培养新的更广泛的读者群。

明人讨论自己时代的图书生产很少以官刻、家刻、坊刻/商业刻书分别讨论,更看重图书生产的本质因素。兹以常被引用的谢肇淛《五杂组》卷十三的一段文字略作说明,其曰:

> 近时书刻,如冯氏《诗纪》、《焦氏类林》及新安所刻《庄》《骚》等本,皆极精工,不下宋人,然亦多费校雠,故舛讹绝少。吴兴凌氏诸刻,急于成书射利,又悭于倩人编摩,其间亥豕相望,何怪其然。至于《水浒》《西厢》《琵琶》及《墨谱》《墨苑》等书,反覃精聚神,穷极要眇,以天巧人工徒为传奇耳目之玩,亦可惜也。②

谢肇淛(1567—1624)以宋本为参照讨论明产的不下于宋本的精品图书。有关精品图书,他又分为两种类型,一种是内容正大、刊刻精美,一种属闲书但刊刻巧极技术。何为精品图书,何以能生产出精品图书呢? 谢肇淛从三个方面进行了论证。第一,"多费校雠,故舛讹绝少"。图书的正确率高,是精品图书的重要标志。何以能如此? 即"多费校雠",图书生

---

① 参方彦寿《熊云滨与世德堂本西游记》,《文献》1988 年第 4 期。
② 谢肇淛《五杂组》卷十三,《明代笔记小说大观》本,上海古籍出版社,2005 年,第1776 页。

产者肯在图书校雠上花时间、精力和金钱。第二，以吴兴凌氏诸刻为反例，图书"亥豕相望"，错误率高。何以如此？因为"急于成书射利，又悭于倩人编摩"，图书生产者不肯在图书生产上投入时间、精力和金钱，而急于销售图书和赚钱。第三，今人（包括凌氏）在刻印图书上花心血，其形式穷极精美。谢肇淛认为，将《诗纪》《焦氏类林》《庄子》《楚辞》等刻得精工准确很值得赞赏，但将刊刻技术发挥在传奇和耳目玩好之类图书上则颇为可惜。谢肇淛主张应将经典书刻好，而非当下流行的戏曲、小说或玩好之类的书。但当时就是有与谢肇淛观念不同的图书生产者存在，他们将刊印技术革新花在传奇和耳目之玩等类型的图书生产上。

那么谢肇淛列举的图书都有哪些生产者呢？冯氏《诗纪》，指冯惟讷（1513—1572）《古诗纪》，此书最早由御史甄敬刻于陕西行台，属于官刻，但此版据说"校者疏而梓者拙"，加上"踔远而购之难"，[①]后吴琯[②]"起拓什二以张东秦"，对原书有所扩充，并身率"吴俞策、歙谢陛、江都陆弼分校之，召吴工敦剞劂"，王世贞为序，万历初刻于金陵，王世贞猜测此书"大约吴氏居其资，而谢氏、陆氏、俞氏居其力，其书遂完好无遗憾"，其书

---

① 汪道昆《诗纪序》（见氏著《太函集》卷二十四，《四库全书存目丛书》，齐鲁书社，1995—1997 年，集部第 117 册，第 323 页）。据汪《序》、张四维《古诗纪原序》，冯氏嘉靖二十三年（1544）知蒲州时始编此书，嘉靖三十六年（1557）为陕西佥事时完成，张四维序作于嘉靖三十七年（1558），嘉靖三十九年（1560）御史甄敬刻于关中。陈继儒为梅鼎祚《皇霸文纪》所作《序》云百五十六卷《诗纪》有三刻："一刻于陕西行台甄侍卫，再刻于古漳吴太学，又刻于檇李黄中丞。"（梅鼎祚《皇霸文纪》卷首，《原国立北平图书馆甲库善本丛书》据崇祯六年梅氏家刻本影印，国家图书馆出版社，2013 年，第 942 册，第 451 页）陈婧《明代"古诗"总集的编纂、出版、接受》一文云："冯惟讷《诗纪》共一百五十六卷，实际上在 1560 年全部刊刻之前的十四年内陆续抽印刊刻部分章节，而最后全部付印是由当时陕西监察御史甄敬资助刻于陕西行台，而后万历年间书版被带至江南重印。"（见收卞东波编《中国古典文学与文本的新阐释——海外汉学论文新集》，安徽教育出版社，2019 年，第 370 页）增加了"十四年内陆续抽印刊刻"的细节，可惜文中没有给出证据。

② 吴琯，字孟白，徽州歙县人，寓居白下，游学南监，与其客俞策、谢陛、陆弼等校刻过《古诗纪》《唐诗纪》《水经注》，编辑过《古今逸史》。此吴琯非漳浦吴琯，非西爽堂主人。参韩震军《〈唐诗纪〉作者吴琯生平考辨》，《中国典籍与文化》2013 年第 1 期。

"精良"。① 王重民《中国善本书提要》云北大图书馆藏一种四十册《古诗纪》"纸墨具佳,且无汪道昆与《唐诗纪》合刻序,盖刷印在《唐纪》刻成之前也",②疑即此种。吴琯后又请黄德水编《唐诗纪》,未成,后已续成之,万历十三年(1585)刊刻,有李维桢、方沆序。万历十四年,汪道昆作《古诗纪》《唐诗纪》合刻序,此合刻本现存文枢堂本。吴琯《唐诗纪》板片刻出后不久,即转手吴中珩,吴又转手方天眷、方一元,《古诗纪》板片亦归方天眷、方一元,③故今存版本多题为"方天眷重订","方一元汇编,方天眷重订"。④ 谢肇淛赞扬不下宋板的"冯氏《诗纪》"即万历初所刻《古诗纪》或万历十三年合刊之古、唐《诗纪》。

《焦氏类林》,由上元诸生李登对焦竑读书笔记进行分类编辑而成,约在万历十三年(1585)与《焦氏笔乘》一版刊刻出来,万历十五年,王元贞再刻《焦氏类林》。⑤ 王元贞在万历十六年,还为焦竑刻过《庄子翼》,亦甚精美。

新安《庄》《骚》,分别指新安吴勉学所辑刻《二十子》中的《庄子南华真经》和其所刻《楚辞集注》。吴勉学是弃儒业商者,有书坊师古堂。其所刻书,编辑审慎,版面简洁,纸张品质好且厚实,墨印色深且清晰,留有充足的天头、地脚。其在南京的刻书世界中很有作为。⑥

吴兴凌氏,即凌濛初(1580—1644)家族。凌濛初父迪知"日校雠群书,雕版行世",叔父稚隆也刊刻了大量史书,包括汇集古今批评的评点本。今存凌濛初万历至崇祯间所刻朱墨二色套印本和施以批评、圈点的

---

① 王世贞《诗纪序》,王世贞《弇州山人续稿》卷四十七,沈云龙选辑《明人文集丛刊》本,文海出版社,1970年,第2478页。

② 王重民《中国善本书提要》,第438页。

③ 王重民《中国善本书提要》,第437页。

④ 如王重民《中国善本书提要》著录北京大学图书馆藏六十册本、哈佛燕京图书馆藏本、桀溺藏《诗纪》(见刘蕊、岑咏芳《法国汉学家桀溺藏书及其汉学研究》,《文献》2017年第6期)等。

⑤ 详本书第五章之《馀论》部分。

⑥ 参贾晋珠《吴勉学与明朝的刻书世界》,见米盖拉、朱万曙主编《徽州:书业与地域文化》,中华书局,2010年,第28—29、35页。

评点本图书达二三十种。套印本印刷精美,陈继儒称之为中国图书生产的第三次革命("变"):"自冯道、毋昭裔为宰相,一变而为雕板,布衣毕昇再变而为活板,闵氏三变而为朱评。书日富亦日精。"①套印本耗资为普通书的数倍。凌氏所刻就有《琵琶记》《西厢记》套印本,或即谢肇淛所云极"天巧人工"者。②《万历野获编》卷五"武定侯进公"条提到武定侯郭勋家所传本以及新安所刻《水浒传》善本;万历三十八年(1610)杭州容与堂所刻《水浒传》,有题名李卓吾的评点,其中有单面插图 200 幅,幅幅美妙精致。容与堂也刻过《李卓吾先生批评西厢记》,每卷卷首冠双面连式图。皆可能是谢肇淛《水浒传》《西厢记》之所指。

《墨谱》,当指万历十七年徽州黄德时、黄德懋刻《方氏墨谱》。《万历野获编》卷二六"新安制墨"条云:"新安人例工制墨,方于鲁名最著。……所刻《墨谱》,穷极工巧。……程亦刻《墨苑》,斗奇角异,似又胜方。"③是明刊墨谱中图版丰富、成就最高的版画名作。《墨苑》,指万历三十三年程君房滋兰堂所刻《程氏墨苑》,其中有彩图近五十幅,多半有四色或五色,采用"敷色法"以及"套印"和涂版技术刻印而成。

据上所考,就冯氏《诗纪》而言,有官刻,有家刻和坊刻。官刻不精,因为校对、刊刻没能做好,就图书生产者而言,并非因为急于射利,而是其书草创,且西北校对、刊刻力量不足导致的。④ 万历初吴琯金陵所刻

---

① 陈继儒《叙史记钞》,见氏编《史记钞》,《辽宁省图书馆藏陶湘旧藏闵凌刻本集成》据闵刻朱墨套印本影印,中华书局,2014 年,第 18 册,第 5 页。

② 《五杂组》成书不晚于万历四十四年,凌濛初所刻书不少应在此时间之后,《琵琶记》《西厢记》凌氏三色套印本(见《辽宁省图书馆藏陶湘旧藏闵凌刻本集成》第 127—129 册)刊刻时间不能确知,故不敢必也。有关凌濛初刻书,可参表野和江《明末吴兴凌氏刻书活动考:凌濛初和出版》(《中国典籍与文化》2003 年第 3 期)。《琵琶记》《西厢记》当时刊刻极多,如今存金陵陈氏继志斋万历二十六年刊行《重校北西厢记》、三十六年刊《新刊河间长君校本琵琶记》,亦称名刻。

③ 沈德符《万历野获编》,第 660—661 页。

④ 汪道昆云关本《古诗纪》"购之难",一个"购"字,是否会被"商业出版"论者作为官刻也出版盈利之证据呢? 但官刻就不能"购"吗? 如上论购纸墨之费,比如原获赠于官方,后卖给别人,其中有无数的可能性使之成为商品。

书,为吴琯出资,当属家刻,因内容有拓展,校刻得人,纸墨俱佳,故称善本。万历十三年古、唐《诗纪》题"文枢堂藏板"(有的书名页有"聚锦堂藏板"字样),当是委托金陵书坊刻书力量完成的,此板片几度易手,显然具有商业性质。①《寄园寄所寄》卷十一引《切庵偶笔》载吴勉学一生刊书经济:"歙吴勉学梦为冥司所录,叩头乞生,旁有判官禀曰:'吴生阳禄未终。'吴连叩头曰:'愿作好事。'冥司曰:'汝作何好事?'吴曰:'吾观医集,率多讹舛,当为订正而重梓之。'冥司曰:'刻几何书?'吴曰:'尽家私刻之。'冥司曰:'汝家私几何?'吴曰:'三万。'冥司可而释之。吴梦醒,广刻医书,因而获利。乃搜古今典籍,并为梓之,刻赀费及十万。"②对明人来说,刻无讹误的医书是好事,是功德,刻医书本为做好事,但医书乃实用书,社会需求量大,故也可以获利。对刻书家吴勉学而言,获利后他更有资本搜求古今图书加以刊刻,这对其而言未尝不是既做好事也可实现自己的士人理想,他为此耗尽家私,也贡献了大量好书,其中即包括谢肇淛所列举的《庄子》《楚辞》等精品书。故对刻书家来说,未必每本书都获利,也未必仅为获利才刻书,做好事、刻好书同获利一样都可以是图书生产的动力。又如凌家所刻,有十分精工者,也有舛误甚多者,端视出版者对一本书的重视和投入程度。我们一般视凌氏刻书为家刻,但其书十分畅销,盈利颇丰。陈继儒《叙史记钞》云:"宝藏者,异锦名香,褰置高阁,其它或以傅耳目之玩,供筐篚之交……吴兴朱评书错出,无问贫富好丑,垂涎购之。"③云其为商业刻书也十分妥帖。

总之,谢肇淛肯定明代经典图书也有十分精美的刊刻,赞美明代印刷技术革新,叹息明代刻印技术革新施用的场域往往是戏曲小说和玩好之书,显示出明代流行图书的一种新趋势,但这并不能得出明代经典书不为当时人所需或不流行的结论。余英时在《士与中国文化》中谈到明

---

① 王重民《中国善本书提要》,第437页。

② 赵吉士《寄园寄所寄》卷十一,《续修四库全书》据康熙三十五年刻本影印,第1197册,第145页。

③ 陈继儒《叙史记钞》,见氏编《史记钞》,《辽宁省图书馆藏陶湘旧藏闵凌刻本集成》第18册,第5—6页。

末江南戏曲文化的兴起,也是"士"这一阶层的实践方向从朝廷转移到社会的一大趋向的具体成果,显露出"明代的'士'在开拓社会和文化空间方面"的"特有精神"。① 我们固然可以也应该在戏曲小说和玩好之书中寻找启蒙和启蒙的生意,但绝不应该局限于此。建阳余象斗三台馆是书坊应该没有疑问,余象斗《新例三台明律招判正宗》广告语曰:"坊间杂刻《明律》,然多沿袭旧例,有琐言而无招拟,有招拟而无告判,读律者病之。本堂近锓此书,遵依新例,上有招拟,中有音释,下有告判琐言,井井有条,凿凿有据,阅者了然。买,可认三台为记。双峰堂余文台识。"②余象斗《类聚三台万用正宗》内封上也有类似广告语:"坊间诸书杂刻,然多沿袭旧套,采其一,去其十,弃其精,得其粗,四方士子惑之。本堂近锓此书,名为《万用正宗》者,分门定类,俱载全备,展卷阅之,诸用了然,更不待他求矣,买者请认三台而已。"③可见,坊刻中也有精全新与粗残旧之分,甚至坊刻本尤标榜新全精妙。④ 所以,如果可以,我宁可确定一本书或某一版是谁之刻,读者是如何获得的(赠、获赠、买卖等),图书是以成本价或有盈利之价格被买卖……而不抽象地得出官刻、家刻或坊刻的结论。

① 参余英时《士与中国文化》第八章《中国近世宗教伦理与商人精神》(上海人民出版社,2003年,第468页)、第十章《士商互动与儒学转向》(第527—565页),《现代儒学论》(第二版)之《现代儒学的回顾与展望——从明清思想基调的转换看儒学的现代发展》(上海人民出版社,2010年,第1—40页),《从传统士到现代知识人》(《文汇报》2002年11月16日第8版)。

② 余员注招,叶仪示判《新刻御颁新例三台明律招判正宗》十三卷首一卷,日本内阁文库藏双峰余氏刊本卷首。东京大学东洋文库研究所藏本[《域外汉籍珍本文库(修订本)》第一辑据之影印,西南师范大学出版社、人民出版社,2011年,史部第4册,第101—487页]无此页。

③ 余象斗《类聚三台万用正宗》,《域外汉籍珍本文库(修订本)》第一辑据东京大学东洋文库研究所藏万历二十七年余象斗双峰堂刻本影印,子部第2册,第137页。

④ 万历福建建阳书林叶志元梓《新刻京板青阳时调词林一枝》内封页上段画士大夫春日郊外游赏休憩品茗吃茶点,中段横书"海内时尚滚调",下段栏内左右两侧大字竖题"刻词林第一枝",中间小字竖题:"千家摘锦,坊刻颇多,选者俱用古套,悉未见其妙耳。予特去故增新,得京传时兴新曲数折,载于篇首,知音律者幸鉴之。书林叶志元梓。"[《域外汉籍珍本文库(修订本)》第一辑,集部第5册,第661页]

五、明代书籍史研究走向与本书基本思路

　　既有的明代书籍史研究挑战了传统目录、版本学研究者有关宋代是出版的黄金时代、明人刻书而书亡的观念。如井上进《中国出版文化史》①中描绘了书籍文化一方面向社会下层扩大,一方面从帝国中心向外围扩展,认为明代最后数十年是出版文化的辉煌时期。周绍明《书籍的社会史》从明代藏书规模、印本的份额、获得书籍的难易、书籍市场的规模等方面论证了明代出版超越宋代。② 大木康《明末江南出版文化》则从技术改进以及由此而来的出版数量和效率的变化层面肯定明代出版文化的辉煌。③ 在此基础上,本书将切入明代书籍生产,讨论自明代嘉靖、万历图书生产兴盛伊始即伴随着的对当代图书生产的自省和批判,如何转化为清代基于知识原创性和书籍完整性的对有明一代图书生产的批判。知识的原创性是在学术创造的谱系中对知识生产者的要求,书籍的完整性是基于评论者的学者身份对图书的要求,本书将图书生产与纯粹意义上的知识生产分开。图书承载知识,却并不必然也不应该仅为原创、完整和固定的知识服务。从接受知识的读者方面而言,有的读者追求知识的原创性、完整性,有的并不在乎这些。胡应麟(1551—1602)谈到他亲见二十年来《水浒传》内容为适应不同的听者和读者而发生的变化:"今世人耽嗜《水浒传》,至缙绅文士亦间有好之者……此书所载四六语甚厌观,盖主为俗人说,不得不尔。余二十年前所见《水浒传》本,尚极足寻味,十数载来为闽中坊贾刊落,止录事实,中间游词馀韵、神情寄寓处一概删之,遂几不堪覆瓿。复数十年无原本印证,此书将永废矣。余因叹是编初出之日,不知当更何如也。"④同为《水浒传》,这里有

---

　　① 井上进著,李俄宪译《中国出版文化史》,华中师范大学出版社,2015年。

　　② 周绍明著,何朝晖译《书籍的社会史:中华帝国晚期的书籍与士人文化》,北京大学出版社,2009年。

　　③ 大木康《明末江南の出版文化》,研文出版,2004年。

　　④ 胡应麟《少室山房笔丛》辛部卷四一《庄岳委谈下》,第437页。

为"俗人说"的所载多"四六语"的文本,有为胡应麟所欣赏的中多"游词馀韵、神情寄寓处""极足寻味"的文本,有闽中坊贾刊刻的"止录事实"的版本,还有胡应麟推想的"是编初出之日"的文本等。虽然胡应麟在时间序列中叙述这些版本,给人以非此即彼的印象,实际上这些文本以及众多未被其列举而适应各种情境以及读者而生产的文本是并存的。胡应麟对这些版本褒贬分明,表达了一己好恶,至多代表了一类人的审美,它客观地呈现出不同人群的不同喜好以及由此而来的多样性图书生产的必然性和合理性。

书籍史研究通过作品的生产、发行和消费等环节和事务,将作者、出版者、销售者和阅读者、阅读活动等联结成一体,由此这一研究具有了统一性。这其中有商业因素,但绝非仅有商业因素,若仅以商业出版局限之,则有破坏研究统一性之虞。如卜正民讨论似乎是保守文化的明中期的地方政府的藏书楼建设,这完全是官方行为,但同样是书籍史研究不可或缺的组成部分。① 故本书虽十分重视商业出版,但不是在商业出版的框架中讨论书籍的社会史和文化史,而是在书籍的社会史和文化史中发现商业因素,包括图书生产、流通和消费中任何环节的商业因素,比如出版资助、稿源交换和买卖、出版流通中介、士商结合等。政府、社会群体、作者、赞助者、出版者、评论者、读者/听众/观众,在明代文献史中,各有位置和角色。如本书第一章钩稽史料,讨论了明初至嘉靖间,建阳书坊与中央和地方政府的合作,书坊利用政府的权威和部分资金,政府利用书坊的人手和商业网络,共同在帝国文化建设中发挥作用。第三章则讨论了官员对前卫思想家图书生产的赞助,虽然前卫思想家需要赞助和依赖,但依然保持着思想和精神的独立。第六章讨论中央政府从藏书、刻书优势地位中退出,但代表中央的巡院、抚院依然发挥作用,而民间图书市场已能保证优秀的强有力的图书生产者的独立,故而民间图书生产者也具有了参与甚至主持时代文化建设和传承的使命。

地域出版研究一直在明代刊刻研究和书籍史研究中占据重要位置。

---

① 卜正民著,陈时龙译《明代的社会与国家》,黄山书社,2009 年。

如张秀民、缪咏禾、张献忠、贾晋珠的南京书坊研究。[①] 杜信孚既有《明代版刻综录》，后又出《全明分省分县刻书考》，即体现出对区域文献研究的看重。贾晋珠《牟利而印：11 至 17 世纪福建建阳的商业出版者》用极其实证的研究展示了建阳跨越 6 个世纪的地方出版业的全貌。尽管是地域研究，她有一个重要的观点是建阳刻书与三山街江南刻书有着千丝万缕的联系，地域区分并非泾渭分明。她还指出："即使探讨某一个刻书中心，都将研究以一个更大的文化趋势与学术追求关联在一起。……不论是哪一位刻书家都会倾向于迎合沉浸于当朝以及较大区域的文化之中的消费者的需求。"比如，史料对吴勉学个人生平以及其徽州籍的记载极少且含糊不清，"这也证明他自身已经融入到了更大的江南地区以及整个明王朝书籍文化之中"。[②] 方彦寿《福建刻书论稿》指出张燮《七十二家集》是在建阳刊刻的，但却不能说其为坊刻本。[③] 本书也欲在这一向度上有所开拓。比如一直以为是杭州的徐象樗曼山馆其实开在南京，嘉禾人周履靖的《夷门广牍》是南京书林所刻，江西人费元禄的家刻其实是建阳书坊刊刻的。本书力图进入历史，在特定的历史背景中认识特定的图书，理解特定图书的生产以及图书意义的生产等。

　　书籍和身份之间的复杂关系是明代书籍史研究的重要内容。如周绍明《书籍的社会史：中华帝国晚期的书籍与士人文化》以穷困潦倒的皮匠钱近仁为起讫，讨论了书籍与社会阶层和身份认同相互缠结的关系。本书十分关注明代书籍编者、作者、刻者和读者的身份及其身份变化，过去研究关注李贽、焦竑、陈继儒等名流，本书还十分关注名流周边声名大

---

① 张秀民《中国印刷史》（韩琦增订，浙江古籍出版社，2007 年），江澄波等编著《江苏刻书》（江苏人民出版社，1993 年），缪咏禾《明代出版史稿》，张献忠《明代南京商业出版述略》（《明史研究论丛》第 10 辑，2012 年），Lucille Chia（贾晋珠），"Of Three Mountains Street: The Commercial Publishers of Nanjing," in Cynthia J. Brokaw and Kai-wing Chow, *Printing and Book Culture in Late Imperial China*, University of California Press, 2005.

② 贾晋珠《吴勉学与明朝的刻书世界》，见米盖拉、朱万曙主编《徽州：书业与地域文化》，第 32 页。

③ 方彦寿《福建刻书论稿》，第 101—103 页。

小不一的读书人(第三、五、六章),关注在明代重要政治、社会事件周边发生的图书生产的故事(第四、五章),以图书生产为媒介,借助于图书生产这一具有凝聚力的活动形式,讨论明代社会如何形成了新思想和文学潮流(第二、三章)、新社会阶层(第四、六章),并进一步讨论了书籍有助于提高社会身份却未必能消除社会观念和社会心理的顽固性等复杂的方面(第七章)。

梅尔清认为"书籍史这个术语特别表明了一种比较研究的取向和一种要求,即参与到论述近代早期出版业的广阔与自觉的超国界知识活动中去"①,如知识产权问题、意识形态控制和市场潜在的颠覆性力量等。卜正民在《国家检查与书籍贸易》一章中通过对李贽图书禁毁和刊刻的讨论,指出无论国家多么希望将某些书籍从公共领域中消除,书坊和购书者的意愿则使之不能实现。② 周启荣认为当一个文人和商人合为一体的生意人阶层出现,通过自己对经典的重新校注以挑战正统诠释而获得政治和文化权利时,晚明的印刷繁荣也就改变了中国的政治。③ 本书将作者著作权意识、版权意识渗透其中,讨论了李贽、陈继儒等的版权意识以及视知识为天下公器的意识,故明代图书复制更为容易,这也可以部分地解释何以古代图书存在着大量的辗转剿袭的现象。如果平和地看待这种重复和剿袭,甚至可以说中国古代图书,特别是经典书和流行书,就是靠这样的方式成就了自身的经典和流行。比如壬辰倭乱时,明代将官及其随从来到朝鲜,后编辑了"朝鲜诗选"。其中,蓝芳威(将领)诗选可能有三种(至少有两种),吴明济(随从)选至少有两种刊刻形态,还有汪选、程选至少曾有一个刻本。具有同一命名的文本,虽然其内容或形式上发生了变化,但作为"朝鲜诗选"之集群而存在着,我们可以将之视为同一文本,这在在提醒我们关注古代图书存在状态的丰富复杂性以及明清图书传播的快捷性。当东西方书籍史研究者将西方活字印刷

① 梅尔清《印刷的世界:书籍、出版文化和中华帝国晚期的社会》,《史林》2008 年第 4 期。

② 卜正民著,陈时龙译《明代的国家和社会》,第 176—186 页。

③ Kai-wing Chow(周启荣) *Publishing, Culture and Power in Early Modern China*. Stanford University Press. 2004.

看作印刷革命，仿佛唯有大机器、大规模的生产才是知识、思想革命的物质前提时，由"朝鲜诗选"生产方式，我们或许可以看到中国图书生产引起知识革命的另一种形态，它不是以大机器、大规模生产为特征，而是以众多人的参与，以多种多样的灵活机动的生产最终产生数量上的绝对规模和思想上的绝对渗透。同时，我们又可将内容或形式发生了变化的文本视为不同文本，以此讨论不同文本与相应社会的关联，由此阐释图书参与社会的可能性和能力。

六、本书的章节安排

本书贯串两条线索，一是明代各时期离合而又贯穿的图书生产版图，这一版图包括各地域官刻、私刻和坊刻以及各种官私、商业与非商业合作生产模式；一是图书生产与明代政治、社会、思想、文化之互动，即明人（特别是地方监察御史、诸生、隐逸甚至军官、军人以及女性）通过图书（包括少数文书）生产这一极具凝聚力之活动，以此获得基于图书生产而来的一种身份和能量，而文化、经济、社会甚至政治凭借图书生产而得以融为一体，图书生产深度参与到明代政治、社会、文化生活建设之中。

明初至嘉靖年间，明代图书生产中心无疑还在建阳，建阳不仅是坊刻之代名词，同时也是自宋以来就建立起的图书渊薮之代名词。第一章以明代官方士子常用书生产、颁降及其管理与建阳书坊的图书生产结合，揭示了"建阳书坊"另一层的意义空间和特性。建阳书坊为明人提供最基本的实用书籍，为读书人提供最基本的教科书，它以书坊资本为主，既与官府合作，也会想办法钻政府的空子，接受国家、政府的监管，也受用书人和舆论的监督。终明一世，教科书生产问题被不断提出，也有官员建议朝廷设立专门的行政和学术管理机构，但朝廷多是在应急模式下委派专员。我们厘出这一层面的"建阳书坊"，了解其运行模式，讨论其在明帝国的公民基础教育和核心文化教育中承担的角色和发挥的作用，以期打破明代书籍史研究中"官刻""私刻"的截然两分。

明代图书生产是中国古代典籍和文化传承的重要阶段，也以图书生产形塑时代文化。明嘉靖以后,图书生产量剧增,想要考察每本书的生产前史和今史显然不够现实,故第二章以正德十二年(1517)杭州府学置书书单为中心,推求书单中的124种图书可能的图书来源,由此勾画其与前代图书文化的关联以及明代正德年间可能的图书生产版图,以把握正德年间官刻、私刻、坊刻之分量构成以及文化倾向和可能的学风走向,又与嘉靖七年(1528)湖州府学、嘉靖十六年(1537)建阳县学买书单以及万历中胡应麟有关购书的论述对照,分析明代学风之动态变化以及书籍在其中的作用。

第三章以大量的细节展示李贽自己生前以及逝后其朋友、后学生产流通其书籍的过程,由此讨论图书生产与思想争鸣的关联。在李贽的时代,由于刻书的便利,当李贽觉得有好著作可与他人分享时,他很自然地借助于刻书。万历十八年(1590),李贽先自刻《说书》,因为《说书》在内容上与《焚书》《藏书》相辅相成,但形式风格颇近于时文。先刻《说书》,是李贽思想斗争的策略。《焚书》是李贽将自己的思想以及与耿定向的思想冲突的实质物质化的产物,依靠刊刻展示给社会公众,掀起了一场有关为学与"成人"问题的大争鸣,同时成为与追逐名利的士风世风作战的武器。反对方将李贽以刻书方式公开争鸣定性为市井无赖的投揭诟骂("揭诟")之举,但也整理、刊刻了与李贽辩论的相关文稿予以反击,双方同时以刻书的方式展开针锋相对的斗争。李贽一生"随手辄书,随书辄梓",既以著书、刻书宣传自己的思想,也便于掌控出版权,同时告知世人自己的行踪,以此始终维持着一位活跃思想者的曝光度,也以图书生产解决自己的生存困境并作为自己的身后遗产。李贽尽量自刻己作,掌控出版权,确保一己思想的准确表达,也确保图书生产能始终跟进自己的思想进程。对于书坊刻书,他并不强调作者著作权,但抱怨对方事先不告知、事后不赠书,对自己意欲合作的书商,则尊重对方的决定权。李贽图书生产绝不能仅在商业刻书框架下进行讨论。判定假托李贽之作以及其逝后横空出世的"遗书"的真伪,并非研究的终点,其中呈现出李贽及其思想的抗逆性和形塑力同样值得重视。

本书始终关注图书生产中人的身份以及经由图书生产造就的明人

的新身份。现有研究仅将曼山馆主人徐象櫄看作与焦竑关系密切的书商,此人家世钱塘,后实居于金陵,其书坊称钱塘曼山馆,实开在金陵,其人出身富贵,以士人自居,也被张岱等看作士人,徐象櫄的人生有助于理解明代商人身份的混杂性和多重性(第三章馀论)。第四章以万历壬辰倭乱时援朝将士编辑的"朝鲜诗选"为例,分析明代图书生产者的身份变化。编刻朝鲜诗选者,吴明济被称孝廉,自称山人;蓝芳威是陶工出生的将军,他甚至相当缺乏文学素养;汪世钟身份与吴明济相似;程相如身处侠儒之间。他们都没有文集留存,也没有编校其他书籍的记录,此章通过考察这些非职业图书生产者的编书、刻书以及其间的动态过程和关系,呈现明代图书生产的一种生态,即每个人只要有机缘,他们都有意识地要成为而且可能成为图书和知识的生产者和传播者。

　　第五章通过《宝颜堂秘笈》的编刊讨论明代图书生产者及其生产方式。《宝颜堂秘笈》可分成陈继儒所撰书和陈继儒参与策划、编校、刊刻之图书两类。高级和高雅的文化圈在很大程度上赋予其书以价值。陈继儒是一位新型隐士,更准确地说,他是明代职业书籍策划人、编校者,他以文化生产者身份供养成就自己的隐士身份。其身旁有很多活跃的嘉兴士人,《宝颜堂秘笈》是陈继儒与嘉兴士人深度合作的成果。许多嘉兴士人有强烈的刻书意识,有编刻书的经济和专业能力,他们不是职业刻书者,因为科举之年,他们会投身举业,一个入幕征招就可能使他们放弃手中正在刊刻的热门图书。不过刻板永远不会浪费,它是可以用来买卖的。我们应当在编刊书者面对毁誉以及明代商业经济深度渗入文化生活而社会依然存在士商社会分野的双重视野下,理解陈继儒对自己与所编刊之《秘笈》的关系的否认。《宝颜堂秘笈》为后世贡献了不可取代或较佳版本之书 176 种,它实际上完成了诸刻书者传播稀见之书的预期。《宝颜堂秘笈》的编刊充分体现了明代士人身份以及坊刻、家刻之流动性。此章还以李贽《初潭集》与陈继儒所撰数种秘笈相映照,讨论明代图书生产者身兼作者和读者之职,他们依据自己的方式在写作和阅读传统中找到了自己的位置,使文献重新编码,并赋予其新鲜的思想意义。

　　第六章以帝国中央政府藏书、刻书优势地位丧失为背景揭示毛晋藏刻书的政治文化权威的追求和意义。毛晋三次做了有关"十三经""十七史"的奇梦，其母解读为"梦神不过教子读尽经史"，但在图书生产能力极其强大的明末，在国家文化权力出现真空的万历以后，在崇祯可能有的新政之机，毛晋自然地将之设定为合乎自己时代的最合理、最强有力的解读，要作为图书生产者、传播者，要为崇祯新政树立文化权威，以刊刻四部书，特别是经史书的方式实践其梦。毛晋所刻书涵盖经史子集的系统性设置，内容以及一些书版本的经典性，或非南北监、经厂所能比。

第七章以崇祯十六年（1643）常熟祝化雍自杀导致诸生聚众一事为中心，在纠纷社会史的框架中讨论文书、书籍、印刷与社会等级、社会秩序、社会行动、公众意见以及女性之间的复杂关系。祝化雍通过读书，跻身明帝国官员行列，但其奴仆身世，使其在地方公共生活中备受嘲笑，邻居赵士锦利用帝国法律的灰色地带和社会根深蒂固的身份观念与之争产。通过书籍和经典，祝化雍将自己的自杀放置在"信""节"的层面上，将儿辈为父报仇放在伦理道德框架中。通过书籍和经典，祝化雍妻子王夫人号召学生为老师聚集，她将这一声势浩大的复仇行为置于不畏权贵、为正义斗争和学生运动史的系谱中赋予其不朽的意义："则大义允堪千古。"王氏仿效生员的做法，书写、印刷揭帖，宣称地方政府、乡绅里老以及所有知情者皆受制于恶人，呼吁揭帖的阅读者，主要是诸生和城市群众成为正义、道德的权威，为之主持公道。许多本没有参与权和审判权者，借印刷之功，聚合成众，完成了一场声势浩大的民间审判。而刊刻于万历十六年（1588）的《方氏墨谱》与刊刻于万历三十三年（1605）的《程氏墨苑》则是新安一场旷日持久的经济和文化纠纷的主角。

第八章以毛扆《汲古阁珍藏秘本书目》为中心分析明代图书价格以及影响图书价格的因素，由此推测明代的图书生产的服务对象。我的结论是：明代人，只要有图书需要，他们可以从寺庙或僧录司求得几部经文或其他图书，也完全可用一只鸡换得一部闽刻教科书，也就是说，明代人只要有读书之心，应该都能获得其相应层次的图书。但作为艺术品和奢侈品的图书也大量存在着，而毛晋汲古阁在收藏图书的同时，也在为将收藏品转化为可以与天下人共享的图书而努力着。

第一章
"建阳书坊"在嘉靖前帝国文化
建设中的角色和意义

有关明代建阳书坊刻书,明清人多在与宋元本或明代其他地区的版刻对比的框架中指出其刻书"多"但质量差,①现代研究多在官刻、家刻、坊刻的区分框架中讨论建阳商业刻书/坊刻的价值。② 近年来有研究者提出可按投资和经营的性质分为官刻、私刻(包括原来的家刻和坊刻)和民间刻(寺院、道观、书院等民间集资)。③ 有学者指出在传统的官刻、家刻、坊刻的框架内存在书坊接受官私方委托刊书的例子,特别是建阳书坊,故建议在传统目录学著录系统中,应将这一部分官私委托刊刻之书从坊刻目录中剔除而进入官刻、家刻目录中。④ 有学者有"明代中后期,皇帝敕命福建书坊刻书,也是内府图书刊印方式之一"的说法。⑤ 有学者从制度史("书户")角度将建阳书户刻书纳入官刻,意欲打破"官刻""私

---

① 如郎瑛《七修类稿》卷四五"书册"条(《历代笔记丛书》本,上海书店出版社,2001 年,第478 页),胡应麟《少室山房笔丛》甲部卷四《经籍会通四》"凡刻之地有三""凡印书""凡书之直之等差""叶少蕴云唐以前"等条(第 43—44 页),永瑢等纂《四库全书总目》卷七八"史部地理类存目"《异域图志》提要(中华书局,1965 年,第 678 页)、卷一九三"集部总集类存目"《名媛汇诗》提要(第 1766 页)等。

② 如 Lucille Chia, *Printing for Profit*、张献忠《从精英文化到大众传播:明代商业出版研究》、涂秀虹《明代建阳书坊之小说刊刻》(人民出版社,2017 年)等。

③ 章宏伟《明代杭州私人刻书机构的新考察》,《浙江学刊》2012 年第 1 期。

④ 方彦寿《建阳书坊接受官私方委托刊刻之书》,《文献》2002 年第 3 期。

⑤ 马学良《明代内府刻书机构探析》,《河北大学学报(哲学社会科学版)》2014 年第 3 期。

刻"的判然两分。^① 这表明当下明代书籍研究已有更精细化的研究走向。但明人书目中已标注"坊刻",如周弘祖《古今书刻》^②"建宁府"下设"书坊"一目,以区别于内府、中央政府各部门、南北国子监、地方各级政府(至府州)和各王府之刻书,后者在某种意义上或可统称为"官刻"^③。明

---

① 李子归《明代建阳的书户与书坊》,《中国文化研究所学报》(*Journal of Chinese Studies*)第 66 期,2018 年 1 月。

② 周弘祖《古今书刻》,上海古籍出版社,2005 年。下引此书皆本此,不再出注。

③ 《古今书刻》地方政府刻书的编成应该参照了大量地方志,但可确定的信息甚少,我发现的最好的证据是朱怀幹、盛仪纂修《嘉靖惟扬志》卷十二"经籍志·版刻"(《四库全书存目丛书》据嘉靖刻本影印,史部第 184 册,第 619—620 页)与《古今书刻》"扬州府"刻书的关系。《嘉靖惟扬志》载扬州府版刻 69 种都出现在《古今书刻》"扬州府"下。《嘉靖惟扬志》给出每本书的版刻机构或责任人,可据此讨论各书的刊刻性质,由此有助于认识《古今书刻》各官府下所收书的性质。《嘉靖惟扬志》69 种图书中,15 种标明为御史所刻,22 种标明为知府或指挥、江都知县、仪真县、仪真知县、高邮州、知州、仪真工部分司、泰州、通州同治、运司所刻,8 种标明监生某某刻,12 种署江都葛涧(10 种)、葛钦(洞父,2 种)刊,葛氏父子所刊多为湛若水书或其他理学书。葛为江都巨姓,葛涧为湛若水弟子。《扬州画舫录》卷三《新城北录上》"梅花书院"条云湛若水"嘉靖间以大司成考绩,道出扬州……扬州贡士葛洞与其弟洞早年从之游,是时因选地城东一里,承甘泉山之脉,创讲道之所,名曰行窝。"(李斗著,陈文和点校《扬州画舫录》,广陵书社,2010 年,第 33 页)卞莱刻 4 种,黄佐《南雍志》卷十八"《杜氏通典》"下记载嘉靖十七年南监刻此书的资金来源,其中监生卞莱"助银百两"(伟文图书出版社据嘉靖二十三年增修本影印,1976 年,第 1471 页),或即此人。又"《蒋南泠集》"下标注为"蒋山卿撰刻",今存嘉靖二十年刊《蒋南泠集》(《四库全书存目丛书》据此影印,集部第 70 册,第 111—230 页),《嘉靖惟扬志》修于嘉靖二十一年,想其著录当即此本。《蒋南泠集》,目录以及每卷首页首行均作"蒋南泠集",然卷首屠隆序作《蒋南泠诗集序》,自序作《诗集自序》,所收皆为诗。《诗集自序》云:"平生性本疏愚,所属辄多遗弃,犬马走是惧,辑录其所存者十二卷,洛阳乔子佑敦门下之雅,乃为之刻于太守台中,刻之明年,为嘉靖壬寅。"(第 113—114 页)另 7 种责任人不可考。综上所述,扬州府版刻 69 种,其中不少有地方人士赞助,御史所刻也可能出自个人捐俸,但书板应该都存在扬州各官府中。因此《古今书刻》各官府下著录之书大致可作为官刻处理,故我说"在某种意义上或可统称为'官刻'"。又叶德辉《重刊古今书刻序》、古典文学出版社《出版说明》(第 2 页)都指出《古今书刻》有错字和脱漏,今与《嘉靖惟扬志》校,《古今书刻》"扬州府"下著录所刻书有四误。1.《春秋左传》当为《春秋正传》。《嘉靖惟扬志》著录"《春秋正传》""湛若水撰","左""正"形近而误。2.《象山语录》当作《象山语略》。《嘉靖惟扬志》著录"《象山语略》二卷、《慈湖语略》二卷","教授高简编"。邹元标《愿学集》卷八"杂著"有《书象山先生语略后》《书慈湖先生语略后》两篇,《四库提要著录丛书》集部第 128 册,第 317—318 页。3.《观风遗音》当为宋林正大之《风雅遗音》。4.《古今真宝》当为《古文真宝》。

代地方志也对"坊刻"特别加以区分,如《(嘉靖)建阳县志》卷五《图书》中,对建阳县尊经阁所藏四橱书注明哪些是"颁降书",哪些是"书坊刊本",同一部书,如果既有"颁降书"也有"书坊刊本",也必有说明;后又设"书坊书目"著录建阳书坊刊刻之书。① 因此本章一方面尝试突破官刻、私刻、坊刻对立框架,一方面努力寻求《古今书刻》《(嘉靖)建阳县志》等所列"书坊"书的本质属性,应该可以深化、细化对明代"书坊"书的理解。

上文已引贾晋珠统计,明代建阳书坊刊刻长篇小说占比为 6.6%,词曲占比 3.3%。② 可见,建阳书坊有相当多的小说、戏曲刊刻,何以《古今书刻》建宁府"书坊"、《(嘉靖)建阳县志》"书坊书目"却鲜少涉及,明代书目、地方志中的"书坊书目"著录标准是什么呢? 这一问题尚未见深究。故本章将揭示:这类被著录的书坊书,应该是书坊接受政府(包括中央、地方各级政府)指令而刊刻的,其编撰、校对由地方政府委托人员负责,但发行、销售多依托书坊管道。就图书内容和性质而言,这些书多为读书人的基本典籍,可纳入明帝国民众教育和科举考试的教科书范畴。由此我们可以思考,既然明代有经厂、南北国子监以及各级政府部门提供各种基本典籍,建阳书坊基本典籍存在的意义为何? 如果我们在帝国民众教育和士人教育的框架中考虑问题,则帝国教科书管理与书坊盈利目的间是否存在冲突? 是如何加以协调的? 以此为角度,我们试图对明代书坊刻书如何参与明代社会文化建构等问题提出一些想法。

一、图书渊薮:以衍圣公福建购书、汪佃建阳审书事为中心

建阳作为文化中心("道所从出")和图书中心("文所萃聚")的地位和观念,在南宋时即已树立。朱熹《建宁府建阳县学藏书记》云:"建阳版本书籍行四方者,无远不至。"③描绘了一个以建阳为中心的强大的书籍

---

① 冯继科纂修《(嘉靖)建阳县志》,《天一阁藏明代方志选刊》据嘉靖本影印,上海古籍书店,1982 年,第 31 册。下引此书,皆本此。

② Lucille Chia, *Printing for Profit*, pp.312 - 313.

③ 朱熹《晦庵先生朱文公文集》卷七八,《四部丛刊初编》,中国书店,2016 年,第 265 册,第 5713 页。

四方辐射的图景。王遂则认为朱熹是自孔子以来"于王政为大，而人心之所由以一"之学的集其成者，因朱熹学术在建阳，建阳就成了今之齐鲁，因此，建阳就不但是书籍渊薮，也是文化之渊薮。王遂说："宋德休明，周子道其源，张、程袭其流，而朱子集其成，斯民复见雍熙比屋之盛，而建阳今齐鲁也。"①明人也持这一观点，认为"考亭之泽，实在此邦（指建宁），足下勿迂视教化，不为之一加意也"②。《（嘉靖）建阳县志》卷五"图书"下云："建邑两坊，昔称图书之府，今麻沙虽毁，崇化愈蕃，盖海宇人文有所凭藉。"卷四"货产·货之属"下首列"书籍"，四列"纸"。可见，无论是物质产出、文化传统还是社会观念方面，明代建阳都尤其具有传承文化的便利条件和重要使命。

《礼部志稿》保存了明太祖朱元璋的一道圣谕：

> 洪武二十四年（1391）六月，命礼部颁书籍于北方学校，上谕之曰：农夫舍耒耜则无以为耕，匠氏舍斤斧则无以为业，士子舍经籍则无以为学。朕尝念北方学校缺少书籍，士子有志于学者，往往病无书读，向尝颁与"四书五经"，其他子史诸书未赐予，宜于国子监印颁，有未备者，遣人往福建购与之。③

朱元璋希望帝国为北方学校士子提供最基本的典籍以便于学习，他谈到了北方学校的三种获书管道：一是已颁降的，二是希望国子监印颁的，④三是去福建购得再给学校。首都"未备"的，则去福建购买，可见在其心

---

① 王遂《重修建阳县学记》，见《永乐大典》卷21983，中华书局影印本，1986年，第8册，第7832页。

② 敖文祯《简邓纯吾按闽》，见氏著《薛荔山房藏稿》卷九，《续修四库全书》据万历牛应元刻本影印，第1359册，第342页。

③ 俞汝楫等编《礼部志稿》卷一"圣训·兴学之训"，《文渊阁四库全书》第597册，第12页。

④ 俞汝楫等编《礼部志稿》卷一"圣训·兴学之训"下，洪武十四年三月颁"四书五经"于北方学校，同年十一月，"命礼部臣修治国子监旧藏书板"，又云"今国子监旧藏书板多残缺，其令诸儒考补，仍命工部督匠修治之"。（《文渊阁四库全书》第597册，第11—12页）

目中,福建是最完备的书籍供应地。用钱购买是获得福建书的方式,不过朱元璋并未倡导个人或学校去福建购买,而由礼部总领此事,也即将福建市场书籍有机地纳入到国家的整体文化布局中,而非游离其外,这与明王朝建立者雄心勃勃地插入社会生活的努力是一致的。①

宣德四年(1429),衍圣公孔彦缙(1401—1455)想广购图书,他想到的购书地无疑也是福建。因为要异地远行,衍圣公不敢擅自做主,遂向礼部尚书胡濙咨询,胡濙又将此事禀告宣宗。因衍圣公事属宾礼,是礼部主客清吏司管辖的事务,故俞汝楫等编的《礼部志稿》保存了对此事的处理意见。《礼部志稿》卷九十四"盛典备考·尊孔子"下"资给衍圣公市书籍"下载:

> 宣德四年,袭封衍圣公孔彦缙欲遣人以钞往福建市书,虑远行,不敢擅,咨于尚书胡濙,濙以闻上,曰:"福建鬻书籍,无禁。先圣子孙欲广购,亦何必言? 审度而后行,亦见其能慎。其令有司:依时值为买纸摹印,工力亦官给之。"②

此事有许多值得分析的信息:第一,带现金去福建就可以买到许多书,这是明代上自皇帝下至一般平民的普遍观念;第二,福建书籍虽多,但都在本地销售,③而不是贩卖到全国各地;第三,一般人,包括衍圣公去福建买书,并不受禁;第四,一般人,包括衍圣公用钱大量购书是合法的,不必向官府报告;第五,皇帝想象的书籍产出方式,是福建有现成的各种各样的书板,购书者去福建,是买纸现印,所以他想象的书籍定价方式是当下的印书所选择的纸张的价格和印刷的人工费用。这也鼓励我们想象,福

---

① 参卜正民著,陈时龙译《明代的社会与国家》,第270页。

② 俞汝楫等编《礼部志稿》卷九四,《文渊阁四库全书》第598册,第706页。

③ 福建省内部图书贩运应该是相当活跃的,《新民公案》(又作《郭青螺六省听讼录新民公案》)卷一《设计断还二妇》,写寿宁人姚克廉在福州开书铺,他用船"在书坊贩得书籍,往福州发卖,船湾洪塘,上岸往娼家戏耍",第二天一早到福州自己的书铺(《古本小说集成》本,第84—85页)。也就是说,姚克廉此行用船进货,由洪塘古渡入福州,其进货地点应该就是建阳。

建不以纸质书运出售卖,不是区域间贸易壁垒,不是建阳商人对外地图书市场不感兴趣或打不进外地图书市场,而是其生产方式决定的。书坊最初的预算是梨板和刻工工食费,后面才是纸张、印刷和工食费用,这样书坊可以分阶段投入资金和人工,避免印刷过多而造成成本积压等风险。这也让我们反思雕版印刷的优势,书板刻好后,板片可以留存,如果板子质量好,保护得当,至少几十年没有问题;印得多了出现磨损或损坏,可以加以局部修补;板片本身可以转手贸易;如果某本书滞销,毁了此书的版,板片还可以用来刻印其他的书,牺牲的主要是人工费而已……而活字印刷就不能有这样的从容,一个出版商有多少套活字呢? 一本书能占用一套活字多长时间呢? 所以活字书必须预先对销量有较准确的预估,这增加了投资的风险。伊丽莎白·爱森斯坦在《作为变革动因的印刷机》中说:"早期印刷文化已经相当一致,使我们能够检测其变异……我们大体上可以估计初期机印本时代印刷品的总和。与此相似,我们可以说,早期版本的产量'平均'200 册到 1000 册。"①若就此产量论,中国一版所印数量是可以远远超出的。

弘治十二年(1499)六月十六日,阙里孔庙火灾。十二月建阳书坊大火,烧毁了许多书板,这是明代书籍史上的大事。史科给事中许天锡将这两次火灾联系起来作政治解读,认为这是上天示诚,是对建阳刻书科举化、利禄化倾向可能导致损德荡心、蠹文害道的示警。他说:

> 先儒尝谓建阳乃朱文公之阙里,今一岁之中,阙里既灾,建阳又火,上天示戒,必于道所从出与文所萃聚之地,何哉? 臣尝考之成周宣榭火,《春秋》书之,说者曰:"榭者所以藏乐器也,天戒若曰不能行正令,何以礼乐为?"言礼乐不行,故天火其藏以示戒也。今书坊之火,得无近于此耶? 自顷师儒失职,正教不修,上之所尚者,浮华靡艳之体,下之所习者,枝叶芜蔓之词,俗士陋儒,妄相袞集,巧立名目,殆其百家梓者,以易售而图利,读者觊觎幸而决科。由是废精思实

---

① 伊丽莎白·爱森斯坦《作为变革动因的印刷机》,北京大学出版社,2010 年,第 7 页。

体之功,罢师友讨论之会,损德荡心,蠹文害道,一旦科甲致身,利禄入手,只谓终身温饱,便是平借事功,安望其身体躬行,以济世泽民哉?①

为此,他建议朝廷上下对火灾后将新建的建阳刻书业进行一番整顿:

> 伏望明诏有司,大为厘正:将应习之书,或昔有而今无者,检自中秘所载,与经生学士所共习者,通前存编删定,部秘颁下布政司给与刊行。仍敕乞所司推翰林院或文臣中素有学识官员,令其往彼提调考较,务底成功,然后传布四方,永为定式。其馀晚宋文字,及《京华日钞》《论范》《论草》《策略》《策海》《文衡》《文随》《主意》《讲章》之类,凡得于煨烬之馀,悉皆断绝根本,不许似前混杂刊行。

他将火灾后的建阳书分为两种类型:一是"应习之书""昔有而今无者"。对这一类书,他指出首先在中秘寻找版本,请经生学士共同研究,并与之前存编相互对照删定,趁着火灾后新建的契机,编成最好的定本,将此定本颁发给福建布政司加以刊行。定本给与福建后,中央政府并没有放弃管理权和关注,而是挑选翰林院或文臣中素有学识的官员至福建跟进此书,"提调考较",一直到这些书被刊刻完成。二是"晚宋文字"以及《京华日钞》等科举考试范文和作文技巧之类的书籍。对这一类书,许天锡最深恶痛绝。据郎瑛《七修类稿》所言,成化以前世无刻本时文,杭州通判沈澄是《京华日钞》的最早刊者,"甚获重利,后闽省效之"。② 但明代奏疏都将对《京华日钞》之类书的讨伐指向建阳刻书。③ 徐天锡认为这一类书的书板若已被烧完,也算断绝了"根本",以后再不许"似前混杂刊行"。

许天锡上奏显然得到了皇帝的重视,奏疏被转至礼部,礼部覆奏道:

---

① 俞汝楫等编《礼部志稿》卷九四"兴学·振俗学",《文渊阁四库全书》第 598 册,第 707—708 页。下二条引文亦出此。

② 郎瑛《七修类稿》卷二四"时文石刻图书起"条,第 259 页。

③ 如弘治十一年河南按察司副使车玺上奏,见黄佐《南雍志》卷四,第 425—426 页。

> 谓建阳书板中,间固有荡无留遗者,亦容或有全存半存者,请令巡按、提学等官逐一查勘,如《京华日钞》等书板,已经烧毁者,不许书坊再行翻刊;先将经传子史等书及圣朝颁降制书一一对正,全存者照旧印行,及无存者用旧翻刻,务令文学真正,毋承讹习舛,以误来学。

礼部首先要求调查统计建阳书坊版本受损情况,全存、半存之书,要求地方官员要逐一查对核实,其中《京华日钞》等时文书,已烧毁者不许再翻刻。礼部特别提出要对建阳经传子史等书以及朝廷颁降制书等进行清点,书版全存者继续印行,不存者则用旧本翻刻,以恢复火灾前建阳书坊供给学者和公众经传、子史和制书的职责和功能,可见建阳刻书在帝国文化教育中不可取代的地位和意义。据许天锡的奏疏以及礼部覆奏,可以感觉到中央和地方应该有相应的书目清单可供对照清点。对于建阳火灾,他们关注的重点不是财产损失,而是此地应该承担的"文所萃聚"和"道所从出"的功能的可能丧失,甚至希望这场大火能烧尽文化的利禄化倾向对建阳刻书的侵蚀以及对维持道德人心的帝国文化的侵害。这一借助整顿建阳刻书而达成道德文化回归的期待,更能见出建阳刻书在时人心目中的分量和可能的影响力。

虽然中央没有常设机构来管理福建书坊刻书的质量,但嘉靖前史料,颇能见到这种类型的特派员进驻福建之记载。上论弘治十二年礼部要求巡按福建官员或地方官承担此功能,嘉靖五年(1526)则派了一位专员。《礼部志稿》卷九十四"兴学·遣官较勘书坊经籍"下载:

> 嘉靖五年,时福建建阳县书坊刊刻浸盛,字多讹谬,为学者病,于是巡按御史杨瑞、提调学较副使邵铣疏请专设官第,于翰林院春坊中遣一人往。寻遣侍读汪佃行,诏:较毕还京,勿复差官更代。①

建阳书坊教科书因供求量大("刊刻浸盛"),容易出现质量问题,也因为

---

① 俞汝楫等编《礼部志稿》卷九四,《文渊阁四库全书》第598册,第708页。

教科书社会关注者众,容易成为热点问题("为学者病"),所以明代教科书问题似阵发性疾病,不时地爆发一次。嘉靖五年这一次,显然是福建地方政府已不愿意也不能独自承担责任而求助于中央政府,建议中央在福建专设一管理机构,从翰林院春坊中派专人进驻此衙门。中央没有同意福建地方和当年福建巡按御史的建议,但派了翰林侍读汪佃(1471—1540)①到福建,明告汪佃朝廷不会派员来接替他,让他务必完成所有工作。既云"较毕还京",则当时被指出有问题的教科书应是具体的,可惜我们现在已难以确知了。

二、明代书目、地方志中之"建阳书坊"书性质分析

明人讨论建阳书坊刻书时,似乎有他们熟知而我们现在难以确知的书坊书目,我以为周弘祖《古今书刻》"书坊"和《(嘉靖)建阳县志》"书坊书目"或许能给我们一些启发和帮助。

周弘祖《古今书刻》著录"书坊"书,依次为:"四书类"13 部,"五经类"58 部,"制书类"13 部,"理学类"13 部,"史书类"37 部(其中"宋金辽三史",作 3 部统计),"杂书类"63 部,"刑名类"9 部,"兵戎类"8 部,"诗文类"60 部,"医卜星相堪舆玄修等类"100 部,合计 374 部。《(嘉靖)建阳县志》卷五《图书》下"书坊书目"依次著录:"制书"类 24 部,"经书"类(约相当于《古今书刻》的四书、五经和理学类)47 部,"诸史"44 部(辽、金史算 2部),"诸子"23 部,"诸集"46 部,"文集"88 部,"诗集"35 部,"杂书"75 部,合计 382 部。两者重合 220 部,仅《古今书刻》有者 154 部,仅《(嘉靖)建阳县志》有者 172 部,合计 546 部。② 为什么这些书能进入"书坊书目"?

---

① 雷礼纂辑《国朝列卿纪》卷一三六"南京太常少卿":"汪佃,字□□,江西广信府弋阳县人,……嘉靖十九年任,本年卒于官。"(成文出版社,1960 年,第 7091 页)

② 其中《古今书刻》"诗文类"《广诗鼓吹》,《(嘉靖)建阳县志》"诗集"有《唐诗鼓吹》,《古今书刻》"唐"或因形近而误为"广(廣)",算同一部。《古今书刻》"医卜星相堪舆玄修等类"《天玄赋》《皇堂葬经》,《(嘉靖)建阳县志》"文集"类星相堪舆等书中有《天文赋》《皇堂葬经》,两者中当有一家因形近而误,亦算同一书。《古今书刻》"杂书类"《万宝事山》、"刑名类"《律例疏议》,《(嘉靖)建阳县志》"诗集"有《万宝诗山》,"杂书"有《律条疏议》,姑且分别算同一部。

明代典籍中有几部进入《古今书刻》或《(嘉靖)建阳县志》"书坊书目"的书籍生产记录,似可借以考察进入这些"书坊书目"的条件。

(一)《南唐书》、《金史》、苏辙《古史》

解缙(1369—1415)洪武二十一年中进士,同年官至翰林学士,在上了有名的《万言书》后不久,又上《太平十策》,第六策"新学校之政"中谈到书籍之事。解缙进言道:"宜令天下投进诗书著述,官为刊行。令福建[及]各处书坊、今国学见在书板,文渊阁见在书籍,参考有无,尽行刊完。于京城及大胜港等处,官开书局,就于局前立[碑](牌)刻详书目及纸墨二本,令民买贩,关津免税。每水陆通会州县立书坊一所,制度如前。"①解缙希望太祖利用国家力量最大可能地获得天下著作,首先是搜集天下见在书板,没有书板,则官方新刻板,然后在京城以及周边水陆便利处设立书局,并在交通便利的州县设立书坊,书局和书坊以碑刻和纸本等形式公布官方所有册板的目录(册板目录),便于民间自书局、书坊购买图书并贩卖于天下。在论说国家应如何搜集天下著述时,解缙首先提到以福建为代表的各处书坊可以为官方提供所用的"见在书板"。不知是否与解缙此建议有关,总之洪武皇帝令礼部遣使购天下遗书,而最快对此事做出回应的,的确是福建地方政府。《国朝典汇》卷二十三"朝端大政二十三·献书"载:"二十三年十二月,福建布政司进《南唐书》、《金史》、苏辙《古史》。初,上命礼部遣使购天下遗书,令书坊刊行。至是,三书先成,进之。"②与解缙所上之策对照,此时,尚未见官方在京城特别设立书局,而福建布政司也不是使用书坊"见在书板",而是令书坊特为刊行了《南唐书》、《金史》、苏辙《古史》三书以进献。《南唐书》《金史》并见《古今书刻》和《(嘉靖)建阳县志》的"书坊书目",《古史》见于后者。

---

① 解缙《文毅集》卷一,《文渊阁四库全书》第1236册,第606页。又见陈子龙等编《明经世文编》(中华书局,1962年)卷十一,题作《献太平十策》,第1册,第80页。[]中文仅见《文毅集》,()中文仅见《明经世文编》。

② 徐学聚《国朝典汇》,《四库全书存目丛书》据天启四年徐与参刻本影印,史部第264册,第616页。

(二) 丘濬《大学衍义补》

雷礼《皇明大政记》卷十六"成化二十三年（1487）"十一月下载："礼部右侍郎、掌国子监事丘濬进所著《大学衍义补》，擢礼部尚书，掌詹事府事。""先是，濬以西山真氏《大学衍义》有资治道，而治国平天下之事缺焉，乃采经传子史有及于治国平天下者，分门类辑，附以己意，名曰《大学衍义补》。至是书成，上之。""上览之甚喜，批答有曰：'卿所纂书，考据精详，论述该博，有补政治，朕甚嘉之，赐金币。'遂进尚书，仍命礼部发福建书坊刊行。"①丘濬《重编琼台稿》对其上书过程略有补充，其《进〈大学衍义补〉奏》云："以所撰《大学衍义补》书四套，计四十策，随本上进，谨具题知，钦奉圣旨……誊副本，发福建布政司，著书坊刊行。"②丘濬先献书于孝宗，获孝宗称美，然后由礼部发福建布政司，由地方政府责令福建书坊刊行。《大学衍义补》并见《古今书刻》和《（嘉靖）建阳县志》的"书坊书目"。《古今书刻》"福建府"和建宁"书坊"下都著录此书，可见周弘祖以及明人对书坊书的标准有确定的把握。

(三) 《（天顺）大明一统志》

《大明一统志》，是明代官修地理总志，天顺五年（1461）成书，英宗赐名并作序。此书内府有刻本，成化四年（1468），山西提学副使胡谧建议颁《大明一统志》于天下。雷礼《皇明大政记》卷十四"成化四年"五月记载了此事的来龙去脉："山西按察司提学副使胡谧请颁《大明一统志》于天下，下礼部议行之。礼部乞于司礼监关领原本，付福建布政司书坊翻行。"③《大

---

① 雷礼《皇明大政记》卷十六，《四库全书存目丛书》据万历三十年秣陵周时泰博古堂刊本影印，史部第 8 册，第 387 页。

② 丘濬《琼台诗文会稿重编》卷七，《四库提要著录丛书》据天启丘尔谷刻本影印，集部第 264 册，第 160 页。

③ 雷礼《皇明大政记》卷十四，《四库全书存目丛书》史部第 8 册，第 266 页。

明一统志》，天顺五年由内府刻出，①当皇帝和礼部决定采纳胡谧颁《大明一统志》于天下的奏议后，礼部就必须着手解决书籍来源以及资金问题。虽然内府已有刻本，但初刻书板能刷印多少部呢？再次刷印的纸墨费、颁布天下的运输费如何解决呢？虽然我们不知道出于何种原因，但可以确定的是，此次内府并没有承担提供《大明一统志》用以颁布天下的任务，而是礼部从司礼监"关领"到一本内府已刻好的"原本"作为样书，将之交给"福建布政司书坊翻行"。

如何理解"福建布政司书坊"？从《古今书刻》来看，"福建布政司"确实刊刻过书籍，但未见《大明一统志》，然而《古今书刻》及《(嘉靖)建阳县志》"书坊书目"都著录了《大明一统志》，"付福建布政司书坊"更可能是由"福建布政司"付当地书坊刊刻。现有材料表明，许多府州学确实获得了《大明一统志》的颁降书，如《(万历)吉安府志》卷十五载"吉安府学"、《(正德)建昌府志》卷八"典籍"载建昌府学，②甚至边远的贵州省普安州学也有《大明一统志》颁降书③，但据现有信息，不能确知颁降书是内府本，还是闽本，抑或是其他版本。《南雍志》卷十七《经籍考上篇》著录南监藏有："《大明会典》十套，一百本。内府大字板，全。《会典》，三十本。闽板，全。《大明一统志》，四十本。闽板，全。"(第1402页)可以确定，南监所藏是闽本，可惜不知此本是否是颁降书。《(嘉靖)建阳县志》颁降书目中无《大明一统志》，县学所藏者标明是书坊刻本。

当礼部"付福建布政司书坊翻行"《大明一统志》时，礼部并没有提供资金(至少没有提及此点)给福建布政司，福建布政司是否有固定的财政拨款用以支付中央下达的刻书任务呢？还是暂且利用书坊资金，最终由

---

① 内府本《大明一统志》，国家图书馆有藏本，40册，90卷，半叶10行，每行22字，小字双行同，黑口，四周双边，双鱼尾。《四部丛刊四编》据之影印，第75—87册。又参杜涛《〈大明一统志〉的版本差异及其史料价值》，《中国地方志》2014年第10期。

② 夏良胜纂修《(正德)建昌府志》，《天一阁藏明代方志选刊》据正德本影印，第34册。下引此书，皆本此。

③ 高廷愉纂修《(嘉靖)普安州志》卷三"学校志·书籍"，《天一阁藏明代方志选刊》据嘉靖本影印，第67册。下引此书，皆本此。

获取书的人支付费用呢？如果是后者,又如何体现朝廷“颁书”于“天下”的性质呢？如果礼部令“福建布政司书坊”翻印《大明一统志》,是否闽板必须完全同于内府本呢？撰写《南雍志》时,黄佐或梅鹭根据什么判断南监《大明一统志》是闽板呢？……以下讨论,我们也始终带着这些朴素的问题。

（四）蔡清《易经蒙引》进入“书坊刻书”的过程

蔡清(1453—1508),字介夫,晋江人,成化十三年(1477)福建解元,二十年(1484)进士。其《蔡文庄公集》卷八附录了《奏刊〈易经蒙引〉勘合》和后学薛宗铠《跋易经蒙引》两种文书,保存了蔡清《易经蒙引》一书如何由私家著作进入朝廷认定的“书坊书目”的全过程。明代现存有关献书、书坊刻书勘合并不多见,故征引两文如下:

> 建宁府建阳县为民瘼事,奉府帖抄,蒙钦差提督学校、福建按察司副使高案验,本司关礼房准勘合科付,本年正月十四日,奉都察院“卯”字一千八百十九号勘合札付,内一件进呈遗书事,准礼部咨该本部题,仪制清吏司案呈,奉本部送礼科抄出,直隶松江府推官蔡存远奏:
> “臣谨以父蔡清所著《易经蒙引》全部上进者。……痛念臣父清,平生精力,尽于此书。不幸谢世,未及献呈。而臣忝举乡闱,叨登甲第,所以蒙陛下之恩泽而进身者,皆臣父教以一经而致然也。昔蔡沈著《尚书集传》,真德秀述《大学衍义》,皆尝表献于宋朝,至今传以为著龟。臣乃独抱遗书,不忍湮没于无闻,冒昧来献,将使征信于后代。即不自揣,敬用誊写,上尘陛下乙夜之览。傥或有取其一得,庶几足发乎经学。伏望陛下涣发德音,俯赐收纳,贮之内阁,以备昭代专经之说;颁之礼部,以开天下诸生之学。则亿兆臣民仰见陛下右文之治,皆颙颙然以兴起,而通经学古之士,将辈出以效用矣。……为此,将臣父蔡清所著《易经蒙引》每部二十六册,正、副二部,共五十二册,随本亲赍。”等因。

奉圣旨：这所进书籍，正本，朕留览；副本，发礼部看详回奏。钦此钦遵。抄出送司，案呈到部。臣等详看得，直隶松江府推官蔡存远进呈已故伊父所著《易经蒙引》乞要颁示天下一节为照。

已故祭酒蔡清，潜心易学，专意注疏。平生精力所得，尽在《蒙引》一书。真足羽翼圣经，开示后学。臣等访得天下科举之书，尽出建宁书坊。合无候命下之日，本部移咨都察院，转行福建提学副使，将《易经蒙引》订正明白，发刊书坊，庶几私相贸易，可以传播远迩；就便刊刻，亦不至虚废国财矣。缘系进呈遗书，及节该奉钦依礼部看详回奏事理，未敢擅便。

嘉靖八年九月二十九日，本部尚书李等具题。

十月初一日，奉圣旨：是，钦此钦遵。拟合就行。为此，合咨贵院，烦为转行福建提学副使，照依本部题奉钦依内事理，钦遵施行，等因，移咨到院，拟合就行。为此，合行札，仰本司照依该部题奉钦依内事理，转行提学副使，各钦遵查照施行，等因。依奉备关前来，烦照勘合，备奉钦依内事理钦遵。查照毕日，仍希由关司完报施行。准此，拟合就行。为此，仰抄案回府，着落当该官吏，照依案验，备奉钦依内事理，即便选委《易经》教官一员、生员四名，将《易经蒙引》订正明白，发委建阳县书坊，作速刊刻完备，具由回报，以凭施行，毋得违错，不便抄案，依准呈来。蒙此，备帖到县。（《奏刊〈易经蒙引〉勘合》）①

《易经蒙引》，虚斋先生之所著也，板行于世旧矣。嘉靖己丑，厥子存远君宦松江，乃以其书上请。皇上右文崇教，特赐颁行。命下省部，部下之督学一所高公，公下之邑。邑吏宗铠授之学谕潘君伦，庠生吴东周、黄应魁、黄梦槐、袁鹤龄辈，考订而校是之，付书林叶茂氏锓之梓，以嘉惠天下之士。……窃惟先生刻志阐经，仁之纪也；朝

---

① 蔡清著，张吉昌、廖渊泉点校《蔡文庄公集》，《泉州文库》本，商务印书馆，2018年，第217—219页。

廷敷锡臣民,义之观也;一所公迎遵成命,忠之轨也;节推君克承先志,孝之则也。纪以明道,观以神教,轨以范物,则以立基。吾思天下之志,谓今日之为是举,徒以资其弋声利者之筌蹄也,则表章之命虚,而诸公之志荒矣,于是乎言。

　　庚寅夏之长至,后学揭阳薛宗铠谨跋。(薛宗铠《跋易经蒙引》)①

蔡清子蔡存远,字思毅,号节推,嘉靖五年(1526)进士。有功名后与兄弟以及父亲弟子整理父亲著作②,嘉靖八年在松江府推官任上,以献"遗书"之名目直接向世宗皇帝献父亲所著《易经蒙引》正、副本两部,请求颁示天下。世宗皇帝留下正本,将副本发礼部,请礼部看详回复。当时的礼部尚书是李时,左右礼部侍郎分别是严嵩和湛若水,③礼部尚书等人九月二十九日给出意见,认为此书既可羽翼经书,又能开示后学,宜作为教科书而颁示天下。礼部一边上奏世宗,世宗皇帝第二天就批准了礼部的意见,一边移送咨文至都察院,请都察院转示钦差提督学校福建按察司副使高贲亨④,并请高贲亨保证图书质量,然后发书坊刊刻。礼部说得很明白,此书可通过书坊贸易管道销售,这样有望获得更广泛的传播。

---

　　① 蔡清著,张吉昌、廖渊泉点校《蔡文庄公集》,第219—220页。

　　② 蔡清著作此前有坊刻,也有其弟子之刊刻,嘉靖中由其子及林希元等重新整理。林希元《重刻易经蒙引叙》曰:"虚斋蔡子,以理学名成化、弘治间。《易说》若干卷,坊间有旧刻,顾荒缺弗理,人有遗恨。三子存微、存远、存警,雅嗣先志,各出家本以增较。"(张吉昌、廖渊泉点校《蔡文庄公集》卷八"附录",第219页)又《重刊四书蒙引序》曰:"虚斋蔡子《四书说》十五卷,坊间有旧刻,其徒李子亦刻之蜀,林子病其荒乱弗理也,取而更订之。病其缺逸弗备也,取而补完之。书成,将刻之叶氏。……嘉靖丁亥(六年)中秋日,次崖林希元撰。"(张吉昌、廖渊泉点校《蔡文庄公集》卷八"附录",第220—221页)

　　③ 参《议蚕室桑园》,范钦等编《嘉靖事例》,《北京图书馆古籍珍本丛刊》据明抄本影印,书目文献出版社,2000年,第51册,第72页。

　　④ 高贲亨(1483—1564),复姓金,字汝白,号一所,台州临海人,正德九年(1514)进士,著有《台学源流》《洞学十戒》等。(毛德琦原订,周兆兰重修《白鹿洞书院志》卷八,赵所生、薛正兴主编《中国历代书院志》据宣统二年刻本影印,江苏教育出版社,1995年,第二册,第124—125页)

礼部称在建宁府书坊刊刻为"就便",因为"天下科举之书,尽出建宁书坊",这里有最便利、最经济的刊刻条件;而"不至虚废国财"的说法,表明书坊刊刻这些委托之书应该是有一定的国家补贴的。

礼部文书虽说送至建宁书坊,但实际上下达到"建阳县"书坊,建阳知县薛宗铠(1498—1535)[①]说得很清楚,皇上特赐颁行,命下礼部,礼部下之督学一所高公,高公下之建阳县,县令薛宗铠授之建阳儒学教谕潘君伦,学谕带着县学四位庠生(吴东周、黄应魁、黄梦槐、袁鹤龄)考订校阅,然后付书林叶茂氏锓梓。《易经蒙引》,二十六卷,五十馀万字,嘉靖八年九月底由世宗皇帝转至礼部,都察院嘉靖九年正月十四日发出"卯"字(福建)一千八百十九号勘合到福建按察司,督学发县,县令委托县教谕和庠生校正,交书坊刊刻,至晚至嘉靖九年七月底已刻成,八月初一夏至日薛宗铠已为之作跋。由中央机构申请至刻成书历时约一年。此书见载《(嘉靖)建阳县志》"书坊书目"。

由此事可知:直至嘉靖时,建阳书坊都被认为是明代教科书的主要刊刻地;明代献遗书活动是常规性的,并非仅限于建国初;明代礼部对所献之书有较大的处理决定权;皇帝特赐颁行、经由礼部认定的图书也可以利用书坊的刻书便利条件和书坊的销售管道;国家委托书坊所刻之书,国家应当会以某种方式承担一定的费用,国家、政府和建阳书坊间的合作应该是双赢的;只有经过一定的国家审批制度的书坊书才可能进入《古今书刻》"书坊"、《(嘉靖)建阳县志》"书坊书目"之中。

(五)嘉靖十一年(1532)官府与建阳书坊合作的一次大批量教科书刊刻

丁丙《善本书室藏书志》、叶德辉《书林清话》收录了嘉靖十一年福建等处提刑按察司发给建宁府的一道牒文,丁丙(1832—1899)云从嘉靖闽中刊本《礼记集说》中录出此文,叶德辉(1864—1927)云从《春秋四传》

---

① 薛宗铠,字子修,号东弘,潮州揭阳人,嘉靖二年(1523)进士。张廷玉等撰《明史》卷二〇九有传(第5522—5523页)。

《春秋》胡、左、公、縠四传）中录出①，依牒文内容，此牒文应该还刻在这次教科书整顿后所刊刻的《书》、《诗》、《四书》、程颐《易传》、朱熹《周易本义》等书之中。兹引丁丙《藏书志》此段，将《书林清话》牒文中异字以［］、增删字以〇，Lucille Chia 书影异文以（）附后。《藏书志》卷二"《礼记集说》三十卷明嘉靖闽中刊本"条曰：

> 前为后学东汇泽陈澔自序，次为《礼记》篇目序，后列嘉靖十一年十二月日"福建等处提刑按察司为书籍事。照得'五经''四书'，士子第一切要之书，旧刻颇称善本。近时书坊射利，改刻袖珍等版，款制褊狭，字多差讹。如'巽与'讹作'巽语'，'由吾［古］'〔讹〕作'犹吾［古］'之类，岂但有误初学，虽士子在场屋，亦讹写被黜，其为误亦已甚矣。该本司看得书传海内，版［板］在闽中，若不精校另刊，以正书坊之谬，恐致益误后学。议呈巡按察院详允会督学道选委明经师生，将各书一遵钦颁官本，重复校雠，字画、句读、音释，俱颇明的。《书》《诗》《礼记》《四书》传说〔款识（制）〕如旧。《易》经加刻《程传》，恐只穷本义，涉偏废也；《春秋》以《胡传》为主，而《左》《公》《縠》三传附焉，资参考也。刻成，合发刊布。为此牒仰本府著落当该官吏，即将发去［出］各学［各书］，转发建阳县。拘各刻书匠户到官，每给一部。严督务要照式翻刊。县仍选委师生对同，方许刷卖。书尾就刻匠户姓名查考。再不许故违官式，另自改刊。如有违谬，拿问重罪，追版划毁，决不轻贷。仍取匠户不致违谬结状同依准缴来。〔嘉靖拾壹年拾贰月〇〇日〕故牒建宁府。"此虽《礼记》一书，足概明时法制谨严，垂宪经籍之义。是刻每半叶九行，行十七字，小字双行，版心上下黑口，工匠人名作白文。②

---

① Lucille Chia, *Printing for Profit*，第 35 页牒文影像文近叶德辉所引。

② 丁丙《善本书室藏书志》卷二［丁丙著，曹海花点校《善本书室藏书志（外一种）》，浙江古籍出版社，2016 年，第 1 册，第 98—99 页，下引此书，皆本此］；叶德辉著，漆永祥点校《书林清话》卷七"明时官刻书只准翻刻不准另刻"条（北京联合出版有限公司，2018 年，第 227—228 页，下引此书，皆本此）。

牒文指出，"书坊"为降低成本，"改刻袖珍等版"，又为省校对费用或急于面世等原因导致书籍"字多差讹"。既然国家还是不得不利用书坊力量生产教科书，自然需要对书坊刻书生产严格要求并严格管理，但牒文最后"拘各刻书匠户到官，每给一部……"，似乎被加强管理的是匠户而非书坊，这颇令人迷惑。明代沿袭元代匠户制度，将人户分为"民户""军户""匠户"等，"匠户"中确实有"刊字匠""印刷匠"等与刻书有关的类型，可是，明代匠户对国家有服役的义务，即付出自己劳动，刊字匠、印刷匠等"每日绝早入局""抵暮方散"，他们应该没有经济能力提供他们被要求制造之物的成本，也不应该拥有所制造之物的产权。所以，刊字匠、印刷匠为减少工作量少刻或刷印得马虎可以理解，但改版这些减少刻书成本的事他们如何做到，即使做到了，对他们有什么好处呢？牒文以"追版划毁"威胁这些刻书人，如果这些刻板不属于他们，"追版划毁"如何能构成威胁呢？牒文中"方许刷卖"的话也值得注意，它表明这里的"匠户"最关心的是"刷"了"卖"，"卖"是这里所谓"匠户"的真实身份。所以，这里的"匠户"不是指明代户籍制中的"匠户"①，而指民户中的作为职业类型的书坊商人，即牒文中两次提到的"书坊"②。

从牒文的内容看，提刑按察司、建阳县都不担心刻书的任务派不出去，可见书坊还是乐意接受这一官方委派的，接受委派的书坊，会获得官方的"依准"文书。书坊最急的是"刷卖"，可见，"刷卖"对书坊而言意味着获利。官府的职责是保证内容正确和相对宽大的适宜阅读的版型（此

---

① 明代匠户分轮班匠和住坐匠两种，轮班匠归工部主管，住坐匠又分民匠与军匠，民匠归内官、军匠归各都卫所管辖，如果此处"匠户"确实为户籍中的"匠户"，则按察司牒文应该不仅下达建阳县。

② 李子归《明代建阳的书户与书坊》认为此牒文中"刻书匠户"即是前文的"书户"，在此文的语境中，是合理的。慎独斋刊本《文献通考》卷三四八末刊记："正德十六年十一月内，蒙建宁府知府张、邵武府同知邹同校正过，计改差讹一万一千二百二十一字，书户刘洪改刊。"另正德三年刘弘毅被指定刊刻《山堂考索》后，知县区玉称其为"义士"，又减免其一年徭役，可见刘洪虽自称书户，但并无一定要刻官府委派之书的义务。欲在民户系列中设立"书户"，资料太少，恐难成立。

次刻书每半叶 9 行,行 17 字,比较疏朗好用)。牒文给出了官府为什么要保证教科书内容正确的原因,但对为何反对书坊改版成袖珍本、为何规定版式只字未提,以我们现在的一般理解,教科书相对宽大的版本是为了保护青年学生的视力,或许明代政府也有这样的考虑,因为明代这些教科书,相对于现在的学生教材,更换频率更慢,使用年限更长,甚至可以终生使用。如果是书坊的完全自负盈亏的刊刻,袖珍版因书价低而吸引消费者,其存在是市场选择的结果,官府为什么要干涉呢? 联系上文官府委托书坊刊刻,书坊可能获得官方经费补贴之说法,官府对版式的要求就比较合理了。我给你补贴以保证教科书的适宜阅读,你书坊改版降低费用,就是侵吞了部分补贴,在这一意义上,牒文中"书坊射利"之语才真正有了着落。

牒文称原教科书为"旧刻善本",后来这批教科书,被缩小了版式,且校对不精,很是混乱了一阵子,因而引起了官方重视,所以嘉靖十一年,依"钦颁官本""严督务要照式翻刊。县仍选委师生对同"。这次书坊刻出的书要接受检查,合格者方获得官方的"不致违谬"的"结状",然后连同"依准"文书一起交到建宁府,此次刊刻才算结束。由此可见,利用书坊刊刻教科书,如果监管不力,书坊就可能钻政府监管漏洞,为增加自己的盈利而在出版物上动手脚。

从以上诸例来看,明代中央和福建地方都没有常设的对书坊出版教科书把关和监管的学术和行政领导机构,当教科书问题非常严重,引起了舆论的重视时,中央部门才可能派人过问此事,校对人员也是从建阳县学临时抽调,所以终明之世,教科书问题一直存在。中央和地方政府对教科书刊刻有规定,但没有常设管理机构,书坊应该按规定刊刻,但翻刻、另刻在在有之,当中央或地方政府获知教科书问题严重时,就会管一管,然后书坊的这一部分刊刻就合乎标准一些,政府监管一松弛,书坊又开始投机取巧,政府和书坊间始终处于博弈之中。上引丁丙"明时法制谨严"语,又叶德辉云"明时官刻书只准翻刻,不准另刻",就都不能一概而论,叶德辉云此为"官刻"也不十分准确。

三、从建宁地方官刻书看明代书目、地方志中之"书坊"书

上文已述,明人认为"考亭之泽,实在此邦(建宁)",不论是物质条件、文化传统还是社会观念等方面,明代建宁都天然地具有传承文化的便利条件和使命。可能也因为如此,明代官于建宁者不少都有强烈的文化自觉。徐渭代人所写的《送通府王公序》说建宁:"其大贤鸿儒,则有朱、蔡、游、胡、魏、真之辈,其他支裔,不可胜数,濂洛所不敢轻,而关汾所不能窥也。其图籍书记,辐辏错出,坊市以千计,富家大贾所不能聚,而敏记捷视之人穷年累月所不能周也。"所以,"凡官建宁者……访古问道,则必寻朱、蔡诸贤之里,而拜揖徘徊于其间。至于观览者,亦必求之于建阳之肆,盈箧笥而后已"。① 除了买书,这些官员也有刻书的便利和使命。但据《古今书刻》统计,福建布政司刻书在全国十三省中仅处第七位,按察司刻书排第三位,但按察司刻书数量都不大,故没有绝对的数量优势;②建宁府刻书数量虽然在福建省内最多,但仅比福州府多1种,如果与外省州府比,则其不及浙江的杭州府、嘉兴府、宁波府、金华府、处州府,也不及江西的南昌府、吉安府、建昌府、临江府、赣州府、瑞州府,甚至不及陕西西安府。可见,官于福建,特别是官于建宁者的刻书优势不是体现在官方刻书,主要还是在于利用书坊力量。但书坊所刻之书,有的能进入官刻序列,有的能进入"书坊书目",有的则不能,其中重要的标准应是资金和板权归属,资金来自建宁府,书板归建宁府,则为建宁府所刻,即使资金中有官员捐俸或地方人士捐赠;向政府申请并得到政府(比如礼部)认定再委托书坊刊刻的书籍则可进入上云"书坊书目";未向政府申请或未得到政府认定,资金来自私人的书籍则不得列入"书坊书目"。就现有材料,天顺、成化间福建提学佥事游明,成化间右副都御史

---

① 徐渭《徐渭集·徐文长三集》卷十九,中华书局,1983年,第525页。

② 据《古今书刻》,明代十三省布政司、按察司刻书数量分别是浙江8部、6部,江西21、16,福建18、10,湖广7、17,河南21、3,山东20、6,山西21、3,陕西25、0,四川13、3,广东17、2,广西2、3,云南25、6,贵州7、1。

巡抚张瑄、福建按察司金事余谅、巡抚张世用,正德间巡按御史贺泰,嘉靖间福建按察副使潘潢、御史曾佩、李元阳,嘉靖间福建提学副使汪佃①、宗臣,天启间监察御史乔承诏等都有刻书,兹就嘉靖前几种书的刊刻情形来讨论"书坊书目"之性质。

(一)天顺、成化间福建提学金事游明所刻书

游明(1413—1472),字大昇,江西丰城人。正统九年(1444)举人,景泰二年(1451)进士。天顺末[约天顺六年(1462)、七年(1463)]为福建按察司金事提督学政,来福建后,修茸宋代福建理学家杨时(1053—1135,南剑州将乐人)、罗从彦(1072—1135,南剑州剑浦人)、李侗(1093—1163,南剑州剑浦人)祠以及书院,遍历八府五十馀学,严考生员,三任福建提学,时任官员、学子尤以为不足,都御史滕昭又奏请留任,加按察副使,仍督学政,在闽主学政十馀年,成化八年(1472)卒于任上。闽士为其绘像,将其与在福建首设乡校并使福建风俗一变的唐福建观察使常衮合祭。② 刻书是游明在福建施行文教建设的一部分,今存其天顺末、成化中所刻三种书:《史记集解索隐》《宋史全文》和《论学绳尺》。

《史记集解索隐》一百三十卷,陆心源《游明本史记跋》著录此书每叶二十八行,每行二十五字,判断其是从元中统本翻雕,并认为此书的行款、纸质与建安余氏勤有堂所刊相似,"疑为大昇官福建时所刊,当有序

---

① 嘉靖十六年(1537)汪佃为李元阳校刻本《班马异同》作后序,其云:"余校书于建,将携刻焉,既中尼不行,乃今复官于兹。一日侍御中黢李公出所辑《史记题评》一帙,将校刻以广其传。"(倪思《班马异同》,《四库全书存目丛书》据南昌图书馆补本影印,史部第 1 册,第 310 页)"余校书于建",应指其嘉靖五年至建审核教科书事,"复官于兹",指嘉靖十六年其以福建提学副使再至福建。

② 据何乔新《椒丘文集》卷一二《宪副游公挽诗序》"成化八年冬十一月福建按察副使丰城游公以疾卒于官寮"(《域外汉籍珍本文库》据嘉靖五年广昌知县余氏刊本影印,第三辑集部第 10 册,第 359 页)、卷二四《纪梦》诗序(第 475—476 页),杨守陈《杨文懿公文集》卷一五《东观稿·送游大昇序》(《四库未收书辑刊》据弘治十二年杨茂仁刻本影印,北京出版社,2000 年,第五辑第 17 册,第 515 页),章潢《(万历)新修南昌府志》卷一九本传(《日本藏中国罕见地方志丛刊》据日本内阁文库藏明万历十六年刻本影印,书目文献出版社,1990 年,第 5 册,第 406 页)等。

跋,必为书贾割去耳。明成化以前刊本与元本款式相仿,书贾往往割裂以充元椠"。①余氏勤有堂弘治前衰落,但成化前仍不失为建阳渊源有自的书坊。叶德辉《书林清话》卷五"明人刻书之精品"条一方面沿用陆心源"是书行款纸质与建安余氏勤有书堂所刊相似"之推测,一方面又云:"明人家刻之书,其中为收藏家向来珍赏者,如丰城游明大昇翻雕元中统本《史记集解索隐》一百三十卷。"②定此书为家刻本。考虑到游明的学政身份、其刻书之多,此书的规模之大、其基本典籍的性质以及纸张行款与建安勤有堂刊刻的相似性等,在没有更多材料可以确认此书为家刻本的情况下,放在政府利用书坊刊刻基本典籍之背景中考虑,游明本《史记》与其说是家刻,其属于官府委托书坊之刻书的可能性似乎更大。《古今书刻》《(嘉靖)建阳县志》"书坊书目"都载有《史记》,可惜没有提供注释信息。③

游明校正《宋史全文》,吴寿旸《拜经楼藏书题跋记》、瞿镛《铁琴铜剑楼藏书目录》(卷九,第178—179页)都误游明本为元板书,陆心源作了驳正。④元刻本目录前有刊书人木记题识云:

> 《宋史通鉴》一书,见刊行者节略太甚,读者不无遗恨焉。本堂今得善本,乃名公所编者,前宋已盛行于世,今再绣诸梓,与天下士大夫共

① 陆心源《仪顾堂集》卷一六,《续修四库全书》第1560册,第560页。游明本《史记》,森立之《经籍访古志》卷三云昌平学藏《史记》七十卷"为"元椠本",但书首题有"丰城游明大昇校正新增"十字(《古书题跋丛刊》,学苑出版社,2009年,第33册,第184—185页)。《中国古籍善本总目·史部》云国家图书馆藏此本为"天顺游明刻本"。(翁连溪编校《中国古籍善本总目》,线装书局,2005年,第208页)

② 叶德辉《书林清话》卷五,第163—164页。

③ 陆心源《游明本史记跋》云此书:"当有序跋,必为书贾割去耳。明成化以前刊本与元本款式相仿,书贾往往割裂以充元椠。此其一也。"此书倒无书以明本充元本的实证,但陆心源原藏后流入静嘉堂的游明校正《论学绳尺》倒确被伪造成了元本。参慈波《〈论学绳尺〉版本问题再探》,《文学遗产》2015年第4期。

④ 陆心源《仪顾堂集》卷一六《游明本史记跋》《游大昇本宋史全文跋》,《续修四库全书》第1560册,第560、561页。

之。诚为有用之书,回视它本,大有径庭,具眼者必蒙赏音。幸鉴。①

据此题识,藏书家皆以此书为坊刻,如吴寿旸云据是书,可知"元时坊刻之精审"②;彭元瑞等《天禄琳琅书目后编》卷九云此书有"书贾作伪之拙也",但不妨碍其赞美此书"援据极富,中多两宋轶籍,锓手款式俱古雅"③。今存元刻本有此木记,游明本保留了这一木记,④除表明翻刻元本外,或许也表明了游明借助于建阳坊刻推动了此书的刊刻和销售。《(嘉靖)建阳县志》"书坊书目"此书后附注曰:"已上六史,今反俱废。"嘉靖时此书建阳版之废,或许可以解释此书在之后传本甚稀的现象,陆心源云此书:"传本甚稀,未可以明椠薄之。"⑤

宋魏天应编选《论学绳尺》,选南宋科场论体优胜之作,林子长为之笺释,但元代至其末年才开始组织科举考试,考试又以赋易论,所以此书在元代不显,收藏甚少。明代科举颇复宋制,以论取士,游明认为此书有助于明代科场作文,在其为福建学政后,搜集、整理、刊刻了此书,此书成为畅销书。黄佐《翰林记》卷十四"考会试"条"按"曰:"国朝以文取士,大概以词达为本。天顺间晚宋文字盛行于时,如《论学绳尺》之类,士子翕然宗之,文遂一变。"⑥甚至认为,此书的畅销让明代文风随之一变。《论学绳尺》入《古今书刻》《(嘉靖)建阳县志》两种"书坊书目",是官府与建阳书坊合作的成功范例。游明重辑此书全名"批点分格类意句解论学绳尺行文要法",目录第四行为"福建按察司佥事游明大昇重辑校正",《题辞》以及其后牌记交代了编辑、刊刻此书的过程:

---

① 《中华再造善本》据复旦大学图书馆、中国国家图书馆藏元刻本影印,北京图书馆出版社,2006 年。

② 吴寿旸《拜经楼藏书题跋记》卷二"《宋史全文》"条,《续修四库全书》第 930 册,第 395 页。

③ 彭元瑞等《天禄琳琅书目后编》卷九,《明清以来公藏书目汇刊》第 4 册,第 454 页。

④ 郭立暄《中国古籍原刻翻刻与初印后印研究·图版编(通论)》有元本、游明翻元本木记页书影,中西书局,2015 年,第 49 页。

⑤ 陆心源《仪顾堂集》卷一六《游大昇本宋史全文跋》,《续修四库全书》第 1560 册,第 561 页。

⑥ 黄佐《翰林记》,《金陵全书》据振绮堂藏抄本影印,南京出版社,2016 年,乙编,第 44 册,第 410 页。

《论学绳尺》，予初闻其名于太学，而后于乡之宿儒袁氏家得其丁、癸二集，辄付子侄录之，以为法程。及奉命至闽，以董事为职，遍询是集，无能知者，遂命诸生博访于儒家，乃于福州得其丙、丁、戊三集，继于兴化得其甲、己二集，然皆故弊脱略，而所抄多缺文。方以简策散逸，莫得其全为恨，适侍御六安朱公从善来按闽，因得誊其乙集，且资其丙、丁集以补遗。既而宪副四明余公允清来抵任，复得抄其庚、辛二集，而赖其戊、己集以补缺。壬集则侍御莆田杨公朝重自吾西江采录以遗，与予家旧录癸集皆至焉。于是散者复合，缺者亦庶几复全矣。……今观是集……其加惠学者之意亦深矣，宜其盛行于世也。独惜其所笺解者或以《孟子》之言而误为《论语》……若此类者，皆其小失耳，何可以此短之邪？顾今所辑录者犹颇缺略，是以忘其愚鄙，妄以己意补其缺文，于其避讳，如易“桓”为“威”之类，悉改正之，于所释之未切当者，略增损于其间，又考诸经传子史，以订其讹误。编成，其敢复私于家哉？必欲与四方学者共之，爰命书林锓梓以广其传。至有文亡而犹存其题者，庶同志之士录示以补之也。……是用述其梗概，以冀名公巨儒为之序引于编首，俾学者知所自云。

时成化己丑二月丁未丰城游明谨识。

按旧本于己集则云：前刊五集已盛行于世，今再依前式续三集。又于壬集则云：前刊八集，天下学者得之，胸中已有一定之绳尺，再续壬癸。是盖三次编选而后成也。今所采辑则又倍之，故去其说而约其意于此。幸鉴。[1]

游明自读书时就开始关注《论学绳尺》，为能复现一部完整的《论学绳尺》，从江西宿儒到闽地同僚，从私家到福建各儒学，都尽力加以搜求，最终凑齐了十集，当然不能“复私于家”，他以福建提学的身份，“爰命书林锓梓以广其传”，透露出书林与官方的合作关系，这是此书能进入《古今书刻》《(嘉靖)建阳县志》“书坊书目”的原因。

---

① 魏天应《批点分格类意句解论学绳尺行文要法》，日本内阁文库本。

（二）成化十六年福建提刑按察司佥事余谅刻丘濬《家礼仪节》

余谅，字以贞，广东新会人，天顺八年(1464)进士。成化十年(1474)已在福建提刑按察司佥事任上，因入京遇同省丘濬，获其《家礼仪节》一书，以为有益于世用，故带回建阳刊刻。正德十三年(1518)直隶常州府重刻《文公家礼仪节》本卷八末"书坊记"保存了这些信息：

> 《家礼仪节》初刻于广城，多误字，后至京师，重校改正，然未有句读也。窃恐穷乡下邑初学之士卒遇有事，其或读之不能以句，乃命学者正其句读，适福建佥宪古冈余君谅及事来朝，谓此书于世有益，持归付建阳书肆，俾其翻刻以广其传云。成化庚子秋八月吉日谨识。
>
> 正德戊寅孟秋吉日直隶常州府重刊。①

《家礼仪节》初刻于广州，但误字多，故丘濬校对改正，考虑到家礼亦为一般民众所需，为照顾初学之人的阅读能力，他请学者对《家礼仪节》施加标点。余谅带回建阳书坊翻刻的就是这一标点本。"书坊记"只说余谅"付建阳书肆，俾其翻刻"，没有说明出资情况，但《古今书刻》《(嘉靖)建阳县志》两家"书坊书目"都列有《家礼仪节》一书，可见此书应进入了政府审批系统。此后有弘治三年(1490)顺德知县吴廷举刊本，无句读。② 或有弘治十年刊本。③ 正德十三年常州府本翻自余谅成化庚子(1480)本，有句读。

正德年间应有一个翻刻此书的高潮，今甘肃省图书馆藏有直隶太平府正德十二年(1517)刊本，题作《文公家礼仪节》，无句读；同年有应天府刻本，无句读。之后有一系列重订本。如卷端题"宋新安朱熹编""明成

---

①　傅增湘《藏园群书经眼录》卷一"《文公家礼仪节》"条，中华书局，2009年，第53页。

②　今存最早版本是弘治三年吴廷举刻本，哈佛燕京图书馆藏有一部，吴廷举成化末至弘治间为广东顺德知县十年，吴廷举本或从广州初刻本而来吗？

③　日本岛根县立图书馆有弘治十年本《文公家礼仪节》(立命馆大学广泽裕介教授告知)。

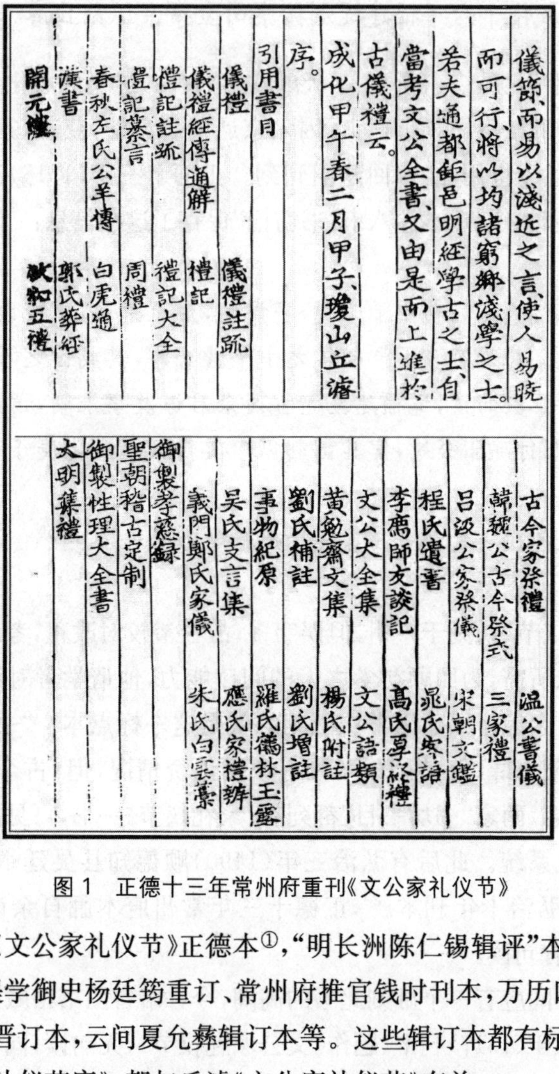

儀節,而易以淺近之言,使人易曉
而可行,將以均諸窮鄉淺學之士。
若夫通都鉅邑明經學古之士,自
當考文公全書,又由是而上進於
古儀禮云。
成化甲午春二月甲子,瓊山丘濬
序。

引用書目

儀禮	
儀禮經傳通解	禮記
禮記註疏	禮記大全
禮記纂言	周禮
春秋左氏公羊傳	白虎通　郭氏葬經
漢書	
開元禮	沈知五禮

古今家祭禮	溫公書儀
韓魏公古今祭式	三家禮
呂汲公祭儀	宋朝文鑑
程氏遺書	晁氏客語　宋氏家禮
李德師支談記	髙氏尊彝禮
文公大全集	文公語類
黃勉齋文集	文公附註
劉氏補註	楊氏增註
事物紀原	劉氏增註
吳氏支言集	羅氏篇林玉露
義門鄭氏家儀	應氏家禮辨
御製孝慈錄	朱氏白雲集
聖朝稽古定制	
御製性理大全書	
大明集禮	

图 1　正德十三年常州府重刊《文公家礼仪节》

都杨慎辑"《文公家礼仪节》正德本①,"明长洲陈仁锡辑评"本,万历三十六年南畿提学御史杨廷筠重订、常州府推官钱时刊本,万历四十六年丘濬辑、何士晋订本,云间夏允彝辑订本等。这些辑订本都有标点,都收丘濬《文公家礼仪节序》,都与丘濬《文公家礼仪节》有关。

---

① 此本杨慎《家礼叙》末署"正德庚寅岁七月壬寅将还滇,谨题于篇首。成都杨慎",然正德无庚寅年。

（三）正德六年巡按福建御史贺泰、建阳县令孙佐校刊《唐文鉴》

"文鉴"系列文集，最早有吕祖谦《宋文鉴》，此书明人所见有数个宋本，季振宜藏有"元板《宋文鉴》百五十卷"①，明代刊刻亦多，最早是天顺八年（1464）提督浙学宪副张和与严州太守张永刊刻的严州府本，严州府本翻刻自宋麻沙刘将仕刻本，②此书见《古今书刻》浙江"严州府"下。严州知府胡韶弘治间又有刻补本，胡韶后将书板送南雍保存以嘉惠天下之士，又有正德十三年慎独斋本、嘉靖五年晋藩刊本等（详下）。③

西、东《汉文鉴》，弘治间，安仁县令冼光据宋版重刻，江西提学副使邵宝为之作序曰：

> 顷者，训导黄云自瑞州来，视予《西汉文鉴》一编，则宋人陈鉴氏所集，凡汉文之散见于纪传及《选》《苑》诸书者皆在焉，意柳子所谓森然者，殆不过是，是可传已。安仁冼知县光重刻之，而请予序……云所藏本本宋刻，其简帙甚约，于简阅为便，今稍加于旧，凡若干卷，皆贵溪诸生郑寅所校也。同刻者，又有《东汉文鉴》若干卷。④

冼光所据原刻乃宋巾箱本，冼光重刻"稍加于旧"，所以弘治本两汉《文鉴》也是巾箱本。⑤

---

① 季振宜《季沧苇藏书目》，《续修四库全书》第 920 册，第 614 页。

② 参郭立暄《中国古籍原刻翻刻与初印后印研究·图版编（通论）》"046《新雕皇朝文鉴》"，第 89—93 页。

③ 参李建军《宋人选宋文之典范——〈宋文鉴〉编纂、价值及影响考述》，《古籍整理研究学刊》2011 年第 6 期。

④ 邵宝《重刊两汉文鉴序》，《容春堂前集》卷十四，《容春堂集》，《原国立北平图书馆甲库善本丛书》据华希闳校刊本影印，第 725 册，第 872 页。

⑤ 《西汉文鉴》，14.2 厘米×10.1 厘米；《东汉文鉴》，14.9 厘米×10.1 厘米，两书都有刘弘毅慎独斋刻本。参王重民《中国善本书提要》，第 455 页。

有感于"两汉《文鉴》……《宋文鉴》……并行于世远矣,惟唐一代阙焉,未有以传",正德五年,巡按福建御史贺泰①"仿汉、宋《文鉴》","遍阅唐书及诸典籍所载奏议、表、记、策、赋,凡有关于治道,有裨于风教者,悉萃为一部",梓之②,即《唐文鉴》。是书二十一卷,与《西汉文鉴》(二十一卷)、《东汉文鉴》(二十卷)篇幅相当。书编成后,贺泰请建阳知县孙佐校刊。据《(嘉靖)建宁府志》,孙佐,江西清江人,正德五年任建阳知县③。《唐文鉴》正德六年刻成。秦镛《(崇祯)清江县志·人物志》云孙佐"知建阳县有声,刊布《二程全书》,升知宾州"④,刻书是孙知县政治声誉的重要方面。或许是在孙知县任上,《宋文鉴》、《唐文鉴》、两汉《文鉴》进入政府委托书坊刊刻的基本书籍序列之中,《古今书刻》《(嘉靖)建阳县志》"书坊书目"都著录了诸《文鉴》。终明之世,《唐文鉴》与两汉《文鉴》都保持了巾箱本的形制。⑤

① 贺泰,字志同,吴县人,弘治十二年(1499)进士,正德五年为巡按福建御史。

② 正德五年建阳知县孙佐校刊《唐文鉴》,《四库全书存目丛书补编》据正德六年孙佐刻本影印,齐鲁书社,2001年,第11册,第494页。范邦甸《天一阁书目》卷四之三集部《唐文鉴》"二十一卷"条,《续修四库全书》第920册,第270页。

③ 汪佃等修纂《(嘉靖)建宁府志》卷五,《天一阁藏明代方志选刊》据嘉靖本影印,第27册。下引此书,皆本此。

④ 据《(崇祯)清江县志》卷七《人物志》,孙佐,字朝相,号南洲,正德三年(1508)进士。《四库全书存目丛书》据崇祯本影印,史部212册,第288页。

⑤ 钱谦益《绛云楼书目》"文总集类"载其藏有"宋板《西汉文鉴》、宋板《东汉文鉴》、宋板《唐文鉴》"(《稿抄本明清藏书三种》,北京图书馆出版社,2003年,第617页),"宋板《唐文鉴》"或为范祖禹《大唐文鉴》吗?《大唐文鉴》二十四卷,篇幅与诸《文鉴》相当,丁丙《善本书室藏书志》著录一部明刊本,判断"似翻麻沙坊本"(卷十四"史部·史评",第2册,第574页),钱谦益所藏或即此类宋板吗?丁丙《善本书室藏书志》卷十四有《东莱先生音注大唐文鉴》(第2册,第574页),张金吾《爱日精庐藏书志》卷十九两汉《文鉴》下云编者陈鉴亦编有《唐文鉴》,但这两本书鲜见于明代书目。是否可能因三本书同式而绛云楼将明人编《唐文鉴》误为宋版呢?又贺泰所编《唐文鉴》,《四库全书总目》(卷一九二《唐文鉴》提要)言其为"明代书帕之本",丁丙《善本书室藏书志》(卷三十九《唐文鉴》条)称此书:"所采体例杂糅,榛楛勿剪,殆书帕本之属欤?"(第6册,第1674页)

（四）从《周礼集说》《古文苑》等不入"书坊书目"看进入书目的可能条件

成化十年（1474），福建巡抚张瑄①在福建书坊刻印了宋末遗民陈友仁所编的《周礼集说》，此书虽请建阳书坊刊刻，但应该未进入官刻或官方应允的书坊刊刻系列。张瑄《题周礼集说后》说得很清楚：

> 《周礼集说》附以《复古编》，皆元儒之所辑录，校点精详。先君子布政府君为县时，公退，手是编不释……谓瑄曰：此周公致太平之书，吾家旧藏写本，有志当世，非此不可，与其私于家，孰若公于人，吾力不逮，小子慎藏之，他日梓行以广其传，庶几有执此以往者矣。瑄受而读之，广大精微，巨细不遗……挈之来闽，捐俸赀命建阳书坊刻之，成吾先君子之志。……
>
> 成化甲午夏六月之吉，刘俨榜进士、诰进正奉大夫、正治卿、奉

---

① 张瑄，字廷玺，应天府江浦人，正统七年（1442）进士。迁吉安知府，有治绩，成化初，擢广东布政使，成化八年（1472）以都察院右副都御史巡抚福建，十年归京，累官至南京刑部尚书。此据陈道、黄仲昭《（弘治）八闽通志》卷三十"秩官·巡抚"（《四库全书存目丛书》据弘治本影印，史部第177册，第748页）、《（万历）应天府志》及《明史》本传。张瑄《题许白云先生文集后》："二十六年前，余从今国学李先生游，得《许白云先生文集》一帙，爱之不啻拱璧，惜誊写不佳。后官比部，命胥吏沈纯者录出，欲刊行之，顾力有未逮。及为郡于吉，迁广藩，力可为矣，而庶政填委，北陌南阡奔走之不暇，劢勤抢攘，事有急于此者……姑藏之以俟时云。成化乙酉（元年，1465）冬十月谷旦后学江浦张瑄谨书。"（许谦《许白云先生文集》，《四部丛刊续编》据明正统刊本影印，第93册，第209—210页）张瑄步入仕途后，就想刊刻图书，但早期没有经济能力，自为吉安知府，又迁广东布政使后，经济能力虽具备，但公务繁忙，无暇及之。次年（成化二年，1466），陈相为监察御史巡按广东，在陈相的帮助下，张瑄刊刻了元代许谦的《白云集》。《白云集》委托广东学校或书院（学舍）刊刻，陈相《许白云先生文集序》曰："海内论乡学渊源之懿、师友继承之笃，盖莫如吾婺。……近吾忝第贤科，拜宪职，出巡东广，偶与方伯江浦张公论事之暇，谈及吾婺在昔理学之盛，忽袖出许公《白云集》写本四卷见示，且曰：'欲刻之未能。'……因节廪食之馀助方伯公购梓之庠舍，以嘉惠来学。……成化二年岁次丙戌春正月既望后学金华陈相序。"（第93册，第2—5页）此书出资及归属当为张瑄、陈相，故未入《古今书刻》"广东"各官刻书目。

敕巡抚福建、都察院右副都御史江浦张瑄谨题。①

张瑄不是通过礼部或地方政府核定而委托书林刊书,故此书不入《古今书刻》《(嘉靖)建阳县志》"书坊书目"。

成化十八年(1482),福建巡按监察御史张稷请建阳书林刊刻了宋章樵注《古文苑》②,刊刻前张稷请福建布政司右参议张琳(1438—1506)作序,又请当地闻人蔡清作后序。成化本《古文苑》前张琳序曰:

> 成化岁壬寅,琳释忧复参闽藩,案牍之暇,巡按豸史淮南张公世用间进台下,出示所藏章樵重订唐人所编《古文苑》,且欲发诸建阳书肆寿梓广传,以开人入古之径,命琳叙之。
> 是岁十二月立春癸未勾馀后学张琳书。③

蔡清《古文苑后序》亦云:

> 逮更世以来,其传在人间者几绝矣。今侍御宝应张公世用得抄本焉,按节吾闽,暇日因出以示清,且曰:"吾尝以历代文章气韵求之,及参以前辈二三君子之论,是编虽未及纯乎古,固亦近乎古者,而世之学者之不及见亦久矣。吾今将以播之梓,盍为我识一言邪?"清以肤浅,固辞不得。於戏!斯文一脉至我朝盛矣。自六籍、四书

---

① 陈友仁编《周礼集说》十二卷附《复古编》一卷,明刻本。此书,瞿镛《铁琴铜剑楼藏书目录》卷四误将建阳书林写成"建阳书院"(《续修四库全书》第 926 册,第 92 页)。

② 成化十八年张世用建阳本翻刻自宋常州军刻本,参郭立暄《中国古籍原刻翻刻与初印后印研究·图版编(实例)》,中西书局,2015 年,第 55 页。

③ 章樵注《古文苑》,成化本。张琳自称勾馀人,萧良幹等《(万历)绍兴府志》(万历刻本)卷三二《选举志·举人》"成化元年"下有张琳,下注"复姓史"(《四库全书存目丛书》史部第 201 册,第 127 页)。雷礼辑,徐鉴补《国朝列卿年表》卷五三"都察院左右都御史"作"史琳"(《中国古籍珍本丛刊·天津图书馆卷》据万历四十六年刻本影印,国家图书馆出版社,第 12 册,第 369 页)。

而下,诸子百氏及诸传记,凡人间昔所未有者,往往以次而出,至于文章之集,若《文选》及《文粹》《文鉴》《文类》之属,所以供学者之玩者,又不知其几,然犹未得见《古文苑》也。今张公复为梓行之,使学者复得增许多见闻,学者之生斯世,何其幸哉!故是编之传,愚以为益足以征我朝文物之盛也。……是编之传,愚又窃以为公喜,而其所以喜者,则有在于刊书之外也。①

据过庭训《本朝分省人物考》,张稷(1437—1485),字世用,宝应人,弱冠为县学生,聪颖超群,但乡试颇不顺利,成化四年"始举乡贡",成化八年登进士第,任职户部,有能声,为太常博士数年,被简为四川道御史,监光禄寺。② 成化十八年巡按福建。③ 史家记述张稷任职福建期间的作为与前文所述游明十分相似,其虽非提学,但"尤重文教,以作人厉俗为事,间又访先贤遗迹,兴废补敝,存问其子若孙"。④张稷也是在福建积劳成疾,回京后就去世了。张琳,自称勾馀人,李东阳为其作《明故资政大夫都察院右都御史赠太子太保左都御史史公神道碑铭》云:"元市舶大使应炎为宋防御史张畴子,去史为张姓七世矣。公始请于朝,复旧姓。"⑤始知其即史琳。史琳官至都察院右都御史,《国朝列卿纪》《两浙名贤录》皆有传。据上揭诸材料,张琳(?—1506),字天瑞,成化元年举人,二年进士,三年为工科给事中,九年擢陕西布政司右参议,迁左参政,十四年丁忧去任,十八年起复为福建布政司右参议,二十年转江西左参政。张琳官职虽高于张稷,但年幼于稷,故自称后学。

① 章樵注《古文苑》,成化本。又蔡清《蔡文庄公集》卷三,沈云龙选辑《明人文集丛刊》第一期据正德十六年刊本影印,文海出版社,1970 年,第 269—270 页。

② 据李东阳《明故监察御史张君墓志铭》,见李东阳撰,周寅宾校点《李东阳集·文稿》卷三十,《湖湘文库》本,岳麓书社,2008 年,第 783—784 页。

③ 据《(弘治)八闽通志》卷三十"秩官·巡按·巡按监察御史",《四库全书存目丛书》史部 177 册,第 749 页。

④ 过庭训纂集《本朝分省人物考》卷三十,成文出版社据明天启二年本影印,1971 年,第 30 册,第 2499—2500 页。

⑤ 李东阳撰,周寅宾校点《李东阳集·文后稿》卷十九,第 1181 页。

张琳云张稷将《古文苑》"发诸建阳书肆寿梓广传",其预期读者是"世之学者"。蔡清序确认《古文苑》乃明人不得见之书,张稷之刻为明代首刻,但此书未列入《古今书刻》《(嘉靖)建阳县志》"书坊书目",或因张稷任职福建不久,又非学政之职,故此书未及或未能进入政府审批系统吗?张琳、蔡清二序都没有提及刊刻此书的资金来源,《本朝分省人物考》小传特别赞扬张稷"悯穷赴急,义气所激,视财利若土苴。在官十馀年,不问生业,未尝增寸土一屋,服器俭朴,萧然若诸生时"①,或其自出资金刊刻此书?刻书或者也是其义气所激之表现吗?

综上所述,并非建宁府、建阳县官员所刻书就能进入官方指定的"书坊书目",通过某种官方审批才是必要条件。

四、从《山堂考索》等书的刊刻看官府与书坊的合作

《山堂考索》是宋章如愚(字俊卿)所编的一部大型类书,计有《前集》六十六卷,《后集》六十五卷,《续集》五十六卷,《别集》二十五卷。此本大书在明代建阳的刊刻颇能见出官府和书坊的合作形式、官私合作书的版权归属,与以上诸书不同,此书还将书坊主引入台前,让我们对书坊主的作为有更清晰的了解。

(一)正德初《山堂考索》刊刻的官私合作

《山堂考索》宋元都有刊刻,但明时已不常见,院宾手头有一本元刻,②当他作为钦差按察司金事分巡建宁府时,他显然想利用图书之乡的便利条件将此书刻出,为此他找到建阳知县区玉。郑京《山堂先生群书考索序》叙述了此事的全过程:

---

① 过庭训《本朝分省人物考》卷三十,第 30 册,第 2501 页。
② 宋元刊本及其留存,参李红英《〈四库全书总目·山堂考索〉条辨证——兼谈〈山堂考索〉的版本源流》,见《文津学志》第三辑,北京图书馆出版社,2010 年。

《山堂考索》一书,乃宋儒章公俊卿之所编集,板行于世,间被回禄,失传久矣。文献故家,或有存者,又秘之以为己宝。乃者吾闽金宪院公宾,巡历抵建阳,手出是书,以示邑宰区公玉曰:"是书大而天文地理之幽赜,君道臣道之宏远,经史礼乐之渊懿,以至兵刑制置,财用盈缩,官制边防沿革,靡不深探本源,具载无遗。兹欲绣梓以广其传,然功用浩大,亥豕谬讹,非得涉猎古今,且裕于资本者,莫堪是任。子于书林,可得若人,以供是役否?"区退而商诸义士刘君洪曰:"非子莫克胜是任者。"刘曰:"唯唯。"区遂以刘应命。贰守胡公瑛、通府程公宽、榷府马公敬闻而题之,金以白诸新守费公愚,乃蒙叹赏。各捐俸金以资顾直,且因区宰初意,复刘徭役一年以偿其劳。刘自领命以来,与诸儒硕校雠维谨,鸠工督责,两越春秋,始克成书。一日刘携一帙属余于蔡氏之西塾,谓是书关系甚重,且诸公用心之勤,非有序述,曷彰厥美?先生素以文字为职,愿一言以表颠末,幸莫大焉。……

正德戊辰岁(三年)七月既望,乡贡进士、莆田守素轩郑京序。[1]

院宾问区玉能否在建阳书林中物色到既"涉猎古今"又"裕于资本者"。"涉猎古今",即要有良好的文化修养,这样才能有效地组织、参与到编辑、雠校工作中来,避免院宾担心的"亥豕谬讹"的问题;"裕于资本",即保证书林在销售前能有足够多的资金投入,因为这本书相当"浩大"。

委托方方面也有一些资金投入,但是官员个人捐金,是非制度化的资金来源。仔细分析捐款者的官职和任职时间,可以获得以下信息:

第一,被列举捐款者都是建宁府官员。分别是建宁府知府费愚、同知("贰守")胡瑛、通判("通府")程宽、推官("榷府")马敬。

第二,新知府履任,建宁府官员向其报告此书的刊刻。据《(嘉靖)建宁府志》,区玉,弘治十五年已任建阳知县;院宾,弘治十六年始分巡建

---

① 正德三年慎独斋本《群书考索》卷首,南京图书馆 GJ/EB/116746 号,第4—8页。2008年广陵书社影印本所据正德本此《序》无撰者以及时间题署,《前集》卷六六后牌记等也被剜去。

宁;程宽、马敬,弘治十八年任职;胡瑛、知府费愚,正德三年始任职。序文云"金以白诸新守费公愚"是确切的,因为正德三年他刚到任。此书由分巡建宁府的按察司佥事命令刊刻,建宁府僚属捐金以及官员向建宁府新知府报告此刊刻项目,似乎都表明该项目为建宁府委托。官员捐金不在多少,重要的是表明了前后两任建宁府官员对刊刻这本大书的积极支持的态度。

第三,如果建宁府是委托方,建阳县则是此次公务的执行单位,建阳县令是法人。序文云院宾请建阳县令找人"供是役",区玉以刘洪(又称刘弘毅)"应命",这既可以看作是公差,也可以看作是私人之间的请托和帮忙。但联系《山堂考索》的题署即可知建阳县应是受建宁府委托刊书的法人。《山堂考索》的每卷卷首都题"山堂先生章俊卿编辑","建阳知县区玉刊行",主要校正者是建阳"县丞管韶""主簿薛宝""教谕谭璋""训导袁宾",还有"木石山人刘弘毅",即既"涉猎古今"又"裕于资本"的刘洪。

第四,建阳县免刘洪一年徭役以慰其辛劳。建阳县委托书林刘洪刊书,刘洪慷慨接受,从帮助县令完成公差和传播文化等角度,区玉称刘洪为"义士"。正德三年,区玉如果还在建阳知县任上,则其至少已是二任此职将满。依序文"两越春秋,始克成书"的说法,刘洪已连续两年为雠校刊刻此书效力,但县令自始至终只决定免除刘洪一年的徭役("初意,复刘徭役一年以偿其劳")。可见免除一年徭役是还人情、表慰问,刘洪依然要缴纳赋税和其他年份的徭役,刘洪是民户无疑。

第五,此书书版归刘洪慎独(书)斋所有。虽然正德本此书每卷卷首都题"建阳知县区玉刊行",但《前集》目录后、《前集》卷六十六正文后、《后集》目录后、《续集》目录后、《别集》目录后分别有"皇明正德戊寅慎独书垒刊行""皇明正德三年慎独书斋刊行""皇明正德戊辰慎独书垒刊行""皇明正德戊辰慎独书斋刊行""正德三年慎独斋鼎新刊行"牌记,①以此来显示该书的版权所有。此书《前集》目录后牌记作"正德戊寅",有学者

---

① 晁瑮《晁氏宝文堂书目》,第 59、1784、1829、3611、5055 页。

解释说《后集》《续集》《别集》是正德三年刊刻,《前集》是正德十三年刊刻的,①从本书的刊刻经过看,此说不确,也没有任何其他的文献支撑《前集》后刻的说法。合理的解释是:此书版既归刘洪所有,他就可以一直刷印,也就有相应的管理和维护,正德戊寅的牌记更可能是他正德十三年整修刷印时加上的。

第六,此书进入官方认可的建阳"书坊书目"。《山堂考索》不入《古今书刻》建宁府刻,而入《古今书刻》《(嘉靖)建阳县志》"书坊书目"。②官方认可的"书坊书目",对于公私学校以及读书人私人购书应该都有一定的参考价值,正德本《山堂考索》的销售应该是快捷和顺畅的,我们看到正德年间建昌府学和南城县学就已收藏了此书,③反映嘉靖三十年前后晁氏藏书状况的《晁氏宝文堂书目》中也著录了《山堂考索》"闽刻二部"。④

(二) 从今存刘洪刻书看官府和书坊的合作

叶德辉《书林清话》卷五总结各家书目所录刘洪刊刻书籍如下:

> 书户刘洪慎独斋。弘治戊午,十一年。刻《资治通鉴纲目》五十九卷,见范《目》。正德戊辰,三年。刻《山堂群书考索前集》六十六卷、《后集》六十五卷、《续集》五十六卷、《别集》二十五卷,见《天禄琳琅后编》十七、丁《志》、陆《志》、缪《记》。是书前有正德戊辰莆田守郑京《序》,称"金宪院宾出是书示区玉,玉以义士刘洪校雠督工,复刻徭役一年以偿其劳"。每

---

① 参李红英《〈四库全书总目·山堂考索〉条辨证——兼谈〈山堂考索〉的版本源流》一文。

② 此书刊刻有官员捐金注入,又享受了县府免赋政策,可能导致其归属更为复杂,《(嘉靖)建阳县志》卷五此书入"书坊书目",但魏时泰修,张榜等纂《(万历)建阳县志·梓书》"县治书板"条下称"《群书考索》,无板"(《稀见中国地方志汇刊》第31册,中华书局,1992年,第774页),如果此书板即正德年间官私合作刊刻《山堂考索》之书板,或许官私间有某种协议,比如书坊可刷印多少本或刷印多少年后板归县治吗?

③ 见夏良胜《(正德)建昌府志》卷八"典籍",《天一阁藏明代方志选刊》第34册。

④ 晁瑮《晁氏宝文堂书目》,第88页。

卷有"建阳知县区玉刊行""木石山人刘宏毅刊""正德十六年十一月书户刘洪改刊"等字。十六年为辛巳,盖阅十年而始刊成。① 正德戊寅,十三年。刻《十七史详节》二百七十三卷,见范《目》、《天禄琳琅后编》十五、《廉石居记》、陆《志》,又《天禄琳琅后编》四。误作宋版。是书前序后有墨图记三:曰"慎独斋",曰"五忠后裔",曰"精力史学"。每卷首或刻"建阳慎独斋",或刻"建阳木石山人刘宏毅",各卷不同。刻《文献通考》三百四十八卷,见丁《志》、缪《记》。正德己巳,四年。刻《资治通鉴节要》二十卷,见孙《记续编》。正德辛巳,十六年。重刻《孙真人备急千金要方》三十卷、目录一卷,见森《志》。嘉靖癸未,二年。刻巾箱本《西汉文鉴》二十一卷、《东汉文鉴》十九卷,见缪《记》。云后有牌子,云"龙飞嘉靖癸未京兆慎独斋刊"。嘉靖己丑,八年。刻《资治通鉴纲目》五十九卷,见森《志》。德辉按:是书据范《目》,有弘治戊午刻本,此又复见,或前后重刻,或前板后修,皆未可知。惟吾在厂肆曾见弘治本,绝似元椠,惜未见嘉靖本也。嘉靖壬辰,十一年。刻宋刘达可《璧水群英待问会元》八十二卷,见丁《志》。宋本注。嘉靖甲午,十三年。刻明邵宝《容春堂集》六十六卷,见丁《志》。无年号刻胡寅《读史管见》八十卷,见陆《志》。② 宋刊本跋。刻《明一统志》九十卷,③见缪《记》。④

又《晁氏宝文堂书目》著录"《少微通鉴》""刘弘毅板","《小通鉴》""刘弘毅刻,欠二册"。⑤ 此外,国家图书馆现藏正德十三年慎独斋刻《大宋文鉴》一百五十卷。

以上刘洪刊刻诸书,除邵宝《容春堂集》以外,皆入《古今书刻》《(嘉

---

① 修板是木刻书保养、管理的一部分,"改刊"更可能是有所修改、增补。
② 据陆心源《宋板读史管见跋》(见《仪顾堂题跋》卷五,《古书题跋丛刊》第23册,第69页),胡寅《读史管见》,有淳熙壬寅(1182)胡大正初刻本,八十卷;嘉定十一年(1218),胡寅孙某守衡阳,并八十卷为三十卷,刊于衡阳郡斋;《直斋书录解题》亦作三十卷(陈振孙撰,徐小蛮、顾美华点校《直斋书录解题》卷四"编年类",上海古籍出版社,1987年,第117页)。《读史管见》明刊本均为三十卷本,刘弘毅本刊于正德七年,今吉林大学图书馆、日本国立图书馆都有收藏。
③ 今存弘治十八年(1505)刘弘毅慎独斋刻《大明一统志》,中山大学等图书馆有藏。
④ 叶德辉《书林清话》,第180—181页。
⑤ 晁瑮《晁氏宝文堂书目》,第24、25页。

靖)建阳县志》"书坊书目"。从时间上讲,弘治十一年(1498)刊刻的五十九卷《资治通鉴纲目》为最早,此书"绝似元椠",可能因弘治十二年大火而书板不存或不完整,故嘉靖八年再刻。《大明一统志》,据上文,此书成化四年礼部曾"付福建布政司书坊翻行",弘治十八年,慎独斋再刊此书。慎独斋本翻印自天顺五年内府本,国图所藏本有龙纹封面(图 2),可能是为颁降书作准备的。慎独斋本每页内容与行款全同内府本,但开本缩小了很多。今存内府本版框高 35.8 厘米,宽 22.5 厘米,慎独斋本高 19.9厘米,宽 13.1 厘米。此本对内府本误字作了修改,如御制序开头"朕惟我太祖高皇帝受天明命"之"天",内府本作"夫",慎独斋本作"天"。两书版心、题署设计不同,如内府本双鱼尾,鱼尾间,上书"大明一统志序"或"大明一统志卷×",下书页码如"一""二";慎独斋本两个单鱼尾,上鱼尾上书"一统志卷之首""一统志卷之简首""一统志卷之第×",下书"御制序文""××目录""京师公署……",下鱼尾下书页码,页码"一"皆作"乙"。在修书官名、职名后有"皇明弘治乙丑/慎独书斋刊行"木戳一方(图 3)。此书可以说是建阳书坊在弘治十二年大火后再次完成了"于司礼监关领原本,付福建布政司书坊翻行"的任务,洋洋九十卷《大明一统志》的刊刻,或许奠定了刘洪在建阳书林中"涉猎古今"而又"裕于资本者"的地位。正德初,建阳县被委托刊刻二百馀卷大书《群书考索》时,区玉推荐的人选就是刘洪。《群书考索》正德三年完成。正德四年,刘洪刊刻了《资治通鉴节要》,也即《晁氏宝文堂书目》所载的《少微通鉴》,因为此书是宋人江少微所编,故称。七年,刊《读史管见》三十卷。十一年,刘洪刻成二百七十三卷《十七史详节》,此书正德十三年再刊,今不少图书馆有收藏。十三年,刘洪又刻吕祖谦《大宋文鉴》。不久,刘洪又被委托刊刻达三百四十八卷的《文献通考》,嘉靖元年刻成。正德十六年,重刻《孙真人备急千金要方》。嘉靖二年,刻上文论述的两汉《文鉴》。嘉靖八年,重刻或前板重修《资治通鉴纲目》。嘉靖十一年,刻宋人刘达可《璧水群英待问会元》。再两年,刻邵宝《容春堂集》六十六卷。

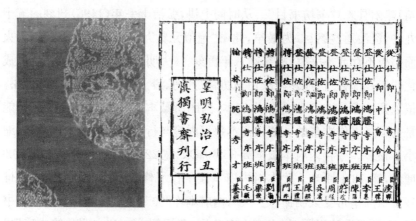

图2—图3　国图藏慎独斋本《大明一统志》封面页、木戳页

刘洪刻《文献通考》是可确定的他与官府又一次合作,不过这一次,他不是作为建阳书户与建阳县官府合作,而是与钦差清理军政监察御史、福建学政以及建宁府的一次合作。

刘氏慎独斋刊《文献通考》邹武《后序》云:

> 夫道之显者曰文,经书史传,文之流传者也。帝王之心迹,圣贤之授受,道德之绝续,世道之升降,风俗之美恶,天下之治忽,悉载于是,忧道者之所必虑也。间有承讹踵谬,点画形象,或失其真,文因以晦,道亦无以显矣。大巡黎先生出自内翰,惟是之虑,正德辛巳(十六年,1521),与提学胡先生、分巡萧先生谋议,以建阳校书事委之。武既受成法,顾浅陋谫薄,惭惧弗胜,勉强问学,乃即建宁访求善本考证,复得郡守张君公瑞协相厥宜,爰集郡邑学博、乡献及庠士毓秀者以图厥成。所校书籍五经、四书《大全》,旁及子史诸书,凡二十四部,以正字则三万六千有奇。事竣,不敢僭引于经史之后,窃于《文献通考》末简自附,以见一时承布大君子之意云。嘉靖元年(1522)岁在壬午二月朔旦,后学常熟邹武谨书。①

----

① 马端临《文献通考》,嘉靖慎独斋本。

有感于图书可能的讹谬失真,至嘉靖元年二月前,邹武已校勘了二十四部书,可知者有五经、四书《大全》和《文献通考》。依明人书目著录惯例,《五经大全》分《易经大全》《诗经大全》《书经大全》《春秋大全》《礼记大全》作五部书,加上《四书大全》《文献通考》合七本,依邹武"不敢僭引于经史之后"的说法,其他十七部书都应该是经史著作。邹武认为经史书庄严尊贵,他不敢将自己的跋文置于这些书之后,所以,其跋文虽附在类书《文献通考》之后,但实际是为其校勘的二十四部书而写的。

有关二十四部书校刻缘起,邹武跋中首先提到了三个人:出自内翰的大巡黎先生、正德十六年福建提学胡先生、分巡萧先生。以正德十六年为时间轴,检核《(崇祯)闽书》《(嘉靖)建宁府志》等,"大巡黎先生"指正德十五年以钦差清理军政监察御史身份至福建的黎贯,[①]史传多记其任此职时劾奏镇守福建宦官尚春,追还官银十万馀两,粮三十万石,而其谋议重新校刻经史著作的文化关怀则赖此跋获知。"提学胡先生",指福建提学副使胡铎,其正德十年即为钦差整饬兵备分巡建宁道按察佥事,后擢福建省提学副使,"校士惟先名理,不规规举业尺幅间,七闽向风"。[②]"分巡萧先生",指萧乾元,正德十二年为分巡建宁道按察佥事。[③] 三人将"建阳校书事委之"于邹武。邹武,时任福建邵武府同知。[④] 被委任校书之事后,邹武来到建宁府访求善本加以校正,时人视建阳为图书渊薮之观念再次得到验证。这里,邹武提到了建宁知府张文麟的帮忙,张文

---

① 黎贯(1482—1549),字一卿,南海从化人。正德十二年(1517)进士,选庶吉士,文名日起,十四年,授监察御史,十五年,奉命往福建刷卷兼查盘有司仓库军卫器械。参《本朝分省人物考》卷一一一(第 29 册,第 9726—9730 页)、《明史》本传。

② 胡铎(1471—1531),字时振,馀姚人。弘治十八年(1505)进士,选庶吉士,改给事中,官至南京太仆寺卿。参《本朝分省人物考》卷五一(第 14 册,第 4410—4411 页)、《明史》本传。

③ 萧乾元,字必克,万安人。正德十二年由监察御史升建宁道佥事,秩满,军民遮留,迁云南兵备副使。

④ 孙维礼修,陈让纂《(嘉靖)邵武府志》卷十二《名宦》:"邹武,字靖之,常熟人。由举人,正德十五年同知。"《天一阁藏明代方志选刊》据嘉靖刻本影印,第 30 册。

麟与邹武同乡，两人还同年中举。[①] 尽管邹武官任邵武府同知，应该可以动用邵武的读书人参与校书之事，但事实是他更仰赖建宁府“郡邑学博、乡献及庠士毓秀者”。或许因为张文麟正德十二年已来建宁，邹武正德十五年始任职邵武，张文麟比邹武更了解当地情况，但不可否认，建宁因长期承担校书、刻书工作而有更丰富的工作经验和人力资源。

慎独斋本《文献通考》李谦思《序》后有“皇明己卯岁/眘独斋刊行”双栏木记，目录后有“皇明正德戊寅/慎独精舍栞行”双栏木记，“己卯”如果是指“正德己卯”，则两木记表明此书正德十三年、十四年已在刊刻，时间在黎贯提议校正诸书前。合理的解释是，不管刘洪《文献通考》之前是什么性质的刊刻，之后必已纳入到黎贯提倡、官方参与校正的官府与书坊的合作模式中运作，是书第三百四十八卷末刊记曰：“正德十六年十一月内，蒙建宁府知府张、邵武府同知邹同校正过，计改差讹一万一千二百二十一字，书户刘洪改刊。”应该是慎独斋先有刊刻，后纳入官方委托书坊刊刻计划后，重新作了校改，改差讹“一万一千二百二十一字”，可见对进入“书坊书目”的图书质量有更高的要求。这也是《文献通考》能进入《古今书刻》《（嘉靖）建阳县志》“书坊书目”的原因。

《文献通考》依赖书坊刊刻，其他二十三种书是否也是这一刊刻模式呢？检《古今书刻》“福建”各官府刻书，未见有关四书、五经《大全》之记载，而书坊书目有《大全》类刊刻记录，想来也是依靠书坊刊行的模式。

五、既有颁降书何以再制书坊书？

明代地方学校会获得皇帝和朝廷的颁降书，明代地方志对此多有记录。兹依时间先后列举几份颁降书书单：

---

① 邓韨《（嘉靖）常熟县志》卷三《选举志・乡举》“弘治十七年甲子科”：“张文麟字公瑞，经魁。”“邹武，字靖之，韶之弟。邵武府同知，以治闻，升南京刑部员外郎，进本司郎中，升浔州府知府，恬于仕进，遂请致其仕。”（台湾学生书局据嘉靖刊本影印，1965 年，第 279 页）汪佃等《（嘉靖）建宁府志》卷五“官师”：“张文麟，直隶常熟人，由进士，正德十二年任。”（《天一阁藏明代方志选刊》第 27 册）

黄润玉《(成化)宁波府简要志》卷五《艺文志·本朝颁降·书籍》:

> 《大诰三编》《大明律》《礼仪定式》《表笺式》《减繁行移体式》《新官到任须知》《韵会定式》《六部职掌》《科举程式》《孟子节文》《朔望行香体式》《四书大全》《五经大全》《性理大全》《孝顺事实》《为善阴骘》《劝善书》《五伦书》。以上府、县学同。①

杨子器等《(弘治)常熟县志》卷三《图籍·颁降书籍》有:

> 《大明律》一册、《大明令》一册、《教民榜》一册、《礼仪定式》一册、《稽古定制》一册、《大诰三编》三册、《烈女传》三册、《孝顺事实》五册、《为善阴骘》九册、《五伦书》六十二册、《易经大全》一十二册、《书经大全》十册、《诗经大全》一十二册、《礼记大全》一十八册、《春秋大全》一十八册、《四书大全》三十册、《性理大全》三十册。已上并藏之于尊经阁。②

夏良胜《(正德)建昌府志》卷八《典籍·颁降书》:

> 《大明律》《大明令》《教民榜》《洪武礼制》《仁孝皇后劝善书》《御制大诰》《礼仪定式》《稽古定制》《皇朝诏诰》《列女传》《诸司职掌》《大诰武臣》《五伦书》《为善阴骘》《孝顺事实》《周易大全》《书传大全》《诗传大全》《春秋大全》《礼记大全》《四书大全》《大明一统志》《性理大全》。③

陈甘雨《(嘉靖)莱芜县志》卷五《政教志·学校·书籍》还给出了颁降时间:

---

① 黄润玉纂《(成化)宁波府简要志》,《四库全书存目丛书》史部第174册,第777页。

② 杨子器、桑瑜纂修《(弘治)常熟县志》卷三,《四库全书存目丛书》史部第185册,第162页。

③ 夏良胜《(正德)建昌府志》卷八,《天一阁藏明代方志选刊》第34册。

洪武十四年(1381)颁书于学:《周易本义》《书经集注》《诗经集注》《春秋胡传》《礼记集说》《四书集注》各一部。永乐十五年(1417)颁书于学:《周易大全》《书经大全》《诗经大全》《春秋大全》《礼记大全》《四书大全》《性理大全》各一部。续颁书于学:《大诰三编》、《礼制》(引者按:或为《洪武礼制》简称)、《榜册》(引者按:或即《教民榜》)、《到任须知》(《新官到任须知》简称)、《减体式》(《减繁行移体式》简称)、《列女传》各一部。

《大明仁孝皇后内训书》《五伦书》各一部,《为善阴骘书》四部,《孝顺事实》二部,《劝善书》三部。①

陈光前《(万历)慈利县志》给出了慈利县获颁降书时间表,时间持续到嘉靖年间。之后少有颁降书之记载:

慈利县学,永乐甲午(1414)、己亥(1419)、庚子(1420)等年,颁降《孝顺事实》二本、《为善阴骘》五本、《易经》十二本、《书经》十本、《诗经》十二本、《春秋》十八本、《礼记》十八本、《性理大全》三十本、《四书大全》二十本、《表式》二本、《周礼考工记》四本、《行移体式》一本。正统丁卯年(1447),颁降《五伦全书》六十二本。嘉靖年,颁降《四书集注》一部、《五经集注》各一部、《通鉴》一部、《大学衍义补》一部、《大明律》一部。但岁久散佚,存者无几。②

联系上引《(弘治)常熟县志》,《(万历)慈利县志》书单中"《易经》十二本、《书经》十本、《诗经》十二本、《春秋》十八本、《礼记》十八本"当指《五经大全》。《(嘉靖)莱芜县志》载莱芜收到《五经大全》《四书大全》《性理大全》颁降书的时间是永乐十五年,而慈利县收到的时间是永乐十七

① 陈甘雨《(嘉靖)莱芜县志》卷五,《天一阁藏明代方志选刊》据嘉靖本影印,第43册。下引此书,皆本此。

② 陈光前《(万历)慈利县志》卷十一"学校·书籍",《天一阁藏明代方志选刊》据万历刻本影印,第59册。

年、十八年。相对于山东莱芜,湖南慈利确实更为边远,但二三年的时间差不足以用距离京师的远近来解释,更可能是因为颁降书是分批颁降的。嘉靖、万历地方志所记载的颁降书中,不见于上述书目的书籍还有《书传会选》[是书洪武二十七年编成,见《(万历)吉安府志》卷十五]、《佛曲》①等。

上列颁降书中,《大诰三编》《大明律》《大明令》《教民榜》《礼仪定式》《稽古定制》《诸司职掌》《孟子节文》《四书大全》《五经大全》《性理大全》《孝顺事实》《为善阴骘》《劝善书》《五伦书》《列女传》《大明一统志》等,都能在《古今书刻》"内府"或《酌中志》卷十八"内府经书"目录中找到。《酌中志》内府所存版有"《五伦书》六十二本、《诗经大全》十二本"②,《书经大全》《周易大全》《春秋大全》《礼记大全》《四书大全》《五伦全书》的册数也与地方志所载颁降书册数相同。郎瑛《七修类稿》卷三七"洪武书目"条:"(洪武帝)定字义书曰《洪武正韵》,后以未当,命刘三吾重编,曰《韵会定正》。……订正蔡氏《书传》,名曰《书传会选》。"③这两本书以及《大诰武臣》等也可从《古今书刻》"南京国子监"和《南雍志》卷十八《经籍考》中找到版刻记录。何良俊《四友斋丛说》卷二十二:"上潜心释典,作为佛曲,使宫中歌舞之。永乐十七年,御制《佛曲》成,并刊佛经以传。"④可以想象,颁降书多来自于内府刻书,少数来自国子监刻书。颁降书进入帝国府县各学,但基本上都仅有一部,《(嘉靖)莱芜县志》中有《为善阴骘书》四部、《孝顺事实》二部、《劝善书》三部,但这几部书与颁降书分行著录,或当有别于内府本颁降书。依《明史·地理志》统计,终明一朝,有

① 《佛曲》,永乐帝制,一名《诸佛名称歌曲》,全名《诸佛世尊如来菩萨尊者名称歌曲》。见《南雍志》卷十七(第1394—1395页)、《(嘉靖)普安州志》、《(嘉靖)建阳县志》等。

② 刘若愚《酌中志》,第547页。

③ 郎瑛《七修类稿》,第403页。《书传会选》今存明初刻本(仅存卷五,《原国立北平图书馆甲库善本丛书》(第5册)有影印)、赵府味经堂刻本[《原国立北平图书馆甲库善本丛书》(第5册)、《域外汉籍珍本文库》(第二辑,集部第1册,缺第五卷,卷首多《书传会选发端》一篇)]和《文渊阁四库全书》本等。

④ 何良俊《四友斋丛说》,《元明史料丛刊》本,中华书局,1959年,第201页。

140府,193州,1134县,那么内府为地方颁降书大约要印1500册。南北国子监颁降书一种不止一部,《南雍志·经籍志》载南监藏有《大明律》四部,《五伦书》九部,四书、五经、性理《大全》六部。① 尚不包括北国子监、宗室王府的赏赐和中央、内府的收藏等。

由于颁降书的皇家来源,各府县学对颁降书都十分尊崇,是作为特藏而加以供奉的。《(成化)山西通志》载:"圣谟阁在泽州学内。正统间,学正吴骊以私财倡建,以贮颁降书籍。"②王守诚万历十年(1582)左右描绘嵩县儒学供奉颁降书之藏书楼曰:"泮池方亩,引黄贾之水入池中,池上一桥虹亘,构为栋宇,桥尽则卷棚三间,而毓秀楼在焉,盖嘉靖中知县刘尚礼之所创建也。重檐峻宇,八窗玲珑,揖七峰而带伊水,名称毓秀,斯亦奇已。楼上藏颁降书:《论语》《孟子》各七卷,《大学》《中庸》各二卷,《易》十一,《诗》十二,《书》十,《春秋》《礼记》各十有八卷,他如《性理大全》《为善阴骘》《劝善书》《孝顺事实》《五伦书》。'五经''四书'同函。"③

因颁降书藏于学校,非府县生员无缘入学观书。彭勖是永乐十三年(1415)进士,后官至山东按察副使,他自述其何以编著《书传通释》一书时说:"愚读是经传,叨中甲科,且尝推所得以淑诸人,而其中微辞奥义,有弗能辨析者尤多。比伏睹颁降《书传》,藏于学校,闾巷未易得睹,是以忘其不腆之咎,摘取其切要者,附载下方,名曰《书传通释》,缮写成编,归贻家塾,庶与吾郿之士共焉。"④彭勖以自己的经历感受到颁降书对读书进学者的意义,而闾巷之人,包括自己的家塾中的乡党之人,都无缘读到颁降书,故进行摘录编辑以广其传。

---

① 黄佐《南雍志》卷十七,"天顺年间官书"下《礼记集说》九部……"下注末云:"右书,嘉靖中奏准颁者,皆在其中。"此间,虽然有的书有绫壳绫套,有的仅为纸壳纸套,但推断其为颁降书,应大致不误。第1391—1399页。

② 李侃、胡谧纂修《(成化)山西通志》卷四,《四库全书存目丛书》史部174册,第112页。

③ 王守诚《嵩县志·历代建置因革考》,见《周南太史王公遗集》,《四库未收书辑刊》第五辑第22册,第471页。

④ 引自朱彝尊撰,林庆彰等主编《经义考新校》卷八七"彭氏勖《书传通释》"条,上海古籍出版社,2010年,第1637—1638页。

虽然有的府县学对生员开放颁降书,但因为颁降书过于厚重,也有不便于阅读之处。《(嘉靖)建阳县志》保存了这一史料,卷五"儒学尊经阁书目·文字号厨"下载:

> 《孝顺事实》《为善阴骘》《五伦书》《四书大全》《易经大全》《书经大全》《诗经大全》《春秋大全》《礼记大全》《诸佛名称歌曲》。
>
> 已上俱系颁降书,庚子岁秋虽已修整,但册帙重大,不便检阅,依数再制书坊刊本,但《歌曲》无。①

颁降书被保存在建阳县儒学尊经阁的文字号书橱中,这些书会被修整,也可以阅读,但因图书又重又大,使用起来不太方便。"依数再制书坊刊本",可理解成建阳书坊依颁降书制作书坊本,因为上列颁降书,确实除《诸佛名称歌曲》外,都能在《(嘉靖)建阳县志》"书坊书目"中找到。如果做这样的理解,则可以考虑明代可能的制度,即每一种颁降书都需要建阳地方制作书坊书以供应更广泛的民众,这是符合明初洪武帝将文化和行为规范渗透到每个人生活和思想中的政策思路的。当然,这也可能只是说建阳儒学再置买同书的书坊刊本以便于学生阅读而已。

各地颁降书丢失之事也时有发生,如《(弘治)常熟县志》卷三载成化八年六月由举人为常熟县儒学教谕的黄体勤事迹:"本学颁降书籍亡失,以私金一锾购补完,此人所不能者。"②黄体勤是福建莆田人。又依上引陈光前《(万历)慈利县志》所云,慈利地方的颁降书"但岁久散逸,存者无几"。③

那么建阳本能否成为颁降书呢?答案是肯定的。上引《(万历)慈利县志》载嘉靖年间,慈利县儒学曾得《大学衍义补》颁降书一部。但此书的内府刊本万历三十四年才出现,可以推断,慈利县儒学所得颁降书非内府刻本。此书最可能是建宁府书坊所刻。上文已述,成化二十三年十

---

① 冯继科《(嘉靖)建阳县志》卷五。
② 杨子器、桑瑜《(弘治)常熟县志》,《四库全书存目丛书》史部第 185 册,第 129 页。
③ 陈光前《(万历)慈利县志》卷十一,《天一阁藏明代方志选刊》第 59 册。

一月,孝宗登基不久,丘濬献《大学衍义补》,获孝宗称美,后由礼部发福建布政司令书坊刊行。明刻本《大学衍义补》卷首保留了弘治元年正月二十五日礼部尚书周洪谟等题奏:

> 缘前项书籍卷帙数多,该用誊写之人并纸札笔墨等料一时差拨派买未便,近该本官送到原写、副本俱已装潢成册,中间字样亦各圈点校正无差,合无顺付公差人员赍去福建布政司,转发建宁府,着落书坊照样誊写,务要字画端楷,粗细匀称,不许脱落差误,就将原本比对较正停当,翻刻完日,仍将印过书籍并发去原本差官送缴到部,以凭查考。①

今存弘治本或即当年礼部发往建宁书坊所刻者,此书以竹纸刊刻,中施圈点,刊本精美。礼部要求建宁府将刻成之书与原书一起"送缴到部,以凭查考",确认刊本与发下之原书确为"照样誊写",与上论《易经蒙引》等书略显不同,或者其发送建宁书坊刊刻伊始即有作为颁降书的打算吗?此书如果完全是礼部委托书坊刊刻,则其资金如何解决呢? 此书是否也有一部分可以由书坊发卖呢? ……可惜都无法确知。

六、从严州府刻本《宋文鉴》的后续问题看利用书坊刻书的优越性

刻书除了校书、刊印,多次印刷后,还涉及板片的保存、维护,再次刷印时需要的纸张、油墨和人工费用等,明代严州府刻《宋文鉴》后续问题为我们思考官府利用书坊刻书的优越性提供了例证。

天顺年间,浙江提学副使张和偶得宋本《宋文鉴》②,他将此书交给

---

① 丘濬《大学衍义补》卷首,《子海珍本编》据明刻本影印,第一辑第8册,第16页。
② 刘树伟《吕祖谦〈皇朝文鉴〉版本考》(《图书馆学刊》2015年第1期)认为张和所得本,也即严州府《皇朝文鉴》的底本,为宋麻沙本。

严州太守张永,张永马上将之纳入严州府刻书计划,严州府刻最大限度地保留了宋本面貌,所谓"题识仍旧,款目无改,则以摩本番刻,弗别缮写"①。天顺八年(1464),此书刻成,因刊刻精美,神似宋版,求者甚多,严州府必须解决纸张、油墨、人力等费用问题,另一方面,因刷印太多,旧版渐趋平乏,面临维修和翻新问题。弘治间,严州太守胡韶补刻《宋文鉴》,其所撰《后序》完整呈现了官府刻书可能有的后续问题及其可能的解决方法:

> ……宋刻沿流,逮至于今,版刻几存,驯至散佚。天顺甲申中,
> 江西大方伯张公邵龄守严州,时浙江提学宪副张公节之偶得《文鉴》
> 善本以付邵龄重刻之,因以原本番刻,弗别缮写,无谬误也。历岁弥
> 久,印摹益多,版刻字画益趋平乏,况以书帙浩繁而有司纸札之费艰
> 于应酬,惟是人心厌忽,版籍废弃,而或者不能无人力于其间,不亦
> 重可惜哉! 弘治戊午,诏自西曹来知府事,日接文流,每询天下名
> 刻,必先是书,且以右文举坠责成惟勤。顾惟才力绵薄,经费不易,
> 筹画久之,历五六年,求梓鸠工,渐次克举,复赖郡中尚文之士相成
> 之。书既成,尤惧版遗于郡,其为将来应酬不逮而废弃之举又有如
> 前日者,益可惜也,遂谋以版籍入于南雍,用广印传,使四方之士得
> 公所惠,非特一郡一邑之图而已。因并书重刻之所自以记年月云
> 耳,若曰附名啄于《文鉴》之末,夫岂敢哉! 弘治甲子秋七月望后
> 学鄱阳胡韶识。②

因为严州府没有刻书的专项资金,刷印《宋文鉴》这本一百五十卷的

---

① 参商辂天顺八年《新刊宋文鉴序》,见慎独斋本《宋文鉴》,《北京市文物局图书资料中心藏古籍珍本丛刊》,北京燕山出版社,2012年,第51册,第125—132页。又见商辂《商文毅公全集》卷二二《重刊宋文鉴序》,略有异文,《北京师范大学图书馆藏明刻孤本秘笈丛刊》,广西师范大学出版社,2010年,第18册,第213页。

② 吕祖谦《宋文鉴》,目录、卷一末有"皇明正德十三年/慎独斋鼎新刊行""皇明正德戊寅/慎独斋新刊行"牌记,《北京市文物局图书资料中心藏古籍珍本丛刊》第51册,第159页。

大书的纸张费用就使官府难以应付，可能因为索要此书的人比较多，严州府官员对这本书甚至产生了"厌"恶之心。胡韶还分析了官刻后续的另一个问题，即被"忽"视，筹措一定的资金刊印后，再无人问津，因而"版籍废弃"。严州官刻《宋文鉴》还遇到了第一次版因"历岁弥久，印摹益多，版刻字画益趋平乏"的问题，需要对书板进行修补。弘治十一年（1498），胡韶任严州知府，①与名流接触时，大家都提到府刻的《宋文鉴》，希望他能"右文举坠"，复活严州本，故其到处筹措资金。得益于胡韶知严州府长达八年，他花五六年时间"求梓鸠工"，并在当地士人的帮助下，终于在弘治十七年（1504）补刻完成。这次，胡韶吸取上次将书版放在郡中、因无力应酬而可能废弃的教训，决定将书板捐赠给南京国子监。地方将书运国子监，明初是有这样的敕令，如上引《（成化）宁波府简要志》载"《玉海》《春秋本义》""洪武八年运南京国子监"。《南雍志》中，有正德庚辰（1520）宁国府刻《礼记纂言》三十六卷"刊后送板应天府"、嘉靖五年巡抚都御史陈凤梧刻于山东的《新刊仪礼注疏》十七卷"以板送监"的记载，②也算是有传统的。

　　南京国子监作为明代最高学府和国家教育管理机构，在图书投入方面相对有更充足的资金。如嘉靖八年国子监刻补《二十一史》的经费，除了申请的专项资金外，最大的一部分资金来自"于南京吏部支取本监折干鱼银一千八百两应用"③，《南雍志》说得更清楚："合于本监师生折干鱼银寄贮南京户部羡馀银内动支一千八百两以给费用。"④明代还常将没收赃银、罚款等非常规收入用于国子监刻书。如何良俊《四友斋丛说》

　　① 杨守仁主修《（万历）严州府志》卷十"太守"："胡韶，鄱阳人，弘治十二年任知府……在严八年，时有胡青天之号。"（见收《日本藏中国罕见地方志丛刊》，第 249 页）胡韶自言弘治十一年知严州。

　　② 黄佐《南雍志》卷十七，第 1400 页；卷十八，第 1433 页。

　　③ 林文俊《方斋存稿》卷二《进二十史疏》。一般称重修"二十一史"，但林文俊撰此文时，原拟取自广东的《宋史》板尚无着落，其先进呈已修完之"二十史"。林文俊在文中建议：在剩银"四十六两六钱六厘五毫"的基础上，皇帝"敕礼部议处再发银两或于南京户部再将本监折干鱼银动支"，"庶可兴工重刊"《宋史》。《文渊阁四库全书》第 1271 册，第 693 页。

　　④ 黄佐《南雍志》卷十八，第 1411 页。

云:"南京道中每年有印差道长五人,例有赃罚银数千,丁巳年,屠石屋、叶淮源管印差,要将赃罚银送国子监刻书。"①有些官员会向国子监捐金刻书(详下)。而且,国子监也有相对稳定的刻书人力资源。据《南雍志》卷十六《储养考》"下编",国子监例设"刷印匠四名","上元县每年额办银二十四两,江宁县二十八两八钱,俱分为四季解纳"。② 如果有大批刻书工作,国子监可以申请增派人员。《南雍志》云:"(嘉靖时,书板)亡缺者,视成化初又过半矣,将来何以处之? 意欲奏闻,尽籍留都刻印工匠于本监而日补之,或庶乎可完也。"③也就是说,南监可以申请动用南京在籍的所有刻印工匠,嘉靖九年刻《二十一史》时,南京国子监甚至动用了外地在籍工匠。④

严州府本《宋文鉴》影响颇大,胡韶将补刻本进献给南京国子监,其预期是"用广印传,使四方之士得公所惠,非特一郡一道之图而已"。也可能因为此书已突破"一郡一道",成为天下人想得手之书,南监本也供不应求。正德十三年(1518),慎独斋也刊刻了《宋文鉴》。慎独斋本《宋文鉴》,题作《大宋文鉴》,前有周必大序、天顺八年商辂重刊序、弘治甲子胡拱良序、弘治甲子胡韶识,末有"皇明正德戊寅慎独斋刊"牌记,可见慎独斋本是以胡韶补修本为底本的。虽然现存慎独斋本《宋文鉴》没有留下上述《山堂考索》《文献通考》般明确的官私合作刊刻的证据,实际应该亦是官私合作之书。《古今书刻》《(嘉靖)建阳县志》"书坊书目"中都有《宋文鉴》,《古今书刻》成书于隆万之际,⑤《(嘉靖)建阳县志》刊刻于嘉靖三十二年(1553),而嘉靖间书坊刻《宋文鉴》仅见慎独斋本。鉴于刘洪"涉猎古今而又饶于资金者"的声誉,慎独斋一年一百卷的刻书能力,与建阳县、建宁府官府有牢固而持久的合作关系,慎独斋本《宋文鉴》即是

---

① 何良俊《四友斋丛说》卷三,第 23 页。

② 黄佐《南雍志》卷十六,第 1349 页。

③ 黄佐《南雍志》卷十八,第 1412 页。

④ 关于南京国子监经费来源,可参杨军《明代南京国子监刻书经费来源探析》,《图书馆杂志》2006 年第 7 期。

⑤ 参陈清慧《〈古今书刻〉版本考》,《文献》2007 年第 4 期。

两书"书坊书目"中之《宋文鉴》是十分可能的。

嘉靖初,南京国子监中胡韶修补《宋文鉴》板片又面临修补问题。据《新雕宋朝文鉴》王文《序》,监察御史王文痛心板片"独残缺磨灭,不可读",于是"与同年曹君时用议加修补"。虽然板片在南京国子监,也隶属于南雍,但王文、曹镃①并没有申请国子监资金,也没有从南京都察院筹措资金,而由官员自行捐款,与福建监察御史或福建学政等人将校书任务委予府县属官一样,王文、曹镃将校正和补刻任务委托给了应天府通判,王文云曹镃慷慨解囊,"为助若干缗,因计工料,以应天府聂通判淳保重加校正而补刻之"。② 此次修补工作于嘉靖五年(1526)完成,嘉靖二十二年南雍助教梅鸑③盘校南雍所藏书板时,其书板依然完好,《南雍志》著录:"《文鉴》一百五十卷。小字,好板,二千二百面,完。"④与南雍修补《宋文鉴》板片差不多同时,晋王有感于《宋文鉴》"版本多在南雍,不广,兹特命工刻之"⑤,即晋藩刻本。万历、崇祯后的书坊《宋文鉴》,多从胡韶修补本出,或云从慎独斋本出,题作《校正重刊官板宋朝文鉴》,此书各大图书馆有丰富的收藏。⑥

严州府刻成《宋文鉴》后,让其为难的是严州府无常规资金保证《宋文鉴》不断印制所需的纸张和人力费用,这表明严州府没有让索书者承担费用。胡韶将书板进献南雍,虽然出于"用广印传,使四方之士得公所

---

① 曹镃,字时用,武进人。王文,江西安福县人。两人同为正德十二年进士,嘉靖元年,曹镃任职南京都察院,为广东道监察御史,二年,王文亦任职南京都察院,为浙江道监察御史(又称南京御史)。参张朝瑞《皇明贡举考》卷六(《四库全书存目丛书》史部第269册,第708、710页);徐必达领修,施沛等协纂《南京都察院志》卷七、卷五(《四库全书存目丛书补编》第73册,第178、143页)。

② 吕祖谦《新雕宋朝文鉴》,天顺八年严州刊弘治、嘉靖补本。邓邦述《群碧楼善本书录》卷三《宋文鉴》:"嘉靖丙戌王文补刻序。"程仁桃选编《清末民国古籍书目题跋七种》本,国家图书馆出版社,2009年,第190—192页。

③ 黄佐《南雍志》卷六《职官年表》下助教梅鸑下注:"鸣岐,旌德人,举人,二十二年任。"(第604页)卷十八《经籍考》:"今委助教梅鸑盘校。"(第1411页)

④ 黄佐《南雍志》卷十八,第1467页。

⑤ 吕祖谦《宋文鉴》,明嘉靖晋藩刻本。

⑥ 参刘树伟《吕祖谦〈皇朝文鉴〉版本考》,《图书馆学刊》2015年第1期。

惠"的分享目的,实际上也是将严州府从书板后续投入的负担中解脱出来,而在其观念中,南雍有这样的资金可以保证书板的后续投入。可见,一时筹措一笔资金刻书比较容易,如何能不浪费既有资源,使所刻书尽量发挥文化功能,则非得有后续资金投入不可,明代府县衙门缺少这样的专项资金,相对而言,南北国子监应该有更充足的资金投入。但嘉靖初《宋文鉴》南雍书板的补修工程并非国子监发起,其校订和刷印工作也非由国子监承担,而是南京都察院的两个御史发起,并由他们委派地方政府中人负责。从上文诸刻书例来看,不少刻书工作的发起人是监察御史或巡按监察御史,明代两京提学官由都察院御史充任,礼部下达刻书任务也是移送咨文至都察院,由都察院转示钦差提督学校按察司副使,可见明代监察系统官员在文教事业上的活跃。

地方政府刻书因后续资金没有着落,书籍板片寿命长和可再生性反而成了一大负担,而书坊刻书最希望一次投入后能够不断产出以获得最大利润。从上文可见,地方政府、南雍刻书的受惠者是能够获得馈赠或者有资格、能力和地位向他们索取者,晋藩自刻《宋文鉴》的理由是南雍本流传"不广",这也是嘉靖十三年官府通过书坊刊刻《宋文鉴》的原因,只是书坊和晋藩的预期读者可能不同。因书坊本《宋文鉴》的加入,此书突破了地方官府、南雍刻本的以身份地位或社会关系为决定因素的流传模式,对应的是一个以金钱和购买力为决定因素的世界。从这一意义上讲,书坊刻书不论是本质上还是实践中都有官刻所无法取代的优越性和社会文化价值。

最后我以程敏政《明文衡》为例对明代官刻的私人资金捐赠、坊刻的官方介入以及进入建阳"书坊书目"书的性质等问题作一通贯式讨论。《明文衡》是程敏政(1445—1499)在成化、弘治年间根据当时已刊刻的明人文集而编成的一部明初至成化年间明文总集,但其生前未能付梓。①程敏政去世后,其侄程曾从程敏政书箧中获得其所选定的《皇明文衡目录》两卷,于是根据目录中篇目遍寻各家文集,从中抄出文章并分类编次,正德五年(1510)已汇集成十六册的《皇明文衡》,徽州府推官张鹏得

---

① 可参郭玉《程敏政〈明文衡〉版本源流考》,《南昌工程学院学报》2014 年第 2 期。

知后不仅校正此书,且捐俸并筹措资金,最后在歙义民詹以祺等帮助下刻成此书。有关此书最初的刊刻,程曾、张鹏介绍说:

> (张鹏)首捐俸倡刻……公理刑馀暇,手自校其鲁鱼亥豕之谬……兹所刻工役颇巨,董其事而以赀助者,歙义民詹以祺等。虽出于一时子来之诚,而张公以义感人之素亦可见矣。……正德五年岁次庚午十二月中浣后学休宁程曾谨识。

> 学士没,诸集散失,庠生程曾于败篋中得学士手书目录,不忍遂泯学士初志,遍访海内蓄书之家,亦几十馀年始克成编。适予承乏来推刑新安,乃于政暇略加校正,分为[九十八]卷①,缮书入梓。民之尚义者闻而乐助之,馀则予以次规措,总为费计钱二十万有奇,六阅月梓人讫工。……乐助如詹以祺辈共[廿一]人②,附书于目录之后以示劝,亦以见是编之梓行,非予一人所能成也。正德五年岁次庚午季冬望日赐进士直隶徽州府推官西蜀张鹏谨识。③

晁氏宝文堂藏徽州刻本一部,④蒋南煦所见本亦为徽州本。徽州府此书刊刻,虽然有推官张鹏以及地方人士捐赠,但属徽州府官刻,书板藏徽州府,嘉靖四年南直隶学政至徽州见之。卢焕《叙重刻文衡后》云:

---

① 原作"一百卷",据蒋光煦《东湖丛记》所录张鹏《后序》改。东京大学东洋文化研究所藏《皇明文衡》虽称正德五年序刊本,实为嘉靖南京国子监本,由其各卷卷首书名后三行题名可知。三行题名分别是"翰林院学士新安程敏政选编""乡进士国子监助教永康范震校正""赐进士应天府儒学教授郊郢李文会重校"。"一百卷"是南监刻时所改。蒋光煦所得《明文衡》实为徽州刊《明文衡》,见其《东湖丛记》卷一,国家图书馆编《国家图书馆藏古籍题跋丛刊》,北京图书馆出版社,2002年,第15册,第25页。

② 原作"十九",据《东湖丛记》改,《国家图书馆藏古籍题跋丛刊》第15册,第26页。除此文外,《东湖丛记》又云徽州本《明文衡》"后附尚义助刻姓氏凡二十一人"(第23—24页)。"十九",南监重刻时改,不知哪二人以及为何被抹去。

③ 据东京大学东洋文化研究所藏《皇明文衡》,[]中文字据《东湖丛记》改。

④ 晁瑮《晁氏宝文堂书目》著录:"皇明文衡 徽州。"(第44页)另一部未交代刊刻地。

  岁乙酉,予总学政,按徽郡,取视篁墩先生《文衡》,板刻半脱落,肤质平漫不可读。携至京,属应天府学教授范震校正,重入梓。越五月,震去代,今教授李文会来校督,又三月馀,梓人工完。……嘉靖丁亥(六年)首秋之吉淮康卢焕识。[①]

  徽州已不可刷用的《明文衡》书板被卢焕运至南监,这与严州府将《宋文鉴》送至国子监是一个思路,地方上解决板刻后续管理和投入存在麻烦,国子监有人力将《明文衡》起死回生,显然原来的木板可以继续使用,虽然在原板上复原也是非常花时间的。这两种书就是《古今书刻》"徽州府"刻和"南监"刻之由来。

  应该考虑的是,国子监并非无条件地接受地方所刻书,对书籍是有选择的,其中政治、文化标准相当明显。《宋文鉴》和《明文衡》都体现了一代文章正宗和一代文学。程敏政、张鹏、卢焕对刊刻《明文衡》的政治文化意义有充分的阐发,程敏政《皇明文衡序》、张鹏《明文衡后序》、卢焕《叙重刻文衡后》分别有云:

   汉唐宋之文皆有编纂,精粗相杂,我朝汛扫积弊,文轨大同,作者继继有人,而散出不纪,无以成一代之言。

   自汉以来,文章代有编选,如《昭明文选》、姚铉《文粹》之类,何止数家,求无遗议者,难矣!我朝百馀年,道化熙洽,台阁之宗工,山林之词匠,彪炳风翥,时不乏人,第无以编选为任者。诸大家全集,各行一方,人亦罕得见之,其时代差远者,又云散鸟没,零落无馀矣。故世之号洽闻者,举前辈文辞问之,则嗒然不能一启口,间有强辨者,则谓当世之文,无足追古者,是又不自咎其浅,而欲尽诬一世之人也。噫!其流固至此哉!此篁墩程学士有《皇明文衡》之选也。……昔真西山辑《正宗》,以明义理、切世用为主,必体本乎古、指近乎经者取

————————————

① 程敏政《皇明文衡》,《四部丛刊初编》据嘉靖本影印,集部第 497 册,第 3027、3037 页。

之，否则虽工不录，学士之意盖本诸此，观其所选之文与其所自序者，可具见矣。……予庄诵而叹曰：观乎天文以察时变，观乎人文以化成天下。皇明之文，蔚然灿然，华实相副，出入乎典谟，浸淫乎雅颂，足以超秦汉而上之，其盛如此！列圣之化，顾不于此，可仰见哉！虽则一代之人文未必尽于此，而染指可以知鼎味矣，他日安知不有巨儒续为编选乎？①

迄来百六十年，文莫盛今日，弊亦极矣！修词者叛常，失也诡；注意者荒驰，失也宕；取征者弗稽，失也淫诬；叙譬者固类，失也强慑；饰易浅者，失之涩，其文怪以怒；事深刻者，失之和，其文拘以削。六失生，文日病矣……呜呼！弊亦极矣！夫丰水有培，久之弗渝；朴械正盛，出也无穷。右文翊治，肤奏中兴。新兹成刻，诸公俱可读也。岂无学古而得乎是，故殷盘周鼎，古可掩今？太羹玄酒，识者自别。②

《明文衡》接续了"代有文选"的文化传统，表现了大明的文章之盛和道化熙洽，这保证了《明文衡》的政治正确。而以《文章正宗》"体本乎古、指近乎经"作为选文标准，又保证了思想和文化正确。《明文衡》可以为当下文章之六失提供救治之方，这保证了《明文衡》的文学价值。《明文衡》是有颁降书潜质的，是"诸公俱可读"之书，换句话说，是朝廷希望天下人皆可得见之书。这可以解释何以此书会进入建阳"书坊书目"，而且是在国子监本刊刻后不久即出现了书林宗文堂刻本。③上文已述，书林宗文堂与政府有密切合作，《明文衡》或许是为了配合南监本而刊刻的。宗文堂本《明文衡》宣称其本乃"书林精舍京重刊"，并有《告白》曰：

---

① 前一段程敏政文，后一段张鹏文，并引自东京大学东洋文化研究所藏正德五年序刊本《皇明文衡》。

② 文见程敏政《皇明文衡》，《四部丛刊初编》集部第497册，第3035—3037页。

③ 宗文堂本《皇明文衡》程敏政《序》后有"嘉靖戊子岁宗文堂新刊"牌记。

《皇明文衡》一书,原板出在金陵,乃于我朝名贤之所著,纂集百馀卷,其间载有圣道治度、诏诰、表章、诗书、礼乐、词赋、碑铭、序文、形物、议论,诸事类正,后跋俱全集也。今书坊宗文堂购得是本,命工刊行,以广其传,四方君子幸为鉴焉。时嘉靖八年孟春月榖旦本堂告白。①

宗文堂本从国子监本而来,故称"原板出在金陵"。书坊宣称其"购得是本",可见书坊对刊刻进入"书坊书目"的书非常有热情,资金的投入不仅是板刻和刷印,还包括前期的版权获得费用。宗文堂并非待国子监本流行然后看见商机才刊刻的,而是凭经验和判断,知道国子监倡刻的书本身即有商机。

本章揭示了建阳"书坊书目"所对应的"明代书坊"的另一种图书生产空间和特性。"书坊"书目,应该有官方(很可能是礼部)的准入门槛,建阳书坊为明人提供最基本的实用书籍,为读书人提供最基本的教科书,为政府提供展示一代之文和学的书。因为有颁降书(朝廷或政府买单)和官方背书以及读书人群用书的基本保证,当中央下达"付福建布政司书坊翻行"等任务时,福建书坊主似乎相当乐意以书坊资本来承担刊刻任务。承担刊刻任务的书坊,当保证书籍内容的完整性和版式的合要求,但开本、纸张似可以改变,以降低成本从而保证图书以相对低的价格出售。因为其以书坊资本为主,故书坊既与官府合作也会想办法钻政府的空子,接受国家、政府的监管,也受用书人和舆论的监督。地方政府与建阳书坊是相互合作的,好的建宁官员也尽量保护、不干涉书商的经营,如嘉靖四年(1525)任建宁知府的谢阶对接踵而至的"权贵买书者",既拒绝利用地方公权为他们讲价("买书抑其直"),也拒绝提供人力资本("勒丁推挽"),以免建宁"商民两困",谢阶的做法受到史家赞赏。② 终明一

---

① 程敏政《皇明文衡》,宗文堂刻本。
② 参汪佃等《(嘉靖)建宁府志》卷五、刘松《(隆庆)临江府志》(《天一阁藏明代方志选刊》第47册)卷十二。

世，尽管教科书的问题不断被提出，也有官员建议朝廷设立专门的行政和学术管理机构，但朝廷多是在应急模式下委派专员。我们厘出这一层面的"建阳书坊"，了解其运行模式，讨论其在明帝国的公民基础教育和核心文化教育中承担的角色和发挥的重要作用，以期打破明代书籍史研究中"官刻""私刻"的截然两分。

第二章
从三份书单看明代图书 生产图景与文化潜能

　　上章讨论了宣德四年(1429)衍圣公请求至福建买书一事,可惜没留下书单,不知最后所获为何。今存正德十二年(1517)杭州府学买书清单、嘉靖七年(1528)浙江湖州府买书清单①、嘉靖十六年(1537)建阳教谕买书单以及万历中胡应麟有关购书的论述,这些书单呈现了可确知年份的在有限时间内的大批量购书行为。与藏书家购书不同,学校购书不追求古本、善本,而追求实用,由此可见当时买家所需之书和教学动态。杭州府学买书清单还标注了书的部册数,可据此讨论他们可能自何处购得、所获版本为何,由此了解和把握当时图书生产和销售的图景。由于这几份书单呈现了正德至嘉靖的时间跨度,此阶段正是明代思想文化发生重大转向的时代,从图书的生产状况来看,是开始有一定量的生产但尚未进入万历以后图书生产大爆炸的时代,尚有可能对各书生产状况做较为清晰的梳理,故有可能通过处在这几个时间节点上的书单的内容变化以见明代学风之动态以及书籍在其中的作用,讨论图书如何参与和深化了时代思想文化的深层变革。

---

①　栗祁、唐枢纂修《(万历)湖州府志》卷十二"书籍库"下所收陈祥麟《藏书记》(《四库全书存目丛书》史部第 191 册,第 241—242 页)、"书籍"下所收书目(第 242 页)。

一、正德十二年的杭州府学买书

刘瑞《五清集》收录了他为浙江按察使副使、学政时所写的《尊经阁藏书记》，此《藏书记》以及《藏书目》又完整地保存在清代倪涛《武林石刻记》和丁申《武林藏书录》中。为了解当时杭州府学藏书、买书诸细节，先摘引相关信息如下：

> 杭会郡也，华侈甲天下，而学无藏书。颁于廷者，惟经，惟四书，惟《性理》，惟《孝顺》《五伦》；官所置，仅汉、宋诸史。瑞董学，又明年，请于按浙监察御史宋公，公慨然曰："吾方石经是葺，斯举也，盍并图之。夫有书而不读，君子病焉，况无书乎？"于是出刑金贮于府者，遣训导林凤鸣、刘铦往求焉。越四月，书至，约计万卷。经史子集，秩然略备，楼藏于阁，专训导领之，师生诵观籍，其出纳惟谨，其名、数备之石，皆公命也。既成，瑞进师生，告之曰："子知监察公之厚尔庠校者至且远乎？……读书者，学知始终也，读天下之书，斯可与论天下之事矣。此监察公藏书之意也。公嗣名卿家学，持宪侃侃，博闻好古，藻翰瑰玮，非世俗吏可能，故举措勤于风教若是！尔师生其遇哉！"有言者曰："求道者，五经四书足矣，奚以多为？多言者，道之害也。"嗟乎，此非知道者！……夫经者，天矣；史者，四时五行也；诸子、集者，万汇也。天者，道之原也，宰物而不宰于物者也；四时五行，经纬乎天而不容已者也；乃若万汇，斯微矣，飞者、跃者、纤者、巨者、蠢而动者，各声声色色于覆帱，虽或反戾恣睢以逞天，亦莫之绝也，其诸子、集之谓乎？简之裁之，神而明之，存乎其人耳，故曰"为天地立心"。……知府留侯志淑以记请，书之使后之求公者有考也。①

---

① 刘瑞《五清集·外台稿》卷十五，《四库未收书辑刊》据明刻本影印，第五辑第18册，第180—181页。

　　中宪大夫、浙江等处提刑按察使司副使、奉敕总理学政、前翰林院检讨、修国史兼经筵官西蜀刘瑞记。①

这里涉及按巡浙江监察御史宋廷佐、浙江提学副使刘瑞、杭州知府留志淑和杭州府学训导林凤鸣、刘铦，其资职、任职杭州时间皆可考知。据过庭训《本朝分省人物考》、雷礼《国朝列卿年表》，刘瑞（1461—1525），字德符，成都内江人，弘治九年（1496）进士，入翰林三载，授检讨，正德十年（1515）为浙江按察使副使，十四年升任南京太仆寺少卿。② 据《本朝分省人物考》《（乾隆）杭州府志》等，留志淑（1481—1533），字克全，号朋山，泉州永春人，宋丞相留正裔孙。十六岁入理学家蔡清之门，被称有远器。弘治十八年（1505）进士，正德十二年至十四年（1517—1519）、正德十五年至嘉靖二年（1520—1523）以员外郎郎中两守杭州。③ 据《皇明贡举考》《（雍正）浙江通志》，宋廷佐，乾州人，正德五年（1510）进士，正德十二年、十三年以监察御史巡按浙江。④ 据《（万历）雷州府志》《南雍志》《（乾隆）杭州府志》，林凤鸣，字周祥，海康人，弘治甲子十七年（1504）举人，后三历教职，湖广分考，嘉靖七年（1528）擢南京国子监助教。⑤ 刘铦，正德十二年任杭州府学训导。⑥ 府学训导，官职不入流品，暂置不论。刘瑞、留志淑、宋廷佐三人，刘中进士、做官最早，留次之，宋最晚；从官品来看，刘、留都是正四品，而宋为正七品，但宋巡按地方的身份，使他充分显示

---

　　① 据倪涛《武林石刻记》卷二所收《尊经阁藏书记》补（《石刻史料新编》第二辑，新文丰出版公司，1979 年，第 9 册，第 6837 页。下引此书，皆本此）。

　　② 过庭训《本朝分省人物考》卷一〇七，第 28 册，第 9279—9287 页。雷礼辑，徐鉴补《国朝列卿年表》卷一三四，《中国古籍珍本丛刊·天津图书馆卷》第 12 册，第 641 页。

　　③ 过庭训《本朝分省人物考》卷七一，第 20 册，第 6426—6430 页。郑澐修，邵晋涵纂《（乾隆）杭州府志》卷六二"杭州府知府"下，《续修四库全书》第 702 册，第 550 页。

　　④ 张朝瑞《皇明贡举考》，《四库全书存目丛书》史部第 269 册，第 693 页；乾隆元年刻沈翼机等重修本《（雍正）浙江通志》，《中国省志汇编》之二，华文书局，1967 年，卷一一七，第 1958 页。

　　⑤ 参《（万历）雷州府志》卷十七《乡贤志》（欧阳保等纂，刘世杰、彭洁莹点校《万历〈雷州府志〉点校》，中国社会科学出版社，2014 年，第 327 页）《南雍志》卷六《职官年表下》（第 602 页）。

　　⑥ 郑澐修，邵晋涵纂《（乾隆）杭州府志》卷六二，《续修四库全书》第 702 册，第 555 页。

出果敢的领导才能,据上文,他也收获了刘瑞真诚的赞美。正德十二年杭州府学的这次买书,由刘瑞倡导,其为提学副使,倡导买书是其"董学"职责之所在,他不是向浙江布政司、按察司或杭州府申请买书款,而是向宋廷佐请求,宋廷佐动用放在杭州府("贮于府者")的"刑金"(为赎罪所出之金),可见监察御史的财权及其所选择支持项目的倾向。

宋廷佐巡按浙江时,还令杭州知府留志淑迁仁和县学石经于戟门外两偏,移《道统十三赞》于尊经阁下。这批石经乃南宋太学故物,是宋高宗于绍兴二年手书《易》《书》《诗》《春秋》《论》《孟》《中庸》《儒行》诸篇而上石。《道统赞》是宋理宗御制并御书的伏羲至孟子十三人道统赞之刻石的残存。此事是正德十二年杭州文教大事,大学士杨一清曾为文以记。① 宋廷佐还请留志淑刊刻了南宋周密追忆南宋都城临安的文献《武林旧事》,虽然宋廷佐本并非全本,且当时其尚不知此书作者,②但其发掘杭州文献文化、提升杭州历史地位的努力无疑意义重大。此类事迹与其拨款购书事,都佐证了刘瑞文中对宋廷佐的赞美:"博闻好古……故举措勤于风教若是!"过去我们更多关注明代监察御史巡按地方时纠察奏劾的一面,对于他们对明代文献文化的贡献则论之甚少,此例可以清晰地看到监察御史巡按地方时在风教建设方面肩负使命以及具体作为。上文提及南京都察院两御史将"脏罚银"拨给国子监刻书,③此处则将"刑金"用于买书,监察御史倾向于将赎金、罚金、赃款等非常规的不可预料的政府收入投入到文教事业中去,在一定意义上促进了明代帝国文化的发展。

杭州府学尊经阁,明永乐间建,用来藏颁降书,弘治六年倾圮,郡守张溍重修。正德十二年府学的两位训导出外买书,四个月后,获书约万

---

① 参杭世骏《石经考异》卷下"宋高宗御书石经",《四库提要著录丛书》据乾隆五十三年补史亭刻《道古堂外集》本影印,史部第 159 册,第 350—352 页。

② 参丁丙《善本书室藏书志》卷十二"高寄斋订正《武林旧事》"条(第 2 册,第 492 页)。周弘祖《古今书刻》"杭州府"下有《武林遗事》(第 346 页),或即此书。

③ 其他官府也有可能将额外收入拨给国子监用于刻书。如《南雍志》卷十八《《杜氏通典》下载:"嘉靖十七年,南京礼部尚书霍韬以发卖庵寺倡尼银四百九十八两有奇,托祭酒伦以训任其事。……益以监银七十三两有奇,监生卞莱助银百两。"(第 1470—1471 页)

卷。自正统年间起，各地府县学陆续有置书记载。如正统五年（1440）松江知府赵豫（字定素）、节度推官杨政等修松江府学尊经阁，正统八年（1443）王英为之写《尊经阁记略》称赞杨政"乃取圣朝所颁经籍及历代子史百氏之书置其上，又购书之未备者以益之"①。成化二十年（1484）钱溥为上海县学写《尊经阁记》，称"六经、圣朝御制诸书及百家子史，无不具在"②。相较而言，正德十二年杭州府学多出了不少集部著作，"经史子集，秩然略备"。而且杭州府学藏书楼从此具有了图书馆功能，宋廷佐要求由府学训导领之，有了图书馆馆长；"师生诵观"，有入馆阅览功能；"出纳惟谨"，完善"借还书制度"；将府学藏书之名和册数刻石（"其名、数备之石"）公布，相当于出了一部图书馆馆藏目录。刘瑞指出："读书者，学知始终也，读天下之书，斯可与论天下之事矣。"因府学图书多且广，读书的范围扩大到天下，则有相应的学识、眼光和胸襟的培养，这才可以与之论天下之事。同时，因所购图书范围较广，刘瑞还是觉得有必要对府学藏有超出圣贤书以外的书的合理性加以阐释。一个反对者，或者是其假想的"有言者"提出质疑道："求道者，五经四书足矣，奚以多为？多言者，道之害也。"刘瑞回答道："嗟乎，此非知道者！"然后他将经史子集四部书与宇宙万物比附："夫经者，天矣；史者，四时五行也；诸子、集者，万汇也。"他说天是道之原，四时五行构成天之经纬，它们构造了宇宙自然主宰万物而不为万物主宰的力量，具有不可克制的动能（"不容已"）。而子、集是万事万物之微，具有丰富性和可能性，具有生动的个性和成长，甚至有的呈现出"反戾恣睢以逞天"的状态，然而在宇宙自然中亦有存在的可能性和必要。学者只有在这样的丰富性中，"简之裁之"，才能真正知道何为"神而明之"，才能真正"存乎其人"，这样的学者才能承担其"为天地立心"的责任。刘瑞强调教育者要提供丰富的思想资源供受教育者

---

① 方岳贡修，陈继儒等纂《（崇祯）松江府志》卷二三，《上海图书馆藏稀见方志丛刊》据崇祯三年刻本影印，国家图书馆出版社，2011年，第12册，第443页。

② 钱溥《尊经阁记》，见《（崇祯）松江府志》卷二四，《上海图书馆藏稀见方志丛刊》第12册，第529页。

选择并成就自我,带有明显的阳明学特色。正德十二年杭州府学尊经阁图书的充实,使浙江提学副使以及杭州府学师生对有关读书与天下和自我的关系问题有了更广泛和深刻的思考。

二、杭州府学所买书版本以及可能的图书来源

杭州府学在高五尺七寸、广二尺四寸的《尊经阁藏书记》碑旁,立高四尺六寸、广二尺四寸的小字楷书大六分的《杭州府儒学尊经阁书目》碑,①刻每种书书名、部数和册数。丁申《武林藏书录》卷上"尊经阁"考得杭州府学洪武年间置书和永历年间颁降书的书目:

> 洪武七年,杭州府知府王德宣奉诏重建(尊经阁),德宣捐俸置书,凡三十一部,若《史记》《前汉书》《后汉书》《三国志》《晋书》《宋书》《南齐书》《梁书》《陈书》《魏书》《北齐书》《周书》《隋书》《唐书》《五代史》《通鉴纲目》《通鉴外纪》《文献通考》《杜氏通典》《古史》《临安志》《高氏春秋》《许氏说文》《刘向新序》②《文公家礼》《孝经正义》《丙丁龟鉴》《平宋录》《息心铨要》《西湖纪遗》《救荒活民书》。
>
> 永乐间,朝廷赐书凡一十七部,若《御制大诰三编》《孝顺事实》《为善阴骘》《性理大全》《四书大全》《诗传大全》《周易大全》《书传大全》《春秋大全》《礼记大全》《书传会选》《孟子节文》《五伦书》《古今列女传》《仁孝皇后劝善书》《大明律》《诸司职掌》。③

---

① 据倪涛《武林石刻记》卷二,《石刻史料新编》第二辑第 9 册,第 6838 页。

② 《刘向新序》,明洪武年间楚府有刻。正德五年(1510)楚府正心书院《跋》云:"予府旧刻《说苑》《新序》。岁远,多所阙坏,兹用重刻以行。"(《子海珍本编》据正德五年楚府正心书院本影印,第一辑第 2 册,第 555—556 页)郭立暄《明代的翻版及其收藏著录》(《文献》2012 年第 4 期)一文推测"《刘向新序》,明初刻本,字体风格与洪武楚府刻本《清江贝先生集》风格绝似……疑此同为洪武楚府刻……源出宋孝宗朝刻本"。

③ 丁申《武林藏书录》卷上,严灵峰编辑《书目类编》据 1957 年排印本影印,成文出版社,1978 年,第 91 册,第 40871 页。下引此书,皆本此。

上引刘瑞文云正德十二年府学仅有"颁于廷者,惟经,惟四书,惟《性理》,惟《孝顺》《五伦》";官所置,仅汉、宋诸史",则洪武间知府王德宣所置三十一部书仅存《汉书》《宋书》两部,永乐十七部颁降书存《易经大全》《书经大全》《诗经大全》《春秋大全》《礼记大全》《四书大全》《性理大全》《孝顺事实》《五伦书》九部。由此我们确定除此之外的《尊经阁书目》所列之书都是正德十二年的四个月中购置的。现依《尊经阁书目》著录顺序,将每本书与各地方志颁降书目、明代各官私目以及该书现存各种版本对照,①试考正德十二年各书可能的版本来源如下:

1. 易经大全(24 卷,义例 1 卷),一部,计一十二册②

《易经大全》,又称《周易大全》《周易传义大全》。《晁氏宝文堂书目》著录内府刻、闽刻各一部(第 5 页),《(嘉靖)建阳县志》"书坊书目"有此书。各地方志颁降书若书册数,皆作十二本/册,《酌中志》著录内府本"十二本,一千一百十八叶"(第 457 页)。杭州府学此书当为内府本,乃永乐颁降书之留存。

2. 书经大全(10 卷),一部,计五册

《书经大全》,又作《书传大全》《尚书大全》。《晁氏宝文堂书目》著录"内府刻一,闽刻一"(第 7 页),《(嘉靖)建阳县志》"书坊书目"有著录。各地方志颁降书内府本皆作十本/册,《酌中志》著录"十本,七百六十三叶"(第 457 页)。同样内容的一部书,一般闽本册数比内府本少。如《南雍志》卷十七载内府大字本《大明会典》为一百本,闽板则为三十本。尽管南北监以及各地官府都有刻书,但及至嘉靖隆庆间的《古今书刻》,"大

---

① 所用书目主要有《(嘉靖)建阳县志》"书坊书目"、《南雍志·经籍考》、《酌中志·内板经书纪略》、《内阁藏书目录》、《文渊阁书目》、《万卷堂书目》、《晁氏宝文堂书目》、《澹生堂藏书目》。祁承㸁《澹生堂藏书目》每本书标注卷、册数,但据其《藏书训约》,其书皆丁酉(万历二十五年,1597)火灾后置办,虽然其后所置书不必然都是万历二十五年后刊刻、抄写,但因不好判断,故仅作参考,一般不据以立论。

② 书名、部数、册数均引自《杭州府儒学尊经阁书目》碑,书若为一册,则理当为一部,故碑不出部数。[见倪涛《武林石刻记》卷二(《石刻史料新编》第二辑第 9 册,第 6837—6838 页。下引此书不再出注)、丁申《武林藏书录》(见《书目类编》第 91 册,第 40872—40875 页。下引此书不再出注)]书前序号为著者所加,()内卷数为著者拟测。下同。

全"类教科书只有内府和建阳"书坊"有刻本,可见国家对教科书刊印的重视和控制。杭州府学此本当为闽刻教科书。依前引刘瑞序,《书经大全》也有颁降书留存,故知此书当为颁降书,此亦呼应了前章所论国家委托建阳书坊所刻闽本也可作为颁降书的判断。颁降书的本质意义是皇帝或朝廷颁赐而不必然是内府、两监或中央/地方政府部门所刻。杭州府学此书为闽刻本,乃永乐颁降书之留存。

3. **诗经大全**(20卷),一部,计四册

《诗经大全》,又作《诗传大全》。《晁氏宝文堂书目》著录内府刻一、闽刻一(第 8 页),入《(嘉靖)建阳县志》"书坊书目"。各地方志颁降书内府本皆作十二本/册,《酌中志》著录内府本"十二本,九百九叶"(第 457 页)。杭州府学此本当为闽刻,乃永乐颁降书之留存。

4. **礼记大全**(30卷),一部,计一十八册

《礼记大全》,《晁氏宝文堂书目》著录闽刻(第 10 页),入《(嘉靖)建阳县志》"书坊书目"。各地方志颁降书若书册数皆作十八本/册,《酌中志》著录内府本"十八本,一千二百九十九叶"(第 457 页),《南雍志》卷十七著录内府本每部十八本,"又福建板二部,每部八本"(第 1397 页)。杭州府学此书为内府本,永乐颁降书之留存。

5. **春秋大全**(37卷),一部,计一十六册

《春秋大全》,又作《春秋集传大全》。《晁氏宝文堂书目》著录"内府刻二部,闽刻一部"(第 9 页),入《(嘉靖)建阳县志》"书坊书目"。各地方志颁降书作十八本/册,《酌中志》著录内府本"十八本,一千四百五十九叶"(第 457 页)。上引诗、书《大全》闽刻本、内府本册数比分别为 1∶2、1∶3,而福建板《孟子大全》一部四本(第 1396 页),《南雍志》卷十七载南京国子监藏内府本《孟子大全》一部八本,也是 1∶2 的比例。又叶盛曾得一部一依官本而刻的闽本《性理大全》,十册,①《酌中志》记内府本二

---

① 叶盛《菉竹堂稿》卷八《书性理大全书后》:"《性理大全》书十册,得之尚宝司丞建安杨允宽氏,允宽盖文敏公长嫡也。此书板刻在闽中,一依官本,比之四书、五经《大全》本有间矣。性理之学,明于宋而晦于宋,至我朝始得而大明焉。于是文皇帝主张道学之功,盖万世而不磨矣。"(叶盛《菉竹堂稿》,《四库全书存目丛书》据清初抄本影印,集部第 35 册,第 312 页)

十九册,接近于 1∶3 的比例。杭州府学藏《春秋大全》应该是内府本,"六"或为"八"形近而误,抑或颁降书已残缺两本吗?此亦永乐颁降书之留存。

6. 四书大全(36 卷),一部,计二十册

《四书大全》,《晁氏宝文堂书目》著录内府刻、闽刻各一部(第 12页),入《(嘉靖)建阳县志》"书坊书目"。各地方志颁降书若书册数皆作二十本/册,《酌中志》著录内府本"二十本,一千五百八十九叶"(第 457页)。杭州府学此书当为内府本,亦永乐颁降书之留存。

以上六种颁降书。

7. 孔子家语(有 3 卷①、8 卷、10 卷之不同),计一册

《孔子家语》,又称《孔氏家语》。《汉书·艺文志》著录"二十七卷"(第 1716 页),《隋书·经籍志》王肃解本为二十一卷(第 937 页),《新唐书·艺文志》王肃注为十卷(第 1443 页)。有十卷本宋刊大字本,然明时不易见;②元代王广谋注《孔子家语》(又作《孔子家语句解》)三卷,附《圣朝通制孔子庙祀》一卷,为节略本;③又有何孟春补注本,八卷;④王鏊偶尔发现王肃注本,始知"今本为今世妄庸所删削也"⑤,经过王鏊子延素

---

① 黄鲁曾《孔子家语后序》云:"王广谋《句解》者又止三卷,近何氏孟春所注则卷虽盈于前本而文多不齐。"(《孔子家语》,《四部丛刊初编》子部,第 77 册,第 492 页)黄虞稷《千顷堂书目》卷三"论语类"著录"王广谋《孔子家语句解》四卷","延祐三年刊";"何孟春补注《孔子家语》八卷"(《原国立北平图书馆甲库善本丛书》第 458 册,第 367 页)。

② 参陆心源《仪顾堂题跋》卷六,《古书题跋丛刊》第 23 册,第 73 页。

③ 《子海珍本编》据明初刻本影印(第一辑第 3 册,第 373—420 页),题作"新刊标题句解孔子家语"。

④ 《子海珍本编》据永明书院刻递修本影印,第一辑第 3 册,第 421—491 页。正德二年何孟春《孔子家语序》:"春谨即他书有明著《家语》云云而今本缺略者以补缀之,今本不少概见,则不知旧本为在何篇而不敢以入焉。分四十四篇为八卷,他书所记,事同语异者笺其下,而一二愚得附焉,其不敢以入焉者乃别录之,并春秋、战国、秦汉间文字载有孔子语者录为《家语外集》,存之私塾,以俟博雅君子或肃旧本而是正焉。"(《子海珍本编》第一辑第 3 册,第 424 页)

⑤ 据王鏊《孔子家语题辞》,见徐祚锡隆庆刊本《孔子家语》前。又见王鏊《震泽长语》卷上,《子海珍本编》据万历刻本影印,第二辑第 63 册,第 249 页。

再至陆治,均对此书有所补次,①最终在隆庆间由徐祚锡在常州刊出,十卷;②吴郡黄鲁曾获宋十卷本,在嘉靖间刊出。③ 然后两种皆在杭州府置书之后出,正德十二年前王广谋注节略本最常见,内府所刻《孔子家语》也是这一节略本,《酌中志》著录"三本,一百四十四页"(第459页)。此书入《(嘉靖)建阳县志》"书坊书目",依上云闽本和内府本篇幅比在1∶2—1∶3之间的话,则此一册本很可能是闽本。一册本在明初、中期相对比较常见。如杨士奇《孔子家语》云:"《孔子家语》一册,在江夏时得之南昌龙参。"④王道明藏编《笠泽堂书目》著录"《孔子家语注》一册,王广谋"⑤。杭州府学所得当为闽刻王广谋注《孔子家语》节略本。

8. 仪礼经传通解(37+29卷),一部,计五十册

朱熹计划完成一部包括家、乡、学、邦国、王朝、丧、祭礼的礼学大书,后由四部分组成:一、《仪礼经传通解》,包括朱熹生前已完成的家礼、乡礼、学礼和邦国礼的一部分和未脱稿的邦国礼部分,共二十三卷;二、《仪礼集传集注》十四卷,是朱熹的王朝礼草稿;三、《仪礼经传通解续》二十九卷,朱熹门人黄榦完成整理的丧礼十五卷,卷十六为杨复《丧服图式》,后为杨复分卷的黄榦祭礼的未定稿;四、《仪礼经传通解续》十三卷,杨复整理完成的祭礼。一、二部分共三十七卷,第三部分二十九卷,分别在嘉定十年、十五年刊印于南康道院,合称"嘉定南康道院刊本"。道院本书

①　《子海珍本编》影印嘉靖四十三年陆治抄本《孔子家语》十卷,题作"陆包山手抄家语定本",第二辑第2册,第1—375页。陆治丙寅再题一跋:"余初年考订王注,惟正其传写之讹谬,其文虽有繁而不要者皆仍其旧,及登梓之时重加考订,间有不合经传而意不相蒙及辞之繁衍者据而易之,则此本之所未备也。观者又当以刻本为正。后丙寅九月陆治重题。"(陈先行等《中国古籍稿钞校本图录》,上海书店出版社,2014年,第20页)

②　参徐祚锡《孔子家语后序》,徐祚锡隆庆刊本。此本三百馀叶。

③　《四部丛刊初编》据黄鲁曾本影印,《孔子家语》卷十末"孔子家语卷第十终"下署刊刻时间为"岁甲寅端阳"(《四部丛刊初编》子部,第77册,第487页),即嘉靖三十三年(1554)。全书二百五十馀叶。

④　杨士奇《东里文集》卷十,《原国立北平图书馆甲库善本丛书》第708册,第623页。

⑤　王道明藏编《笠泽堂书目》,见收《稿抄本明清藏书目三种》,北京图书馆出版社,2003年,第35页。

板宋时归国子监,后入白鹿洞书院修治,元代入西湖书院,明代入南京国子监,黄佐修《南雍志》时,书板尚存,清乾隆时尚有部分书板留存江宁藩库。此板经元明递修,故今存藏本较多。①

但明代书目更多分开著录这四种书,如《南雍志》卷十八即分别著录《仪礼经传通解》二十三卷和《仪礼经传续通解》二十九卷书板(第1433—1434页)。《南雍志》卷十七云南监藏有一部三十五本的《仪礼经传通解》,但"多缺篇"(第1407页)。明代内阁较多此书的收藏,杨士奇《文渊阁书目》卷一地字号第四厨著录一百册的《仪礼经传通解》三部、三十四册的《仪礼经传通解》一部,三十册、六册的《续》各一部。②《文渊阁书目》是插架书目,都是清点过的,这样著录,总感觉应该是三种版本分别著录,但一百册的规模又颇令人怀疑包含了三种书。万历三十三年孙能传、张萱等撰《内阁藏书目录》,内阁原百册的三套书已不知去向(或已不完整),完整的一部是三十五册一套的,另有"四十三册,不全","三十四册,不全","二十四册,不全","五十五册,不全"(此或为百册一部之残留?),"七十四册,不全"(此或为百册一部之残留?),"十册,不全","六册,不全","九册,不全","二册不全"。而两种原《续》书已不见或已不完整,出现了一百册的《续》"全","十九册,不全","十八册,全","二十九册,不全","五十三册,不全"等版本。③ 此书内府收藏较多,但一般藏书家著录较少,刘瑞说士大夫识其名者或寡,所言不虚。

如果将此书与刘瑞正德所刊《仪礼经传通解》联系起来,我以为杭州府学此次所买五十册本或当为嘉定刊元明递修之三种之合集。④ 刘瑞正德刊本《仪礼经传通解》收有张虙《通解续序》、杨复《通解续目录后序》和《祭礼后序》三篇序文,三文见于黄榦整理的《仪礼经传通解续》。

正德十六年,刘瑞、曹山《仪礼经传通解》刊出,从宦迹上看,此时刘

---

① 参李少鹏、孙赫男《〈仪礼经传通解〉版本考略》,《古籍整理研究学刊》2016年第5期。

② 杨士奇《文渊阁书目》卷一,《文渊阁四库全书》第675册,第128页。

③ 孙能传、张萱等《内阁藏书目录》,《续修四库全书》第917册,第17页。

④ 据《域外汉籍珍本文库》第二辑经部第2—5册所影印嘉定刊元明递修本,三种合集约5100叶。

瑞已升任南京少仆寺卿，①但组织刊刻此书是其在浙江学政任上之事。正德本《仪礼经传通解》刘瑞序云：

> 书刻于南京国子监，卷帙浩繁，点画漫漶，士大夫非惟不之读，识其名者或寡矣。……（瑞）乃命教授陈坌、教谕粘灿、王士和督诸生手录经传，雠校既定，出赎金付杭郡曹推官山刻焉。逾年毕工，山之劳著矣。②

检《（乾隆）杭州府志》，陈坌，怀远人，正德十四年任杭州府学教授；粘灿，晋江人，仁和县儒学教谕，正德十四年任；王士和，字希节，侯官人，举人，正德九年任钱塘县儒学教谕；曹山，什邡人，杭州府推官，正德十四年任。③刘瑞委托编校的师生都出自杭州府学或钱塘、仁和县学，委托刊刻者是杭州府推官，《古今书刻》"浙江""布政司"下有刻《仪礼经传》的记录，④应该就是这本书。可见，刘瑞是从赎金中拨出资金以浙江布政司名义刊刻此书的。

刘瑞之所以新刻《仪礼经传通解》和《续》等，是有感于他以及杭州府学生员所见一部南京国子监印本"卷帙浩繁"但"点画漫漶"，所以让府学教授和两县学教谕督促诸生将其中的正文经传抄录出来，与经书雠校，以便获得较好的正文文本。全书完成后，他请杭州推官曹山负责刊印此书，逾年完成。从时间上推算，正是正德十二年买来的这部五十册不易见的《仪礼经传通解》引起了他的关注，从而引发了杭州府学，钱塘、仁和

---

① 丰坊《赠五清先生序》云刘瑞："侍从先皇，正论侃侃，摈于刑人，敛德而退。乃十有一年春，天子图新思旧，起先生董两浙之教……四载再科，拔其尤……今年冬十月，天子思外先生久，将渐登厥弼，以太仆士之见礼若否者。"（丰坊《万卷楼遗集》卷一，《北京图书馆古籍珍本丛刊》第 109 册，第 8—9 页）

② 《仪礼经传通解》，正德十六年本。

③ 四人分别见《（乾隆）杭州府志》卷六二，第 554 页；卷六十三，第 577、569 页；卷六十二，第 553 页。

④ 《古今书刻》无太仆寺刻此书记录。

县学师生们的阅读、抄录和雠校之事，最终做出了一本有别于原书的新书，至少可算是一种新版本。

如果上论成立，则杭州府学正德十二年图书建设，也包括从南监索书。此外值得注意的是，浙江提学也是从政府所获赎金中拨款支持图书刊刻的。

9. 大戴礼（13 卷），计一册

此书南京国子监有藏板，"《大戴礼记》十三卷。存者八十八面，坏板四十三面"[①]，共计一百三十一叶，但《古今书刻》"南京国子监"无刻此书记录，[②]想所存为前代旧板。今存元至正刻本《大戴礼》全书一百三十叶，嘉靖癸巳吴郡袁氏嘉趣堂本一百四十叶，与南京国子监板之叶数相当。傅增湘《藏园群书经眼录》"嘉趣堂"本后，录"似嘉靖间风气"者一部，"亦正嘉间刊本，版式高阔，与袁本不同"者一部。[③] 杭州府学买书时，除袁氏嘉趣堂本尚未刊出外，上述其他版本皆已面世。《大戴礼》，明代内阁有收藏，《文渊阁书目》地字号书橱收有三部二册装的《大戴礼》，《内阁藏书目录》有"《大戴礼》，二册，全"，"又二册，全"，"又三册，不全"。[④] 其他各明代书目多四册、二册装《大戴礼》，较少见一册装者。

10. 礼书（150 卷），一部，计一十册

11. 乐书（200 卷），一部，计一十册

《礼书》《乐书》，南京国子监有藏板，《南雍志》载："《礼书》一百五十卷。好板一百四十八面。""《乐书》二百卷。好板一千八十面。"并评介两书道："（《礼书》，）宋太常博士陈祥道用撰。解礼之名物，且间为图，颇详博。其于历代诸儒之论、近世聂崇义之图，或正其所失，或补其所阙。""（《乐书》，）陈祥道弟旸所撰。据经考传，总为六门，别为雅俗胡三部，以五声十二律为乐之正，以二变四清为乐之蠹，其言自恣，与朱子《钟律

---

① 黄佐《南雍志》卷十八《经籍考》，第 1434 页。
② 《古今书刻》"苏州府""嘉兴府"有刻此书记录，可惜不知具体的刻书年代。
③ 傅增湘《藏园群书经眼录》卷一，第 48—49 页。
④ 孙能传、张萱等《内阁藏书目录》，《续修四库全书》第 917 册，第 15 页。

篇》、蔡氏《律吕新书》二变七均之说大相违背,世莫有辟其非者。"①今可见宋庆元年间刊、元至正七年福州路儒学修补至明递修本,全书约 100叶;②又有元至正七年福州路府学刻明修本。两书版式全同。③

两书内阁都有收藏,杨士奇《文渊阁书目》卷一玄字号一厨有"宋陈详道《礼书》一部,十册";陈旸《乐书》,十二册、二十册、十册本各一部。④《内阁藏书目录》卷一著录:"《礼书》十五册,全。"下注:"宋建中靖国间,太常博士陈祥道撰进。采集历代典礼,凡一百五十卷。"又有"九册,不全"的一部。卷五:"《乐书》二十册,全","又十二册,全"。⑤ 十册本《乐书》已下落不明。祁承㸁《澹生堂藏书目》言其藏有十册一套的"陈氏《礼书》一百五十卷"、十册一套"二百卷"的"陈氏《乐书》"。⑥

值得注意的是,8—11 号书都与南京国子监关系密切,杭州府学或从南京国子监刷印而得。倘如此,是利用行政手段还是商业手段呢?《礼书》《乐书》有的书目放在经类,而《南雍志》置于类书类。《杭州府儒学尊经阁书目》以上四书连续著录,虽符合经书排序方法,或也可能与书籍来源渠道有关吗?

12. 十三经注疏(353 卷?),二部,共计一百六十册

早在成化年间,丘濬就指出明代学校偏于使用宋人五经讲疏,藏书家也不再重视汉唐注疏,其云:"今世学校所诵读、人家所收积者,皆宋以后之五经,唐以前之注疏,讲学者不复习,好书者不复藏。尚幸《十三经注疏》板本尚存于福州府学,好学之士犹得以考见秦汉以来诸儒之说。"他建议国家尽可能地保护尚存古籍:"臣愿特敕福建提学宪臣时加整葺,使无损失,亦存古之一事也。馀如《仪礼经传通解》等书刻板在南监者,

① 黄佐《南雍志》卷十八《经籍考》,第 1472 页。
② 见《域外汉籍珍本文库》第二辑,经部第 5—6 册。
③ 见《北京图书馆古籍珍本丛刊》第 3 册。
④ 杨士奇《文渊阁书目》卷一,《文渊阁四库全书》第 675 册,第 129—130 页。
⑤ 孙能传、张萱等《内阁藏书目录》,《续修四库全书》第 917 册,第 6、60 页。
⑥ 祁承㸁著,郑诚整理《澹生堂藏书目》,上海古籍出版社,2015 年,第 384、386 页。

亦宜时为备补。"①弘治、正德年间,王鏊也有类似观念,其《震泽长语》曰:"宋儒性理之学行,汉儒之说尽废,然其间有不可得而废者,今犹见于《十三经注疏》,幸闽中尚有其板,好古者不可不考也。使闽板或亡,则汉儒之学几乎熄矣。"②丘濬、王鏊提到的存于福州府学的《十三经注疏》板片,一般认为即元刻十行本板片。丘濬对板片"时加整葺"的建议应该得到了采纳,现存数部元刻明修《十三经注疏》,其中即有明正德六年、十二年、十六年、嘉靖三年等屡次修补的记录。③

明代《十三经注疏》刊刻情况,到《古今书刻》时代,仅福建五经书院有刻,当即嘉靖李元阳本。《古今书刻》无福州府学刻《十三经注疏》之记录,因为府学乃保存元刻《十三经注疏》板片,明时只是不时补修而已,由此亦可见《古今书刻》著录书籍之严谨。嘉靖三十六年(1557),何良俊曾竭力怂恿南京国子监刊刻《十三经注疏》,但没能成功。其《四友斋丛说》曰:"丁巳年,屠石屋、叶淮源管印差,要将赃罚银送国子监刻书,因见访及。尔时朱文石为国子司业,余与赵大周先生极力怂恿,劝其刻《十三经注疏》。此书监中虽有旧刻,然残阙已多,其存者亦皆模糊不可读,福州新刻本复多讹舛,失今不刻,恐后遂至漫灭,所关亦不为小。诸公皆以为是,大周托余校勘,余先将《周易》校毕,方校《诗》《书》二经,适文石解官去,祭酒意见不同,将此项银作修《二十一史》板费去,其事遂寝。"④检《南京都察院志》,屠石屋,名仲律,字宗豫,浙江平湖人,嘉靖三十二年始为湖广道御史,三十六年离任。叶淮源,名恩,山阳人,嘉靖三十三年为河南道御史,三十五年离任。⑤ 检《南雍志》,朱文石,名大韶,字象玄,华亭人,弘治九年进士,嘉靖三十四年任南京国子监司业,三十六年二月由

① 丘濬《大学衍义补》卷九四,《子海珍本编》第一辑第 9 册,第 254—255 页。
② 王鏊《震泽长语》卷上,《子海珍本编》第二辑第 63 册,第 232—233 页。
③ 参程苏东《"元刻明修本"〈十三经注疏〉修补汇印地点考辨》,《文献》2013 年第 2 期。
④ 何良俊《四友斋丛说》卷三,第 23 页。
⑤ 徐必达领修,施沛等协纂《南京都察院志》卷六《职官·永乐以来各道监察御史年表中》,《四库全书存目丛书补编》第 73 册,第 158、168 页。

林树声接任。① 据《国朝列卿纪》，赵大周，名贞吉，四川内江人，嘉靖十四年（1535）进士，嘉靖三十五年改南京光禄寺卿。② 何良俊，其《薛方山随寓录序》自述生平道："余忆辛卯年（嘉靖十年，1531）与先生俱入试于南都……是年先生与余皆见黜于有司，相继以拔贡去。……如是二十年复出以干时，又不售，得翰林孔目而南，非其志也。甫三年，即罢去，而先生故倦游矣。丁巳（嘉靖三十六年，1557）春，相见于青溪之上，各出示其所为文，相顾大笑。"③何良俊约嘉靖三十三至三十六年春在南京为翰林院孔目。

由此我们大致可以复现当时的情形：嘉靖三十六年年初，南京都察院两位印差御史道长将一笔"赃罚银"拨给南京国子监作刻书用，可是要刻什么书呢？国子监内部也有讨论，国子监司业朱大韶提议刻《十三经注疏》，国子监祭酒④虽有不同意见，但朱大韶背后的支持者是南京光禄寺卿，何良俊虽然只是南京翰林院孔目，但文名甚著，其更是刻《十三经注疏》的竭力"怂恿"者，此事将付诸行动。嘉靖三十六年前，李元阳《十三经注疏》已刊出，何良俊见过，对之评价是"福州新刻本复多讹舛"，这也是他怂恿南京国子监刊刻《十三经注疏》的原因之一。其实，说国子监完全新刻《十三经注疏》，也是不准确的，何良俊说南京国子监有这部书的旧板，⑤

---

① 参黄佐《南雍志》卷五《职官年表》，第 542 页。

② 参雷礼《国朝列卿纪》卷八三"南京通政使司通政使"；雷礼辑，徐鉴补《国朝列卿年表》卷一二九"南京光禄寺卿"，《中国古籍珍本丛刊·天津图书馆卷》第 12 册，第 618 页。

③ 何良俊《何翰林集》卷九，《四库全书存目丛书》据嘉靖四十四年何氏香岩精舍刻本影印，集部第 142 册，第 82 页。

④ 《南雍志》卷五《职官年表》载，嘉靖三十三年，国子监祭酒是福建闽县人林庭机升任，次年十一月任命王维桢，不知何因，此人"未任"，直到四十一年十月裴宇任此职，嘉靖三十四年十一月至四十一年十月祭酒一职缺载（第 527 页）。

⑤ 因为要做《十三经注疏》校对工作，何良俊应该目验过这些板片，上引程苏东《"元刻明修本"〈十三经注疏〉修补汇印地点考辨》文对正德本《十三经注疏》修补汇印等问题做了缜密的考证，不过，我以为正德本嘉靖五年后去向不明，嘉靖二十二年后南京国子监藏板信息不明，故很难确定何良俊嘉靖三十六年所见南监《十三经注疏》非元刻明补修之板，而一定是越八行本或其他。

110

但"残阙已多",所存板片的状况也非常不好,"皆模糊不可读",因此"失今不刻,恐后遂至漫灭",似乎也包括对于所存板片或板片文本的可能使用。当时国子监准备上马的《十三经注疏》工程,应该包括各书的校勘、旧板能用者的某种程度的使用、不存者新刻等。何良俊接受赵贞吉的委托,先校对了《周易》,正校勘《诗》《书》二经时,朱大韶解国子监司业之职,国子监祭酒不同意这一项目上马,而将此笔经费设为《二十一史》板费",国子监《十三经注疏》版刻工程宣告破产。北监本《十三经注疏》刊刻则是晚至万历十四年至二十一年间事了。

综上所考,杭州府学正德十二年所得的《十三经注疏》当为福建府学保存的元刻明修本,此书当时的刷印量应该相当不错,杭州府学一次就获得了两部。

以上经学类。

13. 性理大全(70 卷),一部,计二十九册

《性理大全》,各地方志颁降书若书册数,皆作三十本/册,《酌中志》著录内府本"三十本,二千一百六十九叶"(第 458 页)。杭州府学此书当为内府本,为永乐颁降书之留存,然缺一册。

此为颁降书。

14. 朱子大全(文集 100 卷＋续集 11 卷＋别集 10 卷),二部,共计八十册

《朱子大全》,又作《朱子大全集》《晦庵先生朱文公文集》,是自南宋以来朱熹文集闽刻系统之命名,包括《文集》一百卷、《续集》十一卷、《别集》十卷。现存明代此系统较早的是天顺四年贺沈、胡辑刻本,影响最大的当数嘉靖九年福建按察司副使张大轮、按察使胡岳等刊本,两者都是以宋以来闽刻系统本为底本的。[①] 据《古今书刻》,福建按察司刻过一部《晦庵文集》,南京国子监、建宁"书坊"各刻过一部《朱子大全》,《(嘉靖)建阳县志》"书坊书目"中也有一部《朱子大全》,福建按察司本当即嘉靖

---

① 参尹波、郭齐《朱熹文集版本源流考》,《西南民族大学学报(人文社会科学版)》2004 年第 3 期。

九年张大轮等刻本。《南雍志》未见《朱子大全》书板,但有《晦庵文集》九十九卷板,南雍也藏有"《朱子大全集》,四十本",下注"闽板,竹纸"(第1405页),与正德十二年杭州府学所得《朱子大全》册数相同。既然杭州府学能一次获两部《朱子大全》,知其当非宋元本,而为明刻,或者即是建宁书坊本也未可知。日本尊经阁、足利学校等图书馆藏有《晦庵先生朱文公文集》一百卷、《续集》十一卷、《别集》十卷,题"明正德刊本"。① 由杭州府学此次置书,颇令人怀疑此段时间有新刻《朱子大全》面世。

15. 朱子三书(3卷),一部,计二册

《朱子三书》,指朱熹所注周敦颐《太极图》《通书》和张载《西铭》。《文渊阁书目》卷一黄字号第二厨"性理"藏有"《朱子三书》一部,一册""《朱子三书》一部,三册"。② 孙能传、张萱等《内阁藏书目录》卷五著录:"周、张《三书》一册,全。"下注曰:"周、张二子《太极》《通书》《西铭》,朱晦庵注。"又云:"《朱子三书》,三册,全。即朱子所注以上三书也,黄益能笺释。"(第1404页)也就是说《朱子三书》一册本,即朱子注《三书》;三册本,则为黄益能在《朱子三书》基础上,"会粹儒先之言,伦通类聚,所以发挥三书之意"(《南雍志》卷十八"《朱子三书》三卷"下,第1463—1464页)。南雍藏有一册本的《朱子三书》(卷十七,第1404页),同时藏有黄益能笺释朱子注《三书》的板片:"《朱子三书》三卷。好板一百三十四面,缺板十面有馀。"(第1463页)《古今书刻》载"南京国子监"有刻《朱子三书》。杭州府学此书或得自南京国子监。

以上理学类。

16. 史记(130或70卷),二部,共计四十册

17. 前汉书(100卷),二部,共计四十□册

18. 后汉书(120卷),一部,计二十四册

19. 晋书(130卷),一部,计二十九册

---

① 上引尹波、郭齐文因国内未见正德本朱熹文集,遂怀疑"正德"乃日本中御门年号,而非明武宗年号,此问题,尚需进一步证实。

② 杨士奇《文渊阁书目》,《文渊阁四库全书》第675册,第135页。

20. 南史(80 卷)，二部，共计三十二册

21. 北史(100 卷)，二部，共计四十八册

22. 魏书(124 卷)，二部，共计六十册

23. 宋书(100 卷)，二部，共计六十册

24. 梁书(56 卷)，二部，共计二十册

25. 陈书(36 卷)，二部，共计一十二册

26. 南齐书(59 卷)，二部，共计二十三册

27. 北齐书(50 卷)，二部，共计三十六册

28. 后周书(50 卷)，一部，计一十册

29. 隋书(85 卷)，二部，共计三十八册

30. 唐书(255 卷)，二部，共计九十册

31. 五代史(75 卷)，二部，共计一十六册

32. 宋史(496 卷)，一部，计七十册

33. 元史(210 卷)，二部，共计八十册

36. 三国志(65 卷)，一部，计一十[①]册

南宋绍兴年间所刻"眉山七史"(又称南宋监本《南齐书》《北齐书》《宋书》《陈书》《梁书》《周书》《后魏书》)，南宋绍兴年间淮南转运司刊本大字《史记》、南宋翻北宋监本中字《史记》，南宋绍兴国子监刊本《前汉书》，还有元大德年间江东道九路儒学所刻《后汉书》《三国志》《晋书》《南史》《北史》《隋书》《唐书》《五代史》，此十七史书板，明代保存在南京国子监，一直有修补刷印。[②] 嘉靖八年，南京国子监大规模修补、刊刻二十一全史，《宋史》调用广东布政司弘治刊书板，《元史》用内府书板，《辽史》《金史》新刊，原十七史中，《史记》《前汉书》《后汉书》可能因刷印过多，"残缺模糊特甚"，与《辽》《金史》一起翻刻，其他十三史都是在宋、元书板

---

① 《武林石刻记》"一十"二字缺(第 6838 页)，据《武林藏书录》(第 40873 页)补。

② 参张璉《明代中央政府出版与文化政策之研究》，潘美月、杜洁祥主编《古典文献研究辑刊》，花木兰文化出版社，2006 年，第二编第 3 册，第 32—39 页。

基础上作修补。① 而据《古今书刻》建宁府"书坊"书目和《(嘉靖)建阳县志》"书坊书目",建阳书坊刊刻过《史记》《南史》《北史》《三国志》《辽史》《金史》六种正史,但《(嘉靖)建阳县志》不无遗憾地指出"六史""今反俱废",嘉靖时书板已不存。《南雍志》除了记录嘉靖时新刊、新刷印之二十一史的每部册数外,还著录了南京国子监所藏和有藏板的一些正史的册数,《古今书刻》还有一些中央和地方官府刊刻正史的记录,兹依杭州府学图书著录顺序将上述信息列表如下:

表一　杭州府学购置正史与南监藏刻正史册卷数对照表

书名	卷数	府学购置部数/总册数/平均每部册数	南监藏史书册数和版本	嘉靖刻补史书册数	南监史书来源	《古今书刻》著录其他刊刻
史记	130/70	2/40/20	18		南宋淮南转运司刊本或南宋翻北宋监本、新刻	建阳书坊,都察院,苏州府,山西、陕西布政司
前汉书	100	2/40/20		26	南宋国子监刊本、新刻	
后汉书	120	1/24/24		24	原九路、新刻	
晋书	130	1/29/29	30(闽版)	30	原九路	福州府
南史	80	2/32/16	25	20	原九路	建阳书坊
北史	100	2/48/24	25	30	原九路	建阳书坊
魏书	124	2/60/30	30	30	原眉山	
宋书	100	2/60/30	50(宋版)	30	原眉山	

---

① 此据《至正金陵新志》卷九"崇学校·路学"下注"十七史书板,计纸二万三千张……《隋书》一千七百三十二"(《宋元方志丛刊》第6册,第5662页)、《南雍志》卷十八"《史记》中字七十卷""《前汉书》一百卷""《后汉书》一百二十卷""《三国志》六十五卷""《晋书》一百三十卷""《隋书》八十五卷""《南史》八十卷""《北史》一百卷""《唐书》二百一十五卷《释音》二十五卷""《五代史》七十五卷"诸条(第1445—1456页)。

书名	卷数	府学购置部数/总册数/平均每部册数	南监藏史书册数和版本	嘉靖刻补史书册数	南监史书来源	《古今书刻》著录其他刊刻
南齐书	59	2/23/12?		12	原眉山	
陈书	36	2/12/6		6	原眉山	
梁书	56	2/20/10		10	原眉山	
北齐书	50	2/36/18		8	原眉山	
后周书	50	1/10/10		10	原九路	
隋书	85	2/38/19		20	原九路	
唐书	255	2/90/45		50	原九路	江西瑞州府、福州府学、广东布政司
五代史	75	2/16/8	16	10	原九路	福州府
宋史	496	1/70/70		100	广东布政司	建阳书坊
元史	210	2/80/40		50	内府	
三国志	65	1/? /?		15	九路有刻，或不同	建阳书坊

尽管正德十二年杭州府学置书时，南监二十一史尚未大规模整修刊印，北监二十一史更迟至万历年间方刻，上引刘瑞序曾言"官所置，仅汉、宋诸史"，也就是说府学原有汉、宋史的收藏，但府学在较短的时间内获得了除辽、金史以外的全史，而且十四种还有两部。从官方刻书的角度看，明代都察院、南监、苏州府、山西布政司、陕西布政司都曾刻过《史记》，南监、江西瑞州府、福州府学、广东布政司都刻过《唐书》。乍一看，《杭州府儒学尊经阁书目》碑正史排列混乱，既不按照历史时代顺序，也不按照史书写作顺序或作者年代顺序，但将各种刊刻信息汇集起来，著录顺序的内在理路则有所呈现。比如原"眉山七史"就著录在一起，且七种书册数与嘉靖时南监利用原书板修补刷印之书册数大致相同，杭州府学所得很

可能就是南监本。书目碑中《三国志》所处位置特别令人费解，但杭州府学中人或许不觉得费解，因为我们面对的仅是一张书单，他们面对的是书籍本身，其中有许多具体信息，比如同一出版者、同一开本的书连类著录即有其合理性，可能杭州府学所获《三国志》的外部特征与其他正史的差别较大吗？

据今存绍兴间眉山刊明递修三朝本七史，宋人刻版心上记字数，下记刻工名。《宋书》明代补板最多的年份是弘治四年和嘉靖八年，嘉靖九年、十年也有补板。弘治四年补板，版心上镌年份，下署"监生李秘""监生陈泽"等字样；嘉靖年间补刊，版心上镌"嘉靖八／九／十年（补）刊"。嘉靖八年补，有署名或名字一字缩写，如"黄碧""瑜"等。嘉靖九、十年补，无署名。《南齐书》《梁书》《陈书》《北齐书》《魏书》《周书》补刊较多的年份分别是嘉靖十年、九年、八年，版心上镌"嘉靖八／九／十年（补）刊"，偶有署名或名字一字缩写。[①] 江东道九路十史瑞州路刊《隋书》，《至正金陵新志》卷九"崇学校·路学"下注云："十七史书板，计纸二万三千张……《隋书》一千七百三十二。"[②]此书板明代归南雍，《南雍志》卷十八载："存者一千六百九十四面，缺三十七面。本集庆路儒学梓。"（第1453页）清人称"元瑞州路《隋书》"。陆心源《仪顾堂题跋》卷二"元瑞州路隋书跋"云："此本虽无序跋，以版心字推之，则瑞州路刊本也。其曰路学者，瑞州儒学也；浮学者，浮梁县学也；饶学者，饶州学也，尧即饶之省文；番泮者，鄱阳学也；馀干者，馀干学也；乐平者，乐平州学也，故又曰平州。元初，饶州、乐平、浮梁、馀干皆为州，仍隶瑞州路，至元十四年饶州始升为路，《隋书》刊于大德乙巳，故仍隶瑞州。"[③]丁丙《善本书藏书志》卷六"元大德瑞州路刊本"《隋书》下云："此本每半叶十行，行廿二字……是属元大德乙巳瑞州路所奉刊而从北宋本出者也。爱日精庐所藏即是此本。"（第267页）张金吾《爱日精庐藏书志》卷八《隋书》元刊本下云其

---

① 此据《域外汉籍珍本文库》第五辑史部1—8册"七史"影印本概括。
② 张铉《至正金陵新志》，《宋元方志丛刊》，中华书局，1990年，第6册，第5662页。
③ 陆心源《仪顾堂题跋》卷二，《古书题跋丛刊》第23册，第32页。

藏书"纸背系洪武初年行移文册,盖明初印本也"。①《域外汉籍珍本文库》影印的元刊明嘉靖修补本除若干页有"嘉靖八/十年(补)刊"字样,还有"正德十年"字样,最不易解释的是《帝纪》四第十五叶版心上镌有"正德十年/俗刊"六字,《志》十二第三十七叶,《志》二十三第八、二十五、二十六叶,版心上镌"正德十年/司礼监谷(当为"俗"之省文)刊"九字,②则瑞州路《隋书》板正德时归司礼监(《酌中志》未有《隋书》藏板记载),后又归南京国子监吗?然南北京相距颇遥。抑或不止一付板片?抑或司礼监为南监修补版本出资?元代板片,明代归属不一,如元大德三山郡学所刊《通志》,《汉纪》卷五、《三王纪》卷三版心上镌有"成化十年吏部重刊"字样。这也提醒我们关注图书刊刻、补修资金来源与署名之间的关系以及藏刻地点的灵活多变,决不能静态地看待图书的生产和再生产。

34. 通鉴前编(20卷),三部,共计二十四册

《通鉴前编》,元金履祥著,其书元代即有刻,明代刊刻颇多。据《南雍志》卷十八,南雍有较完好的藏板。《古今书刻》载南京国子监、苏州府都曾刊刻此书。杨士奇曾获见苏州府本,并抄有一部,③印证了《古今书刻》的记录。此书苏州府本当刻于正统前。《(嘉靖)建阳县志》"书坊书目"亦有此书。杭州府学能获三部,可见正德年间此书较为易得,也为府学所需。杨士奇《文渊阁书目》卷二宇字号第五厨藏有十二册、十八册、十九册、二十册装四种。④ 杭州府学为八册装,或出自建阳书坊吗?

35. 通鉴纲目(60卷),二部,共计六十八册

《通鉴纲目》五十九卷《凡例》一卷,朱子著,此书内府有刻,《酌中志》载:"四十本,四千一百叶。"(第458页)此书南监有较完好的书板,除《凡

① 张金吾著,冯惠民整理《爱日精庐藏书志》卷八,中华书局,2012年,第115—116页。

② 此本《隋书》见《域外汉籍珍本文库》第五辑史部第8册,所举数例第489、657页等。

③ 杨士奇《东里文集》卷十《通鉴前编举要新书》曰:"《通鉴前编举要新书》,婺金履祥编,四明陈栌举要。起唐尧以下,接乎《纲目》,其体则编年,其事则《易》《书》《诗》《春秋》,其文则兼孔子《春秋》、朱子《纲目》之法也。刻在苏州郡学,余家一册,录于中书舍人朱季宁。盖读之,窃有惑焉。"(《原国立北平图书馆甲库善本丛书》第708册,第616页)杨士奇对此书颇不以为然。

④ 杨士奇《文渊阁书目》,《文渊阁四库全书》第675册,第143页。

例》一卷外，五十九卷共一千一百四十五叶。① 《（嘉靖）建阳县志》"书坊书目"也有此书，《古今书刻》载蜀府也有刊刻，正德间也是易得之书。

37. 十七史详节②（273卷），二部，共计五十九册

《十七史详节》，题作吕祖谦编著，一般著录二百七十三卷，包括《史记详节》二十卷、《西汉书》三十卷、《东汉书》三十卷、《三国志》二十卷、《晋书》三十卷、《南史》二十五卷、《北史》二十八卷、《隋史》二十卷，《新唐书》六十卷、《五代史》十卷，唯焦竑《国史经籍志》卷三著录二百八十三卷，但无具体信息。③ 清庆桂《国朝宫史续编》卷八十藏宋、元、明版书下著录宋版《十七史详节》二百七十三卷一部，元版、明版二百七十三卷《十七史详节》各两部。④ 丁丙见元时仿南宋巾箱本，又见正德十一年京兆刘弘毅慎独斋刊本。⑤ 刘弘毅书坊多与官方合作，此书入《古今书刻》《（嘉靖）建阳县志》"书坊书目"。刘弘毅本正德十一年刻出，故杭州府学可以买到两部。或者也因刘弘毅之刻而此书较为易得，正德时南昌府学，嘉靖时南安府学、建阳儒学都藏有此书。⑥

38. 少微通鉴（50卷），二部，共计一十二册

此书又作《少微通鉴节要》。正德九年司礼监有刻，内有武宗序。⑦ 据武宗《御制重刊少微资治通鉴节要序》，此书之前已有刊刻，正德年间，"第岁久字画间有模糊，因命司礼监重刻之"，同时"以《宋元节要续编》附

---

① 黄佐《南雍志》卷十八："《资治通鉴纲目》五十九卷。好板一千零三十七块，坏五十六块，半破五十二块。"（第1442页）

② 原碑脱二字，此据《武林藏书录》补。

③ 焦竑《国史经籍志》卷三"通史"，《四库全书存目丛书》史部第277册，第332页。

④ 庆桂《国朝宫史续编》，《故宫珍本丛刊》本，海南出版社，2000年，第314册，第210、215、219页。

⑤ 丁丙《善本书室藏书志》卷十，第2册，第404—405页。

⑥ 参《（正德）建昌府志》、《（嘉靖）南安府志》《天一阁藏明代方志选刊续编》据明嘉靖本影印，上海书店，1990年，第50册）、《（嘉靖）建阳县志》。

⑦ 参于敏中等《天禄琳琅书目》卷八"《少微通鉴节要》"条，《明清以来公藏书目汇刊》第3册，第651页。

于其后……通为一书,得备观历代之迹"。① 后世著录《少微通鉴》往往皆合《少微通鉴节要》《资治通鉴节要续编》两书,如清官修《天禄琳琅书目》卷八著录《少微通鉴节要》"六函三十册"和"五函四十册"两种,是正德内府刻藏本、初印本,包括江贽撰《外纪》四卷、《通鉴节要》五十卷,并后附刘剡编《资治通鉴节要续编》(又称《少微宋元二鉴》《少微宋元鉴》)三十卷。② 据吕毖《明宫史》"内板书数",《少微通鉴节要》为"二十本,一千四百三十八页"③。今存正德九年司礼监本五十卷《节要》约一千三百叶。

《少微通鉴》,亦见《古今书刻》建宁府"书坊"书目,据上章,正德四年建阳书户刘弘毅刊刻五十卷《少微通鉴》,杭州府学获得两部《少微通鉴》,每部约六册,从规模上来看,当非内府本,很可能是建阳本。由此亦可见,建阳"书坊"刻书依托于内府刻书而承担了向更多读者开放的使命。

39. 通志略(200 卷),一部,计一百二十册

郑樵《通志》,收录三皇至隋朝史事,内容浩繁,全书二百卷,其中本纪二十卷,年谱四卷,略五十一卷,世家、列传、载记共一百二十五卷。此书"略"相当于《汉书》之"志",最为郑樵所重,其云:"臣今总天下之大学术而条其纲目,名之曰略,凡二十略,百代之宪章,学者之能事,尽于此矣。其五略,汉唐诸儒所得而闻;其十五略,汉唐诸儒所不得而闻也。"④其高自称许如此。五十一卷《通志略》,宋元明皆有刻。⑤《通志》二百卷,宋无刻本,元有大德年间"东宫令下福州所刊《通志》","凡万几千板,

---

① 见江贽《少微通鉴节要》,《四库全书存目丛书》据正德九年内府刻本影印,史部第 2 册,第 781—782 页。

② 于敏中等《天禄琳琅书目》卷八"《少微通鉴节要》"两条,《明清以来公藏书目汇刊》第 3 册,第 651—654 页。

③ 吕毖《明宫史》卷五"内板书数",《文渊阁四库全书》第 651 册,第 656 页。杨士奇、傅维鳞《明书经籍志》"内府经籍板"中有《少微通鉴节要》(《书目类编》据 1949 年排印本影印,第 3 册,第 822 页),同书又著录《少微通鉴》"五册,阙。又二部,各四册,均阙"(第 717 页)。

④ 郑樵《通志总序》,见郑樵撰、王树民点校《通志二十略》,中华书局,1995 年,第 5 页。

⑤ 参黎恩《谈谈〈通志〉的几种版本》,《图书馆学刊》1985 年第 1 期。

装背成,凡百十册",如此规模,当为全本。① 又有至治初福建路总管吴绎募捐而刻于三山郡学的《通志》二百卷,此书经明补板递修,今国内图书馆多有此板藏本。② 值得注意的是,明代南京国子监完好保存了元刊《通志》,《南雍志》卷十八云:"《通志略》二百卷,计板一万三千七百二十四面……元时所刻,字独大而板亦完。"(第1471页)是以《通志略》指称二百卷完整的《通志》。杨士奇《文渊阁书目》卷三盈字号第二厨藏有一百七十册、一百六十二册、一百五十八册《通志》各一部,四十九册、二十八册《通志略》各一部。③《古今书刻》南京国子监、福建五经书院都有刊刻《通志略》记录,依上文所云《古今书刻》不著录元刻《十三经注疏》之例,当为明时新刻者,然为二百卷还是五十一卷本则不得而知。由上所论,杭州府学所得乃一百二十册一部的《通志略》,当为两百卷《通志》,可能刷自南监元刻,也可能是南监或福建五经书院刻本。

40. 国语(21卷+补音3卷),一部,计四册

《国语》二十一卷,宋有宋庠整理本(有宋庠《补音》三卷),世称公序本;后黄丕烈发现明道本,钱大昕在《士礼居丛书》影宋本《国语》序中云:"《国语》之存于今者,以宋明道二年椠本为最古。"④明南京国子监保存了元大德间刻《国语》的书板,经南监修补,尚完整。《南雍志》曰:"《国语》二十一卷、《补音》三卷。存者三百八十面,破者六面。……盖《左传》为内,《国语》为外,郑众、贾逵、王肃、虞翻、唐固治其章句,皆有注释,为六经流亚,非复诸子之伦。然世远亡逸,今惟韦昭所解传于世,刻自元大德间,岁久缺损,弘治十七年七月祭酒章懋、司业罗钦顺命监丞戴镛召匠重刻七十五板,修刻六十八板,遂成全书。"(第1431—1432页)瞿镛《铁琴铜剑楼藏书目录》载其藏有一部正德本(为周亮工旧藏),其中《国语》

---

① 刘壎《隐居通议》卷三一"夹漈通志"条,潘仕成辑《海山仙馆丛书》,凤凰出版社影印本,2010年,第15册,第7906—7907页。

② 参黎恩《谈谈〈通志〉的几种版本》。因大德、至治相距时间不长,两书又同刻于福建,遂力证后者为前者重印,实为一种,似未必。详下。

③ 杨士奇《文渊阁书目》,《文渊阁四库全书》第675册,第173页。

④ 钱大昕《国语序》,见《士礼居丛书》本《国语》。

二十一卷、《补音》三卷,尚未将《补音》散附于各条下。①　季振宜藏有"抄本《国语》""五本","《国语》二十一卷""十本","元板《国语》二十一卷""四本"。②《古今书刻》南监、大名府、苏州府、湖广按察司、陕西布政司、广州府都曾刊刻《国语》,其中湖广按察司本很可能与嘉靖初许宗鲁刊本有关联,③馀皆难以考知具体刊刻年代。明代最称善本的《国语》,是嘉靖戊子(七年,1528)金李刊泽远堂本,此外张一鲲序本《国语》、闽中叶邦荣刊《国语》,《天禄琳琅书目》《天一阁书目》都有著录,④但张一鲲序本刻于隆庆后,⑤叶邦荣本刻于嘉靖时,⑥正德间杭州府学皆无缘获得。综上所述,杭州府学《国语》很可能得自南监,或为元板刷印者或为南监新刻者。

41. 战国策(33 卷/10 卷),二部,共计九册

《战国策》,宋代有姚宏续高诱注三十三卷本和鲍彪校注十卷本,⑦

---

① 瞿镛《铁琴铜剑楼藏书目录》卷九史部二"杂史类""《国语》二十一卷"条,《续修四库全书》第 926 册,第 182 页。

② 季振宜《季沧苇藏书目》,《续修四库全书》第 920 册,第 612 页。

③ 于敏中等《天禄琳琅书目》卷七"《国语》二函十六册"著录:"吴韦昭解二十一卷……后有明许宗鲁识语,则此书当为宗鲁所刊。……宗鲁字伯诚,长安人,正德丁丑进士,嘉靖初任湖广提学佥事。"(《明清以来公藏书目汇刊》第 3 册,第 553—554 页)另参过庭训《本朝分省人物考》卷一〇四《许宗鲁传》(第 27 册,第 9083—9087 页)。今存明嘉靖四年许宗鲁宜静书堂刻本《国语》,此书即叶德辉所批评的"用说文体字"所刻之书,许宗鲁在宋库《国语补音序》后作"按"曰:"宋氏《补音》三卷,音释最详,意义颇繁,附出则篇章不属,别籍则考阅亦艰,均匪良图,姑尔省刊,独存其序,志有此书云。樊川许宗鲁志。"(《原国立北平图书馆甲库善本丛书》影印,第 194 册,第 8 页)

④ 范邦甸《天一阁书目》卷二之一,《续修四库全书》第 920 册,第 63 页。

⑤ 于敏中等《天禄琳琅书目》卷七"《国语》二函十二册"条:"先是同年李惟中刻内传于督学署中……此四人者,皆登隆庆辛未进士。"(《明清以来公藏书目汇刊》第 3 册,第 550—551 页)。

⑥ 参赵怀玉《校正国语序》:"予尝得嘉靖间闽中叶邦荣雕本,注多讹舛,又得常熟钱遵王印写宋刻本校之,而宋之讹亦复不少。……大抵宋本之劣者,往往不如后世校本之善,而今之藏书家辄奉为金科玉律,相率承讹而不敢易,是又好古者之惑也。"氏著《亦有生斋集·文》卷二,《续修四库全书》据道光元年刻本影印,第 1470 册,第 23 页。

⑦ 参王慧《馆藏高注〈战国策〉版本源流考》,《山东图书馆季刊》2001 年第 1 期。

三十三卷本亦有元刻，①元吴师道补正鲍彪注《战国策》（亦称《战国策校注》）则属十卷本系统。据《古今书刻》，明苏州府，河南、陕西布政司都有刊刻此书的记录。河南之刻，或即李梦阳（1473—1539）嘉靖二年所刻者，倘如此，则杭州府学无缘获得。② 据《古今书刻》《（嘉靖）建阳县志》，建阳"书坊"亦有刻。杭州府学能获得两部《战国策》，或得之于建阳书坊吗？

42. 桯史（15卷），一部，计二册

岳珂《桯史》，有宋嘉兴刻本，已残。铁琴铜剑楼藏原徐乾学传是楼所藏元刊本《桯史》十五卷，有陈璧文东批点，《四部丛刊续编》即据此影印。③ 宋刻元明递修用成化十八年丁粮供状等公文纸刊刻的《桯史》，此书板明时入藏南雍。④ 明成化十一年，建安江沂为监察御史出按广东时获陈璧批点本并翻刻付梓，是为成化本。⑤ 嘉靖四年，浙江按察使桐城钱如京重刻此书，增加附录一卷。钱如京刻《桯史》，当即《古今书刻》著录之浙江按察司本，⑥然因时间晚，杭州府学无缘得到。从地缘、学缘上看，杭州府学《桯史》得之南雍的可能性较大。

---

① 丁立中《八千卷楼书目》卷四，丁丙著，曹海花点校《善本书室藏书志（外一种）》本，第 7 册，第 1978 页。

② 李梦阳《刻战国策序》有"嘉靖二年秋七月，河南省刻其《战国策》成"句，文末言："是年也，监察御史澶州王君会按河南，则谓李子曰：'史之义得失列，刻其策以观来者，曾氏所谓因以为戒者也。'"（《空同先生集》卷四九，《明代论著丛刊》据嘉靖九年本影印，伟文图书出版社，1976 年，第 1413—1416 页）河南省此书刊刻与巡按河南监察御史澶州王君会（名勤）有关。

③ 参瞿镛《铁琴铜剑楼藏书目录》卷一七"《桯史》七卷宋刊残本""《桯史》十五卷元刊本"两条（《续修四库全书》第 926 册，第 290 页）、元刊本《桯史》（《四部丛刊续编》第 74 册）。元刊本《桯史》共 200 叶。

④ 参公文纸本《桯史》、孙继民《重视〈洪氏集验方〉纸背文献》（《中国社会科学报》2016 年 5 月 9 日）、邓邦述《群碧楼善本书录》卷一（《清末民国古籍书目题跋七种》，国家图书馆出版社，2009 年，第 6 册，第 48—50 页）。公文纸本《桯史》，共 255 叶。

⑤ 参嘉靖四年本《桯史》江沂序、过庭训《本朝分省人物考》卷七二"江沂"条（第 20 册，第 6555—6556 页）、丁丙《善本书室藏书志》卷二一"《桯史》"条（第 4 册，第 888 页）、吴启明点校《桯史》"点校说明"（《唐宋史料笔记丛书》本，中华书局，1981 年，第 2—3 页）。

⑥ 参嘉靖四年本《桯史》钱如京序、过庭训《本朝分省人物考》卷三五"钱如京"条（第 9 册，第 2784—2787 页）、周弘祖《古今书刻》。

43. 世史正纲（32 卷），二部，共计二十册

丘濬《世史正纲》，成于成化十五年，丘濬自作《世史正纲序》，①是时其兼官国子监祭酒。② 此书由国子监监丞林大猷③、国子监司业费𰀨④刊出，⑤当即《古今书刻》著录之国子监本。据《古今书刻》《（嘉靖）建阳县志》"书坊书目"，此书也有书坊本。孙能传、张萱等《内阁藏书目录》卷二载此书三十二卷，十册；⑥《绛云楼书目》（第 337 页）、《钱遵王述古堂藏书目录》卷三皆作《丘濬世史正纲》，十本/册。⑦ 杭州府学此书或得自国子监，或得自建阳书坊，或各得其一也未可知。

44. 宋元鉴（27 卷），二部，共计一十二册

依《尊经阁书目》碑此书位置，此书当为史书。《宋元鉴》可为《宋元资治通鉴》《宋元资治通鉴节要》《宋元资治通鉴纲目》之省称，然杭州府购书时，薛应旂、王宗沐《宋元资治通鉴》皆未成书，《宋元资治通鉴节要》已见上"少微通鉴"条（《晁氏宝文堂书目》称"少微宋元鉴"），故此处最可能指《宋元资治通鉴纲目》。《宋元资治通鉴纲目》又称《续资治通鉴纲目》（《百川书志》《国朝经籍志》《酌中志》等）、《续宋元资治通鉴纲目》（《明史·艺文志》《千顷堂书目》等）、《宋元纲目》（《古今书刻》）。《续资

---

① 见丘濬《琼台诗文会稿重编》卷九，文后署"成化十五年"，《四库提要著录丛书》集部第 264 册，第 216—219 页。

② 傅维鳞《明书·儒林传二·丘濬传》云其"丁酉（成化十三年）续编《宋元通鉴纲目》成，以原官管祭酒事逾十年，遵尊师，端士习"（《四库全书存目丛书》据康熙三十四年本诚堂刻本影印，史部第 39 册，第 500 页）。

③ 黄仲昭《未轩文集·补遗》卷上《翰林检讨兼国子监监丞林大猷列传》云林大猷"成化十一年迁国子监学录……十六年进监丞，尽剔宿弊，一新旧规"（《文渊阁四库全书》第 1254 册，第 581 页）。

④ 过庭训《本朝分省人物考》卷二十九"费𰀨"条载其成化年间为国子监司业，后为祭酒，弘治六年卒，则国子监本《世史正纲》当刊于成化十五年（1479）至弘治六年（1493）之间（第 8 册，第 2412—2413 页）。

⑤ 参《世史正纲》费𰀨后序，又参范邦甸《天一阁书目》卷二之一史部《世史正纲》三二卷"条，《续修四库全书》第 920 册，第 59 页。

⑥ 孙能传、张萱等《内阁藏书目录》，《续修四库全书》第 917 册，第 24 页。

⑦ 钱曾《钱遵王述古堂藏书目录》，《续修四库全书》第 920 册，第 441 页。

治通鉴纲目》二十七卷,明景帝时敕修,英宗复辟后中辍,宪宗继位后商辂等奉敕重修,成化十二年完成,内府有刻本。[①]《酌中志》云:"《续资治通鉴纲目》,十四本,一千一百二十二叶。"(第 458 页)《(嘉靖)建阳县志》"书坊书目"作为"制书"之一在列。若《宋元鉴》确为《续资治通鉴纲目》,依上文所言建阳书坊与内府本册数比在 1∶2—1∶3 之间,则杭州府学所得二部《宋元鉴》更可能为建阳书坊刊本。

以上史部。

45. 六子全书(62/60 卷?),一部,计一十四册

《六子全书》,"六子"指《老子》《庄子》《列子》《荀子》《扬子》《文中子》,《六子全书》可分为白文、注释、纂图互注三种类型。注释本包括《老子》河上公章句;《庄子》晋郭象注、唐陆德明音义;《列子》晋张湛注、唐殷敬顺释文;《荀子》唐杨倞注;《扬子》晋李轨,唐柳宗元,宋宋咸、吴祕、司马光注;《文中子》宋阮逸注。今存宋末麻沙本《纂图互注五子》(老庄列荀扬)、元刻明递修本《六子》(加《文中子》)、元刻《纂图互注五子》。嘉靖六年,许宗鲁编刻《六子书》,其《序》云:"《六子》旧刻颇刓阙,愚视学之暇,乃与学正闽王生鋆校而梓刻,教谕蜀张生雅实参雠焉。……刻去注言,亦欲学者深思自得尔矣。"王鋆《刻六子后序》亦云:"《六子书》,刻者甚少,书林旧刻杂而讹,览者病焉,少华先生厘而梓之,凡若干册,历三时而功成。"[②]明末、清代公私书目以及今日中外各大图书馆甚至拍卖市场都富有嘉靖十二年苏州顾春世德堂刊《六子全书》,此本有注释。《天禄琳琅书目》著录八册《六子全书》一种、十四册者三种、四十册者两种,十四册者为顾春世德堂本或重印本。[③] 万历以后《六子全书》似成为畅销书,如袁宏道万历二十七年复姐夫毛太初信曰:"前承索《六子全书》,世

---

① 参王德毅《商辂与〈续资治通鉴纲目〉》,东吴大学历史系编《全球化下明史研究之新视野论文集(三)》,2009 年,第 321—330 页。

② 《六子书》,《原国立北平图书馆甲库善本丛书》据嘉靖芸窗书院刻本影印,第 566 册,第 1,310 页。是书,有嘉靖六年许宗鲁樊川别业、芸窗书院刻两种,除一版心下刻"樊川别业",一版心上细横线上镌"芸窗书院刻"外,版式、内容均同,相对而言,樊川别业刻字画略显精美。

③ 于敏中等《天禄琳琅书目》卷九《六子全书》诸条,《明清以来公藏书目汇刊》第 3 册,第 729—736 页。

间书可读者甚多,专索《六子》何也? 甥年尚幼,古人且熟读韩、苏,馀不必读。倘志在芹叶,坊刻时文,看之不尽,即韩、苏亦姑可缓也。"①《古今书刻》有苏州府、赵府刻《六子》,绍兴府、湖广按察司刻《六子白文》,广州府刻《六子书》,《(嘉靖)建阳县志》"书坊书目"也有《六子全书》,可惜皆不能确定刊刻年代。《晁氏宝文堂书目》有"苏刻,二十本"之《六子书》(第28页),当为苏州府本或苏州顾春世德堂本。杭州府学《尊经阁书目》碑较早著录了《六子全书》,很可能出自元刻明递修《纂图互注六子》系列。

46. 吕氏春秋(26 卷),一部,四册

《吕氏春秋》一般与高诱注并行,季振宜《季沧苇藏书目》著录《吕氏春秋》下注"照宋板校",②可见其见过宋本。然今可见较早者为元至正嘉兴路儒学刊本,陈奇猷云此即"毕沅所称'元人大字本'"③,《铁琴铜剑楼藏书目录》藏"元刊本"也即此本。④ 明代此书多有刊刻,特别是万历年间,涌现出张登云刊本、姜璧刊本、云间宋邦乂刊本(《四部丛刊初编》据此影印)、刘如宠刊本、汪一鸾刊本、凌稚隆朱墨套印本等。⑤ 然这些皆非杭州府学所能得者,正德前,现较易见者是弘治十一年河南钧州刊本,陈奇猷认为此"殆毕沅所谓李瀚本",⑥此本翻刻自元至正嘉兴路儒

---

① 袁宏道《答毛太初》,袁宏道著,钱伯城笺校《袁宏道集笺校》卷二二《瓶花斋集·尺牍》,上海古籍出版社,1981 年,第 764—765 页。

② 季振宜《季沧苇藏书目》,《续修四库全书》第 920 册,第 626 页。

③ 吕不韦著,陈奇猷校释《吕氏春秋新校释》,上海古籍出版社,2002 年,第 1828 页。

④ 瞿镛《铁琴铜剑楼藏书目录》卷十六,《续修四库全书》第 926 册,第 267 页。

⑤ 参陈奇猷《吕氏春秋新校释所据旧刻本》,见《吕氏春秋新校释》附录,第 1828—1832 页。

⑥ 吕不韦著,陈奇猷校释《吕氏春秋新校释》,第 1830 页。此书一般称"弘治十一年河南开封府刊本",为李瀚巡按河南时所刊,李瀚《后序》云:"吕氏不韦《春秋》,刘公居敬父节轩先生不以其人之行并其书而弃之,尝经手校,谓其奇闻异见有裨于世。至其子海道都漕运万户庭斡公承先志,刊其书于嘉禾之学官,与学者共之。世久坏烂,又不复刻,而得其书者甚寡。丁巳岁,予奉命来按河南,过钧州,即古之阳翟地,不韦生于斯,而《吕氏春秋》寔其所作也。予获是书,阅不释手……重刻以广其传。……弘治戊午冬十一月既望,赐进士文林郎巡按河南监察御史沁水李瀚书。"[《子海珍本编》据弘治十一年(1498)李瀚刻本影印,第一辑第 74 册,第 816 页]但《古今书刻》未录此书,或非官刻吗?

学刊本。此书板存南监,《南雍志》卷十八载:"《吕氏春秋》二十六卷,存者三百六十三面,半损十六面,失五面。"(第1462页)《古今书刻》也有南监刻书之记录。①

杨士奇《文渊阁书目》卷二洪字号第一厨藏有三册、十册、四册装《吕氏春秋》各一部,②《内阁藏书目录》卷二著录五册、三册、十册、四册《吕氏春秋》各一部(第25页),徐乾学《传是楼书目》也有十本、四本装《吕氏春秋》各一部(第766页)。四册装《吕氏春秋》明代似较为常见。杭州府学所得或为弘治本,或为南监元板刷印本或南监刻本。

47. 王充论衡(30卷),一部,计六册

《论衡》,又称《王氏论衡》《王充论衡》,三十卷。祖本是庆历五年杨文昌本,南宋时有乾道三年洪适刻本、光宗时刻本,季振宜《季沧苇藏书目》云其有"《论衡》三十卷,宋板;又一部,元板③。元至元七年宋文瓒本由洪适本出,明代嘉靖通津草堂刊本出现之前,有宋刊成化修本、元刊正德修本等。明代南京国子监藏有元明抄补本《论衡》,《南雍志》卷十七:"《论衡》三十卷,共五本。"下注曰:"共脱三十一板,至元六年重抄于白云方丈,盖元时已新之,至我朝,盖屡新之矣。"(第1399—1400页)不知其原本是宋刻还是元刻。南京国子监还藏有较完整的宋乾道三年绍兴府刻宋元明递修本书板,《南雍志》卷十八云:"《论衡》三十卷。脱者十二面,存者五百六十面。"(第1464页)④南监旧刻,明人颇有收藏。如

---

① 《古今书刻》又云"湖广按察司"有刻。

② 见杨士奇《文渊阁书目》卷二,《文渊阁四库全书》第675册,第151页。

③ 季振宜《季沧苇藏书目》,《续修四库全书》第920册,第626页。

④ 国家图书馆今藏被定为宋乾道三年绍兴府刻宋元明递修本《论衡》,应即南京国子监此板所印之书,《子海珍本编》据此本影印,第一辑第75册,第25—309页。目录后有"正德辛巳四月吉旦/南京国子监补刊完"牌记(第27页)。书末有黄丕烈跋文:"余聚书四十馀年,所见《论衡》无逾此本,盖此真宋刻元修明又增补残损板片者,故中间每叶行款字形各异,至文字之胜于他本者特多。其最著者,卷首至元七年仲春安阳韩性书两纸、第一卷多七下一叶,馀之佳处不可枚举。近始手校程荣本,知之程本实本通津草堂本,通津草堂本乃出此本,故差胜于程荣本,其最佳者,断推此为第一本矣。通体评阅圈点,出东洞翁手迹,'言里世家',其即此老印记乎? 俟与月霄二兄质之。宋廛一翁。"(第309页)此跋见收《士礼居藏书题跋记》卷四,《续修四库全书》,第923册,第764页。

《晁氏宝文堂书目》著录："《王充论衡》，南监旧刻，欠一册。"（第 29 页）据《古今书刻》，南京国子监、苏州府有刊刻《论衡》的记录，《王氏论衡》又入《（嘉靖）建阳县志》"书坊书目"。南监、建阳书坊都可能是杭州府学书籍的来源。

明代公私收藏的《论衡》册数不等，据杨士奇《文渊阁书目》，文渊阁藏有七册的《王充论衡》一部（卷二）。孙能传、张萱等《内阁藏书目录》卷二著录十册《论衡》一部："《论衡》，九册，不全，汉王充著，今缺第一册。"（第 26 页）季振宜《季沧苇藏书目》云："《王充论衡》三十卷，八本。"（第 606 页）钱曾《钱遵王述古堂藏书目录》卷五则云："《王充论衡》三十卷，六本。"（第 471 页）杭州府学所得者与之篇幅相仿，想其为三十卷本应无可疑。

以上子部。

48. 韩柳文（卷数不详），一部，计八册

《韩柳文》作为一部书，元代已出现，《（至正）四明续志》卷七"昌国州儒学·书籍"著录："《韩柳文》，一十三册。"①杨士奇（1366—1444）谈到过《韩柳文》一书，其《韩柳文》曰："韩、柳文，各三册，得之建昌秀才黄卓。韩文，阙外集十卷；柳文，阙外集二卷、附录一卷。今书坊所行多如此。其间用朱点抹者，依谢叠山本；墨点抹者，罗通斋本。通斋，名泰，庐陵人，范德机尝师之。"②全书六册，韩愈、柳宗元文各三册，为书坊刻本。书中施朱墨点抹，用朱点抹者出自谢枋得《文章轨范》中的韩柳文评点，用墨点抹者是元代范椁师罗通斋之评点，此书为书坊杂凑之物，故受到杨士奇的批评。稍后的叶盛（1420—1474）也得到一种六册本《韩柳文》。其《书韩柳文后》曰："《韩柳文》六册，书坊近年新刻本，余以廪米易之广州市中。近年书坊所刻书，咸不迨于往昔，非惟写刻俗恶，而脱落讹舛，颠倒错置，伪易面目，种种不典，展卷令人厌观。甚者，朝廷制书，亦或妄

---

① 王元恭《（至正）四明续志》卷七，《续修四库全书》据明抄本影印，第 705 册，第 583 页。
② 杨士奇《东里续集》卷十八，《明代基本史料丛刊·文集卷（第二辑）》第 10 册，第 2345 页。

加增损,附列姓名,则其他可知已。嘻! 今人不迨古人,而亦岂独刻书一事为然哉! 庶几得古本之仿佛者,仅见此书耳。"①叶盛此书得自广州书肆,时间当为天顺间其巡抚两广时。② 叶盛指出当时书坊刻书质量下滑,不过他肯定这本《韩柳文》虽是坊刻,但质量上乘,"得古本之仿佛"。《韩柳文》大致为科场作文之用,故公私藏书志很少著录,但普安州学[见《(嘉靖)普安州志》]、建阳儒学[见《(嘉靖)建阳县志》]都有收藏。据《古今书刻》,此书福建布政司有刻,可惜不知刊刻年代。杭州府学此书,或得自坊刻,或得自福建布政司吗? 此属集部选集,据上下文书籍性质,此书不详何因而置于此。

此为集部书。

49. 六书统(20 卷),一部,计一十四册

50. 书学正韵(36 卷),一部,计一十六册

两书为元杨桓所撰字学、韵学著作。其中《六书统》,由其子杨守义上书朝廷,后奉诏往江浙刊行。③ 丁丙《善本书室藏书志》卷五所录《六书统》为原刊本,经明赵宧光收藏。④ 瞿镛《铁琴铜剑楼藏书目录》卷七著录元刊《六书统》,"卷末有元统三年八月江浙等处儒学提举余谦补修一行"。⑤《书学正韵》是将《六书统》之字大致依《集韵》编次(略有订改),兼以字母、等韵分标一二三四以辨其声之高下。⑥ 明代南京国子监藏有两书书版。《南雍志》卷十八载:"《书学正韵》二十卷。

---

① 叶盛《菉竹堂稿》卷八,《四库全书存目丛书》集部第 35 册,第 312 页。

② 参张大复《昆山人物传》卷四《叶盛》(《续修四库全书》据明刻清雍正二年汪中鹏重修本影印,第 541 册,第 589—592 页)、黄之隽等撰《江南通志》卷一四〇(《中国省志汇编》之一据乾隆二年重修本影印,华文书局,1967 年,第 2347 页)。

③ 参陶宗仪《书史会要》卷七"杨桓"条(陶宗仪著,徐永明、杨光辉整理《陶宗仪集》本,浙江古籍出版社,2014 年,第 910 页)、黄佐《南雍志》卷十八"《六书统》"下注(第 1476 页)。

④ 丁丙《善本书室藏书志》卷五,第 1 册,第 223 页。

⑤ 瞿镛《铁琴铜剑楼藏书目录》卷七"小学类",《续修四库全书》第 926 册,第 147 页。

⑥ 参杨桓《书学正韵》;丁丙《善本书室藏书志》卷五"《书学正韵》"条,第 1 册,第 237—238 页。

脱者四十五面有馀,存者一千五百十四面。""《六书统》二十卷。脱者
三十六面,存者七百六十七面。"(第 1476 页)《古今书刻》南京国子监
书目也有此二书。杨士奇《文渊阁书目》卷三著录文渊阁昃字号第一
厨藏有十册、十三册《六书统》各一部,二十一册《六书统》两部,三十
五册、三十六册《书学正韵》各一部,与杭州府学所得者册数不同。祁
承爜《澹生堂藏书目》所载《六书统》,二十卷,十四册;《书学正韵》,三
十六卷,十六册。① 与杭州府学正同。钱曾述古堂所藏元板《杨桓六
书统》,也是十四本(第 436 页)。杭州府学两书很可能得之南监。

两书小学类。

51. **太玄本旨(9 卷),一部,计二册**

《太玄本旨》,作者叶子奇,元末明初人,有笔记《草木子》。陆心源
《皕宋楼藏书志》著录明正德刊本《太玄本旨》九卷:"盛景季序洪武二年,
宋濂序洪武二年,自序洪武元年。刘斐重刊跋正德九年。"②此书洪武初
可能就有刊刻,正德九年为重刊。据《(雍正)浙江通志》卷一一七、一一
九《职官志》,刘斐弘治间任浙江北关司户分司(第 1963 页),正德时为处
州府知府(第 1999 页)。杭州府学所得或当为刘斐重刊本。

此书儒学类。

52. **文献通考(348 卷),一部,计六十册**

马端临(1254—1330)《文献通考》,元泰定元年(1324)始刊于杭州西
湖书院,③书板明时藏南京国子监,《南雍志》卷十八:"《文献通考》三百
四十八卷。旧板多损坏模糊,共双面板七百四十一块。……元至治二年
刊行。"(第 1471—1472 页)南监藏有一部六十本《文献通考》,此为"正德
庚辰(十五)年宁国府刊后送板应天府"本。④ 据《古今书刻》,内府、南

---

① 祁承爜著,郑诚整理《澹生堂藏书目》,第 307、306 页。

② 陆心源《皕宋楼藏书志》卷四九,《续修四库全书》第 928 册,第 538 页。

③ 关于《文献通考》初刊年,有数种说法,此参刘兆祐《〈文献通考〉版本考》,《"国家图书
馆"馆刊》2005 年第 2 期。

④ 黄佐《南雍志》卷十七,第 1400 页。

监、建宁书坊都刻过《文献通考》,《晁氏宝文堂书目》著录所藏《文献通考》有"内府刻一,闽刻一,南监旧刻一、新刻一。"①内府本刻于嘉靖三年,②据上论,建阳书坊本(即闽刻)为正德十四年慎独斋刻,故建阳本、宁国府本、内府本三种皆非正德十二年杭州府学所能得,杭州府学所得当为南监旧刻本。

53. 玉海(204 卷),一部,计八十③册

王应麟(1223—1296)《玉海》二百卷,分天文、律历、地理、帝学、圣文、艺文、诏令、礼仪、车服、器用、郊祀、音乐、学校、选举、官制、兵制、朝贡、宫室、食货、兵捷、祥瑞二十一门,每门各分子目,共二百四十馀类,多录典章制度,《四库全书总目》赞此书"贯串奥博,唐宋诸大类书未有能过之者"④。此书无宋刻,元后至元六年(1340)始刊刻于浙东,至正九年(1349)有浙东重刻本。入明,此书板归南京国子监。国子监一直对所藏书板进行修补,其中弘治末、正德初修补工作屡见记载,如上引《南雍志》卷十八记对《国语》的修补,正德元年、二年,对《玉海》进行修补。正德二年南京国子监监丞戴铺识语云:"右《玉海》,凡二百四卷,合五千板,岁久漫漶残缺,观者病焉,铺董修群籍,次第及是,补遗易腐,新刻总四百三十五板,庶完其旧。"⑤南京国子监藏有《玉海》八十本,⑥或即此板之刷印者。从时间和册数来看,杭州府学《玉海》最可能得自南监。

54. 集事渊海(47 卷),一部,计三十二册

《集事渊海》,应即《群书集事渊海》,《晁氏宝文堂书目》分开著录,一

---

① 晁瑮《晁氏宝文堂书目》,第 87 页。

② 参经厂本《文献通考》、刘若愚《酌中志》卷十八("一百本,一万八百三十六叶"。第 458 页)、于敏中等《天禄琳琅书目》卷八(《明清以来公藏书目汇刊》第 3 册,第 664 页)、丁丙《善本书室藏书志》卷十三(第 2 册,第 522—523 页)等。

③ 《武林藏书录》作"十八",误倒。

④ 永瑢等撰《四库全书总目》卷一三五子部"类书类一"《玉海》提要,第1151 页。

⑤ 王应麟《玉海》,江苏古籍出版社、上海书店据光绪九年浙江书局刊本影印,1988 年,第32 页。

⑥ 黄佐《南雍志》卷十七,第 1407 页。

作"《群书集事渊海》,内府刻,三十本",一作"《集事渊海》,闽刻,五十本",①似乎两者非一书。但今存明本,一般封面题作"集事渊海",各卷首则题作"群书集事渊海"。又查志隆《岱史》卷八引《集事渊海》两条,都能在《群书集事渊海》中找到。② 两书当为一书。

据刘健《群书集事渊海序》、李东阳《后序》,此书为明初人所辑,不著姓名。之前有刻本,内官贾性购得之,嫌其字太小,请善书者录之,并扩大版式,弘治间捐资刊刻。③ 此书可能用内府刻手,样式也仿内府刻本,故《晁氏宝文堂书目》云"内府刻",《天禄琳琅书目》说法更为准确,云因"中官资饶而工审,宜其枋印独精"④,未称其为内府本。《古今书刻》《酌中志》"内府"刻书目录中未见此书。又存正德八年慎独斋本,系从弘治本而来,刘健前序后,有"皇明正德癸酉/五月慎独斋刊"牌记,《古今书刻》"书坊"、《(嘉靖)建阳县志》"书坊书目"都有此书,当即慎独斋本。慎独斋本似影刻弘治本,版式完全相同。《天禄琳琅书目》卷九载《群书集事渊海》六函三十二册,杭州府学所得书册数与之同。从时间上看,杭州府学所得最可能为慎独斋本。

55. 事文类聚(221/222卷),一部,计三十七册

《事文类聚》,宋祝穆编,《前集》六十卷,《后集》五十卷,《续集》二十八卷,《别集》三十二卷;元富大用续编《新集》三十六卷,《外集》十五卷,合二百二十一卷;明时又有人编《遗集》十五卷。各书目著录之《事文类聚》,有六十卷者,当即祝穆编前集;有二百二十一卷者,为祝穆、富大用

---

① 晁瑮《晁氏宝文堂书目》卷中,第88、87页。

② 查志隆《岱史》卷八"列仙遗迹"之"稷丘君""崔文子"两条(《四库禁毁书丛刊》据万历刻本影印,史部第11册,第566页)分别见《群书集事渊海》(正德八年慎独斋本,《原国立北平图书馆甲库善本丛书》影印,第621—623册)卷三三"仙·仙术"下"稷丘君发复黑齿更生""崔文子作黄散疗疫民"两条(第623册,第4445、4454—4455页)。

③ 参刘健弘治乙丑《序》(《原国立北平图书馆甲库善本丛书》据弘治本影印,第618—621册,序等见第618册,刘序见第1609—1610页)、李东阳《群书集事渊海后序》(第1610—1611页;又《李东阳集·文后稿》卷四,第969—970页)、谢迁《题群书集事渊海后》(第1612页)。

④ 于敏中等《天禄琳琅书目》卷九"《群书集事渊海》"条,《明清以来公藏书目汇刊》第3册,第785—787页。

编六集者；有二百三十六卷者，又包括《遗集》，共七集。

宋时，《事文类聚》应有刊刻，今存咸淳二年（1266）福建转运司所颁禁止翻刻祝太傅宅私编的《事文类聚》《方舆胜览》等书的榜文，[①]似可证明这一点。赵希弁《读书附志》著录《事文类聚》六十卷。[②]但宋本今不可见。[③]今存最早的版本是元建宁府建阳县云庄书院本，其书已不完整，完整者为元泰定丙寅（三年，1326）庐陵武溪书院新刊本。明代有宽款大字的内府本，《古今书刻》"内府"下有载，《酌中志》卷十八著录："一百三十本，八千三百六十叶。"（第458页）尽管不能确定内府本刊刻年代，但从规模上看，内府本应该不是杭州府学所得者。从册数上来看，杨士奇所得者颇近似。杨士奇《东里续集》跋《事文类聚》云："《事文类聚》六集，总二百二十一卷。《前》《后》《续》《别》四集，宋祝穆和父编……《新》《外》二集，富大用时可编。……此书以"类聚"名，然其事及文，世所共知者往往阙而不载，何也？吾家三十册，得之山东李吉。李尝为吾邑大夫。"[④]可惜不知杨士奇所得为何种版本。《古今书刻》云建宁"书坊"有刻，《（嘉靖）建阳县志》"书坊书目"也著录此书。《（景泰）建阳县志续集》著录《事文类聚》，共二百二十卷，原板缺，弘治十七年知县区玉重刊"[⑤]，此书《适园藏书志》有收，作"弘治十七年区玉识语本"，或即"书坊"本。杭州府学所得或为此。

56. 韵府群玉（二十卷），一部，计一十册

元阴时夫（1264—1331）编辑、阴中夫编注《韵府群玉》，是一部以韵

① 见周林、李明山主编《中国版权史研究文献》，中国方正出版社，1999年，第3页。又浙本《新编四六必用方舆胜览》书首有嘉熙二年（1238）出榜衢婺州雕书籍去处张挂晓示的榜文，榜文提到祝太傅宅所刻《方舆胜览》并《四六宝苑》两书（《日本宫内厅书陵部藏宋元版汉籍选刊》，上海古籍出版社，2012年，第60册，第1—2页）。

② 晁公武撰，孙猛校证《郡斋读书志校证》，上海古籍出版社，1990年，第1152页。

③ 钱曾《钱遵王述古堂藏书目录》卷七云其藏有二百二十二卷十本的宋板祝穆《事文类聚》（《续修四库全书》第920册，第504页），若为二百二十二卷，显然不可能是宋板。可参沈乃文《〈事文类聚〉的成书与版本》，《文献》2004年第3期。

④ 杨士奇《东里续集》卷十八，《明代基本史料丛刊·文集卷（第二辑）》第10册，第2331—2332页。

⑤ 《（景泰）建阳县志续集》"典籍"门，《四库全书存目丛书》史部第176册，第91页。

编排的类书。今有元统二年(1334)春梅溪书院刊本,又有初刻、续刻配补本之不同,①又有元至正十六年(1356)刘氏日新堂刊本。明洪武八年重刻此书,宋濂《韵府群玉后题》曰:"《韵府群玉》一书,元延祐间新吴二阴兄弟之所集也。……乃因宋儒王百禄所增《书林事类韵会》、钱讽《史韵》等书,会粹而附益之,诚有便于检阅。板行于世,盖已久矣。入我圣朝,近臣奉敕编《洪武正韵》,旧韵音声有失者改之,分合不当者更之,定为七十六韵。今重刻是书,一依新定次序,而字下所系诸事,并从阴氏之旧。因书其故,以告来学者。"②可见,明代依《洪武正韵》次序重新编排了元书。此书板存南京国子监,正德二年重加修缮,《南雍志》卷十八载:"《韵府群玉》十八卷。完。计一千零五十面。……是书一遵圣祖命编《洪武正韵》次序,而字下所系诸事则仍阴氏兄弟之旧。洪武八年重刻,有宋濂记。正德丁卯重加修补缮刻,有祭酒济南王敕识。"(第1475页)天顺年间,又有《新增说文韵府群玉》之刊,丁丙《善本书室藏书志》录后之木记云:"本堂今将元本重加校正,每字音切之下续增许氏《说文》以明之,间有事未备者以补之。韵书之编诚为尽美矣,敬刊梓行,嘉与四方学者共之。天顺壬午孟冬叶氏南山堂谨白。"并作按语云:"木记之语仍本之元刻,仅易年号而已。"③此书尚有弘治本。④ 后内府也有刻,⑤并有颁

---

① 参元刊本《韵府群玉》(藏国家图书馆)、配补本(藏上海图书馆、黑龙江图书馆等)、丁丙《善本书室藏书志》卷二十"文三桥"藏元刊本"《韵府群玉》二十卷"(第3册,第855页)等。

② 宋濂著,黄灵庚编辑校点《宋濂全集》卷三八,人民文学出版社,2014年,第845页。

③ 参丁丙《善本书室藏书志》卷二十"天顺刊本""《新增说文韵府群玉》"条(第3册,第856页)。元至正十六年刘氏日新堂刻本刊记:"瑞阳阴君所编《韵府群玉》以事系韵,以韵摘事,乃韵书而兼类书也,检阅便益,观者无不称善。本堂今将元本重加校正,每字音切之下续增许氏《说文》以明之,间有事未备者以补之。韵书之编,诚为尽美矣,敬刻梓行,嘉与四方学者共之。至正丙申孟春刘氏日新堂谨白。"[录自郭立暄《中国古籍原刻翻刻与初印后印研究·图版编(实例)》第113页书影]

④ 晁瑮《晁氏宝文堂书目》卷中"类书"类:"《韵府群玉》""元刻一部,监刻一部,弘治刻一部"(第87页)。"弘治刻"有弘治六年刘氏日新堂刻本、弘治七年刘氏安正堂刻本。参郭立暄《中国古籍原刻翻刻与初印后印研究·图版编(实例)》,第113—115页。

⑤ 刘若愚《酌中志》卷十八:"《韵府群玉》,十本,一千四十叶。"(第459页)

赐,于慎行曾作诗谢恩。①《古今书刻》建宁府"书坊"、《(嘉靖)建阳县志》"书坊书目"皆载此书。从时间上看,杭州府学此书或得自南监。

57. 翰林(墨?)全书(133 卷?),一部,计二十册

依此书在碑中的位置,此书亦当为类书,但宋以来无此题名之类书,或为《翰墨全书》之误。《翰墨全书》,元泰定本、明初覆大德本或题作《翰墨大全》,明代刊本或题《全书》,或题《大全》。②

此书卷数有 207、137、134、133、130 卷之不同。大德本有 207 卷,钱大昕《元史艺文志》卷三"子类·类事类"著录:"刘应李《事文类聚翰墨全书》一百四十五卷,甲至癸。《后集》六十二卷。甲至戊。甲集十二,曰《诸式》,曰《活套》。乙集十八,曰《冠礼》,曰《昏礼》。丙集十四,曰《庆诞》,曰《庆寿》。丁集十一,曰《庆寿》,曰《丧礼》。戊集十三,曰《丧礼》,曰《祭礼》。己集十二,庚集十五,曰《官职》。辛集十六,曰《儒学》。壬集十七,曰《儒学》,曰《人品》。癸集十七,曰《释教》,曰《道教》。后甲十五,曰《天时》,曰《地理》。后乙十三,曰《地理》。后丙十一③,曰《人伦》,曰《人事》,曰《姓氏》。后丁十四,曰《第宅》,曰《器物》,曰《衣服》,曰《饮食》。后戊九,曰《花木》,曰《鸟兽》,曰《杂题》。凡廿五门。字希泌,建阳人。"④《天禄琳琅书目》卷六《元板集部》著录元刊"《新编事文类聚翰墨全书》十函八十册"一种:"元刘应李编。甲集十二卷,乙集九卷,丙集五

① 于慎行(1545—1607)《赐新刻韵府群玉》:"策府群书代所耽,珠英玉屑卷中探。曾闻乙夜开芝检,敢望彤庭锡宝函。"(见氏著《谷城山馆诗集》卷十六,《四库提要著录丛书》集部第 126 册,第 174 页)同卷尚有《赐内府新刻经史直解》(第 173 页)、《赐新刻击壤集》(第 173—174 页)。

② 杨守敬《日本访书志》卷十一"《事文类聚翰墨全书》残本元槧巾箱本"条云:"此后坊本,所刻多舛乱,又并合卷数……改题为《翰墨大全》者。"(《续修四库全书》第 930 册,第 669 页)其实也未尽然。可参仝建平《〈翰墨全书〉编纂及其版本考略》,《图书情报工作》2010 年第 21 期。

③ 仝建平《〈翰墨全书〉编纂及其版本考略》云后丙十二卷,故全书 208 卷,与钱大昕所言不同。

④ 钱大昕著,田汉云点校《元史艺文志》,陈文和主编《钱大昕全集》本,江苏古籍出版社,1997 年,第 5 册,第 46—47 页。

卷,丁集五卷,戊集五卷,已集七卷,庚集二十四卷,辛集十卷,壬集十二卷,癸集十一卷;后甲集八卷,后乙集三卷,后丙集六卷,后丁集八卷,后戊集九卷,共一百三十四卷。前元熊禾序并全书总目及诸道图。"①瞿镛《铁琴铜剑楼藏书目录》著录之元刊本,则为一百三十七卷,丁集多出三卷,为八卷。② 高儒《百川书志》此书一百三十卷,后乙三卷,"《方舆胜览》见史类",未录,故少三卷。③ 焦竑《国史经籍志》卷四子类"类家"著录"《翰墨全书》百三十三卷",不知少了哪一卷。④

虽不能确定杭州府学所获为何种版本,依其册数,为一百三十馀卷之《翰墨全书》的可能性较大。

58. 事林广记(12 卷?),一部,计三册

宋陈元靓编《事林广记》,今存元刊本三种:至顺间建安椿庄书院本,四十二卷;至顺西园精舍本,五十卷;至元郑氏积诚堂本,二十卷。明时,有洪武二十五年梅溪书院本,三十五卷;永乐十六年建阳书林翠岩精舍本,十二卷;成化十四年建阳刘廷宾刻本,四十卷,此书前有福建布政使司左参政刘昂所撰序,或为官方委托书坊所刻者,《古今书刻》建宁府"书坊"书目有《事林广记》一部,或即此书;又有弘治四年云衢菊庄刻本,十二卷;弘治五年詹氏进德精舍刻本,十二卷。⑤ 从时间上来看,以上诸本皆可能为杭州府学所得,所得为三册本,想其卷数不当太多,或为十二卷本吗?

59. 埤雅(20 卷),一部,计二册

宋陆佃《埤雅》,又称《尔雅埤雅》,二十卷,乃仿《尔雅》博物类之作。

① 于敏中等《天禄琳琅书目》,《明清以来公藏书目汇刊》第 3 册,第 521—522 页。

② 瞿镛《铁琴铜剑楼藏书目录》卷十七"子部·类书",《续修四库全书》第 926 册,第 286 页。

③ 高儒《百川书志》卷十一,上海古籍出版社,2005 年,第 170 页。

④ 焦竑《国史经籍志》,《四库全书存目丛书》史部第 277 册,第 466 页。

⑤ 《事林广记》诸版本,参曹亦冰《〈纂图增新群书类要事林广记〉影印说明》(《日本宫内厅书陵部藏宋元版汉籍选刊》第 103 册,第 1—3 页)、王珂《宋元日用类书〈事林广记〉研究》第五章《〈事林广记〉诸本解题》,上海师范大学 2010 年博士论文。

《埤雅》最早由陆佃子陆宰刻于宣和七年（1125），其五世孙陆垚开庆元年（1259）再刻于赣州。^①宋本今已不存。季振宜《季沧苇藏书目》著录"金板《埤雅》三十卷"，三本^②，后藏书家皆未见。傅增湘《藏园群书经眼录》著录"元刊本"《重刊埤雅》，一般认为是保留了宋元旧貌的明初本。^③ 建文二年（1400）赣州府所刻《埤雅》是今存最早的刻本。正统九年（1444）赣州府通判郑暹又重刊了《埤雅》，此或即《古今书刻》著录之赣州府刻本。成化十五年浙江按察司副使刘延吉重刻了《埤雅》，嘉靖二年重修，^④此或即《古今书刻》所云处州府刻本。成化九年建阳叶氏广勤书堂刊《埤雅》，^⑤此或即《古今书刻》《（嘉靖）建阳县志》著录的"书坊"本。《古今书刻》还著录了"内府"和"真定府"刻本。《酌中志》卷十八云："《尔雅埤雅》，四本，三百九十七页。"（第459页）彭元瑞等《天禄琳琅书目后编》卷十三著录"《埤雅》一函二册"，据描述，或为建文二年赣州府本。^⑥杨士奇《文渊阁书目》所收《埤雅》有四本装，也有五本装，不知是否是内府本。从时间上看，上述诸明本皆可能为杭州府学所得，特别是同处浙江的处州府刻本，此书嘉靖二年重修，可见正德中书板尚存。

以上类书。

60. **读书记（60/61/104卷），一部，计三十册**

据陈振孙《直斋书录解题》卷三"经解类"，真德秀《读书记》有甲乙丙

---

① 参明诸本前陆佃《序》、成化处州府本胡荣《重刊埤雅全集序》，国图藏建文刻本后所附宋开庆赣州府本卷十七末叶是为物证（书影见郭立暄《中国古籍原刻翻刻与初印后印研究·图版编（实例）》，第128页）

② 季振宜《季沧苇藏书目》，《续修四库全书》第920册，第624页。

③ 《藏园群书经眼录》卷二（第108页），又参吴平《〈埤雅〉版本源流考》（《中文自学指导》2002年第4期）、窦秀艳《明赣州府刻〈埤雅〉版本述略》（《东方论坛》，2012年第3期）等。

④ 《自庄严堪善本书影·附录二》有此书影，周一良主编《自庄严堪善本书影·附录》，国家图书馆出版社，2010年，第1684页。

⑤ 森立之《经籍访古志》卷二"训诂"类，《古书题跋丛刊》第23册，第177—178页。

⑥ 彭元瑞等《天禄琳琅书目后编》卷十三"《埤雅》"条推测："是书乃明初刻也。"（《明清以来公藏书目汇刊》第4册，第599—600页）

丁四集,甲集三十七卷,丁集二卷,乙、丙两集陈振孙没有见到,故《直斋书录解题》著录"《西山读书记》三十九卷"。① 后世一致认为,乙集分上下,乙集上即其《大学衍义》四十三卷,乙集下二十二卷,主要谈为臣之道,今存南宋开庆元年汤汉等福州刊元明补修本可为一证。② 丙集多言阙,陆心源推测真德秀《心经》《政经》,"杂采前人之说,体例与《衍义》《读书记》相近,意者其即丙集乎?"③若《读书记》包含甲、乙上、乙下、丁集,则有一百〇四卷,如祁承㸁《澹生堂藏书目》著录者;若不包含乙上《大学衍义》,则为六十一卷,此为多数书目著录之卷数;也有只有甲集者,则为三十七卷;只有乙集下者,则为二十二卷。今存福建府学宋刻元明递修本甲集目录后有书:"真德秀全集,分为三集,甲三十六卷,乙廿二卷,丁上下二卷,共成书甲乙丁三集,今成卅二册,全集共六十卷终。"④

　　后世藏书家有见过宋本《读书志》乙集上《大学衍义》、丁集者,⑤陆心源所见宋本《真西山读书记》即上所言宋刻元明递修本。⑥《古今书刻》著录南监本、南昌府和福州府学刻本。南监本,《南雍志》卷十八《类书类》曰:"《真西山读书记》六十卷。存者二千八百面。真德秀景元撰,大抵本经子格言而述以己意,其书分甲乙丙丁,今但有甲三十七卷,丁二

---

① 陈振孙撰,徐小蛮、顾美华点校《直斋书录解题》卷三,第 84 页。

② 宋刻元修补本《西山读书记乙集上》目录作"西山读书记乙集上大学衍义目录",陈坚、马文大撰辑《宋元版刻图释》(学苑出版社,2008 年)收有目录书影(第 78 页),现藏台北。又《原国立北平图书馆甲库善本丛书》有此书卷三一至三九、卷四一至四二影印本,卷首均作"西山读书记乙集上大学衍义卷某"(第 475 册,第 1、12 页等)。《西山读书记乙集下》卷首"西山读书记乙下之某"(《宋元版刻图释》第 77 页),此书有宋刻元明修补本,现藏台北。

③ 陆心源《仪顾堂题跋》卷六《宋本真西山读书记跋》,《古书题跋丛刊》第 23 册,第 78 页。

④ 真德秀《真西山读书记》,宋刻元明递修本(《原国立北平图书馆甲库善本丛书》第 475 册)。

⑤ 丁丙《善本书室藏书志》卷十五分"西山先生真文忠公《读书记》残本(宋刊本)""《读书记》乙集上《大学衍义》四十三卷(宋刊本)"两种书著录(第 3 册,第 610 页);陆心源《仪顾堂题跋》卷六《宋椠大学衍义跋》,《古书题跋丛刊》第 23 册,第 78 页。

⑥ 陆心源《宋本真西山读书记跋》,《仪顾堂题跋》卷六,《古书题跋丛刊》第 23 册,第 78 页。

卷,乙上《大学衍义》四十三卷,下《读书记》二十二卷,丙缺。"(第1473—1474页)福州府学本或与宋刻元明递修本有关。据杨士奇《文渊阁书目》卷一,内府藏有多部《真西山读书记》,有八十册者一部,四十四册者两部,四十八册者一部,二十二册者四部,联系孙能传、张萱等《内阁藏书目录》,其八十册本应该包括乙上《大学衍义》在内,二十二册本仅为乙集下本。① 此时内阁还有各种《读书记》十部,但都不全。②

从册数来看,杭州府学三十册本,或得自南监,或得自福州府学。

此书理学类。

61. 宋文鉴(150卷),一部,计二十册

据上考,此书很可能是胡韶弘治间刻补天顺八年(1464)提督浙学宪副张和和严州太守张永刊刻的严州府本,此书板后归南监。

62. 文章正宗、续文章正宗(文章正宗24/20/30卷+续文章正宗20卷),一部,计一十八册

真德秀《文章正宗》《续文章正宗》,宋代皆有刊刻。如周应合《(景定)建康志》卷三十三《文籍志》"书板"载江宁府学有"《西山先生文章正宗》一千九百九十六版"。③ 季振宜《季沧苇藏书目》载其藏有"宋板《文章正宗》十卷""六本","元板《文章正宗》廿四卷"。"宋板《续文章正宗》十三卷"下注:"又一部二十卷,十六本,宋板。"④《古今书刻》南监、瑞州府、建阳"书坊"、山西按察司、云南府皆有《文章正宗》的刊刻记录,《续文章正宗》有南监、建阳"书坊"、山西布政司、云南布政司刊刻记录。《南雍志》卷十七载南监藏有"《文章正宗》十本,《续文章正宗》六本"(第1405页)。监中保存了两种书的书板:"《文章正宗》二十四卷。存者一千一百二十八面,坏者六十五面。""《续文章正宗》二十卷。存者五百二十三面,

① 杨士奇《文渊阁书目》卷一,《文渊阁四库全书》第675册,第136页。

② 孙能传、张萱等《内阁藏书目录》卷八,《续修四库全书》第917册,第109—110页。

③ 周应合撰《(景定)建康志》,《宋元地方志丛书》本,大化书局,1987年,第2册,第1889页。

④ 季振宜《季沧苇藏书目》,《续修四库全书》第920册,第614页。

坏者四十六面。"其下注"咸淳丙寅金华倪澄刊"(第 1468 页)。可见《续文章正宗》保存了宋板。现可见明弘治十七年国子监监丞戴镛修板之《续文章正宗》。山西按察司本《文章正宗》二十四卷,刊于正德十五年(1520),①杭州府学无由获得。

《续文章正宗》二十卷,诸本皆同,各家无异辞。《文章正宗》卷数,以上所引多为二十四卷,陈振孙《直斋书录解题》云二十卷(卷十五"总集类",第 458 页),钱曾《钱遵王述古堂藏书目录》卷七言其藏有"《文章正宗》三十卷,十五本"(第 493 页)。丁丙《善本书室藏书志》卷三十八在二十四卷正德山西刊本《文章正宗》下云:"别有二十卷本,刊刻较此为后。"②丁立中《八千卷楼书目》卷十九在明刊"《文章正宗》二十卷、《续集》二十卷"下云:"明刊前集三十卷本,明正德刊前集二十四卷本。"③不知杭州府学所得之卷数? 若其书得自南监,则当为二十四卷本。

63. 东莱博议(16/15/25/20/4 卷),一部,计二册

吕祖谦《东莱博议》,又称《春秋左氏博议》《左氏博议》等。④ 赵希弁《读书附志》卷上著录二十五卷,⑤陈振孙《直斋书录解题》云二十卷⑥。

---

① 此本安阳崔铣序云:"马君敬臣以按察副使督学山西,白于都御史张君汝吉,御史孙君节之、周君彦通、宁君宗尧刻之,以振时文之陋。"见丁丙《善本书室藏书志》卷三十八,第 6 册,第 1633 页。

② 丁丙《善本书室藏书志》卷三十八,第 6 册,第 1633 页。

③ 丁立中《八千卷楼书目》卷十九,《善本书室藏书志(外一种)》本,第 9 册,第 2802 页。

④ 于敏中等《天禄琳琅书目》卷六"元版子部"著录《详注东莱先生左氏博议》"一函四册",仿巾箱本之式,"观其纸黝墨黯,乃元杭宋椠而不能工者"(《明清以来公藏书目汇刊》第 3 册,第 447—448 页)。彭元瑞等《天禄琳琅书目后编》卷七"宋版集部"著录《详注东莱先生左氏博议》"一函八册","宋袖珍本,椠法字体俱极工雅"(《明清以来公藏书目汇刊》第 4 册,第 347 页)。后者出现于 2018 年伍伦秋拍。八册一木匣,开本高 19.1 厘米,宽 11.2 厘米,版框高 13.8 厘米,宽 9.5 厘米,每册前后副页俱钤"五福五代堂宝""八征耄念之宝""太上皇帝之宝"朱文方印。首末叶钤"乾隆御览之宝""天禄继鉴""天禄琳琅"三玺。实为嘉靖间所刻。参 http://www.wulunpaimai.com/mobile/news_show.aspx? id=详注东莱先生左氏博议,最后访问时间 2022 - 10 - 21。

⑤ 晁公武撰,孙猛校证《郡斋读书志校证》,第 1096 页。

⑥ 陈振孙撰,徐小蛮、顾美华点校《直斋书录解题》卷三,第 66 页。

明人所见之本也卷数不一。如郎瑛《七修类稿》卷二十"左氏博议"条曰："东莱吕成公祖谦娶后一月不出闺,人谓其色荒也。及出,乃成《左氏博议》一帖,今之为师者皆以此警惰。余则疑之,盖一月三十日,今《博议》不下八九十篇,一日将几篇耶?况又言精选,则其他尚多,古人虽力勤而亦恐不若是之易也。后乃于金陵鬻书者得一全帙,总二十五卷,百六十八篇,前有自序,谓为诸生课试之文而作。纸板皆佳,信旧书也,则知不传已久,宜乎人言若是。"①郎瑛见过八九十篇和二十五卷一百六十八篇的两种《左氏博议》,他认为二十五卷刻本纸张、版本都很好,相信是古本、善本,但在其时代不传甚久,当时更常见的是八九十篇本。杨士奇《左传博议》跋文也说:"东莱先生《左传博议》,考《年谱》,乾道戊子成此书。吾家一册十五卷,题曰'精选',则知其所著非止乎此也。"②丁丙《善本书室藏书志》认为这十五卷题作"精选"的本子很可能作《精选东莱先生左氏博议句解》,选文八十六篇,此书有弘治七年本,前有永州知府东吴姚㒟序,云己欲刻此书,但蔡绅已先刻出,后有"弘治甲寅孟秋梅轩蔡氏新刊"十二字,殆从元刊覆雕者。③《古今书刻》载严州府、庆阳府、建宁"书坊"曾刻此书。叶德辉《郋园读书志》著录明正德六年刘氏安正堂刻二十五卷本《左氏博议》,题作"新刊详增补注东莱先生左氏博议","精刻虽不如宋元,而椠法古雅,黑口双阑,固犹有元椠遗风者"。④ 刘氏安正堂乃建阳书坊,或即建阳"书坊"本。朱彝尊《经义考》引黄虞稷曰:"世所行《东莱博议》皆删节,惟正德中刊本二十五卷独全。"⑤所指当即此本。从时间、易得程度、书之册数来看,杭州府学所得很可能为正德建阳

① 郎瑛《七修类稿》,第 212—213 页。

② 杨士奇《东里续集》卷十六,《明代基本史料丛刊·文集卷(第二辑)》第 10 册,第 2256 页。

③ 丁丙《善本书室藏书志》卷三,第 1 册,第 134 页。

④ 叶德辉撰,杨洪升点校《郋园读书志》卷二"经部",上海古籍出版社,2010 年,第 57—58 页。本书所引,皆本此。

⑤ 朱彝尊撰,林庆彰等主编《经义考新校》卷一百八十七"春秋类"《左氏博议》条,第 3431 页。

安正堂本。

64. 大学衍义补（160 卷），二部，共计五十二册

《大学衍义补》，据上论，弘治元年，礼部发书至福建书坊刊行，此事亦为《古今书刻》《（嘉靖）建阳县志》"书坊书目"所证实，今存弘治刊本当即此本。《古今书刻》又有福州府、琼州府刻书记录。此书嘉靖中还作为颁降书颁大臣以及地方府县学，[①]今存建阳书坊宗文堂嘉靖刻本，[②]想即此本。万历三十三年万历皇帝序内府刻本，《酌中志》卷十八载《大学衍义补》："四十本，三千六百叶。"（第 458 页）据上章所论，礼部曾给建阳书坊《大学衍义补》样本，要求"照样誊写"。澹生堂藏闽板《大学衍义补》，四十册；广陵版二十册。[③]

从时间上来看，杭州府学《大学衍义补》很可能得自建阳书坊。

以上理学类。

65. 地理大全（卷数不详），一部，计一十一册

《地理大全》是明代风水堪舆类丛书，然从诸家著录情况看，明代至少有两部名为《地理大全》的丛书。一种编者为范越凤、谷一清，刊者为云轩余廷甫，当刊于正德十二年前。范邦甸《天一阁书目》"《地理大全》十三卷[刊本，残]"条曰："明江南范越凤、星沙谷一清赞父同编，建安周云翔伯、湘中赵至和清甫集，云轩余廷甫重刊。"又："《地理大全·鸿囊经》二十二卷[刊本，残]。""《地理大全·土牛经》一册[刊本，残]。赵清甫辑。"[④]可见此种《地理大全》包括二十二卷《鸿囊经》及《土牛经》等书。余廷甫为建

---

① 《（嘉靖）南安府志》卷二十四《艺文志一》（《天一阁藏明代方志选刊续编》第 50 册，第 1041 页）、陈光前《（万历）慈利县志》卷十一（《天一阁藏明代方志选刊》第 59 册）。

② 参《明代版刻综录》等。宗文堂，元至顺元年刊《静修先生文集》二十二卷，至正六年刻《春秋经传集解》，明正统八年刻《铜人针灸经》七卷、《皇明文衡》一百卷，正德元年刻《五伦书》六十二卷、《艺文类聚》一百卷等，上引明代诸书皆入《古今书刻》《（嘉靖）建阳县志》"书坊书目"，可见宗文堂与政府合作非常紧密。Lucille Chia 之 *Printing for Profit* 统计郑氏宗文堂正统至万历间刻书 32 种（第 305 页）。

③ 祁承爜著，郑诚整理《澹生堂藏书目》，第 278 页。

④ 范邦甸《天一阁书目》卷三之一，《续修四库全书》第 920 册，第 138 页。

阳书坊主,贾晋珠云其为成化至弘治间书商,[①]此说还可从其刊刻的另一部术数类著作推得。《天一阁书目》"《地理雪心赋》四卷附《诸贤歌诀》四卷刊本"条:"唐章贡卜则巍著,明新安谢于期、逸士范越凤注,星沙凝虚谷一清赞甫编集,云轩余廷甫刊,成化壬寅新安程敏政序。"[②]此书刻于成化十八年(1482),其集、注、刊者与《地理大全》同。既云《地理大全》为余廷甫重刻,则其书当有旧刻,《晁氏宝文堂书目》著录过一部"《地理大全》,旧刻"和"《地理大全》"(第169、165页),可惜"旧刻"不知旧到何时。《古今书刻》《(嘉靖)建阳县志》"书坊"下皆有《地理大全》之刻,或即余廷甫刻本? 第二种是李国木编《地理大全》。此《地理大全》"一集三十卷,二集二十五卷",《四库全书总目》对之介绍、论述得最详细。其云:"国木,字乔伯,汉阳人。是书一集之一卷、二卷为郭璞《葬经》,三卷至六卷为唐丘延翰《天机素书》,七卷至十卷为杨筠松《撼龙经》《疑龙经》《葬法倒杖》,十一卷至十四卷为宋廖瑀《九星穴法》,十五卷为蔡元定《发微论》,十六卷为明刘基《披肝露胆经》,十七至三十卷为《搜玄旷览》,称遯庵汇古者,国木自撰也。二集一卷为唐曾文讪《青囊序》,二卷为杨筠松《青囊奥语》,三卷至六卷为杨筠松《天玉经内传》《外编》,七卷至十一卷为元刘秉忠《玉尺经》,附遯庵《原经图说》,十二卷至十四卷为宋赖文俊《催官篇》,附遯庵《理气穴法》,十五、十六卷为宋吴克诚《天玉外传》《四十八局图说》,十七卷至二十五卷为《索隐元宗》,亦国木自撰。是书凡例,一集专论峦头,二集专论理气,以多为富,真伪错糅。又国木自撰附图、附说者居其半,陈因泛衍,绝无取裁。如《玉尺经》向称刘秉忠著,已属傅会,是书标题为陈希夷著、刘秉忠集,跋云:与师友讲论,已成一帙。幸得伯温先生原本,与予注若出一揆,因为补其阙遗,仍附图说。乃知所谓刘注,即国木假为之,以欺世也。每卷首率题李某删定,是即其所集诸

---

① Lucille Chia, *Printing for Profit*, p.300.

② 范邦甸《天一阁书目》卷三之一,《续修四库全书》第920册,第137页。

家之书,亦已多所窜改矣。"①可见《地理大全》为堪舆类书合集,两者内容或亦有重合部分。正德十二年杭州府学所得或为建阳余廷甫刊本。

66. 玉机微义(50 卷),一部,计六册

徐用诚原辑、刘纯续编的《玉机微义》是部医书。汪舜民《重刊玉机微义序》提供了有关这部书的性质、作者、刊刻等诸多信息。录如下:

> 提督福建市舶中书曹郡刘公弘济重刊刘宗厚所著《玉机微义》,书成,方伯古绛陶公廷信、嘉禾常公汝仁实有以相之,谓舜民当纪其颡。惟医书以《内经》为至,嗣后名家著书不一,至国初徐彦纯《医学折衷》而诊证方例始备,然门类尚有缺者,此是书所以作也。《内经》谓至数之要,迫近以微,著之玉版,藏之藏府,每旦读之,名曰玉机,此是书所以名也。刊本在陕右,传之四方,非仕路及通都大邑有力者不得,八闽又僻处东南,且滨炎海,人之气候不齐,诚得一览,或收起死之功,此是书所以重刊也。夫医,仁术,是书专主《内经》,所载尤切要明白。著于我太祖皇帝平定天下之后,刊于我英宗皇帝熙隆治道之馀,今又重刊于我皇上居正改元之初,其所以神圣化而跻斯世于仁寿之域者,不为无小补矣。刘公文雅仁厚,入侍迄今四十馀年,济人利物,恒汲汲如不及,即此一事,其用心可见。陶、常二公俱人杰,穹阶殊绩,可数日而至,其可见者,又不在此也。学医君子,当自知之。正德丙寅上元日序。②

可见,此书明初完成,正统时刊于陕西,正德元年重刊于福建。《古今书刻》有都察院、建宁书坊、延平府、陕西布政司、蜀府的刊刻记录,与汪舜

---

① 永瑢等《四库全书总目》卷一一一子部"术数类存目二",第 941 页。《增补四库未收术数类古籍大全》第六集(江苏广陵古籍刻印社,1997 年)"堪舆集成"收有《天玉经》《青囊叙》《青囊奥语》《玉尺经》《催官篇》《索隐元宗》《天机素书》《九星穴法》《披肝露胆经》《搜玄旷览》《藏经》《疑龙》《撼龙》《卜氏雪心赋》,与两部《地理大全》都有重合部分。

② 汪舜民《静轩先生文集》卷八,《续修四库全书》据正德六年张鹏刊本影印,第 1331 册,第 74 页。

民此序对照,则正统本当为陕西布政司本,正德所刊或为延平府本,或为建宁书坊本。今存正统本以及其他重刻本,皆收杨士奇序,杨序乃正统四年为陕西布政司本而作。① 徐乾学《传是楼书目》著录"洪武"《玉机微义》五十卷,十二本,②或为都察院本吗?

从时间、地域、书之册数等方面综合考虑,杭州府学所得者很可能是建阳书坊本。

以上医卜星相等类。

67. 名臣奏议(150卷),一部,计三十册

书名"名臣奏议"者,常见的有杨士奇等奉敕编《历代名臣奏议》三百五十卷、吕祖谦编《国朝名臣奏议》(此据《直斋书录解题》《文献通考》。又名《宋名臣奏议》)十卷、赵汝愚等编《皇朝名臣奏议》(此据《直斋书录解题》《文献通考》。《玉海》亦称此书为《国朝名臣奏议》。又名《宋名臣奏议》)一百五十卷。杭州府学载其一部有三十册,则可排除吕祖谦十卷之书。《历代名臣奏议》,明代只有内府刻本,《酌中志》载"《历代名臣奏议》","百五十本,九千七百二十叶"(第458页)。此书永乐帝"令学士黄淮、杨士奇等采古名臣直言并奏疏汇类,以便观览。十四年十二月书成,赐名《历代名臣奏议》,遂命刊印,以赐皇太子、皇太孙及大臣"③。故一般书志作为"制书"著录。如焦竑《国史经籍志》,《历代名臣奏议》三百五十卷,入卷一"制书类"(史第277册,第297页),《宋名臣奏议》一百五十卷,入卷五"集部表奏"类(史第277册,第469页)。此碑制书著录在诗文后,故推测此当为赵汝愚等编《宋名臣奏议》。

---

① 《玉机微义》,《中国古籍珍本丛刊·天津图书馆卷》据正统四年本影印,前有正统己未(四年,1439)少师兵部尚书大学士杨士奇《序》,云:"都察院副都御史姑苏陈公有戒,奉命填抚陕西,仰体皇仁,躬勤蚤莫,苏息凋弊……遇医家《玉机微义》一编,谓可以济人,捐俸偬工,刻以广布。"(第31册,第1页)后有陕西右布政使会稽王暹《书后》(第470—471页)。杨士奇《东里续集》卷十四收有《玉机微义序》[《明代基本史料丛刊·文集卷(第二辑)》第9册,第2131—2133]。又可参丁丙《善本书室藏书志》卷十六《玉机微义》"条(第3册,第670页)等。

② 徐乾学《传是楼书目》卷三"医家·经论"《续修四库全书》第920册,第796页。

③ 黄佐《翰林记》卷十三,《金陵全书》乙编第44册,第375页。

赵汝愚等编《宋名臣奏议》,《古今书刻》记录有南监本。《南雍志》卷十七载南监收藏《宋名臣奏议》,三十本(第 1399 页)。南监也保留了此书的书板,《南雍志》卷十八载:"《宋名臣奏议》一百五十卷。"(第 1473页)未记书板面数及保存情况。综上所述,杭州府学《名臣奏议》最可能是得自南监的赵汝愚等编《宋名臣奏议》。

68. 陆宣公奏议(22/24/12/15 卷),一部,计四册

陆贽著作今存宋刊《陆宣公集》二十四卷本,包括《翰苑集》十卷,《奏草》七卷,《奏议》七卷,一种《奏草》《奏议》各六卷,故又有二十二卷本。"奏草""奏议"本身标明了文章性质,其《翰苑集》也是陆贽任职翰苑所作奏议,故也有径称其集为《陆宣公奏议》者,特别是元明书目中的二十四卷或二十二卷本皆如此。十二卷本《陆宣公奏议》即是《奏草》《奏议》之合集。今存元至正翠岩精舍刊十五卷本,作《注陆宣公奏议》,前有权德舆《陆宣公文集序》,序后有木记云:"中兴奏议,本堂旧刊,盛行于世,近因回/禄之变,所幸元收谢叠山先生经进批/点正本犹存,于是重新绣梓,切见棘闱/天开,策以经史时务。是书也,陈古今之/得失,酌时务之切宜,故愿与天下共之,/幼学壮行之士,倘熟乎此,则他日敷奏/大廷,禹皋陈谟,不外是矣。/至正甲午仲夏,翠岩精舍谨志。"①继为绍兴二年八月七日迪功郎绍兴府嵊县主簿(郎)晔《经进唐陆宣公奏议表》,后为苏轼《进读奏议札子》,篇目同十二卷本,因有郎晔注,故分为十五卷。又存后至元六年湖南金宪赫国宝刻本《唐丞相陆宣公奏议纂注》十二卷本。②

《陆宣公奏议》,《古今书刻》福建盐运司、建阳书坊、延安府都有刻书记录;《陆宣公集》,浙江嘉兴府有刻。《天一阁书目》著录"《陆宣公奏议》",二十二卷,中有宣德戊申金寔序,所指即今存宣德三年浙江都御史胡概刊本。金寔《重刊陆宣公奏议序》曰:"公本吴人,檇李旧有祠堂,岁

---

① 是书《续修四库全书》据元至正翠岩精舍刊本影印,第 474 册,第 8 页。嘉靖有翻刻此本者,《原国立北平图书馆甲库善本丛书》第 216 册有影印。

② 此本虽为残本,但目录完整(第 211—213 页),故知其为十二卷。见《原国立北平图书馆甲库善本丛书》第 216 册。

久就圮，大理卿庐陵胡公元节方以节镇浙东西诸郡，既作新之，而文集奏议故版漫灭，复命翻刊以惠后学。"①宣德本所依据者是永乐年间嘉兴府刊本，重刊本书末保留了永乐十四年浙江嘉兴府知府齐政跋，云其在元至大本基础上，"乃求善本仿刊复新，俾人人获阅全书"②。此嘉兴府本或即《古今书刻》著录之嘉兴府所刻《陆宣公集》。今存正德三年靖江王府刊十五卷本《陆宣公奏议》，③但靖江王府远在桂林。祁承㸁《澹生堂藏书目》"诏制类"收录"《陆宣公翰苑制诰》，十卷，二册"；"奏议类"著录"陆贽《陆宣公奏议》，廿四卷，四册"；"别集类"有"《陆宣公集》，四册"，"《陆宣公翰苑集》，六册"。④ 从图书生产时间、地点、册数等综合考虑，杭州府学所得或为二十四卷或二十二卷嘉兴府刻本或建阳书坊本。

69. 汉隽（10 卷），一部，计二册⑤

林钺（又作林越）《汉隽》，陈振孙《直斋书录解题》卷十四"类书类"著录为十卷，云："以《西汉书》分类为十五（实为五十，误倒）篇，皆句字之古雅者。'隽'者，取隽永之义也。"⑥《汉隽》有宋刊本、⑦元刻本、⑧其中象山县学本，尤为明清人知晓。如上引彭元瑞等《天禄琳琅书目后编》卷四

---

① 陆贽《陆宣公奏议》，《原国立北平图书馆甲库善本丛书》第 216 册，第 1 页。范邦甸《天一阁书目》卷二之一，《续修四库全书》第 920 册，第 68 页。

② 陆贽《陆宣公奏议》，《原国立北平图书馆甲库善本丛书》第 216 册，第 202 页。

③ 参周一良主编《自庄严堪善本书影·附录二》"《陆宣公奏议》十五卷"条，第 1600 页。

④ 祁承㸁著，郑诚整理《澹生堂藏书目》，第 623、625、661、662 页。

⑤ 此据《武林石刻记》，《武林藏书录》作"三册"。

⑥ 陈振孙撰，徐小蛮、顾美华点校《直斋书录解题》卷十四，第 429 页。

⑦ 瞿镛《铁琴铜剑楼藏书目录》卷十"史部·传记类"之"《汉隽》十卷"条，有宋嘉定间赵氏原刻本和延祐庚申袁桷本，《续修四库全书》第 926 册，第 194—195 页。郭立暄《中国古籍原刻翻刻与初印后印研究·图版编（实例）》有宋江西刻本和淳熙五年滁阳郡斋刻本《汉隽》书影，第 27 页。

⑧ 毛扆《汲古阁珍藏秘本书目》有"元板《汉隽》四本"（《续修四库全书》第 920 册，第 557 页）、叶德辉《郋园读书志》卷三"史部"著录"元延祐七年庚申刻"《汉隽》十卷（第 121 页）、丁丙《善本书室藏书志》卷十著录怡府旧藏明翻元刊本《汉隽》十卷（第 2 册，第 405 页）。据郭立暄论著，宋江西刻本、宋淳熙五年滁阳郡斋刻本、元翻本、明翻本间存在翻刻关系[《中国古籍原刻翻刻与初印后印研究·图版编（实例）》第 27—28 页]。

"《汉隽》一函五册"条有"象山县学《汉隽》，每部二册"①之记。杨士奇跋《汉隽》曰："《汉隽》十卷，天台林钺著，隽以喻其味也。刻本在象山县学，余得之左司直郎王子沂。"②《（成化）宁波府简要志》也证实了这一说法，其载："《玉海》《春秋本义》，洪武八年送南京国子监。《杜诗黄鹤注》《诗学大成》《汉隽》，上三板藏本府。"③《汉隽》的明代刊刻，《古今书刻》有宁波府、嘉定府之记录。宁波府新刻本或与象山县学本有亲缘关系，杭州府学所得书亦一部二册，或即宁波府本。

70. 李忠定公奏议（69＋9 卷），一部，计一十册

李纲《李忠定公奏议》，今可见宋陈俊卿《李忠定公奏议序》，称李纲子秀之裒集其父表章奏札，编为八十卷，又可见朱熹淳熙十年所作《后序》。但未见宋元刻本，常见者乃正德刻本，前有陈、朱两序，后有正德丙子（十一年）莆田林俊序，云侍御胡君士宁祖尚风烈，复梓以传，似前已有刊本。胡士宁，名文静，正德十一年为巡按福建御史。此书六十九卷，附录九卷，首卷、附录首卷皆署"后学同郡畏庵朱钦汇校"，"文林郎邵武县知县泰和萧泮绣梓"，"邵武县儒学署教谕事严陵洪霈校正"，卷六十九以及附录卷九末皆题"邵武县县丞吴兴陆让同刊"，"乡耆李轩同校"，可见正德十一年本，乃御史令邵武县刊刻。④《古今书刻》有邵武府刊刻《李忠定奏议》之记录。杭州府学所得应该就是邵武府本。孙能传、张萱等《内阁藏书目录》卷五载内阁藏有《李忠定公奏议》两部，皆十册（第 68页），内阁所藏或亦邵武府本。

---

① 见《明清以来公藏书目汇刊》第 4 册，第 213 页。

② 杨士奇《东里续集》卷二十，《明代基本史料丛刊·文集卷（第二辑）》第 10 册，第2458 页。

③ 黄润玉《（成化）宁波府简要志》卷五《艺文志·书板》，《四库全书存目丛书》史部第 174册，第 777 页。

④ 参《李忠定公奏议》，《续修四库全书》据正德十一年本影印，第 474 册，第 515、846 页；第 475 册，第 1、95 页。丁丙《善本书室藏书志》卷八（第 2 册，第 355 页）、瞿镛《铁琴铜剑楼藏书目录》卷九"史部·编年类""李忠定公奏议六十九卷附录九卷"条（《续修四库全书》第 926 册，第 186 页）。

71. 于少保奏议（10 卷），二部，计一十二册

于谦（1398—1457）《于少保奏议》，文渊阁四库全书补配文津阁四库全书本《于忠肃集》收有正统十二年仁和夏时正《节庵先生存稿序》、温阳李宾《少保于公奏疏序》。是书由于谦嗣子得自四方传录，后请夏时正"正字之讹"，夏时正"正其一二而复潜评数语"，万历时叶向高云是集为"少保温阳李公尝得其遗草于大司马项公家，诠次而传之"，此书十六卷，有奏议十卷，诗、文各一卷，附录四卷。此书有刻本。① 又有陆简（1442—1495）整理《于少保奏疏》十卷，陆简《序》曰："某不敏，辱知为深，间得其一时奏议凡若干篇于某人所而敬读之，深叹国史收入有限，简牒散轶无几，而登对密勿之言，又外人所不及知，遂恐后世无以稽公戮力朝廷恳至如此。窃取所得诸篇，正讹诠类，厘为十卷，图永其传。"②"某人所"不能确知。陆简，成化二年进士，后一直居翰林院，预修《英宗实录》，故易见外人所不及知之"登对密勿之言"，编成十卷本《于少保奏议》。③不知其十卷本《奏议》与《于忠肃集》中十卷的奏议关系如何，可以肯定的是《于少保奏议》有十卷，正德前至少有正统本，嘉靖、万历有新刻，但已在杭州府学买书之后。

或许因于谦为杭州先贤，故杭州府学入两部《于少保奏议》。

以上奏议、论策类。

---

① 叶向高《苍霞续草》卷五《太傅于忠肃公奏议序》，《四库禁毁书丛刊》据万历刻本影印，集部第 124 册，第 671 页。叶向高序为万历重刊《于忠肃公奏议》所写，其云李宾诠次本奏议集"岁月既久，字画漫漶，客部吴君立甫偶从公署架中检得旧本，复遍搜他牍，增益其所未备，共若干卷，与其乡之缙绅共付之梓"（第 671 页）。亦见《于忠肃集》，文渊阁四库全书补配文津阁四库全书本。

② 陆简《龙皋文稿》卷九《于少保奏议序》，《四库全书存目丛书》据嘉靖元年杨钺刻本影印，集部第 39 册，第 292—293 页。据顾清序，陆简《龙皋文稿》由陆简外孙杨钺刻于闽中（第 211 页）。

③ 据过庭训《本朝分省人物考》卷二十七"陆简"条（第 7 册，第 2249—2250 页）。陆简，武进人，成化元年乡贡第一，成化二年进士及第，授翰林编修，预修《英宗实录》，秩满，升侍读，参与编修《续资治通鉴纲目》。成化十二年李宾、夏时正在京师整理刊刻于谦存稿，此时，陆简也在京师，不知陆简整理的《奏议》十卷是否即是于谦集中的奏议十卷。

72. 王鲁斋研几图(1卷),计一册

《研几图》,宋王柏著。据其自作《研几图序》,此书阐发宋理学家用图说理之意义,认为"盖有一图之义,极千万言而不能尽者,图之妙,实不在书之后也",他也将作图作为学习和研究方法加以运用,"予曩自丽泽归,温习旧书,有未解者,因手画成图,沈潜玩索,万理悠然而辐辏,益知图之为可贵,而静中之有真乐也"。其《研几图》,就是这一学习实践的结果。①

有关《研几图》的版本,《四库全书总目》做了较详细的介绍和评论:"考《宋史》柏本传,虽载柏尝撰《研几图》,然其本不传,元代诸儒亦未尝一字及是书,至明永乐中,突出此本,自'二五交运'以下,为图者凡七十三。又衍圣公孔昭焕家别传一本,增缀以李元纲《圣门事业图》,徐毅斋性命、心说诸图,共为图八十五。大抵支离破碎,徒乱视听,即真出于柏,亦无足采,更无论其伪撰也。"②四库馆臣因此书无宋元刊本,云永乐中"突出此本",颇疑此书之伪,其实并无证据。

此书理学类。

73. 古今识鉴(4/6/8卷),计一册

袁忠彻(1377—1459),鄞县人,父子以相术起家,入《明史·方技传》。景泰刊本《古今识鉴》前有景泰二年自序云:"余少侍先子太常公于家,诗礼之馀,颇窥其土苴而窃以淑其身。及获从太宗文皇帝于潜邸,承敕纂叙历代相书,命之曰《人象大成》,既已,归于秘府矣。今则归老之暇,更考史籍所载相家事实有足征者,并以先子太常公类编所纪相迹汇次成编,厘为八卷,总名之曰《古今识鉴》,以遗识者,庶有所鉴戒焉。"③

---

① 王柏《研几图序》,《研几图》卷首,《丛书集成新编》(新文丰出版公司,1986年)据《金华丛书》本影印,《丛书集成新编》"哲学"类,第22册,第499页。

② 永瑢等《四库全书总目》卷九五《砚几图》提要,第806页。

③ 袁忠彻《古今识鉴》,《四库全书存目丛书》据嘉靖六年袁大纯刻本影印,子部第67册,第162页。参丁丙《善本书室藏书志》卷十七"《古今识鉴》"条(第3册,第697—698页)。

此书明代书目有八卷、六卷、四卷之不同。① 钱曾《钱遵王述古堂藏书目录》卷六著录:"袁忠彻《古今识鉴》八卷,二本。"(第486页)杭州府学作一册,或其为四卷本吗?

此书《古今书刻》云宁波府有刻,杭州府学所得或为宁波府本。

此书风水类。

74. 锦绣策(4卷),计一册

杨万里于宋孝宗时进《千虑策》,作为文章,刘克庄、陈应求等对其评价甚高。② 明时,宋文成为科举考试范文,杨万里策论也在其列,王越《送许先生九载满考序》载许宗仪先生云:"论举业,则曰是吾儒进身之阶梯,奈何士习偷薄,作文者,尚巧如刺花织锦,摘奇如雕虫刻篆,好古则聱牙屈曲,喜浮则望风捕影,矫激若狂澜,疏散若蔓草,持是以战场屋,安得不北? 记诵者,朝焉喃喃《会选拔粹》,暮焉矻矻《青钱锦囊》,群英之《论髓》,止斋之《论范》,诚斋之《锦绣策》,自以为撑肠挂腹,可以淘井得金,不知他人之唾尚可食邪?"③

杨万里《诚斋集》卷八十七至八十九题作《千虑策》,④卷九十为《程试论》,即为《锦绣策》之内容。《锦绣策》,今存天顺三年本。《古今书刻》云建昌府曾刻此书,《(正德)建昌府志》证实了这一点,其"板刻书一十

---

① 《百川书志》(第160页)、《国史经籍志·子部·相法》(《四库全书存目丛书》史部第277册,第448页)、张廷玉等《明史·艺文志》(第2443页)作八卷,《澹生堂藏书目》作六卷(第372页)、《续文献通考》卷一八二、《四库全书总目》卷一一一作四卷。

② 参罗大经《鹤林玉露》乙编卷四"雍公荐士"条(《唐宋史料笔记丛刊》本,中华书局,1983年,第184—185页)。刘克庄著,辛更儒校注《刘克庄集笺校》卷九三《水村堂》云林君所上《景定嘉言》二十篇,皇帝赞为:"忧爱出乎忠忱,词藻根于学力,与杨万里《千虑策》相颉颃。"中华书局,2011年,第3930页。

③ 王越《黎阳王太傅诗文集》卷下,《四库全书存目丛书》据嘉靖九年刻本影印,集部第36册,第506页。

④ 《诚斋集》卷八十七至八十九卷首题作《千虑策》,《四部丛刊初编》第289册,第2881、2975、3027页。卷八十七收《君道》《国势》《治原》《人才》各上中下共十二篇文章,卷八十八收《论相》《论将》《论兵》各上下以及《驭吏》上中下共九篇文章,卷八十九收《选法》《刑法》《冗官》上下以及《民政》上中下共九篇文章。

五"中第二种即《锦绣策》。① 杭州府学所得或为此。

75. 止斋论祖(5 卷?)，计一册

陈傅良，温州人。其《止斋论祖》，即上文所引许宗仪所言之"止斋之《论范》"。高儒《百川书志》卷二十"别集"著录："《止斋论祖》四卷、《止斋论诀》一卷。宋止斋先生永嘉陈傅良君举著，蛟峰先生严陵方逢辰君锡批点，凡三十九篇。"②丁丙著录成化间朱暟重刊本，知此书原为宋人所编。丁丙《善本书室藏书志》卷三十"《蛟峰批点止斋论祖》四卷明成化刊本"条："(陈傅良)门人曹叔远序公集，谓'片言落笔，传诵震响，场屋相师，而绍兴之文丕变'，③即谓此种。集中所载之文断自屏居梅潭以后，此作于隆兴间，故删去不存。前有《论诀》，曰认题，曰立意，曰造语，曰破题，曰原题，曰讲题，曰使证，曰结尾，分甲、乙、丙、丁四体，题'后学钓台邵澄孙清叟编诵'。傅参之宗山为序云：'论学率祖止斋，然刻本多遗缺，至玉峰新编，乃美矣备矣，未明也。今邵君清叟复加蛟峰批点，其体制大意则见于各篇之评，其法度微旨则见于各段之注脚。''一展卷间，义理粲然，甚明且备，论学其得所祖矣。'后有淮南水蘗子朱暟识云：《论祖》一帙，止斋陈先生所作，蛟峰方状元所批点。成化戊子，余按巡慎南，④得廉宪庄公尚源藏本，凡三十九篇，谋刻广传，瓜代弗果，持归，寻擢守严郡，校正寿梓，以成初志云。"⑤

此书成化六年(1470)朱暟刻于严州，但《古今书刻》未见著录，当未进入官刻系统。成化本半叶十行，行二十五字，小字双行，版心三黑鱼

---

① 夏良胜《(正德)建昌府志》卷八。是书卷首夏良胜《建昌府志序》云："正德丙子岁秋七月建昌郡斋爰事志载，越明年冬十月竣事。"《天一阁藏明代方志选刊》第 34 册)是志修于正德十一年，次年十月完成。

② 高儒《百川书志》，第 301 页。

③ 可参《止斋集》前曹叔远《止斋先生文集序》，《四部丛刊初编》据弘治刊本影印，第 268 册，第 1—7 页。

④ "水"当作"冰"，"慎"当作"滇"。朱暟识语云："成化戊子，余以监察御史奉命按巡滇南。"文末题署："成化庚寅仲春之吉淮南冰蘗子识。"(《蛟峰批点止斋论祖》，《四库全书存目丛书》据成化六年本影印，集部第 20 册，第 53 页)

⑤ 丁丙《善本书室藏书志》卷三十，第 5 册，第 1219—1220 页。

尾,上鱼尾下刻书名,又上下鱼尾间刻页码,下方黑底白色刻每页字数,明代国子监、郡斋刻本常标注每页字数,此书或朱暟私人请郡斋刻工刊刻。杭州府学所得或为此。

两书论策类。

76. 脉诀俗解(8卷),计一册

《隋书·经籍志》著录王叔和撰"《脉经》十卷",又有"《脉经》二卷""《黄帝流注脉经》一卷",据"《脉经》二卷"下注,梁时还有"《脉经》十四卷""《脉生死要诀》二卷",又黄公兴撰、秦承祖撰《脉经》各六卷,康普思撰《脉经》十卷等,可惜都亡佚了。① 宋时除王叔和《脉经》十卷外,还出现了题曰王叔和撰然多歌诀形式的《脉诀》一卷,在日常生活中影响颇大。晁公武《郡斋读书志》卷十五《脉诀》一卷下云:"题曰王叔和撰。皆歌诀鄙浅之言,后人依托者,然最行于世。"②朱熹也说:"独俗间所传《脉诀》五七言韵语者,词最鄙浅,非叔和本书明甚。"③后屡有驳斥《脉诀》一书者,如元戴起宗专作《脉诀刊误》一书,李时珍《濒湖脉学》开篇即批驳此书:"宋有俗子杜撰《脉诀》,鄙陋纰缪,医学习诵,以为权舆,逮臻颁白,脉理竟昧。"④专门家批驳《脉诀》,尤可见此书在元、明社会影响甚大。今存金张元素注、元张璧述元至元十九年(1282)序刊本《新编洁古老人注王叔和脉诀》,十卷;⑤宋通真子刘元宾注《新刊通真子补注王叔和脉诀》,目录后有"成化己丑孟夏/翠岩精舍新刊"牌记。⑥《古今书刻》记录扬州府、建阳书坊有刻,《(嘉靖)建阳县志》"书坊书目"也有著录。

《脉诀俗解》当产生于明初,由医药书刊者熊宗立为之俗解。据熊宗

---

① **魏徵等撰**《隋书·经籍志三》,第 1040 页。

② **晁公武撰**,孙猛校证《郡斋读书志校证》卷十五,第 710 页。

③ 朱熹《跋郭长阳医书》,《晦庵先生朱文公文集》第 83 卷,《四部丛刊初编》第 265 册,第 5993 页。

④ 李时珍《濒湖脉学》卷首,张绍棠味古斋本。

⑤ 此书藏日本宫内厅书陵部,见收马继兴等选辑《日本现存中国稀觏古医籍丛书》,人民卫生出版社,1999 年,第 69—125 页。

⑥ 此书藏日本内阁文库,见收马继兴等选辑《日本现存中国稀觏古医籍丛书》,第 3—33 页。牌记见第 5 页。

立《脉诀俗解序》，此书撰成于正统二年(1437)，六卷，另图、提要各一卷，两册。① 又有正德四年新安存德堂刊本，目录题名"新刊勿听子俗解脉诀"，六卷，另图、提要各一卷，一册，目录及正文共 80 叶。② 从刊刻时间上来看，以上两种杭州府学皆有可能获得。

此书医学类。

77. 类博稿(10 卷＋附录 2 卷)，一部，计二册

岳正(1418—1472)《类博稿》，由门人兼女婿李东阳搜辑遗稿而成。《类博稿》诗二卷，杂文八卷，又附录二卷，附录前一卷载叶盛、彭时、商辂、杨导、李东阳等人所书志铭传赞，后一卷为李东阳因叶盛所作岳正志铭多所隐讳而作之补传。③ 李贽《太常岳文肃公》评价岳正："于书无所不读，谓天下事无不可为，高自负许，俯视一世。诗文高简峻拔，追古作者。字法精邃，大书尤伟，旁及雕绘镌刻，悉臻其妙，常戏画葡萄，遂称绝品。有《类博稿》十卷行于世。"④李东阳交代《类博稿》编刊情况曰："公既属纩，东阳以治命拾遗文，得于其从子坪。窃惧阙略，不敢就次，乃与公门人潘君辰、李君经稍加蒐访，或摭残草，手自誊识。越十有馀年，始克成编，为十卷，属公同年都御史张公瓒刻于淮安，未竟而张公卒，乃属我同年知府陈君道刻于金华，名曰《类博稿》者，存公旧也。……公于书无所不读，叶文庄墓铭载《经解》数卷，已逸去；著《皇极新说》，未及就；惟《深衣纂误》一卷藏于家，以俟续有得者并刻焉。成化丙午夏六月甲戌朔翰林侍讲学士、门生长沙李东阳谨书。"⑤此成化二十二年(1486)本虽刻

---

① 此参马继兴等选辑《日本现存中国稀觏古医籍丛书》之《新刊勿听子俗解脉诀大全解题》，第 178 页。

② 此书藏日本内阁文库，见收马继兴等选辑《日本现存中国稀觏古医籍丛书》，第 133—176 页。牌记见第 134 页。

③ 据《文渊阁四库全书》本《类博稿》(第 1246 册，第 455—466 页)，又参《四库全书总目》卷一七〇《类博稿》提要(第 1487—1488 页)。

④ 李贽《续藏书》卷十《内阁辅臣》，《续修四库全书》据万历三十九年王惟俨刻本影印，第 303 册，第 238 页。

⑤ 李东阳识语见岳正《类博稿》卷末，《中国古籍珍本丛刊·天津图书馆卷》据嘉靖八年刻本影印，第 42 册，第 262—263 页，有缺字，据《文渊阁四库全书》本补。

于金华,但《古今书刻》未著录,想不算官刻。此今有存本。^① 今存嘉靖八年刊本,从成化二十二年本而来,但增加了嘉靖二年皇帝赠谥制诰,朱衣序言"闽之人能信公之早、祠公之永也"^②,似乎此次刊刻与闽地有关。岳正终官兴化知府,故兴化府曾刻《类博稿》,《古今书刻》有著录,"兴化"刻或即嘉靖八年本吗? 今莆田图书馆藏有嘉靖徐执策刻本一部,徐执策嘉靖四十四年为莆田知县。杭州府学此书当得自金华成化本。

78. 三苏文集(59卷?),一部,计六册

《三苏文集》,可理解为苏洵、苏轼、苏辙文集之合集,若如此则卷帙浩繁,不当只有六册。宋代《三苏文集》选集,一是《宋史·艺文志》著录的郎晔所进"《三苏文集》一百卷"^③,今存郎晔《经进三苏文集事略》六十卷。一是吕祖谦编《三苏文集》五十九卷,彭元瑞等《天禄琳琅书目后编》卷十一"《东莱标注三苏文集》二函十册"条曰:"宋吕祖谦编,三苏人各为编,凡苏洵十一卷,苏轼二十六卷,苏辙二十二卷,编各分体,加以点抹,于题下标注本意。与蜀本及《文粹》篇目并异。"^④"蜀本"或即指"游孝恭所编"蜀本《标题三苏文》六十二卷,"《文粹》"指《三苏文粹》七十卷,两书《天禄琳琅书目后编》都有著录。一是《重广眉山三苏先生文集》八十卷。^⑤ 明人书目著录之《三苏文集》内容既不同,卷数、册数也差别甚大。如杨士奇《文渊阁书目》卷二著录《三苏文集》二部,一部一百五册,一部二十册。孙能传、张萱等《内阁藏书目录》卷三因有一些缺卷记录,可以更清楚地看出这一点。如"《三苏文集》,三十六册,不全,阙四十六至五十卷,百三十七至百三十九卷",可见此部《三苏文集》至少一百三十九卷,现缺六卷,依所存册数以及提及的卷数,此书一册至少有四卷,此部

① 北京大学图书馆藏。《原国立北平图书馆甲库善本丛书》第711册收录一种明刻本,但首尾无题跋,不能确定刊刻时间。

② 朱衣序见《类博稿》卷首,《中国古籍珍本丛刊·天津图书馆卷》第42册,第161页。

③ 脱脱等撰《宋史·艺文志八》"总集类",同卷又著录"《三苏文类》六十八卷"。第5401页。

④ 彭元瑞等《天禄琳琅书目后编》卷十一,《明清以来公藏书目汇刊》第4册,第540页。

⑤ 参李建军《〈三苏文集〉与南宋三苏选本》,《河南科技学院学报》2011年第9期。

书当有三十八册左右。内阁又有一种"四十五册,不全,阙第十八册,二十七册,四十四、五、六册,五十一至五十五册",①此部总册数为五十五册,想其卷数应该不至于太少。但这些皆非上述三种宋《三苏文集》。明代内阁又有一本"二十九册,不全,止有东坡文"的《三苏文集》,若三苏完整,则其卷数也是非常可观的。

《古今书刻》有建阳书坊和眉州刊刻《三苏文集》的记录,《(嘉靖)建阳县志》"书坊书目"也有著录。明代著录吕祖谦编《三苏文集》相对较多,此书多选论策文,便于科举之用。杭州府学所得六册,或为上述诸书中卷数相对最少的吕祖谦所编《三苏文集》吗?或为建阳书坊所刊吗?

79. 朱文公台寓录(3 卷),[一册]②

《朱文公台寓录》三卷,辑集朱熹在台州以及关于台州的诗文,其中记朱子弹劾唐仲友事颇详。此书仅见于钱曾《钱遵王述古堂藏书目录》卷四著录:"《朱文公台寓录》三卷,一本。"(第 464 页)2011 年北京卓德首届春季拍卖会出现此书之正德本,半叶 21 厘米×13 厘米,白皮纸印本,半叶十一行,行二十二字,黑口,四周双边。题"临海后学高纨编辑","丹徒后学唐鹏校正",前有唐鹏交代刊刻原因:"为文公者变于时不变于道,而莫之振以靡也,修举是典以为台人导。吁,其不可以缓,遂出禄直梓之。是虽于公无与,然吏兹土者,将曰此文公之遗治也;民兹土者,将曰此文公之遗爱也。曰文公,未有不感慕而兴起者也,然则天下后世又岂无读是书而闻其风以有作者乎? ……正德辛未三月朔日后学丹徒唐鹏序。"③查《台州府志》,唐鹏,正德三年至六年为台州府推官,此书或为其私刻。④

明金贲亨《台学源流》屡参考此书,卷三"郭正肃""杜贯道""池进士"

---

① 孙能传、张萱等《内阁藏书目录》卷三,《续修四库全书》第 917 册,第 30 页。

② 部、册数原缺,据《述古堂藏书目录》补。

③ 据雅昌拍卖行书影:https://auction.artron.net/paimai-art0003932103/,最后访问时间 2021-2-15。

④ 喻长霖等纂修《台州府志》,《中国方志丛书·华中地方》,成文出版社有限公司,1970年,第 74 号,第 146 页。

"吴谦斋""赵然道""赵咏道"条下皆列此书。① 吕柟《泾野子内篇》卷十《鹫峰东所语》载其门人章诏问朱子与唐仲友攻讦事，先生曰："讦奏事，信有之。但仲友虽负才名，终是小人，安得以此诬毁朱子！是非毁誉，初岂足凭，久之便自明白。朱先生劾仲友事见《台寓录》，仲友诬朱先生事见仲友《文集》，可知其是私也。"吕柟以《台寓录》作为朱熹、唐仲友攻讦事之后世公论。②

80. 渭南文集(50/52卷)，一部，计一十册

陆游《渭南文集》，最早由陆游子子遹刊于溧阳学宫，五十卷。③ 庆桂《国朝宫史续编》卷八十著录"元版《渭南文集》"，"五十二卷"。④ 明代流传刊刻较早、影响较大的是无锡华珵所刊活字本《渭南文集》，此本首收弘治壬戌(1502)翰林学士长洲吴宽序，次为嘉定十三年陆子遹序，书末有祝允明《书新本渭南集后》、华珵记。祝允明跋文云此书："盖光禄华公活字新本，凡五十卷，视马《考》(指马端临《文献通考》，其书著录《渭南集》三十卷)又过之，即翁子子遹初刻所翻也。"⑤其次为绍兴郡守梁乔等刊、正德八年(1513)浙江按察司金事汪大章序本，五十二卷。汪序云："正德壬申以巡行之便，乃得登龙山，瞻禹穴，而式翁之故趾。癸酉之春与省元张君直尚论前辈遗事，又得翁所著《渭南文集》……乃知考亭与之，西山论之，不我诬也。顾本多讹阙，附以手录，至不能字，因忆史称翁长于诗而集未之备，再求善本，虽绍兴亦不可多得……乃属诸郡守梁君

① 金贲亨撰，徐三见点校《台学源流》，《台州丛书乙集》本，上海古籍出版社，2013年，第5册，第19—22页。

② 吕柟著，赵瑞民点校整理《泾野子内篇》，西北大学出版社，2015年，第80页。

③ 蒋方《〈渭南文集〉的编纂与流传》(《江汉学术》2004年第2期)云明代以前《渭南文集》皆作《渭南集》，似不确。今存嘉定十三年陆子遹序本，目录及每卷首题皆作"渭南文集"[陈坚、马文大撰辑《宋元版刻图释》"《渭南文集》"所附书影，卷九首行作"渭南文集卷第九"(第132页)]。明华氏活字本前吴宽序作《新刊渭南集序》、后祝允明跋《书新本渭南集后》，但其目录及每卷卷首皆作"渭南文集"。

④ 庆桂《国朝宫史续编》，《故宫珍本丛刊》第314册，第216页。

⑤ 见陆游《渭南文集》，《四部丛刊初编》据华氏活字本影印，第294册，第1755—1756页。

乔倡其寮属广之,于时同知屈铨,通判王翰、李升,推官杜盛,知县张焕、黄国泰,金以为是不可后者,而予适更莅浙西矣。又三月,省元以书来曰:放翁遗集,郡斋正讹补阙,梓而行之,与吾党之士共矣。乞序其端焉。"①后有梁乔跋。此书万历年间有福建重刻本,②《古今书刻》缺载。

杭州府学所得者或为华氏活字本,或为绍兴郡斋刻本。

81. 叶水心文集(29 卷),一部,计六册

叶适(1150—1223)《水心集》,陈振孙《直斋书录解题》卷十八有"《水心集》二十八卷、《拾遗》一卷、《别集》十六卷"条,下又曰:"淮东本无《拾遗》,编次亦不同。《外集》者,前九卷为制科进卷,③后六卷号'外稿',皆论时事,末卷号'后总',专论买田赡兵。"④叶适《进卷》在当时就非常流行,《宋史·选举志》吏部尚书叶羲上言云此书,"士人传诵其文,每用辄效"⑤。但至明正统时,《水心文集》已不易寻觅,后因黎谅的重编和刊刻才变得易得。黎谅编次本《水心先生文集》前收叶适门人大梁赵汝谠序,次为正统十三年(1448)处州府推官章贡黎谅识语,其云:

> 余幼时,先君东皋处士以遗书一帙名曰《策场标准集》授谅读,是书乃水心叶先生适在宋时所著也。其忠君爱国之诚蔼然溢于言意之表,惜乎前后亡缺脱落,有不可读者,尝慕求全集,竟不可得。及余领乡荐授官栝郡,先生乃郡邑龙泉人也,后徙居温之瑞安,尝因公事诣邑,访求遗本,无有存者,间或得一二篇,或数十篇,历八载,始克备。有曰《文粹》,曰《叶学士文集》,曰《水心文集》,及余幼时所

①　陆游《渭南文集》卷首,正德八年本。

②　两书参丁丙《善本书室藏书志》卷三十(第 5 册,第 1238—1240 页)、范邦甸《天一阁书目》卷四之二集部"《渭南文集》五十二卷"条(《续修四库全书》第 920 册,第 239 页)。

③　此书前八卷为"制科进卷",第九卷为"廷对",参刘公纯等点校《叶适集》,中华书局,1961 年。

④　陈振孙撰,徐小蛮、顾美华点校《直斋书录解题》卷十八,第 547 页。

⑤　脱脱等撰《宋史·选举志二》,第 3635 页。

读《标准集》者，其总目有四，惟《标准》一集十亡其七八。公暇躬自誊录，其各集中所作札状奏议记序诗铭并杂著成篇章者，得八百馀篇，编集汇次，分为二十九卷，其所著经传子史编为《后集》，总名曰《水心先生文集》，绣梓以永其传，与四方同志共览焉。集中字义脱落无可考者不敢僭补，姑虚以待后之君子而正之。①

黎谅所得叶适著作有《策场标准集》《文粹》《叶学士文集》《水心文集》。《文粹》或即《圈点龙川水心二先生文粹》，此书今存宋本，藏台北。② 黎谅所得两种"文集"很可能或至少有一种是与赵汝说序本相关，因为黎谅编次本首列赵序。《策场标准集》是黎谅从小就有的，此书分四目，其中一目为"标准"，其他三目名称不详，不过黎谅将其中有而他书未收的文章都誊抄出来，将所得的所有文章按文体加以编次，分为二十九卷，此书正统十三年编成，景泰二年(1451)刊刻，观黎谅识语后景泰二年吏部尚书王直《重刊叶水心先生文集序》可知。③《古今书刻》有处州府刊刻《叶水心文集》的记录，当即此本。杭州府学所得或为此。

82. 梅溪文集(54卷)，一部，计一十册

王十朋(1112—1171)《梅溪文集》，朱熹代刘珙作序，云王十朋逝后，其子王闻诗编其父遗文三十二卷。④ 今存正统本，⑤来自绍熙三年(1192)王闻诗弟闻礼所刊本，有策奏议五卷、诗文前集二十卷、后集二十

---

① 叶适《水心先生文集》，《四部丛刊初编》据黎谅刊本影印，第295册，第7—8页。

② 参陈亮撰，邓广铭点校《陈亮集》，中华书局，1987年，第2—7页。

③ 王直《重刊叶水心先生文集序》："黎谅……得……八百馀篇，手自雠校，分为二十九卷，镂梓以传，而属直为序。……景泰二年三月朔日，荣禄大夫太子太保兼吏部尚书泰和王直书。"(《四部丛刊初编》第295册，第12—16页)

④ 朱熹《梅溪王先生文集序》，代刘珙作，王十朋《梅溪先生文集》，《四部丛刊初编》第270册，第15—16页。

⑤ 王十朋《梅溪先生文集》，《四部丛刊初编》云据明正统间刘谦温州刊本影印(第270—272册)，但据天顺六年温州知府周琰识语，实为天顺六年补印本，朱熹序为周琰补刻(第270册，第19—22页)。

九卷,合"五十四卷"①。正统五年(1440)何文渊《梅溪先生文集后序》交代了搜集、刊刻《梅溪文集》的全过程。其云:

> 余少时读《尚书》,观王十朋先生注释"辑五瑞""昭德之致于异姓之邦"诸篇,而知先生之学邃于经……欲求先生之文全集一观,用发志意,市无鬻者,常以为恨。宣德庚戌岁(1430),余由宪台出守温郡,温郡乃先生所居之乡也。余于先生玄孙孟明处求得先生文集,共十帙,而缺注释经传之言,意其言之附诸经传者,书坊板行而先生不录于家故也。然余之所得,又多破损脱落而有不可读者,于是给纸笔付与永嘉儒士王宜嘉补其缺略,更加圈点,而欲重为刊刻。越数月,值今上皇帝嗣登宝位,召余入为秋官侍郎,于先生文集未及刊行,而心常快快。幸吾从侄何潆子方选除温州府学教授,将行,余以兹事属之……温州又得监察御史浚仪刘公自牧而为郡守,暨诸同僚皆好文字,各出月俸以资工费,刊刻完成。②

正统五年黄淮序还给出了除何文渊所得之外的《梅溪文集》材料来源:

> 未几,前御史刘公谦继守是郡,旁求博访,乃得其刻本于黄岩士族蔡玄丌家,命郡学教授何潆重加订正,鸠工刊刻,用广其传。赞成其事者,贰守徐公恕、通判刘公宽,推官宫公安暨邑宰周纪等与有力焉。③

此书正统书板应藏温州府中,天顺六年(1462),温州知府周琰补刻朱熹代写之序并作识语于书中。其云:

---

① 参《梅溪先生文集》附录王闻礼《跋尾》,《四部丛刊初编》第272册,第1967—1968页。
② 此《后序》见《四部丛刊初编》第272册,第1971—1976页。
③ 黄淮《梅溪先生王忠文公文集序》,《四部丛刊初编》第270册,第30—32页。

余来守温，每于公眼辄诵梅溪王忠文公遗文，因之有得于心，以为政事之资者多矣。公之文集，旧有刊本，而朱文公代刘共父为序，论其心为特详。岁久故坏，前守何公文渊、刘公谦相继掇拾于蠹腐之馀，重为刊板，盛传于今。而少保黄文简公淮为序则专论其道也，文公之序载于《大全集》中，惜重刊者遗之，余为表而冠诸卷端，使人知公之文章事业皆本于道而道又本于心也。①

明时温州府本流传颇广，因其集流传，王十朋之学术文章更为人所知晓。如李濂（1488—1566）《读梅溪文集》曰："梅溪先生王忠文公《前集》二十卷、《后集》二十九卷、《廷试策》一卷、《奏议》四卷，天顺间，祥符刘公谦为温州守刻之郡斋。② 公之学粹然一出于正，诗文平澹典则，不为浮华靡艳之词，而尤留心吏事，故所至有惠政，人皆思之。"③

《古今书刻》有温州府、建阳书坊刊刻此书之记录，处州府有刊刻《梅溪集》之记录，杭州府学所得者很可能为温州府本。

83. 止斋文集（52 卷），一部，计六册

陈傅良《止斋文集》，陈振孙《直斋书录解题》卷十八著录两种宋本，一是《止斋集》五十三卷本，嘉定戊辰（1208）门人曹叔远刻于永嘉郡斋；一为"三山本，五十卷"。④ 未见元刊本。明初，此书不易得，后王瓒自秘阁抄出曹叔远所编本，经张琜⑤、林长繁之手于正德元年刊出。

---

① 识语见《四部丛刊初编》第 270 册，第 19—21 页。

② 李濂所得者亦正统刻天顺补印本。据《（万历）温州府志·治行志》何文渊、刘谦传，何文渊宣德庚戌（五年，1430）出知温州，在任六年；刘谦"宣德乙卯（1435）以监察御史荐代何文渊知府事"（《四库全书存目丛书》史部第 210 册，第 657—658 页）。据同书卷七《秩官志上》，正统四年，温州知府为黄玘，周琛，天顺二年任（第 603 页）。

③ 李濂《嵩渚文集》卷七十一，《四库全书存目丛书》据嘉靖本影印，集部第 71 册，第 201 页。

④ 陈振孙撰，徐小蛮、顾美华点校《直斋书录解题》卷十八，第 547 页。下案："《文献通考》作五十二卷。"当为五十三卷，二、三形近而误。

⑤ 据过庭训《本朝分省人物考》卷一〇一（第 26 册，第 8843—8844 页）、《历科进士题名录》（朱保炯、谢沛霖编《明清进士题名碑录索引》，上海古籍出版社，1980 年，第 2487 页），张琜，字伯纯，泽州人，弘治九年进士。

正德本①五十二卷，前有曹叔远序，次为弘治十八年王瓒序，王序云：

> 瓒幸生公之乡，屡尝诵读遗文而私淑之……公文散载于群书，退陬寡陋，未见有统汇为全帙者。瓒近于秘阁录出公集五十二卷，则向所尝诵读者百无一二存焉，盖曹公所编，止自梅潭丁亥之岁而他作不入也。弘治乙丑，侍御史同年泽州张君伯纯往巡浙中，因论乡哲而于公尤致向慕，瓒遂出示公集，伯纯喜曰："琎求公文久矣，而莫获见之，是行未广也，请得梓之以传。"②

但弘治年间，张琎未能刊刻此书，而将书转交温州同知林长繁属刊。清永嘉丛书本《止斋文集》收录林长繁正德元年三月所作《止斋先生文集后跋》曰：

> 去秋转官于温，过杭，谒钦差侍御张公，蒙以止斋之文见示，且语之曰："是文今亦罕得，抄于内翰，可梓行于世以传。"……遂箧至温，谋诸僚友，咸乐捐俸，共市梓以寿其传。既讫工，辄僭书于末以记其所自云。③

知《止斋文集》最终在正德元年刊出。《古今书刻》未有温州府刊《止斋文集》的记录。《古今书刻》建阳书坊有刻此书之记录。因时间较近，又同属浙江，杭州府学所得为林长繁所刻本的可能性应更大。不过，今存正德刊本五百馀叶，若装为六册，每册八十馀叶，似乎过厚了，则其所得为建阳书坊本也未可知。

---

① 《四部丛刊初编》（第268—269册）云据"弘治刊本"影印（第268册牌记页），不确。叶德辉《郋园读书志》卷八《止斋先生文集》"五十二卷"称"明弘治十八年王瓒序刻本"（第407页），是准确的，亦可称正德刊本。

② 王瓒《止斋陈先生文集序》，陈傅良《止斋文集》，《四部丛刊初编》据弘治十八年王瓒序刻本影印，第268册，第12—14页。

③ 陈傅良《止斋文集》书末，《丛书集成续编》据永嘉丛书本影印，第104册，第996页。

84. 诚意伯文集(20卷),一部,计一十册

刘基著"《郁离子》五卷、《覆瓿集》并《拾遗》二十卷、《犁眉公集》五卷、《写情集》暨《春秋明经》各四卷,其孙鼐集御书及状序诸作曰《翊运录》,皆锓梓行世",这从成化本《诚意伯文集》前所收各集之序即可明了。① 杨守陈《重锓诚意伯文集序》交代了何以在成化年间要重编重刻刘基文集:"诸集涣而无统,板画久而浸埋,学者病之。巡浙御史戴君用与其宷薛君谦、杨君琅谋重锓,乃录善本,次第诸集,而冠以《翊运录》,俾杭郡守张君僖成之,属守陈序。"②此书卷一《翊运录》,卷二至四《郁离子》,卷五至十四《覆瓿集》,卷十五、十六《犁眉公集》,卷十七、十八《写情集》,卷十九、二十《春秋明经》。杨守陈序作于成化六年(1470)。

成化本《诚意伯文集》当即《古今书刻》记录的杭州府刻《刘伯温文集》。《古今书刻》也有处州府刊刻记录,今存处州知府林富正德十四年(1519)《序》③可证其记录不虚,但时间已在杭州府学置书之后。因此,杭州府学所得当即本郡所刊本。

85. 苏平仲文集(16卷),一部,计四册

苏伯衡(1329—1392),金华人。《苏平仲文集》,今存最早刊本为正统本。正统本《苏平仲文集》所收黎谅两篇识语对苏伯衡文集的编辑、刊刻有详细的介绍:

> 前蒙阴县簿林与直编类分为一十六卷,镂板郡庠,历年既久,朽失过半,印行于世者亦泯没无存。呜呼惜哉! 正统庚申(五年,

---

① 见成化本《诚意伯文集》(《四部丛刊初编》第 363 册)所收各集序,又可参吕立汉《刘基文集版本源流考述》(《文学遗产》2000 年第 2 期)。

② 见成化本《诚意伯文集》卷首;此文又见杨守陈《杨文懿公文集》卷十八《桂坊稿》,《四库未收书辑刊》第五辑第 17 册,第 540 页。

③ 《四部丛刊初编》本《诚意伯文集》卷首林富《重锓诚意伯刘公文集序》曰:"公文梓行久矣,岁远浸湮,字不复辨,富承乏栝苍,典刑在目,视篆之暇,订其讹落,重加编辑,捐俸再锓诸梓,俾公孙指挥瑜等世宁之,使天下后世亦知故家文献之足征也。正德己卯夏五月既望赐进士中顺大夫处州府知府后学莆阳林富谨序。"(第 363 册,第 86—87 页)

1440)予授官栝郡，公暇访求先辈遗文，故老首以先生是集举，尝欲求一观，竟不可得。后因公事抵温郡，谒少保黄先生，先生以《平仲文集》见示，予读之竟日，手不忍释。惜乎集中字义多昏翳讹缪，有不可读处。谅求假而归，公暇躬自誊录校正，缮写成书，命工重寿诸梓，以永其传，与同志者共览焉。正统壬戌(1442)八月望日处州府推官章贡黎谅谨识。①

黎谅又有识语进一步介绍道：

> 太史苏先生所著诗文凡一十六卷，镂版郡庠，传久朽半，别驾曹侯寻访旧本，梓补其缺。然旧存者昏翳讹谬，恐误后学，不揣躬校，乃命郡人叶景森缮写成书，谋诸郡守武公、指挥使牛公、贰守曹公、通判黄公，各捐俸重梓，始于壬戌二月，毕工八月，灿然一新。②

据此可知，《苏平仲文集》由永嘉人林与直编辑，分为十六卷，最早在处州府学刊刻，书板亦藏府学。至正统年间，书板已有不少坏缺，处州府府曹别驾拟访求旧本进行补板，后推官黎谅全部重刊的意见被采纳，黎谅于是用其得自于温州黄淮之《苏平仲文集》校正，命郡人叶景森缮写成书，诸官捐俸命人刊刻，历时六个月，于正统七年八月刊出。是为处州府本。《古今书刻》处州府下有刊刻此书记录，当即此本。

《四部丛刊初编》景明正统本刘基《序》后刻有三行题记"浙江按察司副使刘发绍兴府学公贮备览计卯/册/正德戊寅季夏贰日"③，可见此书正德十三年(1518)有补刻，至少此页为正德十三年补刻刷印者，可知正德十二年杭州府学置书时，处州府此书书板尚可使用。杭州府学所得者当为正统本。《古今书刻》还有金华府刊刻此书之记录。

---

① 《四部丛刊初编》据正统壬戌刊本《苏平仲文集》影印，第 367 册，第 10 页。

② 《四部丛刊初编》本《苏平仲文集》无此识语，录自丁丙《善本书室藏书志》卷三十五"《苏平仲文集》十六卷，旧钞本"条，第 6 册，第 1475 页。

③ 《四部丛刊初编》第 367 册，第 9 页。

86. 木钟集(11卷),一部,计四册

陈埴,永嘉人。其学出于朱子,其《木钟集》,"木"取善问者如攻坚木,"钟"取善待问者如撞钟意,"朋友讲习不可以无问也,问则不可以无复",故虽称为集,实为语录问答,其中《论语》一卷、《孟子》一卷、《六经总论》一卷、《周易》一卷、《尚书》一卷、《毛诗》一卷、《周礼》一卷、《礼记》一卷、《春秋》一卷、《近思杂问》一卷、《史》一卷,共十一卷。①

《木钟集》今有元刊本、弘治本等。弘治十四年温州知府邓淮《序》和瑞安令高宾《后序》交代了温州府学本刊刻缘起及其过程:

> 顾予少时翻阅五经及孔孟性理诸书,凡诸儒之有发明经旨者必具列其姓氏,而潜室陈氏与焉。予既已知有其人,而亦与闻其言矣,但未知其言之具载于《木钟集》。比者假守温郡,躬祀诸儒,乃知先生实郡人,而其所遗《木钟集》犹有存者。郡有斯人而有斯集,表而出之,郡守事也,郡守责也。矧斯集之不传久矣,后之学者,如予之未见亦多矣。刻之于梓,使皆得而见之者,予心也;体予心而刻之者,瑞安令高君宾也。若宾者,可谓知先生、知《木钟集》者,可嘉也。……弘治十四年辛酉春三月甲子,赐进士、中顺大夫、温州府知府、吉水邓淮书于鹿城书院。

> 太守邓侯守温始逾年,道洽政成,百废具兴。以温多先哲,若潜室陈先生辈皆亲炙程朱之门,而上承孔孟之绪者,乃历考其人,作书院以崇祀之。其有遗书逸稿足以发明斯道者,必梓行以嘉惠后学,若《木钟集》者,其一也。先生所著不止是集,于今可见者才此编耳。其言虽已散见群经,而板之失传已久,人几不知有是书矣。侯既访而得之,乃以命宾俾重锓梓以广其传焉。……顾惟遗编,中多讹阙,欲丐善本以考正而补完之,旁求累月,卒不可得,亦惟付之太息而

---

① 参陈埴《木钟题辞》,《潜室陈先生木钟集》,《原国立北平图书馆甲库善本丛书》据刘氏慎独斋刻本影印,第474册,第355页。

已。……弘治辛酉夏六月丁丑朔又六日,后学江阴高宾谨序。①

杨士奇《文渊阁书目》卷一著录三册、一册《木钟集》各一部,但明末清初书目,如《澹生堂藏书目》《传是楼书目》皆著录四册。② 杭州府学是书或得自弘治温州所刻本。

87.鹿城书院集(无卷数),计一册

此书是弘治十四年温州知府邓淮令诸博士为新立的鹿城书院编辑刊刻的一本书,是邓淮在温州表正学、正人心的文教事业的一部分。有关鹿城书院的建立以及此集的刊刻,邓淮《鹿城书院集序》交代得很清楚:

> 国家尊崇正学以隆世教,凡儒先与闻斯道者类为建祠,则夫程朱张子之高弟,常致力于性命道德之懿,而又同出于一郡者,不特举而专祠之,其何以风励后哲也哉? 夫温之号小邹鲁也久矣,邹鲁之后千有馀载,而后程朱张子者出,倡明道学,以传诸其徒,然旁观列郡,少或二三人,多止五六人,盖未有如温之众者。今考之在程门者十有一人,朱门亦十一人,南轩之门一人焉。其更相授受,往复之书具在,而其遗言绪论犹有存者,况我朝编缉《五经》《四书》《性理》诸书,其语录、文集内有发明经注者,悉见采录,则其有功于道学亦大矣。故予假守此邦,寤寐诸儒,而推本其所师,即欲为创书院,采摘其行事、问答汇为一帙,而同寅李君增、刘君塘、何君鼎皆题其事,于

---

① 弘治本《潜室陈先生木钟集》,《原国立北平图书馆甲库善本丛书》据抄写本影印,第474册,第497、498—499页。此抄本最后有"新安仇以忠、以才、廷永、廷梅、廷芳刊"字样,知此抄本据新安仇氏刻本影抄,其底本即弘治温州府学本。王重民《中国善本书提要》著录《木钟集》即此影抄本(第225页)。又孙诒让著,潘猛补点校《温州经籍志》(许嘉璐主编《孙诒让全集》本,中华书局,2011年)卷十四子部"陈氏埴《潜室陈先生木钟集》"下录两序(第688—689页)。

② 今存"京兆木石山人刊行"之建阳刘氏慎独斋本,约280叶(据《原国立北平图书馆甲库善本丛书》第474册慎独斋本统计),四册装应是合适的。

是白于侍御陈公秉衡、宪副林公舜举、赵公栗夫,悉蒙喜诺,而藩臬
诸公无间言焉。永嘉令汪君循乃相厥费,度材择良于鹿城,卜吉孟
春,不五越月而书院成。尊程朱张子四先生南乡,其高弟门人东西
乡以侑焉,师友一堂,宛然当时气象,非徒以观美也。于以阐其渊源
之所自,表正学也。于时父老携杖往观者,皆啧啧叹曰:自宋以至于
今,几三百年,而始一见。后学之入其门、升其堂者,徘徊顾瞻,如诸
儒之在前,而其景仰自不能已矣。夫以圣朝学校遍天下,若无俟于
书院者,然前贤往迹,风教所关,况程朱张子及门之士,又非馀子可
例论者乎!故书院落成,即采温之有志于学者讨论其中,使密迩诸
儒兴起其善,则此邦正学之传,不待外求而自有馀师矣。此书院之
所以创也。呜呼!书院创矣,而诸儒之事行问答未之统一,学者难
于遍览,爰命郡邑诸博士采辑,数月,始克成编,复谬加改正,梓示同
志,名曰《鹿城书院集》,使皆得以读其书、思其人而尚论其世焉。然
则书院之集,又可已也哉!淮狂僭之罪,诚无所逃,然表正学以正人
心,则愚于此实拳拳云。①

《鹿城书院集》王瓒序云"岁重光作噩夏,鹿城书院初成"②,是年辛酉,即
弘治十四年(1501),又数月编成《鹿城书院集》,则书当刻于弘治十四年
或十五年。鹿城书院的建立、《鹿城书院集》的刊刻,是帝国"尊崇正学以
隆世教"的方针政策与地方文化资源、文化特色相结合的产物,它使温州
的"正学"有了具体可感的物质形态和文化载体。杭州府学所得当为此。

88. 儒志编(不分卷),计一册

此书亦是弘治中地方官员发掘、整理地方文化的成果。

王开祖,字景山,永嘉人,皇祐进士,试秘书省校书郎,佐处州丽水

---

① 沈翼机等撰《(雍正)浙江通志》卷二六三《艺文五》引邓淮《鹿城书院集序》,第4387—
4388页。
② 汤日昭《(万历)温州府志》卷十五《艺文志》王瓒《鹿城书院集序》,《四库全书存目丛
书》史部第211册,第156页。

县，后退居郡城之东山设塾授徒，倡东嘉道学，郡守杨蟠立儒志坊表之。① 其《儒志编》，《宋史·艺文志》著录"王开祖《儒志》一卷"②。未见宋元刻本，弘治十二年，永嘉儒学教谕诸葛文敏校正此书，由上引邓淮文提到的永嘉县令汪循刊出。《儒志编》汪循序云：

> 如永嘉先哲王氏景山者，不谓之豪杰之士可乎？景山举进士，以所如者不合，退与其徒讲明理学，所著仅存者此编，尤复阙略失次，司教清源诸葛文敏参诸王氏谱谍中，手自校正，间以示予。……窃禄是邦，表章乃职，故不敢不竭此心，敬序诸首，锓梓以传。……弘治己未八月中秋日新安汪循序。③

杭州府学所得当为此。

89. 逊志斋集(40 卷)，一部，计一十册

方孝孺(1357—1402)，浙江临海人，明初靖难之役中殉难。天顺七年(1463)，同乡赵洪在蜀中教谕任上搜集整理刊刻了《逊志斋集》，收诗文二百六十七篇，是为蜀本，此本已不传。成化十八年，工部侍郎谢铎、礼部尚书黄孔昭广为搜求整理，得诗文一千两百篇，分为三十卷，拾遗十卷，交临海县令郭绅刊刻，是为邑本。正德十五年，台州知府顾璘再加勘定，分为二十四卷，另有附录，是为郡本。后来各本，正文二十四卷不变，变化的是附录所收的诗文。④

从时间上看，杭州府学所得《逊志斋集》只可能是天顺蜀本和成化邑

---

① 参王圻《续文献通考》卷一百七十八《经籍考·儒家》"王开祖《儒志编》一卷"条，文海出版社据万历刊本影印，1984 年，第 18 册，第 10721 页。并参嵇璜等《钦定续文献通考》卷一七三，《文渊阁四库全书》第 630 册，第 321 页。

② 脱脱等撰《宋史·艺文志四》"子部儒家类"，第 5174 页。

③ 汪循《儒志编序》，王开祖《儒志编》，《子海珍本编》据弘治十二年(1499)汪循刻本影印，第一辑第 4 册，第 365—366 页。

④ 参何芹《明人所刊〈逊志斋集〉版本评述》，见何芹《道德与道统：明代方孝孺形象建构研究》(南京大学 2016 年硕士论文)。

本,从地域上看,以后者最有可能。《古今书刻》台州府下有此书刊刻记录。

90. 杨文懿公文集(30卷),一部,计四册

杨守陈(1425—1489),鄞县人。其弟杨守阯为其编成《杨文懿公文集》三十卷,由其季子杨茂仁刊刻。杨守阯弘治十二年所写《杨文懿公文集序》曰:"顾其遗稿浩穰,未易悉传,昔在京邸尝于诸稿中妄意掇取议论叙事杂著之文数百篇,为三十卷,付公之季子茂仁郎中先为刻本。"①三十卷分别是《晋庵稿》一卷,《镜川稿》四卷,《东观稿》十卷,《桂坊稿》五卷,《金坡稿》九卷,《铨部稿》一卷。卷首收天顺元年自书《晋庵稿序》、成化二十年何乔新《桂坊稿序》、弘治元年程敏政《桂坊稿题》、弘治二年程敏政《金坡稿序》。

《澹生堂藏书目》"国朝两浙诸公集"著录《杨文懿公文集》二十六卷:《晋庵稿》一卷,《镜川稿》五卷,《东观稿》八卷,《桂坊稿》四卷,《金坡稿》七卷,《铨部稿》一卷。不知刻于何时。②《古今书刻》宁波府也有刻书记录,亦不知刻于何时。

杭州府学此书或得自杨氏家刻本。

91. 杨文懿公敷奏集,一部,计四册

上引杨守阯《杨文懿公文集序》还谈到他与杨守陈长子已编成杨守陈集续刻,包括"其文(指三十卷《杨文懿公文集》)之未及取,与夫五经四书私抄、奏议、诗集,今于南都与公之长子茂元同知翻辑,以图续刻,未遂"③。此书或即其中的奏议部分。

此书仅《晁氏宝文堂书目》有著录("经济类",第149页),不过既然杭州府学有得,则其刊刻定在正德十二年以前。

92. 魏文靖公文集(10卷),一部,计四册

宋明有两个魏文靖公,一是宋魏了翁,有文集《鹤山全集》一百一十

---

① 杨守陈《杨文懿公文集》卷首,《四库未收书辑刊》第五辑第17册,第398页。

② 祁承𤈴著,郑诚整理《澹生堂藏书目》,第705页。

③ 见杨守陈《杨文懿公文集》,《四库未收书辑刊》第五辑第17册,第398页。

卷,宋刻以及明铜活字本皆近二千叶,想不可能仅四册。一是明萧山人魏骥(1375—1472),其人以副榜而位至通显。李东阳为叶盛《叶文庄公集》作序时说:"国朝文臣得谥为文者,翰林之外,近时惟吴文恪公讷、魏文靖公骥、姚文敏公夔及公,要诸当世,诚不可易得。"①考虑书目碑此书位置在杨文懿公和姚文敏公的著作之间,或亦暗示魏文靖公为魏骥。魏骥有文集十卷,称《魏文靖公摘稿》,今存弘治本,共三百六十叶,装为四册是合适的。《摘稿》前有弘治十一年福建布政司左布政使钱塘洪钟(魏骥婿)所书《叙》,其曰:"姑苏叶文庄公(叶盛)志其墓有云:公文字山刊板刻,几遍天下。……其稿具存,皆公亲书,宁国君(魏骥子)尝编次成帙,将图梓行,赍志而没。钟忝馆甥,幸获拜观而遍阅之。……但其简帙浩繁,未易遍刻,乃再阅原稿,凡题上有点注者皆公墨迹,玩其词意,其有补于事者也,因摘取以刻诸梓,盖亦千百中才什一耳,名之曰《南斋先生魏文靖公摘稿》。"②此书未见官刻记录,想为洪钟私刻。杭州府学所得当为此。

93. 姚文敏公文集(10 卷),一部,计三册

姚夔(1414—1473),浙江桐庐人。《姚文敏公文集》,又作《姚文敏公遗稿》《姚文敏公集》,十卷,今存弘治本,共一百五十三叶。其仲子姚玺编刻,前有成化十九年太子太傅、礼部尚书眉山万安序,弘治三年太子太保、礼部尚书、文渊阁大学士丘濬序。③ 杭州府学所得当为此。

94. 郑氏麟溪集(22 卷),一部,计四册

95. 郑氏旌义编(3 卷),计一册

浙江金华府浦江县东三十里的白麟溪,有郑氏九世同居,朝廷旌其门为孝义郑氏之门,一时士大夫皆赠以诗文。元至正时其家长郑太和担

---

① 李东阳撰,周寅宾校点《李东阳集·文稿》卷八,第 480 页。

② 洪钟《魏文靖公摘稿叙》,魏骥《魏文靖公摘稿》,《四库全书存目丛书》据弘治本影印,集部第 30 册,第 313—314 页。

③ 姚夔《姚文敏公遗稿》,《四库全书存目丛书》据弘治本影印,集部第 34 册,第 460—613 页。

心这些诗文久而至于散逸,于是裒辑而汇次之,诗分乐府,古、近体,凡十卷,文分碑、颂、序、跋、记、辞、铭、志、杂著,凡十二卷,总为一书,因所居地名为《麟溪集》。此书有元刊本,今存后至正十一月义乌王祎应郑太和从子郑钦请所作《麟溪集序》①,明再刻,今存明成化十一年郑珊、郑琥刻本。② 此书除单行外,尚有《郑氏文集》本,郑氏十二世郑棠(字叔美)赠杨士奇者即是。③

郑氏《旌义编》三卷,宋濂《引》作了详细说明:

> 其(郑氏)持守之规,前录五十八则,六世孙龙湾税课提领大/(太)和所建;后录(七十则,《续录》)九十二则,七世孙青桩府君钦、江浙(行省)都事铉所补,皆已勒石锓梓/(板)。……今八世孙太常博士涛复谓/(以为)三规,阅世颇久,其中当有随时变通者,乃率诸/(帅三)弟泳、澳、湜等白于二兄濂、源,同加损益,而合于一。其闻诸父之训,曾行而未登载者,因增入之,总为一百六十八则。文辞之属,选有系于事实者则录之,厘为三卷,通名曰《郑氏(无"郑氏")旌义编》。既刊/(刻)板,可模印,请言其故于篇端。余/(予)与源为姻家,涛为同门友,而泳等又皆执经从余学,义不容辞。呜呼! 是编之行,其于厚人伦、美教化之道诚有益哉!④

宋濂为之作序的《旌义编》已加入了郑氏第十一代郑涛、郑源等所损益的《三编》。

---

① 据王祎《麟溪集序》,见《王忠文公集》卷六,《北京图书馆古籍珍本丛刊》据嘉靖元年张贤刻本影印,第 98 册,第 105—106 页。

② 郑太和《麟溪集》,《北京图书馆古籍珍本丛刊》据成化十一年郑氏刊本影印,第 114 册,第 563—680 页。王祎序见第 680 页。

③ 杨士奇《东里续集》卷十八云《郑氏文集》总十二册,其中《麟溪集》二册,《明代基本史料丛刊·文集卷(第二辑)》第 10 册,第 2368 页。

④ 《旌义编引》,《旌义编》卷首,《美国哈佛大学哈佛燕京图书馆藏中文善本汇刊》第 13 册,商务印书馆、广西师范大学出版社,2003 年,第 139—140 页。又见《宋濂全集》卷三十,第 636 页,文字略有不同,()中为宋集文字。

上云皆为郑氏家族刊本。据《古今书刻》,金华府也曾刊刻《麟溪集》《旌义编》《郑氏家规》,然不清楚具体的刊刻年代。

96. 忠简公文集(6卷),计一册

"忠简公"之谥号,宋至明正德前有不少,有集留存者,主要有胡铨、赵鼎、宗泽、楼钥,其中只宗泽集作《宗忠简公文集》,想此处当指宗简文公。

宗泽,浙江义乌人。其集最早为南宋楼昉所刊,[①]今不存,亦未见书目著录,[②]今存最早为正德刊本。正德六年金华府知府赵鹤序曰:"公文近出王忠文公家,愚为类次,适侍郎一山张先生按婺,复加校订,题曰《宋东京留守宗忠简公文集》,盖亦著其图复初志云。"[③]王忠文公王袆也是义乌人,正德本出自王袆家,经赵鹤和张一山编次校订而刊刻,文集六卷。杭州府学所得当为此。

97. 疑辨录(3卷),一部,计三册

周洪谟(1421—1492)《疑辨录》(又称《五经/四书/群经/五经四书/经书疑辨录》[④])三卷,周洪谟汇聚其为国子祭酒时会讲之暇之答疑而成。成化十五年(1479),周洪谟进此书于宪宗。徐学聚《国朝典汇》卷二十三《朝端大政》载此事曰:"成化十五年五月,礼部侍郎周洪谟进所纂《疑辨录》三卷,言'五经''四书'虽经朱熹注释,间亦有仍汉唐诸儒之误者,乞敕儒臣考订,仰取圣裁。上曰:'五经''四书',汉唐宋诸儒之误者,永乐间儒臣纂修悉取其不悖本旨者辑录之,天下学者诵习已久,洪谟乃以己意纷更。不准。"[⑤]此书虽未能像前文所论丘濬《大学衍义补》等经由帝王之旨、礼部之令而成为颁示天下之教科书,但周洪谟坚持这是一

---

① 楼昉《宗忠简公文集序》对之叙述甚详,见宗泽《宗忠简公文集》卷首,《中国古籍珍本丛刊·澳门大学图书馆卷》据万历三十三年宗焕刻本影印,第11册,第2—3页。此书与万历三十二年张维枢所刻《王忠文公文集》共用建阳陆奇、陆富、忠、世、王等一批刻工,每页中缝下注字数。当刻于建阳。

② 参《宋集珍本丛刊书目提要》之"《宗忠简公文集》"条,《宋集珍本丛刊》,线装书局,2004年,第108册,第82页。

③ 宗泽《宗忠简公文集》,正德刊本。

④ 参蔡东洲《周洪谟现存著作考论》,《西华师范大学学报(哲学社会科学版)》2013年第6期。

⑤ 徐学聚《国朝典汇》,《四库全书存目丛书》史部第264册,第617页。

部追求真理的个人经学著作,进御次年即刊刻出来。《疑辨录》收录周洪谟成化十六年五月十五日所书序云:

> 既尝具本上进,以尘御览,复俾诸生各录一帙以就正于有道之士,亦所谓宁为朱子忠臣,毋为朱子佞臣之意云耳。抑此与诸生讲辨不得不尔,若夫科举之作文义者,仍以《大全》为主,而无用乎此云。①

此书《古今书刻》有四川叙州府刊本,周洪谟为四川长宁县人,《疑辨录》作为乡贤之作而被刊刻。嘉靖本《疑辨录》有嘉靖十三年(1534)冬叙州府判赵远跋,②此可与《古今书刻》相互印证。

正德杭州府学所得当为成化本。

98. 竹斋集(3+1+1卷),一部,计二册

王冕,浙江诸暨人。《竹斋集》,《百川书志》卷十五集部元诗下著录三卷,卷二十集部别集下又著录"《竹斋咏梅诗》一卷"。③《四库全书总目》此集提要下云:"诗集三卷,其子周所辑,刘基序之;④续集诗及杂文一卷,又附录吕升所为王周行状,则冕女孙之子骆居敬所辑。"⑤

---

① 周洪谟《疑辨录序》,《疑辨录》,《续修四库全书》云据北京图书馆藏明成化十六年刻本影印(第171册,第509页),《四库全书存目丛书》云据北京图书馆藏明嘉靖刻本影印(经部第147册,第30页),其实两书是一种,书中有成化自序,未见昭示为嘉靖刻本之信息。《丛书集成三编》所收《疑辨录》(新文丰出版公司影印本,第3册)当为嘉靖本,此序见第645—646页。

② 《丛书集成三编》所收《疑辨录》当为嘉靖本。赵跋,见《丛书集成三编》第3册,第646页。

③ 高儒《百川书志》,第230、306页。

④ 何宗美《〈四库全书总目〉纠谬》(《成都师范学院学报》2014年第7期)用魏骥、白圭序证《四库全书总目》此则有误,倒未必。魏骥、白圭、骆氏三兄弟识语,四库全书本《竹斋集》皆有收录。骆氏兄弟的母亲王氏(字永贞)从大父是王冕子王周,王冕集可能是王氏带到骆家的,也可能因其公公骆象贤(字民则)与王周为忘年交而得自王周。王冕《竹斋诗集》三卷有刘基序,刘基作序时的《竹斋集》的编者最可能是王冕子王周,骆氏兄弟识语云:"诗分三卷,从遗稿编次。"故馆臣云编者为王周,而不作骆大年或骆居安、居敬、居恭兄弟。

⑤ 永瑢等《四库全书总目》卷一六九《竹斋集》提要,第1476页。

《四库全书》本《竹斋集》收景泰七年诸暨白圭《书竹斋先生诗集卷后》，云王周"遗稿刊刻，深切于衷"，是书刊刻，"九原可作，平生志愿酬矣"。知《竹斋集》刻于景泰中，为家刻。骆氏三兄弟按语云是书刻成后，"书板收藏，来者时加扃钥，勉旃工墨之费，日广其传，当与士君子共之"。① 骆家是大户人家，传记特别提到王周从孙女王永贞与公公骆象贤热心于慈善以及家乡文化事业，骆家刻成此书后，告示天下，书板藏在家中，欢迎天下人来刷印，骆家愿为求书者提供人工和油墨。杭州府学完全可以从诸暨骆家获是书。

99. 钓台集（10 卷），一部，计二册

此书编入历代言及严光以及钓台的诗文，《四库全书总目》详述此书变迁："弘治中，严州府推官龚弘始辑录而未成，同知邝才乃续成十卷刊之，后新安程敏政为增补记文铭赞等六十馀篇，至万历四年，知府陈文焕又属教谕刘伯潮重编，万历十四年，（杨）束复删补以成此本。始末凡经五人，故体例颇不画一，所载碑记等既不尽存其年月，所载诸诗亦不尽著其原题，且其目则列卷一至卷四，而其书止有上下二卷，是篇第尚不能厘正，无论其他矣。"②程敏政弘治二年增订此书，乃遵浙江按察副使郑纪（1438—1513）、严州太守李德恢令而为之。③ 明代尚有东阳县知县吴希孟编嘉靖间刻《钓台集》八卷本，④丁丙"疑因弘治间程敏政本重加补刊，以成此书"，"后来杨束即本此复加删补"⑤。从时间上来看，杭州府学所

---

① 分见王冕《竹斋集》，《文渊阁四库全书》第 1233 册，第 104、105 页。

② 永瑢等《四库全书总目》卷一九三《钓台集》提要，第 1756 页。

③ 程敏政《书钓台集后》："近过严州，始得观同守邝君时用所刻《钓台集》十卷，则诚完矣，然犹若有遗阙者，提学宪副郑君廷纲、太守李君叔恢恢托予订之，因增入新旧记文铭赞诗辞六十馀篇而识其后。"（《篁墩程先生文集》卷三十八，《原国立北平图书馆甲库善本丛书》据正德二年何歆刻本影印，第 719 册，第 3108 页）

④ 黄虞稷《千顷堂书目》卷八著录郡推官"龚弘《钓台集》二卷"、嘉靖乙未桐庐令"吴希孟《钓台集》十二卷"、万历丙子教谕"刘伯潮《钓台集》二卷"、"童珫《钓台拾遗集》四卷"，"童珫"条注曰："字廷瑞，兰溪人，正德己巳（四年，1509）序。"（《原国立北平图书馆甲库善本丛书》第 458 册，第 499 页）

⑤ 丁丙《善本书室藏书志》卷三十九"《钓台集》八卷"条，第 6 册，第 1685 页。

得《钓台集》应是邝才编《钓台集》或程敏政所增补者。

100. 严陵八景诗(1卷),计一册

黄虞稷《千顷堂书目》卷八著录"李叔恢《严陵八景》一卷"①。李德恢,字叔恢,东安人,弘治初为严州太守,六年考绩后再任,复为浙江参政。其在严州时,致力于开发严陵文化资源,上条《钓台集》的编刻也与其有关,其自修《严陵志》,创严陵八景。② 此书或亦刻于弘治年间。

以上集部书。

101. 洪武正韵(16卷),一部,计五册

此为皇明制书。因《洪武正韵》为明代官方韵书,故刊刻甚多。据《古今书刻》,此书内府、赣州府、平阳府、建宁书坊都有刊刻。《酌中志》卷十八载:"《洪武正韵》,五本,五百叶。"(第459页)此为内府本册数和页数。《南雍志》卷十七载南雍藏有《洪武正韵》五本(第1402页),卷十八著录南雍两种《洪武正韵》书板:第一种,"《洪武正韵》十六卷。存者四百十八面,破者十五面,脱者四十一面"。其叶数与内府本略同。第二种,"《洪武正韵》,小字,十六卷。存者一百四十一面,破板十块,此书旧志失载,欠八十面,未终"。共二百三十一面,页数较大字本少一半,但不知何故,此书未能最终刻成。(第1414页)

102. 皇明政要(20卷),一部,计三册

《皇明政要》(目录首题《皇明政要纲目》,卷首皆作《皇明政要》),前兵部郎中娄性仿唐吴兢《贞观政要》,按照其父娄谅所定的四十篇目编成,弘治十六年十月进献,此书被"留览",③应该像丘濬《大学衍义补》一样,"钦奉圣旨……当誊册本,发福建布政司,着书坊刊行",因为此书正德二年即被建阳书坊慎独斋刊出,书末有"皇明正德丁/卯慎独斋刊"牌记,书后录娄性《上表》。《(嘉靖)建阳县志》"书坊书目"也记录此书。

---

① 黄虞稷《千顷堂书目》卷八,《原国立北平图书馆甲库善本丛书》第458册,第498页。

② 参程敏政《送太守李君考绩还严陵序》等,见《篁墩程先生文集》卷三十三,《原国立北平图书馆甲库善本丛书》第719册,第3059页。

③ 见杨士奇、傅维鳞《明书经籍志》,《书目类编》第3册,第673页。

《古今书刻》南京国子监、扬州府、建宁书坊都有刻书记录，《澹生堂藏书目》《传是楼书目》，此书为四册。杭州府学所获为三册，杭州府学所得本或建阳书坊本吗？

103.孝顺事实（10 卷），一部，计六册

104.为善阴骘（10 卷），一部，计一十四册

据邓元锡《皇明书》，永乐十七年冬，永乐帝"颁《为善阴骘》《孝顺事实》于天下"。[①] 十八年五月十一日，御制《孝顺事实序》曰："朕尝历求史传诸书所载孝行卓然可述者，得二百七人，复各为之论断并系以诗，次为十卷，名曰《孝顺事实》，俾观者属目之顷，可以尽得其为孝之道……则人伦明，风俗美，岂不有裨于世教者乎？"[②]《古今书刻》有内府刻此书记录，《酌中志》卷十八："《孝顺事实》，一本，二百九十二叶。"（第 462 页）此书亦见《(嘉靖)建阳县志》"书坊书目"。嘉靖末，南监也有刻书，《南雍志》卷十八载："《孝顺事实》，计二百一面。侍御姚光泮刻。"（第 1488 页）从页数来看，南监本当不及内府本阔大。黄佐等整理南雍藏书时，发现南监尚有大量此书的库存："《孝顺事实》一百五十本。……今存者一百三十四本，内损坏壳面者一十六本。"（第 1393 页）由上可知，内府本、南监本《孝顺事实》皆为厚厚的一册本。据上引刘瑞《记》，此书为杭州府学所获颁降书，共六册。有关《孝顺事实》，各府县学颁降书册数不一，如《(弘治)常熟县志》云五册，《(万历)慈利县志》云二册，不知杭州府学此书为何版本。

《为善阴骘》，永乐十七年三月十五日御制《序》曰："万几之暇，因采辑传记得百六十五人，复各为论断以附其后，并系以诗，次为十卷……命刻梓以传，俾皆有以显著于天下，且令观者不待他求……庶几有所感发，勉于为善，乐于施德。"[③]《古今书刻》此书有内府刻本，《酌中志》卷十八：

---

① 邓元锡《皇明书》卷三，《四库全书存目丛书》据万历刻本影印，史部第 29 册，第 63 页。

② 朱棣《孝顺事实》，《北京图书馆古籍珍本丛刊》据永乐十八年内府本影印，第 14 册，第 489 页。

③ 朱棣《为善阴骘》，《中国古籍珍本丛刊·天津图书馆卷》据明刻本影印，第 35 册，第 115 页。

"《为善阴骘》,一本,三百七十二叶。"(第 462 页)也是厚厚的一大册。此书亦入《(嘉靖)建阳县志》"书坊书目"。嘉靖末,南监也有刻书,《南雍志》卷十八载:"《为善阴骘》,计一百二面。侍御李之祯刻。"(第 1487 页)杭州府学所获书版本无法获知。

105. 劝善书(20 卷),一部,计一十九册

106. 五伦书(64 卷),三部,共计七十八册

《古今书刻》两书有内府、南监、建宁书坊刻书记录。《酌中志》卷十八载《五伦书》:"六十二本,一千七百一叶。"(第 457 页)《仁孝皇后劝善书》:"十本,八百七十六页。"(第 459 页)《南雍志》卷十七载:"《仁孝皇后劝善书》,五十八套,六百一十本。今存者六十一部,每部十本,共计六百一十本。旧志云'五十八套',盖误。……《五伦书》,九部,每部六套,六十二本。正统十二年五月十二日序:祭酒陈敬宗奏准颁降。今存者九部,七部贮彝伦堂,二部贮东堂,俱蓝绫壳蓝绢套。外八十二本。查:多重卷,又脱首序,有抄补。一套计十册,天顺中祭酒吴节所藏,其上书云'发崇志堂,本班收';又抄补十册,书云'发广业堂,本班收'。内一部,嘉靖中新颁。"(第 1393—1394 页)可见,嘉靖时整理南监藏书时,南监藏有六十一部《劝善书》,完整的《五伦书》有九部。其中"祭酒陈敬宗奏准颁降",当是正统中南京国子监祭酒陈敬宗上奏朝廷请求颁降南监所获的《五伦书》,据"一套六十二册"的册数和俱"蓝绫壳蓝绢套"的装帧来看,当为内府本。还有天顺中所藏一套十册本(版本不详)、嘉靖新颁本和抄本等。

朝廷常以两书颁降府县学,据上引刘瑞《记》,杭州府学《五伦书》为颁降书,三部七十八册,假设其为同一版本且各部册数相同,则一部二十六本,与内府本、南监本六十二册都相差太大,杭州府学所得或为书坊本。

107. 大明一统志(90 卷),二部,共计四十八册

108. 大明会典(180 卷),三部,共计一百九册

上章已述,《大明一统志》,天顺五年内府本刻出,四十本,三千一百五十叶;成化四年,礼部着福建书坊刊刻颁降天下,今可见弘治十八年慎独斋刊本。《大明会典》,弘治十年始修,正德六年内府刊出,一百四十

本,六千五百九十叶。两书皆入官方认定的建阳书坊书目。据《古今书刻》,《大明会典》除内府、建宁书坊本外,还有福建布政司本。《南雍志》卷十七载南监藏有:"《大明会典》十套一百本。内府大字板,全。《会典》三十本。闽板,全。《大明一统志》四十本。闽板,全。"(第1402页)杭州府学所购,假设每部册数相同,则《大明一统志》一部二十四册,《大明会典》一部约三十六册,与南监所藏闽板册数一少一多,或者皆为闽本而装订不同吗?

以上制书类。

109. 八闽志(87卷),二部,共计四十册

《(弘治)八闽通志》,有弘治二年黄仲昭序、弘治四年彭绍序,有弘治福州府学刊本,①万历间锓修本。杭州府学所得当为弘治福州府学本。

110. 嘉兴府志(32卷),一部,计九册

《嘉兴府志》今存元《(至元)嘉禾志》三十二卷(见收《宋元方志丛刊》,中华书局,1990年,第5册),入明,有弘治柳琰《志》、嘉靖赵《志》、万历刘应钶《志》、正德元年邹衡《嘉兴志补》、崇祯《志》。从时间上看,杭州府学所得只能是柳《志》和邹《志》。柳《志》为嘉兴知府柳琰纂修,平湖县儒学教谕林光校正,前有弘治五年李东阳和庄㫤序,三十二卷。② 邹衡《志》是对柳《志》的补充,故题名《嘉兴志补》,十二卷,从书名来看,应非此书。杭州府学《嘉兴府志》或当为柳琰《(弘治)嘉兴府志》。《(弘治)嘉兴府志》共八百五十叶,③装成九册也算合理。

111. 桐乡县志(10卷?),计一册

黄虞稷《千顷堂书目》卷七著录《桐乡县志》三种:教谕危山"《桐乡县志》七卷","天顺五年修";邑人钱荣《桐乡县续志》十四卷,"弘治十五年

---

① 陈道、黄仲昭《(弘治)八闽通志》卷首,《四库全书存目丛书》史部第177册,第364—368页。

② 参弘治、万历、崇祯《嘉兴府志》诸序。又陈琳《嘉兴志补序》(《嘉兴志补》,《四库全书存目丛书》史部第185册,第215页)。

③ 据《(弘治)嘉兴府志》统计,《上海图书馆藏稀见方志丛刊》据弘治本影印,第94—95册。

修";县令任洛《桐乡县志》十卷,"正德甲戌(九年)修"。① 从时间上看,三志都有可能为杭州府学所获。不过任《志》刊刻时间最近,且流传较广,如内阁所收即为"正德甲戌邑令任洛修《桐乡县志》",不过其为"三册",②杭州府学只有一册。此处姑以任《志》计算卷数。

112. 湖州府志(24 卷),一部,计六册

《湖州府志》,今存明成化、弘治、万历诸志。《(成化)湖州府志》,劳钺、张渊编纂,前有成化十一年彭华、劳钺序,二十二卷;弘治《府志》,湖州知府王珣重修本,二十四卷,前有弘治四年王珣序等。此处依刊刻时间近者计算卷数。③

113. 武康县志(8 卷),计一册

易纲(字正道)督修《武康县志》,弘治十四年陈琳序云:"衡阳易君来令是邑,政事之暇,乃仿《一统志》凡例,摘其事迹分类而书,以为《武康县志》。"④

114. 会稽志(20 卷),一部,计一十册

宋施宿《会稽志》,前有嘉泰元年陆游序,是书宋本不存,今存最早者为正德五年重刊本。⑤ 杭州府学所得或即此本。

115. 上虞县志(不详),一部,计二册

《上虞县志校续》之"卷末"收元至正《志》以来的旧序,其中第三序是正统辛酉(1441)郭南《序》,云:"(上虞)古无书志,肇自皇元至正戊子,县尹云中张叔温命邑民张德润哀集成帙,委学掾三衢余克让肃、乡儒余元老校正,为书甚不苟,而或有未精者也。越几年,天台林希元由翰林出尹兹邑,莅政之馀,因得阅观,见其详略未核,类序无伦,仍属学掾句章陈子翚重修之。子翚不轻取舍,又稽谂文献,著成如干卷,复镂板行远,其用

---

① 黄虞稷《千顷堂书目》,《原国立北平图书馆甲库善本丛书》第 458 册,第 464 页。

② 孙能传、张萱等《内阁藏书目录》卷六,《续修四库全书》第 917 册,第 82 页。

③ 劳钺、张渊《(成化)湖州府志》,见《日本藏中国罕见地方志丛刊》第 10 册;《(弘治)湖州府志》,见《四库全书存目丛书》史部第 179 册。

④ 骆文盛《(嘉靖)武康县志》前引,《天一阁藏地方志选刊》第 20 册。

⑤ 见收《宋元地方志丛刊》第 7 册。

心之勤,亦不下于张、余矣。后五纪馀,大明永乐戊戌岁,朝廷颁凡例,命郡县儒生采搜山川人物、古今事迹、户口田粮等目编纂以进,诚我朝稽古右文之盛举也。邑民袁铧得预编纂之末,遗稿,其兄铉于课童暇,辄取遍观,略者详之,浮者核之,缺者补之,紊者正之,傅会而不纯者芟去之,汇成十二卷,仍图山川疆域于首。正统辛酉,公暇以此稿就余校正,因念元季入我朝,邑之事实不登载于志书者将百年久,故后学于古今人物胜境灵踪未能尽知,遂重加考订,用资刊刻传远,庶来者知吾邑之概云。"①可知有元至正八年(1348)、十四年(1354)《上虞县志》,入明后,有永乐十六年(1418)、正统六年(1441)《上虞县志》,从时间上看,杭州府学所得者最可能是《(正统)上虞县志》。万历后又有新修《上虞县志》。②

116. 萧山县志,一部,计二册

《(嘉靖)萧山县志》录嘉靖二十二年(1543)林策《后序》云:"萧旧有志,正德以来迄今几四十年,其梓漫漶,不存什一。"③则正德初有刻《萧山县志》,然《(正德)萧山县志》不见著录,卷数不详,不过林策、黄九皋的两种《(嘉靖)萧山县志》都为六卷,推想《(正德)萧山县志》卷数也不至于太大。杭州府学所藏当为《(正德)萧山县志》。

117. 嵊县志(10 卷),一部,计四册

《(同治)嵊县志》卷末收录多篇《嵊县志》旧序,有宋嘉定时序(志名《剡录》,十卷)、元至正时序(志名《嵊志》,十八卷),明代则有成化甲午(十年)县令许岳英序,弘治辛酉(十四年)夏镟、周山两序(《嵊县志》,十卷),知《嵊县志》宋元明继有刊刻。从书名上来看,杭州府学所得当为明代志书中的一部,从时间上看,更可能是《(弘治)嵊县志》。

---

①　储家藻修,徐致靖纂《上虞县志校续》卷末,《中国方志丛书·华中地方》据光绪二十五年刊本影印,第 201 号,第 3809—3811 页。

②　徐待聘等修《(万历)上虞县志》,《中国方志丛书·华中地方》据万历三十四刊本影印,第 544 号。

③　见《(嘉靖)萧山县志》,《天一阁藏明代方志选刊续编》据万历本影印,第 29 册,第441—442 页。

118. 宁波府志(10 卷),一部,计四册

宁波府,自宋代以来就有地方志,如宋罗濬《(宝庆)四明志》、梅应发《(开庆)四明续志》,元袁桷《(延祐)四明志》、王元恭《(至正)四明续志》等,明代最早的是《(成化)宁波郡志》①,前有成化四年浙江等处提刑按察司副使、提调学校刘钤所作序。序云:"天顺间,孝感张公瓒来守是邦,政行民悦,百废具举……询诸郡人,知前司安成训杨先生宸学博才赡,足以任笔削之寄也,乃馆之于公,授以前志,俾重加修辑。先生斟酌旧典,采摭新闻,芟繁而取要,因略以致详,自沿革至集古列之为二十考,总之为十卷。……张公命工镂梓,及半,而有东广参藩之擢,莆田方公逵自廷评来继其职……尤以是志为当务,乃重加校正而督成之。"②杭州府学所获当为此书。

119. 慈溪县志(20 卷),一部,计四册

今流传较广的是《(天启)慈溪县志》,十六卷,《传是楼书目》"《慈溪县志》,十六卷,明姚宗文,六本"(第 926 页)即是。杨士奇《文渊阁书目》著录的"《慈溪县志》",应是最早的一部,可惜不知修志时间。明乌斯道《春草斋集》卷十二附录乌斯道各种传记,其中一种摘录自《(正德)慈溪县志·文苑传》③,可见尚有《(正德)慈溪县志》。《澹生堂藏书目》著录"《慈溪县志》二十卷,四册",卷数不同于天启志,或即正德志吗?祁氏所藏此书册数与杭州府学相同,杭州府学所得或为《(正德)慈溪县志》吗?

120. 赤城新、旧志(40 卷+23 卷),一部,计一十册

赤城旧志指宋陈耆卿编纂《赤城志》,新志指谢铎编《赤城新志》,《新志》实继《赤城志》而作。谢铎自识云:"实继筼窗旧志而作,故所纪载皆断自嘉定十六年始,惟图、谱、表三卷则兼采旧志,以总要所在,而不容以年断也。《补遗》《考异》二卷,亦因旧志以作,而间及于今。……凡并历

---

① 杨寔纂修《(成化)宁波郡志》,《中国方志丛书·华中地方》据成化四年本影印,第 496 号。此书书名略有不同,书前刘钤序作《宁波府志序》(第 1 页),目录(第 9 页)、各卷首(第 13、63、517 页等)作《宁波郡志》,每页中缝鱼尾间书名作《四明郡志》。

② 刘钤《宁波府志序》,《中国方志丛书·华中地方》第 496 号,第 2—8 页。

③ 乌斯道《春草斋集》,见《丛书集成续编》第 111 册,第 596 页。

寒暑而功始告成焉,副在书院而正本则上之府,于是太守公又方并取旧志镌刻枳印,相与并传。"①可知,弘治十年,台州知府陈相重刻了四十卷《赤城志》,并刊刻了二十三卷《赤城新志》。祁承爜《澹生堂藏书目》"史部下·图志"著录"《赤城旧志》,四十卷,六册,宋陈耆卿辑","《赤城新志》,二十四卷,四册,谢铎辑",合计亦十册。② 杭州府学所得当即弘治刊本。

121. 宁海县志(卷数不详),一部,计二册

《(光绪)宁海县志》卷首前有王显谟《志略》,列举了明代以来所修的《宁海县志》:"邑自西晋析置以来,历千馀年未有传志,文献无征,难免缺憾。至明洪武间,方正学先生有创本,惜格于厉禁,不传,厥后若张令邦佐弘治《志》、戴令显正德《志》以及曹令学程万历《志》、宋令奎光崇祯《志》,今邑中俱罕见。"③黄虞稷《千顷堂书目》卷七著录四种明代《宁海县志》:"张辅《宁海县志》未脱稿;戴显《宁海县志》正德初修,邑令;曹学程《宁海县志》十卷万历壬辰修,邑令;宋奎光《宁海县志》十二卷崇祯壬申修,邑令。"④

从时间上看,杭州府学所得者最可能是正德《宁海县志》,但明清藏书家多著录万历、崇祯《志》,正德《志》各家皆未注明卷数,想必已十分罕见。

122. 金华府志(20 卷),一部,计四册

《(成化)金华府志》成化十六年吏部商辂序云:"郡志修于宋元间,岁久板刻残毁,志无全书,识者憾焉。武昌周君宗智,由名进士历春官郎中奉命来知府事,三载,政通人和,百废具举,间搜访旧志于散逸中,仅得三之一,喟然叹曰:'金华素号文献之邦,文献足征,以有郡志而志之缺略乃尔,受一郡之寄者,安可诿其责于他人乎?'于是遍稽载籍,询诸故老,参

① 谢铎《(弘治)赤城新志》,《四库全书存目丛书》史部第 177 册,第 362 页。又参丁丙《善本书室藏书志》卷十一"《赤城志》四十卷""《(弘治)赤城新志》二十三卷"条,第 2 册,第 438—439、452 页。

② 祁承爜著,郑诚整理《澹生堂藏书目》,第 400 页。

③ 王端成修,张濬等纂《(光绪)宁海县志》,《中国方志丛书·华中地方》据光绪二十八年刊本影印,第 215 号,第 17 页。

④ 黄虞稷《千顷堂书目》,《原国立北平图书馆甲库善本丛书》第 458 册,第 467 页。

以见闻,重加纂辑,缺者补之,讹者正之,新者续之,纪述必详,去取必当。政务稍暇,笔不停书,而复校订于同知洛阳李珍、通判柳江丁璯,卷分类别,粲然成编。拟镂诸梓,以垂永久。"①黄虞稷《千顷堂书目》卷七、范邦甸《天一阁书目》卷二之二史部皆著录了"周宗智《金华府志》二十卷"②,后有万历陆凤仪修《(万历)金华府志》。

从时间上看,杭州府学所得当为《(成化)金华府志》。

123. 兰溪县志(5卷),一部,计二册

范邦甸《天一阁书目》卷二之二史部著录"《兰溪县志》五卷",刊本,"明弘治癸丑(六年,1493)王用检编,邑人章懋序";又著录"《兰溪县志》五卷",刊本,"明正德庚午(五年,1510)知县王用检纂,邑人章懋序"。③从时间上看,杭州府学所得最可能是《(正德)兰溪县志》。

124. 严州府志(22卷),一部

范邦甸《天一阁书目》卷二之二史部著录《严州府志》二十二卷,刊本,"弘治六年知府李德恢重修"④。从时间上来看,杭州府学所得很可能即此书。

以上方志类。

三、从杭州府学所获书看明代图书生产版图

正德十二年杭州府学数月间获书约 180 部(碑中录 185 部,其中少数为原藏书),去掉一部书的不同版本或复本,有书 124 种,156 部,其中朝廷颁降之教科书和制书 15 种,20 部,1216 卷;⑤颁降书以外的经学、

---

① 周宗智《(成化)金华府志》,《上海图书馆藏稀见方志丛刊》第 108 册,第 5—8 页。

② 黄虞稷《千顷堂书目》卷七,《原国立北平图书馆甲库善本丛书》第 458 册,第 467 页;范邦甸《天一阁书目》卷二之二,《续修四库全书》第 920 册,第 98 页。

③ 范邦甸《天一阁书目》卷二之二,《续修四库全书》第 920 册,第 98 页。

④ 范邦甸《天一阁书目》卷二之二,《续修四库全书》第 920 册,第 98 页。

⑤ 上节第 1—6、13、101—108 号书。

儒学、理学书 13 种，16 部，约 1837 卷(1 部卷数不详，2 部不分卷)；①小学工具书 2 种，2 部，56 卷；②正史 19 种，33 部，3781 卷；③其他史类 10种，18 部，1228 卷；④先秦两汉子部类著作 3 种，3 部，118 卷；⑤类书 8种，8 部，1005 卷；⑥医学风水堪舆类 4 种，4 部，62 卷(1 部卷数不详)；⑦集部 27 种，27 部，644 卷(4 部卷数不详)；⑧奏议论策类 7 种，8 部，279卷；⑨地方志 16 种，17 部，约 418 卷(3 种卷数不详)。⑩ 共约 10644 卷，与刘瑞序所言"书至，约计万卷"吻合。以下，我将从作者、编者、刊刻者、书籍种类、图书的可能来源等方面对正德十二年明代的知识生产和传播的特征以及形塑文化的可能性作些分析。

　　杭州府学所买之书，强有力地呈现了程朱理学的主流地位和重要性，这是当时学风的体现，同时也参与形塑、强化了这一思想文化倾向。官方指定的教科书《五经大全》《四书大全》《性理大全》，杭州府学一部分是颁降的，一部分是置办的。明代取士，虽然可以笼统地说以"四书五经"取士，但"四书五经"注释、阐释著作甚多，上文所引丘濬语将之概括为唐前注疏和宋元说："见今世学校所诵读、人家所收积者，皆宋以后之五经，唐以前之注疏，讲学者不复习，好书者不复藏。"其实，宋元说也甚多，不过明代"四书五经"主宋元说，说得更具体点就是主《大全》。李东阳等编《明会要》云明代科场："后'四书五经'，主《大全》。""后'四书五

---

　　①　第 7—12、14、15、51、60、63、64、72 号书。

　　②　第 49、50 号书。

　　③　第 16—33、36 号书。

　　④　34、35、37—44 号书。

　　⑤　第 45—47 号书。

　　⑥　第 52—59 号书。

　　⑦　第 65、66、73、76 号书。

　　⑧　第 48、61、62、77—100 号书。其中 88 号宋王开祖《儒志编》，《四库全书总目》置于子部儒家类，认为其在"濂洛之学未出之前"(第 775—776 页)，明人整理此书时，也将之视为"讲明理学"之书，书目碑将之置群集中，故连类及之。

　　⑨　第 67—71、74、75 号书。

　　⑩　第 109—124 号书。

经'"与不讲"唐以前之注疏"意思接近,"主《大全》"与主"宋以后之五经"
也是一个意思,因为永乐年间,胡广等受令所编四书、五经《大全》,"四
书"主要取元倪士毅说,"五经"大注取程颐、朱熹、蔡沈、胡安国、陈澔诸
家传注,小注取倪士毅等传注底本以及其他传注,所以明代官方教科书
确实是宋元之说,又主要是其中的程朱一系。①除"四书五经"重程朱经
说,历史著述也以宋元理学家论著为主。二十一史正史,辅之以吕祖谦
《十七史详节》,而以朱熹《资治通鉴纲目》为中心的政治史是杭州府学历
史著述的重要内容,杭州府学未置办司马光《资治通鉴》,但有朱熹《资治
通鉴纲目》、江贽《少微通鉴》、朱熹三传弟子金履祥《通鉴前编》以及明代
续修的《续资治通鉴纲目》等,强烈地表现了历史理学化解读的倾向。文
章也是以理学家所编或所作文为主,如吕祖谦《宋文鉴》《东莱博议》,陈
傅良《止斋论祖》《止斋集》,真德秀《读书记》《文章正宗》《续文章正宗》,
王柏《王鲁斋研几图》,陈埴《木钟集》等。值得注意的是,杭州府学置办
了两部虽有几种宋人经疏,但主要是唐以前经传集成性著作《十三经注
疏》,共计一百六十册,这是杭州府学教谕在丘濬呼吁之后、何良俊等倡
导之前的一次实质性的呼应行动,表明士人并未对唐前经学完全无视,
从对传统文化的多元继承角度看,杭州府学行动无疑很有意义。

杭州府学所收书,体现出对举业的重视。上云杭州府学所买书,从
思想倾向上表现出对程朱理学的重视,而从读书目的角度分析,则是为
地方士子的举业服务,这是府学性质决定的。中举、成进士从来都是衡
量地方官教化和府县学教谕成功与否的最显性标准,为帝国输送合格和
优秀的官员是府学的培养目标。除上所列举的经学、性理学、政治史、文
章学书籍外,杭州府学所买为举业服务的书籍还有《汉隽》《韩柳文》《锦
绣策》《陆宣公奏议》《名臣奏议》《李忠定公奏议》《杨文懿公奏议》《于少
保奏议》等文章奏议类书籍。

杭州府学所收书,呈现出鲜明的地域性,即对浙江作家作品和地方

①　侯美珍《明科场由尊〈大全〉到不读〈大全〉考》,《中国文化研究》2016年夏之卷。

志的重视。① 杭州府学书单，两汉子部著作只收了王充《论衡》，因为王充

----

① 嘉靖时，宁波府及各县学所收书与杭州府学所收书趋同，也体现出对本地作家和地方志的重视。张时彻等纂修《（嘉靖）宁波府志》卷七宁波府学"书籍"下载："五经"各一部，《四书》一部，《五伦书》一部，《为善阴骘书》一部，《大明仁孝劝善书》一部，《彰善罚恶书》一部，《性理大全》一部，《孝顺事实》一部。已上钦降。《十三经注疏》二部，二陈《礼》《乐书》二部，朱子《仪礼经传通解》二部，《三礼注疏》各二十六部，《宋史》一部，《史记》一部，《唐书》一部，《陈书》八本，《五代书》一十本，《辽史》一十四本，《宋书》三十本，《三国志》二十本，《周书》一十本，《魏书》四十本，《隋书》二十本，《梁书》一十二本，《前汉》二十六本，《后汉》二十四本，《南齐》一十四本，《北齐》一十本，《南史》二十本，《北史》二十六本，《金史》二十本，《晋书》三十本，《元史》五十本。已上本府发下。《温州志》六本，《儒书编》一册，《上虞志》二本，《木钟集》四本，《嵊县志》四本，《萧山志》二本，《梅溪文集》一十本，《杨文懿公敷奏集》四本，《南齐集》四本，《兰溪县志》二本，《金华文统》四本，《杨文懿公文集》四本，《刘按察集》二本，《王鲁研矶图》一本，《疑辨录》三本，《逊志斋集》一十本，《仪礼经传》一十本，《类博稿》二本，《忠简公文集》一本，《严陵八景诗》一本，《严州府志》一十本，《武康县志》一本，《坤雅》二本，《苏平仲文集》四本，《唐陆宣公奏议集》四本，《嘉兴府志》九本，《叶水心文集》六本，《东莱五代史》四十本，《大明一统志》四十本，《钓台文集》一本，《会稽郡志》一十二本，《桯史》二本，《程氏旌编》一本，《六书正讹叙》三本，《处州府志》六本，《诚意伯文集》一十本，《吴兴名贤录》二本，《鹿成（城）书院集》一本，《太仓州志》二本，《渭南文集》一十本，《桐乡县志》二本，《慈溪县志》四本，《汉隽》二本，《止斋文集》一部计六本，《金华府志》四本，《竹斋文集》二本，赤城新、旧《志》一十本，《郑氏麟溪集》四本，《脉诀俗解》一本，《朱文公台寓集》二本，《姚文敏公遗集》三本，《宁海县志》二本，《遂安县志》一本，《东莱博义》二本，《湖州府志》六本，《宁波府古志》一本。孔宗主发《文章正宗》一部二十本。[宁波市地方志编纂委员会整理《宁波历史文献丛书》影印《（嘉靖）宁波府志》，宁波出版社，2014年，第755—757页]鄞县学书籍：《四书》一部，五经《大全》各一部，《性理大全》一部，《五伦书》一部，《孝顺事实》一部，《为善阴骘》一部，《明伦大典》一部，《十三经注疏》各一部。（第771页）慈溪县学书籍：夷寇悉毁。（第778页）奉化县学书籍：五经各一部，《四书集成》一部，《通鉴》一部，《集韵》一部，《韩柳文》一部。（以上元书）卧碑一道，《礼仪定式》《书传会选》《大诰》《科举定式》《书传大全》《大明律》《韵会定式》《礼记集说大全》《为善阴骘》《孟子节文》《春秋集义大全》《孝顺事实》《性理大全》《减繁行移体式》《五伦书》《四书大全》《周易传义大全》《表笺式》《诗传大全》，《十三经注疏》各一部，《乐书》二十四本，《内训》《女训》《御制医书》一部。以上国朝颁降。《文章正宗》一部。（第790页）定海县学书籍：《大诰三编》《大诰续编》《彰善瘅恶录》《大明律》《祖训条章》《御制行移减繁体式》《诸司职掌》《醒贪录》《为政要录》《古今烈女传》《为善阴骘》《五伦书》。已上久残缺。《四书大全》《五经大全》《性理大全》《五伦书》《劝善书》《为善阴骘》，今存。（第798页）象山县学书籍：《御制大诰》《御制申明五帝》《御制行移体式》《大明律》《御制行移减繁体式》《各衙门表笺式》《大明仁孝皇后劝善书》《为善阴骘》《彰善瘅恶录》《诸司职掌》《新官到任须知》《醒贪录》《五经大全》《四书大全》《孟子节文》《书传会选》《古今烈女传》《性理大全》。已上旧志所载。《十三经注疏》各一部，《文章正宗》一十六本，《医方选要》一部。已上今存。（第805页）

是上虞人。就书志来看,唐宋史料笔记十分丰富,但杭州府学只收了岳珂《桯史》,因为岳珂虽祖籍河南汤阴,但寓居嘉兴,而其祖父岳飞葬在西湖边。宋明人别集,除理学家所编朱熹《朱子大全》、岳正《类博稿》两种外,其他十二种都出自浙江作家之手,宋代有义乌宗泽《宗忠简公集》、山阴陆游《渭南文集》、乐清王十朋《梅溪文集》、永嘉叶适《叶水心文集》、温州陈傅良《止斋文集》,元明之际有诸暨王冕《竹斋集》,明代有处州刘基《诚意伯文集》、金华苏伯衡《苏平仲文集》、临海方孝孺《逊志斋集》、桐庐姚夔《姚文敏公文集》、萧山魏骥《魏文靖公文集》、鄞县杨守陈《杨文懿公文集》。明代地方官对本土文化资源进行梳理、挖掘,还有应中央要求修地方志,杭州府学所收除《(弘治)八闽通志》一种外,其他十五种都是浙江地区的府县志。

据上文对杭州府学所得书编刻信息的考证和推测,明代颁降之教科书和制书,约 6 种为内府本,约 7 种为建阳书坊本。杭州府学馆藏二部以上的书籍 29 种,其中制书 3 种,都有建阳书坊本,正史以外有 6 种史书有复本,这 6 种都有建阳书坊本,显示了建阳书坊在帝国教科书、公民教育类图书以及其他图书生产中的作用和意义。14 种正史有复本,多出自南监,可见正德前(甚至至万历前)南监在正史生产中的优势地位,而其优势地位来自于明代建国伊始就将宋代以来经元修补一直保留下来的史书书板保存在南监,南监承担了国家向地方输送正史的任务和使命。福建府学的《十三经注疏》书板也是前代的文化遗产,杭州府学能获得两部《十三经注疏》,似乎表明福建府学也对其所保有的前代文化遗产有传播义务。杭州府学书单中,《八闽志》是地方志中唯一有复本的书,此书也刊于福建府学。杭州府学所获书,除正史外,另有 17 种可能也是南监本,有 22 种最可能是建阳书坊本,另有 2 种可能来自于福建府学。由此似可以想象正德十二年杭州府学两教谕奔波于南监、福建置书的情形。明正德年间,南监、建阳书坊无疑是帝国图书生产的中心。

浙江各府县所刻书也是杭州府学两教谕网罗图书的目标。比如成化十五年浙江按察司副使刘延吉在处州重刻陆游祖父陆佃《埤雅》;正德初处州知府刘斐为本府龙泉县叶子奇重刻《太玄本旨》；黎谅正统时刻金华苏伯衡《苏平仲文集》，景泰二年作为处州府推官又为永嘉叶适重刻《叶水心文集》；正统、天顺年间，温州府为王十朋刻《梅溪文集》；弘治十二年，永嘉县令汪循、教谕诸葛文敏为宋汪开祖编刊《儒志编》；弘治十四年，温州知府邓淮为永嘉人陈埴刻《木钟集》，又为新立的鹿城书院编辑刊刻《鹿城书院集》等，还有各地修刻的方志。虽然不知道杭州府学教谕是以何种方式获取这些书籍，可以想象的是，当时的书籍信息和流通渠道是畅通的。

从杭州府学所置书的产生年代以及图书分类角度考虑，经史著作较子集部著作充足，子集部著作，宋儒著作较丰富，其他时代书籍缺乏。从文学的角度看，秦汉文，除《史记》《汉书》《汉隽》外，未见有其他书籍；诗歌，除类书所收外，整体上十分缺乏。这一状况对我们理解正德后前后七子、唐宋派文学崛起具有参考价值，从这一角度看，前后七子和唐宋派文学的出现有挽救诗文文学传统的意义，同时有平衡宋学和对学术传统多样化的内在追求。

四、从嘉靖十六年建阳儒学购书看明代图书生产与学风之变化

《（嘉靖）建阳县志》卷五著录了建阳儒学尊经阁文、行、忠、信四大书橱所藏之书，其中文字号厨是颁降书，另三厨都是"嘉靖丁酉（十六年，1537）教谕章悦捐资购置"的书坊板书。章悦没有像杭州府学教谕那样至南监求书，也没有努力获取福建作家或各地方官员所编刻图书，他只是利用建阳便利的购书条件购置书坊书。但这里的"书坊"书，同样并非是纯粹意义上的书坊书，也是上章所论建阳书坊与政府合作的那一部分书坊书，这份书单中的每一部书都可以在《（嘉靖）建阳县志》的"书坊书目"或《古今书刻》建宁府"书坊"书目中找到。与正德十二年杭州府学所置书对照，建阳教谕章悦为县学所置书有了新变化，既可见明代图书生产的变化，也可见嘉靖以来学风之变迁。兹录四厨书目如下：

文字号厨

《孝顺事实》《为善阴骘》《五伦书》《四书大全》《易经大全》《书经大全》《诗经大全》《春秋大全》《礼记大全》《诸佛名称歌曲》。已上俱系颁降书,庚子岁(成化十六年,1480)秋虽已修整,但册表重大,不便检阅,依数再制书坊刊本,但《歌曲》无。

行字号厨 自此下三厨,皆书坊板。

《大诰》《大明令》《皇明祖训》《资世通训》《教民榜文》《圣学心法》《孝顺事实》《为善阴骘》《大明一统志》《大明官制》《五伦书》《大明会典》《大狩录》《四书大全》《易经大全》《书经大全》《诗经大全》《春秋大全》《礼记大全》《四书集注》《易经本义补传》《书经集注》《诗经集注》《春秋胡传》《礼记集说》《性理大全》《三礼考注》《仪礼注疏》《王制考》《小学》《近思录》《东莱博议》《文章轨范》《欧阳精论》《盐铁论》《宋文鉴》《仪礼考注》《璧水群英》。

忠字号厨

《通鉴纲目》《通鉴前编》《续编纲目》《通鉴节要》《史记》《读史管见》《十七史详节》《国语》《战国策》《文献通考》《事文类聚》《山堂考索》《翰墨大全》《艺文类聚》《名臣言行录》。

信字号厨

《西汉文鉴》《东汉文鉴》《汉文选》《唐文鉴》《经史海篇》《崆峒文集》《韩柳文》《三苏文集》《事物纪原》《白虎通》《六子书》《宣公奏议》《律吕元声》《秦汉文》《王氏论衡》。

嘉靖十六年建阳儒学的这份书单与正德十二年杭州府学的书单的不同主要表现在两方面。第一,教科书由《四书大全》《五经大全》《性理大全》变成《大全》与朱熹《四书集注》、朱熹《易经本义》补程颐《易传》、蔡沈《书经集注》(又作《书集传》《书传》)、朱熹《诗经集注》(又作《诗集传》《诗传》)、胡安国《春秋胡传》(又称《胡氏春秋传》)、陈澔《礼记集说》并列。上章已考,嘉靖十一年建阳书坊与政府合作,依照内府样式刊刻了朱熹《四书集注》、朱熹《易经本义》并加刻程颐《易传》(即书目所云《易经本义补传》)、蔡沈《书经集注》、朱熹《诗集传》、胡安国《春秋胡传》和陈澔《礼记集说》，这可能也是嘉靖十六年建阳儒学教谕能购置到这批书坊本的原因。何以明代会出现教科书重点的转向呢？究其原因，一是英宗想在成祖确立四书、五经、性理《大全》作为系统教科书以后仍能有所作为，以显示皇权对文化的支持和掌控。正统十二年(1447)司礼监刻《书集传》卷首载："司礼监钦奉圣旨：'五经四书'经注，书坊刊本，字有差讹，恁司礼监将《易》程、朱传义，《书》蔡沈集传、《诗》朱熹集传、《春秋》胡安国传、《礼记》陈澔集说、《四书》朱熹集注誊写的本，重新刊印，便于观览。钦此。"①《南雍志》这样解释英宗的意图："其所以嘉惠无穷、有功圣门者，真有以缉熙成祖之德业，而殚厥心者矣。"②除正大成祖之德业，英宗令司礼监刊刻这批书，还有接续明太祖之意，因为洪武年间，这一系列经传也曾作为颁降书颁布给地方各府县学，如上章所引陈甘雨《(嘉靖)莱芜县志》载："洪武十四年(1381)颁书于学：《周易本义》《书经集注》《诗经集注》《春秋胡传》《礼记集说》《四书集注》各一部。"③虽然正统十二年英宗已令司礼监刻这批宋元五经、四书传注，但此系列书因比《大全》简省而渐渐取代《大全》地位则在嘉靖以后，正德年间这一倾向已逐渐明显。如正德十五年，宁国太守胡东皋(字汝登，馀姚人，王守仁姻亲)刊元吴澄《礼记纂言》就是为了拨正当时《礼记》专主陈澔的势头，当时王守仁、魏校皆为之作序，魏校《序》云："今所宗者，陈氏《集说》而已耳。朱子尝修正三礼未就，惟吴氏《纂言》伦类明整，稽合诸儒异同，厥功博哉，而世鲜有传者，岂天未兴斯文与？曷绝之易而续之孔艰也！……宁国守胡君东皋爰刻是书，嘉与四方士共之。"④胡东皋为表与天下共此书的决心，将此书书板送至应天府，《南雍志》对之作了记录。⑤ 由于科举中朱蔡朱胡

---

① 蔡沈《书集传》卷首，正统十二年司礼监刊本。

② 黄佐《南雍志》卷十七"《礼义集说》"条，第 1399 页。

③ 陈甘雨《(嘉靖)莱芜县志》卷五《政教志·学校·书籍》，嘉靖刻本。

④ 魏校《庄渠遗书》卷六《礼记纂言序》，明嘉靖本。又见《文渊阁四库全书》第 1267 册，第 811 页。

⑤ 黄佐《南雍志》卷十七"《礼记纂言》"条，第 1400 页。

陈传注越来越受重视，才有了上文谈到的嘉靖十一年福建等处提刑按察司牒文令建宁府刊刻"四书五经"传注并严格管理。朝廷将正统时司礼监刻本作为样本发建宁府，令建阳书坊依样刊刻，然后刷卖天下。建阳书坊的大量刊刻进一步奠定了朱蔡朱胡陈传注在科场中的优势地位。甚至南京国子监也受此风影响，学官请求皇帝颁降，"嘉靖中奏准颁降"宋元朱蔡朱胡陈"四书五经"传注，故南监中这六种书每种都有九部之多。[①]

明代士大夫认为朱蔡朱胡陈诸传注渐渐取代《大全》，是士人不能博闻和功利化的应试文化的必然结果。如邹元标（1551—1624）云："《大全》浩瀚繁衍，学者不能遍观尽识。"[②]这既针对应试者，也针对考官而言。虽然《大全》已经将"四书五经"的阐释局限在宋元理学家的范围之内，但宋元理学家彼此也是观念各异，考官为追求答案的确定性而追求唯一性的经解，往往径取朱子之说。考官若有这样的导向，应试者自然更趋简去繁。从篇幅上看，《大全》确实比宋儒几部经注要大，同为司礼监本的这两类书的叶数可直观地看出此点：

《诗传大全》，十二本，九百九叶。《书经大全》，十本，七百六十三叶。《周易大全》，十二本，一千一百十八叶。《春秋大全》，十八本，一千四百五十九叶。《礼记大全》，十八本，一千二百九十九叶。

《易传》，六本，五百八十二叶。《书传》，六本，五百八十三叶。《诗传》，六本，六百三十五叶。《春秋传》，四本，一千零六十一叶。《礼记》，八本，一千六十一叶。

《四书大全》，二十本，一千五百八十九叶。《四书集注》，十本，八百二十叶。[③]

---

① 黄佐《南雍志》卷十七，第1398页。

② 邹元标《四书大全纂序》，见氏著《愿学集》卷四，《四库提要著录丛书》集部第128册，第139页。

③ 刘若愚《酌中志》卷十八，第457—458页。

据《南雍志》，司礼监的这本称之为《易传》的书，就是程颐《易传》和朱熹《周易本义》，《书传》就是蔡沈《书集传》，《诗传》指朱熹《诗集传》，《春秋传》即胡安国传。南雍这几部都是内府本颁降书。① 可见，《周易大全》是程颐传朱熹本义的《易传》篇幅的 1.92 倍；《诗经大全》是《诗集传》的 1.43 倍；《尚书大全》是蔡沈《书集传》的 1.31 倍；《春秋大全》是《春秋胡传》的 1.38 倍；《礼记大全》是陈澔《礼记集说》的 1.22 倍；《四书大全》是《四书集注》的 1.94 倍。② 在正德、嘉靖间教科书重点转换的过程中，英宗所代表的皇权钦令刻书赋予这一转化以政治合法性，但内在力量则是追求简单明了和答案唯一、易操作的明代应试文化。教科书生产呈现出其中最直接、最显性的变化，而嘉靖十六年建阳教谕购书书单恰好记录了这一转变。

建阳县学书单还著录了"《三礼考注》《仪礼注疏》《仪礼考注》"等书，这是杭州府志书碑中未曾出现的。《三礼考注》六十四卷，题"元吴澄"著，《仪礼考注》十七卷，是《三礼考注》中的一种，两书元无刊本。《三礼考注》，正统中大理少卿夏时正巡视江西令建昌守谢士元所刊，③《古今书刻》建昌府下有刻此书记录，也是《（正德）建昌府志》卷八所载"板刻书一十五"中的第三种。④《（嘉靖）建阳县志》"书坊书目"也有刻此书记录，建阳书坊本系从建昌府本而来，或为此书提供书坊本。⑤《仪礼注

---

① 参黄佐《南雍志》卷十七《经籍考》"《易传》""《书传》""《诗传》""《春秋传》"条，第1398 页。

② 参陆容《菽园杂记》卷十五，中华书局，1997 年，第 181 页。

③ 参《三礼考注》所收夏时正《求校三礼考注书》、谢士元《三礼考注跋》（《原国立北平图书馆甲库善本丛书》据成化九年建昌谢士元刻本影印，第 18 册，第 3695—3697 页）、于敏中等《天禄琳琅书目》卷七（《明清以来公藏书目汇刊》第 3 册，第 533—538 页）、丁丙《善本书室藏书志》卷二"《三礼考注》六十四卷"条（第 1 册，第 106—107 页）。

④ 夏良胜《（正德）建昌府志》卷八，《天一阁明代地方志选刊》第 34 册。

⑤ 今存嘉靖七年詹氏进贤堂刻本，系从成化本翻刻。此书目录有牌记，镌"龙飞戊子岁孟夏月詹氏进贤堂刊"字样（《原国立北平图书馆甲库善本丛书》据嘉靖七年詹氏进贤堂刻清江书堂印本影印，第 19 册，第 11 页）。序跋题署三行同成化建昌本，分别为"元翰林学士临川吴澄幼清撰""翰林修撰吉丰罗伦校正""建昌知府长乐谢士元重校刊行"。卷一，删去第三行。

疏》，是《仪礼》郑玄注，唐贾公彦疏，属汉唐经学。可见，嘉靖以来科举考试追求简易化并非明代学术整体走向一元化，相反，汉唐经学日益被看重，教科书之外的经学著作渐渐被发掘，经学多元化趋向明显，这也是王阳明等新学得以产生和发展的学术文化氛围。由此可见，明代举业与学术思想之间的分裂趋势渐渐明显。

第二，两汉文章受到重视。杭州府学仅有一本王充《论衡》，建阳儒学还置办了《西汉文鉴》《东汉文鉴》《秦汉文》《汉文选》《白虎通》《盐铁论》等书。宋陈鉴《西汉文鉴》二十一卷、《东汉文鉴》二十卷，明弘治间有安仁县令冼光重刊本。正德五年，巡按福建御史贺泰编成《唐文鉴》，由建阳县令孙佐校刊。大约此时，两汉《文鉴》、《唐文鉴》整体进入建阳"书坊书目"，也就是说，杭州府学教谕来建阳买书时是很可能买到这些书的，杭州府学未置办此类书，更可能出于他们的选择和取舍。《秦汉文》，当指胡缵宗编选并作序的《秦汉文》。胡缵宗（1480—1560），秦州秦安人，嘉靖二年任苏州知府，王慎中曾为胡缵宗文集作序。[1]《秦汉文》，取秦汉四五十位君臣文章百馀篇，嘉靖及之后相当流行。嘉靖三年有两种刻本，一是胡氏家刻本，即鸟鼠山房本，四卷；一刻于胡氏任所，即吴郡汤氏本，八卷。嘉靖十一年吴县令张舜元刻四卷本，建阳书坊很可能是为此书提供书坊本。《汉文选》，即昭明太子《文选》，嘉靖年间此书常被称为《汉文选》。如《晁氏宝文堂书目》著录《汉文选》一部，其下小字注曰："苏刻。六臣注。三十本。"[2]此《汉文选》是六臣注《文选》。田汝成《汉文选序》其实就是为《文选》所作序，其《序》云："梁太子萧统，监抚之馀，招徕才彦，玄览前载，芟秽披珍，存什一于千百，分门萃类，为书三十卷，题曰《文选》……迤来更有《文选增定》《广文选》诸编，自附于统，弥缝其阙，而匡救其缪，殆谓末学肤受不知而作，较之宋儒，抑又甚焉。故愚尝谓《文选》一书……唐时李善始为笺释，吕延祚病其未备，乃集吕延济、刘良、张铣、吕向、李周翰五人重加疏解，后人并善注而传之，名曰'六臣

① 王慎中《鸟鼠山人小集序》，胡缵宗《鸟鼠山人小集》卷首，《中国西北文献丛书》据嘉靖刻本影印，兰州古籍书店，1990年，第六辑第161册，第7页。

② 晁瑮《晁氏宝文堂书目》，第35页。

注'。凡六十卷……予尝得宋善本，将重锓之于家塾，因命蕳儿严加校雠，且叙其首，简而并著所以解嘲于统者以平章选例云。"①显然《汉文选》就是《文选》。又如焦竑《国朝献征录》载端王朱如烊"亦好文雅，尝校《汉文选》《唐文粹》《宋文鉴》暨世宗御制《敬一箴》雕梓进览，嘉靖八年上之，赐敕勉以经学。"②《汉文选》同样指昭明太子《文选》。田汝成《汉文选》不知刻于何时，不过可以通过此序提到的《文选增定》《广文选》做些推测。《文选增定》二十三卷，为李梦阳选编，今存大梁书院本，或即《古今书刻》著录之河南布政司所刻本；建阳同文书院本卷二十三末有"嘉靖三年冬十/二月本县发刊"牌记。③《广文选》八十卷，刘节（1474—1544）编选，王廷相《广文选序》云："今少司寇梅国刘公乃博稽群籍，检括遗文，萃所不及选者，命曰《广文选》，总八十二/（馀）卷，宣明往范，垂示来学……扬州守侯君季常，仰惟兹编有裨词囿，乃（命葛生洞校正）寿梓行之。"④据《嘉靖惟扬志》，侯秩字季常，嘉靖十一年知扬州，知《广文选》刊于嘉靖十一年后不久。⑤ 此即《古今书刻》之扬州府本，《晁氏宝文堂书目》著录"扬州刻"《广文选》一部⑥。田汝成《汉文选》或亦刊于嘉靖十一年后不久。嘉靖中建阳书坊所刊《文选》似亦沿用了《汉文选》之题名。

　　① 田汝成《田叔禾小集》卷一，《四库全书存目丛书》据嘉靖四十二年田艺蕡刻本影印，集部第 88 册，第 407—408 页。田汝成《汉文选序》一文明代颇流传，见选贺复徵《文章辨体汇选》卷二九一；嘉靖二十八年洪楩刊《增补六臣注文选》、项笃寿万卷堂校刊《六臣注文选》亦收此序，只是文末有关作序目的的文字稍有异。

　　② 焦竑《国朝献征录》卷一《宗室·晋庄王钟铉》，广陵书社据徐象橒刊本影印，2013 年，第 20 页。

　　③ 朱睦㮮《万卷楼书目》、焦竑《国史经籍志》、万斯同《明史·艺文志》著录"二十三卷 李梦阳"。《百川书志》作二十二卷，《澹生堂藏书目》作三十三卷，《天一阁书目》作三十二卷。今存大梁书院、同文书院本《文选增定》，均为二十三卷。

　　④ 王廷相《广文选序》，刘节《广文选》，《原国立北平图书馆甲库善本丛书》据嘉靖十二年侯秩刻本影印，第 940 册，第 749 页。又见王廷相《王氏家藏集》卷二十二，《明代论著丛刊》本，第 977 页。（）内文字不见于《王氏家藏集》。

　　⑤ 朱怀幹、盛仪纂修《嘉靖惟扬志》卷十八，《四库全书存目丛书》史部第 184 册，第 630 页。

　　⑥ 晁瑮《晁氏宝文堂书目》，第 44 页。

《盐铁论》，明代最早的刊本是弘治十四年（1501）江阴令涂祯刊本。涂祯云其在江阴"始得宋嘉泰壬戌刻本于荐绅家，如获拱璧，因命工刻梓，嘉与四方大夫士共之"①。建阳儒学所得书坊本《盐铁论》或从此而来。

嘉靖十六年，建阳儒学汉代文章图书收录激增，可见前七子"文必秦汉"文学主张的深刻影响。从图书生产的角度看，一方面，汉代文章的宋本被挖掘出来重新刊刻，如《白虎通》《盐铁论》《文选》，《文选》甚至沾上文必秦汉的光而被冠之《汉文选》之名；另一方面，秦汉文被重新挖掘而成就新书，除《文选增定》《广文选》，今尚见嘉靖十六年赵文华编《三史文类》，"独取左氏内外《传》及马班《史》《汉》文"②。何景明生前选编《古文集》，主要选秦汉文，少量唐宋文，嘉靖十五年由同乡浙江副使张士隆带到浙江，最后由嘉兴知府郑纲刊刻出来，③此书《古今书刻》"嘉兴府"下有著录。从读者的角度看，建阳儒学教谕章悦接受这一文学观念，才会买进这方面的图书，儒学生员因此而受到影响，而章悦买书，又何尝不是顾及儒学生员的阅读兴趣。建阳儒学所收的唯一一本别集，也是唯一一本当代人著作是李梦阳（1473—1530）的《空同文集》（《崆峒文集》）。嘉靖九年，黄省曾《空同先生文集序》云李梦阳："非姬公宣父之书不涉于目，非左马班扬之策不发于笥，非骚选李杜之篇不历于思。由是代方享弊，树独帜于旌墟；士举安凡，振孤辕于广陌。"最终能"天下学士大夫莫不趋风而宗之"。④ 嘉靖十年王廷相《空同文集序》评价李梦阳："空同李子献吉以恢闳统辩之才，成沉博伟丽之文。厥思超玄，厥调寡和，游精于

---

① 桓宽《盐铁论》，《子海珍本编》据弘治十四年（1501）江阴令涂祯刻本影印，第一辑第 2 册，第 288 页。《四部丛刊初编》所收《盐铁论》为明嘉靖本。陆贾《新语》弘治十五年（1502）由桐乡令李廷梧刊出，钱福《新刊新语序》曰："方今承平既久，文章炽兴，有识者或病其过于细而弱也，故往往搜秦汉之佚书而梓之。"（《子海珍本编》据弘治十五年李廷梧本影印，第一辑第 2 册，第 2 页）《贾子》，正德八年（1513）李梦阳刻本。此本自宋淳熙八年本翻刻。《子海珍本编》据李梦阳刻本影印，第二辑第 5 册，第 1—232 页。

② 赵文华《三史文类序》，《三史文类》卷首，《中国古籍珍本丛刊·天津图书馆卷》据嘉靖十六年本影印，第 51 册，第 1 页。

③ 参浙江布政司左参政莆田洪珠《刻古文集序》，郑纲《后叙》署"嘉靖丙申"，见《古文集》卷首、卷尾，《中国古籍珍本丛刊·天津图书馆卷》，第 50 册，第 503、620 页。

④ 李梦阳《空同先生集》卷首，《明代论著丛刊》本，第 2—3 页。

秦汉，割正于六朝，执符于雅谟，参变于诸子，以柔澹为上乘，以沉著为三昧，以雄浑为神枢，以蕴藉为堂奥。会诠往古之典，用成一家之言。"①指出李梦阳与秦汉文章的渊源关系以及成就的气象。李梦阳去世后，其外甥凤阳守曹仲礼为刻集。而由建阳儒学书单可知，早在嘉靖十六年之前，建阳书坊本《空同文集》已经刊出，并且进入官府认定的"书坊书目"系列，由此可见前七子在当时深远的影响力，也可见建阳书坊参与社会思想文化建构的方式和力度。这同时让我们思考一些既有观念，如假设书坊或商业出版是为新崛起的市民阶层所设的。法国罗杰·夏蒂埃在《书籍的秩序》中谈到法国的"蓝皮书"，法国的"蓝皮书"长期吸引法国史学家们的兴趣，"因为它似乎为其接触旧体制下的'大众文化'提供了一条直接的途径；据说这些书在升斗小民中流传很广，它们表达且丰富着大众文化"。但罗杰指出"事实并非如此"，因为，"法国货郎的主打图书，从来就不是为货郎售书而写的"。"'蓝皮文库'是一种出版策略，即在已出版的文本中发掘出那些比较符合大众口味的予以改版之后印刷发行。于是有两点必须小心：其一，不要把蓝皮系列视为大众通俗读物，因为它们原本是为知识精英写的；其二，记住这些作品在进入大众阅读书目之前，一般都已出过一个版本，有时甚至是一个历史悠久的版本。"②这些论述对思考建阳书坊书也相当适用。

五、胡应麟《经籍会通四》之"异书""秘本""闽中书"解

胡应麟（1551—1602）《经籍会通》对自古以来的藏书以及自己的购书藏书有系统论述，其中《经籍会通四》"述见闻第四"将自己的购书与明代的图书生产、图书销售联系起来叙述。以前我读这一卷时有几处总不得其解，经由上述对明代图书生产和购买行为的深究之后，发现胡应麟语可细致解读并由此更透彻地了解明代图书生产的潜力以及当时逗露出来的未来的可能出版方向等。

① 王廷相《李空同集序》，见《王氏家藏集》卷二十三，第 991—992 页。

② 罗杰·夏蒂埃著，吴泓缈、张璐译《书籍的秩序》，商务印书馆，2013 年，第 95 页。

胡应麟《经籍会通引》署"万历己丑孟秋朔"(万历十七年,1589),《经籍会通四》云:"余九龄入燕,往来吴越垂三十载,涉历宾游,腄言鄙事,时有足存。"①故胡应麟所言明代图书生产等情况可确定在万历十七年以及之前的三十年间,即在嘉靖三十八年至万历十七年之间(1559—1589)。②

王世贞在给胡应麟藏书室所写的《二酉山房记》中盘点了胡应麟三十年营求图书的收获:

> 所藏之书为部四,其四部之一曰经,为类十三,为家三百七十,为卷三千六百六十;二曰史,为类十,为家八百二十,为卷万一千二百四十四;三曰子,为类二十二,为家一千四百五十,为卷一万二千四百;四曰集,为类十四,为家一千三百四十六,为卷一万五千八十。合之四万二千三百八十四卷。③

跟上文正德十二年、嘉靖十六年两种书单相比,胡应麟藏书量更大,种类更丰富,特别是子部和集部书,这跟胡应麟个人藏书的趣味有关,也与当时的图书生产情况有关联:嘉靖后期、万历前期是子、集部书籍刊刻的重要时代。当然胡应麟藏书中不乏抄本,不过一定也有很多的刻本。胡应麟在介绍明代印书纸后提到自己的书籍来源:

> 凡印书,永丰绵纸上,常山柬纸次之,顺昌书纸又次之,福建竹

---

① 胡应麟《少室山房笔丛》卷首、甲部卷四,第1、40页。
② 胡应麟《经籍会通四》中数则与题名项元汴作《蕉窗九录》中《书录》的"献售""刻地""印书""书直""雠校"条完全相同,如果相信《蕉窗九录》是项元汴(1525—1590)作,从时间上看,胡应麟《经籍会通》取资于项元汴的可能性较大,不过四库馆臣认为《蕉窗九录》包括书中文彭序都是书商伪托。《四库全书总目》卷一三〇《蕉窗九录》提要云:"旧本题明项元汴撰。元汴字子京,秀水人,家藏书画之富,甲于天下,今赏鉴家所称项墨林者是也。……前有文彭序,称大半采自吴文定《鉴古汇编》,间有删润。今考其书,陋略殊甚,彭序亦牵鄙不文,二人皆万万不至此,殆稍知字义之书贾,以二人有博雅名,依托之以炫俗也。"(第1114页)倘如此,则《蕉窗九录》乃取资于《少室山房笔丛》,则更证明《蕉窗九录》乃拼凑之书。不过撇开两者的取资问题,两者谈论书籍生产的时间出入并不大,依然不影响我下文的论述。
③ 胡应麟《少室山房笔丛》甲部卷二《经籍会通二》,第26页。

纸为下。绵贵其白且坚，柬贵其润且厚，顺昌坚不如绵、厚不如柬，直以价廉取称。闽中纸短窄黧脆，刻又舛讹，品最下，而直最廉，余筐箧所收，什九此物，即稍有力者弗屑也。①

相对于其他地方的刻书，闽板书的特点，是开本小，纸色暗，纸质脆，刊刻讹误多，故品质最下，优势在于价格最低廉。胡应麟云自己所买多为闽板书，这虽然不免为谦辞，但也无疑是事实，其中不少应该是书坊本，可见闽板书并非只是为市井服务。上文我论述了闽板书往往先有内府本或其他版本，或因官方希望某些书有更大的供应量，或书坊认为某些书将有很大的销售前景，因而有闽板书跟进，此处则从精英文人之口道出他们根据自己的经济能力选择图书的事实。故闽板书与其从购买者的文化层次来讨论，可能不如从个人经济能力角度来讨论更符合明代人的购书行为。

胡应麟谈到今日购书之易后谈到明代的常见书和稀见书以及明代潜藏的图书来源和未来的图书生产倾向。他说：

> 今欲购书又差易于宋，何也？经则一十三家注疏。递梓于诸方，史则二十一代类颁于太学，合之便可三千馀卷，宋初诸大类书合之又可三千馀卷，南渡类书十馀，合之又可三千馀卷，唐及胜国并附。则不啻万卷矣。释藏金陵，道藏句曲，捐数百金即吾家物，稍益神仙、小说诸家，合之又不下万卷矣。然犹非今所急也。今文人所急者先秦诸书，诗流所急者盛唐诸书，举子所急者宋世诸书，大约数百家，弘雅之流稍加博焉，录经之闰者、史之支者、子之脞者、集之副者，又无虑数百家，悉世所恒有，好而且力则无弗至也，然而未也，过此则绝不易言矣。山岩屋壁之藏，牧竖之所间值；丹铅星历之谱，方技之所共珍；晋梁隐怪之谭，好事之所掇拾；唐宋浮沉之业，遗裔之所世藏。往往钞录传摹，人所吝怪，间有刻本，率寡完篇。摧残市肆，蠹啮民家，展转流亡，什九煨烬。又如朝署典章、都邑簿记，地多退僻，用绝迂繁，仕宦仅携，商贾希觌，诸家悉备，此可缺如？又如畸流洽

_____

① 胡应麟《少室山房笔丛》甲部卷四《经籍会通四》，第 43 页。

客,领异拔新,时出一编,人所未睹,非其知睅,饷遗何縣?凡此数端皆极难致,必多方笃好,庶几逢之。不然,赀巨程陶,权压梁窦,他可力强,此未易云。

今宦涂率以书为贽,惟上之人好焉,则诸经、史、类书卷帙丛重者,不逾时集矣。朝贵达官多有数万以上者,往往猥复相揉,芟之不能万馀,精绫锦标,连窗委栋,朝夕以享群鼠,而异书秘本百无二三。盖残编短帙,筐箧所遗,羔雁弗列,位高贵冗者又无暇缀拾之,名常有馀而实远不副也。①

在胡应麟看来,在他的时代基本典籍已相当易得,②特别是经史和子部之类书,朝贵达官可以通过受赠而得,一般人可以通过购买而得。胡应麟将士人分成文人、诗流、举子三类,针对这些不同的读者群,他提出当时图书生产急需投入的方向,如先秦诸书、盛唐诸书。胡应麟认为明代社会尚有许多潜在的前代文化遗产可以发掘,包括与明代主流文化相比稍显边缘的经史子集四部书,所谓"经之闰者、史之支者、子之胜者、集之副者"。胡应麟特别怜惜一些家藏本、手抄本或小众的子部书,因为小众,因为藏于山岩屋壁,则不免为不懂书人所得,或又不免因被过于保爱而绝少流传,这都是明代读书人要特别加以关注的。胡应麟关于经籍的视野还不止图书,举凡朝署典章或都邑簿记,大大小小的文书都在他的文献文化的范围之内。他也十分关注一些广见博闻、高行脱俗之士的文化创造,因为高行脱俗,这类人不屑于宣传自己的文化成果,或也因成果领异拔新而当下曲高和寡,但这些文化成果确要格外珍视,所以他呼吁"畸流洽客"的知音昵好注意保存、生产和传播这一类文化。陈继儒云自己的理想生活是:"余每欲藏万卷异书,袭以异锦,熏以异香,茅屋芦帘,纸窗土壁,而终身布衣啸咏其中。"③"异书"是其理想生活的中心(详

---

① 胡应麟《少室山房笔丛》甲部卷四《经籍会通四》,第40—41页。

② 曹溶《流通古书约》也说:"近来雕板盛行,烟煤塞眼,挟赀入贾肆,可立致数万卷,于中求未见籍,如采玉深崖,且夕莫觊。"(《丛书集成新编》据知不足斋丛书本影印,第2册,第752页)

③ 陈继儒《岩栖幽事》,《四库全书存目丛书》据宝颜堂秘笈本影印,子部第118册,第697页。

第五章），"万卷"表明陈继儒对异书的期待够大，这一期待显露其对当代潜在异书量的估计以及对时人的发掘热情和能力的预估和激励。表明发掘异书已成为当时的群体性追求。

胡应麟、陈继儒等不以文化主流或市场为标准，也不以一己标准来衡量经籍的文化价值，越是非主流的，越是市场不看好的，读书人越要关注和珍视。胡应麟的"异书""秘本"即由此而来，其对文化成果可谓巨细无遗地珍视，以此来保证既有文化遗产的完整和传承。讨论胡应麟对"异书""秘本"的关注，有助于理解明代读书人文化观念的包容性，它指向一个明代潜藏的、有待关注和发掘的广阔深邃的文献世界，也让我们反思和警惕清代以来以至于当代的对明代骤然出现的文献所持有的基本怀疑和否定态度。

第三章
明代图书生产与思想争鸣：
以李贽图书刊刻为中心

李贽(1527—1602)是明代以笔舌宣传自己思想的极具锋芒的思想家,其好友焦竑云其"乃卒以笔舌杀身"[1]。李贽思想借助于图书生产而其意甚明,借助于图书生产而影响扩大,并引起了广泛的社会争鸣,也引来了敌对方对其个人的人身攻击和迫害。李贽一生著作宏富,他对传播自己的思想和著作有一份自觉和执着,"积极地出版自己的著作也正是李贽的行为之一"[2],也有足够多的朋友、追随者或追求利润的书商为其刊刻书籍和传播思想。不过李贽对通过书籍生产散布思想也有不断思考和发展的过程。李贽的书有自刻,有他刻,有官员资助的刊刻,也有坊刻。自刻中包括其如何获得赞助等问题,他刻涉及李贽对一己思想和作品完整性的捍卫,坊刻涉及著作权以及酬报等问题,其中有关于作者的刊刻态度、著作权意识、与出版者以及出版中介者的关系等多方面的呈现,可由此讨论明代图书生产与思想争鸣的关系、作者的著作权意识以及书坊与作者关系等。时贤有关李贽研究的成果甚丰,就与文献相关的角度而言,也有不少研究成果,如许建平对李贽著述编辑以及对《焚书》刊刻过程的构建,邬国平对《焚书》原本与《李温陵集》相关篇目的研究,[3]姜进有

---

① 焦竑《李氏焚书序》,张建业主编,刘幼生整理《李贽文集》第一卷《焚书 续焚书》,社会科学文献出版社,2000年,第2页。下引李贽《焚书》《续焚书》,除特别注明外,均出此。

② 卜正民著,陈时龙译《明代的社会与国家》第六章《国家检查与书籍贸易》,第185页。

③ 许建平《〈焚书〉刊刻过程、版本及真伪》,《复旦学报(社会科学版)》2008年第5期;邬国平《也谈〈焚书〉原本的问题》,《清华大学学报(哲学社会科学版)》2004年第2期;邬国平《〈复焦弱侯〉异文与李贽、焦竑、耿定向关系》,《中华文史论丛》2010年第4期。

关李贽的出版物和其命运的关系的探讨，①卜正民有关国家图书禁令的
贯彻力度的评估，②韩若愚（Rivi Handler-Spitz）对李贽文本对读者的刺
激和挑衅问题的讨论，③大木康、何朝晖有关李贽思想流行与假托李贽
之作的讨论，④张献忠有关李贽思想与商业出版的讨论等。⑤ 本章通过
对李贽生前以及其逝后约二十年间⑥李贽书籍的生产（包括编著、校订、
作序、刊刻等）和传播的全面整理，讨论明代图书生产与思想争鸣的关
系，同时对上述学者提出的问题做进一步阐释。

一、从《三经解》的刊刻看作者的著作权意识和刊刻态度

《三经解》，指李贽所作《心经提纲》及《老子解》（又称《道德解》《解
老》）、《庄子解》（又称《南华解》）三种。《心经提纲》，李贽万历五年至八
年间作于滇中。其《提纲说》谈到著书情形以及图书性质："予在滇中，有
友求书《心经》，书讫，仍题数语于后，名之曰《提纲》。虽不以'解'名，然
亦何尝离'解'也哉。"⑦《老子解》一书的产生昭示李贽以读书、刊书、写
作而精进求道的过程。据现有资料，李贽最早涉足图书刊刻是在南京刑

---

①　Jin Jiang(姜进) "Heresy and Persecution in the Late Ming Society: Reinterpreting the Case of Li Zhi,"《晚明社会的异端与迫害：李贽案的再解释》)Late Imperial China (《清史问题》),22:2(2001/12),pp.1-34.

②　卜正民著,陈时龙译《明代的社会与国家》第六章《国家检查与书籍贸易》,第182—186 页。

③　Rivi Handler-Spitz "Provocative Texts: Li zhi, Montaigne, and the Promotion of Critical Judgment in Early Modern Readers," Chinese Literature: Essays, Articles, Reviews. Vol. 35(2013/10), pp.123-153.

④　大木康《明末江南の出版文化》第三章第一节《李卓吾思想の流行》,第 129—134 页。何朝晖《晚明士人与商业出版》第六章第三节《被人托名》,第 380—381 页。

⑤　张献忠《从精英文化到大众传播：明代商业出版研究》第七章第三节《商业出版催生了晚明的人文主义思潮》,第 288—296 页；张献忠《启蒙的生意：晚明商业出版与启蒙思潮的兴起和传播》,《河北学刊》2017 年第 1 期。

⑥　本章讨论的时间下限为万历四十六年(1618),是年汪本钶刊刻了李贽《续焚书》,这是亲炙李贽的朋友和学生刊刻的最后一本书。

⑦　李贽《李温陵集》卷九,《四库全书存目丛书》集部第 126 册,第 274 页。

部员外郎任上刻苏辙《老子解》，焦竑云："李宏甫刻子由《解》于金陵。"李贽为此刻所作《题后》署为"万历二年（1574）冬十二月二十日"。李贽之所以刻此书，源于自身"发愤学道"的需要。是年，他渐渐领会到要打破儒道释思想藩篱而求道，当他从焦竑藏书中读到苏辙《老子解》时，苏辙引《中庸》和佛法解《老》的做法，使其兴奋不已，大赞"解老子者众矣，而子由最高"，认为苏辙"善发《老子》之蕴"，觉得当下"学者断断乎不可一日去手也"，①因此将此书刻出。② 万历十年（1582），李贽求道又进入新阶段，他反思《韩非·解老》，其《老子解序》云："予性刚使气，患在坚强而不能自克也，喜读韩非之书，又不敢再以道德之流生祸也，而非以道德故，故深有味于道德而为之解，并序其所以语道德者以自省焉。"③此时他再读苏辙《老子解》，觉得苏辙已非解《老》之人，自信自己才是解《老》者，于是数日内写出了自己的《老子解》。李贽在《与焦弱侯》书中激动地写道："入九以后，雪深数尺，不复亲近册子。偶一阅子由《老子解》，乃知此君非深《老子》者。此《老》盖真未易知也，呵冻作《解老》一卷，七日而成帙，自谓莫逾。今亦未暇录去，待春暖冻解，抄出呈上取证何如？"④李贽《庄子解》约作于万历十年冬。万历十六年（1588），李贽《答焦漪园》书

① 李贽《焚书》卷三《子由解老序》，第 103 页；焦竑撰，黄曙辉点校《老子翼》卷三"附录"，华东师范大学出版社，2011 年，第 235—236 页。

② 焦竑撰，黄曙辉点校《老子翼》卷三"附录"，第 235 页。

③ 焦竑撰，黄曙辉点校《老子翼》卷三"附录"，第 238 页；又见《李贽文集》第七卷《老子解》，第 2 页。

④ 李贽《续焚书》卷一，《李贽文集》（第一卷），第 2 册，第 39 页。有关此信写作年代，各家说法不一。许建平《李贽思想演变史》（人民出版社，2005 年）用大量材料论证万历二年说、万历十二年说之非，提出万历九年说（第 150—166 页）。林其贤《李卓吾事迹系年》系此书于万历十一年（花木兰文化出版社，2011 年，第 29 页）。不过书中有一个细节表明此书更可能作于万历十年冬。书中提到耿定力自京归黄安，焦竑托耿定力带了许多东西给李贽，李贽说焦竑太破费了。焦竑何以在北京呢？因为其年焦竑"计偕北上"，其《题类林后》云："庚辰（万历八年）读书……甫二岁（万历十年），计偕北上。"（焦竑《焦氏澹园集》，伟文出版公司，1971 年，第 902 页）次年会试落第（参容肇祖《焦竑年谱》，见收《容肇祖全集》，齐鲁书社，2014 年，第 2 册，第 825 页）。又李贽《寿焦太史尊翁后渠公八秩华诞序》云："九年冬，侯以书来曰：逼岁当走千里，与宏甫为十日之饮。已而果然，饮十日而别。"（李贽《续焚书》卷二，第 53 页）可见万历九年冬两者会于黄安，则不当有此信。综上，李贽《老子解》作于万历十年冬，李贽此封《与焦弱侯》书作于《老子解》后。

中回忆作此书情形曰："当时特为要删太繁，故于隆寒病中不四五日涂抹之。"①

　　李贽在《庄子解》写出不久，即与《老子解》一起托人转交焦竑，希望焦竑能将之一并刻出。万历十一年夏，李贽《与焦弱侯》书曰："讱庵到京任不？前寄去二《解》，彼时以兄尚未可归，故先寄讱丈，令送兄览教。二《解》不知有当兄心不？《南华》如可意，不妨刻行，若未也，可即付之水火。"②对《庄子解》，李贽持"如可意，不妨刻行"，不可意就可扔掉的潇洒态度。对《老子解》，则认为不仅对自己学道而且对世人甚至后人学道都是"关系要切"之书，故对此书的刊刻持有更复杂的心态。万历十五年，其《与焦从吾》书云：

> 　　见讱庵兄，幸出此相讯。云《湖上语录》有无念从旁录出，弟以其人好事，故不之禁，又不知其遂印行，且私兄与讱庵也。可笑！可笑！今已令其勿行之矣。大凡语言非关系要切，自不宜轻梓以传，即关系切要，人亦必传之，又不待己自传也。
>
> 　　然言语一关切，便无人肯看；纵有看者，举四海之内，不过两三人耳。岂惟当世，即后世亦不过两三人耳。以两三人之故而费，不如人抄写一本自览之为便。如《解老》等，只宜欲览者各抄一册，不宜为木灾也，何如何如？③

一方面，李贽肯定有的书是有益于世的，而有益于世之书，则必会流传，这是他对书籍文化价值的基本认知；另一方面，他提出真正有益于世之书往往曲高和寡，看者寥寥。可以看出，李贽对自己的《老子解》有有益于世的认定和必传的信心，这同时也是打动赞助者的理由。他表达了传播己作的热望，哪怕是以抄本的形式，同时显示出其图书刊刻早期经济

---

① 李贽《焚书》卷一，《李贽文集》（第一卷），第1册，第8页。
② 李贽《续焚书》卷一，第12页。
③ 李贽《续焚书》卷一，第43页。

上的窘迫、销售前景的不确定以及由此而来的忧虑。显然,李贽深刻认识到图书刊刻对传播的重要意义,非常希望焦竑能够施以援手。

此次焦竑未能给李贽以刊刻的承诺,所幸不久黄安县令刊刻了《心经提纲》和《老子解》两种。李贽《提纲说》云:"黄安邑侯既刻《提纲》矣,复并予所注《道德解》并刻之。"①或许《老子解》书板归于李贽,至少李贽可以用此书板刷印。其《与焦弱侯》第七书云:"《解老》板,弟欲发去,竟不果。见有四本附去,但以与能观、喜观者,勿漫置之覆酱家也。"②又第六书云:"所托李如真买荆川连,殊不佳,难以书写,诸兄有相念者,但嘱令买此物转寄可矣。欲印刷二十馀册《解老》去,而马大即于山中告别,容后便寄去。择可与言者与之,亦不枉作《解老》一场也。"③李贽欲用书板印刷二十馀册《老子解》送焦竑,可惜委托带书的马大直接从山中与李贽告别,可能因书板保存在邑中,故此次未能带成。李贽希望关心他的朋友们能寄送他质量好一点的荆川连纸,也是为了多刷印一些《老子解》。万历十六年,潘士藻在金华将《三经解》全部刻出。李贽《答焦漪园》书云:

> 潘雪松闻已行取,《三经解》刻在金华,当必有相遗。遗者多,则分我一二部。我于《南华》已无稿矣……《老子解》亦以九日成,盖为苏注未惬,故就原本添改数行。《心经提纲》,则为友人写《心经》毕,尚馀一幅,遂续墨而填之,以还其人。皆草草了事,欲以自娱,不意遂成木灾也……潘新安何如人乎?既已行取,便当居言路作诤臣矣,不肖何以受知此老也,其信我如是?岂真心以我为可信乎?抑亦从兄口头便相随顺信我也?若不待取给他人口头便能自着眼睛,

---

① 李贽《李温陵集》卷九,《四库全书存目丛书》集部第126册,第274页。据《(康熙)黄安县志》卷八《职官志》,万历十一年至十五年,知县"余和,浙江会稽人,举人"(《天津图书馆孤本秘籍丛书》第7册,全国图书馆文献缩微制作中心,1999年,第278页)。

② 李贽《李卓吾先生遗书》卷上,《四库禁毁书丛刊补编》据万历四十年本影印,第72册,北京出版社,2005年,第13页。

③ 李贽《李卓吾先生遗书》卷上,《四库禁毁书丛刊补编》第72册,第12页。

索我于牝牡骊黄之外，知卓吾子之为世外人也，则当今人才，必不能逃于潘氏藻鉴之外，可以称具眼矣。①

对潘士藻为之刻《三经解》，李贽颇为惊喜，他虽然怀疑潘氏是因为焦竑而刻此书，但对潘氏若能自出己意而刻《三经解》则给予称赞，悬测潘氏能识己书则必能识天下大才，则李贽对潘氏的赞美又不啻是赞美己之《三经解》。由此书还可见出，虽然李贽是《三经解》的作者，但潘士藻刻书前并未征得李贽的同意，刻书中，也未经作者编校，书刻成后，也未第一时间寄书给作者。焦竑可能是作者和刻书者之间的中介，可能是他供稿给潘士藻，故李贽猜测焦竑应该获得了赠书，请求他如果获赠多的话，可以分给自己一二部。可见在李贽《三经解》刊刻的个案中，作者非常希望传播己作，更希望刻书者能认同自己的思想（"信我"），而自己的思想和学说也能够通过刊刻传播。他并无从图书刊刻中获利之想，并将他人为自己刻书看作是给予自己的恩惠。

二、万历十八年：作为思想和生存斗争武器的图书刊刻

万历八年，李贽读史、论史工作也开始了。上引与焦竑书中，李贽云隆冬"不复亲近册子"的"册子"，即是"史册"。同书云："山中寂寞无侣，时时取史册披阅，得与其人会觌，亦自快乐……自古至今多少冤屈，谁与辨雪，故读史时真如与百千万人作对敌，一经对垒，自然献俘授首，殊有绝致，未易告语。近有读史数十篇，颇多发明。"八年后的万历十六年春，李贽的论史著作已有了不止二千叶，并有了《李氏藏书》之名。《答焦漪园》书曰：

> 承谕，《李氏藏书》，谨抄录一通，专人呈览。年来有书三种，惟

---

① 李贽《焚书》卷一，第8页。潘雪松，名士藻，字去华，号雪松，新安人。万历十一年进士，"潘雪松闻已行取"，指万历十六年潘士藻由温州推官至朝中任福州道御史。

此一种，系千百年是非，人更八百，简帙亦繁，计不止二千叶矣。更有一种，专与朋辈往来谈佛乘者，名曰《李氏焚书》。大抵多因缘语、忿激语，不比寻常套语，恐览者或生怪憾，故名曰《焚书》，言其当焚而弃之也。见在者百有馀纸，陆续则不可知，今姑未暇录上。又一种则因学士等不明题中大旨，乘便写数句贻之，积久成帙，名曰《李氏说书》，中间亦甚可观。如得数年未死，将《语》《孟》逐节发明，亦快人也。惟《藏书》宜闭秘之，而喜其论著稍可，亦欲与知音者一谈，是以呈去也。其中人数既多，不尽妥当，则《晋书》《唐书》《宋史》之罪，非余责也。

窃以魏晋诸人标致殊甚，一经秽笔，反不标致。真英雄子，画作疲软汉矣；真风流名世者，画作俗士；真啖名不济事客，画作褒衣大冠，以堂堂巍巍自负。岂不真可笑！因知范晔尚为人杰，《后汉》尚有可观，今不敢谓此书诸传皆已妥当，但以其是非堪为前人出气而已，断断然不宜使俗士见之。望兄细阅一过，如以为无害，则题数句于前，发出编次本意可矣，不愿他人作半句文字于其间也。何也？今世想未有知卓吾子者也。然此亦惟兄斟酌行之。弟既处远，势难遥度，但不至取怒于人，又不至污辱此书，即为爱我。中间差讹甚多，须细细一番乃可。若论著，则不可改易，此吾精神心术所系，法家传爱之书，未易言也。[1]

虽然也论及《焚书》《说书》，但此信主要与焦竑谈论《藏书》。此时，《藏书》已写成不止二千叶，李贽以"诸传""论著"来讨论《藏书》，此次抄录给焦竑的主要是与《晋书》《唐书》《宋史》人物相关的"论著"和与范晔《后汉书》相关的比较完整的"诸传"和"论著"。相对于"诸传"，李贽更珍视"论著"，因为它们是通过历史素材表达一己"精神心术"，所以他斩钉截铁地说"不愿他人作半句文字于其间"，"不可改易"，即使是知音如焦竑，李贽也只赋予其"题数句于前，发出编次本意"的权力而已，这是作者对自己

---

[1] 李贽《焚书》卷一，第7页。

著作的思想准确性和完整性的坚持。李贽既云"弟既处远,势难遥度,但不至取怒于人,又不至污辱此书,即为爱我",他希望《藏书》能在焦竑所及之地以"不取怒于人"的方式传播,虽然不能确知此时焦竑对《藏书》如何"斟酌行之",但李贽希望焦竑担当《李氏藏书》的编者和传播中介的身份则是可以肯定的,而作者的诉求就是传播自己的思想。

　　万历十六年初夏,李贽将"专与朋辈往来谈佛乘者"称之为《李氏焚书》。明本《李氏焚书》《李温陵集》首篇都是写于万历十四年的《答周西岩》,此篇表达了李贽"既成人矣,又何佛不成"和"天下宁有人外之佛、佛外之人乎"①的观点,所以"谈佛乘者"的"成佛"问题本质上是"成人"问题。《李氏焚书》《李温陵集》收录最早的是李贽写于万历十二年的《答耿中丞》,在这封信中,李贽自信地宣称,他的思想("道")是可以推扩而成为天下人之公论的:"夫以率性之真,推而扩之,与天下为公,乃谓之道。既欲与斯世斯民共由之,则其范围曲成之功大矣。"②自万历十二年至万历十六年,《焚书》中收录最多的是李贽"与耿公辩论之语",焦点问题是耿定向之学"得于孔子而深信之以为家法",而李贽认为"孔子未尝教人之学孔子",成人当"由己"。③对于手中"百有馀纸"的《李氏焚书》,因为这些书信文章的写成很大意义上取决于朋辈的外在刺激,故李贽对这部书的写作走向的预测是"陆续则不可知"。又因为《焚书》"大抵多因缘语、忿激语,不比寻常套语,恐览者或生怪憾,故名曰《焚书》,言其当焚而弃之也"。此时李贽尚无刊刻《焚书》的意图。

　　万历十六年暑夏,李贽寄给焦竑"近作一册四篇奉正,其二篇论心隐者不可传"④。"二篇论心隐者",若今尚存,最可能指《李氏焚书》卷三、《李温陵集》卷八的《何心隐论》和《焚书》卷一、《李温陵集》卷一的《答邓明府》"何公死"篇。此二文可看出李贽与耿定向辩论的性质可能已逸出论学的范围,李贽已经感觉到可能有的人身攻击和暴力属性。《何心隐

---

① 李贽《焚书》卷一,第1页。
② 李贽《焚书》卷一,第15页。
③ 李贽《答耿中丞》,《焚书》卷一,第15页。此书作于万历十六年。
④ 李贽《与焦漪园太史》,《续焚书》卷一,第27页。

论》，李贽在论张居正和何心隐，似乎也是在论耿定向和自己，他对张居正正面认同者多，矛头更多指向"杀何心隐"而"媚张相"的人们，亦如他对耿定向认同者多，屡屡欲与耿和解，而最终为媚耿者所杀一样。李贽在文中描绘了何心隐事件的波及程度：

> 公独来独往，自我无前者也。然则仲尼虽圣，效之则为颦，学之则为步丑妇之贱态，公不尔为也。……今观其时武昌上下，人几数万，无一人识公者，无不知公之为冤也。方其揭榜通衢，列公罪状，聚而观者咸指其诬，至有嘘呼叱咤不欲观焉者，则当日之人心可知矣。由祁门而江西，又由江西而南安，而湖广，沿途三千馀里，其不识公之面而知公之心者，三千馀里皆然也。非惟得罪于张相者有所憾于张相而云然，虽其深相信以为大有功于社稷者，亦犹然以此举为非是，而咸谓杀公以媚张相者之为非人也。则斯道之在人心，真如日月星辰，不可以盖覆矣。①

何心隐之道，何心隐之心，何以能让三千里不识公者知之？即使迫害者使用"揭榜通衢，列公罪状"的手段加以宣传，何以能使"聚而观者咸指其诬，至有嘘呼叱咤不欲观焉者"？因为何心隐之道、之心已入人之心，而刊刻是宣传、传播思想的最有效的手段。李贽通过高何心隐者之口将人群分为接受何心隐之道"无假"的"匹夫"和迫害何心隐的"谈道无真"者："由今而观，彼其含怒称冤者，皆其未尝识面之夫；其坐视公之死，反从而下石者，则尽其聚徒讲学之人。然则匹夫无假，故不能掩其本心；谈道无真，故必欲划其出类。又可知矣。"②顺此思路，李贽将人群分为三类："犹能与匹夫同其真者"的"世之贤人君子"、无假"匹夫"和"谈道无真"者。李贽之道就是为了呈于前两类人之前的。

万历十八年，李贽在麻城自刻了《说书》，这应该是李贽自刻书之始。

---

① 李贽《焚书》卷三，第 83 页。
② 李贽《何心隐论》，《焚书》卷三，第 83—84 页。

在《自刻说书序》中，他交代了自刻书的曲折心绪：

> 李卓吾曰：余虽自是，而恶自表暴，又不肯借人以为重。
>
> 既恶表暴，则宜恶刻书，而卒自犯者何？则以此书有关于圣学，有关于治平之大道，不敢以恶表暴而遂已也。既自刻矣，自表暴矣，而终不肯借重于人，倘有罪我者，其又若之何？此又余自是之病终不可得而破也。宁使天下以我为恶而终不肯借人之力以为重。
>
> 虽然，倘有大贤君子欲讲修、齐、治、平之学者，则余之《说书》，其可一日不呈于目乎？是为《自刻说书序》。①

他首先承认自己是"自是"之人，而所"自是"的是自己的思想和著作"有关于圣学，有关于治平之大道"。他说他讨厌自我宣扬（"恶自表暴"），而刻书正是一种宣扬，可是为什么还要选择自刻书呢？因为自己的"自是"之学更重要，不得不违拗自己"恶自表暴"之性。最后，李贽还提出不"借人之力以为重"。借人以为重，即依赖、仰仗他人力量为自己的思想和图书撑腰，在自己的思想受到质疑和批评时，依赖他人分担责任。李贽作为纯粹的成人由己的实践者，坚持思想由己，也只能由一己承担思想责任，"宁使天下以我为恶"，选择以一己面对所有可能的质疑，以一己支撑"自是"之道。虽然李贽做好了"宁使天下以我为恶"的准备，同时又不失通过自刻书而与天下"大贤君子"共"讲修、齐、治、平之学"的希望。

李贽《说书》单行本已不存，《焚书》卷二、《李温陵集》卷四所收万历十七年夏秋所作《复焦弱侯》书，提到了几篇《说书》文："《出门如见大宾篇说书》，附往请教。尚有《精一》题、《圣贤所以尽其性》题未写出，容后录奉。"后又云"《不患人之不己知患不知人说书》一篇"②，并引录全文。《李温陵集》卷十八、十九题作《道古录》，四库馆臣云《道古录》即《说书》，

---

① 李贽《续焚书》卷二，第59—60页。

② 李贽《焚书》卷二，第42—43页；《李温陵集》卷四，《四库全书存目丛书》集部第126册，第204页。

不过李贽明确说"至坪上,则有《道古录》四十二章书",则《道古录》万历二十四年作于山西沁水坪上村,同年万卷楼刊行,无上云数篇《说书》文。顾大韶《温陵集序》称《道古录》为《中庸道古》,亦与《说书》分开叙述,其万历年间整理校刊《李温陵集》时,两书并非一种。① 核其内容,《道古录》"尽性之道"一篇略接近《圣贤所以尽其性》题,虽未谈及"圣贤",但也是论《四书》之文。《精一》题篇,未见《道古录》,《焚书》卷一、《李温陵集》卷一《又答石阳太守》,以及《焚书》卷一、《李温陵集》卷二《答耿中丞论淡》,也涉及"精一"之意,或许思想略有关联。上引李贽《答焦漪园》云《说书》是"因学士等不明题中大旨,乘便写数句贻之"而积久成帙者,《复焦弱侯》云《说书》"大抵圣言最切实,最有用,不是空头语"。《说书》是李贽以《四书》题阐发思想的著作,与《焚书》《藏书》在内容上相辅相成,但形式风格和功用颇接近于当时科举文,相较于《焚书》《藏书》,其发行的阻力最小,读者可能最多,最没有异端色彩。先刻《说书》,当是李贽思想斗争的策略。

同年,李贽刻《焚书》,又刻《藏书》的部分论著。《李温陵自序》曰:

> 自有书四种:一曰《藏书》,上下数千年是非,未易肉眼视也,故欲藏之,言当藏于山中以待后世子云也。一曰《焚书》,则答知己书问,所言颇切近世学者膏肓,既中其痼疾,则必欲杀我矣,故欲焚之,言当焚而弃之,不可留也。《焚书》之后又有别录,名为《老苦》,虽同是《焚书》,而另为卷目,则欲焚者焚此矣。独《说书》四十四篇,真为可喜,发圣言之精蕴,阐日用之平常,可使读者一过目便知入圣之无难,出世之非假也。信如传注,则是欲入而闭之门,非以诱人,实以绝人矣,乌乎可! 其为说,原于看朋友作时文,故《说书》亦佑时文,然不佑者故多也。
>
> 今既刻《说书》,故再《焚书》亦刻,再《藏书》中一二论著亦刻,焚

---

① 顾大韶《温陵集序》,《炳烛斋稿》,《四库禁毁书丛刊》据清抄本影印,集部第 104 册,第 546 页。

者不复焚，藏者不复藏矣。或曰："诚如是，不宜复名《焚书》也，不几于名之不可言，言之不顾行乎？"噫噫！余安能知，子又安能知。夫欲焚者，谓其逆人之耳也；欲刻者，谓其入人之心也。逆耳者必杀，是可惧也，然余年六十四矣，倘一入人之心，则知我者或庶几乎？余幸其庶几也，故刻之。①

《自序》论及"自有书四种"，即《藏书》《焚书》《老苦》《说书》。其中《焚书》《老苦》为两种，又可合称《焚书》。此次刻书，《焚书》仅收"书答"，如《何心隐论》等文或当收入《老苦》中，《藏书》仅刊刻了一二论著。序文特别解释"藏书""焚书"之意，其实是对这些著作因切中当世学者的痼疾而可能招致迫害而做的预保护。但万历十八年，他决定藏书不再藏，焚书不自焚，自刻之公之于众，希望因此而使其说"入人之心"，读者"庶几"成为"知我者"，则当世有"子云"。李贽提出尽管自刻《焚书》《藏书》，使得书名已名不副实，也依然不改书名，意在昭示其书的思想尖锐性和战斗性：吾不自焚，你可来焚。

李贽万历十八年刻书，特别是《焚书》，对当世学者指名道姓的批判十分尖锐。如《焚书》卷二《又与焦弱侯》(《李温陵集》卷四作《又与焦秣陵》)中批评黄生一段：

> 黄生过此，闻其自京师往长芦抽丰，复跟长芦长官别赴新任。至九江，遇一显者，乃舍旧从新，随转而北，冲风冒寒，不顾年老生死。既到麻城，[则不容不见我，]见我言曰："我欲游嵩、少，彼显者亦欲游嵩、少，拉我同行，(是以)[故]至此[，幸得相会也]。然显者俟我于城中，势不能一宿。回日当复道此，道此则多聚三五日而别，兹卒卒诚难割舍云。"其言如此，其情何如？我揣其中，实为林汝宁好一口食难割舍耳。然林汝宁向者三任，彼无一任不往，往必满载

---

① 李贽《焚书》卷首，第1页。此文是否仅为《焚书》而作，仍可探讨，据文意，似乎是为万历十八年所刻四种书所作之序。

211

而归，兹尚未厌足，如饿狗思想隔日屎，乃敢欺我以为游嵩、少。夫以游嵩、少藏林汝宁之抽丰来嗛我，又恐林汝宁之疑其为再寻己也，复以舍不得李卓老、当再来访李卓老以嗛林汝宁：名利两得，身行俱全。我与林汝宁几皆在其术中而不悟矣，可不谓巧乎！今之道学，何以异此！

由此观之，今之所谓圣人者，其与今之所谓山人者一也。[1]

李贽细描山人黄生的言行和心理。此人一直在林汝宁处打抽丰，后来见了地位更显赫的大人物，为了更大的利益就舍旧从新。此次到麻城，他又想从旧主林汝宁处捞取好处，于是假意来拜访李贽，因为李贽是退隐者，为迎合李贽，黄生对李贽称自己向往嵩、少，并粉饰自己与大人物之交是共有隐逸之志，他对李贽表现得难舍难分，又说大人物在城中等他故不得不与李贽暂别。李贽清楚地看出黄生以所谓的隐逸之志来跟自己结交，利用自己骗取名声，骗取林汝宁的再信任，从而"名利两得，身行俱全"。想来李贽应该没好意思当面戳穿黄生的嘴脸，不得不隐忍，甚至不得不配合对方的表演，故愤怒、恶心至极吧，所以才有"饿狗思想隔日屎"这样口不择言之语，恨恨地在信中向朋友发泄。

又如《焚书》卷二《复焦弱侯》（《李温陵集》卷四作《复焦秣陵》）的书信是万历十七年写给焦竑的，其书云：

[我已主意在湖上……祝无功过此一会，虽过此，亦不过使人道他好学、孳孳求友如此耳！大抵][2]今之学[道]者，官重于名，名[又]重于学，以学起名，以名起官，（循环相生，而卒归重于官。）使学不足以起名，名不足以起官，则视弃名如敝帚矣。无怪乎有志者多

_____

[1]　李贽《焚书》卷二（第44—45页）、《李温陵集》卷四（《四库全书存目丛书》集部第126册，第205—206页）。[]内文字仅《李温陵集》有，（）内文字仅《焚书》有，其馀两书一致。

[2]　[]内文字仅《李温陵集》（第204页）有，（）内文字仅《焚书》（第42—43页）有，其馀两书一致。《李温陵集》本《复焦秣陵》直接点名祝世禄，《焚书》省略了这几句，《李温陵集》本《焚书》更接近万历十八年刻文本的面貌（详下）。

212

不肯学,多以我辈为真光棍也。于此有耻,则羞恶之心自在。今于言不顾行处不知羞恶,而恶人作耍[游戏],所谓不能三年丧而小功是察(是)也。悲夫!

李贽由祝无功拜访动机延伸至学道者之动机,对当时追逐名利的士风、世风进行了尖锐深刻的批判。基于此,李贽倡导"童心""真人",成人由己,可谓有破有立,具有极大的思想和社会意义。当他下决心将这些原本私下往来的书信公之于众,也就将祝无功示众。祝无功,名世禄,江西德兴人,耿定向学生,与焦竑同为万历十七年进士。公开这些信,当然可能促人反省,但更可能招致执迷不悟者的攻击。因此可理解李贽何以称此书为"焚书",何以有"必欲杀我"之预期,由此愈见其破釜沉舟与士风、世风决一死战的勇气。

李贽将几年来与耿公辩论之语公之于众,引起了轩然大波。耿定向《观生记》云:"(万历十八年)三月初抵里,六月闻谤。"①《求儆书后》云:"刻谤书之梓人。"将李贽所刻之书称作"谤书"。耿定向将李贽以刻书方式公开争鸣定性为薄恶之极的市井无赖的投揭诟骂("揭诟")之举。《求儆书后》云:

> 夫揭诟,乃近俗薄恶之极,市井无赖者所为,然或以名位相轧,或以訾产相构,或以眦睚丛怨,亦必有因。予于伊、凤无此三者,言论虽有抵,只为天下人争所以异于禽兽者几希界限耳。②

在耿定向看来,"揭诟"不是学术争鸣的正确方式,可见李贽以刻书公开思想争鸣,确实是一种斗争新形式。次年,耿定向学生蔡弘甫作《〈焚书〉辨》。耿定向整理了与李贽辩论的相关文稿成《求儆书》予以反击,其《求

---

① 耿定向《观生纪》(《耿天台先生全书》卷八),《北京图书馆藏珍本年谱丛刊》第50册,北京图书馆出版社,1999年,第53页。

② 耿定向《耿天台先生文集》卷六,《四库全书存目丛书》集部第131册,第173页。

徼书》云："何以振我而刷浣我者？余初省致诟之由，茫然不得其端。近检笥牍稿，始解所自云。惟伊学术已大发泄于此，顾念予年七十，尚不免集诟耻矣，诸所诬诋，羞置一喙，谨以牍稿数草，录寄相知者一览，高贤按此谂予之缺而箴徼之是望。"①耿定向认为李贽刊刻《焚书》，则"伊学术已大发泄于此"，所以效其人之道，先将《求徼书》寄给相知者阅览，后亦刊刻，耿定向也是以刻书的方式与李贽展开斗争，尽管他回护自己的行为只是审视自己的缺失并希望他人规诚而已。

李贽万历十八年刻书影响巨大。袁宏道《得李宏甫先生书》云："悲哉击筑泪，已矣唾壶心。迹岂《焚书》白，病因《老苦》侵。有文焉用隐，无水若为沉。"②此诗作于万历十八年，诗中提到《焚书》《老苦》，感慨李贽"老骥伏枥，志在千里，烈士暮年，壮心不已"的豪迈以及以文作战的精神。之后《焚书》一直伴随着袁宏道，如万历二十三年袁宏道在给李贽信中说："吴中无一人语及此，幸床头有《焚书》一部，愁可以破颜，病可以健脾，昏可以醒眼，甚得力。"③

李贽在《焚书》中虽公开怀疑祝世禄拜访自己只是"使人道他好学、孳孳求友"，祝世禄却是李贽期待的当世"子云"，对《焚书》指名道姓的批评不以为忤，十分赞赏李贽思想的洞见。约万历十八年祝世禄给同年、麻城令游朋孚（1554—1624）写信道：

> 李宏父侨居贵治，彼原以优婆夷托宰官身，而今以宰官身复入优婆夷，年丈得无疑而畏之。此老在滇中以禅理为吏治，神则神君，慈则慈母，诸凡注措脱尽今世局面，散寮为姚安人，亹亹能言之。拂袖归来，著作甚富，有《藏书》，有《焚书》，有《说书》，其立论多出前人所未有，执陈说旧见者闻之不怒则笑，不笑则惊悸而却走，乃其中煞有千古不可磨灭之见，定当与柱史、园吏、盲史、腐令独行于天地间，

① 耿定向《求徼书》，《耿天台先生文集》卷六，第172—173页。

② 袁宏道著，钱伯城笺校《袁宏道集笺校》卷一《敝箧集·诗》，第25页。

③ 袁宏道《李宏甫》，袁宏道著，钱伯城笺校《袁宏道集笺校》卷五《锦帆集·尺牍》之三，第221页。

足下亦见之乎无也？敬问。①

祝世禄赞美作为地方官的李贽，更赞美李贽三《书》，他以为李贽因三《书》而奠定的文化地位，是可以与老子、庄子、左丘明、司马迁独行于天地间的。

梅国桢（1542—1605）也因李贽刻书而成为李贽的坚定支持者。梅国桢答李贽书曰："目病一月，未大愈，急索《焚书》读之，笑语人曰：'如此老者，若与之有隙，只宜捧之莲花座上，朝夕率大众礼拜以消折其福，不宜妄意挫抑，反增其声价也。'"②可见《焚书》刊刻确使士人了解了李贽，成为许多人思想的灯塔，同时也让反对派的反击更猛，而反击者的挫抑，更使李贽身价倍增。

三、《焚书》的再版以及他书的自刻

万历十九年，李贽收到来自全国各地许多好道者的邀请，其《答刘晋川书》云：

> 为道日急，虽孤苦亦自甘之……久已欲往南北二都为有道之就，二都朋友亦日望我，近闻二都朋友又胜矣。承示吴中丞札，知其爱我甚。然顾通州虽爱我，人品亦我所师，但通州实未尝以生死为念也。此间又有友山，又有公家父子，则舍此何之乎？今须友山北

---

① 祝世禄《与游麻城》，《环碧斋尺牍》卷二，《四库全书存目丛书》据明万历本影印，集部第 94 册，第 267 页。据顾起元《明文林郎湖广黄州府麻城县知县都岳游公行状》："（游朋孚）戊子举应天乡试，明年对公车成进士，观兵部政，时公年三十有六矣。明年随牒授楚之麻城令。"（顾起元《雪堂随笔》卷一，《四库禁毁书丛刊》据天启七年刻本影印，集部第 80 册，第 215 页）但据吴亮辑《万历疏抄》卷十二钱梦得《按臣并勘非例乞查台规以重宪体疏》（《续修四库全书》第 468 册，第 524—525 页），游朋孚万历二十七年在麻城令后被弹劾罢官，万历二十四年至二十六年间为麻城令。

② 李贽《焚书》卷二《与梅衡湘》所附《答书二首》之二，第 61—62 页。

> 上，公别转，乃往南都一游……吴中丞虽好意，弟谓不如分我俸资，使我盖得一所禅室于武昌城下。草草奉笑，可即以此转致之。①

此时李贽受邀"就道"之所至少有南北二都、河南巡抚吴自新（吴中丞）处、通州顾养谦处，但他宁愿仍居武昌与周思敬（友山）、湖广左布政使刘东星父子一起求道。万历二十年春，《焚书》又有新刻。是年春李贽《与河南吴中丞书》曰：

> 迩居武昌，甚得刘晋老之力。昨冬获读与晋老书，欲仆速离武昌，甚感远地倦倦至意。兹因晋老经过之便，谨付《焚书》四册，盖新刻也，稍能发人道心，故附请教。②

此时刘东星由湖广左布政使徙任河北保定巡抚，因途经河南，李贽托他带新刻《焚书》四册给河南巡抚吴自新。新刻《焚书》，不再有《老苦》之称，想必书答和论著已并入《焚书》，或因收录万历十八至十九年间书答和杂述之故，已成四册规模，较十八年刻本至少多出一册？③ 此时李贽依刘东星、周思敬居武昌，此四册《焚书》或刻于武昌。

万历二十年夏秋，周思敬赴南京大理寺卿任，李贽托他带书给焦竑。李贽《与焦弱侯》云：

> 《焚书》五册、《说书》二册，共七册，附友山奉览。乃弟所自览者，故有批判，亦愿兄之同览之也，是以附去耳。④

李贽将自用的、上面有不少批注的《焚书》《说书》托人带给焦竑阅览，此

---

① 李贽《焚书》卷二，第53页。
② 李贽《焚书》卷二，第63页。
③ 许建平《〈焚书〉刊刻过程、版本及真伪》一文推测万历十八年刻《焚书》和《老苦》各一册。《老苦》当为一册。
④ 李贽《续焚书》卷一，第32页。

处《焚书》《说书》底本是写本还是刻本虽不能确定，所可知者，即便是已刊刻过的《焚书》《说书》，李贽也常有批点修改。同书李贽还提到对《李氏藏书》的批点修改："《李氏藏书》中，范仲淹改在《行儒》、刘穆之改在《经国臣》内亦可。此书弟又批点两次矣，但待兄正之乃佳。"①

　　在李贽刊刻己作时，应该也有书商刻了李贽著作，与上言《三经解》一样，这些书商成书后也不向作者交代。李贽《复丘长孺》书曰：

　　　　仆病一月馀矣，大抵旦暮且辞世也。闻有新刻，眼且未见，书坊中人落得不闻仆踪影，且去觅利得钱过日，何苦三千馀里特地寄书与我耶？实无之，非敢吝。②

丘长孺名坦，麻城人。应该是丘坦听说书商为李贽刻书，遂向李贽求赠，李贽回此信抱怨书商，不过既言"何苦三千馀里特地寄书与我耶"，想必李贽还是知道书商为谁的。

　　在李贽看来，书商刻书，作者无法掌控，另外也是出于对己作重视和负责任的态度，李贽尽可能地自己刊刻己作，自己保存书板，这样也可一定程度掌控图书发行。其万历二十四年《与方忉庵》曰：

　　　　今春湖上纂《读孙武子十三篇》（引者按：李贽《孙子参同》底本），以六书参考，附著于每篇之后，继之论著，果系不刊之书矣。夏来读《杨升庵集》，有《读升庵集》五百叶，升庵先生固是才学卓越，人品俊伟，然得弟读之，益光彩焕发，流光于百世也。岷江不出人则已，一出人，则为李谪仙、苏坡仙、杨戍仙，为唐、宋并我朝特出，可怪也哉！余琐琐别录，或三十叶，或七八十叶，皆老人得意之书，惜兄无福可与我共读之也。……我虽贫，然已为僧，不愁贫也，唯有刻此二种书，不得不与兄乞半俸耳。此二书全赖兄与陆天溥都堂为我刻

----

① 李贽《续焚书》卷一，第33页。
② 李贽《续焚书》卷一，第11页。

行,理当将书付去,然非我亲校阅入梓,恐不成书耳。兄可以此书即付陆都堂。①

方切庵名沇,莆田人,时为宁州知州;陆天溥名万垓,一字天畦,号仲鹤,浙江平湖人,时为梧州知府。因方知州、陆知府资助李贽刻上述二书,李贽虽然认为,按常理自己应该将二书书稿送至二人任所,由二人以官刻、私刻或坊刻等形式刊出,但他担心"非我亲校阅入梓,恐不成书",坚持由对方给他费用,自己进行刊刻。作者将书稿交资助者还是资助者将资金交作者,虽然结果都是刻书,但两种方式呈现出的对知识思想的掌控权是完全不同的,可以想见,当时《读孙武子》《读升庵集》应该也有李贽的自刻本。

上文提到李贽准备将《解老》书板给焦竑运去,可见他对《解老》书板有拥有权。他万历十八年自刻三《书》,万历二十年又新刻《焚书》,所以李贽需要保存书板的空间。万历二十二年其《与周友山》曰:

> 独老子未有读书室耳,欲于佛殿之后草创一阁,阁下藏书并安置所刻书板,而敞其上以备行吟讽诵,兄能捐俸助我乎? 三品之禄,一年助我,两年贻厥孙谋,未为不当也。②

万历二十二年十月,周思敬由南京大理寺卿升任南京工部右侍郎,为三品官,李贽希望他在三年右侍郎任上,能够拿出一年的俸禄给他盖个读书处,二年俸禄为子孙,这虽有点玩笑的味道,但其有藏书楼之需要则是事实。他向官员提出"乞半俸"、乞三分之一俸之语,也颇能见出明代思想家的自信以及官员赞助思想家的力度。

万历二十三年初,原广东参议史旌贤就任湖广按察司佥事兼湖北分巡道,此人是耿定力故人,对耿定向执弟子礼。尽管李贽坚持耿定向兄

---

① 李贽《续焚书》卷一,第7—8页。
② 李贽《续焚书》卷一,第10页。

弟绝不会对自己落井下石，但史旌贤确屡以"大坏风化"罪攻击李贽，并有将李贽逐出麻城（"去之"）之动议①。李贽并不害怕被驱逐后无所立足，事实上欢迎他、希望供养他的人全国各地都有。观万历二十四年李贽给梅国桢二弟梅国楼所写之信就可得知，其《与梅琼宇》曰：

> 承念极感！生所以出家者，正谓无有牵挂，便于四方求友问道而已。而一住黄、麻二邑，遂十六载，可谓违却四方初志矣。故晋川公遣人来接，遂许之。又以此老向者救我之恩不敢忘，相念之勤不能已，可去之会又适相值也。
>
> 然友山爱我之心甚于晋老，知己之感亦甚于晋老，其救我之恩虽晋老或未能及，何也？耿门三兄弟，皆其儿女之托，至亲也；天台又其严事之师；楚倥又其同志之友；若叔台之相与亲密，又其不待言者也。夫论情则耿门为至重，论势则耿门为尤重，乃友山顿舍至重之亲不顾、尤重之势不管，而极力救护一孤独无援之老人，则虽古人亦且难之，恐未易于今人中求也。乃今以友山故，幸得与天台合并，方出苦海即舍而他去，则生真忘恩负义之人矣，是岂友山盖精舍以留生之本意哉！是以生虽往山西，断必复来。宁死于此，决不敢作负恩人也。
>
> 本约以是月初十往，开春便回，不意又闻史道欲以法治我，是又天不准我往山西去也，理又当守候史道严法，以听处分矣。想晋老闻之，亦能亮我。草草奉复，幸一照。②

是书是对梅国楼得知李贽要去山西时来信希望李贽能再回麻城的复书，李贽解释他准备短暂地去山西一趟，因为刘东星派人来接他，他一来铭感几年前在黄安与耿定向冲突时刘东星请他至武昌，二来对方殷勤相念，三来对方正在山西守制可以一起谈学求道。他又解释为什么一定会

---

① 李贽《答来书》《与周友山》等，《续焚书》卷一，第 16、13—14 页。

② 李贽《续焚书》卷一，第 21—22 页。

回麻城，因为这是他对周思敬爱他之情、知己之感和救护之恩的感恩和报答。此时耿定向与李贽因周思敬调停，已经和好（"今以友山故，幸得与天台合并"），李贽云与耿定向和好自己犹如脱离"苦海"，表明他在与耿定向思想冲突时的备受煎熬。本来李贽已确定好了动身日期，"又闻史道欲以法治我"，这印证了李贽对"杀何心隐"而"媚张相"者的论述。"又闻"表明史旌贤并未正式行动，但李贽还是决定不走了，他绝不回避对方的治罪，因为对方公开其罪，自己也正可以乘机申诉非罪，这未尝不是引入公众仲裁的机会。①

与此同时，李贽也想通过刊刻图书的方式让公众（包括"史道"之流）了解他，能让自己"永远可住龙湖"。其《与周友山》曰：

> 诸侍者恐我老而卒急即世，祸及之，因有《豫说戒约》数条，不觉遂至二十馀叶。虽只豫为诸侍说约，而末遂并及余之平生，后人欲见李卓老者，即此可当年谱矣。日者有友欲为命梓，若梓出则卓吾纵无外护，亦永远可住龙湖。盖言语真切至到，文词惊天动地，人自爱而传，哀而怜我，惜其稿在彼处耳。兄如欲见，径从彼索，便知老子之心苦矣。……盖自量心上无邪，身上无非，形上无垢，影上无尘，古称"不愧""不怍"，我实当之。是以堂堂之阵，正正之旗，日与世交战而不败者，正兵在我故也。正兵法度森严，无隙可乘，谁敢邀堂堂而击正正，以取灭亡之祸钦！
>
> 《观音问》中有二条佛所未言，倘刻出，亦于后生有益。②

《豫说戒约》当即今《焚书》卷四的《豫约》，当时应有单行本，是李贽朋友

---

① 对史旌贤欲以法治李贽罪以及李贽的反应，李贽多有表述，其中《与耿克念》表达得最清晰，他说："窃谓史道欲以法治我则可，欲以此吓我他去则不可。夫有罪之人，坏法乱治，案法而究，诛之可也，我若告饶，即不成李卓老矣。若吓之去，是以坏法之人而移之使毒害于他方也，则其不仁甚矣！他方之人士与麻城奚择焉？故我可杀不可去，我头可断而我身不可辱，是为的论，非难明者。"（《续焚书》卷一，第22—23页）

② 李贽《续焚书》卷一，第13—14页。

为之刊刻的，李贽虽然没有说刊者姓名，想来周思敬也是熟悉的，所以李贽才说："如欲见，径从彼索。"李贽用《豫说》向世人、也向后世人公开自己的生活内容、生活方式和一生的思想活动及精神追求，正如书中所言自己"心上无邪，身上无非，形上无垢，影上无尘"。他认为这篇文章刊刻后，大众因爱这篇文章而更加传播它，也因这篇文章而爱怜这个人，因此纵然在麻城无周友山等人的保护，也同样可以永住。或许是因为这些文章的刊刻，此次史旌贤没有驱逐李贽，李贽在万历二十四年①秋天如期来到山西沁水坪上。

李贽人到哪里，书就刻到哪里。其《老人行叙》追忆道：

> 余是以足迹所至，仍复闭户独坐，不敢与世交接。既不与世接，则但有读书耳。故或讽诵以适意，而意有所拂则书之；或俯仰以致慨，而所慨勃勃则书之。故至坪上，则有《道古录》四十二章书；至云中，则有《孙子参同》十三篇书；至西山极乐僧舍，则有《净土诀》三卷书。随手辄书，随书辄梓，不能禁也。又有《坡公年谱》并《后录》三卷，陈正甫约以七八月余到金陵来索。又有《藏书·世纪》八卷、《列传》六十卷，在塞上日，余又再加修订，到极乐即付焦弱侯校阅，托为叙引以传矣。今幸偕弱侯联舟南迈，舟中无事，又喜朋盍，不复为闭户计矣。括囊底，复得遗草，汇为二册，而题曰《老人行》，不亦宜欤！②

《道古录》（又名《明灯道古录》）四十二章，《李温陵集》卷十八、十九题作《道古录》，十八卷有十八章，十九卷二十四章，合四十二章，或即《道古录》全书。万历二十四年秋至次年春，李贽与刘东星"夜夜相对"讲学，刘东星子用相（字肖川）、犹子用健也"夜夜入室质问《学》《庸》大义"，后

---

①　李贽《九日坪上诗》，《焚书》卷六，第 229 页。《道古录引》所附刘东星《书道古录首》："先生欣然不远千馀里与儿偕来，从此山中，历秋至春，夜夜相对。"（《李温陵集》卷十，《四库全书存目丛书》集部第 126 册，第 290 页）

②　李贽《续焚书》卷二，第 57 页。

来用相、用健录其中讲《大学》《中庸》的一小部分,刘东星"亟令梓行",即为《道古录》。关于梓行此书的想法,刘东星说:"虽先生之意,亦予意也,亦相与健等之同意也。"①可见李贽是刻书的发起人,刘氏父子是支持者。《道古录》应该是在沁水刻的,不过万历二十五年春夏书刻成时,李贽已来到了大同梅国桢处,他从大同寄书给在京任左通政的耿定力,也想寄给在京任职的焦竑,不知何因,李贽表现得有点犹豫。其《与耿子健》曰:"刘肖川到,得《道古录》二册,谨附去览教。尚有二册欲奉弱侯,恐其不欲,故未附去,试为我问之何如?"②此书有南京万卷楼刊本,应该后于山西刻本。万历二十五年夏、初秋,李贽依大同巡抚梅国桢,万历二十年,梅国桢平定宁夏兵变,李贽特为之作文,故在大同时,李贽写成兵书《孙子参同》十三篇。万历二十五年九月,李贽从大同来到北京,寓居西山极乐寺,故作《净土诀》三卷。这两种书,也是"随手辄书,随书辄梓",可知李贽一直以著书刻书宣传自己的思想,同时告知世人自己的行踪,也以此维持着一位活跃思想者的曝光度。

万历二十七年所刻李贽《藏书》一般认为是焦竑刊刻的,或许经费是焦竑筹措的,但李贽本人应该才是真正的刊刻者,他也因《藏书》的刊刻建立起了再刊《焚书》《说书》的生产合作模式。从万历二十四年至二十七年,说李贽的主要工作就是刊刻《藏书》似乎也不为过。《藏书》篇幅大,共六十八卷,八十馀万字,万历二十七年刻本共二千三百馀叶。从上文所论李贽的写作习惯看,他是先写,到一定规模时,会抄录寄给朋友看,然后根据朋友意见加以调整修改,如上引万历二十年与焦竑书讨论范仲淹、刘穆之传归类问题,加上各种批注,可以想象,其《藏书》书稿一定是修改、批注纷陈的。上文已论,李贽对自己书籍整理刊刻的准确性要求很高,更何况李贽非常重视自己的《藏书》。万历十六年,第一本书《三经解》被刊刻时,他说:"不意遂成木灾也。若《藏书》则真实可喜。"万

① 刘东星《书道古录首》,李贽《李温陵集》卷十,《四库全书存目丛书》集部第126册,第290—291页。

② 李贽《续焚书》卷一,第43页。

历十八年，他只刻了一点点《藏书》论著。可是，万历二十四年的麻城，实在不具备自刻这样一部大书的大批人手和安定的环境，没有地方官的支持，史旌贤还动辄说要将他驱逐出境。万历二十四年秋李贽是带着《藏书》稿子出发的，六十八卷本的大书，要整理誊录出一个可以让刻书人看清的定稿，可以想象这对早在万历二十年就感叹"抄写之难，纸笔之难，观看之难"①的七十岁的思想家来说，无疑是可怕的工作。虽然我们难以确考李贽是否是为了《藏书》刊刻投奔刘东星的，但随着时间的推移，李贽逐渐将《藏书》刊刻工作提上了日程。

对于《藏书》，李贽一直与焦竑有商有量，在万历二十五年的旅次中，李贽的《藏书》已接近完稿，他开始与焦竑讨论此书的刊刻。在上引写于大同的《与耿子健》书中，李贽还托耿定力带话给焦竑："并为道《藏书》收整已讫，只待梅客生令人录出，八月间即可寄弱侯再订，一任付梓矣。纵不梓，千万世亦自有梓之者，盖我此书，乃万世治平之书，经筵当以进读，科场当以选士，非漫然也。"此封书信信息众多，非常值得分析。首先，在大同，李贽对《藏书》作了最后修订，是梅国桢令人为李贽誊录了六十八卷八十餘万字的定稿。李贽离开舒适惬意的坪上村，②未尝不是为了《藏书》的誊录工作。因为刘东星守制在家，刘用相、刘用健等人是可以帮忙，但只能是篇幅不大的小书，要在几个月内誊录出六十八卷的巨著，只有巡抚衙门中的众多抄手帮忙才能完成。③　其次，如果按信中所言万历二十五年"八月间""寄弱侯再订"，写此信时，李贽或许还没有入京的打算，此书稿部分是李贽亲自带到京师的，因为他九月九日已寓居西山极乐寺④。上引《老人行叙》明确说："到极乐即付焦弱侯校阅，托为叙

---

①　李贽《与焦弱侯》，《续焚书》卷一，第 32 页。

②　张建业《李贽评传》，福建人民出版社，1992 年，第 140—143 页。

③　李贽万历二十五年春天还在坪上村，九月九日已到北京，其在大同时间应不足半年。按抄手每人每天抄写 1000 字的速度计算，李贽《藏书》需要 5 至 6 人抄写半年。关于抄手工作量，详参李明君《简论中国古代"佣书"职业》，《经济研究导刊》2013 年第 16 期。

④　李贽《九日至极乐寺闻袁中郎且至喜而赋》，《焚书》卷六，第 243 页。

引以传矣。"部分当是梅国桢后来送至北京的。上海博物馆藏李贽书札一通:"在寓所时不觉有失,到极乐始爽然自失矣。肖川以僮仆催逼,于十六日行……《孙子》刻何似?《藏书》抄出何时当竟?但望催发为感。"①可见《藏书》尚未全部抄好。第三,"纵不梓"一段,说明李贽对能否依靠焦竑刻出《藏书》尚没有信心,不过这段自我推销的话,不但从传世("万世治平之书"),也从政治("经筵""进读",焦竑当时就任此职)、经济("科场")的实用性角度推销此书,在在显露出李贽想刻出《藏书》的热切。

万历二十六年春,李贽与罢经筵的焦竑带着《藏书》定稿沿着运河南下金陵。二十六年至二十七年间,李贽留在南京,虽然为讲学,然未必不是与《藏书》在南京刊刻有关。李贽到南京后不久,其学生徽州方时化也挈家而来,汪本钶《卓吾先师告文》云:"明年春,师同弱侯焦先生抵白下,先生造精舍以居师。时方伯雨师挈家往就学焉,师因与方师日夜讲《易》不倦,白下马伯时先生日往请正,听至夜分始散,钶不过从旁作记载人,而《易因》梓矣。"②方时化字伯雨,与汪本钶都是徽州歙县人,皆从李贽学,但汪本钶年轻于方,汪曾请方时化讲《易》,李贽写信劝方时化接受汪本钶邀请道:"本钶与公同经,欲得公为之讲习,此讲即有益后学,不妨讲矣。"③所以汪本钶又称方时化为"师"。方时化来南京除了与老师讲《易》以外,还有一个重要的工作是为李贽校正《藏书》。焦竑金陵本《藏书》中有方时化写于万历二十七年秋的《书李氏藏书后》:"因先生命予校正《藏书》,既校讫,遂志其语于此。"④该本《藏书》,首为焦竑序,次为刘东星序,三为梅国桢叙,四为南京吏科给事中祝世禄序,五为耿定力序,

① 张建业、宋珂君辑录《集外集》,张建业主编《李贽全集注》第26册,社会科学文献出版社,2010年,第510页。

② 李贽《李卓吾先生遗书》,《四库禁毁书丛刊补编》第72册,第56页;又见潘曾纮辑《李温陵外纪》卷一,题作《哭李卓吾先师告文》,《四库禁毁书丛刊补编》据明末刊本影印,第25册,第612页。两文文字稍有异。下引《李温陵外纪》,除特别注明外,皆本此。

③ 李贽《与方伯雨柬》,《焚书》卷二,第59页。

④ 李贽《藏书》,《续修四库全书》据万历二十七年本影印,第301册,第353页。

除祝世禄因任职南京外，馀皆是与万历二十五年至二十七年间整理刊刻《藏书》有关之人。①

李贽每到一处，常根据主人兴趣设计讲学重点，如在坪上村讲《大学》《中庸》，在大同讲《孙子》，在北京极乐寺与袁宏道等讲净土，到南京则讲《易》。李贽《复刘肖川》可与上引汪本钶文参照，留下了他在南京讲《易》时丰富的讲学和生活细节，十分有趣：

> 尊公我所切切望见，公亦我所切切望见，何必指天以明也。但此时尚大寒，老人安敢出门。又我自十月到今，与弱侯刻夜读《易》，每夜一卦，盖夜静无杂事，亦无杂客，只有相信五六辈辩质到二鼓耳。此书须四月半可完。又其中一二最相信者，俱千里外客子入留都，携家眷赁屋而住，近我永庆禅室，恐亦难遽舍撇之，使彼有孤负也。
>
> 我谓公当来此，轻舟顺水最便，百事俱便，且可以听《易》开阔胸中郁结。又弱侯是天上人，家事萧条如洗，全不挂意，只知读书云耳，虽不轻出门，然与书生无异也。公亦宜来会之，何必拘拘株守，若儿女子然乎？千万一来，伫望！望不可不来，不好不来，亦不宜不来，官衙中有何好，而坐守其中，不病何待？丈夫汉子无超然志气求师问友于四方，而责老人以驱驰，悖矣！快来！快来！
>
> 若来，不可带别人，只公自来，他人我不喜也。如前年往湖上相伴令舅之辈，真定康棍之流，使我至今病悸也，最可憾也！读《易》辈皆精切汉子，甚用心，甚有趣，真极乐道场也。若来，舟中多带柴米。此中柴米贵，焦家饭食者六百馀指，而无一亩之入，不能供我，安能饭客！记须带米，不带柴亦罢。草草未一一，幸照亮！②

---

① 今存著录为万历二十七年刊本的《藏书》的面貌和版本相当复杂，详参王冠文《李贽著作研究》，花木兰文化出版社，2011年，第109—111页。

② 李贽《复刘肖川》，《续焚书》卷一，第28页。

刘用相以父子名义邀请李贽北上,李贽则以各种理由游说刘用相来南京参加他们正在进行的讲《易》会。参加讲《易》的有李贽、焦竑、马伯时、方时化、汪本钶等用心于《易》的学者,每夜讲读一卦,采取相互辩论质疑的方式,预计到四月半讲完六十四卦,可见李贽对讲习内容、形式都有完整的思路。李贽对参加讲习者是挑剔的,他虽然游说刘用相来,但特别警告不准带入非向学之人,即便是对方的亲戚朋友也不行,比如被李贽不客气地冠以"真定康棍"的家伙。信中表扬的"千里外客子入留都""一二最相信者"应指方时化、汪本钶,他们都租住在李贽所居的永庆禅室旁边。李贽特别提到留都柴米之贵,所以提醒刘用相一定要自带米。他还提到焦竑家吃饭的人口众多,"不能供我",或许不是事实,但李贽不希望自己请的客人也要焦竑供饭应是实情。此次李贽讲《易》会成果即是上文提到的用汪本钶听课笔记为基础刊刻的《易因》,万历二十八年刻于南京。①

当万历二十八年春,工部尚书兼右副都御史、总理河漕刘东星亲自来南京接李贽至济宁漕署时,李贽新的刊刻计划又在进行中。其与汪本钶、方时化两书曰:

> 我于三月二十一日已到济宁,暂且相随住数时,即返舟来(引者按:至南京,后实回麻城)矣。家中关门加谨慎为妙。尔方先生要为

① 李贽《九正易因序》:"直上济北,而《易因》梓矣,反使予转侧不安。"(邱少华注《九正易因注》,《李贽全集注》第15册,第1页)又《与友人》:"又三年,南都所刻《易因》,虽焦公以为精当,然余心实未了。"(《续焚书》卷一,第37页)今存二卷本《易因》,卷末镌"秣陵陈邦泰绣梓"字样,一般认为即万历二十八年刻本。参王冠文《李贽著作研究》,第46—61页。陈邦泰即陈大来,今存《新镌古今大雅南宫词纪》卷一、卷四卷首均署"陈所闻荩卿粹 陈邦泰大来辑次"(《原国立北平图书馆甲库善本丛书》据继志斋本影印,996册,第488、581页)。今存万历三十年陈邦泰刻冯应京《月令广义》"编端"末亦有"秣陵陈邦泰校梓"字样(《四库全书存目丛书》史部第164册,第515页)。李登《月令广义序》这样介绍陈邦泰:"(冯应京)编成《月令广义》,将携而北上,过留以视予,又不以予耄荒,往往就之商订,属都中陈大来氏善剞劂议付梓于留,视诸名家,咸谓曰宜。"(第506页)李贽二十八年本《焚书》《说书》,李贽逝后所刊《李卓吾先生遗书》(焦竑编,详下)、《李氏丛书》(今存继志斋本《卓吾先生李氏丛书十二种》,卷二十二末牌记内题"秣陵陈大来校梓于继志斋中")都是陈大来刊刻的。

　　我盖佛殿及净室，此发心我当受之，福必归之，神必报之，佛必祐之。

　　我于《阳明先生年谱》，至妙至妙，不可形容，恨远隔，不得尔与方师同一绝倒。然使尔师弟欠得十分十二分亦快人，若照旧相聚，尔与令师亦太容易了也。

　　发去《焚书》二本，付陈子刻。恐场事毕，有好汉要看我《说书》以作圣贤者，未可知也。要无人刻，便是无人要为圣贤，不刻亦罢，不要强刻。若《焚书》自是人人同好，速刻之，但须十分对过，不差落乃好，慎勿草草！

　　又将《易因》对读一遍，宜改者即与改正，且再读一遍亦自讽诵了一遍，自亦大有益也。①

　　雪松昨过此，已付《焚书》《说书》二种去，可如法抄校，付陈家梓行。如不愿，勿强之。

　　《阳明先生年谱》及《抄》在此间（指山东济宁）梓，未知回（引者按：指回南京，或回龙湖）日可印行否，想《年谱》当有也。此书之妙，千古不容言。《抄选》一依《年谱》例……与《年谱》并观，真可喜……待我回日，决带得来。……我此处又读《易》一回，又觉有取得象者，又觉我有稍进处。②

　　李贽前一日托潘雪松带《焚书》《说书》定本至南京交方时化、汪本钶，故次日写信给方、汪交代两书刊刻等事，此时汪本钶、方时化等住在一起。③ 因为方时化有校刻《藏书》的经验，故李贽特请他"如法抄校"，当然汪本钶也参与李贽书的校刊，所以也交代他"但须十分对过，不差落乃好，慎勿草草"。李贽对《焚书》的销路有预估，"自是人人同好"，且《焚书》的刊刻应该已与"陈家"敲定，故其嘱咐汪本钶"速刻之"。此二十八

　　①　李贽《与汪鼎甫》，《续焚书》卷一，第 45 页。

　　②　李贽《与方伯雨》，《续焚书》卷一，第 10—11 页。

　　③　李贽《与汪鼎甫》："我暂时未得即回，尔与方先生、马先生共住，亦不寂寞也。"（《续焚书》卷一，第 45 页）

年本或即《焚书》定本。① 李贽对《说书》的影响力、销路以及由此而来的刊刻者的意愿尚无十分乐观的估计，故其云"恐场事毕，有好汉要看我《说书》以作圣贤者，未可知也"。因为万历二十八年是乡试年，南京作为考场，会汇聚南直隶的学子，故其寄希望于是年"场事毕"，《说书》或许有比较好的销路，由此来打动和坚定出版者的信心。从李贽悬测出版者根据销路决定图书刊刻与否这一侧面看，李贽口中的"陈子""陈家"当是以营利为目的的书坊。李贽对汪本钶交代"如无人刻，便是无人要为圣贤，不刻亦罢，不要强刻"，又交代方时化，"陈家""如不愿，勿强之"，这固然显示出作者的自信和自尊，应该也表明作者并无出版资金提供给书商，因此必须尊重书商决定之意。李贽向汪本钶报告其至济宁的时间，可推测此信应是其至济宁后给汪本钶的第一封信，故不会晚至四月。明代乡试在八月，扣除书信投递的时间，可见李贽预估的《焚书》《说书》的生产至上市需三四个月。

　　这里的"陈家""陈子"，很可能指金陵继志斋书坊坊主陈大来。② 此人与焦竑有姻亲关系，据下引焦竑《寄大来兄》《书李长者批选大慧集》等，后来李贽的尺牍（即《李卓吾先生遗书》）及《李长者批选大慧集》《李氏丛书》等，焦竑都是委托陈大来刊刻的。

---

① 沈守正云："《焚书》定本与刻于亭州者增损大异。"（《从治命引》，见氏著《雪堂集》卷五，《四库禁毁书丛刊》据崇祯刻本影印，集部第 70 册，第 643 页）

② 金陵陈大来继志斋刊本，《香囊记》卷末署"白下陈大来手书刊布"，《琵琶记》序后署"万历戊戌（二十六年，1598）大来甫重录"，《义侠传》吕天成序后署"壬子（万历四十年，1612）清明日，陈大来手书，梓样继志斋中"，《窃符记》"重校信陵君窃符记提纲"最后署"秣陵陈大来校镌"（《日本所藏稀见中国戏曲文献丛刊》第二辑，广西师范大学出版社，2006 年，第 25 册，第 7 页），《出像点板霍小玉紫钗记定本》"题词"后署"壬寅春秣陵陈大来书"（《日本所藏稀见中国戏曲文献丛刊》第二辑第 25 册，第 409 页）、"目录"最后署"秣陵陈继斋校书"（第 411 页）。继志斋刻本多且精，特别是戏曲刊本，可媲美富春堂。《李贽全集注》"注释说明"云"参照明万历二十八年苏州陈证圣序刊本"[《焚书注（一）》，《李贽全集注》第 1 册，第 1 页]，然陈《序》明言"遗稿数十万言，悉焰祖龙，吴人士镌其馀……梓成，吴人征予序，因题数字于弁。"[《焚书注（二）》，《李贽全集注》第 2 册，第 342 页]知焦竑、陈证圣序刊本《焚书》，必刊于李贽逝后。此处"陈子""陈家"当在金陵。

卓老尺牍，见于刻行文集者什之三四耳。鄙意欲尽数检出，稍择其粹者，付之剞劂，不意长儿既逝，所收半已散轶。今其存者遣往，烦即梓行之，以俟识者之自择，其亦可也。①

李长者性嗜书，丹铅殆不去手，儒书释典，悉为诠择。近世盛行其书，假托者亦往往有之。余斋有《大慧全集》，乃其南来时所批选也，陈大来欲刻与学道者共之。余谓世所板行者，雅俗杂掺，孰若传此为人天之耳目乎？乃书此以更之。②

万历二十六年至二十八年间，李贽推出了《龙溪先生文录抄》《阳明先生年谱》《阳明先生道学抄》三书。前者由长芦转运使何继高刊刻，后两者是李贽在济宁时依靠刘东星刊出的。李贽对王畿思想评价很高，早在万历十七年就在追踪王龙溪先生全集，嘱咐焦竑"龙溪先生全刻，千万记心遗我"。③ 万历二十六年，李贽以刊刻的方式热心推动王畿思想的传播，其《龙溪先生文录抄序》曰：

故余尝谓先生此书，前无往古，今无将来，后有学者可以无复著书矣，盖逆料其决不能条达明显一过于斯也。而刻板贮于绍兴官署，印行者少，人亦罕读。……

今春余偕焦弱侯放舟南迈，过沧洲，见何泰宁。泰宁视龙溪为乡先生，其平日厌饫先生之教为深，熟读先生之书已久矣，意欲复梓行之，以嘉惠山东、河北数十郡人士，即索先生全集于弱侯所。弱侯载两船书，一时何处觅索？泰宁乃约是秋专人来取，而命余圈点其尤精且要者。曰："吾先刻其精者以诱之令读，然后梓其全以付天下

---

① 焦竑《寄大来兄》，潘曾纮《李温陵外纪》卷四，《四库禁毁书丛刊补编》第 25 册，第 655 页。《澹园集》附编一"佚文辑录"收焦竑此书，作《与陈大来书》，称陈"大来兄姻丈"（焦竑撰，李剑雄点校《澹园集》下册，中华书局，1999 年，第 1182 页）。

② 焦竑《书李长者批选大慧集》，潘曾纮《李温陵外纪》卷三，第 634 页。

③ 李贽《复焦弱侯》，《焚书》卷二，第 44 页。

后世。夫先生之书，一字不可轻掷，不刻其全则有沧海遗珠之恨；然简帙浩繁，将学者未览先厌，又不免有束书不观之叹。必先后两梓，不惜所费，然后先生之教大行……"泰宁之言如此，其用意如之何？秋九月，沧洲使者持泰宁手札，果来索书白下……计新春二三月余可以览新刻矣。①

何继高，字泰宁，王畿同乡，时为长芦转运使，今有万历二十七年何继高刊《龙溪先生文录抄》九卷本。李贽在济宁刊刻了自编《阳明先生年谱》以及自选的《阳明先生道学选》，他将"梓"与"印行"分开叙述，可见刻板是一事，印行是另一事，他非常希望南回时能将两书带回，他推测那时《年谱》或许已进展到可印行的阶段，《选》应该还没有，其云"待我回日，决带得来"，应该指的是书板，而非只是印行的寥寥数套而已。倘如此，则刘东星资助刊刻的阳明先生二书板或许也归李贽所有。

四、作为遗产和作为死因的图书刊刻

万历二十八年，李贽原计划回到南京，学生汪本钶、方时化、小僧等都留在南京李贽寓居处，李贽称之为"家"中，方时化还准备在南京为李贽造佛殿、净室，然不久李贽生病，于是直接回到了居有定所的麻城。其《与友人》交代原因曰："今年病多，以病多，故归来就塔。"②生病时，李贽万念俱灰，可一旦健康状况好转，其刊书的愿望又生发出来。在李贽人生的最后几年，焦竑在南京为他刻了由其编选的《坡仙集》十六卷（万历二十八年，1600），刘东星在济宁为他刻了《史阁》二十一篇（1601），不过李贽最想要做的是刊刻作为最后遗产的图书，既为身边僧众，也为大众，更为开来学而继往圣。其《与友人》《释子须知序》以及刘东星《序言善篇》曰：

① 李贽《焚书》卷三，第110—111页。此书作于万历二十六年。
② 李贽《续焚书》卷一，第36页。

计今所至切者唯有两事：

一者自老拙寄身山寺，今且二十馀年，而未尝有一毫补于出家儿，反费彼等辛勤服侍，驱驰万里之苦。心欲因其日诵《法华》，即于所诵经品为之讲究大义，而说过亦恐易忘。次欲为之书其先辈解注之近理者，逐品详明，抄录出来，使之时时观玩，则久久可明此经大旨矣。又将先辈好诗好偈各各集出，又将仙家好诗、儒家通禅好诗堪以劝戒、堪以起发人眼目心志者，备细抄录，今亦稍得三百馀纸。再得几时尽数选出，俾每夕严寒或月窗风檐之下长歌数首，积久而富，不但心地开明，即令心地不明，胸中有数百篇文字，口头有十万首诗书，亦足以惊世而骇俗，不谬为服侍李老子一二十年也。此则余心之独切者，恐其一旦遂死，不能成，竟抱一生素饱之恨，此是余一种牵肠债也。

又三年南都所刻《易因》，虽焦公以为精当，然余心实未了。何者？……后儒不知圣人之心，而徒求之于高远，是以愈离而愈穿凿，至今日遂不成文理耳，何以能使人人修身齐家而平天下乎？……则如李卓吾者又夫子所攸赖，不然，虽有夫子之善解，而朱文公先辈等必皆目之为卜筮之书。是以幸不见毁于秦，其精者又徒说道理以诳世，何益于人生日用参赞化育事耶！故余仍于每日之暇，熟读一卦两卦，时时读之，时时有未妥，则时时当自知，今又已改正十二卦矣，此非一两年之力，决难停妥，是以未甘即死也。尚期了此二事乃死，故我心中真无一刻之暇，岂亦不知老之将至者耶！笑笑！非假非假！了此二件，则吾死瞑目矣。①

余今年七十又五矣，旦暮且死，尚置身册籍之中，笔墨常润，砚时时湿，欲以何为耶？因与众僧留别，令其抄录数种圣贤书真足令人启发者，名曰《释子须知》，盖以报答大众二十馀年殷勤，非敢曰为

---

① 李贽《与友人》，《续焚书》卷一，第36—37页。

僧说法也。①

　　《言善篇》者何？卓吾老子取其将死而言善也。……是书凡六百馀篇，皆古圣要语，卓吾汇而辑之，欲以开来学而继往圣。余尚未见，见其《小引》三首与《言善篇目》而已。②

有关《法华》等佛经疏解，李贽之前有《法华方便品说》《金刚经说》等。有关先辈好诗好偈、仙家好诗、儒家通禅好诗"堪以劝戒"以及"起发人眼目心志者"，万历十六年，就曾与焦竑谈论，对王维、陶渊明、谢灵运等诗文中的佛理有精到的见解，也有过要别集"儒禅"一书的设想。在生命的最后几年，作为留给跟随自己的僧众的遗产，李贽真正做了起来。李贽始终以多少纸来衡量自己的工作进展，此项工作已"稍得三百馀纸"。所谓"言善"，取"人之将死，其言也善"意，也是其作为遗产要留下来的，选目共有六百馀篇。

　　如何使《易》成为有"益于人生日用参赞化育事"，是李贽研《易》的终极目的，依弟子汪本钶的说法："钶从师先后计九载，见师无一年不读《易》，无一月不读《易》，无一日无一时刻不读《易》，至于忘食忘寝，务见三圣之心而后已。"在生命的最后两年，李贽依然在读《易》并改正《易因》，汪本钶说："越春二月［指万历二十九年（1601）二月］，师与马先生同至通州。既至，又与读《易》，每卦自读千遍，又引坡公语语钶曰：经书不厌百回读，熟读深思子自知。近一年所而《易因》改正成矣，名曰《九正易因》。"③《九正易因》是李贽最后的著作。

　　万历三十年（1602）闰二月，礼科给事中张问达上奏弹劾李贽，虽然有"挟妓女，白昼同浴"，"勾引士人妻女入庵讲法"至于"宿庵观"，"后生小子，相率煽惑"等罪名，但刻书是一项重要的罪名：

---

① 李贽《释子须知序》，《续焚书》卷二，第55页。
② 刘东星《序言善篇》，李贽《续焚书》卷二《序笃义》后附，第62页。
③ 汪本钶《哭李卓吾先师告文》，潘曾纮《李温陵外纪》卷一，第612页。

近又刻《藏书》《焚书》《卓吾大德》等书，流行海内，惑乱人心，以吕不韦、李园为智谋，以李斯为才力，以冯道为吏隐，以卓文君为善择佳偶，以司马光论桑弘羊欺武帝为可笑，以秦始皇为千古一帝，以孔子之是非为不足据，狂诞悖戾，未易枚举，大都刺谬不经，不可不毁者也。……望敕礼部檄行通州地方官，将李贽解发原籍治罪，仍檄行两畿各省，将贽刊行诸书，并搜简其家未刊者，尽行烧毁，毋令贻乱于后，世道幸甚。①

张问达疏奏列举的所谓"惑乱人心"之说，除"以孔子之是非为不足据"出自《焚书》外，馀皆出自《藏书》。《藏书》最终成为李贽致死之由，可能因为《藏书》刻于南京，并造成了全国性影响。如孙𬬮（1543—1613）《与余君房论诗文书》云："足下曾见李氏《藏书》否？其议论新奇处尽多，其书在金陵盛行。"②题名张萱所作的《疑耀题辞》这样叙述李贽图书的刊刻次第和影响力：

万历己亥岁（1599），卓吾先生《藏书》出，一时士大夫翕然醉心。无论通邑大都，即穷乡僻壤，凡操觚染翰之流，靡不争购，殆急于水火菽粟也已。既而《焚书》《说书》《易因》诸刻种种，渐次播传海内，愈出愈奇，不啻长安纸贵。③

由上考，李贽《焚书》万历十八年就有刊刻，万历二十年又再刻，但在所

① 《明神宗实录》卷三六九"万历三十年闰二月乙卯"下，《明实录》，台北"中央研究院"历史语言研究所校印本，1962年，第112册，第6917—6919页。
② 孙𬬮《居业次编》卷三，《四库禁毁书丛刊》据吕胤筠、吕天成万历四十年（1612）刻本影印，集部第126册，第200页。据吕胤筠《居业次编跋》，此书所收诗文大致成于万历二十五年至万历四十年间，《与余君房论诗文书》其中一书提到自己"望六之年"，此书当作于李贽自杀前。
③ 题张萱《李卓吾先生疑耀题辞》，题李贽撰《疑耀》卷首，《子海珍本编》据万历吕东山刻本影印，第一辑第85册，第502页。

谓张萱叙述中,则先有让士大夫醉心的《藏书》,然后是万历二十八刻于南京的《焚书》《说书》和《易因》。袁中道说其兄宗道对李贽将由《藏书》获罪早有预言,其《石浦先生传》称:"李卓吾刻《藏书》成,先生曰:'祸在是矣!'"①

李贽被逮后,下通州镇抚司狱,马经纶上书各部门为李贽申诉,对因《藏书》获罪,马经纶的申辩思路是:应该将《藏书》放在著述、论说求新求异的框架中加以肯定,而不应该放在可能惑乱人心的社会影响层面加以禁止。万历十五年,李贽《复邓石阳》就谈论过毁文问题,他说:"承谕欲弟便毁此文,此实无不可,但不必耳。何也?人各有心,不能皆合,喜者自喜,不喜者自然不喜,欲览者览,欲毁者毁,各不相碍,此学之所以为妙也。"②就李贽"成人由己"的思想方法和追求而言,人心非他人论著所能惑乱,能被惑乱的是"不成人""大不成人"者,从这一意义上讲,马经纶的论辩符合李贽的思想。其曰:

> 夫评史与论学不同,《藏书》品论人物,不过一史断耳,即有偏僻,何妨折衷?乃指以为异、为邪,如此则尚论古人者,只当寻行数墨,终身惟残唾是咽,不敢更置一啄耶!……今李氏刊书遍满长安,可覆按也。乃不摘其论学之语商量同异,而顾括其评史之词判定邪正,何也?吾观自来评史之异者,亦不少矣。③

> 至于著述,人各有见,岂能尽同,亦何必尽同?有同有异,正以见吾道之大,补前贤之缺,假使讲学之家一以尽同为是,以不同为非,则大舜无两端之执,朱陆无同异之辨矣。④

马经纶指出评史与论学不同,评史属于著述,观念就该有同有异,甚至不

---

① 袁中道《珂雪斋集》卷十七,上海古籍出版社,1989年,第711页。
② 李贽《焚书》卷一,第11页。
③ 马经纶《与当道书》,潘曾纮《李温陵外纪》卷四,第648—649页。
④ 马经纶《与李麟野都谏转上萧司寇》,潘曾纮《李温陵外纪》卷四,第649—650页。

得不追求新异，这样才能有别于前贤著作，以补前贤之缺；而论学，或如李贽《说书》之类，承担教育、教化功能，则追求思想平正，合乎正统。马经纶还呼吁当事者对"遍满长安"的李氏刊书进行广泛的覆按再下判断，但有关部门并未对李贽著述进行审查，也没有深究著述分类及其评价标准的问题。当李贽在狱中风闻最终会如张问达奏劾所建议的将其"解发原籍""勒还原籍"时，他以剃刀割喉自杀了。被逮狱中，李贽一直在思考著书和死的关系以及如何才能"死得其所"。马经纶《与黄慎轩宫谕》言："卓吾先生安然听命，无他意，无他言，惟曰：衰病老朽，死得甚奇，真得死所矣。如何不死？"①李贽在狱中作《书能误人》诗曰："年年岁岁笑书奴，生世无端同处女。世上何人不读书，书奴却以读书死。"他认识到为读书死、为著述死，或许也是成就自己的方式，其《不是好汉》诗云："志士不忘在沟壑，勇士不忘丧其元。我今不死更何待，愿早一命归黄泉。"②汪本钶也是这样理解李贽之死的意义，他说："嗟乎！人谁不死，独不得死所耳！一死而书益传，名益重。盖先生尝自言曰：'一棒打杀李卓老，立成万古之名。'一棒与引决，等死耳，先生岂死名者哉！"③言下之意，先生死为书传也。张师绎《李温陵外纪序》对此有所验证，其曰："卓吾先生之被收也，欲杀之则无罪，欲赦之则不可，当事者且文致其言语文字为罪状，而先生义不受屈辱，引刀自裁，不殊，久之乃绝，于是天下知与不知，莫不苏苏陨涕。天乎，夫子之无罪也！如之何其以语言文字死也，愿得奉其遗言仿佛庄事之，于是《焚书》《藏书》《说书》之纸涌贵，一切稗官、乐府、委巷、丛林、琐尾悠谬之说，依草附木，如蜩螗沸羹，皆窃附门籍，冀一镮半铢之润，而先生之道益大、名益尊。"④

---

① 马经纶《与黄慎轩宫谕》，潘曾纮《李温陵外纪》卷四，第 652 页。
② 李贽《系中八绝》，《续焚书》卷五，第 117 页。
③ 汪本钶《续刻李氏书序》，李贽《续焚书》卷首，第 3 页。
④ 潘曾纮《李温陵外纪》卷首，《明季史料集珍》第二辑，伟文图书公司印行，1977 年，第1—3 页。

五、"遗书"流行：李贽思想的抗逆性和形塑力

张问达奏疏提议"檄行两畿各省，将贽刊行诸书，并搜简其家未刊者，尽行烧毁"，万历皇帝下圣旨："其书籍已刊未刊者，令所在官司尽搜烧毁，不许存留，如有徒党曲庇私藏，该科及各有司访参奏来，并治罪。"①如果按照圣旨，各地官府有义务尽搜烧毁一切李贽书籍，包括李贽家人、学生和朋友（徒党）的私藏。李贽受到马经纶、刘东星、焦竑的供养似乎天下皆知；李贽生徒汪本钶在李贽自杀前三天才离开老师回乡省母，他是李贽《易因》的记录者、校刊者，也是李贽最后修改本《九正易因》的校者；学生佘永宁声称听到李贽死讯时，手头正在编辑其在南京永庆寺向李贽问学的《永庆答问》；学生夏道甫一直帮李贽处理各种生活杂事。但这些人都没有留下片言只语谈及他们曾被官府要求交出李贽书籍和手稿。佘永宁《李卓吾先生遗书小序》云："先生没，世争传先生书，不啻贵洛阳纸。"②袁中道谈到李贽著作之禁的短暂，并以此说明宋明文化政策和士风的不同，他说：

> 龙湖先生，今之子瞻也，才与趣不及子瞻，而识力、胆力不啻过之。其性无忮害处，大约与子瞻等，而得祸亦依稀相似。或云二公舌端笔端，真有以触世之大忌者。然欤？否欤？然子瞻生平所著作，自宿州、符下之后，半入蛟宫；其临池挥洒之馀，为人藏于复壁者，犹不能保。直至宣和之世，上章道士指为奎宿，然后始弛苏文之禁。当龙湖被逮后，稍稍禁锢其书，不数年盛传于世，若揭日月而行。则本朝之宽大，与士大夫之淳厚，其过宋朝也远矣。③

---

① 《明神宗实录》卷三六九，《明实录》第 112 册，第 6919 页。
② 佘永宁《李卓吾先生遗书小序》，潘曾纮《李温陵外纪》卷三，第 638 页。
③ 袁中道《龙湖遗墨小序》，《珂雪斋集》前集卷十，第 474 页。

昆山人张大复（1554—1630）的材料可与袁中道之说互证。张大复万历三十三年（1605）刊刻了自己的《闻雁斋笔谈》，他在跋尾中谈及并列出所有对《笔谈》刊刻有帮助的人，包括自己的老师沈元奎、朋友陈继儒，还有一份门人和方外友的名单，而此书的第一条就与李贽《焚书》有关。其"饮泉水"条曰：

> 料理息庵方有头绪，便拥炉静坐其中，不觉午睡昏昏也。偶闻儿子书声，心乐之，而炉间寥寥如松风响，则茶且熟矣。三月不雨，井水若甘露，竞启其户，而以瓶罂相遗，何来惠泉，乃厌张生之馋口？讯之家人辈，云：旧藏得惠水二器、宝云泉一器。亟取二味品之，而令儿子快读李秃翁《焚书》，维其极醒极健者。因忆壬寅（1602）五月中着屐烧灯品泉于吴城王弘之第，自谓壬寅第一夜，今日岂减此耶？①

张大复毫不讳言李贽《焚书》是其优雅爽利的生活的一部分，他还拉出自己的儿子，让其快读《焚书》中"极醒极健"的篇章，毫无犯禁的遮掩和不安。此事发生在万历三十年五月后至三十二年间的昆山，②离李贽自杀不到一年或至多两年，《笔谈》刊刻出来也就在李贽自杀的三年以后。由此也可见李贽书的禁毁令在江南并没有多大的威慑力。

万历三十四年至三十六年间，汪本钶、夏道甫整理传播手中的李贽著述是相当活跃的。钱塘人沈守正（1572—1623）《从治命引》曰：

> 李秃翁以奇人奇书婴奇祸，其著述亦遂奇嗜于人心，廿年以来，不知凿世间几许浑沌，长豪杰几许心胆，然无忌惮者亦缘是恣其猖

---

① 张大复《闻雁斋笔谈》卷一，《北京图书馆古籍珍本丛刊》，书目文献出版社，2000年，第67册，第904页。

② 张大复《记》（张大复《闻雁斋笔谈》卷六，《北京图书馆古籍珍本丛刊》第67册，第988页）云前五卷是其学生"佣书生陆殹"帮他抄写的，后来陆殹去世，稿子藏了很久，万历三十三年夏，因友人建议刊刻，所以再拿出来。此条谈及万历三十年（1602）五月的一次快饮，故做此推测。

狂,转相慕仿,真秃翁未觌面,而赝秃翁盛行于世。

《从治命》乃秃翁遇难麻城时书赤,会其讲解,遂秘不传,即《焚书》定本与刻于亭州者增损大异,知秃翁之散佚者多矣。此本丙午(1606)自白下得之汪本钶,是时人心初开,疑喜互夺,赝端未生,吉光片羽,世所共惜,故梓之以补《焚书》之未备。①

"从治命"意为从治下官员之命,②"书赤"即丹书所写以示庄重、警醒、反抗之意图,或也有作为揭帖公开张贴之意图,则这里的"秃翁遇难麻城",依上文所论,当指万历二十四年史旌贤的迫害,但后来史旌贤未有进一步行动,李贽也按预期去了山西坪上,即所谓"会其讲解",故当时所书反击文章也就"秘不传"了。沈守正将《从治命》与李贽《焚书》定本(或指万历二十八年南京刻本)、亭州本《焚书》(或指万历十八年、二十年自刻本)比对,也将两种《焚书》互校,发现彼此"增损大异",可见沈守正将《从治命》看作是李贽《焚书》系列的著作,所谓"因缘语、忿激语"也。据沈守正《引》文,他万历三十四年(1606)在南京从汪本钶处得此书,他认为当时李贽思想才真正开始流行,还处在有人质疑、有人喜爱的阶段,其书尚未到因十分流行而出现赝品的地步,而他准备刊刻的时间,则是李贽因"奇人奇书婴奇祸,其著述亦遂奇嗜于人心"的"廿年以来",也即天启初(1621—1622)。沈守正道出了当时李贽著作达到了"奇嗜于人心"的程度,也是真正理解、实践李贽思想和表面模仿李贽狂禅的无忌惮者盛行的时代,所以他要刻这本李贽的真书,同时补《焚书》之缺,然而其刊刻本身岂非正要预时代之流! 由此《引》也可看出,汪本钶手中确实有李贽不少著作,尽管有"徒党曲庇私藏""治罪"的诏令,但即便在南京这样的大都市,也无碍于众人私藏、赠送以及进一步扩散李贽著作。

---

① 沈守正《雪堂集》卷五,《四库禁毁书丛刊》集部第 70 册,第 643 页。
② 李贽《与城老》书反复谈到"治命""违治命",他说:"本选初十日吉,欲赴沁水之约。闻分巡之道欲以法治我,此则治命,决不可违也。若他往,是违治命矣,岂出家守法戒者之所宜乎! 止矣! 止矣! 宁受枉而死以奉治命,决不敢侥幸苟免以逆治命,是的也。"(《续焚书》卷一,第 17 页)不"违"/"逆"治命,则"从"/"奉"治命之意。

新安夏道甫是保存、整理、扩散李贽著作的又一位弟子。夏道甫客居荆州，与李贽来往甚久，袁中道在上引《龙湖遗墨小序》中说李贽"诸刻之馀，其随意游戏楮墨间，往往秘藏于小友之箧，若夏道甫所贮种种，尚未经人耳目者，真可宝也"。万历三十六年（1608）袁中道因落第归公安，与夏道甫交往甚密。得益于袁中道《游居柿录》，可获得诸多夏道甫保存、传播李贽论著的信息：

> 新安夏道甫处出卓吾未刻书、诗及尺牍，丰骨凛然，令人起敬。予所作《李温陵传》，道甫用行书书数纸，甚可观。
>
> 道甫处又见龙湖书伯修《海蠡篇》一纸。①
>
> 夏道甫寓见卓吾所批《陶靖节集》。②
>
> 夏道甫处见李龙湖批评《西厢》《伯喈》，极其细密，真读书人。予等粗浮，只合敛衽下拜耳。③
>
> 夏道甫至，持李卓吾、焦弱侯书字卷，共看于大槐树下，日暮散去。④
>
> 得夏道甫书，道甫自麻城新归，云：策杖龙湖，萧条可掬。⑤

第一条"卓吾未刻书"之"书"，可以理解成书籍、书法作品、书信等，但有"未刻"限制，又与"尺牍"并称，似乎应该理解成《藏书》《焚书》《说书》之类成部的著作，可见夏道甫手中有李贽未刊刻过的著作、诗歌和书信，有

---

①　以上两条见袁中道《游居柿录》卷一，《珂雪斋集》，第 1108 页。万历三十六年（1608），袁、夏在荆州。

②　袁中道《游居柿录》卷二，《珂雪斋集》，第 1135 页。万历三十七年（1609）二、三月间，袁、夏在荆州。

③　袁中道《游居柿录》卷六，《珂雪斋集》，第 1240 页。万历三十九年（1611）夏，袁、夏在荆州。

④　袁中道《游居柿录》卷七，《珂雪斋集》，第 1252 页。万历四十年（1612）二、三月，袁、夏在公安。

⑤　袁中道《游居柿录》卷七，《珂雪斋集》，第 1272 页。万历四十年十二月，夏道甫至麻城。

李贽细密评点过的《陶渊明集》《西厢记》《琵琶记》，还有李贽的手书字卷等。在李贽著作被禁时代，夏道甫是李贽手迹、物品的保管者、珍藏者，为明代与李贽关系密切者所共知，夏道甫最终也成了李贽遗物的汇聚者和守护者。梅之焕《书李龙湖读书乐后》云：

> 昔茂先识宝气于丰城，或以为博物，非也，天地间既实有此一段精光在，即天地能自遏抑否？茂先眼界，倘亦神物阴有以开之、凭以为用乎？龙湖老子之《焚书》不焚、《藏书》不藏也，岂世多具眼，亦其精光自不能遏抑耳！昨过惠州，登白鹤峰，苏文忠遗址在焉，低回凄惋，自亦不知其何心痴哉！世之以爱憎毁誉为公案也，黄僧有碎文忠所书碑以媚时宰者，天帝怒而罚作狗，则凡浪逐人爱憎毁誉者皆狗也。龙湖如青天白日，人有知其光明独断者，凡断楮遗墨咸欲宝而藏之，今得道甫为茂先，倘亦有阴开之者与？余有《读书乐》一帙，并寄道甫代藏之，所谓天生神物，终当合耳。[①]

梅之焕（1575—1641）是梅国桢的侄子，据钱谦益《梅长公传》，此文当作于万历四十年（1612）左右其为广东副使时[②]。梅之焕因凭吊苏轼惠州白鹤峰遗址，提出杰出文化创造者虽受人间法的遏抑，但其创造的文化价值（"精光"）则是无法遏制的。他由苏轼联想到李贽，提出当下受世人宝爱的李贽书籍，不是因为世人别具只眼，而是李贽思想的本身价值使然，他拿出箧中所藏的李贽手书《读书乐》，在手卷后写下了这段文字，准备寄给夏道甫。他认为与其自己零星地收藏李贽手卷，不如让李贽留下的物品在夏道甫处完整地保藏。

顾大韶在《温陵集序》中说："宏父之没十有馀年，事既久而论定，泽未斩而风流，其人其书可得而言矣。"[③]从现有材料看，李贽逝后较早刊刻

---

① 梅之焕《梅中丞遗稿》卷六，《四库未收书辑刊》第五辑第 25 册，第 289 页。

② 钱谦益著，钱曾笺注，钱仲联标校《牧斋初学集》卷七三，上海古籍出版社，1985 年，第 1620—1627 页。

③ 顾大韶《温陵集序》，《炳烛斋稿》，《四库禁毁书丛刊》集部第 104 册，第 546 页。

的一是《续藏书》，二是焦竑委托陈大来刻于南京的《李卓吾先生遗书》。[①]《续藏书》的出版与顺天府知府苏宇庶有关。焦竑、李维桢《续藏书序》介绍此书编著刊刻缘起云：

> 李宏甫《藏书》一编，余序而传之久矣，而于国朝事未备，因取余家藏名公事迹绪正之，未就而之通州。久之，宏甫殁，遗书四出，学者争传诵之。其实真赝相错，非尽出其手也。岁己酉（1609），眉源苏公吊宏甫之墓，而访其遗编于马氏，于是《续藏书》始出，余乡王君惟俨梓行之，而属余引其简端。……辛亥秋石渠旧史焦竑题。

> 先生生平与焦太史扬搉为多，而绝笔赵人马侍御家，闽人苏郡伯得之，金陵王维俨行之，新都江似孙校之，两君雅意文献，使名山之副流布人间，有功于李先生，庶几杨子云之桓谭矣。京山李维桢本宁父撰。[②]

苏宇庶，号眉源，晋江人，万历二十年进士，两任旌德令，万历二十八年修《旌德县志》，焦竑曾为旌德人作《重修旌德令苏眉源公生祠记》，苏宇庶与汤显祖也有书信往来。李贽死后，马经纶为之营葬于通州北门外。万历三十七年，苏宇庶作为知府吊李贽墓，并访李贽遗书于马经纶，得《续藏书》，交南京王维俨刊刻，新都江似孙校正。《续藏书》于万历三十九年（1611）出版。

据上引焦竑《与陈大来书》，焦竑父子整理了李贽未刊刻的尺牍，联系佘永宁《李卓吾先生遗书小序》，知陈大来所刻当即《李卓吾先生遗书》。佘永宁《小序》云：

---

①　佘永宁《李卓吾先生遗书小序》云"先生没，世争传先生书，不啻贵洛阳纸"，似乎李贽没与争传先生书之间没有时间差，从现有材料看，真正的刊刻还是有八九年的时间差。

②　李贽《续藏书》卷首，《续修四库全书》第 303 册，第 1—2、4 页。

　　　壬子秋，余寻诸友旧盟，奉澹园焦先生教，语及先生。焦先生因
出先生遗书示余，书皆未经传布者，余得书甚喜，亟读之，如饮兰露，
餐松液，两腋风生，又如冲霜雪之途，获透汗也，浑身融畅矣。是恶
可以不传？亟付陈大来氏寿之梓。梓成，余窃叹先生具千古之只
眼，觉一世之聩聩，嘻笑怒骂，无非佛事；乐说默然，无非法门。①

　　壬子秋，即万历四十年（1612），李贽殁后第十年。万斯同《明史·艺文
志》著录"《李氏遗书》二卷"，②即此。

　　再次可确考的是万历四十二年（1614）袁无涯所刻李卓吾批点《水浒
传》。袁中道《游居柿录》卷九载：

　　　袁无涯来，以新刻卓吾批点《水浒传》见遗，予病中草草视之。
记万历壬辰（1592）夏中，李龙湖方居武昌朱邸，予往访之，正命僧常
志抄写此书，逐字批点。……今日偶见此书，诸处与昔无大异，稍有
增加耳。③

　　袁中道亲见李贽批点《水浒传》制作过程和批点内容，又亲得袁无涯新刻
书，故其"诸处与昔无大异，稍有增加"的判断十分值得信赖。此段文字
非借本身即真伪不明的图书而留存，可以说是有关李贽殁后著作真伪问
题的最可信之材料。

　　此时，各种署名李贽的著作宣称为枕中秘而横空出世，以下将以题
名张萱（1553？—1636）或题为李贽著《疑耀》七卷、袁宏道序《枕中十书》
和袁中道编《柞林纪谭》为例，讨论书禁与图书生产之间的张力以及李贽
图书和社会之间的彼此形塑。张萱，惠州博罗人，万历十年（1582）举于

---

　　① 见潘曾纮《李温陵外纪》卷三，第 638 页。

　　② 万斯同《明史》卷一百三十七《艺文志五》，《续修四库全书》据清钞本影印，第 326 册，
第 545 页。

　　③ 袁中道《游居柿录》卷九，《珂雪斋集》，第 1315 页。万历四十二年（1614）八月，袁、夏
在公安。

乡,万历二十六年(1598)任职中书,得窥秘阁藏书,三十六年(1608)徙官户部,分司吴会。七卷本《疑耀》就是在吴地刊刻的。题名张萱的《序》云:"三十年前,余为《疑耀》凡二十七卷,盖未卒之业也。岁戊申,分司吴关,焦太史竑、黄观察汝亨读而嗜之,遂相与为序以授梓,时榷事已竣,得代,仅梓行七卷。"①三年后张萱罢职回岭南。此书万历间有流传,如万历四十一年(1613)刻宁波孙能传《剡溪漫笔》引"张孟奇《疑耀》"。②被认为万历四十八年(1620)编定的《澹生堂藏书目》③"子部·类家·随笔"著录:"《张氏疑耀》七卷,四册,张萱。"④而题名李贽的此书也在各地流传。如明末山西人白胤昌就发现此书"张"冠"李"戴的现象,他推测道:"岭南张萱著一书曰《疑耀》,亦辨博,可备裨官一种,第不知托名李卓吾何谓? 不过假以希传播耳。"⑤而据张萱《疑耀序》,他万历二十七年从至吴县者口中获知其"《疑耀》七卷,不知何人借为闽秃李贽所著"。次年,他至羊城借得托名李贽的《疑耀》一书⑥。可见岭南也有流传。徐乾学《传是楼书目》所著录的就是托名李贽的本子:"《疑耀》七卷,李贽,二本。"朱彝尊《日下旧闻》也称李贽《疑耀》。四库馆臣推测这一张冠李戴的现象也是因为:"万历中贽名最盛,托贽以行。"⑦分析假托张萱所作、太原王稚登所书的《李卓吾先生疑耀题辞》颇能看出时人有关李贽的认识及其可能的形塑方向:

---

① 张萱《疑耀》,《丛书集成新编》据《岭南丛书》本影印,第 13 册,第 229 页。

② 孙能传《剡溪漫笔》卷二,中国书店,1987 年,第 13 页。

③ 祁承爜著,郑诚整理《澹生堂藏书目》,第 233 页。

④ 祁承爜著,郑诚整理《澹生堂藏书目》,第 585 页。

⑤ 白胤昌《容安斋苏谈》卷九,江苏大学出版社,2018 年,第 247 页。

⑥ 张萱《疑耀序》,《疑耀》卷首《丛书集成新编》第 13 册,第 229 页。

⑦ 永瑢等《四库全书总目》卷一一九《疑耀》提要,第 1027 页。至于是谁托贽以行,张萱《序》批评"此辈"侵犯了他的著作权:"第此辈殊自卖破绽,七卷中尚有数十处未尽改削,即三尺童子读之,亦皆知为岭南张某所著。"也就是否认自托。王士禛则推测是"萱自纂而驾名于贽",屈大均《广东新语》推测是书坊所为。有关此,可参毛庆耆《〈疑耀〉著作权之"张"冠"李"戴》,《中国典籍与文化》1998 年第 3 期。

上溯黄虞，近该昭代，大而经史，细及稗官，四始之宗，三仓之学，礼乐毕踪，经纶咸贯。拯二氏之沉冥，觉九流之迷妄。名物辩其异同，舆论正其毁誉。撷独得之见，决千载之疑。猗欤盛哉！所谓探赜索隐，穷理尽性，无过是编矣。卷止七篇，仿子舆氏；题曰《疑耀》，盖以庄叟自居，此先生之谦也。余向以为枕中之宝，然轻传之而终秘之，均非先生授书意也。戊申岁，余叨以地官，分务吴会，视事之暇，检之笥中，登梓以广其传。余知是编之行也，王充之《论衡》让其确，应劭之《风俗通》让其典，班固之《白虎通》让其辩，蔡邕之《独断》让其闳，其他诸子琐猥剿袭，徒足以骋谈资，于实际盖茫然已，岂能窥先生之藩篱耶！虽然，非特超轶古人已也，即先生《藏书》诸集，或专扬确古今，或专研精训诂，至求上下贯彻，天人会通，亦当以是编为首出云。①

序言作者以李贽《藏书》作为肯定《疑耀》的起点，依然可见《藏书》的影响力，不过其对李贽思想的认识，已经不是在"系千百年是非"或者"直见本心"上立论，而肯定其"探赜索隐，穷理尽性"的方面。序文还将《疑耀》与汉代子书比较，肯定此书"确""典""辩""闳"的方面，更近于评文章，而非论思想。因《疑耀》有七卷，序文因而比附《孟子》七篇，因"疑耀"出自《庄子·齐物论》"是故滑疑之耀，圣人之所图"，故有"以庄叟自居"为"先生之谦"之语，颇有敷衍成文的意味。《题辞》塑造的李贽已褪尽了思想的内核，故上文言及的白胤昌不满道："开卷一览其叙，便觉书亦为之削色。"不过，由此也可看出，此时的李贽不再仅是崇拜、追随者心中的李贽，也不再是奇人而写奇文，甚至不需要有特定的内核，只要有这一名称符号就足以让世人瞩目，惟其如此，才更可以看出其流行的深广。

《枕中十书》又是一起秘于枕中的李贽书籍的发现，题名袁宏道《枕中十书序》云：

---

① 题李贽撰《疑耀》卷首，《子海珍本编》第一辑第85册，第502—503页。《题辞》后署"万历戊申岁季夏岭南张萱题"，第503页。

己酉，予主陕西试事毕，复谢□天子恩命，夜宿三教寺，□寺高阁敝篋中获其稿读之，不觉大叫惊起。招提老僧执光相顾。予遽询曰："是稿何处得来，束之高阁？"老僧曰："向者温陵卓吾被逮时寄我物也，嘱以秘之枕中，毋令人见。今人已亡，书亦安用？"予曰："嘻！奇哉！不意今日复睹卓吾也，卓吾其不死矣！"惜书前后厄于鼠牙，予以曩受卓吾之祝，故于燕居时续而全之，付冰雪阁而订之，藏之名山，俟有缘者梓而寿之。公安石公袁宏道撰。①

《枕中十书》，据《澹生堂藏书目》包括"《精骑录》《筼窗笔记》《贤奕选》《文字禅》《异史》《博识》《尊重口》《养生醍醐》《理谈》《骚坛千金诀》"，②《传是楼书目》云有十卷十本。③ 己酉年为万历三十七年(1609)，袁宏道确曾官吏部，并典试秦中，其往返之作收在《华嵩游草》中，但未见此序，第二年袁宏道便去世了。④ 李贽著述中从未提及《枕中十书》或上述书名，因此，我们既不能确定此序是否为袁宏道所作，也不能确定是否真有序中所言的李贽被逮时寄书于三教寺僧，嘱其秘之枕中之事。唯一可以确定的是，时人相信李贽著述丰富，其因著述获罪，则其著必主动或被动地藏于深山大泽之中，总有一天会被发现，会被梓行而永远留存。

万历四十三年(1615)十月，袁中道在京师看到了自己之前潦草记录，现在连自己手中也已不存的一本三兄弟与李贽论学之书。其《游居杮录》云：

> 昨夜偶梦与李龙湖先生共话一堂。是日有人持伯修、中郎与予共龙湖论学书一册，名为《柞林纪谭》，乃予兄弟三人壬辰岁往晤龙湖，予潦草记之，已散帙不复存，不知是何人收得，率尔流布。夜来

---

① 袁宏道著，钱伯城笺校《袁宏道集笺校》附录一《辑佚》，第 1635 页。

② 祁承爜著，郑诚整理《澹生堂藏书目》，第 451、606 页。

③ 徐乾学《传是楼书目》卷三"子部·小说家"，《续修四库全书》920 册，第 777 页。

④ 袁中道《游居杮录》卷九"袁无涯作别"条，《珂雪斋集》，第 1317—1318 页。袁中道在此条中列出其兄所有文集，除此之外，他一概称之为伪托之作。

之梦,岂兆此耶?①

袁中道承认二十多年前(1592)他们弟兄三人曾至龙湖与李贽论学,承认自己有潦草的记录,也不否定眼前的这本《柞林纪谭》内容的真实性,连袁中道都纳闷这本他自己都已没有了的笔记,何人从何收得。可以看出,他颇为不满的是,这本以他的名字流布的书,②在此之前没有人跟他商量就已经"率尔流布"了,而且是在京师。不过,袁中道万历四十六年自刊的《珂雪堂集》外编《拾遗》收录此书,既然袁中道已不复存稿,则其很可能就是根据这本"率尔流布"之书而收录的,这真是非常有意思的事。

因为诸多疑似李贽之作的被刊刻,李贽的朋友、门生以及后学觉得有提供真实的李贽文本的必要。前有顾大韶校刻《李温陵集》,后有汪本钶"因搜未刻《焚书》及《说书》,与兄伯伦相研校雠",于万历四十六年(1618)刊刻《续焚书》《续说书》。焦竑、张鼐、汪本钶三《序》都阐发了提供李贽真书、打击伪作的责任和使命。

> 新安汪鼎甫,从卓吾先生十年,其片言只字,收拾无遗。先生书既尽行,假托者众,识者病之。鼎甫出其《言善篇》《续焚书》《说书》,使世知先生之言有关理性,而假托者之无以为也。鼎甫亦有功于先生已。澹园老人焦竑。③

> 卓吾死而其书重,卓吾之书重而真书、赝书并传于天下,天下人具眼者少,故真书不能究其意,而赝书读之,遂足以祸人。盖人知卓吾为后世著书,而不知其为自己写照。卓吾之面目精神不可见,而万世犹能见之者,书也。……今赝而淆者,是学其髭,学其荤血而刀锯以

---

① 袁中道《游居柿录》卷十,《珂雪斋集》,第 1352 页。

② 《澹生堂藏书目》"子部·诸子·杂家"下著录:"《柞林纪谭》,一卷,一册,袁中道。"(第451 页)似乎是个单行本。也有以李贽为作者的,如《传是楼书目》著录"《龙湖闲话》一卷""一本",下注:"《附杂》一卷、《永庆问答》一卷、《柞林纪谭》一卷,明李贽。"(第 978 页)。

③ 焦竑《李氏续焚书序》,李贽《续焚书》卷首,第 1 页。

死也，岂不误人甚哉！信矣！卓吾之真书重也。真书重而赝书可以无辨。……时万历戊午(1618)秋七月七夕后二日书于广陵舟中。①

　　(先生死)至于今十有七年，昔之疑以释，忌以平，怒以消。疑不惟释且信，忌不惟平且喜，怒不惟消且德矣。海以内无不读先生之书者，无不欲尽先生之书而读之者，读之不已或并其伪者而亦读矣。夫伪为先生者，套先生之口气，冒先生之批评，欲以欺人而不能欺不可欺之人，世不乏识者，固自能辨之。第寖至今日，坊间一切戏剧淫谑，刻本批点，动曰卓吾先生，耳食辈翕然艳之，其为世道人心之害不浅，先生之灵必有馀恫矣。此则钶所大惧也。……戊午夏仲新安门人汪本钶书于虹玉斋中。②

虽然汪本钶本《续焚书》也刊刻于李贽著作流行时期，但《续焚书》应该是可靠的。《续焚书》中的篇目与现存多种《焚书》以及《李卓吾先生遗书》《李温陵集》所收皆无重复，汪本钶兄弟确实对当时所存李贽书信等做过仔细的比对而公开了一部分从未公开的李贽著述。

六、文本异同：再论作为思想和生存斗争武器的图书刊刻

　　上引沈守正《从治命引》云“《焚书》定本与刻于亭州者增损大异”，有研究者认为顾大韶校《李温陵集》卷一至十三收录之李贽《焚书》当更接近于万历十八年本。③《李温陵集》卷一至十三所收比单行本《焚书》多出 11 篇书答，若干篇目比单行本多出整段文字，细味这些异同，感觉其呈现了李贽《焚书》刊刻时思想斗争形势的不同以及李贽本人思想和论辩策略的变化，这反过来有利于对《李温陵集》所依据的《焚书》刊刻年代作些推测。

----

①　张鼐《读卓吾老子书述》，李贽《续焚书》卷首，第 2 页。

②　汪本钶《续刻李氏书序》，李贽《续焚书》卷首，第 3—4 页。

③　许建平先生认为，《李温陵集》最接近早期《焚书》刊本，很可能是万历二十年或万历十八年刊本[许建平《〈焚书〉刊刻过程、版本及真伪》，《复旦学报(社会科学版)》2008 年第 5 期]。

顾大韶(1576—1640),字仲恭,常熟人,其虽以诸生终老,但其父顾云程官至南京太常寺卿,兄顾大章是万历三十五年进士,兄弟俩都是活跃的东林党人。顾氏兄弟师从管志道(1536—1608),管志道师从耿定向,顾大韶实际亲历耿定向与李贽的思想争鸣。顾大韶读尽李贽书,可谓是最精深的李贽研究者。其《温陵集序》评论李贽其人其学、其文其著,全面而精准。他说:

> 迹其居身夷、惠之间,游意儒、禅之表,弃家依友,好辩贾祸,庄生所谓真人,尼父列之狂士者也。发而为书,舌殆临川,笔亚眉山,其言肆而多中,其旨远而不文,杂以善谑,兼之怒骂,故哲士释筌蹄以醉心,浅人拾唾秽以饴口,宜其名溢妇孺,教弥区宇者乎! 至乃高自夸许,谓落笔惊人,吐辞为经,斯言过矣。古之作者,必擅三长,今遗学则荒博文之经,侈胆则开妄作之门,已属卮言,固非通论,且循言按之,三者之中,识、胆信矣,才无称焉。得失贾若,有目难欺也。《藏书》百卷,止凭应德《左编》恣加删述,颠倒非是,纵横去留,以出宋人之否则有馀,以折众言之淆则未足。《世说初潭》义例踳杂,《中庸道古》旨趣无奇,自此以还,益寥寥矣。若夫气挟风霜,志光日月,摅贤圣之肾肠,寒伪学之心胆,其在《焚书》乎! 子静(引者按:陆九渊)、伯安(引者按:王守仁)未审优劣,求之近世,绝罕其俦,虽吾师登之(引者按:指管志道),胸罗三教,目营千载,亦似不及也。《说书》数十篇,放于体而弱于辞,放于体而戾今,弱于辞而乖古,虽云理胜,未睹成章。光、庄二《解》,可谓清通,已采焦氏《翼》,不复入集。《孙武参同》,寡所发明;《易因》一编,率多傅会。甚至俗说院本,概传标评,悉属赝书,无可寓目,兹之所撰,尽已削诸。集凡二十卷,本之《焚书》者十六,取之《藏书》及杂著者十四。①

顾大韶以"夷、惠之间"定位李贽,说尽了李贽居身、处世哲学和貌似矛盾实则一以贯之的微妙之处。以"游意儒、禅之表"道出其思想旨趣和方

---

① 顾大韶《温陵集序》,《炳烛斋稿》,《四库禁毁书丛刊》集部第 104 册,第 546 页。

法，"弃家依友"是其生活方式和情感追求，"好辩贾祸"道出其个性及与命运的关系。顾大韶指出李贽文章意旨高远，语言恣肆击中要害，兼有嬉笑怒骂，故上至哲士，下至浅人，都能从中获得启示，因此能名溢妇孺，信者满天下。他还对李贽各种著作进行评论，指出《藏书》受唐顺之《左编》的影响，可谓切中肯綮。顾大韶对李贽《焚书》评价甚高，所谓"气挟风霜，志光日月，摅贤圣之肾肠，寒伪学之心胆"，他还在"心学"的谱系中确立李贽的位置，认为李贽远比陆九渊，近拟王阳明，都难以分出优劣。他还将李贽与自己的老师管志道相比，以为管不及李，真有吾爱吾师，吾更爱真理之胸怀和气度。由此也就解释清楚了何以他编的《李温陵集》取《焚书》十之六，取《藏书》及其他十之四的原因了。

《李温陵集》所收书答比明刊单行本《焚书》多出 11 篇，分别是：1.《答李如真》(约作于万历十五年，卷一，第 162—163 页)；2.《答何克斋尚书》(万历十三年，徙居麻城后，卷一，第 169 页)；3.《与焦从吾》(万历十三年，卷二，第 177 页)；4.《又与从吾》(万历十六十七年，寓居芝佛院，卷二，第 178 页)；5.《又与从吾孝廉》(万历十六年，卷二，第 178 页)；6.《复耿中丞》(万历十二年，卷二，第 179—180 页)；7.《答周二鲁》(万历十六年，卷四，第 201—202 页)；8.《答周柳塘》(万历十六年，卷四，第 208—211 页)；9.《寄答留都》[1](万历十四年，卷四，第 211—213 页)；10.《书常顺手卷呈顾冲庵》(万历十七年，卷四，第 214 页)；11.《与管登之书》(万历二十七年，卷六，第 235—236 页)。又 12.《复焦秣陵》(万历十七年，卷四，第 202—205 页)及 13.《寄答京友》(卷四，第 207—208 页)与《焚书》相应篇目改动较大。其中，第 11 书所作时间较晚，通信者为顾大韶老师管志道，《李温陵集》收入此篇或许并非因其曾入《焚书》，而是顾大韶致敬老师之意，馀 12 书都作于万历十八年李贽自刻《焚书》之前。根据通信者以及所谈内容，大致可分为二类：第一，通信对象为耿定向或与耿定向关系密切者，内容多与其与耿定向的论争有关，有第 1、2、6、7、8、9、13 书；第二，劝焦竑了业缘并最终拒绝焦竑、顾养谦的邀请，第 3、4、

---

① 耿定向给李世达书批评李贽，李贽获读耿书后致信李世达，此时李升任南京吏部尚书，故书称"寄答留都"。

5、10、12 书。细读这些书答,其内容主要集中在两方面:第一,李贽宣称自己是"学佛人",是"异端者流",其学是"禅学",也劝焦竑"了业缘";第二,承认自己有"狎妓""自私自利""纵任自恣"等"丑行"。将《李温陵集》以上诸文与单行本《焚书》相校,似乎可以看出李贽自己的身份、思想定位的变化,也可见其与当时反对派的斗争策略的变化。

12 书中,第 6 书《复耿中丞》写作时间最早,作于万历十二年,是耿定理去世后李贽给耿定向的第一封信。李贽一方面悲慨知己先逝并安慰耿定向,另一方面向耿定向表达求与胜于己者(实指耿定向)为友并陶铸自己之意。这是李贽向对方抛出的橄榄枝。这对万历十八年,李贽希望众人能了解他与耿定向之间的恩怨始末以及自己的态度来讲,无疑是重要的文书。但在万历二十八年《焚书》定本时代,此书或因缺乏思想深度而被删除了。

焦竑虽是万历十七年状元,但五十岁方中式,上论 3、4、5《与焦从吾》《又与从吾》《又与从吾孝廉》三书皆作于焦竑中式前。此时,焦竑不免在诗文以及科举上用力,所以李贽批评他"以盖世聪明"却"一生全力尽向诗文草圣场中",不肯在性命之学上用力。除了对焦竑性命之学上的期待,李贽对焦竑也有友情上的期待,盼望焦竑来信,盼望与焦竑相见一同求学,盼望焦竑引荐有志向的后辈,等等。第 12 书《复焦秣陵》作于焦竑及第后于北京任职时,此时焦竑正如李贽在第 3 书中预言的那样,"他年功名到手,事势益忙,精力渐衰,求文字者造门日益众,恐亦不暇为此(引者按:指在性命上用力)",不仅"日夜无闲空",关键是"身心俱不得闲",所以李贽写信明确表明"我决不可往也无疑也"。① 第 12 书中,李贽也解释了他为什么不会接受南京户部侍郎顾养谦约其到焦山的邀请,

---

① 邹国平先生认为李贽为远避耿定向提出去北京依从焦竑遭拒绝(邹国平《〈复焦弱侯〉异文与李贽、焦竑、耿定向关系》,《中华文史论丛》2010 年第 5 期,第 227—242 页),笔者以为是一种误解。李贽原书云:"我之所以立计就兄者,以我年老,恐不能待也。既兄官身日夜无闲空,则虽欲早晚不离左右请教,安能得? 官身不妨,我能蓄发屈己相从,纵日间不闲,独无长夜乎? 但闻兄身心俱不得闲,则我决不可往也无疑也。"(《李温陵集》卷四,《四库全书存目丛书》集部第 126 册,第 202 页)李贽"弃家求友",求友是为学道,不能将李贽之依从看作是饥不择食的投靠和依附。

因为顾"方履南京任，当用才之时，值大用之人，南北中外尚未知税驾之处，而约我于焦山，尤为大谬。……株守空山，为侍郎守院，则亦安用李卓老为哉"。跟拒绝焦竑的原因一样，即便是焦竑、顾养谦这样的老朋友，如果他们处于内外忙迫、不在性命上用心用力之时，也是不能与之一起游处求道的。第 10 书《书常顺手卷呈顾冲庵》就是婉拒顾养谦焦山之请的书信。万历十八年刊《焚书》，这些书信可以完整地呈现李贽求友之道，万历二十八年，对于意欲呈现完整的思想体系的李贽而言，这些或许已成为琐屑之过往，故整篇删去或加以局部删削。

　　李贽第 2、9、1 书宣称自己是与儒家对立的异端、禅学，是化外之民。《答何克斋尚书》约作于万历十三年，李贽说他一生"所参礼"的，乃"阳明先生之徒若孙及临济的派、丹阳正脉，但有一言之几乎道者"，并表现对儒者的蔑视。《寄答留都》，作于万历十四年，"留都"，指南京吏部尚书李世达。书中李贽自称自己是"化外之民"。《答李如真》，约作于万历十五年，李如真是耿定向的追随者。根据书意，李如真来信抱怨李贽不与他们讨论"亲民""无恶""不厌""不倦"之旨，李贽回此信，说讨论这些问题，是"孔氏之徒"之事，而他是"学佛人也，异端者流"，"弟禅学也"，与他们"路径不同"。他还明确表示这正是他不听耿定向之言的原因，所谓"此弟于侗老之言不敢遽聆者以此"。他还批评李如真，"今又专向文学之场，精研音释等事"，"杂学如此，故弟犹不知所请教也"。李贽的这一蔑儒的立场和身份定位，不见于万历二十八年本《焚书》。如上引《焚书》卷一首篇《答周西岩》所云："既成人矣，又何佛不成？""天下宁有人外之佛、佛外之人乎？"又《复邓石阳》云："平生师友散在四方，不下十百，尽是仕宦忠烈丈夫，如兄辈等耳。弟初不敢以彼等为徇人，彼等亦不以我为绝世，各务以自得而已矣。故相期甚远，而形迹顿遗。愿作圣者师圣，愿为佛者宗佛。不问在家出家，人知与否，随其资性，一任进道，故得相与共为学耳。然则所取于渠者，岂取其弃人伦哉？取其志道也。"[1]不持儒释对立思想，也不取儒释对立立场。可以说，宗佛师圣，贱儒蔑佛，皆为可

---

① 李贽《焚书》卷一，第 9—10 页。

遗之行迹,李贽追求的是超越于某种取向和标准之上,"随其资性,一任进道",最终达到各个个体的"自得"。

上云张问达弹劾李贽时,曾列举"挟妓女,白昼同浴","勾引士人妻女入庵讲法"至于"宿庵观","后生小子,相率煽惑"等罪名,这些说法甚至可以说是从万历十八年的《焚书》中提取来的。如第7书《答周二鲁》,李贽赞老庄用世处身之术高明,说自己原本没能做到《老子》所云的"和光同尘",他接着说自己"到麻城,然后游戏三昧,出入于花街柳市之间,始能与众同尘"。第8书《答周柳塘》,李贽见耿定向与周思久书,耿定向书中云李贽"狎妓女""侮寡妇""戏诸公"之行是李卓吾的禅机,李贽作此信,说耿定向所言的自己的"丑行","皆真正行事,非禅也;自取快乐,非机也",他进一步说耿定向所言"李卓吾禅机","无非为我掩丑"。当然,李贽书中有大段文字解释所谓"狎妓女",其实是"到处从众携手听歌,自是吾自取适,极乐真机,无一毫虚假掩覆之病"。所谓"侮寡妇",则是"自我入邑中来,遣家属后,彼氏(指梅国桢之女)时时送茶馈果,供奉肉身菩萨,极其虔恪矣。……后因事闻县中,言语颇杂,我亦怪之,叱去不受彼供,此又邑中诸友所知也。然我心终有一点疑,以为其人既誓不嫁二宗,虽强亦誓不许,专心供佛,希图来报,如此诚笃,何缘更有如此传闻事,故与大众共一访之耳"。虽非"侮寡妇",但访寡妇则坐实了。万历十八年的李贽论辩策略是:你说我异端,我就承认我是异端,然后挑战世俗偏见,重新定义"异端"。比如此书中,他承认自己"丑行"是实,然后他推究定义"丑"的标准云:"夫所谓丑者,亦据世俗眼目言之耳。俗人以为丑则人共丑之,俗人以为美则人共美之。世俗非真能知丑美也,习见如是,习闻如是。"李贽就是要挑战非出于自得的、以他人观念为观点的世风士习。朱国祯说:"李氏诸书,有主意人看他,尽足相发,开心胸;没主意人看他,定然流于小人无忌惮。"①同样,理解李贽思想和论辩策略的人能懂得李贽重新定义"丑"的用意,意欲寻衅者则认为得到了本人的招供。可能因为如此,再整理《焚书》时,李贽删除了这些篇目。

---

① 朱国祯《涌幢小品》卷十六,《四库全书存目丛书》子部第106册,第455页。

　　倘若以上推测可以成立，《李温陵集》得之十六的《焚书》可能比较接近于万历十八年刊亭林本的面貌，呈现的是万历十八年时李贽与耿定向论战时的论辩思路和策略。万历二十八年的《焚书》定本，则对万历十八年本的书答作了一些删削，删除了一些呈现人际关系的无关宏旨的书答，显示出较为纯粹的思想理论上的追求。李贽一生最看重的就是自己的著述，题名袁宏道的《枕中十书序》引李贽自己的话说："卓老子一生都肯让人，惟著书则吾实实地有二十分胆量，二十分见识，二十分才力。"①他一生最放不下的也是著述，其《与焦弱侯》曰："又恐弟死，书无交阁处，千难万难舍不肯遽死者，亦只为不忍此数种书耳。有可交付处，即死自瞑目，不必待得奇士然后瞑目也。"②他最终要传递给后世的是充分表达其思想的著述，《焚书》定本的改动当为此。

　　以上我详细讨论了李贽生前以及逝后其朋友、后学生产和流通李贽书籍的过程，通过大量细节的展示，可以得出如下结论：

　　在李贽的时代，由于刻书的便利，当李贽觉得有好著作可与他人分享时，很自然地借助于刻书，如万历二年刻苏辙《老子解》。对自己的著作，虽自信能传远，却顾虑刻书带来的广泛传播可能引起当时社会好名的指责，故早年对刊刻己作亦有犹豫、矛盾之时，对他人刊刻显出半推半就的态度。万历十八年，李贽自刻《说书》，继而刊刻《焚书》和部分《藏书》。《说书》是李贽以"四书"题阐发思想的著作，与《焚书》《藏书》内容上相辅相成，但形式风格颇近于时文，先刻《说书》，当是李贽思想斗争的策略。《焚书》是李贽将自己的思想以及与耿定向的思想冲突的实质物质化的产物，依靠刊刻，展示给社会公众，掀起了一场有关为学与"成人"问题的大争鸣，同时是与当时追逐名利的世风士风作战的武器。反对方将李贽以刻书方式公开争鸣定性为市井无赖的投揭诟骂（"揭诟"）之举，但也整理、刊刻了与李贽辩论的相关文稿予以反击，双方同时以刻书的方式展开针锋相对的斗争。当万历二十八年，李贽刊刻《焚书》定本时，

---

　　①　《枕中十书序》，袁宏道著，钱伯城笺校《袁宏道集笺校》附录一《辑佚》，第1634页。

　　②　李贽《续焚书》卷一，第32页。

将完整思想传之久远成为图书生产目标,故删削了一些篇章和内容,顾大韶编辑《李温陵集》时所用《焚书》很可能是早期刊本。李贽一生"随手辄书,随书辄梓",既以著书、刻书宣传自己的思想,也便于掌控出版权,同时告知世人自己的行踪,以此始终维持着一位活跃思想者的曝光度,也以图书生产解决自己的生存困境并作为自己的身后遗产。

上文勾稽之细节表明,李贽"弃家求友",求友为彼此学道,故对无心、无精力学道之友的邀请一概拒绝。对于认同其思想而帮助或赞助其图书生产者,其出于信任,或给予对方一定的编辑权(如焦竑),或编校权(如汪本钶、方时化),或坚持由对方提供费用自己刊刻(如方沆、陆万垓),由此确保一己思想的完整性。对于书坊刻书,他并不强调作者著作权,主要抱怨对方事先不告知、事后不赠书,对意欲合作的书商,则尊重对方的决定权。

万历三十年马经纶在《与李麟野都谏转上萧司寇》中说:"海内传先生刻书,若陕西刻《南询录》,长芦刻《龙溪集》,徽州刻《三教品》,济宁刻《道学抄》,永平刻《道古录》,山西刻《明灯录》,此皆素与先生不相识面之士夫,喜其书而乐梓之,先生不知也。又况书坊觅利之人,见其刊之获厚赀也,每窃得先生抄稿,无有不板行者矣,总计先生著述见刊传四方者,不下数十百种。"虽然马经纶此段是为了论证"夫人之精神岂有一生用之于著述,至数十百种之多,而有淫纵不检之行者乎?"[1]其间未必有因果关系,据上文所述,为之刻书的士夫也未必"素与先生不相识面",可以肯定的是,李贽图书的生产,绝不应该仅在商业刻书的框架下进行讨论。判定假托李贽之作以及其逝后横空出世的"遗书"的真伪并非研究的终点,李贽及其思想"人人之心"的抗逆性和形塑力同样值得重视。

七、馀论:图书中介焦竑、书商徐象橒的图书生产故事

上引李贽《龙溪先生文录抄序》云焦竑和李贽自北京回南京途经沧

---

① 潘曾纮《李温陵外纪》卷四,第 650 页。

州时，长芦转运使何泰宁向焦竑索要《王龙溪先生全集》稿用以刊刻，焦竑当时带了两船书，一时很难找到，所以请对方晚些时候派人到南京取书。焦竑当然不是此书的作者，而是手中掌握很多图书资源的藏书家，但这并不妨碍何氏的索书和焦竑的给予，两者的共同目的是将书刻出来，由一本而变身千百，"以嘉惠山东、河北数十郡人士"。焦竑也提供书稿给南京国子监刊刻。如南监刻唐顺之编《右编》即得自于焦竑（详下）。上文提到焦竑与金陵继志斋书坊主陈大来有姻亲关系，陈大来刊刻的李贽《李氏遗书》《李长者批选大慧集》等书稿也来源于焦竑。另一位与焦竑关系十分密切的书商是曼山馆主人徐象橒。此人家世钱塘，后实居于金陵，其书坊称钱塘或武林书林曼山馆，实开在金陵。① 其人出身富贵，以士人自居，也被薛冈、张岱看作士人，同时是书商，尤爱并擅长演戏。考察徐象橒人生，实有助于理解明代书商身份的混杂性和多重性，也可由此了解书商与图书供给者的可能的关系模式。

徐象橒，字孟雅。② 其六十岁时，鄞县布衣文人薛冈给他写了一篇寿序，活画出这位书坊主的风神。薛冈《徐孟雅六十序》曰：

> 劳我以生，生无乐也，故婴儿脱胎即啼，未闻乐得人身而笑也。久之渐知笑，知笑不久，复渐知忧。竹马鸠车与群儿竞，忧不胜；果脯攫，忧不获；升高赴下，欲恣其嬉戏，忧不能前。及其长也，忧贫，忧遇。及其遇也，贤者忧君民，不肖者忧得忧失，而大愚忧天。以有限之身徇循环无端之忧，终其身不知乐为何事、笑为何状！吾不意纳纳苦海、荡荡愁城中有孟雅也。孟雅，天之私人，与乐俱生者也。家世虎林，居虎林不乐，徙而家秣陵。其所识者，名公巨卿；其所鬻以谋身者，古今人之奇书；其所与俱朝夕者，酒国之民；其所涎垂而

---

① 杜信孚《明代版刻综录》(广陵古籍刻印社，1983 年，第 4 卷，第 24 页)，杜信孚、杜同书《全明分省分县刻书考》(浙江卷，第 3 册，第 6 页)，以及近年来张献忠的《明代杭州商业出版述略》[《北京联合大学学报(人文社会科学版)》2013 年第 4 期]，都将徐象橒作为杭州书商来处理。

② 《武编》卷首郎文瑛《武编题辞》云《武编》"出自荆州唐先生手辑，夙为太史焦师家藏，顷特校而授孟雅徐君以梓者也"。唐顺之编《武编》，万历四十六年曼山馆刻本。

技痒者,歌楼舞榭;其所恋恋不忍舍者,少年之场。当其酒酣怀畅,便与诸少年妆娼扮妍,跳而入场,而孟雅衣冠既变,面目亦更,或啸或骂,或泣或歌,或为鹤鹚之舞,或作渔阳之挝,如优孟之于孙叔敖,直令四座绝倒。孟雅兴方举,而钟既鸣,漏既尽矣,不得已聊就晏息,晏息未起,客且在门,不饮客即饮于客,如是者无春无秋,不知老之将至。苦海愁城,在孟雅作极乐世界观,彼其之子攒眉蹙额以送馀年者,曷足当孟雅一笑也。

  或谓孟雅曰:"乐哉乎! 君既庶且富,杭盖海内乐国也,秣陵凋散,只足助悲,胡为舍彼而就此乎?"孟雅曰:"不然,乐有地、有俗、有时、有具、有侣。杭,西湖止矣;胜地,多不敌秣陵。杭,残宋所都,有忧患之遗;六代繁华国,俗,不敌秣陵。杭人昼于湖,郭门闭,则三竺六桥阒其无人;秦淮月明时,政堪载酒,不敌秣陵。杭,征歌易而选妓难;青蛾皓齿,出旧教坊可胜数,佐欢取快不患无,具,不敌秣陵。杭词人韵士之游,尝与钱奴贾竖以尊罍参错;于桃花柳叶间,风流豪举,比肩接踵,侣王谢子弟,不敌秣陵。"然则孟雅视身世皆乐邦,而秣陵又乐邦中之最乐,则其辞故园而来此,宜也。且孟雅有心人,其身无位,其志气无从展舒,其一腔托之变衣易面以玩世,亦以醒世。余尝见其登场诙谐,旁若无人,一两言使人心开意豁,色动汗沾,而知其秘旨深衷,则又非徒自乐其乐者也。余与孟雅善有日,窥得其微,然不能乐孟雅之乐,今即不至作鄙夫忧得失,而君民之忧可无而或不无,天之忧可免而亦或不免,安得日从孟雅游而陶其抑郁邪! 今年孟雅且六十,能复日日在笑里活,何必三神山大药延年哉! 请孟雅取青溪一勺水,涤笑啼俱不敢者之肠,则生故乐而恶睹所谓劳也已。①

徐象橒喜为且能为场上之戏,张岱也有记载。张岱《陶庵梦忆》卷四《严助庙》记天启三年徐象橒等人在绍兴陶堰严助庙前与戏班中人斗戏:

----

① 薛冈《天爵堂文集》卷四,《四库未收书辑刊》据崇祯刊本影印,第六辑第 25 册,第496—497 页。

天启三年，余兄弟携南院王岑，老串杨四、徐孟雅，圆社河南张大来辈往观之。到庙蹴蹴，张大来以一丁泥一串珠名世，球著足，浑身旋滚，一似黏寘有胶、提掇有线、穿插有孔者，人人叫绝。剧至半，王岑扮李三娘，杨四扮火工窦老，徐孟雅扮洪一嫂，马小卿十二岁扮咬脐，串《磨房》《撇池》《送子》《出猎》四出，科诨曲白，妙入筋髓，又复叫绝，遂解维归。戏场气夺，锣不得响，灯不得亮。①

在薛冈、张岱眼中，徐象橒出身名门，所识皆名公巨卿，其爱酒、爱戏，是极乐世界之人，是极有怀抱而能让世人心开意豁之人。在徐象橒眼里，金陵较杭州有胜地、胜俗、胜时、胜具、胜侣，而近焦竑所居，依靠焦竑刊刻、经营图书应该也是一胜。今存曼山馆所刻书，或为焦竑所作，如《国朝经籍志》六卷，是书最早为万历三十年焦竑门弟子陈汝元刊刻，曼山馆本应刻于其后；②万历四十四年刻焦竑作《国朝献征录》一百二十卷；四十六年刻焦竑《玉堂丛话》。或为焦竑批点，如天启元年刻焦竑批点《东坡先生尺牍》十一卷。或为焦竑所藏，如唐顺之辑《武编》前后集十二卷，杨慎辑《五言律祖》前集四卷后集六卷，杨慎编《古诗选》九种三十卷、《均藻》四卷、《五言诗细》一卷、《七言诗细》一卷，又屠隆辑《巨文》十二卷等。③

焦竑何以与徐象橒合作？姚文蔚为唐顺之《武编》所作序提供了部分答案：

---

① 张岱撰，马兴荣点校《陶庵梦忆》，《元明史料笔记丛书》本，中华书局，2007 年，第 50 页。

② 陈汝元《国史经籍志序》云此书成后，"荐绅家转相缮写，而长安纸价为之腾贵。"又云："壬寅（万历三十年，1602）春，谒先生于金陵，先生……出是编相示，则比京师时又加详矣。……元避席再拜请曰：'……与其转相缮写之烦，孰若授诸剞劂氏，俾家喻而户晓也……'先生首肯，命元校雠而付之梓，凡五阅月而工讫。"（焦竑《国史经籍志》卷首，《四库全书存目丛书》据陈汝元刻本影印，史部第 277 册，第 295 页）可见，陈汝元本为首刻。今存曼山馆本前有"后学吴士冠"所书焦竑《序》，抽去陈汝元序，除卷二下作"茂苑许自昌校"外，馀卷卷首皆署"钱塘徐象橒校刊"。（《原国立北平图书馆甲库善本丛书》第 457 册，第 227—443 页）

③ 关于徐象橒所刻书，除各本外，可参杜信孚《明代版刻综录》第 4 卷，第 24—25 页。

象樗为吾亡友徐三雅子,其言曰:"士之子常为士,不肖以贫故营什一,鬻书为业,庶几往来皆士人耳。"焦先生怜而欲振之,每出秘藏以资匮乏,杀青斯竟,载之兼两,白拈乌攫,无可奈何,而焦先生施不倦也。复惠此编使流通,以继荆川先生之志,云天之谊,非今所有。……赐进士第中宪大夫南京太仆寺少卿前户科都给事中兵科给事中侍经筵官翰林院庶吉士钱塘姚文蔚撰。[1]

这是士人子成为商人之一例,徐象樗自称"士之子",作为社会身份稳定性和确定性的追求,"士之子常为士",然因"其身无位",又"贫",故为书商,选择为书商,可以与士人往来,可以在不失往还人群的同时"营什一",即私得其十而官能税其一。可见从商可以摆脱"贫",同时对"税其一"(承担赋税义务)也有一份自觉,其称"鬻书为业",更显示出对自己商人身份的一种认同。薛冈讲述的徐象樗是自乐之人,姚文蔚记录的徐象樗自云的徐象樗可归有自我的"自得"之人,然而姚文蔚一旦将徐象樗置于与焦竑的关系之中讲述,士商关系中商人的地位就发生倾斜,再加上施惠与受惠关系的建构,徐象樗的自得、自乐形象尽失,顿失精神和品质,成了无名无声的凸显士人品质的背景。徐象樗的职业规划因为焦竑"怜而欲振之"变得无足轻重,这种"振"也只能是经济上的,这意味着徐象樗"士"地位的永远丧失。文章强调焦竑"每出秘藏以资匮乏",相应地就忽略了徐象樗作为出版者的努力,似乎"秘藏"这一图书来源成为徐象樗成功的唯一要素,书商刻书的努力、行销的策略等等都被忽略了。"杀青斯竟,载之兼两,白拈乌攫,无可奈何",姚文蔚用形象的语言描绘了徐象樗用几辆大车从焦竑家拉走刚"杀青"的秘籍,如白捡、白抢一般("白拈乌攫"),令施与者、读者无可奈何。既然焦竑施惠是主动的,应该无"白拈乌攫,无可奈何"之想,所以"白拈乌攫"呈现的是姚文蔚以及读者代入式的痛心的情感体验,这一情感产生的社会基础是这些秘籍不该是这样白给、白拿的,由此折射出的是非"白拈乌攫"的常规的图书供给者

---

[1] 姚文蔚《武编序》,唐顺之《武编》,万历四十六年曼山馆刻本。

与书商的关系，即合理的经济和商业关联。上引李贽《复刘肖川》书云"焦家饭食者六百馀指，而无一亩之人，不能供我，安能饭客"，李贽这样说是敦促刘肖川要自带生活物资，或亦表明焦竑田租收入不多吗？倘如此，焦竑用什么来维持六百口的生活？给书商提供书源会不会有酬报？虽然古人对图书提供者和刻书者之间的关系和价格讳莫如深，但可以肯定的是，中国古代社会是人情社会，虽然未必有价目表，虽然不一定完全以金钱的方式交换，但焦、徐能维持长久的关系，就必定不会永远是一方付出和另一方索取，它一定以某种物质或精神的方式保持某种平衡。

姚文蔚文中的"云天之谊"有多重理解空间，一是焦竑与唐顺之（1507—1560）之间的云天之谊，序文中"以继荆川先生之志"似乎引导读者作此想象。[1] 二是"惠"《武编》给徐象橒，焦竑出于对世家子的怜悯，或许焦竑与徐象橒的父亲也如姚文蔚同徐三雅一样是朋友关系，如此照顾亡友之子，故谓"云天之谊"。不管将焦竑供稿看作是焦竑对世家子、朋友之子徐象橒的怜悯，还是稿源提供者、图书中介与书坊主、书商的合作，总之焦竑（应该是焦竑所代表的焦徐联盟）还是十分看重图书生产的时机以及使图书的知识、文化和经济等效益最大化的努力。《武编》卷首郭一鹗《武编弁首》、郎文瑛《题辞》云：

> （荆川）先生学本六经，胸富万有，退藏者密，运量者神，平生所辑左、右等《编》不下十种，业已盛行于海内，独《武编》未睹记耳。其缮本藏于秣陵焦先生家，先生心契而嗜之，不啻荆州先生之契之也。时有索藏本授梓，焦先生曰："兵，阴道，乃阳言之乎？危道也，乃安谭之乎？非其时也。"始什袭敬藏。迄于戊午（1618）夏，东夷奴酋匪茹，一旦与中国衡，至破军杀将，所不忍言，士大夫方缓文而急武，徐子请梓，焦先生始授之曰："此一时也足传矣。"（《弁首》）

---

[1] 检《焦氏澹园集》《续集》以及焦竑《右编序》等，未见焦竑与唐顺之之间的私人交往，但唐顺之学术人品对焦竑应有较大的影响。焦竑著作中数次提到唐顺之。

兹喜《武编》刻成,且与东征会,不独俾桓桓济济索纸上孙吴,运胸中兵甲,以歼此奴酋朝食,即边围晏如,金瓯孔固,而存斯编,为世世保太一助,亦世世颂唐、焦两先生垂顺治威严之庥于无已也。(《题辞》)①

两文云焦竑掌控着《武编》的出版时间,他以为和平时不宜谈兵,直到万历四十六年夏,明廷发兵讨伐东北女真却被皇太极击败,辽东明军折损大半,焦竑认为这是刊出《武编》的好时机。郎文瑛也认为《武编》刊出的时机甚好,必将有助于东征,而且此书即使在边境安稳的年代,也有助于维护世世太平。

焦竑成为图书稿源的供应者和中介人,固然与其藏书家的身份有关,但其万历二十二年至二十五年纂修本朝国史的经历应该也不无帮助。焦竑翰林院修撰任上上《修史条陈四事议》,其中第四议关乎书籍:

考之前汉,郡国计书,先上太史,副上丞相;后汉公卿所撰,初集公府,亦上兰台。史官所修,于是为备。国初圣祖伐燕,属大将军收秘书监图书典籍,太常法服、祭器、仪卫及天文仪象、地里户口版籍,既定燕,诏求遗书散民间者。永乐初,从解缙之请,令礼部择通知典籍者四出购求遗书。合无仿其遗意,责成省直提学官加意寻访,见今板行者,各印送二部,但有藏书故家,愿以古书献者,官给以直,不愿者,亦抄写二部,一贮翰林院,一贮国子监,以待纂修诵读之用,即以所得多寡为提学官之殿最。书至,置立簿籍,不时稽查,放失如前者,罪之不贷。此不但史学有资,而于圣世文明之化,未必无补。②

焦竑远举两汉献书制度,云前汉郡国上计图书于史官,后汉则有作者上献图书于公府的做法,这样史官修史才有完备的材料。又举成祖购求遗书的做法,希望万历朝也能敦促礼部以及地方提学官加意寻访图书,以

---

① 《武编》卷首,唐顺之《武编》,万历四十六年曼山馆刻本。
② 陈子龙等编《明经世文编》卷四五六,第6册,第5004—5005页。又见焦竑《焦氏澹园集》卷五,第237—239页。

或买或抄的方式将地方之书输送中央，翰林院和国子监各收藏一部，并将这一条纳入提学官考核中去。我们虽然没有直接证据表明焦竑条陈是否奏效，但万历三十年本《国史经籍志》著录明人著作之多，确实予人这样的联想。《国史经籍志》著录别集已达 820 部，超过同时代的任何一部书目，此部分绝非清四库馆臣所言之"丛抄书目"①而来。由此也就比较好理解何以长芦转运使何继高跟焦竑索要王畿先生全集，何以焦竑手中有唐顺之的《武编》，甚至有未完成稿《右编》。焦竑自北京运回南京的满满两船书，有多少可能成为刊刻的稿源，我们虽不能有明确的答案，但即使这样想象，也是非常诱人的。焦竑清楚地知道《国史经籍志》"非不佞私书，乃国史中一志尔"，他也知道他参与修撰的国史项目已停顿，故"告竣无期"，他虽然对先刊《经籍志》略有顾虑，但万历三十年还是同意了门生陈汝元的建议，并以"太史焦竑"名义刊刻了此书，②这种公书私刻的例子也可见明代书籍所有权的灵活性。

今存南监本唐顺之《右编》，前有图书供给人焦竑序，图书接受者、整理者、校勘者南监祭酒刘曰宁及南监司业朱国祯序，因南监有严格的刊书管理流程，故留下了大量的刻工姓名和其他有关图书生产的资料。焦竑、刘曰宁序曰：

> 荆川唐先生于载籍无所不窥，其编纂成书以数十计……所辑最巨者，有《左编》《右编》《儒编》《诗编》《文编》《稗编》凡六种，世所行《左编》《文编》《稗编》，馀未出也。司成刘公幼安、朱公文宁顷莅南雍，业以正学为多士鹄矣，已复欲以经济导之，则取《右编》刻焉。余藏先生稿本，部分未定，且汉唐名奏遗轶尚多，幼安因择其要者补入而绪正，校雠则文宁有力焉，刻成俾余为序。（焦竑序）③

---

① 永瑢等《四库全书总目》卷八七《国史经籍志》提要，第 744 页。

② 陈汝元《国史经籍志识》，焦竑《国史经籍志》卷首，《四库全书存目丛书》史部第 277 册，第 295 页。

③ 焦竑《荆川先生右编序》，唐顺之《右编》，《四库全书存目丛书》据万历三十三年南京国子监刊本影印，史部第 70 册，第 4—5 页。又见焦竑《澹园集》卷十四，第 533—535 页。

余游南雍之一年，从太史焦公得抄本，读之，知为毗陵未竟之业。会太史居在秣陵，而少司成朱公适来，因略仿先生《左编》义例，部勒铨补为四十卷……二千六百一十叶。主校阅者：丞武君绍祖、博士董君应举、林君世都，六馆先生姚君光胄、江君时中、庄君毓庆、陈君勋、沈君琰、李君谏、陈君禹谟、陈君继芳、石君雷。董刻者：簿张君本、陈君桂林。而别属秣陵诸生沈朝阳蒐遗正讹，岁乙巳（万历三十三年，1605）长至书始成。（刘曰宁《刻右编叙》）①

焦竑说手中是唐顺之《右编》的稿本，刘曰宁说是抄本，总之此书南监得自焦竑是可以确定的。但唐顺之《右编》似乎是材料集，且汉唐的奏疏名篇遗轶尚多，故刘曰宁仿照已出版的唐顺之《左编》的体例，对材料进行"部勒"，"补入而绪正"，书成后，朱国祯承担校雠工作，所以此书刻成以后的署名是："都察院佥都御史毗陵唐顺之编纂"，"南京国子监祭酒豫章刘曰宁补遗"，"司业吴兴朱国祯校定"。

上引刘曰宁《刻右编序》记录了校阅者的身份和名单，包括国子监监丞武绍祖，南监博士董应举、林世都，六堂助教姚光胄、江时中、庄毓庆、陈勋，六堂学正沈琰、李谏、陈禹谟，六堂学录陈继芳、石雷。主管刻书的是典簿厅典簿张本、陈桂林。这些人均可在《南雍志·职官年表》中找到。还有"秣陵诸生"沈朝阳，此人为江宁诸生，他一定颇得祭酒刘曰宁信任，在为《右编》蒐遗正讹时，他也参与了刘曰宁兄刘曰梧刊刻冯琦原编、张邦瞻纂辑《宋史纪事本末》的工作，此书卷下题署中有"秣陵沈朝阳翻阅"一行。② 万历三十六年，沈朝阳完成《通鉴纪事本末前编》十二卷

---

① 刘曰宁《刻右编叙》，唐顺之《右编》，《四库全书存目丛书》史部第70册，第6—8页。
② 见《宋史纪事本末》各卷题署。刘曰梧《序》："余承宗伯先生志，遂寿诸梓，而余有弟适为国子祭酒，以其所授之，列在学宫，令四方士得观览焉。万历三十三年岁在乙巳春仲谷旦，京畿道监察御史南昌刘曰梧易生父撰。"（万历三十三年刊本）此时刘曰梧为京畿道监察御史，此亦可与第一章有关监察御史在明代文教事业中的自觉和建树参证。

的编纂，四十五年（1617），得巡按直隶监察御史唐世济支持而授梓。①
沈朝阳天启中为贡士，后任池州府学教授。他的博学使他能被挑选出来
做蒐遗正讹的工作，他参与南监图书生产，也可能是他能拔贡的原因，他
还编辑过《阙里书》八卷，不少书目有著录。②

　　因为南监有刻工管理制度，《右编》除诸《序》和总目录外，全书二千
六百馀叶每页都留下了刻工题名和字数。全书计有刻工百馀位，据前文
所论，这应该包括了南监数名常职刻工以及南京在籍刻工等，也可看出
南监调动刻工的能力和力度。是书每半页 10 行，行 20 字，书口字数除
每页字数外还包括书口所刻书名和卷次的数字，计数十分精确。分析刻
工题署，基本上一位刻工连续刻书两页，因为每页约 400 字，如果以一位
刻工日刻一百五十字来计算，③两页大概是一位刻工五六日的工作量。
如《右编》卷一共 84 页，共 84 个署名，其中 2 处在连续题署的第二个题
署仅署姓或名；其中有 2 名刻工（王四和杨三）只刻了 1 页；84 页中涉及
刻工 30 名，其中吴廷④（刻了第 1、2 页和第 21、22 页）、井立（5、6、73、
74）、尚荣（11、12、83、84）等 7 人轮流了 2 次，孙良相 3 次（23、24、41、42、
59、60），黄一龍/龙⑤ 4 次（3、4、49、50、71、72、77、78），馀下都只刻了两
页。由此或可推测南监刻工以两页为一个单位来接受工作任务。

　　① 参沈朝阳《通鉴纪事本末前编题辞》、唐世济《通鉴纪事本末前编序》，沈朝阳《通鉴纪
事本末前编》，《四库未收书辑刊》据万历四十七年刻本影印，第一辑第 15 册，第 358、353 页。

　　② 参万斯同《明史》卷一三四《艺文志二》（《续修四库全书》第 326 册，第 305 页）、徐乾学
《传是楼书目》（《续修四库全书》第 920 册，第 664 页）。

　　③ 周绍明利用伦敦传教会米怜的材料所做估算。见周绍明著，何朝晖译《书籍的社会
史：中华帝国晚期的书籍与士人文化》，第 20 页。

　　④ 李国庆编纂《明代刊工姓名索引》有"刻工吴廷"条，其参刻书有：万历四年刻本《子
汇》、翁氏刻本《归先生文集》，五年胡氏刻本《何大复先生集》，二十年刻本《刘子》，万历间凌氏
刻本《韩非子》（上海古籍出版社，1998 年，第 94 页），不知是否是同一人。

　　⑤ 一作"黄一龙"，一作"黄一龍"，若为二人，则各 4 页；若同一人，则 8 页，是卷一承担工
作最多的一位。此数人《明代刊工姓名索引》皆未收录。

第四章
从《朝鲜诗选》编刻看明代图书生产方式和文化功能

　　明万历年间，日本侵略朝鲜，朝鲜进入为期七年的壬辰之乱时期（1592—1598），明朝廷派兵援朝。以我们一般的想象，万历时援朝抗倭者多为将士，其文化素养或许不会太高；战时生存条件极其恶劣，即使有文化素养，也未必有心情和客观条件去关注和从事文事。但阅读有关文献，发现当时情形并非如此，当时的战场文化氛围相当浓郁。就图书生产而言，援朝人士吴明济、蓝芳威在战争期间搜集、编集了《朝鲜诗选》，万历年间，吴明济、蓝芳威可能不止一次刊刻过《朝鲜诗选》，汪世钟（伯英）刻印过四卷朝鲜古今诗，程相如编辑刊刻朝鲜四女诗行世。从这些图书生产者的身份看，吴明济被称为孝廉、山人，汪世钟可能与吴明济身份相似；蓝芳威是陶丁出身的将军，程相如则布衣任侠，因毛遂自荐而成将军。他们皆非职业图书生产者，对他们编书、刻书以及其间的动态过程的揭示，可以看出明代图书生产的一种生态：每个人只要有机缘都可能成为图书和知识的生产者和传播者。蓝芳威《朝鲜诗选》可能有三种（至少有两种），吴明济《朝鲜诗选》至少有两种刊刻形态，在在提醒我们关注古代图书存在状态的丰富复杂性、明清图书传播的快捷性。当东西方书籍史研究者将西方活字印刷看作印刷革命，仿佛唯有大机器、大规模的生产才是知识、思想革命的物质前提时，由《朝鲜诗选》的产生方式，我们或许可以看到中国图书生产引起知识传播的另一种形态，它不是以大机器、大规模生产为特征，而是以众多人的参与，以多种多样的灵活机动的生产，最终产生数量上的绝对规模和思想上的绝对渗透。从这个意义上讲,《朝鲜诗选》的产生和生产、再生产的研究,不但对明代图书出版研究有意义,更具有深刻的书籍史意义。

一、援朝抗倭将臣之文化旨趣和战时文化氛围

朝鲜壬辰之乱结束后,应宣祖之命,申钦(1566—1628)整理了一份《天朝诏使将臣先后去来姓名,记自壬辰至庚子(1593—1600)》[①],后来吴庆元不满申钦《姓名记》人物排列次序,重编成《王人姓名记》[②]。据这两份《姓名记》统计,壬辰之乱期间中国赴朝将臣中有进士出身者二十五位,[③]其中战事最激烈的戊戌、己亥年(1598、1599),有近二十位进士曾活跃在朝鲜战场上,另至少有举人三人[④]、武进士七人[⑤]。1598—1599年的两位最重要的指挥官杨镐(? —1629)和邢玠(1540—1612)分别是万历庚辰(八年,1580)和隆庆辛未(五年,1571)进士,后来替代杨镐的万世德(1547—1603)与邢玠同年,也是隆庆辛未进士。

---

① 申钦《象村稿》卷三九,《韩国文集丛刊》,景仁文化社,1990 年,第 72 册,第 269—292 页。

② 吴庆元编《王人姓名记》,见收李光涛编《朝鲜"壬辰倭祸"史料》一七,附录三,台北"中央研究院"历史语言研究所,1970 年,第 2083—2117 页。

③ 他们是:石星(直隶东明人,嘉靖三十八年进士,1559)、薛藩(广东顺德,万历十七年,1589)、司宪(河南睢州,1586)、宋应昌(浙江仁和,1565)、刘黄裳(河南光州,1586)、袁黄(浙江嘉善,1586)、周维翰(直隶阜城,1580)、韩取善(山东淄川,1578)、艾维新(河南兰阳,1586)、贾维钥(顺天遵化,1589)、状元孙钅广[浙江馀姚,锦衣卫,万历二年(1574)会元]、杨镐(河南商丘)、邢玠(山东益都)、万世德(山西偏头守御千户所)、徐观澜(山东泽州,1589)、杨应文(直隶无锡,1589)、萧应宫(直隶常熟,1574)、董汉儒(直隶开州,1589)、张登云(山东宁阳,1571)、王士琦(浙江临海,1583)、梁祖龄(四川温江,1586)、徐中素(江西建昌,1595)、杜潜(山东高唐,1580)、陈效(四川井研,1580)、杨位(河南汝宁府仪卫司,1580)。

④ 《宣祖实录》"宣祖三十一年二月"己未日,"陈御史接伴使李好闵启"载:"近日二万馀兵又为出来,待此兵毕集,并前来兵马可用者,约于三月间再举。臣问曰:'二万新兵,何将官领来?'答曰:'汉土兵一万,刘总府带来,已到辽东。兵部郎中徐中素领三千,又有举人三人,各领兵,合一万馀。'"(《朝鲜王朝实录》,国史编纂委员会,1970 年,第 23 册,第 377—378 页)

⑤ 他们是:王问、佟养正、李天常、许国威、傅良桥、茅国器、杨邦亨。

明援朝将臣,多有文化旨趣。朝鲜《宣祖实录》"三十一年(1598)十月"乙卯日载:"《舆地胜览》《考事撮要》等册,前日天将多数持去。"(第516页)又"三十三年(1600)二月"己卯日载弘文馆启:"丁应泰……又将不正之学,序于褚、魏所纂之书,披阅之际,令人失色,然此书……其中不无切于养蒙之语,岂可以应泰之故,并其书废之乎?削其序而用之,恐无不可。""传曰:'允。'"①丁应泰为东征赞画军事,当然属于明朝将臣,可能因为他在蔚山之战后弹劾经理杨镐,朝鲜上奏为杨镐辩护,丁应泰又弹劾朝鲜,因而被朝鲜视为仇雠,故吴庆元将其排除在援朝抗倭名单之外。②丁应泰是万历十一年进士,从《宣祖实录》此条看,他甚至在朝鲜期间,集魏徵、褚遂良之文做了一本书,还为这本书写了一篇表达自己学术见解的序,朝鲜人后来去掉了他的序,保留了他编的书。此外宋应昌撰《经略复国要编》、萧应宫撰《朝鲜征倭纪略》等书。③

朝鲜史料中还传录了在激烈的战事中中国武将的诗作。如李如松,此人"世锦衣百户",以钦差提督蓟辽保定山东等处防海御倭军务总兵中军都督府都督同知身份至朝鲜,是位不折不扣的武将。柳成龙杂著《记壬辰以后请兵事》录李如松诗一首。万历二十年(1592)十二月,李如松帅四万兵至安州,体察使柳成龙请见,两人对着地图讨论兵事,过后李如松在扇面上题诗一首送柳成龙,诗曰:"提兵星夜到江干,为说三韩国未安。明主日悬旌节报,微臣夜释酒杯欢。春来斗气心犹壮,此去妖氛骨已寒。谈笑敢言非胜算,梦中遥忆跨征鞍。"诗虽不算佳,但气颇壮,亦可读。更值得关注的是武将题诗于扇面以赠人的交流方式。④万历二十

---

① 《宣祖实录》,《朝鲜王朝实录》第24册,第36页。

② 申钦《姓名记》有丁应泰,但不载其为进士。丁应泰弹劾之是非可参孙卫国《丁应泰弹劾事件与明清史籍之建构》[《南开学报(哲学社会科学版)》2012年第3期]、刘宝全《明晚期中国和朝鲜的相互认识:以丁应泰和李廷龟的辩论为中心》(《韩国学论文集》第十九辑,2011年)等。

③ 李德懋《青庄馆全书·盎叶记》七"华人记东事",《韩国文集丛刊》第259册,第69页。宋应昌《经略复国要编》十四卷《图说》一卷《附》一卷《后附》一卷,见收《四库禁毁书丛刊》史部第38册,第1—320页。

④ 柳成龙《西崖集·文集》卷十六,《韩国文集丛刊》第52册,第307—308页。

六年(1598)九、十月，明军四路大军围攻岛山，明军损失惨重，战事处于胶着状态，难以突破。赵庆男《乱中杂录》记在"围城一旬，贼势日炽"之日，"李副总题送绝句于兵相云：'蚌鹬持多日，王师久未旋。何当除此贼，露布奏清边。'兵相受之，盘问幕下：有能和此者乎？中军郑以吉告曰：阵中有别将赵某，本以儒士，奋义讨贼，以此从军，和此不难也。兵相招余示之，余辞以不能，还幕乃次，精书以进云：'贼势披靡久，何忧曷月旋。鲸鲵授首日，功业定无边。'兵相即令军官朴光国进呈，副总见之喜曰：本道总兵可谓才兼文武矣。光国回报，兵相招余言之，极口称叹，余拜谢而退"。① 这里的"李副总"名芳春，大名府平虏卫人，以钦差统领蓟辽遵化参将领兵二千来朝鲜，长于骑射，是位不折不扣的武将。他首先送诗给朝鲜兵相，发起唱和，朝鲜兵相自己不能诗，就征招能诗者和之。赵庆男的做法很有意思，他被长官请去看诗时，辞以不能，他当然知道自己可以和这首诗，也绝对愿意代长官和诗，但以不露才扬己的方式暗地进行，给长官脸面。这同时提醒我们关注这类情况下诗歌作者的不确定性。李芳春是否也是请人赋诗的，我们已无从得知，姑且不论，如果李芳春带回这首诗，应该就被冠以朝鲜兵相之名了。但无可否认的是，在中朝联合抗倭的血雨腥风中，诗歌唱和也自然地在士民将官之中进行着。

　　吴明济、蓝芳威《朝鲜诗选》②编阅、校书人员中，蓝芳威、贾维钥、韩初命三人因军阶、官品够高而进入上言申钦、吴庆元《姓名记》中，三人或能文，或好文，也都有文化旨趣。

　　蓝芳威，字万里，号云鹏，江西饶州府人。他本为景德镇陶丁，万历

　　① 赵庆男《乱中杂录》(三)，《大东野乘》本，庆熙出版社影印，1968 年，第 2 册，第 354—355 页。

　　② 吴明济编《朝鲜诗选》，祁庆富《朝鲜诗选校注》有影印，辽宁民族出版社，1999 年，第 47—234 页。蓝芳威编《朝鲜诗选》，目前可见北大本和美国加州大学伯克利分校东亚图书馆藏本。伯克利本全书共二册，分题《朝鲜诗选乾》《朝鲜诗选坤》。蓝芳威序云"厘为四部"，当为古、律、绝、许景樊等诗四部，共八卷，其中前六卷卷首分别题"朝鲜诗选全集""五言古诗"、"七言古诗"、"五言律诗"、"七言律诗"、"五言绝句"、"七言绝句"，卷七卷首仅题"朝鲜诗选全集"，卷八不见首题。共选诗 600 首。下文引吴选，用祁庆富《朝鲜诗选校注》影印本；蓝选，皆本伯克利本。

十九年,曾率众暴动,为鄱阳令程朝京、江西佥事顾云程讨平后,贷死戍边而渐为名将。① 万历二十六年(1598)正月,他以钦差统领浙兵游击将军署都督指挥佥事领南兵三千三百援朝鲜。② 次年三月,朝鲜战事基本结束,蓝芳威留下善后,七月回国。《宣祖实录》"三十二年七月"丙辰日载:"上幸蓝游击所馆。……上曰:'大人留住,小邦恃而无恐,今将西归,不胜缺然。'"(第 643—644 页)又《亘史》云蓝芳威言己"督戎朝鲜二年"③。蓝芳威在朝鲜口碑不错,《宣祖实录》"三十二年三月庚寅""上幸蓝游击芳威馆"记事下小注曰:"蓝芳威,水路将官,能钤束下人,无所扰害。"(第 589 页)同年四月丙寅日,"上接见蓝游击芳威"下小注曰:"芳威持身廉简,处事严明。"(第 599 页)公州《明蓝芳威种德碑》赞其"仁而有制,严而有容"。④ 蓝芳威颇有文化旨趣,在朝鲜时,他曾公开募儒士入幕。《宣祖实录》"三十一年二月"己未日还保存了他开拔稷山前的一张揭帖:

> 伏以建邦启土,冕旒锡退方以称尊;航海梯山,车书通上国而尽节。礼乐永承于尧世,山河常保其箕封。曩以关茜肆逆,遂致圣嗣遭残。遗宫已见黍离,故土每伤麦秀。乃龙章烨烨,未足厌其狼心;兹虎纛飀飀,直欲扫其豕迹。天威赫震,神武播昭。一将登坛,鹊印明三山之夜月;六军出塞,鱼圭动八道之春风。威也职在援枹,志存裹革。未闻俎豆,滥事干戈。拥节西来,壮胆直欲荡乎妖氛;分麾东指,雄心未足慑乎游魂。敢借儒臣,庶旌旗能生五彩;辄求向导,俾戎马不迷二途。(第 378 页)

---

① 黄之隽等撰《江南通志》卷一四〇《人物志·宦绩》"苏州府""顾云程"条:"擢御史,出为江西佥事,九江有景德镇之乱,云程抚其渠魁蓝芳威,后为名将。"(《中国省志汇编》本,华文书局,1967 年,第 2355 页)同书卷一四七《人物志·宦绩》"徽州府""程朝京"条:"陶丁蓝芳威为乱,讨平之,又力言芳威于上官,贷死戍边,卒为名将。"(第 2476 页)

② 吴庆元编《王人姓名记》,李光涛《朝鲜"壬辰倭祸"史料》,第 2116 页。

③ 潘之恒《亘史·外篇》"仙侣"卷三"亘史云",《亘史钞》,《四库全书存目丛书》子部第 194 册,第 23 页。

④ 朝鲜总督府编《朝鲜金石总览》卷下,朝鲜总督府,1919 年,第 803 页;又见张忠植编《韩国金石总目》,东国大学校出版部,1984 年,第 80 页。

这份招募文以骈文写就，以吸引朝鲜儒臣和向导，虽然这种文章当非蓝芳威亲笔，但"威也职在援枹，志存裹革"的胸怀，"未闻俎豆，滥事干戈"，"敢借儒臣，庶旌旗能生五彩"的追求，依然有利于建立其风雅好文的儒将形象。

贾维钥，字无扃，号知白，直隶顺天府遵化县人，万历癸未（1583）进士。壬辰之乱中，他两次来朝鲜，第一次是万历二十一年（1593），来朝鲜查验军功，很快就回国了。杨镐被丁应泰弹劾免职后，继任者是万世德，万历二十七年（1599）四月，贾维钥以前兵部职方司郎中身份佐万世德第二次援朝，次年七月回国。贾维钥长于文，战争结束后，他陪同万世德经理视察釜山并撰写《釜山碑》①（又称《万世德碑》），此碑长久屹立在直对日本对马岛的釜山五六岛（此岛因此碑亦称碑石岛）上。②

韩初命，字康侯，号见宇，山东莱州府掖县人，举人。③ 他给吴明济《朝鲜诗选》作序时说："昔余弱冠时，读太史公纪至箕子《麦秀歌》，未尝不掩卷太息，想见其风。及观汉、晋书，咸称朝鲜礼义文学之盛，然未闻有继其响者。丁酉秋，余以倭奴之役，督饷朝鲜，冀一访之，时率率戎事间，未遑及。次岁，倭奴既平，徐及之。"④自云其少年读书时，就有观风朝鲜的愿望，因援朝而因缘际会，很想将采诗朝鲜的愿望实现。可见也是一位有文化志趣之人。

为吴明济《朝鲜诗选》作校正，之后也刻有一部《朝鲜诗》的"新都汪世钟伯英"，可能是作为上云文臣、武将的幕僚或门客身份而进入朝鲜的，因职位微末，他未能名列上引两种《姓名记》中。不过，他也与朝鲜士人谈诗。许筠《国朝诗删·许门世稿》许兰雪轩《湘弦谣》后"批"语中有一条汪世钟谈诗之记载："新都汪世钟云：此作非我明以后诸人所可及

①　吴庆元编《王人姓名记》，李光涛《朝鲜"壬辰倭祸"史料》，第2087页。
②　尹行恁《硕斋稿》卷九《海东外史》，《韩国文集丛刊》第287册，第159页。
③　此参吴庆元编《王人姓名记》，李光涛《朝鲜"壬辰倭祸"史料》，第2107页。
④　韩初命《刻朝鲜诗选序》，见吴明济编、祁庆富校注《朝鲜诗选校注》，第49页。《王人姓名记》云其戊戌八月来朝鲜，其书序云丁酉秋，丁酉秋或为任职之时，戊戌八月是到达朝鲜之时。

也,假使李、温操翰,亦未必遽过之。"①而吴明济的文学旨趣在现存中朝文献中有更充分的展现(详下)。

二、吴明济《朝鲜诗选》搜集、编刻背景及其情形拟测

吴明济第一次至朝鲜是以徐中素的私人门客的身份。吴明济《朝鲜诗选》(下简称'吴选')自序曰:

> 丁酉之岁(1597),徐司马公以赞画出军东援朝鲜,济以客从。次岁戊戌季春,涉鸭绿,军于义州。孟夏,司马公猎于城南二十里,济并辔而驰,及坎,马败,遂辞归,值雨,休于村舍。有朝鲜李文学者,能诗,解华语,坐语久之,因赋诗相赠。次日,期访我于龙湾之馆,且治浆待之,果如约,遂与醉于杏花之下,复赋诗相赠。于是文学辈稍稍引见,日益盛。其人率谦退揖让,其文章皆雅淡可观。济因访东海名士崔致远诸君集,皆辞无有,小国丧乱,君臣越在草莽间几七载,首领且不保,况于此乎?然有能忆者,辄书以进,渐至一二百篇。及抵王京,闻多文学士,乃数四请司马公,愿暂馆于外,得与交,寻更入莲花幕也。许之,济乃出馆于许氏。许氏伯仲三人:曰钰、曰筬、曰筠,以文鸣东海间。钰、筬皆举状元,筠更敏甚,一览不忘,能诵东诗数百篇。于是济所积日富,复得其妹氏诗二百篇。……顷之,司马公以外艰归豫章,济亦西还长安。②

"徐司马公"即徐中素,③万历乙未(1595)进士,1598 年,以"钦差御倭东

---

① 许筠《国朝诗删》,见收赵钟业编《韩国诗话丛编》,太学社,1996 年,第 4 卷,第 728 页。

② 吴明济编,祁庆富校注《朝鲜诗选校注》,第 55—61 页。

③ 祁庆富《朝鲜诗选校注》考"徐司马公"为徐观澜(第 250 页),黄有福《〈朝鲜诗选〉编辑出版背景研究》(《当代韩国》2002 年第 3 期)亦作徐观澜。误。参俞士玲《明末中国典籍误题兰雪轩诗及其原因考论》(见收张伯伟《风起云扬:首届南京大学域外汉籍研究国际学术研讨会论文集》,中华书局,2009 年,第 298 页)。

路监军兵备山东按察使司佥事赞画主事"①至朝鲜。从打猎时，吴明济与徐中素"并辔而驰"，吴明济敢于数四恳请徐中素让他出馆于外结交文学士等方面来看，两人的私交不错，关系相当平等，或者吴明济颇有点像朝鲜使臣燕行中带的兄弟打角②，是在其中寻个闲差，趁着公务出国观风旅游、见见世面的。徐中素有"钦差御倭东路监军""赞画主事"之职，对中国将官和朝鲜人来说，就是直接向皇帝汇报情况的人，是要十分尊重的。中国援军来朝鲜后，朝鲜方面，每路均有最高大臣作陪臣，比如，万历二十五年，西路陪臣是左议政李德馨，中路陪臣是右议政李恒福；"游击以上"每个人也"皆有接伴使、接伴官"；朝鲜军队常跟随中国军队一起作战，"提督印给我兵将标，督府验讫，付前随征，丽兵附背"③，与朝鲜臣民上下接触都很广泛。所以，以徐中素的面子为吴明济找个文学之家下榻应该不是难事。可能因此，当时文学鼎盛之家许氏进入了吴明济的视野。

吴明济馆于许家，当在万历二十六年（1598）五月至七月间，此间吴明济行止以及积极与朝鲜文学士交往等事，亦为朝鲜士人言论所证实。尹国馨《甲辰漫录》曰："余于戊戌（1598）在京时，不知某将军幕下有所谓吴明济者，能文人也。与余所寓相近，时或来见者数三度矣。"④七月，徐中素因父丧回国，吴明济也回到北京。吴明济是带着朝鲜诗歌回来的，在北京可谓大出风头，他说："长安缙绅先生闻之，皆愿见东海诗人咏，及许妹氏《游仙》诸篇，见者皆喜曰：'善哉！吴伯子自东方还，橐中装与众异，乃累累琳琅乎！'"⑤中国人获见一大批朝鲜诗歌，觉得大开眼界，更喜闻乐见的是许妹氏之诗。

---

①　吴庆元编《王人姓名记》，李光涛《朝鲜"壬辰倭祸"史料》，第2107页。

②　宋应昌编《经略复国要编》卷四宋应昌《檄李都督》下有一张列"标下"人员的清单，可见带家丁是常例，也有带子男入朝鲜者。如"副将杨元并原任游击戚金下家丁共六百八十二名"，"原任潞安府同知郑文彬并男及家丁五十名"（《四库禁毁书丛刊》史部第38册，第75页）。

③　参赵庆男《乱中杂录》（三），《大东野乘》本，第2册，第367—370页。

④　尹国馨《甲辰漫录》，《大东野乘》本，第4册，第156页。

⑤　吴明济编，祁庆富校注《朝鲜诗选校注》，第58页。

　　吴明济第一次朝鲜之行如此有收获，但因匆忙回国，此事未竟。朝鲜诗在北京引起的轰动，可能也鼓励吴明济再次前行，采风观化的崇高目的和前期成果可能使其更易获得回到朝鲜的机会；检视申钦、吴庆元《姓名记》，不少人都是几次来朝鲜，可见到过朝鲜的履历对其再次获得机会是有用的。总之，不久后，吴明济再次来到朝鲜。

　　吴明济第二次来朝鲜的时间大概是万历二十六年（1598）底，万历二十八年（1600）回国。因为吴选自序说他再次来朝鲜后，李德馨为之"搜诸名人集，前后所得，自新罗及今朝鲜共百馀家。披览之，凡两月不越户限"（第59页），吴选此序作于朝鲜，时间是万历二十七年（1599）四月之望，则其馆于李德馨处最晚在是年二月，之前要安顿下来，寻求出馆下榻，做图书上的准备等，都需要时间，所以判断其应该是于万历二十六年底再次来到朝鲜。吴明济《朝鲜诗选序》虽写于万历二十七年，但吴选韩初命序写于万历二十八年（1600）仲春，许筠后序写于二十八年季春，韩初命序中说当时自己和吴明济、贾维钥、汪世钟皆"客朝鲜"，可见吴明济最早也得在万历二十八年夏回国。自万历二十七年三月起，中方经理万世德就一直与朝鲜就留下多少明军善后磋商、争议，之后的三月至七月大部分中国军队撤回，万经理所统领的留守善后将官，最晚的在万历二十八年十一月撤回。万历二十八年吴明济能滞留朝鲜，表明他必为某留守将官之客。① 吴明济说这次他"馆于李德馨家"（吴选自序），他的《朝

----

　① 据申钦、吴庆元二种《姓名记》，庚子年（1600）离开朝鲜的留守善后将官有：王国威（二月回国）、李天常（三月）、白惟清（三月）、姜良栋（四月）、经理万世德（十月）、万邦孚（九月）、总兵李承勋（十月）、吴宗道（十一月）、张良相（十月）、李香（十月）、张榜（不明）。据韩初命、许筠序跋，可排除二、三、四月回国的前四位。剩下的七人中，有三位浙江人：吴宗道、万邦孚、李香。吴宗道，吴明济同乡，甚至很可能是同宗。申钦《记》曰："吴宗道，字汝行，号石楼，浙江绍兴府山阴县人。由武举出身。癸巳以后，久驻我国，深知事情，每陈说于上司。丁酉，又属邢军门，仍统水兵而来，戊戌回。己亥又来。"（《象村稿》卷三九，《韩国文集丛刊》第72册，第275页）"庚子十一月回去，去后，信问于我国卿大夫，久而愈款。"（《韩国文集丛刊》第72册，第291页）我开始假设吴明济跟随吴宗道而来。吴宗道"己亥又来"朝鲜的具体时间虽不明，但若其年初即来，与上考吴明济来朝鲜时间也算吻合，不过，吴宗道以水军留守善后时久住江华岛，而吴明济在王京。更重要的是，吴宗道的军阶不足以攀上李德馨这号人物。

鲜诗选序》最后题署是："玄圃山人吴明济书于朝鲜王京李氏议政堂。"这种写法表面看是说明这篇序写于何地，其实骨子里想透着体面和派头。李德馨（1561—1613）在壬辰之乱期间，是中国将领、使节与朝鲜王朝的最重要的联络人，甚至可以说是朝鲜政治代理人，虽然不到四十岁，但已是左议政（左相）。吴明济（玄圃山人）说自己馆于李家，文章写于其公署，与之前馆于许筠家一样，应该要有一个有分量的推荐人或雇主，上一次是钦差监军徐中素，这一次当有一位更有分量的后台才是。这个推荐人或雇主，种种线索似乎都指向代杨镐而为钦差经理朝鲜军务的万世德。第一，两人入朝鲜和离开朝鲜的时间吻合。申钦《记》云："万世德，号震泽，山西太原府偏头所人。隆庆辛未（1571）进士。戊戌（1598）以钦差朝鲜军务都察院右佥都御史代杨经理，十一月渡江。闻三路之贼俱已卷回，急差官驰审军前。己亥，军门奏留之经理，仍留王京，庚子十月回去。"[1]万世德万历二十六年（1598）十一月渡过鸭绿江，踏上朝鲜国土，《宣祖实录》显示，他十一月二十四日到王京，朝鲜王二十五日至慕华馆接见、慰问了他。战争结束后，万世德主持善后府，万历二十八年（1600）十月回国。第二，在当时情境下，万世德与李德馨分量比较均等。李德馨之前一直是经理杨镐的接伴使，后一直是代杨镐而为经理的万世德有关善后问题的谈判对手。因为他与前经理杨镐有共同的敌人倭寇，所以彼此齐心协力，后来疏救杨镐也很尽力。现存史料更多表现李德馨与万世德间有关善后问题的中朝博弈。比如，万世德认为善后军队应留多一些，李德馨则考虑朝鲜方面供给大军粮草的困难，希望留少一点。[2] 不过两者更多应该是合作。第三，给吴选作序的中方人士官位较高，校阅、校正者为万世德属官。为吴选作序者韩初命，"戊戌八月以管粮同知出来，庚子十月回去"。[3] 管粮同知虽只是正五品文官，但在援朝战场上，特别是在留守将官中，除经理、总兵外，就数他身

---

① 申钦《象村稿》卷三九，《韩国文集丛刊》第 72 册，第 282 页。

② 可参李德馨《汉阴文稿·附录》卷二《年谱》，《韩国文集丛刊》第 65 册，第 500—501 页。

③ 申钦《象村稿》卷三九，《韩国文集丛刊》第 72 册，第 284 页。

份高了。贾维钥《釜山碑》碑阴刻文武将士名单,这份名单是按官品大小排列的,先文后武。开头即是:"曰运同:吴良玺①、韩初命、李培根、郑文彬。通判:陶良性、黎民化。知县:赵如梅。副总兵……参将……游击……蓝邦[芳]威……牛伯荣[英]……登科……都事……坐营……守备左总……吴宗道,善后参将陈蚕立。"②据上论,贾维钥第二次就是跟随万世德来朝鲜的。另一名校正者汪世钟也是跟随万世德入朝鲜。徐𤏡《徐氏笔精》云:"新都汪伯英,从万中丞经略朝鲜。集其国中古今诗四卷,俨然中华之调。"③在当时情境下,吴明济《朝鲜诗选序》和选择的校阅者都表明了他当时结交的是中朝政治、文化地位最高的人物,由此透露出《朝鲜诗选》的编刻圈和自己的身份。

万历二十八年四月至十月,④吴明济委托韩初命在朝鲜刻出了他的《朝鲜诗选》。韩初命序云"时蓟门贾司马、新安汪伯英咸客朝鲜,相与校政,余复序其首而属剞劂氏"(第53页)。韩初命是漕粮官,是有这个资金的,上文已论,他是留守部队中最大的后勤官,拨点钱刻这本书应该不在话下。而且援朝官员也有在朝鲜刊刻诗文的先例。尹国馨《闻韶漫录》载宋应昌:"未几被弹还燕。其所制诗有曰:'驱车入平壤,恢复朝鲜国。'又有谒箕子庙诗,至于刊印而归,意必夸张于上国。"⑤吴明济或韩初命还请朝鲜梁庆遇(1568—1629)书写了韩初命序(图4)。梁庆遇与援军关系很紧密,万历二十六、二十七年,他一直是明游击将军牛伯英的接伴官。⑥梁庆遇《霁湖集》最后保存了他的自书跋文(图5),书于天启七年冬(1627),距书写吴选韩初命序已有二十七年。

---

① 据申钦《姓名记》,吴良玺,万历二十七年已回国。

② 尹行恁《硕斋稿》卷九《海东外史》,《韩国文集丛刊》第287册,第160页。

③ 徐𤏡《徐氏笔精》卷五"朝鲜诗"条,《原国立北平图书馆甲库善本丛书》第546册,第940页。

④ 李德馨《汉阴文稿·附录》卷二《年谱》云中国军队庚子九月撤还。《韩国文集丛刊》第65册,第500页。

⑤ 尹国馨《闻韶漫录》,《大东野乘》本,第4册,第149页。

⑥ 参赵庆男《乱中杂录》(三),《大东野乘》本,第2册,第368页。

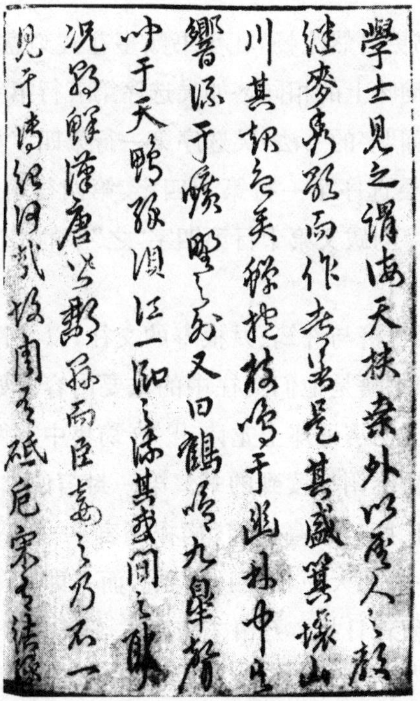

图 4　梁庆遇书吴选韩初命序

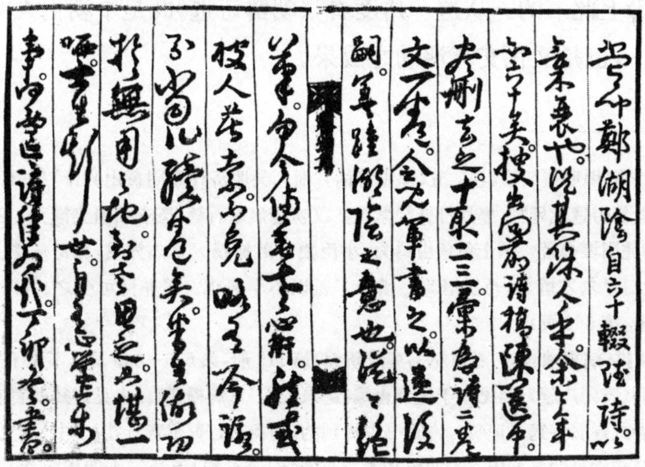

图 5　梁庆遇自书《霁湖集》跋①

---

①　梁庆遇《霁湖集》，《韩国文集丛刊》第 73 册，第 528 页。

虽然其晚年书更自然流畅,壮年书颇多花式刻意,但仍可看出有些字的结体、运笔和韵味上的相同。如吴选序第五行第一字与《霁湖集跋》的第一行第二字"闻"字的书法,吴选序第一行第四字与跋文第四行第四字"之"字的书法,吴选序第一行第十四字、第四行第六字、第五行第十字、第六行第十二字与跋文第十行第四字"之"字的书法等。许筠也为吴明济作后序并书。

战争结束后吴明济与许筠、尹根寿的交往,以及许筠与贾维钥的交往都挺频繁,诗歌、书籍是他们交往中的重要内容。如尹根寿记吴明济评崔昱诗,许筠记吴明济评郑士龙诗。① 许筠集中有两封写给尹根寿的信,都提到许筠在贾维钥处读到的书。第一封信说:"金澍事,曾于贾郎中维钥许见《夷门广牍》,载高中玄《病榻遗言》一卷,②其中有本国事三条:一乃宗系事,一乃祁天使、徐四佳倡酬,而一即其事也。文字久而忘之。"第二书曰:"《留青日札》,乃田艺衡所述,筠曾借于贾郎中,一览而还之。今无所储矣。"③周履靖编《夷门广牍》丛书,万历二十五年由南京书林刊出(详下章),从时间上看,贾维钥万历二十七年第二次去朝鲜时是有可能带上此书的。从这一角度看,《朝鲜诗选》既是中朝士人文化交流活动之一,也是文化交流活动之成果。

---

① 许筠《惺所覆瓿稿》卷二五《惺叟诗话》"浙人吴明济评湖阴黄山驿诗"条曰:"湖阴黄山驿诗曰:'昔年穷寇此歼亡,鏖战神锋绕紫芒。汉帜竖痕馀石缝,斑衣渍血染霞光。商声带杀林峦肃,鬼磷凭阴堞垒荒。东土兔鱼由禹力,小臣摸日敢揄扬。'奇杰浑重,真奇作也。浙人吴明济见之,批曰:'尔才屠龙,乃反屠狗。惜哉。'盖以不学唐也。然亦何可少之。"(《韩国文集丛刊》第74册,第362页)

② 高拱《病榻遗言》一卷(《丛书集成新编》第119册,第636—645页),不见于周履靖万历二十五年刊《夷门广牍》,而见收于沈节甫编《纪录汇编》,《病榻遗言》未见许筠所言有关朝鲜之三事。两者或皆属许筠误记吗?许筠书中提到的《病榻遗言》《留青日札》二书,均见于《纪录汇编》,但今日较常见的是万历三十四年刊本。或者《纪录汇编》万历三十四年前就有刊刻,或者《病榻遗言》《留青日札》之前就有流传……凡此都有可能。

③ 许筠《惺所覆瓿稿》卷二〇《上尹月汀丙午八月》《上尹月汀丁未八月》,并见《韩国文集丛刊》第74册,第303页。

　　朝鲜战后物资匮乏，所以希望留守军削减规模并尽快离开，如李德馨就抱怨两万四千馀留守军太庞大，滞留到九月太晚，等等。① 可以想象吴明济 1600 年 3 月起意在朝鲜刊刻《朝鲜诗选》存在一些不稳定因素，资金也可能不是特别宽裕，所以吴明济可能只是选了其中的一部分率先出版。现国图藏朝鲜刻本吴选有头有尾，是完整自足的，但其收诗只有 340 首，远远不足其序中所言搜诗的数量，也没有诗人小传（详下），我以为这个版本很可能就是保存了 1600 年特殊时期所刻书的面貌，现存吴选朝鲜刻本的稀缺更鼓励我作如是想。按道理说吴选在朝鲜刊刻，朝鲜人会留存比较多，但后来所有见过的吴明济《朝鲜诗选》几乎都不是朝鲜本，而是中国刻本（详下），可见当时印刷数量相当稀少。这本篇幅比较小的四卷本吴选，中国书目也有著录。《绛云楼书目》著录了"《朝鲜诗选》"，陈景云补注云："万历中有援鲜之师，会稽吴明济子鱼，司马之客也，从军至平壤，因采诗于其国，作后序者许筠，东国之以文学鸣者。"② 钱曾《读书敏求记》"集·总集"及《也是园书目》"诗文集·总"亦著录"《朝鲜诗》四卷"③，或即因其为朝鲜本而为钱氏所重。但钱谦益编《列朝诗集》，显然用的是吴明济更大的《朝鲜诗选》，或即中国刊吴选（详下）。这也可以解释一些中国藏书家为什么有四卷本和八卷本《朝鲜诗选》的疑问。如祁承㸁《澹生堂藏书目》著录："《朝鲜诗选》八卷，二册，吴济辑。"黄虞稷《千顷堂书目》卷三十一"总集类""吴明济《朝鲜诗选》八卷"下注曰："一作四卷。明济，一作济，字子鱼，会稽人。"④因为一册本和二册本实际都存在，只是当时二册八卷本多，故多著录八卷本者。

---

① 可参李德馨《汉阴文稿·附录》卷二《年谱》，《韩国文集丛刊》第 65 册，第 500—501 页。

② 绛云楼重古本，多著录宋、元椠，很少标注明人之作，曹溶《绛云楼书目题词》云"所收必宋元板，不取近人所刻及钞本，虽苏子美、叶石林、三沈集等，以非旧刻，不入目录中"（钱谦益《绛云楼书目》，第 269 页），但其"诗总集类"还是著录了《朝鲜诗选》（第 578 页）。

③ 钱曾撰，瞿凤起编《虞山钱遵王藏书目录汇编》，上海古籍出版社，2005 年，第 220 页。

④ 黄虞稷《千顷堂书目》，《原国立北平图书馆甲库善本丛书》第 459 册，第 962 页。

三、中国刊吴明济《朝鲜诗选》及其可能的面貌

我们知道中国古代书籍刊刻流传是十分复杂的,很多细节现在已无法掌握,所以多闻阙疑是非常重要的,但兹事说来颇易,操作起来却不易,即使智者有时也不免为我们眼前见闻所囿。比如祁庆富先生上世纪末在北图(1998年更名为国家图书馆)发现了吴明济《朝鲜诗选》,毫不夸张地说,这开启了诸多研究,真是居功甚伟,不过他在《朝鲜诗选校注》中说的一段话就无法令人认同。他说:

> 尹国馨的《甲辰漫笔[录]》中说:"所谓《诗选》者,非但选诗而已,其卷首目录……列书姓名,且疏出处等事。"这段话不符合实际,《朝鲜诗选》刻本没有目录,也没有作者生平小传,仅仅录诗而已。①

尹国馨是亲眼见到吴明济《朝鲜诗选》后说这番话的,怎么就"不符合实际"了呢?难道我们四百年后见到的一个本子,就能变成绝对标准和绝对实际而来否定古人之语吗?或许我们只能说尹国馨所见吴选与祁先生发现的北图本不同吧。

尹国馨(1543—1611)的这段记载对了解其所见的、不同于今所见的北图本吴选的吴选非常有用。他说:

> 壬寅(1602)仲夏,余省亲于黄岗。成泳令公赴京(1。引者按:序号为引者所加。下同)还,相遇打话间,以为在朝廷见新印《朝鲜诗选》,乃吴明济所纂,其中有令公别吴一律云。追思则余于戊戌(1598)在京(2)时,不知某将军幕下,有所谓吴明济者,能文人也,与余所寓相近,时或来见者数三度矣。至如别章,余所不能,实无是事。闻其册在书状官赵诚立处,求见则坚藏橐中,到京(3)当示之。

---

① 吴明济编,祁庆富校注《朝鲜诗选校注》,第21页。

余还京(4)取见,题曰《怀感呈子鱼吴参军》:"麻衣偏拂路岐尘,鬓改颜衰晓镜新。上国好花愁里艳,故园芳树梦中春。扁舟烟月思浮海,匹马关河倦问津。七载干戈叹离别,绿杨莺语太伤神。"余心窃怪之,问诸知旧间,或云此是《东文选》所载。而"七载干戈"之语,适与今时事相近,故吴也揽取为某别渠作,以夸示于中原而然也。吴之浮浪如此,深恨其邂逅识其面也。所谓《诗选》者,非但选诗而已,其卷首目录,书我东历代易姓始末;崔致远以下,至于今日宰枢、朝士、闺秀、僧家百馀人,列书姓名,且疏出处等事。此非得于道听,必是文人解事者之所指授,第未知的出谁手也。余之名下曰:"官至刑曹参判。今归老汉江。"而末端:"壬寅春正月吉日续补云云。"其曰"汉江者",必指余时寓西江,在于辛丑(1601)十月二十七日,自是日至"壬寅(1602)正月吉日",仅六十三四日。吴在中原,闻余来去,何其神速如此耶!己亥(1599)撤兵之后,唐人无出来者,虽有赴京(5)译官,如我去来至微之事,何遽传于彼耶?莫知其故,极可怪也![①]

　　细读这段文字,"京"出现五次,第1、5处当指"北京",2、3、4处指朝鲜汉京。成泳为使、赵诚立为书状官之语,可见成、赵二人是赴北京出使后回汉京,尹国馨与之在黄岗巧遇。黄岗即黄海道北部的黄州,位于平壤南,是朝天、燕行必经之地,距离平壤约一日行程。因为成、赵使行尚在回汉京赴命途中,可以想象行李多且在打包状态(尹国馨抱怨其"坚藏橐中"),这可能是书状官不愿意立马让尹国馨看《朝鲜诗选》的客观原因,不过赵诚立答应到汉京后给尹国馨看。可见,这本吴明济《朝鲜诗选》,是使臣在北京见到的、中国新印的,并将之带进朝鲜的。尹国馨后来在汉京看到的就是这本书。这本吴明济《朝鲜诗选》是中国刊本,从尹国馨奇怪自己的行踪被描述得那么清楚,我们知道此书出版时间必在万历三十年(1602)正月和成泳使团回国之间。朝鲜使臣真的是第一时间

――――――――――
[①]　尹国馨《甲辰漫录》,《大东野乘》本,第4册,第156—157页。

看到并带回了这本新刊吴选。①

有关这本书的体例，尹国馨说到两点，一是卷首有目录，且有东国历代易姓始末；二是作者有小传，记生平出处事迹颇详。他继而因自己小传有 1602 年春正月吉日续补细节，转而提出一定有朝鲜文人解事者提供了这些材料，故没能继续叙述他所见吴选的体例。就其所叙两点来看，其所见吴选与钱谦益编《列朝诗集》所用《朝鲜诗选》似乎颇为相像，不过钱谦益将《朝鲜诗选》与《高丽世记》（即"东国历代易姓始末"）分开叙述，尹国馨将《高丽世记》看作卷首，两者或许是刻在一起的；《列朝诗集》"朝鲜"部分②有的诗人有篇幅颇大的小传，应该部分出于吴选，③可惜尹国馨诗虽入《列朝诗集》，但未见小传以及尹国馨所提到的增补文字。④ 尹国馨先云吴明济诗人小传内容"此非得于道听，必是文人解事者之所指授，第未知的出谁手"，指出必有朝鲜人为吴明济提供了材料。后又云："吴在中原，闻余来去，何其神速如此耶！己亥撤兵之后，唐人无出来者，虽有赴京译官，如我去来至微之事，何遽传于彼耶？莫知其故，极可怪也！"否定是到朝鲜的中国人和去中国的朝鲜译者透露其行踪的，也隐隐指向朝鲜文人解事者。尹国馨只字不提钱谦益大段抄录的吴选吴明济自序和许筠后序，这不表明其所见《朝鲜诗选》无前后序，可能是不想明说，但以"极可怪"等语引起关注吧？尹国馨的"文人解事者"所指极可能是吴明济自序中提到的许筠、尹根寿（1537—1616）等人，许筠还

---

① 祁庆富先生对"成泳令公赴京还"的"京"的解读有误，见其校注《朝鲜诗选校注》，第 5 页。

② 《列朝诗集》"朝鲜"部分，见钱谦益撰集，许逸民、林淑敏点校《列朝诗集》第 6808—6862 页。

③ 《列朝诗集》高丽、朝鲜易代时期诗人的小传内容最多，且有不少关于易代时期出处名节的议论，这与《列朝诗集小传》整体写法一致，出自钱谦益的可能性更大。关于《列朝诗集》呈现钱谦益易代及其心态之变，可参都轶伦《〈列朝诗集〉编纂再探：以两种稿本为中心》《文学遗产》2014 年第 3 期）一文。

④ 尹国馨诗入选《列朝诗集》（第 6843 页），这首诗实乃崔匡裕《长安春日有感》，是首好诗，钱谦益、柳如是选诗眼光很好，但尹国馨生平琐屑引发不了钱、柳的感触，没有引用是可以理解的。

为吴选作后序。①

《列朝诗集》"朝鲜"部分,钱谦益、柳如是提到的材料来源有吴选、不知名(实为金时习)《梅月堂集》、不知名(实为李达)《荪谷诗集》,假如我们相信这些说法,则钱谦益等所依据的吴选一定与北图本吴选有差异。为醒目计,将《列朝诗集》所选朝鲜各家诗与蓝、吴选同异情况列表如下:

表二 《列朝诗集》所选诗与吴、蓝选同异情况对照表

序号	《列》诗人、诗数(误题作者数)	与北图本吴选相同诗数	与蓝选②相同诗数	蓝、吴选同者数	有无诗人小传	备注
1	郑梦周16(4+1)③	11	12[13]④	9	有(多,应有《高丽世记》内容,然多议论)	1首误题作者自《列》始⑤
2	南衮1	0	0		有	附郑梦周后,诗自《高丽世记》或郑梦周小传中来
3	李穑2	2	2	2	有(较多,应有《高丽世记》内容,多议论)	吴、蓝选作李樯,误
4	李崇仁4(3+1)	3(1)	4(3+1)	3	有(较多,应有《高丽世记》内容,多议论)	蓝、《列》2首合1首

---

① 尹国馨《甲辰漫录》是其晚年之作,有明确纪年的记事最晚至辛亥(1611)六月,不久他就去世了。光海君朝,许筠政治上渐受重用,故尹国馨不想正面指责吗?

② 蓝选,指伯克利本蓝芳威《朝鲜诗选》,具体论述详下。

③ 《朝鲜诗选》有4首诗作者有误(简称"误题"),钱谦益《列朝诗集》又增加了一首,故作"+1"。

④ 蓝选误题3首,实际是4首,它将后两首诗误为一首诗(《列朝诗集》已改正),故诗歌总数表面看是12首,实13首。

⑤ 4首误题同蓝选。五绝《偶题》仅见吴选,吴选作者作李崇仁,不误,此误或自中国刊吴选,或自《列朝诗集》始。

续　表

序号	《列》诗人、诗数（误题作者数）	与北图本吴选相同诗数	与蓝选相同诗数	蓝、吴选同者数	有无诗人小传	备注
5	郑枢 1	1	1	1	有（较多，应有《高丽世记》内容，多议论）	
6	金九容 1	1	1	1	有	
7	李詹 1	1	0	0	无	
8	李芳远 1	0	0	0	有（多议论）	《列》或自中国典籍选入此诗①
9	郑道传 1	1	1	1	有（多议论）	
10	曹庶 1	1	1	1	无	
11	赵云仡 1	1	1	1	无	
12	成石璘 1	1	0	0	无	
13	郑希良 9(1)	9(1)	9(1)	9(1)	无	
14	成侃 2	1	2	1	无	
15	成俔 2	0	2	0	无	
16	释宏演 1	1	1	1	无	

---

① 戴冠《濯缨亭笔记》卷一载此诗并议论道："我太宗初承大统，诏谕海外诸国，朝鲜王芳远作诗以献曰：'紫凤衔书下九霄，逦迤喜气动民谣。久潜龙虎声相应，未戮鲸鲵气尚骄。万里江山归正统，百年人物见清朝。天教老眼观新化，白发那堪不肯饶。'占城以岛夷知重节义如此，朝鲜乃箕子之国，然世远教衰，三仁之风泯矣。悲夫！"（《续修四库全书》据嘉靖二十六年华察刻本影印，第 1170 册，第 432 页）钱谦益此诗当自中国典籍选入，未必出吴选。"未戮鲸鲵"句下注曰："指建文若。"诗后注曰："吴人慎懋赏曰：'朝鲜乃箕子之国，然世远教衰，三仁之风泯矣。'悲夫！慎生评芳远此诗，以其有'未戮鲸鲵'之句而深非之也。芳远父子弑王氏四君，杀忠臣而窃其国，其为此也，吾无议焉。尔杀父而尝其祢他人之兄，不已迂乎！"（《列朝诗集》，第 6820—6821 页）

序号	《列》诗人、诗数（误题作者数）	与北图本吴选相同诗数	与蓝选相同诗数	蓝、吴选同者数	有无诗人小传	备注
17	徐居正 3	2	3（漏题 2）	2	有（少）	
18	申叔舟 2	1	2（1 出处待考）	1	有（与使臣有关）	
19	白元恒 1	1	1	1	无	《列》与两选题目异
20	崔应贞 1	1	1	1	无	
21	金䜣 1	1	1	1	无	
22	南孝温 1	1	1	1	无	
23	金宗直 6	6	5	5	无	《列》小序同吴选
24	金净 5(2)	4(2)	4(2)	3	无	
25	申光汉 7	7	7（漏题 3）	7	有（谈到《皇华集》）	
26	安璲 1	0	1	0	无	
27	崔庆昌 1	0	1	0	无	
28	许篈 4	0	4	0	有	《列》诗后见录《荷谷集·诗集续补遗》
29	许筠 10(3)	7	9(3)	6	有（多出自许筠吴选后序）	吴选《蕊珠曲》有引，蓝无，《列》同蓝选。《列》第一首汉谚双文，吴无谚文，蓝选无此首
30	李秀才 1(1)	1(1)	1(1)	1(1)	无	《列》题同吴选
31	蓝秀才 1(1)	1(1)	1(1)	1(1)	无	《列》题同吴选

序号	《列》诗人、诗数（误题作者数）	与北图本吴选相同诗数	与蓝选相同诗数	蓝、吴选同者数	有无诗人小传	备注
32	尹国馨1(1)	1(1)	1(1)	1(1)	无	《列》题同吴选
33	梁亨遇1	1	1	1	无	《列》题同吴选
34	梅月堂诗2	0	0	0	有(云其诗出处并评诗)	梅月堂,金时习号,钱谦益得其《游金鳌录》《关东日记》两卷。脱一字,无异字
35	苏谷诗36	0	8	0	有(交代诗集来源并议论)	《列》与别集完全同,与蓝选异
36	崔孤竹(庆昌)1	0	0	0	无	蓝选收27。《列》出《苏谷集》,但钱谦益未意识到孤竹与崔庆昌为同一人
37	婷1	1	1	1	有(推测婷为朝鲜女子)	蓝选作李婷
38	李氏11(4+1)	9(2)	8(3)	6	有	《列》误许楚姬《秋恨》为李氏作
39	成氏3(+2)	1	1	1	无	《列》2首误题作者
40	俞汝舟妻3(+2)	1	1	1	无	《列》2首误题作者
41	许妹氏19(2)	15	17(2)	15	有(多诗评)	《列》2首不见蓝、吴选,或出《徐氏笔精》,或出汪伯英集朝鲜古今诗

续　表

序号	《列》诗人、诗数（误题作者数）	与北图本吴选相同诗数	与蓝选相同诗数	蓝、吴选同者数	有无诗人小传	备注
42	德介妓 1（1）	0	1（1）	0	有（少）	题不同
合计	42 人（实 41）169（23＋7）	96（9）	118（20＋1）漏题 5	86（4）		41 首不见于二选

　　由上表可见，《列朝诗集》所选朝鲜诗，有 73 首不见于北图本吴选，有 51 首不见于蓝选，有 11 首超出现存二选或其言明之出处之外。[1]《列朝诗集》在谈许兰雪轩诗时明确云："今所撰录，亦据《朝鲜诗选》，存其什之二三。"[2] 然其《塞下曲》《西陵行》不见于今两选，[3] 这都在鼓励我们设想有一个更大的吴选。这个更大的吴选可能就是或者接近于 1602 年中国刊的吴明济《朝鲜诗选》。但从钱谦益的选诗来看，更大的吴选并不能包含现存蓝选的所有内容。钱谦益编写《列朝诗集》"朝鲜"部分时，天启年间，驻扎朝鲜椵岛（中国称皮岛）的毛文龙曾给他寄过六卷本的李达《荪谷诗集》，与今存朝鲜刊《荪谷诗集》比对，发现钱谦益完全按照《荪谷诗集》先后顺序选入了 36 首荪谷诗，两者完全没有异文。今存蓝选中有 54 首李达诗（实 46 首），其中 8 首与《列朝诗集》所选重合，倘若更大的吴选包含了蓝选的全部，钱谦益似不可能不发现李达诗即荪谷诗。所以，假设钱谦益所用之吴选没有收入李达诗是合情合理的。又《列朝诗集》前录崔庆昌诗 1 首，后自《荪谷诗集》中录出"崔孤竹"诗 1 首，可见钱谦益对崔庆昌诗某种程度的认同。在朝鲜，崔庆昌与李达诗歌成就相

---

　　① 有 41 首不见于现存二选，不过其中有 30 首据《列朝诗集》所言乃出于《梅月堂集》和《荪谷诗集》。

　　② 钱谦益撰集，许逸民、林淑敏点校《列朝诗集》，第 6857 页。

　　③ 据徐燉《徐氏笔精》卷五"朝鲜诗"条引汪伯英集朝鲜古今诗四卷，这两首见其引诗（《原国立北平图书馆甲库善本丛书》第 546 册，第 940—941 页），钱谦益或选自《徐氏笔精》？汪伯英是吴选的"校正"者，汪选应与吴选有亲缘关系，故不排除更大的吴选有这两首诗。

当,如果吴选中崔庆昌诗有一定的基数,似乎《列朝诗集》不当如此吝啬其选,故推测钱谦益所依据之吴选崔庆昌诗的分量应该也很小。朝鲜本吴选吴明济序和钱谦益所用吴选吴明济序皆云诗选"自新罗""自崔致远"下,不及更早之诗,而蓝选自箕子《麦秀歌》始,则蓝选、吴选必有同中而异之处,吴选、蓝选的版本情形应该比我们想象的更为复杂。

四、蓝芳威《朝鲜诗选》搜集、编刻背景及其版本情况拟测

援朝将领蓝芳威至晚在 1604 年,也刻出一本朝鲜诗,此诗选收诗 600 首,与吴选重合诗 303 首。上文已述,北图本或者更大的中国刻吴选都不收崔致远以前诗,不收当代诗,[1]蓝选自箕子《麦秀歌》选起,选近代唐诗派诗人李达、崔庆昌、许篈、许兰雪轩等诗甚多。表面上两者差别颇大,但寻绎其里,实有很强的关联。将蓝、吴两选重合诗与朝鲜文献对比,存在大量异文,但蓝、吴选间则较少或无异文,可见两者必有共同的诗歌来源。蓝芳威《选刻朝鲜诗小引》提供了一些有关其得诗和编集诗选的信息,他说自己带兵跑遍了半个朝鲜(这一说法可从《乱中杂录》《宣祖实录》中得到证实),其间或通过翻译,或通过笔谈方式与朝鲜各色人等交流,接受军幕等人的诗歌投赠。总之,吴明济说其诗选主要得益于朝鲜政治、社会、文化的上层人士,有许筠、李德馨、尹根寿、尹国馨等少数人,蓝芳威则说其诗选得益于许多无名之士,马夫、仆役、士兵、僧人。或许这两者都有可信度,不必非此即彼。[2] 当时可能的情形是:万历二十七年(1599)战事结束后,中国援朝将士有更多机会汇集京师,分享各自诗歌之所得,渐渐地中国援朝将领和随从中已流传着一部有相当规模的朝鲜诗集,以这些共享资源为基础,各人利用自己的条件获得新的资源,或以自己的趣味进行选择,因而呈现出不同的《朝鲜诗选》来。

---

① 许筠、尹国馨、尹根寿、梁亨遇、李秀才、蓝秀才等当代人主要是以与己唱和者的身份出现的。例外的是五言排律白振南送明朝援朝军季金的诗,还有尹根寿的另外两首。

② 此可参俞士玲《记忆的文本:〈朝鲜诗选〉文献研究的另一视角》,《南京大学学报(哲学·人文科学·社会科学)》2012 年第 3 期。

　　蓝芳威诗选封面作《朝鲜诗选》，但内里每卷卷首皆曰《朝鲜诗选全集》。这一命名值得注意，云"朝鲜诗选全集"，似乎针对并暗示相对非全的《朝鲜诗选》的存在，"全集"更在申明自己的书是有所超越的，因而有存在的价值。这个他意欲超越的《朝鲜诗选》，从时间上看，可能指的是吴明济的《朝鲜诗选》（朝鲜本或中国本都是可能的），也有可能是汪世钟的朝鲜古今诗，甚至其他援朝人士手中的诗集。上文已述，朝鲜本吴选1600年出版，中国本吴选1602年出版，汪世钟书应在1602年前出版（详下），蓝芳威作为援朝圈中人以及手握一部朝鲜诗选稿的人，其对有关信息应该是颇为关注和敏感的，甚至吴明济、汪世钟送两部给他也很可能。除此之外，蓝选中有些细节也值得关注。如蓝选七言古诗《蕊珠曲》下空了四行（图6），这个空隙正可排下吴选此诗的"诗引"（图7），但这篇诗引全是有关吴明济的内容，所以蓝芳威舍弃了。又七言绝句卷，苄献和蓝秀才之间空了六行，这似乎正好是吴选《柬吴子鱼先生》两首的空隙，但诗集后相隔不远处就有一首题为《柬》的诗，其实就是吴选《柬吴子鱼先生》中的一首，所以蓝选宁可将这一块版的大部分空着也不补了。蓝芳威在《选刻朝鲜诗小引》中说："欲以传信，特正其讹，本来如是，是姑存之，易则有伤，是以不敢。"我以前一直搞不懂"特正其讹"，"正"谁之"讹"？当将蓝选与吴选放在一起思考，似乎这句话就有了着落。蓝芳威强调自己出版的《朝鲜诗选》是"传信"，"本来如是"，"不敢""易"，当初属共有资源时的诗的样子就是其"本来"的样子，而现在出版的吴选或者已不是"本来"的样子了。一句话，已出的《朝鲜诗选》可能改变了原来的样子，而自己的刻本则是"传信"，故自己的《朝鲜诗选》是对已出版的其他《朝鲜诗选》的"正讹"。另外，蓝选每卷开头书名下的选、阅、校人员中，都有一位阅者被剜去（图8），我猜想这个位置或许原来是吴明济的，但其诗选既出，蓝芳威以《全集》的面目刊书，遂将吴明济剔除吗？当然这只是我的一个推测，期待有新材料来证实或证伪。

　　从伯克利本蓝选的情况看，蓝芳威所言的传信不改的说法可信，他没有改字，也没有倩文人墨客操刀，蓝选中一些小细节似可作证。如崔匡裕七律《忆江南李处士》有句诗，吴选、《东文选》作"江南曾过戴公家"，

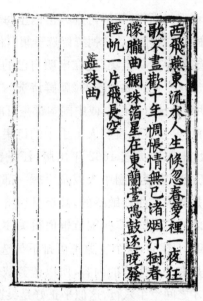

图 6　蓝选诗题与诗之间空行

图 7　吴选诗前之"引"　　　　图 8　蓝选剜去之行

蓝选作"载公家"，"戴""载"形近而误，可以理解，但一般读书人不会将戴公家错成载公家，因为《世说新语》"王子猷雪夜访戴安道"的典故，对读书人是常识，对蓝芳威将军可能就真的是典故了。又如许兰雪轩《堤上行》："长堤十里柳丝垂，隔水荷香满客衣。向夜南湖明月白，女郎争唱竹枝词。"蓝选作《城上行》。如果是一般读书人，不管是从乐府诗题还是从诗歌内容来看，都会不假思索地认定这是一首《堤上行》，"堤"而为"城"，这是蓝芳威识读上的错误。又比如《火枝词》"瀼东瀼西春水长，郎舟去岁向瞿塘。巴江峡里猿啼苦，不到三声已断肠。""家住江南积石矶，门前流水浣罗衣。朝来闲系木兰棹，贪看鸳鸯作对飞。""竹""火"也是书写和识读上的问题，但这种错误绝非学诗者、能写诗人所能犯。这样的例子还有不少。

伯克利本蓝芳威《朝鲜诗选》刻本精美，字体圆美，印刷质量良好。北大本蓝选字体也算劲丽，但水平和态度不敢恭维。北大本有一些明显的错误，如将"七言律诗"卷第一首崔致远《秋日再经盱眙寄李长官》误置于"五言排律"卷最后，现"七言律诗"第一首《送吴进士峦归江南》本为崔致远七律第二首，故不署作者，又因第一首错置于五言排律中，故北大本"七言律诗"的第一首成了无名氏之作。次首本为崔承祐诗，又漏题作者，因而亦成为无名氏之诗。这些错误伯克利本都没有。北大本还有一些细节也应引起重视。如伯克利本有五言古诗《凤台曲》，北大本题作"凤凰曲"，下小字注曰："凤台曲"。又五言律诗曹伟《桐花寺》，蓝、吴选"绕砌落天花"句，北大本作"绕砌落天葩"，下注"天葩，一作天花"，这都提醒我们北大本所据底本当不同于伯克利本。而伯克利本蓝选七律部分有错页。

从诗歌内容和句式看，第十七页最后"乌蛮馆里"当接第十九页之"看新历"，今蓝选错接第十八页之"老金门"（图9、10）。也就是说蓝选七言律诗卷第18页与第19页误倒。这一般会被认为是装订错误，但蓝选此卷有页码，可排除装订问题。联系蓝芳威"欲以传信""本来如是"的宣言，这个错误很可能是其按照原底本照刻造成的。

让我怀疑这本伯克利蓝选非初刻，其底本有误但重刻不改的还有一例。图11、12朴元俭《送人》、妓德介氏《赠别》诗插入了许景樊《秋千词》

十八页上　　　　　　十七页下

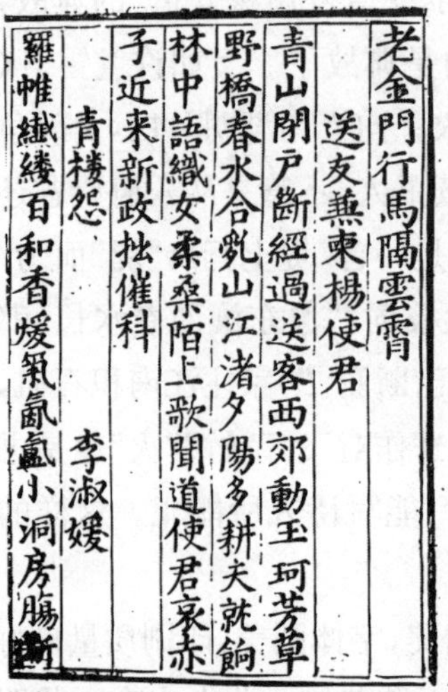

贈僧

道人與世本忘機服藥參禪自不迷木落
曉天晴院日雪殘春野入山時經行古峽
飛松粉宴坐嵒長石芝一幻境已隨流水
盡白雲難眉素心期
九日送伯宗朝天
盧龍臺近左賢王關下沙榆葉漸黃司馬
風流仍意氣賈生年少更文章烏蠻館裡

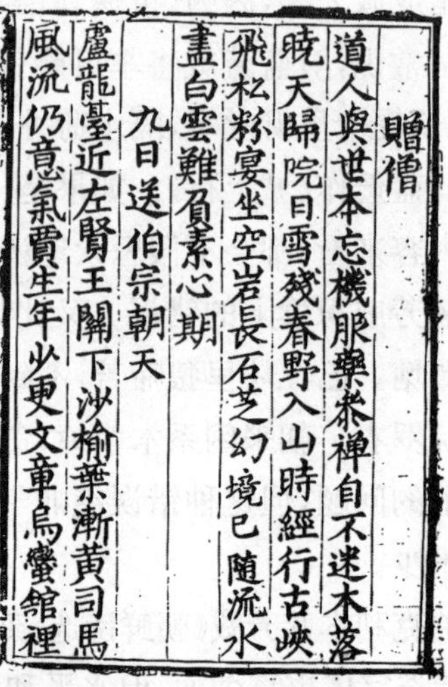

老金門行馬隔雲霄
送友燕東楊使君
青山閉戶斷經過送客西郊動玉珂芳草
野橋春水合乳山江渚夕陽多耕夫就餉
林中語織女柔桑陌上歌聞道使君衰赤
子近來新政批催科
青樓怨　　李淑媛
羅帷纖綫百和香煖氣氳氳小洞房腸斷

图9　蓝选之错页（一）

十九页上　　　　　　十八页下

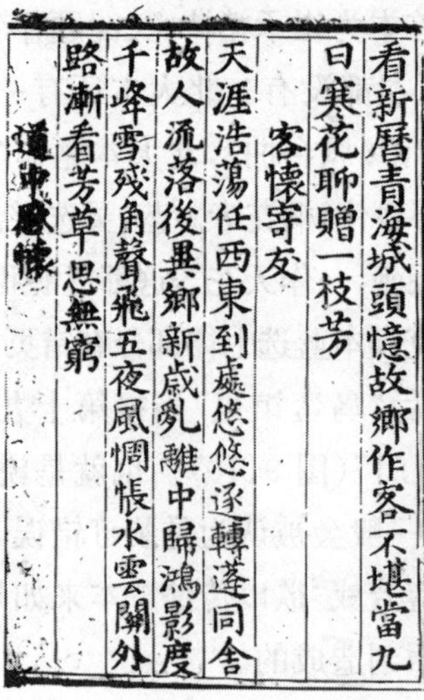

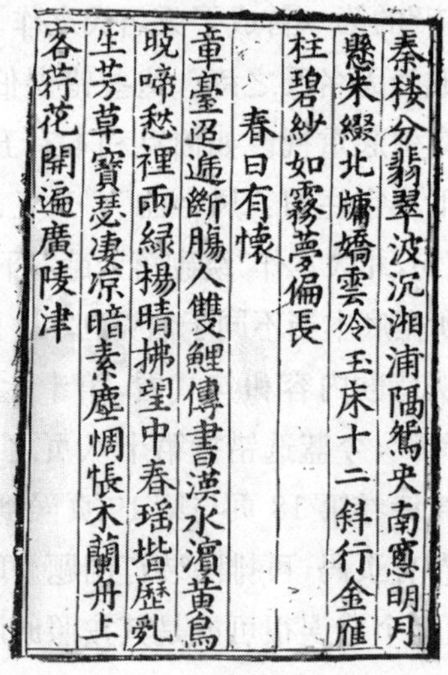

秦樓分翡翠波沉湘浦隔駕央南竄明月
懸朱綴北牖嬌雲冷玉床十二斜行金雁
柱碧紗如霧夢偏長
春日有懷
童臺迢遞斷腸入雙鯉傳書漢水濱黃烏
曉啼愁裡兩綠楊晴拂望中春瑤堦歷乳
生芳草迤邐暗素塵惆悵木蘭舟上
客符花開遍廣陵津

看新曆青海城頭憶故
日寒花耶贈一枝芳
客懷寄友　作客不堪當九
天涯浩蕩任西東到處悠悠逐轉蓬同舍
故人流落後異鄉新歲乳離中睍鴻影度
千峰雪殘角聲飛五夜風惆悵水雲關外
路漸看芳草思無窮
道中感懷

图10　蓝选之错页（二）

和《步虚词》(图 13)之间。图 11 诗题《送人》一行,蓝选打破一行上书诗题,下书作者的惯例,①作者朴元佥独占一行,下有十六行空白,然后才书诗"宣川雪夜送清戹……",接着是题名妓德介氏、实为李承召的《赠别》,两首诗占了二十二行,而这二十二行正可容纳《送人》之前有图 14 中"凡三百首,余得其手书八十一首"题下注的许景樊《游仙曲》六首(图 14、15)和《秋千词》一首(图 11),蓝选这七首诗也正好用了二十二行。如果将这两个二十二行互易位置,蓝选所云的"余得其手书八十一首"许景樊诗就豁然接续,而题名朴元佥、妓德介氏二人诗与许筠、李达诗相连,于前于后都更显妥贴。这两个二十二行的位置问题也不是蓝选的装订问题,因为《步虚词》这一页有页码(图 16),显然图 14《义州山村即事》和《游仙曲》之间也没有纸张拼接之痕。或许蓝芳威依据的原稿就是这样,所以他也这样原原本本地模刻下来。倘若这个推测属实,蓝芳威倒确实朴实得可爱,对字书也尊重得可敬了。蓝刻除署韩初命校外,尚署"汇东祝世禄无功阅","莆口吴知过更伯""校"。祝世禄,江西德兴人,是蓝芳威的乡邻。他是万历己丑(1589)进士,焦竑同年,黄宗羲《明儒学案》以二人同属泰州学派,②据上章,万历二十七年(1599),祝世禄为焦竑刻李贽《藏书》作序,也为焦竑《养正图解》作序,其亦有文集等行世。吴知过,曾投文于梅鼎祚,有《采真记》传奇。③ 两者都是不折不扣的读书人,倘他们真的校阅过《朝鲜诗选》,也能容忍读书人不可能犯的错误存在吗? 或为贯彻蓝芳威所言之"传信"而不改吗?

---

① 蓝选也有几处作者独占一行,或因诗题过长,或因有题下注占据,与此情形不同。

② 黄宗羲撰,沈芝盈点校《明儒学案》卷三十五,中华书局,1985 年,第 829—830、849 页。沈德符《万历野获编》卷十二云万历己亥(1599)、乙巳(1605)两次南都大计,前次祝世禄为南都吏科给事中察谪别人,六年后以南京尚宝卿为人所察谪,"祝遂不振"。(第 305—307 页)蓝选刻时(1604),祝世禄在南京尚宝卿任上。

③ 梅鼎祚有《答东越李成白、闽吴更伯见投,时并寓道宫,予方杜门,兼阅更伯〈采真记〉及成白〈掌书蓝后素诗〉》,有句云:"地主无能留阅叔,庐儿有意胜方回。"见氏著《鹿裘石室集·诗集》卷十九,《续修四库全书》据天启三年玄白堂刻本影印,第 1379 册,第 23 页。

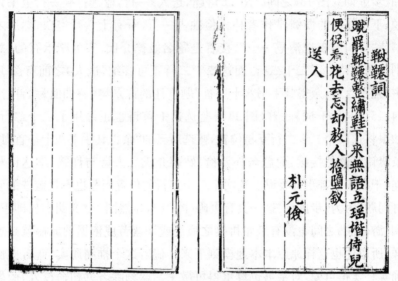

图 11　蓝选错误的可能由来(一)

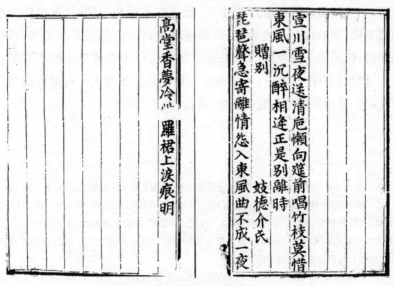

图 12　蓝选错误的可能由来(二)

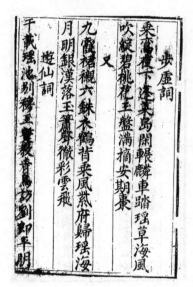

图13　蓝选错误的可能由来（三）

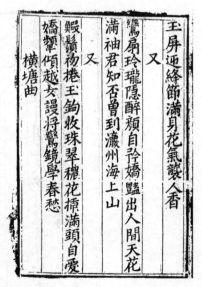

图14　蓝选错误的可能由来（四）

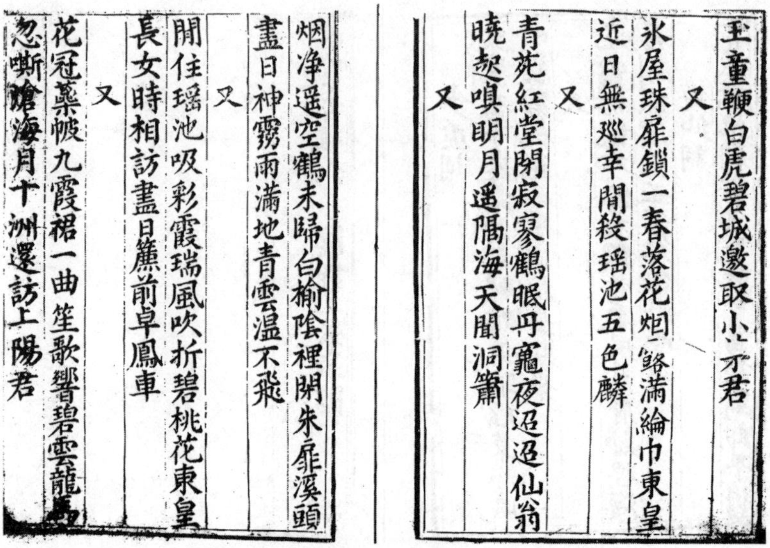

玉童鞭白虎碧城邀取小□君

又

冰屋珠扉鎖一春落花烟 絡滿綸巾東皇

近日無巡幸閒毿瑤池五色麟

又

青苑紅堂閒寂寥鶴眠丹竈夜迢迢仙翁

曉欹唄明月遥隔海天間洞簫

又

烟净遥空鶴未歸白榆陰裡開朱扉溪頭

盡日神霧雨滿地青雲溫不飛

又

開住瑤池吸彩霞瑞風吹折碧桃花東皇

長女時相訪盡日簫前卓鳳車

又

花冠薰帔九霞裙一曲笙歌響碧雲龍□

忽嘶噌艙海月十洲還訪上陽君

图 15　蓝选错误的可能由来（五）

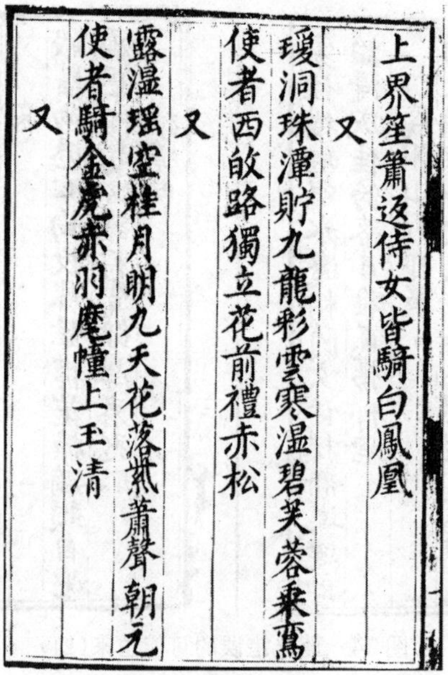

上界笙簫迓侍女皆騎白鳳凰

又

瑷洞珠潭斯九龍彩雲寒溫碧芙蓉乘鶱

使者西敲路獨立花前禮赤松

又

露濕瑶堂桂月明九天花落燕簫聲朝元

又

使者騎金虎赤羽麾幢上王清

图 16　蓝选错误的可能由来（六）

294

五、贾维钥、汪世钟、程相如本朝鲜诗编刻情形臆测

上言吴明济《朝鲜诗选》校阅、校正人员中有贾维钥、汪世钟,这二人也随万世德经略入朝鲜,万历三十一年(1603)前他们也选梓过一本朝鲜诗。王同轨《耳谈类增》卷三十四"朝鲜许姝氏诗"条云:"朝鲜为箕子封国,沿习文雅,原异雕题椎结,第其孱弱不竞,遂为倭奴虎口馀肉。迩来中国士相从幕府往援,肉而羽之,因通其俗,而蓟门贾司马、新都汪伯英选梓其中诗成帙,独许姝氏最多而最工。"①《耳谈类增》刻于万历三十一年,则贾维钥、汪世钟选梓之朝鲜诗一定梓于此年之前。王同轨应该亲见此书,他引了集中所选的许兰雪轩的5首诗。徐𤊹也说汪世钟曾刻四卷本的朝鲜古今诗(一云朝鲜诗),并"拔其尤者载之",他引了其中的10首诗。② 王同轨、徐𤊹所引诗无重复,合得汪选朝鲜诗15首。

将此15首与蓝、吴选比对,结果是:兰雪轩《望仙谣》,汪选同吴选,与蓝选有6处异文。《湘弦谣》,汪选同吴选,与蓝选有1处异文。《寄女伴》《送兄筬谪甲山》,三选同。兰雪轩《游龙山呈吴子鱼先生》,蓝、吴选作者作梁亨遇;诗题汪选同吴选,蓝选题为《游龙山》;三选间各有异文1处。金净《旅怀》,三选同。白元恒《秋夜》,蓝、吴选题作《七月六日夜卧不寐》,汪选与蓝、吴选有异文1处。申光汉《书事》,同吴选,蓝选无此首。南孝温《寒食》,蓝、吴选题作《西江寒食》。李媛《自适》,吴选作者称李氏,蓝选作李淑媛。李媛《秋恨》,吴选无,蓝选作者为许兰雪轩。成氏《杨柳词》"青楼西畔""条妒纤腰",蓝、吴选作者为许兰雪轩。许姝《塞下曲》"寒塞无春""钱唐江上",蓝、吴选无。只能说如果所选诗相同,汪选与吴选诗歌本身文字差异更小,但在诗歌作者、诗题、选诗方面,汪选与吴选、蓝选都有差异。由此推测,汪选应该是一部与蓝、吴选有亲缘关系

① 王同轨《耳谈类增》,《续修四库全书》据万历三十一年唐晟等刻本影印,第1268册,第211页。

② 徐𤊹《徐氏笔精》,《原国立北平图书馆甲库善本丛书》第546册,第940—941页。

但也颇为不同的书。

在汪世钟朝鲜诗选后,徐𤊽又见得"程将军相如"所辑朝鲜四女诗一种。徐𤊽表述得很清楚,汪世钟"曾刻朝鲜诗","近程将军相如又辑四女诗行于世",程相如朝鲜四女诗行世较汪选晚。程相如"名处侠儒间",在万历年间,算得上是敢想敢做之人,特别是在军事上。他虽没有亲上朝鲜抗倭战场,但为这场战争出过奇策。他自荐出使东南,联合东南亚诸国合力进攻因侵略朝鲜而兵力空虚的日本本土,据说其策得到兵部尚书石星和万历帝赞赏,他因此获得将军头衔。何白《汲古堂集》卷十一《答程相如将军》云:

> 予自万历辛卯岁(1591)从吴门张孟孺将军宅晤相如,时相如以布衣任侠,勇气闻诸侯间,席上谈兵自喜,坐客咸相顾愕眙,予独为快然酾一觥船也。嗣日本哄朝鲜,羽书孔棘,王师乃有釜山之役,相如日诣司马门陈便计,当事韪其议,言之上,遂以相如为游击将军,充正使往谕暹罗诸国以兵捣日本,时日本重兵在釜山,国内虚,可一鼓下也。盖其持论如此。……已行至粤东,甫渡海,辄为言者沮,仅至占城而还,橐中装皆尽,所募剑客健儿亦散去。①

程相如游说之"司马"即当时的兵部尚书石星,何白诗中明言:"嗣传日本压朝鲜,辽海羽书飞络绎。王师十万事东征,妙算何人参石画。程生请缨诣阙下,一日非常赐颜色。……姓名已怖日南王,楼船直抵占城国。惜哉众口隳令图,壮士于今泪沾臆。"②后来其计受阻,未能实施。

程相如较早就认识到了刻书的社会影响力,据说他曾以为人刻书作为取悦他人的手段。姚旅《露书》卷十一载:"程相如谒屠长卿,于船樯上悬灯,灯书'迎接四明屠夫子',屠见之喜,作书数十函为延誉。后欲见,思无以悦屠,乃谬曰:'夫子所著《白榆社稿》,某已授剞劂,板送入四明

---

① 何白《汲古堂集》,《四库禁毁书丛刊》据万历刻本影印,集部第 177 册,第 155 页。
② 何白《汲古堂集》,《四库禁毁书丛刊》集部第 177 册,第 156 页。

矣，不知夫子在此也。'屠复喜为延誉如初。"①屠隆确曾为程相如延誉，如他写信给汪道昆说："程生相如久客还乡，其人雅士，幸进之门墙。"②如果屠隆向汪道昆举荐程相如确因程悦人有道，则程相如在万历二十年（1592，汪道昆卒于1593年）前后已颇利用刻书之威力。

徐𤊺《徐氏笔精》采录程相如四女诗中许妹氏诗5首，③其中有4首《游仙词》，1首七律，将这5首与蓝、吴选比对，其中2首《游仙词》吴选未收，2首中1首《游仙词》蓝选亦未收。而这5首诗皆见于朝鲜刻《兰雪轩诗集》。虽然四种载籍中，5首诗诗题、诗文彼此皆有异文，但程相如四女诗与《兰雪轩诗集》异文最少，可见其应使用过诗集本。我曾考察过《兰雪轩诗集》编刻以及在中国流传情况，④如果程相如使用过《兰雪轩诗集》本，则其四女诗行世当在万历三十六年（1608）以后，最早也在万历三十四年以后。钱谦益曾为程相如作挽词，诗作于天启六年（1626）⑤，所以将程相如辑朝鲜四女诗定在万历后期应该是合理的。程相如不愧是万历时期的风云人物，其编刻行世的朝鲜四女诗也精准地抓住了当时谈朝鲜和谈女性诗两个热点。"四女"或即许兰雪轩、李玉峰、成氏、俞汝舟妻，此四人皆见蓝、吴二选。

六、从《朝鲜诗选》编刻看明代的图书生产

中朝文化交流源远流长，其中汉文诗歌在其中占据相当重要的位置，尤其是朱明时。明代中朝两国使团往来频繁，使团中不乏著名文人，

① 姚旅《露书》，《续修四库全书》第1132册，第713页。

② 屠隆《栖真馆集》卷十七《与汪伯玉司马》，《续修四库全书》据万历十八年刻本影印，第1360册，第522页。

③ 徐𤊺《徐氏笔精》卷五"朝鲜许氏"条，《原国立北平图书馆甲库善本丛书》第546册，第941页。

④ 参俞士玲《明末中国典籍误题兰雪轩诗及其原因考论》，张伯伟编《风起云扬：首届南京大学域外汉籍研究国际学术研讨会论文集》，第303—308页。

⑤ 钱谦益著，钱曾笺注，钱仲联标校《牧斋初学集》卷三《程将军相如挽诗》，第111页。

朝鲜也派最好的文人接应、陪伴，产生出不少诗歌作品。朝鲜王朝还制度化地收录明朝使臣与朝鲜接伴使之间唱酬的诗歌并以《皇华集》为名出版流传，明使归国之际，将装订精美的《皇华集》带回国，留作纪念。也因此中国士人对朝鲜诗歌和朝鲜诗人有了一定的认识。当壬辰之乱，明援朝将士到达朝鲜时，才会有一份自觉和热情去搜集彼邦诗歌文献。万历年间，吴明济、蓝芳威、汪世钟、程相如等将朝鲜诗选编印行世，汪世钟、程相如书使徐𤊹、王同轨眼界大开；蓝、吴选催生了钱谦益《列朝诗集》"朝鲜"部分和朱彝尊《明诗综》"高丽""朝鲜"部分的书写，使中国载籍中主要以"东夷列传"式的史学书写一变而为文学书写，这两部书对于中国人认识、建构朝鲜文学并反观自身文化都有十分重要的意义。同样，《朝鲜诗选》、钱谦益《列朝诗集》又刺激了朝鲜人的自我文学认知、文化自信和反思。

分析编刻朝鲜诗选者的身份，吴明济被称孝廉，自称山人；蓝芳威是陶丁出生的将军，他甚至相当缺乏文化水平，更不用说文学素养；汪世钟身份与吴明济相似；程相如身处侠儒之间。他们都没有文集，甚至没有除朝鲜诗集中诗或序以外的诗文传世，也没有编校其他书籍的记录（姚旅认为程相如为屠隆刻《白榆社稿》事，纯属欺骗）。总之，他们皆非职业图书生产者，但通过考察他们编书、刻书以及其间的动态过程和关系，我们可以看出明代编辑、出版图书的一种生态：每个人只要有机缘，他们都有意识要成为而且可能成为图书和知识的生产者和传播者。

明代嘉靖、万历图书生产兴盛伊始，就伴随着对明代图书生产状况的自省和批判。如上引嘉靖中郎瑛指出明代坊刻为降低成本使书籍不全、错讹很多，不过其批评的前提是"我朝太平日久，旧书多出，此大幸也"，其批评的目的是"为斯文者宁不奏立一职以主其事，如上古之有学官，或当道于闽者深晓而惩之可也"。① 建议政府设立图书审查官以保证图书的高质量，希望福建地方官员对破坏图书完整性的书商予以惩处。不过清人和后人更愿意重复郎瑛的批评而割裂其前提和旨归。此外，清人对明代图书的沿袭、辗转钞录有充分和严厉的指责。如四库馆

---

① 郎瑛《七修类稿》卷四五"书册"条，第478页。

臣在《异域图志》提要中批评道："其书摭拾诸史及诸小说而成,颇多疏舛。"
《阵纪》提要则差不多否定明代的所有兵书："明代谈兵之家,自戚继光诸书
外,往往捃摭陈言,横生鄙论。"《名媛汇诗》提要否定所有明代闺秀著作："闺
秀著作,明人喜为编辑,然大抵辗转剿袭,体例略同。此书较《名媛诗归》等
书,不过增入杂文,其馀皆互相出入,讹谬亦复相沿,鲁卫之间,固无可优劣
也。"①如此之论,不一而足。馆臣有将对具体一本书的判断上升到对一
类书甚至所有明代图书生产的整体的本质的判断之嫌。近人亦沿袭清
人之说,如叶德辉《书林清话》谈历代刻书,标题中对明代图书生产明寓
贬义,且是整体性的否定。如"明时书帕本之谬""明南监罚款修板之谬"
"明人刻书添改脱误""明刻书用古体字之陋",甚至有"明人不知刻书"之
题。② 书帕本或官刻或私刻,南监本为官刻,坊刻则更等而下之,如此,
叶德辉的批评予人整体否定明代图书生产之印象。

　　表面看来,上述批评皆言之有据,指出的现象也确实存在,只不过是
以偏概全而已。更值得分析的是上述批评的基本观念前提——以原创
性、准确性和完整性的知识生产来衡量所有的书籍生产。故我主张将图
书生产与纯粹意义上的知识生产区别开来。图书承载知识,但并不必然
只为原创、完整和固定的知识提供载体。从接受知识的读者方面而言,
有的读者追求原创性、完整性的知识,有的并不在乎这些,这关乎读者的
趣味和需求。比如学者,作为本分,当准确、全面掌握专业知识,作为创
作者,当提供原创性知识,这也是我们当下分辨著与编的重要标准。但
作为非以学问为职志者,读书目的、态度和要求就会有很大的不同。万
历年间胡应麟谈到当时的畅销书《水浒传》的不同形态和读者趣味。他
说:"此书所载四六语甚厌观,盖主为俗人说,不得不尔。余二十年前所
见《水浒传》本,尚极足寻味,十数载来,为闽中坊贾刊落,止录事实,中间
游词馀韵、神情寄寓处,一概删之,遂几不堪覆瓿。复数十年,无原本印

---

① 永瑢等《四库全书总目》卷七八、一〇六、一九三,第 678、839、1766 页。
② 叶德辉《书林清话》卷七目录,第 6 页。

证,此书将永废矣。余因叹是编初出之日,不知当更何如也。"①在胡应麟的认识中,二十年前《水浒传》有一个原本,但依我们对《水浒传》版本的认识,其所云原本是否是原本也是令人可疑的,与其说此为原本,不如说那个二十年前他所见之本比较符合胡应麟的趣味而已。胡应麟希望小说中有"游词馀韵",有"神情寄寓处"的趣味,并不符合他所云之"俗人"的趣味和将"俗人"作为预期读者时书商的刻书追求。如果我们平等地看待精英趣味和俗人趣味,则为俗人而生产的《水浒传》也是不折不扣的图书生产,那些只是提供了故事情节的《水浒传》,可能确实不同于绝对意义和相对意义上的原本,但这本书也在相应的人群中确确实实地传播了《水浒传》,满足了一部分人对《水浒传》的需求。

回到朝鲜诗选上来,其所收诗未必都是朝鲜诗人最好的诗,这一点朝鲜诗人就有不满;从提供准确的文本角度看,上述几种诗选都有太多不足,这对于我们学者来说,是非常重要的一件事,我们得去探究、考证,但就明清甚至现代的一般读者而言,知道朝鲜有这么多诗人,有很多好诗,就已经足够了。如果能因此引起某位读者的兴趣,其自然会扩大阅读,获得更准确、更完整的朝鲜诗人和诗歌的资讯。对于明代的图书生产,我们可以借助现在市面上各种形态的名著来思考,绘图本、少儿版、简本、洁本、精装本、平装本、简体字本、繁体字本、白文本、注释本、甲注本、乙注本、丙评本、丁评本……似乎都自有其目的,任何书籍与出版物都承载了某种价值、观念和做法,并通过各具目的的图书生产共同参与了经典的确认和传播。

古人更多视知识为天下公器,作者也无强烈的著作权意识;第一次出版某书的出版者在其板没有卖出之前,他有印刷权。但在古代图书刊刻活动中,刻板、印刷材料和人力费用才是主要支出,所以图书生产者买一本畅销书,自己再翻刻、印刷,原刊者虽有意见,但阻止的方法并不多,有的翻刻者在题识中甚至公然宣称其刻自某种京本或某种畅销书。总之,明代虽有自称"陈衙""李衙"等书坊在书上留下"如有翻刻,千里究

---

① 胡应麟《少室山房笔丛》辛部卷四一《庄岳委谈下》,第 437 页。

知"的牌记,①但未见官方以经济和法律形态确立的著作权和版权,未见如上文所引宋代两浙、福建转运司所发的尊重私人版权的榜文和牒文,未见宋代范浚因被侵权而告官致侵权者受惩罚之事,②甚至未见元代牌记之"已经所属陈告,乞行禁约"③之类的话。从现代知识产权保护的思想出发,自然觉得颇为混乱,相对于宋元,甚至可云倒退,④但从图书复制的角度看,却也使翻刻变得更容易实现,这也可以部分地解释何以古代图书存在着大量的辗转剿袭的现象。如果平和地看待这种重复和剿袭,甚至可以说中国古代图书,特别是经典书和流行书,就是靠这样的方式成就了自身的经典和流行。

回到朝鲜诗选,如前所述,现在蓝选可能有三种(至少有两种),吴选至少有两种刊刻形态,汪选、程书至少曾有一个刻本,这在在提醒我们关注古代图书存在状态的丰富复杂性以及明清图书传播的快捷性。当东西方书籍史研究者将西方活字印刷看作印刷革命,仿佛唯有大机器、大规模的生产才是知识、思想革命的物质前提时,由朝鲜诗选的产生方式,

---

① 　如陈子龙等编《皇明经世文编》牌记:"本衙藏板,翻刻千里必究。"(《四库禁毁书丛刊》集部第 22 册,第 2 页)许自昌辑,晋安郑能拙卿重镌本《前唐十二家诗》书末牌记:"闽城娜嬛斋板/坊间不许重刻。"(《域外汉籍珍本文库》第 3 辑第 2 册,第 256 页)凌虚子辑,万历四十四年刊《月露音》书名页右下角钤一朱文长方牌记:"杭城丰乐桥三官巷口/李衙刊发,每部纹银八钱。/如有翻刻,千里究治。"左下角印有"静常斋藏板,不许翻刻"字样。(大连图书馆藏本)是书王秋桂编《善本戏曲丛刊》第二辑据徐乃昌藏本影印(学生书局,1984 年,第 15—16 册,其中第 15 册目录下有"徐乃昌藏"长方形印一枚),不知是否据台北故宫博物院所藏带有上述牌记之《月露音》为底本,可惜此书未影印书名页。

② 　参张秀民撰,韩琦增订《中国印刷史》第一章《宋代》下"书禁与版权"部分,第 143 页。

③ 　黄公绍、熊忠《古今韵会举要》,《原国立北平图书馆甲库善本丛书》第 41 册,第 199 页。

④ 　明代比较严厉的禁止翻刻的书坊告示,或可以万历二十三年金陵书林周显刻于《山堂肆考》书名页上端的一则告示为代表。其云:"近闻家集人梓时,即被奸人窃梓贿卖,闽中书肆翻刻,倘有实知姓名并获赝本示我者,酬银贰拾两,决不食言! 其人送官追板,四方鬻书君子须认本宅原板图书为记!"(彭大翼《山堂肆考》,万历二十三年刻本)依此告示,可见在万历时的书贾观念中,闽中依然是最可能的盗版中心地,书林寄希望于以悬赏鼓励他人代为打假并搜集完整证据,如果证据确凿,书林也会报官。相对于宋元自官府上游发出禁令,明代书坊则寄希望于官府的惩罚和补救。

我们或许可以看到中国图书生产引起知识革命的另一种形态，它不是以大机器、大规模生产为特征，而是以众多人的参与，以多种多样的灵活机动的生产，最终产生数量上的绝对规模和思想上的绝对渗透。从这个意义上讲，朝鲜诗选的产生和生产、再生产的研究，不但对明代图书出版研究有意义，更具有深刻的书籍史意义。

第五章
从《宝颜堂秘笈》编刊看明代图书生产者及其生产方式

胡应麟呼吁懂书者关注"经之闰者""史之支者""子之脞者""集之副者","闰"经相对于"正"经,"支"史相对于"正"史、主流史书,"脞"子相对于整体、有系统的子书,"副"集则是相对于大作家的小作家文集、相对于主流总集选集的次等重要的总集选集等,这当然是建立在明代一般图书相对完备易得的基础之上。陈继儒(1558—1639)等编刊的《宝颜堂秘笈》系列丛书,采著作二百二十三种,合四百六十四卷,多残编短帙,也是胡应麟口中的"异书""秘本",是稀见的闰经、支史、脞子、副集的丛集,其做法与胡应麟的呼吁桴鼓相应,是将胡应麟的呼吁在刊刻上付诸实践。胡、陈之间应有些交往,①而两者的作为恰好表明士人对当时图书生产的发展方向在某种程度上已有共识,下文提到的胡震亨等人也是他们的同道。

陈继儒因得颜真卿《朱巨川告身》真迹,兴奋之馀,效米芾得王羲之

---

① 胡应麟是浙江兰溪人,陈继儒是江苏华亭人,皆属江浙文人圈,他们有共同的朋友,比如王世贞兄弟,但现存两家文集中彼此酬唱或信件往来较少,胡应麟《少室山房集》中仅见卷五十二《幔亭云气图寿陈征君作》(《文渊阁四库全书》第 1290 册,第 353 页)一篇,陈继儒只是在《甲秀园集序》中提到胡应麟:"君(指费元禄)交游遍海内,其最著如吴元卿、汤义仍、张幼于、虞长孺、冯开之、徐茂吴、胡元瑞、沈箕仲、屠纬真,非晋楚之师,则惠庄之雅。"(见陈继儒《陈眉公集》卷七,《续修四库全书》据万历四十三年史兆斗刻本影印,第 1380 册,第 106 页)《宝颜堂正秘笈》中收有胡应麟《甲乙剩言》一种。

《王略帖》以"宝晋名斋"而自题其居曰"宝颜堂"。①《宝颜堂秘笈》,分秘、正、续、广、普、汇六集,其中秘集,万历三十四年(1606)刊,标题作"尚白斋镌陈眉公宝颜堂秘笈";同年刊正集,题名为"尚白斋镌陈眉公订正秘笈";四年后(1610)刊续集,题名为"尚白斋镌陈眉公家藏秘笈续函";又五年(1615)刊广集,题为"亦政堂镌陈眉公家藏广秘笈";泰昌元年(1620)刊普集、汇集,标题作"亦政堂镌陈眉公普秘笈""亦政堂订正汇秘笈"。尚白斋、亦政堂分别是嘉善沈孚先(1572—1610)、德先弟兄斋名,两人分别是万历二十六年(1598)和万历三十七年(1609)进士,②然而时人和后人一般都认为陈继儒或著或撰或编此书,是此书的责任人,所以清人批判明代图书生产时自然也归咎于陈继儒,如《四库全书总目》卷一一八"子部·杂家类二"《野客丛书》三十卷附《野老记闻》一卷下四库馆臣曰:"书本三十卷,见于自序,陈继儒《秘笈》所刻仅十二卷,凡其精核之处多遭删削,今仍以原本著录,而继儒谬本则不复存目,附纠其失于此焉。"③《野客丛书》十二卷附录一卷见《宝颜堂秘笈》正集。《总目》卷一三二"子部·杂家类存目九"《珍珠船》四卷下四库馆臣又曰:"明人好勦袭前人之书而割裂之,以掩其面目,万历以后往往皆然,继儒其尤著者也。"④《珍珠船》见《宝颜堂秘笈》秘集。宝颜堂六集是在十五年间陆续出版的大型丛书,在当时影响很大,陈继儒及其友人都曾提起过这套书,但陈继儒在提起这套书时,又总附加说明这不是他的书("非弟书"),或者说不是他手定的书("眉公又言《秘笈》非其手定"),最有趣的是,他在同一封信中,一边说这些书是贫病书商所为,故不忍将之付之一炬,一边

① 据董其昌万历壬辰(1592)《颜鲁公真书朱巨川告身真迹卷》后《题》,汪砢玉《珊瑚网》卷二,《丛书集成续编》据适园丛书本影印,第85册,第23页。又陈继儒《太平清话》卷一:"余藏颜鲁公《朱巨川告身》。"(《四库全书存目丛书》据宝颜堂秘笈本影印,子部244册,第247页)

② 参盛枫《嘉禾征献录》卷十二"沈孚先"条,《续修四库全书》据清抄本影印,第544册,第473—474页。

③ 永瑢等《四库全书总目》,第1022页。

④ 永瑢等《四库全书总目》,第1127页。

又请托别人作序。现代研究者多想为陈继儒开脱,云这些书跟陈继儒没有关系,①是书商作伪,②"眉公等名,特为发售作招牌耳",③但并未对其中情形做实证研究。

本章将考察在明代的刻书条件下,以陈继儒为代表的一类新型编著者和图书策划人的诞生;考察《宝颜堂秘笈》编刊机缘,其能够持续不断编刊的动力和原因,参与其事的人员的身份及其身份变动,陈继儒在其间的作用等。以期呈现明代图书生产的坊刻家刻的混杂性,参与图书生产者的身份的变动和包容性,以读书、做书为导向的文化生产方式对明代文献文化的影响及其如何影响了后世对明代文献的认识和评价等。我还将全面考察丛书所收"异书""秘本"占比,在"异书""秘本"的意义上推究四库馆臣所持的版本完整性能否作为评价图书的唯一标准,以期对明代图书生产意义有更全面和深刻的理解。

一、精英文人圈与读书者、图书编著者的二位一体

万历十二年(1584),27 岁的陈继儒科道试未进,后以"遗才"观场。十三年应应天京兆试,失败。十四年,裂青衿,决意放弃科举。为防自己日后后悔,他公开发表了《告衣巾呈》。他说:"住世出世,喧寂各别;禄养志养,潜见则同。……乃禀命于父母,敢告言于师尊,长笑鸡群,永抛蜗角。读书谈道,愿附古人;复命归根,请从今日。形骸既在,天地犹宽;偕我良朋,言迈初服。所虑雄心壮志,或有未瘳之时,故于广众大庭,预绝进取之路。伏乞转申。"④其呈于儒学师尊之词,不见因怀才不遇而愤世

---

① 如汪世清《"画说"究为谁著》,见氏著《汪世清艺苑查疑补证散考》,河北教育出版社,2009 年,第 14—15 页。高明《陈继儒研究:历史与文献》,花木兰文化出版社,2014 年,第 34—38 页。

② 如李斌《陈梦莲〈眉公府君年谱〉订误》,《黑龙江史学》2011 年第 13 期。

③ 王重民《中国善本书提要》,第 421 页。

④ 王应奎《柳南续笔》卷三"陈眉公告衣巾"条,王应奎撰,王彬、严英俊点校《柳南随笔续笔》中华书局,1983 年,第 183 页。

嫉俗,也不认为放弃科举就是要弃绝社会责任,更无放浪形骸之举,而将出世与入世、志养和禄养等价齐观,在更宽广的天地间复命归根,回归初心,过平静的读书谈道的生活。

陈继儒虽然没有显赫的家世,但从物质生活的角度看,其选择并不算冒险。英国学者柯律格《长物:早期现代中国的物质文化与社会状况》一书的"中心命题"是谈"自 16 世纪中叶至 1644 年明朝灭亡的这段历史时期内,物质世界的产品与掌握权力的社会士绅所认同的社会等级之间的关系。这是士绅阶层特别关注的问题。……这部分是通过互相影响的社会活动而实现的;另一部分则是通过士绅圈子内出版、销售和流通的文本生产反映出来"。[1] 如果以此为标准,29 岁的陈继儒早已进入当时顶尖的士绅文人圈,其放弃生员资格只是将自己的身份更新为当时文化脉络里所认可的备受推崇的隐士模式而已。[2]

陈继儒对俗事的远离和对隐士的认同在其裂青衿之前已充分显示并被当时的文人领袖所尊重。如他以隐士陈仲子、陈抟为祖先,故称其家"世有隐德"。陈继儒《重阳缥缈楼》记万历十三年(1585)其与王世贞的交往或可作为例证,其曰:

> 王元美先生以重阳母忌,不登高。往乙酉闰九月,招余饮弇园缥缈楼。酒间座客有以东坡推先生者,先生曰:"吾尝叙《东坡外纪》,谓公之文虽不能为我式,而时为我用。"意尝不肯下之。余时微醉矣。笑曰:"先生有不及东坡者一事。"先生曰:"何事?"余曰:"东坡生平不喜作墓志铭,而先生所撰志,不下四五百篇,较似输老苏一着。"先生大笑。已而偶论及光武、高帝。先生云:"还是高帝阔大。"

---

① 柯律格著,高昕丹、陈恒译,洪再新校《长物:早期现代中国的物质文化与社会状况》,生活·读书·新知三联书店,2015 年,第 22 页。

② 参柯律格《长物:早期现代中国的物质文化与社会状况》(第 30 页)、《雅债:文徵明的社交性艺术》(刘宇珍、邱士华、胡隽译,生活·读书·新知三联书店,2012 年,第 95 页),张德建《明代隐逸思想的变迁》(见收方铭主编《儒学与二十一世纪文化建设:首善文化的价值阐释与世界传播》,学苑出版社,2010 年,第 256—276 页)。

余曰："高帝亦有不及光武一事。高帝得天下后，枕宦者卧，光武得天下后却与故人子陵严先生同卧。较似输光武一着。"公更大笑，进三四觥，扶掖下楼。忆此时光景，颇觉清狂，如此前辈，了不可得。①

陈继儒自二十一岁起，相继受到当时苏州最重要的士绅徐阶及王锡爵兄弟、王世贞兄弟的赏识，先后馆于范允临、王锡爵家，曾为范允临、王锡爵子王衡伴学，与董其昌、李日华等交游。② 也就是说他早已跻身江南最显赫的士绅及其子弟的圈子。当陈继儒在王世贞弇园缥缈楼饮酒谈论时，王世贞六十岁，陈继儒二十八岁。陈继儒在众人奉承王世贞时能不失幽默地提出自己的看法，既诙谐有雅趣，又显示出自己的独立见解，而其见解的核心就是远离俗事和对隐逸之士的尊重。对王世贞欲与苏东坡文争胜，陈继儒以墓志为例，抑王世贞而扬苏东坡，能被众人请写墓志，固然表明了王世贞与苏东坡在文坛中的崇高地位，但因为墓志文与金钱联系在一起，东坡不写而王世贞写，王世贞在清高上就输了东坡一着。席间偶尔论及汉高祖与光武帝，王世贞认为还是高祖阔大，陈继儒也表达了一些不同看法。开国之君固然比中兴之主阔大，但高祖得天下后，却被大臣，特别是樊哙看到其"独枕一宦者卧"的令人失望的情形，而光武帝则与严陵先生同榻，在评价君王时，增加了亲近故人、尊重隐士这些评价向度。虽然陈继儒自云这样与长辈谈论不免有点"清狂"，但其观点则深契于中国文化的理想，因而受到长辈王世贞的喜爱和尊重，"公更大笑，进三四觥，扶掖下楼"的两代人相互搀扶的画面很美，也很有象征性。

----

① 陈继儒《晚香堂小品》卷二十四，《原国立北平图书馆甲库善本丛书》据明末汤大节简绿居刻本影印，第 899 册，第 934 页。陈梦莲《全集》"识语"："先有《晚香堂小品》《十种藏书》，皆系坊中赝本，掇拾补凑，如前人诗句俚语伪词，颇多篡人，不无兰薪之诮，此在大方自能辨之，无俟不肖饶舌也。"（第 899 册，第 950 页）但"所选诸文""可确定为陈继儒所做无疑"（高明《陈继儒研究：历史与文献》，第 32 页）。

② 参陈梦莲《眉公府君年谱》，陈继儒《陈眉公全集》总目后附，《原国立北平图书馆甲库善本丛书》据崇祯刻本影印，第 899 册，第 951—972 页。

陈继儒山居和隐逸也受到了圈中人的物质支持和精神呵护。如王世贞为陈继儒所作《小昆山读书处记》透露：

> 昆山为吴属邑，中有山岿然，以是得号。故老云此马鞍山也，去华亭之西南十八里，乃真为昆山，今以昆山之为邑，故辱之曰小昆山。是故娄侯陆逊之孙机、云所读书处也。……今年丙戌春，友生徐孟孺、陈仲醇游焉。其址蚀民居，逶迤而上至半岭，而有佳木美箭之属，其胜始露。更上数十武为石塔，而郡之所夸九峰三泖者悉归焉。二子乐之，挟塔僧而下，与偕东，过一庄墅楚楚，僧曰："是乡老陈姓之室也，业且售之，无为主者。"问其直，止可三十金。二子适有某甲馈，欲返其橐而不可，曰："士衡不云乎'仿佛谷水阳，婉娈昆山阴'，即此地也。夫诵其诗，不知其人可乎？"请售其地而祠之，置丙舍，以岁时赓读书其中。太原王辰玉闻而欣然，为助其不给，乃稍稍更饬之。①

陈继儒置办的第一个读书处的资金一部分来自于某甲之馈，其不足部分和装修费用则来自于王锡爵之子王辰玉的赠予。又如陈继儒宣布隐居之次年八月，好友董其昌为其作《山居图》，画中题曰："郗超每闻高士有隐居之兴，便为捐百万赀办买山具，予于仲醇以此赠之。"②他将自己的以画赠陈比作郗超捐百万赀为买山具，显示对隐逸的敬重以及君子间清雅的支持方式，又语涉诙谐，而实际上，万历间董其昌以画相赠确能变现，具有经济价值。接着董其昌又再次题画表达他对陈继儒选择隐居生活的认同和向往，他说："余尝欲画一丘一壑可置身其间者，往岁平湖作数十小帧，题之曰'意中家'，时捡之，欲弃去一景俱不可。……仲醇方有五岳之志，亦不妨余此小景，境界无别也。"③他用绘画的方式替自己设计"意中家"，常常把玩不已，他赞扬陈继儒的五岳之志就如他的"意中

① 王世贞《弇州山人四部续稿》卷六十二，第3108—3109页。
② 缪曰藻《寓意录》卷四，清刻本。参郑威《董其昌年谱》，上海书画出版社，1989年，第16页。
③ 缪曰藻《寓意录》卷四。参郑威《董其昌年谱》，第16页。

家"的现实实现,这当然是对朋友五岳之志的极大的精神支持。万历二十五年(1597),陈继儒筑婉娈草堂也受到"长者"资助。陈继儒《岩栖幽事序》云:"丁酉始得筑婉娈草堂于二陆遗址,故有'长者为营栽竹地,中年方惬住山心'之句。"①董其昌又为其画巨幅《婉娈草堂图》,此画 1989 年由纽约佳士得拍卖行以 165 万美元价格拍出,真的实现了美元的"百万赀"。

图 17　董其昌《婉娈草堂图》

---

① 　陈继儒《岩栖幽事》,《四库全书存目丛书》子部第 118 册,第 694 页。

陈继儒裂青衿之次年,他租/借沈太仆在苏州城边的废园开办书馆。方应选《陈仲醇僦居沈太仆园稍集生徒教授》诗云:"陈郎为乏买山赀,乞得邻园当一枝。睡起科头临绿水,闲来倚树听黄鹂。"①陈继儒称这段生活为"隐居沈大夫园"②,又云"沈园与诸生读书"③。可见隐居后的陈继儒的身份和生活定位:隐居读书。他在与古隐士的生活方式对比中提出自己选择的生活方式曰:"古隐者多躬耕,余筋骨薄,一不能;多钓弋,余禁杀,二不能;多有二顷田、八百桑,余贫瘠,三不能;多酌水带索,余不耐苦饥,四不能。乃可能者,唯嘿处、淡饭、著述而已。"④七年后,陈继儒在《太平清话记》中仍然说:"老亲许以二十有九解青衿为逍遥布衣,余因此得读未见之书,眠渐高之日,优哉游哉,聊以卒岁。门生故人过余,酒罍间搜一二故闻以应之,削忌讳,置臧否,⑤皆古今文献翰墨玄赏之事而已。儿子窃闻手录,投古盎埋海棠冈下,积久编成数卷,题曰《太平清话》。"⑥他的《太平清话》就是在读书中获得故实,在交往应酬中以故实为谈资,积累多了,做出的一种有关"古今文献翰墨玄赏之事"之书,所以其不论是教书还是著述都与一己的读书讲论有关。

万历三十四年,沈天白兄弟所刻《宝颜堂秘笈》收陈继儒著作十七种,⑦都是陈继儒读书讲论的产物,兹以《秘笈》顺序略作申论:

---

① 方应选《方众甫集》卷四,《四库全书存目丛书》据万历刻本影印,集部第 170 册,第 73 页。

② 陈继儒《太平清话》卷四:"余昔戊子隐居沈大夫园,四周杂种花,是小桃源;时雨初晴,负笠握锄,拨散土膏,如灌园状,是小於陵;教授诸生,是小河汾;桥断水西,不闻市喧,是小考槃;短舟徜徉池中,一炉一琴,可灌可钓,是小五湖;挟此数者,视青天,呼白鸟,有谈名利则挥手谢之,不知其他,是小神仙。"(《四库全书存目丛书》据宝颜堂秘笈本影印,子部第 244 册,第 310 页)

③ 陈继儒《晚香堂小品》卷二,《原国立北平图书馆甲库善本丛书》第 898 册,第 569 页。

④ 陈继儒《岩栖幽事》,《四库全书存目丛书》子部第 118 册,第 698 页。

⑤ "削忌讳,置臧否",有两个相反的理解向度。削忌讳,可理解为去忌讳,放纵其言,不受拘束,也可理解为不谈忌讳之事;置臧否,可理解为加以臧否,也可理解为放弃臧否,不加评论。从上下文意来看,应该是不谈忌讳之事,不臧否人物之意。

⑥ 陈继儒《太平清话》卷一之首,《四库全书存目丛书》子部第 244 册,第 244 页。

⑦ 万历三十四年《秘笈》目录自"第一帙"至"第十六帙"共十六种,其中《书画史》后有《读书十六观》一种,共十七种。

（一）见闻录八卷

陈继儒《见闻录序》云："余生东海之滨，足不出里门，耳不标国论，仅得名臣之碑志，与大人先生之话言，辄拾残牍书之。虽零星杂碎，然皆史书稗志之所不具者，置之案头，畜德消鄙，其不贤于栴檀薰而芝兰袭也耶？戊戌病虐，终日无所事事，乃荟撮成卷，题曰《见闻录》。"①《见闻录》内容或得自碑志，或是与他人谈话之记录，但都非寻常史书稗志之所载。所以四库馆臣虽然批评此书"叙次丛杂，先后无绪"，但不得不肯定"此书排次明代朝士事实，间及典章制度，如蒋瑶之悟武宗、李充嗣之御宸濠，其事皆史所未详"。② 此书保存了陈继儒士绅圈特有之史料。

（二）珍珠船四卷（多神怪之事）

《四库全书总目》云："是书杂采小说家言凑集成编，而不著所出，③既病冗芜，亦有讹舛。"④抛开四库馆臣的批评，此书乃读小说家言之所得，是由读书而为著述之实践的结果。

（三）妮古录四卷

陈继儒为《妮古录》所撰序，揭示书名之义以及此书的意义。他说："予寡嗜，顾性独嗜法书、名画及三代秦汉彝器瑗璧之属，以为极乐国在是。"他幽默地描绘自己对书画彝鼎的亲爱的态度，称"妮"字乃"软缠"之谓。他将喜爱书画彝鼎的人分为三类："收藏家缄扃封闭，传之后世，可谓古人之功臣；鉴赏家批驳其真伪丑好，穷秋毫之遁情，振夏虫之积聩，可谓古人之直臣；余无长能，见而辄记之，此虽托之空言，亦不可谓非古

---

① 陈继儒《见闻录》卷首，《四库全书存目丛书》据宝颜堂秘笈本影印，子部第 244 册，第142 页。

② 永瑢等《四库全书总目》卷一四三《见闻录》提要，第 1224 页。

③ 此书确多不著所出，少数条目首出书名，如"《禽经》曰……"，有的末以小字注书名，如"《杨太真外传》"等。

④ 永瑢等《四库全书总目》卷一三二《珍珠船》提要，第 1127 页。

人之史臣也。"①谦虚自己虽不是收藏家和鉴赏家,但遇见就记录下来,故可称为书画彝鼎之史臣。清晰地交代了《妮古录》一书的由来。

《妮古录》内容证实陈继儒所言不虚,其中嘉兴项氏收藏是此书的重要内容。《妮古录》卷一有九条涉及项氏,卷二有五条,卷三有八条,卷四有十一条。如卷一:"项希宪家马和之《邠风》一卷,《七月》至《狼跋》凡七段,皆高宗补书经文。高宗每云写字当写经书,不惟学字,又得经书不忘。或每书《毛诗》虚其后,命和之图焉。"②《妮古录》有关项家收藏中有三条记录了观赏日。第一条:"余于项玄度家见官窑人面杯,哥窑一枝瓶,哥窑八角把杯,又哥窑乳炉,又白玉莲花胭脂盒,又白玉鱼盒,又倭厢、倭几,又宋红剔桂花香盒。又水银青绿鼎,铜青绿提梁卣,盖底皆有款,又金翅壶,又商金鹏尊,有四螭上下蟠结,而青绿比他器尤翠,皆奇物也。是日为乙未八月二十有五日。"③又:"乙未六月初四,过项又新观鲁国公颜真卿行书《定襄王郭公帖》、顾定之《修篁图》、赵善长《山居读易图》、王叔明《咏石图》、徐幼文《林泉高逸图》、香光居士王叔明《丹山瀛海图》、赵文敏《观瀑图》、赵子昂书《张文潜送秦少宰序》、钱雪川《青山白云图》及《归去来图》、王羲之草书二帖、马和之《毛诗·鹑鹊》篇、黄太史《墨妙》、马和之《毛诗·破斧》篇、赵子昂行书《归去来辞》。同赏者:郁师古、王子逸、冯鉴之、项希宪也。约秋潭僧,病不至。"④又:"乙未七月十二日,见苏东坡《祷雨帖》《阿育王宸奎阁碑文》,蔡端明《郎中帖》,东坡《润笔帖》,黄山谷《维清道人帖》,米南宫《窦先生帖》,又米南宫临《兰亭》,皆真迹。项玄度所藏。"⑤乙未是万历二十三年(1595),此时陈继儒受聘于嘉兴包柽芳(详下)。项玄度为项元汴(1525—1590)第五子,项又新为项元汴第三子,两人继承了其父的收藏。王子逸即王淑,又作王淑民,嘉兴

---

① 陈继儒《妮古录》卷首,《四库全书存目丛书》据宝颜堂秘笈本影印,子部第 118 册,第 644 页。

② 陈继儒《妮古录》卷一,《四库全书存目丛书》子部第 118 册,第 648 页。

③ 陈继儒《妮古录》卷一,《四库全书存目丛书》子部第 118 册,第 649 页。

④ 陈继儒《妮古录》卷三,《四库全书存目丛书》子部第 118 册,第 676 页。

⑤ 陈继儒《妮古录》卷四,《四库全书存目丛书》子部第 118 册,第 684 页。

著名隐士；①冯鉴之，即冯元鉴，万历二十八年举人，能诗善行草；秋潭僧，法号智舷，嘉兴梅溪人，秀水金明寺僧，有《黄叶庵诗集》。②

　　万历三十三、三十四年，陈继儒请求至项鼎铉（1575—1619）家纵读。项鼎铉，万历二十九年（1601）进士，授翰林院庶吉士。项鼎铉《呼桓日记》载其万历三十四年葬父于秀水西山，后在家乡守制。项鼎铉应该万历三十三年已回嘉兴，陈梦莲《眉公府君年谱》万历三十三年乙巳下云："携李项扈虚以秘书省归籍，（府君）耕经耨史，更欲搜讨竹简韦编山镵琢刻而纵读之，赍赞授餐于九溪桥之别业。"③项扈虚即项鼎铉，《嘉禾征献录》卷五"鼎铉"下云："字孟璜，号扈虚。"④陈继儒的目的很清楚，就是要遍阅嘉禾项氏收藏。陈继儒称此次在项家为"读书"。其《宋米芾画文德皇后遗履图》题跋曰："余读书秀州项稚玉阁中，姚叔祥出视唐文德皇后遗履，为米元章写图。"⑤稚玉，是项鼎铉另一字，姚叔祥即姚士粦（详下），姚士粦深度参与了《宝颜堂秘笈》的编刊。《妮古录》中十一次提到"项氏"，当指项鼎铉。⑥　可见《妮古录》是陈继儒深度融入

----

　　①　据沈季友《携李诗系》卷十七"王布衣淑民"（《文渊阁四库全书》第1475册，第408页）、孙岳颁、王原祁等《佩文斋书画谱》卷四十四《书家传·王淑传》（《文渊阁四库全书》第820册，第757页）。

　　②　盛枫《嘉禾征献录》卷三十七"冯元鉴"条，《续修四库全书》第544册，第666页。陶元藻编，俞志慧点校《全浙诗话》卷三十八"智舷"条，中华书局，2013年，第1076页；钱谦益撰集，许逸民、林淑敏点校《列朝诗集》闰集第三"秋潭舷公"条，第6431—6432页。

　　③　陈梦莲《眉公府君年谱》，《原国立北平图书馆甲库善本丛书》第899册，第958页。

　　④　盛枫《嘉禾征献录》，《续修四库全书》第544册，第411页。

　　⑤　孙岳颁、王原祁等《佩文斋书画谱》卷八十三《历代名人题跋》三引自《眉公集》，《文渊阁四库全书》第822册，第572页。

　　⑥　《妮古录》出现项家多人字号，项子京（名元汴）、项子长（名笃寿，元汴弟）、项德新/又新（项元汴第三子）、项复初（名德明，又字晦夫，项元汴第四子）、项玄度（名德弘，项元汴第五子）、项希宪［项笃寿仲子，原名德棻，字玄海，后改名梦原，别号少溪主人，见《嘉禾征献录》卷五"梦原"条（《续修四库全书》第544册，第411页）。叶德辉《书林清话》卷五推测德棻为笃寿兄弟之子（第169页），实为笃寿子］和项氏，我原以为"项氏"为泛说，不过李日华《味水轩日记》卷五"万历四十一年八月二十四日"下有"假得项孟璜宋人名画册"（上海远东出版社，1996年，第335页），其中有画与陈继儒列举项氏画重合，陈继儒所云"项氏"指项鼎铉。

313

嘉善顶级文化圈的产物,他是欣赏者、鉴定家,同时是记录人,也因此成为书籍的编著者。[①]

(四)群碎录一卷

书前"陈继儒记"曰:"他石可以攻玉,息壤可以益岱,读书者即一字一语何忍弃之,故题曰'群碎'。"[②]《四库全书总目》评价此书为:"随笔纪录,不暇考辨,故以群碎为名。前有自跋,谓读书者一字一语不忍弃之。然不应琐杂如是也。"[③]随笔记录正是此书的特点。

(五)偃曝谈馀二卷

陈继儒是书前小引云:"余入冬喜负暄读书,已渐相昵,往往狎夏日鼾睡以为快,庶几有鲁恭士行阳之意。与客笑,不能从,曰:王僧达云'寒荣共偃曝',孟浩然云"草堂时偃曝",则请与眉道人麈尾共之。余退而记与客谈者。"[④]周中孚《郑堂读书记》云:"今观其书,皆摘录典籍中杂事琐

---

① 陈继儒《妮古录》也有不严密处,如《妮古录》卷四"项氏"条曰:"项氏藏《百家注柳河东集》,宋魏仲举刻梓,纸板精妙,锡山华氏家藏物也。后祝京兆《跋》云:'余所见宋刻《文选》数本,惟此本精妙,著名吴门。旧为李氏珍藏,嘉靖甲子购得之,帙中有祝枝山、唐伯虎诸公品题,亦妙品也。'又跋云:'自士以经术梯名,昭明之《选》与酱瓿翻久矣,然或有以著者必事乎此者也。吴中数年来,士以文竞,兹编始贵,余向蓄三五种亦皆旧刻,此钱秀才高本尤佳,秀才既力文甚竞,助以佳本,当尤增藻藻,不可涯尔。丁巳祝允明笔,门人张灵时侍笔研。'又跋云:'古云:《文选》烂,秀才半。'自隋唐以来莫不习之。余昔游南都,求监本,率多漏缺,不可读。偶阅书肆,获部之半,曰非全书也。其后赴试京师,今少宰洞庭王公出其前帙见示,俨然合璧,因遂留而成之。自是累购善本,馀年莫之遇,孔周何从得此纸墨,刻印又精好,倍余所藏,岂非天缘耶? 好学之笃,又有好书济其求,宜有以为庆赏。杨循吉题。'后又有'唐寅观''丁巳冬徐祯卿披玩'。"(《四库全书存目丛书》子部第118册,第684页)据题跋内容,知祝允明等是为《文选》作跋,而非为《柳河东集》作。汪砢玉《珊瑚网》引杨循吉跋语(《丛书集成续编》第85册,第182页)与《妮古录》文字有差异。

② 陈继儒《群碎录》,万历三十四年刊宝颜堂秘笈本。

③ 永瑢等《四库全书总目》卷一三二《群碎录》提要,第1127页。

④ 陈继儒《偃曝谈馀》,《四库全书存目丛书》据宝颜堂秘笈本影印,子部第111册,第842页。

语,而益以其所见闻之事。"①亦是读书谈论而成之著述。

(六)岩栖幽事一卷

陈继儒交代《岩栖幽事》成书云:"山中亦不能如道家保炼吐纳以啬馀年,即佛藏六千卷随读随辍,惟喜与邻翁院僧谈接花艺果、种秫剧苓之法,其馀一味安稳本色而已。暇时集其语为《岩栖幽事》,藏之土室。嘻!此非伊吕契稷之业也,世有所谓大人先生者其勿哂诸。"②其内容一部分是与邻翁谈接花艺果、种秫剧苓之法,一部分则出自"安稳本色",即隐居读书之所得。

(七)枕谭一卷

是书前小引曰:"吾党读古人书,往往承袭纰缪,至有近在目前、可以意解者,乃不能互相扬榷,殊足邪揄。偶与儿辈洗鹗而谭之,随谭随录,藏于枕中。"③周中孚《郑堂读书记》评此书:"今观其书,凡六十一条,皆诠释其意,并考据其舛讹,颇有可取,然多前人所已有,非其所创获也。《说郛续》亦收入之。"④总之,《枕谭》是陈继儒读书有得之作。

(八)太平清话四卷

已见上。

(九)书蕉二卷

《书蕉》上下卷,周中孚《郑堂读书记》评:"其书凡一百八十五条,皆摘取古书中训诂、名物以及奇异之字,随手杂录,以备词章之用。此盖眉

---

① 周中孚《郑堂读书记》卷五十七"子部·杂家类",《清人书目题跋丛刊》八,中华书局,1993年,第289页。

② 陈继儒《岩栖幽事》,《四库全书存目丛书》子部第118册,第694页。

③ 陈继儒《枕谭》,《四库全书存目丛书》据宝颜堂秘笈本影印,子部第111册,第832页。

④ 周中孚《郑堂读书记》卷五十七"子部·杂家类",第289页。

公自备遗忘之编,故于人所习见者,亦一概收载,即有失考处,亦所不计也。"①虽然周中孚有关此书"眉公自备遗忘之编"及"以备词章之用"的猜测未必的当,但云此书多摘取古书中"训诂、名物以及奇异之字",则是准确的。

（十）笔记二卷

《四库全书总目》评此书:"取杂事碎语钞录成帙,略无伦次,惟所载陆完跋颜书《朱巨川告身》一篇,为《铁网珊瑚》《清河书画舫》诸书所未收,亦可以备参考,然已载所著《见闻录》中,此亦复出也。"②其书抄则来自于其他典籍,录则眉公讲论。

（十一）书画史一卷

《四库全书总目》云此书"杂录书画家琐碎之事,间及名迹","末附以《书画金汤》四则,一善趣,一恶魔,一庄严,一落劫,各举十数事以为品骘,尤不脱小品陋习,盖一时风尚使然也"③。除杂录外,也显露自己品评书画的经验。

（十二）读书十六观

陈继儒在此书卷首云:"昔人嗜古者,上梯层崖,下縋穷渊,凡碑版锜釜之文,皆为搜而传之,薰以芸蕙,袭以缥缃,其典籍之癖如此。余也鄙,少秉攸好,颇藏异册,每欣然指谓子弟云:'吾读未见书,如得良友;见已读书,如逢故人。吾性乐宾客而惮悔尤,庶几仗此其可老而闭户乎?'乃于竹窗之暇,抽忆旧闻,纂《读书十六观》,盖浮屠氏之修净土有《十六观经》而观止矣。"④知此书乃有关读书之书。

---

① 周中孚《郑堂读书记》卷五十七"子部·杂家类",第 289 页。
② 永瑢等《四库全书总目》卷一三二《笔记》提要,第 1127 页。
③ 永瑢等《四库全书总目》卷一一四《书画史》提要,第 976 页。
④ 陈继儒《读书十六观》,万历三十四年刊宝颜堂秘笈本。

（十三）安得长者言一卷

此书陈继儒识语曰："余少从四方名贤游，有闻辄掌录之。已复死心茅茨之下，霜降水落，时弋一二言拈题纸屏上，语不敢文，庶使异日子孙躬耕之暇，若粗识数行字者，读之了了也。如云'安得长者之言'而称之，则吾岂敢。"①其书内容自四方名贤讲论中得，其记录下来的目的是传之子孙，属家训语录之类。

（十四）狂夫之言三卷

（十五）续狂夫之言二卷（杂论）

《四库全书总目》关于《狂夫之言》三卷、《续狂夫之言》二卷之提要云："书中杂论古今得失，才辨亦颇纵横，而见地多失之偏矫。"陈继儒对各种各样的历史人物、事件、问题、议论发表自己的意见，如黄石公、庞德公的身份，张良博浪一椎后结局的解释，为什么孔子喜欢颜回，为什么仁者寿而颜回夭，狡兔死走狗烹的原因分析，事亲养志的区别，禅天下并非从尧始，佛教是大养济院，等等。四库馆臣批评陈继儒："如谓佛家能养鳏寡孤独，殊不免故为异论。至于指颜子端居不动为以身讽孔子，左丘明《春秋》内传非有意于发明孔子，则尤为臆见矣。"②如果不像四库馆臣那样以儒家思想为唯一标准，则陈继儒所论确有新异之处。

（十六）香案牍一卷

陈继儒《香案牍序》云此书编撰："甲午（万历二十二年，1594）三月……余出城南，读书孟直夫郊居……出《道藏》咸字函卷三十有二所载古今真人列仙四百四十有七。顾其言不雅驯，余与直夫汰而洗之，存其奇

---

① 陈继儒《安得长者言》，万历三十四年刊宝颜堂秘笈本。又见《丛书集成新编》第14册，第382页。

② 永瑢等《四库全书总目》卷一二五，第1082页。

逸可喜者，精为一卷，以资麈尾。"①陈继儒朋友王衡《香案牍跋》云："乙未(1595)春正月，余正愁窘中，仲醇以一编贻余，曰《香案牍》，载神仙事奇矣，而人不数事，事不数语，又皆奇之奇者。"②《四库全书总目》云："是书述神仙故事，自轩辕以下凡七十二人，皆自《列仙传》《集仙传》诸书中钞撮成编，了无义例。"③可见《香案牍》读书编抄之性质。

（十七）读书镜十卷（史论）

书名即揭出"读书"，以读书而通达世事，故为"镜"，此书可以说缘起和旨归皆为读书。《四库全书总目》："是书乃所作史论，或一人递举数事，或一事历举数人，而以己意折衷其间，欲使学者得以古证今，通达世事，故以镜为名。所言亦不甚精切，特持论尚颇平正，视所著他书犹为彼善于此。至所称人主宫闱中事，臣子不可妄有攀援，亦不可过为排击，而少年喜事，形之章奏，刻之书帙，至遍于辇毂市肆之间，此在布衣交友尚不能堪，而况天子乎？此言盖为万历间争国本者而发，于明季台省之弊，可云切中，不以继儒而废其言也。"④此书因四库馆臣从中看出陈继儒批评明代政治和社会风气之故而受到好评。

以上十七种著作，《枕谭》《狂夫之言》《续狂夫之言》《读书镜》几部主要是陈继儒所发之议论，是陈继儒小品文的主要来源。其他十三种则广泛地摘录于他书，部分记录其谈话、讲论内容（又称见闻），陈继儒独特的创作和编著书籍方式，使摘录于何书，谈话、讲论的圈子以及内容成为其书籍质量的决定因素，其圈子的高级和高雅则在一定意义上赋予其书以价值。可以说，因为有高雅的圈子，所以其《见闻录》所记之政治才能"非寻常史书稗志"可比；因为有嘉兴项氏的书画彝鼎收藏圈，有董其昌等书

① 陈继儒《香案牍序》，《四库全书存目丛书》据宝颜堂秘笈本影印，子部第 260 册，第 702—703 页。

② 文见陈天定《古今小品》卷七，《四库禁毁书丛刊》据道光九年芸香堂刊本影印，集部第 56 册，第 636 页。

③ 永瑢等《四库全书总目》卷一四七《香案牍》提要，第 1264 页。

④ 永瑢等《四库全书总目》卷九〇《读书镜》提要，第 764 页。

画家圈,其《妮古录》《书画史》才能记载得如此繁富和高端;因为有异书,其诸种摘录才别具意义。当然,反过来,这也在一定程度上决定了陈继儒对新异图书的追求。

从著述时间来看,除以上十七种外,陈继儒的《虎荟》《逸民史》《建文史待》等著作也都在万历三十四年前完成。《虎荟》陈继儒自序曰:

> 余丁酉(万历二十五年,1597)六月二十三日始困疟,垂戊戌之六月二十二日而疟良已,盖首尾屈指凡一期焉。先是百谷王丈(王稚登)访余于宝颜堂,授以《虎苑》,可以辟疟,读之而魔鬼如故,然其书所征不及百事,余乃搜诸逸籍及山林湖海之故闻,荟撮成卷,题曰《虎荟》。①

又陈梦莲《眉公府君年谱》万历二十四年下载:

> 纂《建文史待》成,因屠侍御叔芳题请革除诸公,逊其署名,刻行于世。②

陈继儒《岩栖幽事》云:

> 嵇康皇甫《高士传》止七十二传,传不过数行而止,至使诸君子若灭若没,非阐幽发潜之意,余故从二十一史隐逸全传悉为采出,即孝友、独行、方艺中有比类高踪者咸为著之,而又补胜国自郑思肖而下凡几十人,总得二十四卷,曰《陈氏逸民史》。③

《虎荟》乃陈继儒"搜诸逸籍及山林湖海之故闻,荟撮成卷",成于万历二

---

① 陈继儒《虎荟》,《四库全书存目丛书》据宝颜堂秘笈本影印,子部第82册,第422页。
② 陈梦莲《眉公府君年谱》,《原国立北平图书馆甲库善本丛书》第899册,第955页。
③ 陈继儒《岩栖幽事》,《四库全书存目丛书》子部第118册,第705页。

十五年；《逸民史》亦多"从二十一史隐逸全传"以及"孝友、独行、方艺"传中辑出，成于万历二十五年前后；①《建文朝野汇编》前列引用书目凡一百三十二种，成于万历二十四年（详下）。② 由上引，这三种书的著述方式也与上引十七种同。

二、《宝颜堂秘笈》刊刻前陈继儒的校刻书经历

陈继儒校书、刻书似乎与嘉兴文化圈关系最为密切。陈梦莲《眉公府君年谱》第一条有关其刊刻的记载是万历二十三年（1595）。是年下曰："府君三十八岁。嘉禾包学宪瑞溪公延迪鸿奎、鹤龄二孙，同事者如御冷钱公、怀槎沈公、玄海项公、昭自钱公、沈白生昆仲。后先皆巍科上衮，极一时之盛。比府君衡文无讳，诸公微得切磋之助，时付秘笈于梨枣。"③包柽芳（1534—1596），二十三岁中进士，三十岁即出督贵阳学政。这里提到的同事，除上文已及的项笃寿第二子项德菜（1570—1630，玄海）和沈德先、沈孚先兄弟外，还有万历四十四年进士第一名的钱士升（御冷）及其兄弟钱士晋（昭自），万历二十三年进士沈道元（怀槎）。陈继儒早期衡文刊刻曾与诸位切磋。"衡文"之事，可能指陈继儒早期所刊《论脍》和《品外录》。《眉公府君年谱》万历二十七年（1599）下："选《论脍》④，刻于书肆。"三十一年下："刻《品外录》于娄江。"⑤《品外录》，即《古文品外录》，选秦汉至宋元之文，初刻于其馆于娄江王士骐家之时，今存

---

① 《岩栖幽事》序谈到万历丁酉始筑婉娈草堂事，当成于万历二十五年后，书中提到《逸民史》一书已完成。

② 《四库全书总目》卷五四该书提要云《建文史待》引书"一百二十六种"（第488页），万历刻《建文朝野汇编》"书目"列一百三十二种（《四库全书存目丛书》史部第51册，第7—10页）。

③ 陈梦莲《眉公府君年谱》，《原国立北平图书馆甲库善本丛书》第899册，第955页。

④ 或即《秦汉文脍》，今存邹彦章刻本，《四库全书存目丛书》据之影印，集部第352册，第1—247页。

⑤ 陈梦莲《眉公府君年谱》，《原国立北平图书馆甲库善本丛书》第899册，第956、957页。

二十四卷、十二卷、十卷本多种。①

　　陈继儒书较早被刊刻的是《建文史待》，不过陈继儒因支持屠叔芳对建文君臣平反的政治活动，万历二十六年是以屠叔芳《建文朝野汇编》的名义刊刻出来的。《眉公府君年谱》万历二十四年下载："纂《建文史待》成，因屠侍御叔芳题请革除诸公，逊其署名，刻行于世。"（第955页）《建文朝野汇编》收有屠叔芳、陈继儒两序，屠叔芳序署于"万历戊戌（二十六年）"。② 屠叔芳序也是陈继儒代作的，《陈眉公集》卷五相继收录代屠作和自作两篇《序》。③《建文朝野汇编》应刻于嘉兴，卷一至卷六、卷二十末皆有"嘉善曹承宗写"④题署，书末姚士粦《跋》云："吾郡死建文事者，有宪副程公本立、郡守杨公任，杨独以转匿姚善受赤族族诛……侍御屠公不独为诸公疏表祠墓，宽释党累，更为褒刻散亡，以俟良史，其扬抉忠贤于二百年后，其功何必在程、杨二公之下，粦与令子昆季章分刀削，亦得为此编忠臣。"⑤此书刊刻确为嘉兴士人，特别是屠叔芳家子弟集体完成的。

　　陈继儒与嘉兴编刊丛书的周履靖（1542—1623）交往颇多。⑥ 如万

---

　　① 是书，《澹生堂藏书目》（第647页）、《八千卷楼书目》（第9册，第2815页）等著录二十四卷，今存万历乔山堂刻本；《四库全书总目》《续文献通考·经籍考》等著录十二卷，今存万历三十一年（《四库全书存目丛书》集部第351册）、天启五年刻本等；十卷本，有明读书坊刻本。

　　② 《建文朝野汇编》（《四库全书存目丛书》史部第51册）和《建文史待》，前者分二十卷，后者不分卷，前者多《建文定论》。《眉公府君年谱》系此书于万历二十四年下（《原国立北平图书馆甲库善本丛书》第899册，第955页），《建文朝野汇编》屠叔芳序署"万历戊戌（二十六年）"（第4页），署名作"屠叔方"。

　　③ 屠叔芳《建文朝野汇编》卷首陈继儒《序》（《四库全书存目丛书》史部第51册，第5—6页）、陈继儒《陈眉公集》卷五（《续修四库全书》第1380册，第71—74页）。

　　④ 李国庆《明代刊工姓名索引》，因《建文朝野汇编》刻本有"嘉善曹承宗写"（如《建文朝野汇编》卷二十末，《四库全书存目丛书》史部第51册，第421页）而有"曹承宗"一条，称其为"书工"（第213页），其亦当为嘉兴士家子弟。

　　⑤ 姚士粦《建文朝野汇编跋》，屠叔芳《建文朝野汇编》卷末（《四库全书存目丛书》史部第51册，第423页）。

　　⑥ 参徐朔方《晚明曲家年谱》第二卷《周履靖年谱》，浙江古籍出版社，1993年，第301、303—304页。

历二十二年,周履靖游云间,曾访陈继儒宝颜堂,"雄谈满座,佐以诗歌",后周履靖将此次游赏所作编成《泛泖吟》一集,请陈继儒作前序,集中收有赠陈继儒诗十几首。① 当周履靖为所作书画征集题咏时,陈继儒也必被邀请应和。② 周履靖逝后,陈继儒为之编《梅颠稿选》二十卷③,四库馆臣称两人"气类相近"④。陈继儒还参与了周履靖《夷门广牍》的编刊。万历二十五年,周履靖将其十二年来所得"枕秘""一百有七种"分为十三类,由金陵荆山书林刊刻,"俾公同嗜"。⑤《夷门广牍》最晚的一篇序是万历二十六年(1598)孟秋朔日何三畏所作,想此时《夷门广牍》应已刻完。《夷门广牍》中刻有陈继儒著《香案牍》一种;其中元周致中《异域志》本为陈继儒藏书,后贡献给周履靖,并与周履靖同校后刊刻;陈继儒还是《夷门广牍》中宋林洪《山家清供》、元周海粟《千片雪》、明张绅《法书通释》以及周履靖编撰《唐宋元明酒词》四部书的校订者,上文提及的姚士粦是其中《籁纪》的校订者。⑥ 周履靖以"间从博雅诸公游,多发枕秘"或"好事者……不远千里邮致"的获书方式,由自己和亲朋同好校订图书,依靠"金陵荆山书林梓行"图书,对于周履靖的这一整套图书编刊模式,陈继儒可以说是亲历者。

最晚自万历二十八年(1600)起,嘉兴友人似乎在争刻陈继儒所著书。万历三十四年刻《宝颜堂秘笈》第十七种陈继儒《读书镜》收有五篇序、小引,可以较完整地勾勒《读书镜》一书刊刻中的曲折,由此可分析明代图书生产中的诸多复杂因素。宝颜堂秘笈本《读书镜》自万历二十八年嘉善沈师昌刻本收入,故题作"宝颜堂增订读书镜"。沈师昌《读书镜序》云:"余兄弟暨友人元弢雅有同好,故刻而公之。庚子冬杪,

---

① 参周履靖《泛泖吟》,万历刻《夷门广牍》本。

② 参周履靖《梅坞贻琼》《鸳湖唱和稿》《绘画显识》等,均见《夷门广牍》。

③ 见收《四库全书存目丛书》集部第187册,第332—505页。

④ 永瑢等《四库全书总目》卷一八〇《梅颠稿选》提要,第1624页。

⑤ 参周履靖《夷门广牍叙》,《夷门广牍》,万历刻本。

⑥ 参周履靖《夷门广牍》(万历刻本)、孙新梅《〈夷门广牍〉的编纂与文献学价值考论》(《图书馆学刊》2016年第2期)。

沈师昌识。"①"余兄弟"指沈豫昌（字尔侯）、师昌（字仲贞，号长浮，？—
1611）兄弟；元弢，为张昹（又作炳）字。似乎《读书镜》是三人同刻的。张
昹《小引》云"吾家贞卿庀材鸠工"，范应宫《题》云"余友沈仲贞……与七
松隐人严校而重梓之"②，"仲贞""贞卿"都是指沈师昌，总之沈师昌是万
历二十八年《读书镜》的刊者，或许还是重刊者。此书最早是由张昹十竹
斋刊刻的，雪庐居士范应宫《题》曰：

> 仲醇以文霸海内……仲醇胸若武库，笔无纤翳，以我转书而不
> 为书转。……余友沈仲贞氏凤受知仲醇，欲悬是镜以范世之读书
> 者，与七松隐人严校而重梓之，且命予赘一词。余私谓《读书镜》
> 之行世也，曾序十竹斋镂板，寻易他氏矣，岂仲贞更欲草菅余言
> 哉！隐人曰：昔楚人三抵而后售，咎在司鉴者，而益我贵，倘逢按
> 剑乎，则仲贞自为前驱矣。余幸心无睫。庚子嘉平月顾佩书于漱
> 石斋中。③

范应宫曾为"十竹斋镂板"作过序，但后来十竹斋镂板"易他氏"，范应
宫《序》也就不了了之，这次范应宫又受邀为沈师昌刻《读书镜》作序，
沈师昌镂板又可能出现了波折，所以他担心自己的这篇《序》可能也为
仲贞"草菅"。"十竹斋"，为张昹斋名，张昹与李日华同乡友善，亦富收
藏，李日华《味水轩日记》载其曾在张元弢十竹斋中盘桓。④ 陈继儒也

---

① 陈继儒《读书镜》卷首，《四库全书存目丛书》据宝颜堂秘笈本影印，史部第 288 册，第
409 页。沈氏兄弟，居嘉善麟湖，累世殷富，所居古松郁然，亭馆幽深，藏书万卷，饶图画，董其
昌、陈继儒、李日华等常至其第赏玩书画。参朱国祯《中书舍人旅泊沈公墓志铭》（见《朱文肃公
集》，《续修四库全书》据清抄本影印，第 1366 册，第 89—90 页）、张世伟《太学仲贞沈君外传》
（《张异度先生自广斋集》卷十三，《四库禁毁书丛刊》据崇祯十一年刊本影印，集部第 162 册，第
394—396 页）、李日华《味水轩日记》等。《张异度先生自广斋集》卷四《沈氏三瑞图序》云兄弟俩
"若尔侯若仲贞俱以铅椠为世闻人"（第 226 页）。
② 陈继儒《读书镜》卷首，《四库全书存目丛书》史部第 288 册，第 411、410 页。
③ 陈继儒《读书镜》卷首，《四库全书存目丛书》史部第 288 册，第 410 页。
④ 李日华《味水轩日记》，第 146 页。

称张元弢为"友人",两者在书画上常互通有无。^① 范应宫对沈师昌刻
《读书镜》的担心也为张昹《小引》所证实。张昹云:

> 客岁,吾家贞卿庀材鸠工,雪庐(范应宫号)、舣园(范明泰号)曹
> 出而同余校雠,洛阳纸业踊贵矣。会有喉之者,贞卿乃愿留幕下享
> 千金,遂以荒年之谷而竟致陈陈乎? 夫先生之言,吾侪芙蓉人镜也,
> 世不乏磨砖者,即一知半解,尚艳于得先生之镜,而镜益局,则仲贞
> 今日之役,断不可已矣。仲贞闳览博雅,其家多藏眉公抄书,故其增
> 订为确。……第并记之。绣水张昹元弢甫。^②

这次是因为有人想聘请沈师昌入幕而让朋友担心其刻书事搁浅,好在最
终沈师昌将《读书镜》刻了出来。

《陈眉公集》中保存了万历二十八年陈继儒写给沈孚先的一封信,沈
孚先万历二十六年已中进士,此时任应天府学教授。解读此信,有助于
了解陈继儒作为作者对己书被刊刻的态度,对理解沈孚先兄弟与陈眉公
的关系以及何以要刻陈眉公书也颇具意义。陈继儒《答应天沈学博》
书曰:

> 伏承手札,重以佳贶,又复抄寄《道藏》目录,此远人细事,乃一
> 一记存,亦可以仰窥门下心体之密矣。尝记王元美先生谓弟云:"曩
> 者刑部时,与李于鳞刻志诵读,先国家之掌故,而后旁及诗文。"今吾
> 丈弱冠登朝,正弇州策名之年也,不知亦有二三同志相与砺清节、读
> 异书否? 弟近撰《读书镜》,颇以古人方医今人病,但未竟,而友人付
> 之灾木,谨呈清览。《安得长者》一卷,并祈批教。前示李白甫丈,尚

---

① 陈继儒《太平清话》卷一:"紫阳山下有米南宫大书'第一山'三字于石壁,予从友人张
元弢处得其拓。"(《四库全书存目丛书》子部第 244 册,第 255 页)
② 陈继儒《读书镜》卷首,《四库全书存目丛书》史部第 288 册,第 411—412 页。

未相晤,不知何时入秀州也,先此附谢。尚容修候不一。①

陈继儒是以长者的身份给沈孚先写这封信的,他一方面显示了自己与王世贞的密切关系,与王世贞有关的那个顶级文化圈依然给陈继儒以身份和底气,另一方面以文化领袖年轻时代的作为勉励同样年轻的后辈,这同时也是对后辈的夸赞和揄扬。陈继儒勉励登朝的年轻人能与二三同志诵读异书、砥砺名节。陈继儒和沈孚先的交往,图书是重要的媒介,沈孚先时为应天府教授,当时"释藏金陵,道藏句曲",所以他利用便利条件抄寄一份《道藏》目录送给陈继儒,陈继儒也投桃报李,送上文所云的沈师昌所刻《读书镜》给沈孚先,"未竟,而友人付之灾木",似乎自谦,但也有己书被朋友抢着刻的自得,这也呼应了上文诸家《读书镜》序。陈继儒的《太平清话》也被嘉兴文人抢着刻,张昞《太平清话叙》曰:

> 先生(指陈继儒)集,大都为枕秘,余虽执鞭先生而所获宝藏止《读书镜》一编,未几为好事所刻,则诸未见者,意未快也。复未几,而所为《太平清话》者,哀然于肆矣。余怪而问曰:"余所不能得之于眉公者,而曹能得之若而人乎?"余去峰泖仅一衣带水,终岁之间不能一再见先生,而所藉以昕夕如晤对者,惟是未发之秘在,故按经史则奉先生之典刑,评法物则入先生之武库,溢而为云烟,变而为山水,忽往而为川岩淄黄,则游先生之三昧,文在笔墨蹊径之中,趣在齿舌流羡之外,庶几自得师于先生者。夫何尽举而抉之?则余虽得发所未发,而意犹未快也。顾其梓已竣,余无能止其役,收诸帐中,为无辞于先生,而银根三已于传写之讹者,悉纠而付之,尤愈于攘先生之言为已有也。余有以谢先生矣。同校者:郁伯承,王子逸,沈天生、白生伯仲。②

---

① 陈继儒《陈眉公集》卷十二,《续修四库全书》第 1380 册,第 171 页。

② 陈继儒《太平清话》,《四库全书存目丛书》子部第 244 册,第 243—244 页。此叙非为《宝颜堂秘笈》刊刻所写,《宝颜堂秘笈》自前刊本录入。

张晒几次都没能捷足先登抢刻到眉公书,他最终想出了开解之道,不妨为刻书者校眉公书,这也是感谢、尊重眉公的一种方式。同校者郁嘉庆、王淑民、沈德先、沈孚先,这些人都是编刊《宝颜堂秘笈》的最亲密的合作者。

由上可见,陈继儒身旁有很多活跃的嘉兴士人,书籍似他们生活中的空气和水,是不可须臾离之之物,他们都具有刻书能力和刻书意识,虽然不能说他们是职业刻书者,因为一个入幕征招就可能让沈师昌放弃已在刊刻的热门图书,他们的刻板可以用来买卖,张晒书板即易手他人。当时有畅通的图书获取模式,有充足的图书校刻力量,有刊刻大型丛书的成功的同仁经验,《宝颜堂秘笈》的刊刻可以看作是嘉兴图书编刻发展的延续。作为作者的陈继儒,可以为某种政治目的放弃著作权,屠叔芳对冠己名于他人著作之上也没有过多的负担,当时人对这些行为并没有任何批评的声音,万历四十三年陈继儒文集被刊刻时,则明确收录了代屠叔芳所作之《建文朝野汇编序》,陈梦莲《年谱》也明确表明父亲的著作权,其态度都是心平气和地表明事实而已,可见明人并没有强烈的著作权意识,作者对自己的著作能刊刻出来也都持积极的态度。

三、《宝颜堂秘笈》的丛书策划人、图书募集者、编校者和刻书人

万历三十三、三十四年,陈继儒在项鼎铉(1575—1619)家读书时,沈德先受雇于项氏,这是《宝颜堂秘笈》能够编刻的重要机缘。沈德先万历三十四年《镌眉公秘笈序》曰:

> 眉公间代异材,绝意仕进,燔枯折芰,纵观古人书。往往荟撮古人书,点缀名理,单词半偈,无不令人绝倒。其为人不喜作月旦阳秋、臧否人物,而所论著者多文献掌故,征风考俗之言,旁及古法书、名画、彝樽、山水之事。……每对一二知者,握麈尾,据梧长啸,丙夜篝灯,证向今古,褚钱蕉叶几为满,于是眉公文不胫而走矣。……今年

来馆项稚玉家,余益得搜其秘,乃稍为取所杂著厘订,合而行之。①

沈德先,字天生,此时尚为诸生,或因乡试下第暂且谋职于项鼎铉家,三年后的万历三十七年,他在顺天中举。其弟沈孚先,字白生,万历二十六年已中进士,万历三十三、三十四年,因父疾,"请急归",②也参与了《宝颜堂秘笈》校印工作。依沈德先《序》文,沈德先在项鼎铉家获见陈继儒秘籍,取其中杂著加以校订,合十五种出版。沈德先总结陈继儒的著述方式是"荟撮古人书,点缀名理",其内容"多文献掌故,征风考俗之言,旁及古法书、名画、彝樽、山水之事",眉公讲论"令人绝倒"的效果和眉公文"不胫而走"的传播是沈德先刊刻眉公杂著的重要原因。

在《秘笈目录》末,有"尚白斋识":"秘笈百种,陆续刻补,未分甲乙。"③对之后刊刻做了预告。

与此同时,沈氏兄弟刊刻了《宝颜堂秘笈》正集,陈万言《尚白斋秘笈序》作于万历三十四年"中秋后三日",序中有"自《玉照新志》而下若干卷,属余序"语,也就是说之前的部分不用陈万言作序,可见沈氏兄弟提供给陈万言作序的是包括《宝颜堂秘笈》在内的一份书目或样书,前一部分是陈继儒著作,即《宝颜堂秘笈》,自《玉照新志》以下属未见刊刻之稀见书,称"正秘笈"。

陈继儒、沈氏兄弟等将正集定位为诸丛书不载之书,以达到传播稀见文献之目的。姚士粦正集序云:"此刻为友人沈天生及其弟水部白生斋头所藏,亦以不传为虑,爰检《小史》,学、稗诸《海》所无者,自梁宋辽元至今凡得二十种,昆季手校,授之剞劂,乞叙于余。"陈万言亦云:"天生乃益富搜览,悉综古奇书秘笈,凡稗官、小史之所不及备者,厘而存之,而先为流通其什一。"④"《小史》"当指李栻《历代小史》,刻于万历十一年;

---

① 《宝颜堂秘笈》卷首,万历刊本。
② 据盛枫《嘉禾征献录》卷十二"沈孚先"条,《续修四库全书》第 544 册,第 473—474 页。
③ 《秘笈目录》,万历三十四年刊宝颜堂秘笈本。
④ 《宝颜堂正秘笈》卷首,万历刊本。

"学、稗诸《海》"指《百川学海》①、商濬《稗海》初刻本②。表明陈继儒、沈氏兄弟在选择刊刻书时,会参考较有影响或较近刊刻的丛书,以避免重复。万历三十四年,陈继儒、沈氏兄弟将《玉照新志》以下定名"为正集",正集是个开放式的命名,它意味着之后可以有续、广等持续性的刊刻,陈万言序"先为流通其什一",亦是此意。总之,万历三十四年,沈氏兄弟、陈继儒已有一个出版稀见小史、稗官秘笈的庞大计划。

四年后的万历三十八年,陈继儒、沈德先出版了《尚白斋镌陈眉公家藏秘笈续函》,前载沈德先《叙》和沈孚先《题辞》,在论述所刊书经世、存史、成人等意义的同时,提供这一辑五十种书的诸多来源和编校信息。文曰:

> 余既镌汇秘笈,犹然不疗饕癖,复从陈眉公篋中索得若干种,辄以艳诧。亲好人亦不靳出所藏来会,而家弟更从荆邸寄我数编,谓足压惠生一幅矣。私心独谓唐篇尚属典品,未骇耳目,而姚叔祥则以《柳氏旧闻》及《故实》《近事》,所载如魏知古倾姚元崇、明皇煮药再覆、陆畅疏白韦南康"定秦"二字、郑虔柿叶肄书、刘仁赡夫妇促斩爱子,皆为景文、务观大手见收。他如德宗以一匹锦系睦西平王张魏公、源乾曜貌似萧至忠得相、顾况说免韩晋公乳妪之类,又皆史外腴闻也。余更跃然有契于后山仁宗之轻包孝肃也,寇莱公身后之遗

---

① 吴永《续百川学海》,一般认为刻于万历年间,《续百川学海》乙集收有王鼎《焚椒录》,倘若万历三十四年,《宝颜堂秘笈》编者对照过《续百川学海》而《续百川学海》乙集已刊的话,则《宝颜堂秘笈》不当收《焚椒录》。据尤李《〈焚椒录〉及其史料价值考释》(《古籍整理研究学刊》2011年第6期)文所考,《续百川学海》本与《说郛》本版式相似,《宝颜堂秘笈》本与之版式不同,但也只有个别无关宏旨的字词出入,而且《续百川学海》本《焚椒录》后也收有姚士粦《国语解附》,则《续百川学海》本也是用的姚士粦校跋整理之本。《说郛》虽成书于元末,但明时只以抄本流传,其清初刊刻时据的可能是《续百川学海》本《焚椒录》,但其源还是姚士粦整理本。是《续百川学海》乙集刊出晚于《宝颜堂秘笈》正集? 倘如此,则此序所谓"学海",只指宋人《百川学海》,不包括明人《续百川学海》。

② 会稽商濬万历三十年(1602)刻成《稗海》,《稗海》初刻本收书五十三种。后印的本子,收书七十二种,刊刻时间应该在《宝颜堂秘笈》以后。参沈括著,胡道静校注《新校正梦溪笔谈》,中华书局,1957年,第6页。

章也;孔平仲曹大皇以太后官家扶辇也,夏竦之策试两府也;荆溪吴氏嘉王立而晦翁立斩大囚也,叶水心一言而成内禅也;朱或赵郊国法家法之对也,钱德循忍哀以攻曾布也。此尤两宋间逸评遗记,流响断篇者。大抵唐宋史传已外轶事轶人视前代最夥,非赖野编,焉藉不朽?由此推之,则国家著纪,纷映前载,所称扶正史而辅经政者,未必不在此续编五十家也。尚有馀书则更竢《广笈》。绣水沈德先天生叙。

　　余顷在荆州,公暇时以续笈为念,向人问盛弘之《荆州记》及《荆楚岁时》《诸宫旧事》,后五卷即荆州人不知有。荆州书也,仅得《觚政》已上三数帙,而荆州近志亦寥寂无可采,至诗文只载其目,得无为杨用修《蜀志艺文》所笑!比归里,则眉公悉已付梓,而家兄序其端矣,亦足征吾兄弟两人篇籍之好与眉公鼎足也。然篇籍投好,好即不同,乃儒旧犹病为玩物,至以当官抄书为罪过,好诚不可不慎。第余翻检眉公此编,如能以林君复《省心》、敖清江《慎言》用自绾摄,以魏鹤山《杂抄》、陆文定《耄馀悟言》披卷随证,以紫阳、西山两《政训》出治临民,以高文忠《伏戎纪事》外驭夷狄,亦庶几乎读有用书,上谢儒旧,而其他种种,政不妨为诸公鼓吹可也。绣水沈孚先白生题辞。①

沈德先云自己完成了《宝颜堂秘笈》和《正秘笈》后,对书有饕餮般欲望的癖好不但没能获得疗治,反而愈发不可收拾。他谈到续集五十种书籍的来源,一是自己"复从陈眉公簏中索得若干种",指的是《续秘笈》中陈继儒编著的《虎荟》六卷、《销夏部》四卷、《辟寒部》四卷三种,他评价这几种书堪称"惊艳",令人诧异。因为之前两辑已产生知名效益,故书籍的第二种来源是诸多亲友、好事者("亲好人")"出所藏来会"。他特别提到好友姚士粦,沈德先之前应已得唐陆勋《集异志》、冯翊子《桂苑丛谈》等书,但觉得这些唐人书尚不足"骇人耳目",而姚士粦适时地提供了《次柳氏旧闻》《尚书故实》《南唐近事》诸种，姚士粦提供的书中的材料，不但为宋祁、陆游等大手笔所看重而写进《新唐书》《南唐书》，所谓"扶正史"；而且其中许多记事，实为唐五代史之外之"腴闻"。让沈德先兴奋的还有宋代的各种轶人轶事、逸评遗篇，他列举了陈师道的《后山谈丛》、孔平仲《谈苑》、吴氏（子良）《荆溪林下偶谈》、朱彧《（萍州）可谈》，云诸书有"辅经政"之效。图书的第三种来源是沈孚先自荆州任所所得而寄回的。沈孚先《题辞》称之为"《觞政》以上三数帙"。万历三十四年后，沈孚先销假还职，"起原官（工部主司），分督殿，抽分荆州"，在荆州任所，沈孚先依然惦记着续秘笈之事，他原计划寻找先唐有关荆州之稀见书，但没能如愿，[①]他抱怨荆州人连唐人余知古《渚宫旧事》都闻所未闻；他还试图从荆州晚近所修的地方志中寻觅材料，可惜地志中"诗文只载其目"，不载全文，故"寥寂无可采"，他又不禁抱怨荆州地志当为杨慎"《蜀志艺文》所笑"。[②]沈孚先荆州所得书有紫柏真可的《长松茹退》上下卷、宋释晓莹《罗湖野录》四卷和袁宏道《觞政》一卷。真可虽是吴县人，但其在楚地活动甚多，《续秘笈》本《长松茹退》有"万历乙未（1595）""楚黄弟子邢懋颙和南"跋尾，《续秘笈》当自荆州本收入。

沈孚先以工部主司之职而惦记《续秘笈》的编刊，他似乎感受到了外界的压力，所以题辞中有"至以当官抄书为罪过，好诚不可不慎"之语。上文有不少实例显示，许多监察御史心系刊书，不少地方学政、地方官在任所刻书，他们的行为或被看作是中央对地方文化的扶持，或被看作是

---

① 沈孚先当时没能找到南朝宋盛弘之《荆州记》和宗懔《荆楚岁时记》，不过后来《广秘笈》有《荆楚岁时记》一书，不知是否是沈孚先后来所得？

② 关于《全蜀艺文志》的编者，有杨慎和周复俊两种说法，此条为杨慎编著《全蜀艺文志》又一证据。陈继儒在《太平清话》中也赞美杨慎修艺文志有法，他说："杨用修以宋王象之《舆地纪胜》《成都碑目》，元费著《器物谱》《蜀锦谱》《钱楮谱》《岁华丽色谱》，陆游及胡元质《牡丹谱》，洪迈《糖谱》，沈立《海棠记》，皆载在《蜀志》，可读。修郡乘者可援以为法。"（卷一，《四库全书存目丛书》子部第244册，第258页）也认为《全蜀艺文志》为杨慎所编。《全蜀艺文志》网罗钟石鼎彝秦汉之文甚博，陈继儒认为其虽与别的艺文志体例不同，其实立例最古。可以说，杨慎编《全蜀艺文志》是吴越精英文化圈的共识。有关《全蜀艺文志》编者的争议，可参杨钊《杨慎编辑〈全蜀艺文志〉考释》，《中华文化论坛》2015年第10期。

推行地方政教的举措,是受到尊崇的。沈孚先的压力和担心一来是其工部的工作性质与监察御史不同,二来其刻书的服务对象不是朝廷或地方公众,而是市场,所以他只能从所刊为"有用"之书这一点上建立一己参与编刊图书的合理性。当万历三十八年沈孚先回到家乡,《续秘笈》"则眉公悉已付梓,而家兄序其端矣"。这一集陈继儒承担了主要的校梓工作,究其原因,可能因为万历三十七年沈德先在顺天中式,[①]这意味着在《续秘笈》准备以及校梓期间,沈德先正忙于举业并在北京度过,而《续秘笈》的刊刻地应是嘉兴。检《续秘笈》五十种的校阅者,沈德先只校订了一种,郁嘉庆、姚士粦是《正秘笈》刊刻时十分活跃的校书者,续集中也未见承担工作,应该都与万历三十七年省试有关。《续秘笈》四十一种是陈继儒与高承埏两人共同校阅的,陈继儒早已裂青衿,而高承埏(1603.1.16—1648.1.25)其时则是八岁的童子,[②]尚未经历科考之事。史称高承埏"幼露锋颖","夙耽丘索",校书工作或许能够胜任愉快吧。《续秘笈》中四十馀种书校阅人皆"云间陈继儒、槜李高承埏"或"华亭仲醇陈继儒、槜李寓公高承埏"并列,对于熟悉陈、高的当时读者来说,应该会予此套书一种生动新奇之感吧。

《续秘笈》目录终了处,留下一则图书预告:"本宅藏书尚有百种,政在镌刻,用广秘笈,故随梓随帙,不分甲乙,以公同好,识者毋谓其混先后之次也。"[③]透露下辑书名为《广秘笈》,而这个刻书的"本宅"主人也在史料中始露峥嵘。

预告中"本宅藏书尚有百种,政在镌刻"之语应该并非虚语。据李日华《味水轩日记》,万历三十八年正月二十六日,李日华过郁嘉庆新居,郁氏有"言陆务观《出蜀记》较《入蜀记》更妙"之语。[④]《广秘笈》中就刻有陆游《入蜀记》、范成大《吴船录》,而《广秘笈》目录中范成大《吴船录》题

---

①　参盛枫《嘉禾征献录》卷十二"沈孚先"条,《续修四库全书》第 544 册,第 473—474 页。

②　参钱士升《工部虞衡司主事寓公高公墓志铭》,见氏著《赐馀堂集》卷九,《四库禁毁书丛刊》据乾隆刻本影印,集部第 10 册,第 545—546 页。

③　《宝颜堂续秘笈》,万历刊本。

④　李日华《味水轩日记》卷二,第 78 页。

作《出蜀记》。万历三十九年九月二十三日，郁嘉庆借"范石湖《揽辔录》《骖鸾录》《吴船录》三种"给李日华，李日华赞三书："皆纪游之语。览之一过，东西南北数千里山川古迹如指诸掌，而一时寒暑晦明亦若开敛其间。奇书也。"①《吴船录》刻于《广秘笈》中，《揽辔录》《骖鸾录》刻于《普秘笈》中。万历四十三年二月九日，李日华在《日记》中写道："招郁伯承夜坐。伯承云：于金陵曲巷购得宋《张安道文集》抄本，今留焦漪园先生处。又有人以宋板《石徂徕集》求售，以价昂未就。伯承好古，酷嗜奇隐。张氏所梓眉公《秘笈》，大半都其书也。"②因为《宝颜堂秘笈》不收集部书，所以《张安道文集》《石徂徕集》不得刊入。这里的"张氏所梓眉公《秘笈》"，透露出《宝颜堂秘笈》的刊刻者为张氏。李日华云其中许多书来自郁嘉庆，则李日华所云之"眉公《秘笈》"，就不仅指眉公所著之《宝颜堂秘笈》，而包括正、续、广、普诸《集》。可见，在《秘笈》周边，大家也都认同眉公是《秘笈》的所有者或责任人。同时我们看到，嘉兴的书圈与南京的书圈也信息互通，联系紧密。

沈德先《亦政堂广秘笈叙》也对李日华此说有所证实，其文曰：

眉公家多书，贵不秘焉自多，能日益其所未见与海内共之为多，不可及也。余兄弟虽犹然帖括，生无青箱异帙，顾息息羡眉公之多，乐推我眼中尘壤，谓足崔嵬嵩岱，与眉公角富，则亡弟白生尤称勇鸷，故从秘笈《正》《续》就函已来，每向藏书家得半通少帧墨副画残，辄缄送寄，质问得备邮侯签轴否？譬之王君夫珍示内家珊瑚，唐突石卫尉袖间如意，以为不拚一碎，无以见金谷楼中所藏八尺烽火树也。有如《游城南》（唐张礼《游城南记》）、《出蜀》、《解老》、《丙丁》、《戊申》以及剑、马两《记》，皆弟意念所寄，手抄勤订，再为艺场嚆矢。于是眉公尽发所藏而与参，叔祥、伯承、百一各以奇汇，还成《广笈》，尝酒酣谓余曰："吾郡藏书无如有宋卫家兄弟，叶水心《栎斋记》可征

---

① 李日华《味水轩日记》卷三，第193页。
② 李日华《味水轩日记》卷七，第444页。

332

也。"意必与余力募四部,上匹前闻。眉公一记,其尚白之水心乎?
何悟书能副人而出,人不待书而萎?行留夜,乙字剩朝,铅满纸,眼
光俄言堕地。悲乎!伦鉴靡爽,尚存启事,一腔心血,徒藉宝颜堂秘
用托短折姓名,信乎眉公名德,足令烂编传、秘闻显、夭人寿乎?

　　万历乙卯春日就李沈德先叙。①

《广秘笈》刊刻期间,沈孚先去世,沈德先在悲痛之中特别感慨沈孚先对
《广秘笈》的独特贡献,哪怕从藏书家中得"半通少帧墨副蠹残"也热情地
寄给陈继儒问是否值得在秘笈中刊刻,由此激发陈继儒觅书之心,于是
眉公也尽发所藏与之角力。同时沈孚先还勤于整理所获秘笈,沈德先描
述其临终一夜的情形,真正是生命不息,校书不止。沈德先谈到弟弟想
通过藏校书上匹宋同乡先贤卫湜兄弟之志,他希望陈继儒能如叶适为卫
湜作《栎斋藏书记》一样为其弟作一记,可见沈氏兄弟与陈继儒的关系定
位。序中还提到了姚士粦、郁嘉庆等以奇书来汇的事实。

　　李日华在《味水轩日记》中两次提到刻书人"张氏",上引日记中称
"张氏所梓眉公《秘笈》",而两天前(二月七号)日记直接称其为书林张
氏:"书林张氏梓眉公《广秘笈》,凡杂说五十种,既成,来乞余叙。"②可见
《宝颜堂秘笈》也像周履靖《夷门广牍》一样是委托书林梓行的。李日华
《广秘笈序》中也谈到了刻书者:

　　　　眉公先生之笈多异书,尝一再发之,以惠同好。同好之士读之,
　　益用色飞神动,竞出所蓄隐文逸简以求当先生。先生以笈受之,恒
　　满,而又辄恒发之,甚有不及笈而削牍者捧之去,今所勒《广笈》五十
　　馀种,而意犹未已。客曰:"侈哉先生之笈,何羡溢为不可穷若是?"
　　则又曰:"异哉先生之笈,受无何而出,出无何而受,日转徙辘轳于出
　　与受之间。笈乎,且不得修主藏之职,何秘之能为?"予曰:"兹乃所

---

① 《宝颜堂广秘笈》卷首,泰昌元年刻本。
② 李日华《味水轩日记》卷七,第444页。

以为善藏也，而亦不失秘！夫藏金者穴而窖之，不旋踵有伏匿之迷；藏粟者廪而庾之，不历时有浥腐之患。试輂而之五都之市，授精计者，因新陈，权子母，将金与粟日羡溢而不可穷，非所谓无尽藏者耶！古之贵异其书者，或镌之崖壁，或镂之鼎钟，或贮之台榭，或闭之墟墓，顾陵谷变迁，水火燹蚀，其巍然为灵光之仅存者几何？藉令安国之墙，不逢风雨之坏，则漆简终埋；不准之冢，不值赭王之蜕，则竹书永锢。宁若托之副墨之子、洛诵之孙，足以久长昭揭哉！故夫善藏书者，务行之使得藏于灵慧人之心。夫书，固灵慧人之心所吐也，而还以相入，真如以火益火，光焰愈张，以水益水，波澜愈阔。苟非其人，即妙义奇藻横陈于前，有欠伸鱼睨而已！是则书也者，非有意为秘，而不能不为秘也。且子不闻栾城公之论绘事乎？曰草木烟云，出生无尽，而吾目一规所收，触境成趣，故造物者吾良工，而天地吾画笥也。嗟乎！苏氏之笥，眉公之笈，乌容广狭其间。"是为《广笈》序。万历乙卯岁三月禊日①甪里李日华君实甫识。②

李日华描绘了陈继儒巨大的图书吸附功能以及对"削牍者"的魅力，"削牍者"就是刻书者，有许多刻书人盯着陈继儒以及陈继儒吸附而来的书，不能纳入秘笈刊刻的，也有可能被刊刻出来，所以与陈继儒有关联的刻书人，不仅有张氏，也不止于《宝颜堂秘笈》的刊刻，只是我们现在无法确知其具体书目，也无法估计其规模。李日华将陈继儒刻秘书公之于众的做法与狭隘的藏书家进行对比，肯定了陈继儒刻书对文化传播、传承的巨大助益。

泰昌元年(1620)，王体元《普秘笈叙》提到了编辑普、汇《秘笈》时陈眉公、沈德先和自己的工作分工和各自贡献：

---

① 李日华《味水轩日记》卷七，三月十日"作《眉公广秘笈序》"，第449页。

② 《宝颜堂广秘笈》卷首，万历刊本。李日华《恬致堂集》收其所作《陈眉公先生秘笈序》《陈眉公先生续秘笈序》两篇（卷一一，李日华著，赵杏根整理《恬致堂集》，上海古籍出版社，2012年，第532—533、533—534页）。前序见万历三十四年刊《秘笈》卷首，作《叙眉公先生秘笈》，末署"嘉禾门人李日华顿首撰"。

　　余少渔猎群籍，夺于应制，浮沉三十年，近屏世缘，闭关塞
兑……案头常有杂书数千卷，随意抽一编读之，新故潏发，触目会
心，凡先代遗逸及近世名贤论著，手自哀辑，惟襞积记问、陈腐理学
无取焉，楼护侯鲭，染指一脔，惊其非常味也。天生鸿仪之羽，暂托
枋榆，志不以一日易千秋，避迹江乡，榜其居日寥寥年年岁岁一床
书，意甚深远。眉公常以扁舟过访，上下折衷，更即予所订定与天生
所选，录成《普》《汇》二集。①

王体元也是嘉善人，与沈德先同为万历三十七年举人，在沈孚先去世后，
王体元在《普》《汇》二集汇集、编定工作中，承担了不少任务。姚士粦《汇
秘笈序》交代了《汇秘笈》一些重要典籍的来源，如《梦溪续笔谈》来自海
盐黄丞玄，白玉蟾《蟾仙解老》、丘光庭《兼明书》、黄朝英《靖康缃素杂记》
来自于陈继儒，而姚士粦则贡献了元代郑构的《衍极》、天顺四年出使朝
鲜的张宁所写的《奉使录》、董谷的《碧里杂存》，此外姚士粦曾校读过的
方大镇《田居乙记》、曾作跋的《韩仙传》也收在《汇秘笈》之中。

　　综上所述，陈继儒、沈德先、沈孚先是《秘笈》丛书最重要的策划者、
校订者和出版者，陈继儒还是其中十九种书的编著者，更是《秘笈》的精
神领袖，参与《秘笈》生产者心中独一无二的所有者。《秘笈》的编辑、出
版活动在嘉兴进行，其他众多秀水人、海盐人都参与其中，包括提供、整
理校订图书，为图书题跋等，其中张晱、郁嘉庆、姚士粦、王体元、李日华
贡献甚大。《秘笈》应该是委托秀水张氏书坊刊刻的。从以上考述来看，
每一集的出版都分工明确，过程清晰，责任分明。

四、陈继儒与《宝颜堂秘笈》关系及其矛盾态度分析

　　以上指出陈继儒是《秘笈》的策划人、编著者、校对者和刊刻者的言
论，皆有署名，而这些人都是来自嘉兴以及周边的读书人，从学历上来

---

① 《宝颜堂普秘笈》，泰昌元年刻本。

讲,他们有的是进士(李日华、沈孚先),有的是举人(沈德先、王体元等)或诸生(郁嘉庆、姚士粦等),在当时或在地方上都算是有身份有地位的人,似乎没有必要厚诬陈继儒。退一步讲,我们假设以上所引《秘笈》署名序跋所言皆为书商所为,不足为据,我们依然可以在序跋之外找到时人认为陈继儒是《秘笈》责任人、策划者等身份的佐证。如上引李日华《日记》数次云"眉公《秘笈》",又如常熟著名刻书人毛晋也以陈继儒为《秘笈》丛书的责任人。毛晋在《春渚纪闻跋》中说:"江南藏书家,指不易屈。姚叔祥谓沈虎臣多蓄隐异,遂抽伊架上何薳《春渚纪闻》,与陈眉公梓入《秘笈》,亦知有脱遗。"①《春渚纪闻》见《普秘笈》,前有姚士粦序,毛晋云此书来自姚士粦,姚士粦又得自于沈德符等信息,都来源于姚序,然而毛晋言姚士粦将此书"与眉公梓入《秘笈》",显然陈继儒才是《秘笈》的最终责任人。

可以说,时人为《秘笈》写序实际上是因为陈继儒的面子或邀请,其中张可大《亦政堂镌陈眉公普秘笈序》表现得最明显。序云:

> 余家即乏赐书,不乏藏书,车辙所至,又得观四方异书。非敢肆为涉猎,与博蒐者争折五鹿之角,而性耽兹癖,获一新编,辄深自宝玩,秘诸仓厨,不觉杂俎之诮。然恒怪蔡中郎不发帐中之秘,杜元凯别置他室之函,为示人不广,非善读好书者也。然读尽世间好书者,必推眉公为第一。往余从金阊与眉公定文字交,遂脱形骸而盟肺腑,且奖借过当,叙余《娄江碑》,再叙余《驶雪斋集》,三叙余之《晋秩贰府》,余何幸得邀翰墨之灵如此乎奢哉!天衣宝珠,何论千乘之光矣,而要非余之私所好也。盖眉公文昌上相,天禄真人,扬历下之徽音,振琅琊之逸响,文献麈尾,归于君所。凡片字只语、隐史逸编,不经其机杼,即蜀锦弗贵也,不经其鉴别,即燕石弗辨也。故海内喜读眉公书,八琅尽鸣,眉公亦喜读海内书,纤痕不漏。而赤霄之文,石簧之检,咸不胫走吴门,彼世之欲买珠不肯买椟者,俱指七十二峰间宝月可拾,则太乙山灵之精虽欲有所秘惜,而眉公于此不能复下蔵

①　毛晋撰,潘景郑校订《汲古阁书跋》,上海古籍出版社,2005 年,第 39 页。

藉锁矣。然每发一笈，无虑数十种，前后所发之笈，若《续》若《广》若
《汇》若《普》，无虑数百种。夫陶家瓿中所藏六帖，既不伦次，即野乘
诸书亦仅十馀帙，终属南阮家风，何如此多宝林，无所不具，无所不
隽，才一披阅，便觉喉端鼻端俱作醍醐栴檀气味，用此消夏，奚必玉
鱼，用此辟寒，奚必文犀哉！是篇广布，如泉斯流，无非眉公化身，正
不烦兼作二佛，视中郎之后，止传仲宣一人者，又当何如？余在海
上，颇不似岭南风景，无书不可读，异日者携囊刺艇，访眉公于三泖
之滨，问入越来，所读何等异书，而手发余笈，则良朋在焉。嘻乎百
城之乐，余与眉公共之久矣。秣陵张可大书于驶雪斋。①

张可大，字观甫，南京羽林卫世袭指挥官，万历五年武进士，亦能文，时人
誉之为俞大维、戚继光再生。② 张可大之所以为《普秘笈》作序，是其与
眉公共管城子以及百城之乐久矣的缘故，是对陈继儒三次为自己文集或
藏品作叙的回报，故其序绝大多数都是对陈继儒个人的赞美，最终也是
表达要到三泖陈继儒家拜访，问眉公"入越来，所读何等异书"，从而绾结
到眉公入越刻异书之作序主题上来，并呈现了《秘笈》刊刻的开放性。很
难想象这篇序并非因陈继儒拜托所写，即使非直接受托于眉公，也一定
是别人打着眉公的牌子来邀请的。陈眉公与张可大的交往也可从《陈眉
公全集》得到印证，陈继儒《晚香堂小品》卷十一收有《驶雪斋集叙》③。

今所见多为眉公欲与《秘笈》摆脱干系之语，而终其一生，同时代人
（包括后代人）都认为其与《秘笈》干系甚密。细细寻绎眉公否定之语及
其思路，我以为其中默认而不愿言者有之，欲推还就者有之，故意含糊其
言者有之……这与陈眉公当时所处情势有关，应当也与对方有关《秘笈》
的评论有关，兹以时间为序加以讨论。

---

① 《宝颜堂普秘笈》，泰昌元年刻本。

② 参钱谦益撰集，许逸民、林淑敏点校《列朝诗集》丁集第十"张都督可大"，第5052—
5053页。

③ 《驶雪斋集叙》曰："戊午元旦大雪，余与二三同好拥炉命酒，酒后呼侍儿捧雪蘸墨，曰：
今日了张观甫《驶雪斋集叙》。"（《晚香堂小品》卷十一，见《原国立北平图书馆甲库善本丛书》第
899册，第700页）。

（一）从陈继儒与费无学的书籍关联看陈继儒《答费无学》书

陈继儒《答费无学》如下：

> 《岩栖序》，置之《文苑英华》中不可复辨，其六朝、初唐之最乎？《秘笈》非弟书，书贾赝托以行，中无二三真者，此曹贫，不忍督付丙丁，终当整顿，乞玄晏一言耳，欲拱名贤而传，造次未能。会冬逼志状，颇多了理，如贫女夜绩，殊损萧闲之趣。①

无学为费元禄（1575—1617）别号。元禄，江西铅山人，生于故相家，父费尧年亦官至南少仆卿。虽终生不过诸生，然以一介贵公子，热情好客，交游极广，好读书，善诗文，万历二十七年作吴越之游，并参与东林党活动。② 万历三十二年刻成《鼂采馆清课》二卷，又有《鼂采馆集》，万历三十五年刻成四十七卷的《甲秀园集》。③

上引陈眉公书中提到《秘笈》，因为正、续、广、普、汇皆可简称为《秘笈》，费元禄生前，《秘笈》已刊刻了正、续、广三集，费元禄万历四十四年病废，则此书所答的费元禄来书可定为万历三十四年至四十四年之间。费氏《甲秀园集》中有《读秘笈寄张元弢，沈天生、白生伯仲》诗一首，诗曰："露馆匡床春昼阴，人间别有秘书林。三茅道士传神异，五斗先生学醉吟。苦读频生书带草，幽怀不抚水仙琴。因思沈约知名士，更羡张华博物心。"④可见费元禄诗中"秘笈"必非泛指，而是为读沈氏兄弟、张晎所刻《秘笈》而言。此时，沈孚先尚健在，据上考，《广秘笈》刊刻时，沈孚

---

① 陈继儒《白石樵真稿·尺牍》卷一，《四库禁毁书丛刊》据崇祯刻本影印，集部第 66 册，第 442 页。

② 参费元禄《甲秀园集》卷二十九《吴越纪行》，《四库禁毁书丛刊》集部第 62 册，第 487—499 页。

③ 其生卒年据《甲秀园集》陈继儒序（《四库禁毁书丛刊》集部第 62 册，第 180—182 页）、姚旅《露书》卷十四"费无学"条（《续修四库全书》第 1132 册，第 765 页）推得，其简介参《列朝诗集》丁集卷十"费秀才元禄"条（第 5070 页）。

④ 费元禄《甲秀园集》卷十五，《四库禁毁书丛刊》集部第 62 册，第 369 页。

先已去世,《续秘笈》沈德先兄弟、张昞等皆少参与,则此诗中之《秘笈》最可能指《正秘笈》,故此诗当作于万历三十四年之后。《甲秀园集》中仅见上引两条《秘笈》材料,鉴于陈继儒与沈氏兄弟、张昞等身份名望之不同,从礼节上考虑,费氏可能写信给陈继儒,写诗赠沈氏兄弟和张昞。故我将此书系于万历三十四年稍后。

检《甲秀园集》《陈眉公全集》,费元禄对陈继儒推崇已久,他刊刻于万历三十二年(1604)的《鼍采馆清课》大段引用陈继儒清言,但二人正式接触则是万历三十五年(1607)春费元禄刻《甲秀园集》时。陈继儒《甲秀园集序》云:"读《鼍采馆清课》而奇之,曰世乃有同心如费君者。及是丁未小春,君千里信使自通,且以《甲秀园集》乞序陈子。"①《甲秀园集》最可能是依靠建阳书坊刻板的,②万历三十五年冬已刻板完成,其校对本从建阳送至铅山。万历本《甲秀园集》有两篇自序,第二篇序作于"戊申(万历三十六年)春惊蛰日",其序云:"丁未十二月,林生自建邑携刻集至,时先大夫卧病床蓐,余日侍汤药,未遑检阅。无何,先大夫遂捐馆舍,五内崩裂。……三十之年,余始过其四……人生多艰,遂至于此! 回视髫年,志意闲适,取畅诗酒,了不可得。校雠之馀,不能不为掩卷三叹。"③今存万历本《甲秀园集》每卷首皆有"铅山费元禄无学著,云间陈继儒仲醇校"题署,似乎陈继儒也是被延请的校书者。钱谦益《列朝诗集》云:"(费元禄)倾慕贤士大夫,如恐不及。刻《甲秀园集》,侑以好贿问遗海内名士,轮蹄舟楫交错吴会闽楚间,史称郑庄置驿,殆无以过。"④陈

---

① 费元禄《甲秀园集》卷首,《四库禁毁书丛刊》集部第 62 册,第 180 页。
② 费元禄自云"林生自建邑携刻集至","建阳"常被称"建邑",如上引《(嘉靖)建阳县志》卷五"图书"下云:"建邑两坊,昔称图书之府。"建阳书林又称"建邑书林",不过不敢必也。《甲秀园集》留下陈凌云、朱观明、江富、江暨富、朱观秀、陈青云、蔡祥、刘三、文二等刻工姓名,这些人皆未收入《明代刊工姓名索引》,无法通过比对确定这些刻工是建阳刻工。比较特别的是,蔡祥名下还留下了每页所刻字数,如三百八十九、三百十六、三百廿五、三百十二等,此类作业流程和习惯,常见于官府刻工,或许其书是"建邑"官府委托刻工刊刻的吗?
③ 费元禄《甲秀园集》卷首,《四库禁毁书丛刊》集部第 62 册,第 186 页。
④ 钱谦益撰集,许逸民、林淑敏点校《列朝诗集》丁集卷十"费元禄"条,第 5070 页。

继儒必是其以好贿问遗之海内名士之一。从刊行图书的角度看,费元禄是图书刊刻策划人、作者,陈继儒是校者(或名义上的校者)、被请作序者;从文化地位和身份上来看,陈继儒是被仰慕者,也是可以让图书增加文化价值的人;从经济关系上看,两者也可以看作是雇佣和被雇佣关系。此事例较清晰地呈现了书坊与士人、士人与士人间的合作关系,其中既有人情关系,也有商业关系。《甲秀园集》的刊刻也呈现了家刻和坊刻的混杂性。

陈继儒与《甲秀园集》的关系对理解其与《秘笈》的关系颇有意义。我们大可怀疑五十岁的陈继儒是否真的校对了认识时间不长的三十三岁的富家公子的文集,至少陈继儒《甲秀园集序》未提到这一点。这部文集是在建阳刻板的,有四十七卷,刻成以后有八百五十馀页,万历三十四年末至三十五年初,陈继儒在项鼎铉家读书,又与沈氏兄弟刻成了《秘笈》,陈继儒是否校过《甲秀园集》,是十分令人怀疑的。或者其部分校对,或者其只是挂名? 可以设想,如果陈继儒否定自己校过这本书,他也可以说是贫贾冒其名,虽然书的作者是富家公子,但费元禄确实应该是委托建阳书坊刻的书。但如果说此书题署陈继儒完全不知情,无论如何不能令人信服。

上引陈继儒书中提到费元禄为其书《岩栖幽事序》,《甲秀园集》卷二十六收录此序,此序乃应眉公之请而写,所谓"聊命叙之"。费元禄云己序:"敢附长卿慕蔺之心,庶同郭象注《庄》之旨,既以针砭俗肠,且为典刑心友。"①故眉公书赞之"置之《文苑英华》中不可复辨,其六朝、初唐之最乎"。据眉公答书,可推知费无学来书谈到了眉公《秘笈》,或许有赞美,或许也指出了其中的一二问题,眉公回答值得注意的是:1. 他指出《秘笈》为书贾赝托以行,虽云"中无二三真者",也就表明其中至少有一二"真者"。2. "真者"的标准是什么呢? 是指所作书,还是所校书,还是授权刊刻呢? 抑或兼之呢? 3. 其云自己怜书贾贫病,不忍心要求他们烧

---

① 费元禄《甲秀园集》卷二十六,《四库禁毁书丛刊》集部第 62 册,第 458 页。

书、毁板，也就是说陈继儒知道是哪位或哪些书贾在刊刻《秘笈》。4. 他表示他终究会"整顿"《秘笈》，其方法则是要"乞玄晏一言"，如当年左思《三都赋》托皇甫谧作序而洛阳纸贵一样，可以"拱名贤而传"。其整顿《秘笈》的重点不是去掉假冒书，而是更关注其广泛传播的方面，这是非常有意思的。5. 他说今冬太忙，尚无时间顾及此事，表明费序非为整顿《秘笈》所写，应该是单独为《岩栖幽事》所作的。今《秘笈》本《岩栖幽事》未收费序，或亦有助于证明这一点。总之，《秘笈》共收书两百馀部，其中当然绝大部分非陈继儒所撰或非其所校，当《秘笈》被人批评或陈继儒被当作《秘笈》责任人被人批评时，陈继儒云"《秘笈》非弟书，书贾赝托以行，中无二三真者"，也不算完全失实。万历四十三年（1615），费元禄《甿采馆清课》被收入《广秘笈》中。

（二）从《与戴悟轩书》的创作背景看陈继儒对《秘笈》的否定

陈继儒文集中保留了数封给戴悟轩的书信，从书信内容，知戴氏为某县县令。戴悟轩当与眉公关系较近，所以有人托戴某联系眉公刊刻之事，眉公书托其传语曰："王公欲刊未刊之书，欲了未了之事，弟谓无书可刊，无事可了，直直捷捷，干干净净，乃是解脱奇男子，幸兄以此谢之。"[1]眉公还在此书中与戴悟轩谈论有关他代王锡爵写"密揭"以及直隶巡按杨廷筠举荐自己等事。眉公云："闻京师谓太原二揭，弟为床头人，此说极可笑！……此故可以无辩，但恐以讹传讹，非独伤品，实且招祸。……前杨公荐疏，弟谓可惧不可喜，天道忌盈，人情责备，自此疏一出，或忌或谤，信乎好事不如无也。"[2]书中所言，一为万历三十五年朝廷招王锡爵

---

[1]　陈继儒《陈眉公全集》卷五六《与戴悟轩》"又"一书，《原国立北平图书馆甲库善本丛书》第 901 册，第 2325 页。《陈眉公全集》此处有错页，卷五十四第五十页（刻本页码）混入卷五十六。又见《白石樵真稿·尺牍》卷一，题作《答戴悟轩使君》，《四库禁毁书丛刊》集部第 66 册，第 441 页。

[2]　陈继儒《陈眉公全集》卷五十六《与戴悟轩》，《原国立北平图书馆甲库善本丛书》第 901 册，第 2324—2325 页。《白石樵真稿·尺牍》卷一《与戴悟轩》无这一段，想乃敏感问题，刊刻时被删去。

时,云王锡爵密揭力诋言官,因而言官弹劾王锡爵。由此书,知当时有陈继儒为王锡爵"密揭"的捉刀人之传言。[①] 一为万历三十五年三月杨廷筠举荐陈继儒事。[②] 由此知此书当作于万历三十五年后。此书还提到"包仪甫、沈天生一元一魁,极吐气……皆是好修人,他日必有成立,尤可庆也",据《(雍正)浙江通志》卷一四〇《选举·举人》,万历三十七年,包鸿逵、沈德先、王体元皆榜上有名,且包鸿逵下有"秀水人,解元"之注,[③]知是书作于万历三十七年秋试后。

陈继儒谈到《秘笈》的《与戴悟轩书》更在上引书信之后。书云:

> 弟看一切薄俗,比三年前又一光景,上闭口,次闭门。前者东林、常熟、杭州皆以书院相招,弟皆不敢赴会,非有异同,正为贤人君子相聚,一语之出,皆有关系,且缙绅多,布衣少,岂可厕足其间,以招攀援之诮?偶于东佘山洗石种竹,且愚夫妇生圹已筑久矣。一健之外,不望他荣;一书之外,不望他事。但书坊所刻《秘笈》之类,皆伪以弟名冒之,念此曹皆病贫贾,不能救正,听其自行,多有极可笑、

---

① 有关此事时间、经过,可参李斌《王锡爵陈继儒交游考论》,《湖北民族学院学报(哲学社会科学版)》2011 年第 3 期。

② 此事可参《明神宗实录》卷四三一万历三十五年三月己卯下:"直隶巡按杨廷筠荐举隐士陈继儒。继儒,华亭人,蚤谢青衿,为古之学,留心经济而澹于荣利,不谈性命而渐于道德,自嘉靖以来,学者无先之者。"(《明实录》,第 115 册,第 8140 页)董其昌《神庙留中奏疏汇要》吏部类卷四:"万历三十五年三月初五日直隶巡按杨廷筠一本为荐举隐逸真才以表潜修、以光圣化……'臣按苏松,所至用心采访,得一人焉,敬为皇一陈之。看得隐士陈继儒学归渊海,士仰斗山。博物洽闻,不以梯荣当世;澡身浴德,惟期印契心灵。著有用之文章,家乘国史,植无瑕之操履,地义天经。据其行,似以石隐为高踏;究其蕴,乃以胞与为真修。笑傲烟霞,足示羽仪于一世;含经咀史,堪备顾问于九重。斯是圣化渐涵,有此真儒辈出。留之林野,固可追旷代之逸民;锡之玄缥,益可佐熙朝之盛治。此一臣者所当亟加辟召以膺简任者也。'留中。自后有吏科给事中章允儒、光禄寺卿何乔远、御史吴甡相继荐之于朝,事下吏部矣。"(中华书局,2013 年,第 1 册,第 485—487 页)

③ 沈翼机等《(雍正)浙江通志》,第 2352 页。

可厌者,弟不好名,亦足以见其一斑矣。①

书中可以确定年代的事件是陈继儒"于东佘山洗石种竹"及筑"生圹"之事,此事成于万历三十五年。陈梦莲《年谱》此年下载:"得新壤于东佘,二月,开土筑寿域,随告成。四月,章工部公觐先生,割童山四亩相赠,遂构高斋,广植松杉,屋右移古梅百株,皆名种。"②书云"愚夫妇生圹已筑久矣",可见此书距万历三十五年已有数年。信中"弟看一切薄俗,比三年前又一光景"之"一切薄俗",或指上引书中诸事,则此书或为上书之"三年"后,也未可知。

　　此书重点在证明自己面对"一切薄俗",比三年前,更"闭口""闭门",更"不好名"。第一个证据是拒绝东林、常熟、杭州等书院贤人君子相招赴会事。蒋平阶《东林始末》记东林事自万历二十一年至崇祯十二年,吴应箕《东林本末》以"江陵夺情"、癸巳(万历二十一年)"会推阁员"、辛亥(万历三十九年)"京察"等时间和事件节点来记录东林活动。陈继儒生于东林活动活跃的时期,其屡被招,但其屡次拒绝,实属不易。梦莲《年谱》万历二十八年下载:"泾阳顾公(顾宪成)及诸名贤招入东林讲社,府君谢不往。"陈继儒《寿泾阳顾公六十序》也说:"嗣后书问递至,邀入东林,而余以疾辞。"③《年谱》万历三十三年下载:"琴川耿侯新子由祠,建弦歌楼,延四方理学名公开讲社,府君以疾辞。"④拒绝了常熟知县耿橘的讲社邀请。陈继儒《答耿邑侯》云"名山祀名贤","正人讲正学",而自己"恨狗马之有疾,未趋函丈"⑤,与年谱相应。此书则谈到万历三十五

　　① 陈继儒《陈眉公全集》卷五六,《原国立北平图书馆甲库善本丛书》第 901 册,第 2324—2325 页。又见陈继儒《白石樵真稿·尺牍》卷一,题作《与戴悟轩》,《四库禁毁书丛刊》集部第 66 册,第 442 页。

　　② 陈梦莲《眉公府君年谱》,《原国立北平图书馆甲库善本丛书》第 899 册,第 958 页。

　　③ 陈继儒《陈眉公全集》卷五,《原国立北平图书馆甲库善本丛书》第 900 册,第 1316 页。

　　④ 陈梦莲《眉公府君年谱》,《原国立北平图书馆甲库善本丛书》第 899 册,第 956、958 页。

　　⑤ 陈继儒《陈眉公全集》卷五三,《原国立北平图书馆甲库善本丛书》第 901 册,第 2243 页。

年后(或万历三十八、三十九年时),他拒绝常熟、杭州等书院之邀请,陈继儒承认这些人都是"贤人君子",他也认同这些人的观念("非有异同"),之所以不赴会,主要因为自己的布衣身份,这些集会,"一语之出,皆有关系,且缙绅多,布衣少,岂可厕足其间,以招攀援之诮?"第二个例证,是他甘于自己的隐居、读书身份,愿隐居、老死东佘山,"一健之外,不望他荣;一书之外,不望他事"。他对《秘笈》的态度是证明自己不好名的第三个证据。与上论《与费无学书》一样,陈继儒很清楚《秘笈》以其名义出版,他同样以对"病贫贾"的同情为理由"听其自行"。可为什么任由别人"伪"冒其名出版许多书,其置之不理反而是"不好名"之证?其实反过来也成立,因书贾以其名义出了许多书,陈继儒的名声更响。推源陈继儒思路,似乎是说如果自己与商人纠缠澄清,自己反而出了"一健""一书"之外,也就违背了"闭门""闭口"的原则,倘如此,则此信之书写岂非也违背了"闭口"的原则了吗?这是非常有意思的悖论。从上信以及其《与沈天生》(《白石樵真稿·尺牍》卷二,第459页)等书来看,陈继儒对沈德先很关心、很赞赏,绝非是对贫病贾的态度。

(三) 从陈继儒《复郭青螺》书看陈继儒与《秘笈》的关系

陈继儒《复郭青螺》全书如下:

> 某少而读先生之制义,长而编纂先生之论,晚而购市先生之集,然特函鼎之寸脔、吉光之片羽耳。今捧读赐刻,始收《大全》,孔氏四科,子桓三立,明公之能事毕矣。某往从弇州游,每谓不肖曰:"吾始以雪中峨眉推李,以大海紫澜自喻,今泛滥宋景濂集,而后服其学之大也。"若使今日得纵观先生诸书,则景濂一瓣香又将为郭令公焚却,盖景濂、用修、弇州鼎足二百年,而先生则又力能扛鼎者也。命世代兴,讵不信乎!然恨山泽老癯不能出疆而叩先生,但于草屋土剉之间,日抽一编,饮之食之,梦之寐之,虽十五城不与易,九万里不复上矣。而先生乃以绮语为多,愚尚恨其少耳。或谓老氏守中,毗耶杜口,此笃老养生之事,不肖应之曰:"儒者不仙而能冲举,寸心千

古是也；不佛而能神通，光焰万丈是也。"先生心聚三花，笔端雨数斛舍利，即身后不朽，已证目前。不肖谨望风百拜，执侯芭弟子之礼。《秘笈》方恨其庞赝乱行，何烦齿及。旧作数篇请正。①

郭青螺（1543—1618），名子章，字相奎，青螺为其号，江西泰和人，隆庆五年（1571）进士，历官都御史、巡抚贵州兼制楚蜀，万历二十六年，因平定播州土司杨应龙等，加太子少保，官至兵部尚书。② 其事迹，特别是断案事迹广为流传，万历三十三年（1605）建阳书坊主余成章就刻过四卷本《郭青螺六省听讼新民公案》。郭青螺著作甚富，《澹生堂藏书目》著录其37种著作后，还著录了《郭青螺全集》174卷。郭子章虽年长、职高于陈继儒，但其著作时引陈继儒之作。如郭子章刊刻于万历三十六年的《六语》一书，引陈继儒《珍珠船》2次、《见闻录》7次、《笔记》1次。③ 而郭子章《蠙衣生马记》《蠙衣生剑记》收入万历四十三年（1615）所刊《广秘笈》中。《复郭青螺》书应是陈获郭所赠《大全》集后表达赞美感谢的书信，《大全》不知是否即《全集》，从信中"孔氏四科，子桓三立，明公之能事毕矣"的评语看，似乎包容性更广。④ 陈继儒又亮出自己与王世贞的交往，在王世贞推许宋濂、李攀龙的序列中为郭子章设立位置，又在明代二百年文学中建立宋濂—杨慎—王世贞—郭子章的崇高文化地位，眉公还以门生侯芭自称，将郭子章比作扬雄。郭子章在赠《大全》以及所附信件中，应该赞美了陈继儒编刊的《秘笈》（"齿及"），面对郭子章《大全》之学

---

① 陈继儒《陈眉公全集》卷五八，《原国立北平图书馆甲库善本丛书》第901册，第2351页；又见其《白石樵真稿·尺牍》卷一，题作《复郭青螺先生》，《四库禁毁书丛刊》集部第66册，第430—431页。

② 参朱彝尊辑录《明诗综》卷五十一（中华书局，2007年，第2594页）、曾燠《江西诗征》卷五十九"郭子章"条，《续修四库全书》据嘉庆九年赏雨茅屋刻本影印，第1689册，第317页。

③ 郭子章《六语》，见收《四库全书存目丛书》子部第251册，第145—385页。

④ 《澹生堂藏书目》在《郭青螺全集》"共一百七十四卷，五十册"下注曰："《闽前草》六卷、《留草》十卷、《粤草》十四卷、《蜀草》十四卷、《浙草》十六卷、《晋草》十卷、《楚草》十三卷、《闽藩草》九卷、《家草》八卷、《黔草》三十七卷、《养草》七卷、《苦草》六卷、《传草》二十四卷。"（第722页）

术成就（陈继儒信中构建的成就和地位以及对他个人的影响），陈继儒在信最后谦虚地说："《秘笈》方恨其庞赝乱行，何烦齿及。"可见在《复郭青螺》信中，郭青螺认为《秘笈》是陈继儒的文化成果，陈继儒虽对《秘笈》有"庞""赝""乱"之恨，在此也不否认此书与自己有关。

（四）从姚希孟《曲洧旧闻书后》看陈继儒与《秘笈》的关系

姚希孟（1579—1636）也谈到陈继儒对《秘笈》的态度。其《松瘿集》卷一《杂著·曲洧旧闻书后》云：

> 余以万历丁未年（1607）馆溧水衙斋，见朱弁《曲洧旧闻》，去今十九年，忘其为已刻书，亦忘其在陈眉公《秘笈》中也。近有一书贾以抄本来，余喜而售之，正简阅间，而眉公适以吊先慈丧至，语次，出此书，知其所已刻者，不胜惭愧。眉公历言作书者本末，腹笥所藏，殆若数计，余之健忘若此，尚堪作奴邪。弁字少张，徽州人，早岁飘泊京洛，晁以道为学官，一见喜之，归以从女，弁启谢云："事大夫之贤者，以其兄子妻之。"又以星命之术游公卿间，授阁门宣赞舍人，副王伦出使，被拘，因伦归，附表云："节上之旄尽落，口中之舌徒存。叹马角之未生，魂飞雪窖；攀龙髯而莫逮，泪洒冰天。"留匈奴十九年南归，直秘阁，主佑神观以终。朱元晦以族人为作状，而尤延之作志铭，葬西湖上。所著尚有《聘游》及《辋轩倡和集》。王明清《挥麈录》述其详，而谓此书多出于晁氏之言，亦宋人稗官中之选也。眉公又言《秘笈》非其手定。并识于此。售书并晤眉公，为乙丑（1625）九月十二，先府君忌辰。①

此文记录自己十九年间与南宋朱弁《曲洧旧闻》一书的几次邂逅。第一次是万历三十五年（1607），其在溧水县衙见此书明刻本。《曲洧旧

---

① 姚希孟《松瘿集》，《四库禁毁书丛刊》据崇祯张叔瀚等刻清闷全书本影印，集部第179册，第223—224页。

闻》虽有"行状著录三卷本"及"临安府尹家书籍铺十卷本"等宋刊本，但明代已不易见，①此处的"已刻书"，当指明刻本，较易见者为嘉靖三十四年沈敕楚山书屋本。第二次当在泰昌元年《普秘笈》刊刻后。《曲洧旧闻》见《普秘笈》，《普秘笈》本《曲洧旧闻》卷末录嘉靖三十四年沈敕本跋语，知其自嘉靖本来。②第三次，是天启五年(1625)见书贾提供的《曲洧旧闻》抄本。

姚希孟，字孟长，苏州吴县人，十月失怙，母文氏为文徵明后人，文震孟姊。万历四十七年(1619)进士，为庶吉士。天启四年(1624)，其遭遇东林党祸，五年，因母病自京师归。九月十二，对姚希孟是很特别的日子，其母去世不久，这一天又恰是其父去世四十五年的忌辰，陈继儒也恰好在这一天来吊其母丧。陈继儒至姚家时，姚希孟正在读他不久前从一位商人手中买下的《曲洧旧闻》抄本，所以两人自然谈起了这本书。陈继儒告诉姚希孟他刻过这本书("其所已刻者")，而姚希孟竟然忘记了这件事，因而感到"不胜惭愧"。随后陈继儒向姚希孟介绍了许多朱弁生平以及《曲洧旧闻》相关之事，最后又谈到"《秘笈》非其手定"。上文已述，《宝颜堂秘笈》六集，收录书籍二百三十三种，当然不可能皆为陈继儒"手定"，从这一意义上讲，"《秘笈》非其手定"是合理的。就《曲洧旧闻》而言，《普秘笈》本卷一作"郁嘉庆伯承、沈元熙广生校"，卷二为"陈诗教四可、沈元嘉哀生校"，卷三"沈元亮朗生、王锡祚子长校"，卷四是"沈桧生、沈振鹭校"，也可以说"非"陈眉公"手定"。

（五）从二种陈继儒诗文集刊刻看陈继儒与《秘笈》之关系

陈继儒生前有十七卷《新镌云间眉公陈先生集》(一般称《陈眉公集》，万历四十五年刊本)、二十四卷《眉公先生晚香堂小品》(一般称《晚

---

① 参朱弁《曲洧旧闻》点校本之孔凡礼《点校说明》，《唐宋史料笔记丛刊》本，中华书局，2002 年，第 63—64 页。

② 孔凡礼《点校说明》云《秘笈》本自嘉靖本出，判断合理，但云《秘笈》本"并十卷为四卷"，似不确。因为沈敕跋中明言"其书为卷有四，总之其条二百九十有馀"。

香堂小品》，天启五年后刊本）面世①，值得注意的是，这两种书的出版也被"营造"出与眉公有关却又无关的印象。

《陈眉公集》万历四十五年史光斗所刊，书前有题名陈继儒的《自序》，从书风看，似为眉公亲书。《自序》曰：

> 大道冥寂，奚取硎訇礧礳凿元气、点缀鸿蒙？非至人所为。然老
> 氏灭迹销声，犹以五千言留世，其犹大块噫气，万籁自鸣，叫者、噪
> 者、宎者、咬者、调调者、刁刁者，此其不得不鸣，天乌乎知？予自弱
> 岁焚冠，筑婉娈草堂于二陆遗址，钓丝樵斧之外，借不律腧糜，拈弄
> 送日，闻牧唱渔歌，举而和之，响振水槛，自谓此乐与世之朝鹍弦、夕
> 雁柱者固自有异。若夫诗则汉魏六朝三唐，文则先秦两汉，或离而
> 合，或合而离，不敢与优孟以肖寿陵较步，自有吾之诗、吾之文而已。
> 顾平生不喜留草，随作随逸。一日友人史辰伯氏自吴昌来，手捧一
> 函揖谓予曰："此陈先生诗若文也，将事梨枣，唯先生辑而授我。"予
> 笑谓辰伯："为我杀青，不若为子浮白。身与名孰亲？老氏能言之。
> 予唯潜神塞兑之馀，与渔歌牧唱答和娱老，愿且毕矣，使以区区敝帚
> 博身后名，宁取以覆酒瓮？"辰伯俯不答，肤箧掉臂而去。万历乙卯
> 秋八月，华亭陈继儒题于小昆山之香笛步。②

《自序》从大道冥寂，然而又用硎訇之声凿破元气、点缀鸿蒙说起，指出这不是"至人所为"。由此谈到老子想要灭迹销声，却留下了五千言于世，他用《庄子·齐物论》之天籁解释道：这是否即是大块噫气不得不留下的声响呢？由此又谈到"予"之人生以及留下的声响——诗文。《自序》将常规生活方式（"冠"）从"予"之人生中删除，"予"之人生即由"钓丝樵斧"

---

① 据集中纪年诗推算。如卷一有诗《丙辰王正二日，入山探梅……》，"丙辰"为万历四十四年(1616)。卷二《祷雨诗》小序云："乙丑六月苦旱，因画烟图于扇并系之诗。"陈继儒一生经历两个乙丑年，此诗绝非八岁之陈继儒所作，则此乙丑当为天启五年(1625)。

② 陈继儒《陈眉公集》卷首，《续修四库全书》第1380册，第1—2页。

以及之外的"借不律喻糜，拈弄送日，闻牧唱渔歌，举而和之"组成，其中
"借不律（即'笔'）喻糜（即'墨'），拈弄送日"留下的诗文就如人生"噫气"
不得不留下的声响。《自序》将前、后七子文学观改造成"诗则汉魏六朝
三唐，文则先秦两汉"之文学经典观，抛弃其模拟倾向，所谓"不敢与优孟
以肖寿陵较步，自有吾之诗、吾之文而已"，由此建立"予"之文学价值。
接着笔锋一转，谈到自己文不留草，随作随逸，然而却有朋友史辰伯捧一
函来求其编而授之加以刊刻，当然遭到了"予"之拒绝。尽管拒绝了，但
朋友立马"肤箧掉臂"而去，显然带走了书，于是这本书就刻出来了。此
《自序》充满了诙谐、矛盾和多义。诗文是人生不得不发的"噫气"，则其
存在就是合理的；自己的诗文是"区区敝帚"，然而又有独特个性和价值，
也可能惹人自珍并为人所爱；在"身与名孰亲"的选择题中选择爱"身"，
拒绝为编辑劳身劳心，而朋友为自己刊刻，自己也无须考虑身名。然而
既然刊刻出来了，是否就有了"名"和身后名了呢？我们甚至可以怀疑这
篇序也是书坊伪造，但它无疑参与了陈继儒的出版物与眉公有关却又无
关的形象建构。

　　自称陈继儒女婿的汤大节所刊刻的《眉公先生晚香堂小品》，亦是如
此。卷首《乞言小引》、最后一则《凡例》以及题署为：

　　　　不肖节之拮据于兹刻也，念节生二十六日而孤，先慈断指殉烈，
　　蒙先生赘而抚之，德真昊天矣。追随峰泖，越二十年，耳提之眼，先
　　生凡有著述，览辄记，记辄笔，再补再誉，靡间夙夜，盈几盈箧，颇费
　　护持。年来萍移吴越，不堪尽载囊瓢，兢兢蠹佚是惧，故撮其简要
　　者，别为品类，密加校雠，窃自寿梨，宝同天笈。本拟藏名山、秘枕
　　中，代寒丝饥粒，奈诸同人强迫流传以公欣赏，实未遑侈求玄晏，赖
　　海内名世巨公，或平生知己，或千里神交，倘品题有素，光锡如椽，虽
　　早信身隐焉文，亦托以立言不朽，感岂独余小子也。敬列例言如左。

　　　　一、名叙系手书者，俱摹勒简端，海内不能遍恳，倘有同好，或
　　跋或赞，乞邮寄武林清平山之简绿居，当依宋楷汇梓集先，共勤不

朽,亦艺林一大快事也。敢稽首以请。

简绿居主人汤大节半李父谨识。①

据此,《晚香堂小品》中所有诗文都是陈继儒的,但又都是汤大节记录誊抄的,汤大节说自己虽然刊刻了此书,但起初只是作为枕中秘,是为藏之名山刊刻的,后因同好请求,方公之于众。《晚香堂小品》强调此书出版与陈继儒无关,此书刊刻完全出于个人情感需要,很偶然地具有了公共性。然而《晚香堂小品》确实有公共性流传。汤大节写《小引》《凡例》时,集前尚无序,他向公众征序,承诺以"宋楷汇梓集先"。今集前有王思任、陶珽两序,确以宋楷出之。王思任草书序,收录在李佐贤《书画鉴影》中。② 公共流传的陈继儒图书反复被强调私人性和偶然性,内在思路与其否定《秘笈》如出一辙。

陈继儒以一介布衣而享社会、文化之大名,故其一生言行都十分谨慎,避免是非。其《岩栖幽事》第一句即是:"多读两句书,少说一句话。"又曰:"宣和时酒店壁间有诗云:是非不到钓鱼处,荣辱常随骑马人。"又引"邵尧夫云:但看花开落,不言人是非"。③ 他一生不但逃文名,也逃世名,但不论是主观意图还是客观事实,似乎都是欲逃名而名益盛。陈继儒在《岩栖幽事》中分析自己作为隐士的生存之道是"唯嘿处、淡饭、著述而已",在其著述生涯中,他也力图不引起是非。他说:"昔之隐居者放言,今之隐居者宜逊言,然出于口、落于笔皆言也,慎于口而不慎于笔,谓之逊言,可乎?"其逊言的方式就是:

① 陈继儒《晚香堂小品》卷首,《原国立北平图书馆甲库善本丛书》第 898 册,第 524—525 页。

② 李佐贤《书画鉴影》卷十四《册类·明人翰墨集册》"第二册文札三十开"之"第三至五开共二幅半,序文",即是王思任此序。著录曰:"'每见眉公著作'起至'吾不能叙之也'止。草书,共十七行。押尾白文。王思任印。方印。"(《续修四库全书》据同治十年利津李氏刻本影印,第 1086 册,第 26 页)

③ 陈继儒《岩栖幽事》,《四库全书存目丛书》子部第 118 册,第 694、698、703 页。

> 著述家切弗批驳先贤，但当拈己之是，不必证人之非。
>
> 看棋不若抄书，谈人过不若述古人佳言行。①

"看棋"，是与人共之事，若局外看棋人对局内人的行棋发表意见，最易惹人烦，抄书则是个人之事；不"证人之非"，不"谈人过"，而代之以"述古人佳言行"，也是为了减少是非和矛盾。可是，作为编著者，当其将所"抄"之"书"公之于众，"古人佳言行"因编者之中介而成了编者之物，编者之选择以及选择标准等都要接受读者的检验，也是会引起是非的。

陈继儒为防备自己因编书、刊书而成为攻诘目标，多有为自己开脱之事。如陈梦莲在《年谱》万历二十七年下载眉公"选《论脍》，刻于书肆"，陈梦莲认为此书之选出之眉公，但眉公在《古论大观》自序中云："往者坊刻《论脍》，皆门生辈裒集成之，就中某一论颇犯士大夫訾议，余不知也。兹《古论》多至四十馀卷，纯驳错出，安知无此类杂于其间？是使我又得罪于名教士大夫也。"②此序不但为自己开脱之前编刊的《论脍》之失，也预为《古论大观》之可能之失而开脱，所以四库馆臣云："继儒之意，盖自知去取未精，故先作斯言，以预杜攻诘之口。"③四库馆臣的"去取未精"，是基于清代考据学而提出的，包括作品的完整、出处详明等，陈继儒则基于对异书以及断璧残珪的珍惜，对编刊书零失误之不可能的认识。他最终"出笥中古论授"之刊书者，是因为其中有"浅学罕见异书"。④ 其在《岩栖幽事》中又说：

> 抄本书如古帖，不必全帙，皆是断璧残珪。
>
> 余得古书，校过付抄，抄后复校，校过付刻，刻后复校，校过即

---

① 陈继儒《岩栖幽事》，《四库全书存目丛书》子部第 118 册，第 698、702 页。

② 陈继儒《古论大观序》，《新刊陈眉公先生精选古论大观》卷首，《四库全书存目丛书补编》据明刻本影印，第 23 册，第 156 页。

③ 永瑢等《四库全书总目》卷一九三《古论大观》提要，第 1761 页。

④ 陈继儒《古论大观序》，《新刊陈眉公先生精选古论大观》卷首，《四库全书存目丛书补编》第 23 册，第 157 页。

印，印后复校，然鲁鱼帝虎百有二三，夫眼眼相对尚然，况以耳传耳？其是非毁誉，宁有真乎？①

在校刻书实践中，他深知校刻书的甘苦和无奈，书籍零错误是不可能的，只要编刊书，就不存在错误有无的问题，而是错误多少的问题，因而编刊者永远面对是非毁誉，这当然是在消极意义上立论的，而从积极的意义上看，校刻者了解了校刻书的不易，在努力减少鲁鱼帝虎的同时，也力图能平心静气地面对是非毁誉。

陈继儒是《明史·隐逸传》中的人物，但他是一位新型隐士，更准确地说是作为职业书籍策划人、编校者，并以文化生产者身份供养成就着自己的隐士身份。在松江做了十四年知府的方岳贡对陈继儒认识颇深，他将陈继儒与过去的隐士、学者作对比，指出陈继儒身份和持身的独特性。其《眉公先生全集序》曰：

> 人见先生松形鹤貌，终日逍遥于青山白石间，谓其从神仙中来。又见其口津笔筏，孜孜惠济，自度度人，谓其为广大教化主。而不知先生持身畏慎，涤濯影衾，动中采齐，语成爻象，战战慄慄，至启手足而弥切，凛冰则固，俨然濂洛家法也。独先生不立坛坫，不树生徒，既不乐有讲学之名，尤最恨开谈兵之口，终其身，脚著实地，动与天游，至于九诏三征、干旄纁璧，皆其所深厌而不欲闻者也。先生早年诗文，如波斯宝船，寸寸瑶异，蓬壶花草，叶叶奇鲜。晚岁酷加烹炼，一字一句，改窜殆尽，中夜燃膏，尝从枕上定稿。老而好学，手不停披。其于禽遁星纬，边屯鼓铸，五厨三略，霞笈梵签，无一不淹通，无一不撮荟，而秘诸胸笥，掞之笔采，咳唾珠玉，攞指云烟，内而紫禁丹官，外而鸡林百济，得其片纸只字，如获百朋。而先生萧然日与野僧高士穿花洗竹，自寻茅檐曝背之乐，即仰面看屋梁，亦非其意所屑也。先生颖悟退举，极似陈希夷，然周显德中，既以黄白术误被召

---

① 陈继儒《岩栖幽事》，《四库全书存目丛书》子部第118册，第701、705页。

问,及宋太平兴国中,又两次入朝,何其仆仆道途也。先生少时见赏
于严蓬头,晚年尤结契于彭友朔,但存精内固,其于修养玄默之道,
固闭吻不言也;即化形石室,何必以遗表自白哉!①

在一般人眼中,陈继儒如神仙中人,又如广大教化主,方岳贡却看到了陈
继儒甚至超出濂洛学者的持身畏慎和战战兢兢。与过去的学者相比,陈
继儒不以师者自居,"不立坛坫,不树生徒","不乐有讲学之名",这使其
与汉经师、韩愈以来以道自任的学者区别开来。陈继儒疏离政治,"最恨
开谈兵之口",厌闻朝廷征招,也不会对司马相如等遗表君主之事感兴
趣,这将陈继儒与过去以及当下的读书仕进者区别开来。他是新型的隐
士和读书人,"萧然日与野僧高士穿花洗竹,自寻茅檐曝背之乐""中夜
燃膏,尝从枕上定稿。老而好学,手不停披。其于禽遁星纬,边屯鼓铸,
五厨三略,霞笈梵签,无一不淹通,无一不撮荟,而秘诸胸笥,掞之笔采,
咳唾珠玉,攦指云烟",因此"内而紫禁丹宫,外而鸡林百济,得其片纸只
字,如获百朋",以读书、写作,借助于书籍的刊刻,产生巨大的政治、社
会、经济文化的影响力。

我们当在编刻书者面对毁誉以及明代商业经济深度渗入文化生活
而社会依然存在士商社会分野的双重视野下理解陈继儒对其与《秘笈》
关系的否定。陈继儒一生的文化生产与书贾合作良多,在文化生产和经
济上,他们是合作者,但陈继儒从不提及他们的名字,在以上所引材料
中,《秘笈》刊刻者一直被称为"贫病贾",是陈继儒怜悯和同情的对象,陈
继儒在这段关系中,意欲呈现的是自己作为士人的仁心和作为隐士的不
好名的姿态,以此掩盖其间的合作关系和商业利益。《晚香堂小品》宣称
"先生集昔年曾为吴儿赝刻,不特鲁鱼帝虎,且多剿袭古人,殊可痛恨",
并说曾诉诸法律,"赖当道移檄郡县,追板重惩",申明自己对《晚香堂小

① 陈继儒《陈眉公全集》卷首,《原国立北平图书馆甲库善本丛书》第899册,第941—944页。

品》的版权,警告"如有贾人俗子,希幸翻刻,前车可鉴,无赘予言"。① 强调的仅是著作内容的真赝。方岳贡将陈继儒逝后除其子孙所刊《陈眉公全集》之外的所有有关陈继儒的图书生产称之为"坊刻赝本"②。从上文我们对刊刻陈继儒图书者的身份分析来看,书商可能就是文人,或文人暂且变为书商,明代文人与书商的身份距离从来就不遥远,而是伸手可及的,很多时候甚至是流动的,或者是一体两面的。

五、《宝颜堂秘笈》文献意义以及版本价值

四库馆臣将陈继儒设定为明代刻书的代表人物而成为批判的靶子,其焦点问题,一是辗转抄袭,一是非善本、删削原本。上文我从精英文人圈与读书者、图书编著者的角度讨论了《宝颜堂秘笈》所收十七种陈继儒著作的性质和意义,以下分析《宝颜堂秘笈》所收书是否能被看作善本以及删削原本的问题。

上文已述,《宝颜堂秘笈》系列丛书,多残编短帙,是陈继儒及其同好以及胡应麟等人口中的"异书""秘本",是稀见的闰经、支史、脞子、副集的丛集,这意味着他们编刊这些书时并没有多少版本可供选择。尽管如此,《宝颜堂秘笈》中还是有颇多善本,至少是难以取代的。有研究者统计周中孚《郑堂读书记》中采用《宝颜堂秘笈》小说杂记的版本数量,达到 81 部。③ 二十世纪六十年代,艺文印书馆选辑了宋以来丛书一百部,一百部丛书原包含著作六千馀种,去除彼此重复的两千馀种,得书 4874 种,最后选择其中刻本最善、内容最足者影印出版。2008 年,洪湛侯出版了《百部丛书集成研究》一书,对《百部丛书集成》的每部丛书,首先统计该部丛书

---

① 陈继儒《晚香堂小品》卷首,《原国立北平图书馆甲库善本丛书》第 898 册,第 524 页。

② 方岳贡《眉公先生全集序》:"先生子寿卿渊懿孝友,有如范粲之侍亲;孙天爽飞藻腾英,复如宗测之绎祖。力沿家学,锓梓遗编,从前坊刻赝本俱可无涸,此余解郡后所乐闻者也。"(陈继儒《陈眉公全集》卷首,《原国立北平图书馆甲库善本丛书》第 899 册,第 941—947 页)

③ 《宝颜堂秘笈》六集中,共收小说杂记 186 部。参薛雅文《〈陈眉公家藏秘笈续函〉小说类作品之研究》,花木兰文化出版社,2012 年,第 5—6 页。

收书总数,继而统计该部丛书"所选百部丛书仅有此本""保留原/本丛书较好/最佳版本""改用其他丛书最佳版本"影印的种数,最后列举其他丛书亦有收录而以该丛书版本更优的书目。洪湛侯给出的《宝颜堂秘笈》的统计数据分别是:收书 233 种,其中"百部丛书仅有此本"129 种,"保留使用本丛书原来版刻"47 种,更换版本 57 种,《宝颜堂秘笈》"仅有此本"以及较佳版本占整部丛书的 75%,洪先生的结论是:"可见,《宝颜堂秘笈》所收多为他书少有之罕见本","具有相当的史料价值"。最后列举部分,如《罗湖野录》,"《唐宋丛书》并有此书",然只有一卷,《宝颜堂秘笈》本有四卷;《金台纪闻》一书,《纪录汇编》并有此书,但《宝颜堂秘笈》本多三则;《群碎录》,《学海类编》亦有收录,但《宝颜堂秘笈》本为自刻。① 《宝颜堂秘笈》为后世贡献了不可取代或较佳版本书 176 种,仅此数量已足以说明其在书籍史中的价值。

　　以下我以《宝颜堂秘笈》正集为例,对《宝颜堂秘笈》所收各书文献文化价值略作说明。《宝颜堂秘笈》正集收书二十一种,作者十五人,共四十九卷。其中南朝梁,一人,一卷;宋,三人,二十二卷;辽,一人,一卷;元,二人,二卷;明,七人,二十一卷。兹依《宝颜堂秘笈》正集所收书顺序,略作考论:

(一)［宋］王明清《玉照新志》六卷

　　此书,无宋元刊本流传,亦未见宋元抄本,明万历十四年秦四麟刊刻此书,但流传不广,现存最早、最完整的版本就是沈士龙、沈德先、沈孚先所校之《秘笈》本。② 四库馆臣对《玉照新志》评价颇高,尤赞此书保存"朝野旧闻"以及"前人逸作"之功,而王明清的"博物洽闻"实赖《秘笈》得以留存。③

　　① 洪湛侯《百部丛书集成研究》,艺文印书馆,2008 年,第 88 页。
　　② 参刘琳、沈治宏《现存宋人著述总录》(巴蜀书社,1995 年,第 48 页),贺姝祎《王明清与〈玉照新志〉》(华东师范大学 2006 年硕士论文)。
　　③ 永瑢等《四库全书总目》卷一四一《玉照新志》提要,第 1198 页。

（二）［宋］周密《云烟过眼录》四卷、［元］汤允谟《云烟过眼续录》一卷

　　周密《云烟过眼录》是第一部著录私家所藏书画的笔记，此书不见于宋元书志，杨士奇《文渊阁书目》著录一部。此书或先有沈德先刻本，后收入《正秘笈》，今所存最早就数正秘笈本了。正秘笈本前收檇李范应宫君和①序，称"仲醇、天生校订此书"，"刻成，天生征余序"，后有"仲醇甫跋"文，陈继儒应该参与了此书的校订。之后的四库全书本、丛书集成初编本《云烟过眼录》皆出自正秘笈本，周中孚《郑堂读书记》著录宝颜堂秘笈本，②可见宝颜堂秘笈本的影响力。③

　　后汤允谟复著录七家藏品，作《云烟过眼续录》一卷。四库馆臣《云烟过眼续录》提要云："董其昌《戏鸿堂帖》定绢本《黄庭经》为杨许旧迹，盖本此书，则亦以其赏鉴为准矣。"④董其昌《戏鸿堂帖》末署"万历三十一年岁在癸卯人日，华亭董氏勒成"，可知万历三十年代，此书在董其昌、陈继儒文人圈中流传。此书之前未见刻本，陈继儒或有抄本，张晀据以刻出，后收入《正秘笈》。正秘笈本书末张晀"识语"云："余从眉公宝颜堂获睹此书，拜录以归，每遇风雨薄暝，景物萧然，则焚香对展，因自笑穷波斯博得纸上肉好，便如少文室中四壁皆响。近为友人借阅甚众，余当泐之，请无以怀璧为罪。"⑤此书亦因宝颜堂秘笈本而为明人广泛知晓并传于今。

---

　　① 范应宫，字君和，后改名迁，字漫翁。其妻姚氏，自号青娥居士，能诗，二十六岁夭，君和辑其作为《玉鸳阁草》，屠隆为之序。参《檇李诗系》卷十八（《文渊阁四库全书》第 1475 册，第 421 页）、《列朝诗集》闰集第四（第 6572 页）。

　　② 周中孚《郑堂读书记》卷五十八"子部·杂家类"，第 291 页。

　　③ 参于少飞《周密〈云烟过眼录〉版本考述》，《山东青年政治学院学报》2017 年第 3 期。

　　④ 永瑢等《四库全书总目》卷一二三，第 1058 页。

　　⑤ 识语见汤允谟《云烟过眼续录》，见《宝颜堂正秘笈》，万历刊本。

（三）［元］吾丘衍《学古编》一卷

《学古编》是第一部专门研究印学的著作。书前吾丘衍自序作于大德四年（1300），危素序作于至正四年（1344），至正四年吴志存好古斋曾刊刻《学古编》，今不存，之后便是明万历三大刊本：王氏书苑补益本、夷门广牍本和宝颜堂秘笈本。[①] 王氏书苑补益本刻于万历十九年（1591），正文与另两种相同，附录仅有汉印式一种。夷门广牍本刻于万历二十五年（1597），自京师刻本而来，但经陆深诠次校订。书后"陆深记"曰："今京师所刻《学古编》不工，间为较定数字，稍加次第，以便考观。"[②]此本较书苑补益本多危素序、夏溥序，附录多出"李阳冰曰""世存古今图印谱式""印油法""洗印法""取字法""金石叙略"六种，后有"陆深记"和"泰定甲子春安处道人书"。秘笈本《学古编》刻于万历三十四年，其以隆庆二年罗浮山樵本为底本，罗浮山樵本以燕都本为底本。正秘笈本罗浮山樵《识语》曰："往者先君得刻本于燕都，藏予家笥垂五十年，不佞少喜六书，尝手观焉，以日久漫漶因授于梓，俾摹印者有所考据。子行，畸人也，不必论其世，传其可传者斯可矣。"[③]秘笈本无危素、夏溥序；附录"李阳冰曰"有了"摹印四妙"之标题，无"汉印纽制""金石叙略"，另四种排列次序有不同；后无"陆深记"和"泰定甲子春安处道人书"，有罗浮山樵识语。可见三者所据版本不同。上文已述，陈继儒参与过《夷门广牍》几种书的校勘，《秘笈》以《夷门广牍》作参照，但因所得《学古编》与夷门广牍本有不同，故收录其中。

万历三种《学古编》，就内容全面完整而言，似以夷门广牍本最优，但宝颜堂秘笈本在明清时期影响最大，《广百川学海》《唐宋丛书》《说郛》《四库全书》所收《学古编》均取自《宝颜堂秘笈》，不过现当代编刻的丛书，如《丛书集成初编》《中国书画全书》《书学集成》皆取夷门广牍本，可见因清

---

① 参野田悟《〈学古编〉版本考评》，《美苑》2010 年第 2 期。

② 吾丘衍《学古编》，见《夷门广牍》，万历刊本。

③ 吾丘衍《学古编》，见《宝颜堂秘笈》，万历刊本。

代对明人刻书的批评,陈继儒、《宝颜堂秘笈》的光环在近现代已消失。

(四)[梁]庾肩吾《书品》一卷

此书虽人唐张彦远《法书要录》,但《法书要录》流传不广,此书流传乃得益于明人正德嘉靖间的刊刻。秘笈本《书品》最后有"万历元年孟秋罗浮山樵书",秘笈本《书品》是《书品》的较早版本。①

(五)[元]姚桐寿《乐郊私语》一卷

姚桐寿,字乐年,睦州人。顺帝后至元中尝为馀干教授,解官归里,自号桐江钓叟,至正中流寓海盐,时江南扰乱,惟海盐未被兵火,尚得以闭户安居,从容论述,故以"乐郊私语"为名。② 四库馆臣云此书:"所记轶闻琐事多近小说家言,然其中如'杨额哲武林之捷''张士诚杉青之败',颇足与史传相参。所辨'六里山天册碑''秦桧像赞''鲁訔注杜甫诗'诸条,亦足资考证。"③

宝颜堂秘笈本《乐郊私语》为"先懒居士郁嘉庆伯承校",《乐郊私语》后入天启三年海盐知县樊维城所刊《盐邑丛书》、清曹溶《学海类编》,但与诸本相较,宝颜堂秘笈本无疑是最早的丛书本,也是诸本中流传最广的。

(六)[辽]王鼎《焚椒录》一卷

王鼎《焚椒录》,不见于宋元明书志,此书现流传最广的是姚士粦编校整理本,书后附有西园归老《跋》、吴宽《记》、姚士粦《跋》和姚士粦所作《国语新附》。据上文,姚士粦一直活跃于嘉兴文人圈并参与宝颜堂秘笈的编校工作,姚士粦或许就是为宝颜堂秘笈出版而整理《焚椒录》的。后来的续百川学海本、说郛本《焚椒录》都附有《国语新附》,可见都出自秘笈本《焚椒录》,可见宝颜堂秘笈本影响十分深远。

---

① 参尹冬民《庾肩吾〈书品〉研究》,首都师范大学 2009 年硕士论文。

② 参《乐郊私语》姚桐寿《自序》,见《宝颜堂秘笈》,万历刊本;《四库全书总目》卷一四一《乐郊私语》提要,第 1203 页。

③ 永瑢等《四库全书总目》卷一四一《乐郊私语》提要,第 1203 页。

（七）［宋］王楙《野客丛书》十二卷

王楙《野客丛书》本三十卷，宋应有刻本，但很快散佚，流传不广，直到嘉靖四十一年，王楙十世孙王榖祥重刊此书，商濬以嘉靖本刻入《稗海》。万历三十一年，张畑在苏州得一十二卷本《野客丛书》抄本，其《叙》云："客岁，余在吴阊肆中，得其抄本十二卷，较旧板三十卷更简逸尔雅，吾与其使芟者及馀者之并存，而尽属鲁鱼纰缪之不可甚解，毋宁存什一于千百，而刘览畅辨，若良金之在镕乎？则余所以尚友勉夫氏而如见其生平者也。"张畑也知道有三十卷本，但认为这一十二卷本在简逸尔雅上更胜三十卷本一筹，万历三十八年，张畑序本刻入《宝颜堂秘笈》。① 之后，《野客丛书》分三十卷本和十二卷本流传。②

《宝颜堂秘笈》正集中的明代作家子部书，或刊刻较早，或为代表性版本而流传甚广，对这些书籍的传播和流传发挥了重要作用。

（八）王达《笔畴》二卷

王达，字达善，号耐轩居士，无锡人。洪武间以明经荐为县学训导，改大同训导，曾私谒燕王，建文末迁国子监助教，永乐帝即位，传因草诏得入翰林，为编修官，后官至侍读学士。③《笔畴》，是一部有关处己接人之书，高儒《百川书志》入子部"德行家"之目。此书有一卷本、二卷本之分，一卷本又有三十二/三条、九十七条之别。此书在明代较有影响，但在嘉靖前，常有诵其书但不知其作者之情形存在。如高儒《百川书志》卷九子部"德行家"下著录"《笔畴》一卷""王天游《笔畴》一卷"，前者云"不知作者，凡三十三条"，后者"九十七条"，下有小注："任邱黎颙选次。"④

---

① 参王楙《野客丛书》，见《宝颜堂秘笈》，万历刊本。

② 参郑明《〈野客丛书〉杂考》，《古籍整理研究学刊》1986 年第 3 期。郑文云是张畑删三十卷本为十二卷本，不确。

③ 参都穆《都公谈纂》卷上"无锡王达善"条（《四库全书存目丛书》子部第 246 册，第369—370 页）、永瑢等《四库全书总目》卷一二四《笔畴》提要（第 1067 页）。

④ 高儒《百川书志》，第 124、126 页。

不知两书实为一书。王尚𬘩(1478—1531)也在很长时间里不知《笔畴》作者为谁,其《笔畴题辞》曰:"《笔畴》者,笔于田畴之辞也,计三十有二条,合为一卷。盖当时隐士所为,今逸其姓氏。𬘩自髫年即尝读之,叹曰'令人惕然有深省处,此卷不可谓无补也',然则隐士,其亦有道之士矣乎!宦途奔走,囊橐与俱,每一展玩,洒然听松风、临江月,不足以拟其快也,读者当自见之矣!襄垣故尹有刻,兹丞复雅好是卷,请愚题数语,因援笔以归之。"①后来他终于知道了此书作者,其《笔畴颂序》云:"《笔畴》,余尝意其为隐士所作,顷得上卷,乃知锡山王侍读之笔也。侍读以忠徙边,殆所谓馆阁其貌而山林其胸者欤?党子请为像赞,因为《笔畴颂》焉。"②王尚𬘩,字锦夫,陕县人,与李梦阳、何景明唱和较多。由上两文可知,王尚𬘩早年接触的《笔畴》是一卷本,内仅三十二条,或许因王达《笔畴》作于大同府学任上,所以此书有山西襄垣尹刻本,"兹丞"不知所指,或为王尚𬘩任山西参政时之同僚,或亦曾刻此书。后王尚𬘩得知《笔畴》作者为王达,有党姓者③为王达画像,可能因为王达像附于《笔畴》书中,所以对方虽求像赞,但王尚𬘩为之作了《笔畴颂》,此时王尚𬘩所得《笔畴》或已是两卷本了。宝颜堂秘笈本《笔畴》,即为两卷本,中有陆之箕按语,前有馀姚孙钺(1525—1594)、福清林枢二序。陆之箕,太仓人,都穆(1458—1525)女婿,弘治中贡生。《四库全书总目》之《笔畴》提要云陆之箕本由来曰:"又有太仓陆之箕序,称是书本载达所著《天游集》中,凡百有七篇。王澄之弟渊先刊其二(引者按:"二"或当为"三")十二篇,续又得五十二篇刊之,尚阙其三之一,之箕复为校补,成完书,付渊全刊焉。各条之下,间附之箕案语,亦肤浅,罕所考正。"④从内容和时间上

① 王尚𬘩《苍谷全集》卷九,《四库未收书辑刊》据乾隆二十三年王纯密止堂本影印,第五辑第 18 册,第 392 页。

② 王尚𬘩《苍谷全集》卷八,《四库未收书辑刊》第五辑第 18 册,第 374 页。

③ 王尚𬘩《苍谷全集》卷六有《答党颍东》诗(《四库未收书辑刊》第五辑第 18 册,第 351 页)。据过庭训《本朝分省人物考》卷八七,河南开封府党以平,字守衡,号颍东(第 23 册,第 7529—7534 页)。不知是否即此人?

④ 永瑢等《四库全书总目》卷一二四,第 1067 页。

看,秘笈本与上云王尚䌹所见者不同,其中有陆之箕按语,或自王氏兄弟本中来。后来诸家书目多著录秘笈本,如丁立中《八千卷楼书目》(卷一二)[①],可见宝颜堂秘笈本的影响力。

(九)陆树声《清暑笔谈》一卷

陆树声(1509—1605),字与吉,松江华亭人。嘉靖二十年(1541)会试第一,改庶吉士,授编修,累官礼部尚书。[②] 宝颜堂秘笈本《清暑笔谈》刻于陆树声逝后次年,是刊刻较早的版本。

(十)袁宏道《广庄》一卷、《瓶史》一卷

据袁宏道万历二十七年书信,《广庄》《瓶史》分别是他万历二十六年冬和二十七年春天完成的著作,万历二十七年春,袁宏道《答李元善》书报告自己完成了两书,"寒天无事,小修著《导庄》,弟著《广庄》,各七篇。……近又著《瓶史》十三篇……恨无力缮写。"[③]其后《答梅客生》书中,他称誊抄了"《广庄》七篇",请梅国桢指教。[④] 之后陆续抄副,分别请沈朝焕、焦竑、陶望龄请教。[⑤] 总之,后世可见的最早、影响最大的袁宏道《广庄》《瓶史》刻本就是宝颜堂秘笈本。陈继儒《书袁石公瓶史后》曰:"花寄瓶中,与吾曹相对,既不见摧于老雨甚风,又不受侮于钝汉粗婢,可以驻颜色,保令终,岂古之瓶隐者欤? 郁伯承曰:如此则罗虬《花九锡》亦

---

① 丁立中《八千卷楼书目》,《善本书室藏书志(外一种)》本,第 8 册,第 2394 页。
② 据陈继儒《陈文定公传》《陈眉公集》卷一三,《续修四库全书》第 1380 册,第 198—199 页。
③ 袁宏道著,钱伯城笺校《袁宏道集笺校》卷二十二《瓶花斋集·尺牍》,第 763 页。
④ 袁宏道著,钱伯城笺校《袁宏道集笺校》卷二十二《瓶花斋集·尺牍》,第 766 页。
⑤ 袁宏道《答沈伯函》《焦弱侯座主》《答陶石篑》,袁宏道著,钱伯城笺校《袁宏道集笺校》卷二十二《瓶花斋集·尺牍》,第 768、773、779 页。其时,袁宏道寄过"小刻七册"呈冯琦"求削"(第 770 页),应该不是《广庄》《瓶史》的规模。其寄刘一煜的"小刻一卷"(第 780 页),从篇幅上看,《广庄》《瓶史》都是一卷,但"一卷"并不必然是《广庄》或《瓶史》,其寄冯琦、刘一煜者是刻本,但不详何书。李瑄《袁宏道著作的印行及其文坛影响》[《北京大学学报(哲学社会科学版)》2016 年第 2 期]云袁宏道万历二十七年刻《广庄》《瓶史》,然证据并不充分。

觉非礼之礼，不如石公之爱花以德也。请梓之。"①可见《瓶史》之刊与郁伯承亦有关系，袁宏道《广庄》《瓶史》因陈继儒以及嘉兴文人群而获得更为广泛的影响。

综上所论，《宝颜堂秘笈》正集所收之书为陈继儒、沈氏兄弟、姚士粦、郁伯承等圈中好友所得之书，有的是他们之前已整理，或刊刻过，万历三十八年再次校阅收入《正秘笈》中。《宝颜堂秘笈》所收之书，一般为《历代小史》《百川学海》《稗海》《夷门广牍》等丛书所未收，少数因有不同版本，又因为相对稀见，故出于传远的目的而加以刊刻。如上云《稗海》中三十卷本《野客丛书》，因新获认为更简逸的十二卷本，故不避重复加以收入。陈继儒以及《宝颜堂秘笈》一直作为明代代表性刻书而遭批评，其中十二卷《野客丛书》被作为明人刻书好删削原书的重要证据常被提及，《四库全书总目》对《野客丛书》批评已见上引，当代研究者也屡屡重复馆臣之说。② 我们细溯《宝颜堂秘笈》生产的动态过程，方知长期以来的批评有误，《宝颜堂秘笈》实际上完成了诸刻书者的传播稀见之书的预期。

六、馀论：以李贽《初潭集》再论明代读书与图书以及思想生产

伟大的著作犹如灯塔，总以其光辉吸引并引领来者。《世说新语》就是这样的一部著作，其思想和价值观、组织结构及其设置、叙述方式及其构建的文体……无不对后来者有极大的吸引力。唐至明有一系列仿、续《世说》之作，如唐王方庆《续世说新语》、刘肃《大唐新语》，宋孔平仲《续世说》、王谠《唐语林》，明何良俊《语林》、李绍文《明世说新语》，清吴肃公

---

① 陈继儒《陈眉公集》卷十一，《续修四库全书》第 1380 册，第 162 页。

② 如屈万里《读古书为什么要讲究版本》即举《野客丛书》十二卷为例否定万历以后的刻本。此文见收胡道静主编《国学大师论国学（下）》，东方出版中心，1998 年，第 498 页。又上引郑明《〈野客丛书〉杂考》文。

《明语林》、王晫《今世说》、李清《女世说》，①近代易宗夔《新世说》等，东亚文化圈文人亦不遑多让，如日本服部南郭《大东世语》，角田简的正、续《近世丛语》，朝鲜许筠《闲情录》等。虽然这类续仿之作编著不绝，但不少旋作旋失，而近代以来研究，仅对其中有史料价值者有一定的肯定，如《唐语林》《大唐新语》；多数则因其纂拾旧闻，内容不新鲜，又因所取多小事，而被认为琐碎不足观，故颇乏关注。②

明人沈懋孝（1537—1612）借宋刻本《世说新语》在明代的流传描绘了明代《世说新语》研究的节点和关键人物，他说："《世说》宋刻，始杨用修氏得之秘阁，外间无传者，用修殁于滇南，姑苏一士人得之，以奉王元美，珍之为帐下宝。比元美文成，名动天下，乃始表章之以公人间。"③嘉靖三十五年（1556）王世贞（1526—1590）去刘义庆《世说新语》十之二，采何良俊（1506—1573）《语林》十之三成《世说新语补》，④万历八年（1580）始刻。⑤凌濛初（1580—1644）说自此以后，明代"独《补》盛行于世，一再传，而后海内不复知有临川矣"。⑥四库馆臣也说："《世说新语补》几百年来，梨枣不啻数十易。"⑦《世说新语补》成为明后期畅销书。同时，一些人认为"耳食者多舍（引者按：指弃《世说新语》）而重《补》"⑧，而《世说新语补》"殊乖其旧"⑨，明末起，一直饱受模拟和变异经典的多重批评，

---

① 官廷森《晚明世说体著作研究》第一章《绪言》云明代续作、仿作《世说》者"高达三十馀部之多"。花木兰文化出版社，2007 年，第 1 页。

② 参王谠撰，周师勋初校证《唐语林校证》及周师《前言》，中华书局，2008 年，第 21—22 页。

③ 沈懋孝《书世说鼓吹之前》，见氏著《长水先生水云绪编》，《长水先生文钞》本，《四库禁毁书丛刊》集部第 160 册，第 218 页。

④ 参王世贞《世说新语补序》，《李卓吾批点世说新语补》卷首，广文书局影印，1970 年，第 1—3 页。

⑤ 参王世懋《世说新语序》，《李卓吾批点世说新语补》卷首，第 4—7 页。

⑥ 凌濛初《世说新语鼓吹序》，安平秋、魏同贤主编《凌濛初全集》，凤凰出版社，2010 年，第 7 册，第 1 页。

⑦ 永瑢等《四库全书总目》卷一四三《世说新语补》提要，第 1222 页。

⑧ 凌濛初《世说新语鼓吹·凡例》，《凌濛初全集》第 7 册，第 2 页。

⑨ 永瑢等《四库全书总目》卷一四〇《世说新语》提要，第 1182 页。

这在很大程度上影响了我们对明代《世说新语》研究的研究兴趣，也使我们难以建立有关明代《世说新语》研究的评价标准。比如学界的李贽(1527—1602)研究相当活跃，但对其与《世说新语》关系密切的《初潭集》的研究则明显不足，这应该也是原因之一。

如果我们不将临川《世说新语》的典范地位看作是既定的，不假设明人对《世说新语》的增删、使用只是对《世说新语》的抄袭或破坏，而将之视为《世说新语》典范化过程中的历史阶段、特定的手段以及产物。作为"妙于语言，一代之风流人物，宛宛然荟蕞于琐言碎事、微文澹辞之中"的"世说体"，构成了联系作者和读者的预期系统或隐含约定，为创作者提供了作文规范，为阅读者提供了阅读指南，通过这一文体，明人不论是作为读者还是作者都在"世说"文学文化传统中找到了自己的位置。王世贞之于《世说新语补》、焦竑(1540—1620)与李登之于《焦氏类林》、李贽之于《初潭集》，主要是对旧材料做编辑工作，在一般观念中，这些著作常被当作次要物和衍生物而遭忽视，此节我将论证这些抄撮类、编辑类著作对于理解和传递思想文化也是至关重要的。我还将从阅读史的视角，将李贽、何良俊、王世贞、焦竑等看作是积极的《世说新语》的接受者，讨论他们在使用《世说新语》的过程中以何种方式建构了何种意义。

(一)《初潭集》的材料来源

李贽《初潭集序》交代了《初潭集》编成时间、材料来源以及他对数种与《世说新语》有关的书(包括其《初潭集》)的性质认识，他说：

> 若刘孝标之《注世说》，是一《世说》也，(有《世说》而不得《注世说》者，是尚为眇一目，未可也。然则刘氏《注世说》，"亦世说"也；)《类林》者，"广世说"，"亦世说"也，皆所谓"世说"也，而《类林》备矣。(……)设若以《世说》合于《类林》，以少从多，以多现少，合而为连璧，又奚为而不可。(吁！)此(又)老人开卷之一便(者)，非自附于昔贤，而曰"吾老矣，犹能述而不作"也；[且安在乎必于《世说》《类林》

等参而为三,刘氏诸人等列而为四焉而后可也者?][①]

《类林》成于万历戊子(万历十六年,1588)之春,余复以/(予以)是秋隐于/(筑室)龙潭之上。至潭而读之,读而喜,喜而复合,赏心悦目于是焉在。今二书(引者按:指《世说新语》《焦氏类林》)如故,不益一毛,故不敢复名其书,[②]而但曰《李氏初潭》,言初至潭首读此也。

李贽首先作为《世说新语》和《焦氏类林》的读者"观两书",他预言即使是与两书"千载不同时"的"学者"取而读之,也能"于焉悦目,于焉赏心",不久他就成了这样的学者,并做成了《初潭集》一书,李贽成了《世说新语》谱系中的一位作者。李贽将《世说新语》经典化过程中产生的著作,如刘孝标《世说新语注》称之为"亦世说",将《类林》称之为"亦世说"和"广世说",也将自己"述而不作"的《初潭集》纳入《世说》体系中来。他说自己"犹能述而不作",并非是对"不作"的愧疚或自谦,更多沿袭周公、孔子对经典的尊崇以及对这一创作方式的自豪。李贽说"今二书如故,不益一毛",似乎是自谦《初潭集》未能使《世说新语》更觉有神,但此语也显示李贽相信续、仿、广、增经典著作对经典著作本身也会产生积极的影响。

李贽自叙《初潭集》资料来源是《世说新语》和《焦氏类林》,又认为刘孝标《注世说》也是《世说》,则《注世说》也是《初潭集》的资料来源。我对《初潭集》逐条加以检核,发现李贽所言大致吻合,但有一些细节可以补充:1. 李贽所言之《世说新语》除包括《注世说》外,也包括王世贞《世说新语补》。2. 李贽应该也偶尔取用过作为《世说新语补》的资料来源的

---

① 顾大韶编李贽《李温陵集》卷十所收《初潭集序》无[ ]中两句(《四库全书存目丛书》集部第 126 册,第 288 页);万历刻本《初潭集》(《续修四库全书》据万历刻本影印,第 1188 册,第 520 页)无( )中文字,此处录自李贽《初潭集》,中华书局,1974 年,第 4 页,标点依我理解作了一些改动。

② 万历本《初潭集》作"故不敢复各其书"(《续修四库全书》第 1188 册,第 520 页),《李温陵集》"各"作"名"(《四库全书存目丛书》集部第 126 册,第 288 页),中华书局点校本作"名"(第 4 页),张建业主编《李贽全集注》第 12 册籍秀琴注《初潭集注》作"各"(第 4 页),此从中华书局本。

何良俊《语林》。3. 李贽使用以上材料时大致直录其文,虽偶有删节,但文字改动不大。4. 李贽对正史和刘向《列女传》也多有取用,但文字删节相对更多。

《初潭集》三十卷,①分"夫妇"(4 卷)、"父子"(4 卷)、"兄弟"(2 卷)、"师友"(10 卷)、"君臣"(10 卷)五大门类,书前有李贽叙,有些条目下施以评语,就全书而言,"夫妇"四卷选材最讲究,评点最丰富,思想阐发最深刻,故本节多就前四卷作论述。

《初潭集》"夫妇"门四卷共有记事 181 则,其中 75 则出《世说新语》和《世说注》,②60 则出《焦氏类林》③,22 则出《世说新语补》标注为"补"的条目,3 则不见于《世说新语补》之"补"然见于《语林》,21 则出自《史记》《汉书》《后汉书》《新唐书》《南唐书》等正史或刘向《列女传》。兹举一例以见《初潭集》引书特点以及本节统计之标准。

唐代潘炎妻刘夫人两条记事较早见于唐张固《幽闲鼓吹》、宋王谠《唐语林》,古人对《幽闲鼓吹》《唐语林》评价颇高,如四库馆臣云《幽闲鼓吹》,"事多关法戒,非造作虚辞无裨考证者比,唐人小说之中犹差为切实可据焉"④。《唐语林》,"虽仿《世说》,而所纪典章故实、嘉言懿行,多与正史相发明,视刘义庆之专尚清谈者不同。且所采诸书存者亦少,其衰集之功尤不可没"⑤。何良俊《语林》、焦竑《焦氏类林》以及《初潭集》皆录刘夫人事。兹按成书先后顺序引录诸家文字如下:

张固《幽闲鼓吹》曰:

---

① 李贽《初潭集》有三十卷本、二十六卷本、十二卷本三种,参王冠文《李贽著作研究》,第 211 页。本章以三十卷本《初潭集》作分析。

② 此处依中华书局本《初潭集》条目统计,《初潭集》有一则包括《世说新语》正文一则加另外一则的孝标注,亦作一则处理。

③ 此处依中华书局本《初潭集》条目统计,有一则包括《类林》不同卷次两则或多则者,亦作一则处理。

④ 永瑢等《四库全书总目》卷一四〇《幽闲鼓吹》提要,第 1185 页。

⑤ 永瑢等《四库全书总目》卷一四一《唐语林》提要,第 1196 页。

　　潘炎侍郎，德宗时为翰林学士，恩渥极异。其妻刘氏，晏相之女也。京尹某有故，伺候累日不得见，乃遗阍者三百缣。夫人知之，谓潘曰："岂有人臣，京尹愿一见，遗奴三百匹缣帛！其危可知也。"遽劝潘公避位。

　　子孟阳，初为户部侍郎，夫人忧惕谓曰："以尔人材，而在丞郎之位，吾惧祸之必至也。"户部解喻再三，乃曰："不然，试会尔同列，吾观之。"因遍招深熟者。客至，夫人垂帘视之。既罢会，喜曰："皆尔之俦也，不足忧矣。末坐惨绿少年何人也？"答曰："补阙杜黄裳。"夫人曰："此人全别，必是有名卿相。"①

王谠《唐语林》卷三"识鉴"曰：

　　潘炎，德宗时为翰林学士，恩渥极异。其妻刘氏，晏之女也。京尹某有故，伺候累日不得见，乃遗阍者三百缣。夫人知之，谓潘曰："岂有人臣，京尹愿一见，遗奴三百缣帛！其危可知也。"遽劝潘公避位。子孟阳，初为户部侍郎，夫人忧惕曰："以尔人材，而在丞郎之位，吾惧祸之必至也。"户部解谕再三，乃曰："试会尔同列，吾观之。"因遍招深熟者。客至，夫人垂帘视之。既罢会，喜曰："皆尔之俦也，不足忧矣。末后惨绿少年，何人也？"答曰："补阙［杜黄裳。"夫人曰："此人自别，是有名卿相］。"（嘉靖二年齐之鸾刻本，［］中据惜阴轩丛书本补）②

何良俊《语林》卷十五"识鉴"曰：

　　潘孟阳母刘夫人，是刘晏妹。孟阳为户部侍郎，夫人忧之曰：

---

① 张固《幽闲鼓吹》，《丛书集成新编》据《顾氏文房小说》本影印，第 86 册，第 148 页。此书末有"阳山顾氏十友斋宋本重刻"（第 149 页）字样。

② 参王谠撰，周师勋初校证《唐语林校证》，第 254—255 页。

"以尔人才,而在丞郎之位,吾惧祸之至也。试会尔同列,吾观之。"因遍招深熟者,客至,夫人视之,喜曰:"皆尔俦也,不足忧矣。向末坐绿衫少年何人?"曰:"补阙杜黄裳。"夫人曰:"此人全别,必是有名卿相。"

潘孟阳在德宗朝为翰林学士,恩渥极异,有一京尹伺候累日不得见,乃遗阍者三百缣。刘夫人知之,谓潘曰:"岂有为人臣,使京尹愿一见,遗奴三百匹缣!其危可知。"遽劝潘避位。(明嘉靖二十九年刻本,下同)

焦竑《焦氏类林》卷一"夫妇令媛附"曰:

潘炎,德宗时学士,蒙异眷。夫人刘氏,晏相女也。京尹有故,伺候不得见,乃遗阍者三百缣。夫人知之,叹曰:"岂有人臣,京尹愿一见,乃遗奴三百缣邪!危可知已。"遽劝潘公避位。子孟阳为户部侍郎,夫人曰:"以尔人才,在丞郎之位,吾惧祸之至也。"户部慰谕再三,乃曰:"试会尔同列,吾观之。"因遍招客至,夫人垂帘视之,既罢会,曰:"皆尔之俦也,不足忧矣。末座绿衫少年何人?"答曰:"补阙杜黄裳。"夫人曰:"此人全别,必是有名卿相。"(《幽闲鼓吹》)[1]

《初潭集》卷二"夫妇"二"才识"第22条:

德宗时,有学士潘炎,蒙异眷。其刘夫人,即晏相女。京尹有故,候见不得,乃遗阍者缣三百。夫人叹曰:"岂有人臣,京尹愿一见,而遗奴三百缣耶!危可知已。"即劝潘公避位。其子孟阳为户部侍郎,夫人告之曰:"以尔人才,在丞郎之位,吾惧祸之及也。试会尔同列,吾观之。"因遍招客至。既罢会,夫人曰:"皆尔之俦,不足忧

---

① 焦竑《焦氏类林》,《四库全书存目丛书》据万历十五年王元贞刻本影印,子部第133册,第27页。

也。末座绿衫少年何人？"曰："补阙杜黄裳。"夫人曰："此人全别，必是有名卿相。"①

《幽闲鼓吹》刘夫人记事应是之后各家记事之源头。《唐语林》记事也是采自《幽闲鼓吹》，因为两者文字比较一致，更重要的是王谠在《唐语林》前给出了他编书资料来源的五十家书目，其中就有《幽闲鼓吹》。此外《太平广记》卷二七一"夫人"类有"潘炎妻"条，文后注明出自《幽闲鼓吹》。刘夫人的这两条记事，若放在之前已形成的女性传记系谱中，则可入《列女传》之"母仪""贤明""仁智"篇；若依据《世说新语》的组织结构，既可入"识鉴"门，也可入"贤媛"门，不过《唐语林》将之归入"识鉴"类，这是刘夫人记事进入"世说体"之始。何良俊《语林》沿袭了《唐语林》的归类，何良俊作《语林》时多半参照过《唐语林》，不过《语林》此条也出现了一些错误。据《旧唐书·潘孟阳传》，潘孟阳父潘炎，母刘晏女，上引诸书亦如是说，而《语林》以潘炎事为子孟阳事，误孟阳母刘晏女为晏妹。或者是何良俊误记，即使其别有所本，亦有疏于复核史料之错。《焦氏类林》明确标识其记事出自《幽闲鼓吹》，但字句小有变化，如"恩渥极异"作"蒙异眷"，"三百匹缣"作"三百缣"，"遍招深熟者"作"遍招客至"，"末坐惨绿少年"作"末座绿衫少年"等，《初潭集》文字多同《类林》，故我在统计出处时，将此条计入"出自《类林》"。

（二）《初潭集》与《世说新语》《世说新语补》《语林》

假如我们相信李贽所言《初潭集》的两大材料来源，则其《世说新语》就当包括《世说新语补》。《初潭集》有 22 则不见于《世说新语》而见于《世说新语补》，由于《世说新语补》为王世贞去刘义庆《世说新语》十之二、采何良俊《语林》十之三而成，故我将这些条目又与何良俊《语林》比对，发现此 22 条均见于《语林》，且两者所归门类相同，详下表：

---

① 李贽《初潭集》，《续修四库全书》第 1188 册，第 538 页。

表三 《初潭集》"夫妇"门材料来源表

序号	《初潭集》(表中称"《初》")卷次、首句、完整度	《语林》首句、门类	《世说新语补》(表中称"《补》")首句、门类等
1	卷一 曹公闻丁正礼才美	首句同,尤悔	同《语林》
2	谢太傅刘夫人性忌	首句同,惑溺	同《语林》
3	卷二 孔北海被收时,删节	首句同,夙慧	同《语林》
4	艺祖将北征	宋太祖将北征,贤媛	同《语林》
5	王江洲为孙恩所害	首句同,贤媛	同《语林》
6	张说女	首句同,捷悟	同《语林》
7	刘孝绰三妹	首句同,贤媛	同《语林》,正文+注
8	卷三 韩熙载肆情,删节	南唐后主颇疑,任诞	韩熙载肆情,任诞
9	范忠宣谪永州,删注	首句同,雅量	门类同《语林》,正文+注
10	刘真长标奇清远,删注	首句同,识鉴	同《语林》,正文+注
11	宋明帝尝于宫中	宋太宗后,贤媛	首句同《初》,门类同《语林》
12	肃宗宴宫中	首句同,贤媛	同《语林》
13	狄仁杰卢氏堂姨	狄仁杰为相有卢氏堂姨,轻诋	同《语林》
14	宋祎是绿珠弟子	首句同,任诞	同《语林》
15	殷仲文劝宋武帝蓄伎	殷仲文尝劝宋武帝蓄伎,言语	首句同《初》,门类同《语林》
16	羊祖忻善音律,删节	首句同,汰侈	同《语林》
17	宋子京多内宠	首句同,惑溺	同《语林》
18	咸阳王穷极骄奢	首句同,伤逝	同《语林》
19	秦会之夫人	首句同,假谲	同《语林》
20	卷四 中和间	首句同,贤媛	同《语林》
21	元相得罪	首句同,贤媛	同《语林》
22	李昌夔在荆州	首句同,汰侈	同《语林》

尽管更多时候《初潭集》出自《语林》还是出自《世说新语补》不易分辨，但也有几例表明《初潭集》更可能出自《世说新语补》。如"刘孝绰三妹"条：

《初潭集》卷二曰：

> 刘孝绰三妹，嫁琅琊王叔英、吴郡张嵊、东海徐悱，并有文才，徐妻尤为清拔。《孝绰传》曰："悱妻，所谓刘三娘者也。悱卒，妻为祭文，辞甚凄怆。悱父徐勉本欲为哀文，睹其文，遂阁笔。"①

《语林》卷二十二"贤媛"曰：

> 刘孝绰三妹，嫁琅琊王叔英、未详。吴郡张嵊、《南史》曰："张嵊，字四山，吴郡人，张稷子也。方雅有志操，能清言。湘东王长史。"东海徐悱、《梁书》曰："徐悱，字敬业，东海郯人，徐勉子也。幼聪敏，能属文。仕至晋安内史。"并有文才，徐妻尤为清拔。（明嘉靖二十九年刻本）

《世说新语补》卷一五"贤媛"曰：

> 刘孝绰三妹，嫁琅琊王叔英、吴郡张嵊、《南史》曰："张嵊，字四山，吴郡人，张稷子也。方雅有志操，能清言。湘东王长史。"东海徐悱、《梁书》曰："徐悱，字敬业，东海郯人，徐勉子也。幼聪敏，能属文。仕至晋安内史。"并有文才，徐妻尤为清拔。《孝绰传》曰："悱妻，所谓刘三娘者也。悱卒，妻为祭文，辞甚凄怆。勉本欲为哀文，及见此文，于是阁笔。"

三则正文相同，但《初潭集》所引《孝绰传》正文同《世说新语补》之注文，而《语林》无此注。

凌濛初批评王世贞《世说新语补》，遗憾因《世说新语补》的存在而使

---

① 李贽《初潭集》，《续修四库全书》第 1188 册，第 541 页。

临川"旧本寥寥若晨星",凌濛初所刻《世说新语鼓吹》以恢复旧本为卖点,但《鼓吹》并非舍弃王世贞"补"的部分,只是将旧本与王世贞所补分开,实际上兼顾古今两本。这也表明王世贞《补》作为明代《世说新语》传本确有很大的市场和影响力。《初潭集》对《世说新语补》"补"中材料的采用,也从一个侧面证明了这一点。

又如"范忠宣谪永州"条,《初潭集》卷三曰:

> 范忠宣谪永州,夫人不如意,辄骂章惇。舟过橘州,大风雨,船破,仅得及岸。正平持盖,公自负夫人以登。燎衣民舍,公顾曰:"岂亦章惇所为邪?"①

《语林》卷十四《雅量》曰:

> 范忠宣谪永州,公夫人在患难中,每遇不如意事,则骂章惇,曰:"枉陷正人,使我至此!"公每为一笑。舟行过橘洲,大风雨中船破,仅得及岸。公令正平持盖,自负夫人以登。燎衣民舍,稍苏,公顾曰:"船破,岂亦章惇所为耶?"(明嘉靖二十九年刻本)

《世说新语补》在"夫人不如意"下注引《忠宣行状》17字、"辄骂章惇"下注引《宋史》105字、"正平持盖"下有注9字、尾注引《宋史》110字,《初潭集》与《世说新语补》正文全同而与《语林》异,《初潭集》当自《世说新语补》来而略其注。

《初潭集》中有些条目见于《世说注》,但这些文字不见于《世说新语补》,因此我们不能断定李贽所云《世说新语》即为明《世说新语补》,故推断《初潭集》对《世说新语》的引用也应该包括《世说新语》全本和全部孝标注。如《初潭集》卷三"贤妇·皇甫士安"则曰:

---

① 李贽《初潭集》,《续修四库全书》第1188册,第546—547页。

　　　　皇甫士安,汉太尉嵩曾孙也。所养叔母教曰:"昔孟母以三徙成
子,曾父以烹豚存教。岂我居不卜邻,何尔鲁之甚乎? 修身笃学,自
汝得之,于我何有!"因对之流涕,谧乃感激。年二十餘,就乡里席坦
受书,遭人而问,少有宁日。武帝借其书二车,遂博览。太子中庶
子、议郎征并不就,终于家。①

《焦氏类林》卷三"文学"也有类似条目,但文字略有不同:

　　　　皇甫谧之少也,游荡无度,所养叔母叹曰:"昔孟母以三徙成子,
曾父以烹豕存教。岂我居不卜邻,何尔鲁之甚乎? 修身笃学,自汝
得之,于我何有!"因对之流涕,谧乃感激。年二十餘,就乡里席坦受
书,遭人而问,少有宁日,武帝借其书二车。王隐《晋书》。②

焦竑云此段材料出自王隐《晋书》,实际上,王隐《晋书》唐时已散逸,《初
潭集》此段与《世说新语·文学》第68条孝标注引王隐《晋书》文字全同,
实当出于此。《世说新语补》虽未去《世说新语》此条,但删除了此条有关
皇甫谧的孝标注。可见《初潭集》此条出自《世说注》。

　　《初潭集》中有不见于《世说新语补》标识为"补"的条目然见于《语
林》的记事3则,这可以当作李贽在编著《初潭集》时也可能直接使用过
《语林》的证据。万历十六年,李贽在编著《初潭集》时,他也同时在著作
《藏书》,《藏书》有关史传、史评,故李贽在正史上用功颇深,所以《初潭
集》对正史材料的使用也就可以顺手拈来。

　　（三）从《焦氏类林》到《初潭集》

　　上文曾引《幽闲鼓吹》《唐语林》《语林》《焦氏类林》《初潭集》收录内
容相同的潘炎刘夫人记事,还提到《太平广记》也有收录,或许还有其他

---

　①　李贽《初潭集》,《续修四库全书》第1188册,第547页。
　②　焦竑《焦氏类林》,《四库全书存目丛书》子部第133册,第84页。

我未能寓目的典籍也收有此故事，似乎直观地呈现了中国古代典籍陈陈相因的状态，也呼应了四库馆臣批评明人和明著而至今为我们转引不已的"辗转抄袭"的论断。然细细想来，《幽闲鼓吹》意在载记当代闻见之事；《唐语林》则将之纳入《世说新语》系统进行文化编码，以呈现唐代人物风貌；何良俊《语林》以《世说新语》内容和形式为参照，在《世说新语》之外建立一个具有更广阔时空（自虞初到胜国）的《世说新语》式的人物世界；因为《语林》不包括《世说新语》已有之故事，而《世说新语》故事又格外精彩，故王世贞欲兼两书之美而成《世说新语补》。由此看来，一个记事/故事或因知识和思想的分类，或因著述之需，而被置于各种序列之中，反过来，因这些记事/故事的各种文化潜能奠定或充实着各种知识、思想而成就了各种著述。从这一意义上讲，并非第一次出现的记事文本才是有意义的，甚至可以说，正因为记事/故事在各种文本中被反复使用、反复讲述，记事/故事的多重功能才有了实现的可能性。我们即以这一视角来讨论《焦氏类林》和《初潭集》。

《焦氏类林》本是焦竑撮其精要、钞掇众书的书摘集。其产生的物质条件是焦竑的两楼藏书和当时极其发达的刊刻文化。当各种文本汇聚在同一书房中，书摘将不同的思想体系和专门化知识以自然结合的方式做百科全书式的呈现，这是类书产生的基础。自古以来，都有焦竑式喜欢抄书者，唐宋类书多出自于皇家，因为皇帝具备图书条件和大量的抄手，大量文献借类书得以保存。《焦氏类林》第一门"编纂"收录自黄初至南宋学者观书、抄书记事十三则。如"王筠"条曰：

> 王筠云：余少好钞书，老而弥笃，虽遇见瞥观，皆即疏记，后重览省，欢情弥深，习与性成，不觉笔倦。自年十三四迄今四十载，躬自钞录，大小百馀卷，不足传之好事，备遗忘而已。①

王筠的百馀卷书抄早就湮没无闻，而《焦氏类林》的保存大大得益于明代

---

① 焦竑《焦氏类林》卷一"编纂"，《四库全书存目丛书》子部第133册，第7页。

的数次刊刻。

李贽说"《类林》成于万历戊子（1588）之春"①，焦竑、李登（字士龙，上元诸生，生卒年不详）交代了这部书诞生的更多细节：

> 庚辰（1580）读书，有感葛稚川语，遇会心处辄以片纸记之，甫二岁，计偕北上，因罢去，残稿委于箧笥，尘埃漫灭，不复省视久矣。李君士龙见之，谓其可以资文字之引用，备遗忘之万一也，乃手自整理，取《世说》篇目括之，其不尽者，括以他目，譬之沟中之断文以青黄，则士龙之为也。……书凡若干卷，其大意具"编纂"一篇，故缀之卷首。（焦竑万历十三年所作《焦氏类林题》）②

> 焦弱侯于书无所不读，而钩玄提要动侔古人，每披书当赏会与夫自有所见，欲以阐幽正词者，辄手裂赫蹏，细书而贮之。纷纷总总，如禁脔在厨，碎锦在笥，未有秩叙，最后除自言者别为《笔乘》，其第辑录备览观者，特付愚诠次。命愚子弟录之，乃取《世说》标目，稍稍衰益其间。成帙时，以余同版一印，行之未广也，兹王孟起氏博雅嗜古，爰寿诸梓以广其传。……《世说》一书，超超玄致，吾士林雅尚旧矣，是编搜百代之菁华，掇群书之芳润，乃详于伦纪而略于玭璺，该及品汇而结局于仙释，其于名理心宗，往往而在，指示历然，此其于《世说》又不知为孰多？（李士龙万历十五年孟冬日所作《焦氏类林序》）③

《焦氏类林》主要是焦竑万历八年（1580）前后数年间的读书笔记。其读书笔记分两种，一种是对所读书中"会心处"的摘抄，一种是自己对所读

---

① 李贽《初潭集又叙》，《初潭集》，中华书局点校本，第 4 页。

② 见焦竑《焦氏类林》目录后，《四库全书存目丛书》子部第 133 册，第 6 页。《粤雅堂丛书》本《焦氏类林》姚汝绍万历十五年《序》说焦竑"取《新语》篇目，稍为增损更正，类以入焉。既成，题曰《类林》"（《丛书集成新编》第 7 册，第 569 页）。此从焦竑本人说。

③ 李登《焦氏类林序》，焦竑《焦氏类林》卷首，《四库全书存目丛书》子部第 133 册，第 4—5 页。

书有所发明的文字。焦竑将后一种编成《焦氏笔乘》,交李登刊刻,①而李登又对前者进行分类编辑,成《焦氏类林》。约在万历十三年(1585)两书一版刊刻出来,上引焦竑《焦氏类林题》当为此次刊刻而作。万历十五年王元贞再刻《焦氏类林》,李登《序》为此次刊刻而写,依据李贽得书时间,其所获赠书当为王元贞刻本。

与焦竑《明世说》《玉堂丛语》纳入《世说新语》谱系的命名方式不同,《类林》本是杂抄,但焦竑也有著书之意,其云"大意具'编纂'一篇,故缀之卷首",可见卷首的"编纂"门是焦竑设置的,焦竑敏锐地揭示出依据大量图书而成就重要的明代图书生产模式之一:编纂体。李登在编辑摘抄时,首先依《世说新语》门类分编材料,无所归类者再根据材料内容设置门类,最终《类林》成了有所分类的材料集,故《明史·艺文志》将《类林》归入子部类书类,侧重其资料集的性质,《四库全书总目》将之置于子部杂家类,就其材料思想庞杂、学科众多的特点加以归类,都有其合理性。

其实李登首先选择《世说新语》门类来打理焦氏抄录的材料绝非偶然,它表明《世说新语》门类及其记事与焦竑读书"会心处"的关联,表明《世说新语》确如李登所言,为"吾士林雅尚旧矣",以及李登对于《世说新语》门类和记事的熟悉把握。伟大作品的灯塔意义也即表现于此。现存《焦氏类林》共分59门,其中与《世说新语》门类完全相同者23门。② 意思接近的2门:"任达"近《世说新语》"任诞"门,"警悟"近《世说新语》"捷悟"门。比较相似的1门:"诋毁"与《世说新语》"谗险"。或增添类似的门类,如"政事"类外设"兵策""干局"门类,"方正""雅量"外设"长厚","巧艺"外设"书法""声乐"。增添与《世说新语》相反的门类,如相对于"汰侈",增"俭约"门;相对于"栖逸",增"仕宦"门;相对于"纰漏",增"慎密"门;相对于"惑溺",增"清介"门。《类林》59门中至少有35门或正或

---

① 参焦竑万历三十四年(1606)《笔乘自序》,《焦氏笔乘》,《四库全书存目丛书》据万历三十四年谢与栋刻本影印,卷首,子部第107册,第360—361页。

② 依《类林》编排顺序,分别是:方正、雅量、识鉴、言语、政事、文学、赏誉、品藻、凤惠、豪爽、宠礼、企羡、栖逸、伤逝、术解、巧艺、容止、简傲、汰侈、排调、假谲、纰漏、惑溺。

反或侧面地指向《世说新语》门类，覆盖了《世说新语》36 门类中的35 个。

上引李登《类林序》指出《类林》有不同于《世说新语》之处，即"详于伦纪而略于玭璺，该及品汇而结局于仙释，其于名理心宗，往往而在，指示历然"。"详于伦纪"指《类林》在"编纂"门后相继设"君臣""父子""兄弟""夫妇""师友"五大门类，"结局于仙释"指《类林》最后"仙宗""释部"两门。"名理"就"伦纪"言，"心宗"就"仙释"言。由上所论，《类林》的"详于伦纪"和指示的"名理心宗"似乎并不十分自觉，但正如李登所言，"是编虽主采辑，非发其所蕴，而托契神游，何人非我？"李登能从中获得神契为之分类，《初潭集》更是从《焦氏类林》门类中获得了重大启示。

李贽《初潭集》即以"伦纪"分门，全书三十卷，统摄于五伦，将所有的记事/故事都编入五伦门中。在五伦门下，李贽部分引入《世说新语》门类，如"夫妇"下设"才识""言语""文学"小类。李贽以五伦结构全书，象征性地表达了他的思想方法和文化追求。即如他在《与友人》书中所说："后儒不知圣人之心，而徒求之于高远，是以愈离而愈穿凿，至今日遂不成文理耳，何以能使人人修身齐家而平天下乎？……则如李卓吾者又夫子所收赖，不然虽有夫子之善解，而朱文公先辈等必皆目之为卜筮之书，是以幸不见毁于秦，其精者又徒说道理以诳世，何益于人生日用参赞化育事耶！"[1]五伦囊括了人生日用，是其学术施用的最终场所，更是其思想追求的落脚点。

有关五伦排序，古人有各种排法。《孟子·滕文公》教以人伦曰："父子有亲，君臣有义，夫妇有别，长幼有叙，朋友有信。"[2]是父子、君臣、夫妇、兄弟、朋友之序。《淮南子·齐俗训》："夫礼者，所以别尊卑异贵贱，义者所以合君臣、父子、兄弟、夫妻、友朋之际也。"[3]《类林》五伦之序与后者同。李贽《初潭集》则取用《易·序卦》之思路。《序卦》曰："有天地

---

[1]　李贽《续焚书》卷一《与友人》，第 37 页。

[2]　焦循《孟子正义》，《诸子集成》本，上海书店出版社，1986 年，第 1 册，第 226 页。

[3]　刘安著，高诱注《淮南子》，《诸子集成》本，第 7 册，第 169 页。

然后有万物,有万物然后有男女,有男女然后有夫妇,有夫妇然后有父子,有父子然后有君臣,有君臣然后有上下,有上下然后礼义有所错。"①《易》以自然关系向社会关系递进的顺序排列人伦关系,即夫妇、父子、君臣,若沿用此原则,五伦当是夫妇、父子、兄弟、师友、君臣,这是李贽《初潭集》排序之思路。《初潭集》变《类林》之序而沿用易卦之序,也是为了表现其学术思想重自然伦常的特点。

(四)作为材料的《世说新语》《类林》与《初潭集》的意义建构

上文细致分析了李贽《初潭集》的资料来源,是想尽可能地感知李贽编著时案头的图书汇聚情况,了解他是如何读书、用书和写作的。李贽《焚书》《续焚书》留下了众多信件,由此我们知道他喜欢摘录材料,喜欢在书(包括自己编著的书稿)上作批注,然后整理、誊抄,很可能就又产生了一部新著。其《初潭集》《藏书》都可看作是这一阅读和创作方式的产物。对于经典,比如《周易》,依其弟子汪本钶的说法:"钶从师先后计九载,见师无一年不读《易》,无一月不读《易》,无一日无一时刻不读《易》,至于忘食忘寝,务见三圣之心而后已。"②但李贽从不觉得"三圣之心"就是"己心",也不觉得无"己心"者能获得"三圣之心",更不觉得"得三圣之心"就是目的,他认为只有有"己心"才能真正获知"三圣之心"。这一思想和方法,使得他从不臣服于经典,而是通过经典成就自我,进而通过自我使经典更成为经典。

《初潭集》取用了《世说新语》《焦氏类林》《世说新语注》《语林》以及不少正史以及《列女传》材料,他虽取用《类林》五伦门来结构全书,但落实到其中的一则则记事,李贽则完全打散了以上诸书的安排,将这些记事当作一件件可以驱使的材料,按照自己的思想对这些材料进行重组并赋予其思想意义。其中比较重要的思想建构有:

---

① 王弼等注,孔颖达等正义《周易正义》,阮元《十三经注疏》本,中华书局,1980 年,第96 页。

② 汪本钶《哭李卓吾先师告文》,潘曾纮《李温陵外纪》卷一,第 612 页。

1. 以"夫妇"建构二元论并用以批判一元论。

李贽《初潭集》开篇之《夫妇篇总论》曰：

> 夫妇之为物始也如此，极而言之，天地，一夫妇也，是故有天地然后有万物。然则天下万物皆生于两，不生于一明矣。而又谓"一能生二""理能生气""太极能生两仪"，不亦惑欤！夫厥初生人，惟是阴阳二气、男女二命耳，初无所谓一与理也，而何太极之有！以今观之，所谓一者果何物，所谓理者果何在，所谓太极者果何所指也？若谓二生于一，一又安从生也？一与二为二，理与气为二，阴阳与太极为二，太极与无极为二。反复穷诘，无不是二，又恶睹所谓一者，而遽尔妄言之哉！故吾究物始，而但见夫妇之为造端也。是故但言夫妇二者而已，更不言一，亦不言理。……但与天地人物共造端于夫妇之间，于焉食息，于焉言语。斯已矣。①

这里李贽批判了"一生二""理生气""太极生两仪"等一元论。② 三说都有经典和权威来源。"一生二"出《老子》四十二章："道生一，一生二，二生三，三生万物。"③"理生气"出朱熹，《朱子语类》记谦之问："若气如此，理不如此，则是理与气相离矣？"朱子回答道："气虽是理之所生，然既生出，则理管他不得。"④"太极生两仪"出《易传》，《周易·系辞上》曰："是故易有太极，是生两仪。"⑤在李贽看来，一元论的最大危害在于树立或承认独一无二的权威，以此徇人——要人听从或受制于权威，从而失去自我。李贽与耿定向争论的焦点问题是：耿定向之学是"得于孔子而深

---

① 李贽《初潭集》，中华书局点校本，第 1 页。

② 李贽列举三者为一元论代表学说以及我指出的三说来源，固然无误，然若以《老子》《周易》、朱子学为主体加以讨论，则很难得出三者持一元论的结论，这是不同层面的问题。

③ 魏源《老子本义》，《诸子集成》本，第 3 册，第 26 页。

④ 黎靖德编，王星贤点校《朱子语类》卷四《性理一》，中华书局，1986 年，第 71 页。

⑤ 王弼等注，孔颖达等正义《周易正义》，阮元《十三经注疏》本，第 82 页。

信之以为家法",而李贽认为"孔子未尝教人学己",成人当"由己"。① 李贽的"童心"说、"真人"论本质上都是要成就自我。所以"夫妇"在李贽的思想体系中,不但是宇宙中的天地,自然的男女性别,人伦关系中的夫妇,尚可抽绎为二,是对一的否定;是相对,是对绝对的否定;是思想文化中必需的个体选择,是对一个思想权威的否定。他意欲将"夫妇"设置为天地万物之本体,所谓"与天地人物共造端于夫妇之间,于焉食息,于焉言语",具有万物本体的意义。设"夫妇"篇用意,明人也有揭破,闵凌本《初潭集》有一眉批曰:"是言二不言一宗旨。"②《夫妇篇总论》后一段评语则指出以"夫妇"名篇的高明:"只因言个一,言个不贰,造尽千古想头,无处捉摸,不知造端夫妇,早已飞跃眼前,何须更说莫载莫破,乃为立解,此是卓吾老子唤醒步虚之人与以跖实处。"③为了说明一与二之辩证,自古以来花费几许心力,仍然抽象难解。评语还将夫妇与"大之莫载,小之莫破"之"太极"比较,认为卓吾之夫妇说更形象而跖实。

为了直观呈现这种二(夫妇)。《初潭集》卷一"夫妇"一"合婚"中运用 17 则(其中一则两用)材料来呈现万物二元论的本质。

表四　《初潭集》"夫妇"门建立"二元论"表

序号	记事	出处	李贽评点
1	虞翻论求妇	《类林·夫妇》	虞、陆不同,同是贤者。
2	陆玩论求婚	《世说·方正》	
3	刘延明为博士郭瑀婿	《类林·夫妇》	此婿好脸皮。
4	王羲之为太傅郗鉴婿	《世说·雅量》	此婿好肚皮。
5	鲍宣妻桓少君	《后汉书·列女传》	伯鸾、德耀真可两对。
6.1	梁鸿妻孟德耀	《后汉书·列女传》	

---

① 李贽《答耿中丞》,《焚书》卷一,第 15 页。此书作于万历十六年。

② 李贽著,闵邁、闵杲辑评《初潭集》,明闵氏朱墨套印本,《辽宁省图书馆藏陶湘旧藏闵凌刻本集成》第 47 册,中华书局影印,2015 年,第 41 页。此本以下径称"闵邁等辑评本《初潭集》"。

③ 闵邁等辑评本《初潭集》,第 43—44 页。

续　表

序号	记事	出处	李贽评点
6.2	孟德耀求夫梁鸿	《后汉书·列女传》	此妇求夫,求道德也。
7	李络秀为周浚妾	《世说·贤媛》	此妇求夫,求势利也。
8	钟琰相兵家子	《世说·贤媛》	异哉钟氏也。
9	曹操择婿丁礼	《补》《三国志裴注》《语林》	爱才哉曹公也。
10	许允嫌妇阮氏无貌	《世说·贤媛》	此夫嫌妇,太无目也。
11	谢道韫大薄王凝之	《世说·贤媛》	此妇嫌夫,真非偶也。
12	高柔不舍别妻	《世说·轻诋》孝标注引	此人太真。
13	周泽不近其妻	《类林·方正》	此人太假。
14	诸葛诈嫁寡女	《世说·假谲》	孙兴公、诸葛令,爱女之心一也。
15	孙绰诈嫁顽女	《世说·假谲》	
16	温峤诈娶	《世说·假谲》	寿以高材捷足,故偷;
17	韩寿偷香	《世说·惑溺》	温以有扇遮面,故诈。

李贽用两两相对的材料和评语建构一种平衡,象征性表达了二元论,以反对一元论和绝对论。比如1、2两则,虞翻、陆玩同是吴地贵族,虞翻认为婚姻对象可以"远求小姓",不讲根基,陆玩则说"松柏无培塿",结婚当找有根基的人家,李贽将两则相次而列,批点道"虞、陆不同,同是贤者",构建无绝对和非一元的合理性。其他各则也以表面的相似建构二元平衡,同时我们可以直观地看到,李贽使用材料不受来源图书归类或褒贬态度的影响。如第12则高柔爱玩贤妻,《世说新语》放在"轻诋"门,李贽则赞其真,认同夫妻情浓;第13则周泽不让妻子近身,《类林》置"方正"类,为褒,李贽则认为其行为不近人情,太假,寓贬。上述来自各书的记事在李贽手中作为材料而存在,是李贽建构一己思想的素材,这些材料也因为李贽的使用而有了更多的阐释空间。此外,《初潭集》的二元论和相对论还表现在:(1) 亚门类的设置,如"贤夫"与"贤妇"对;(2) 记事中人物设置的平衡,如"泼妇"与"好汉"对,其在"夫妇·妒妇"下总评道:

"此六者，真泼妇也，然亦幸有此好汉矣。"不少研究常以《初潭集》"夫妇"门讨论李贽的妇女观，这固然是一种视角，但这仅是现象层面，李贽以"夫妇"建构思想的深广度和野心远不止此。

闵邃等辑评《初潭集》录数则焦竑评，也呈现出明显的对称。如"焦云如郭如邾，善择婿者"（第 46 页），"焦云如鲍如梁，善择妻者"（第 48 页）；"焦云一高一周夫妇之情迥别"（第 54 页），"焦云一温一韩婚姻之礼一变"（第 56 页）；"焦云袁以不配桓为恨，王以桓求婚为怒，桓后以己女配文度儿，世界原无可不可，人自多分别耳。卓老每每集此，其意自见"（第 59—60 页），"焦云叙出家于合婚条后，一部《初潭》主意"（第 61 页）。前两组句法、立意都对称，第三组就李贽整体思想与《初潭集》主旨形成呼应。六条焦竑点评两两相对，似乎也象征性地显示二元论，表现出其与李贽在思想和呈现方式上的同声相求。

2. 以德行为内核，不以德行为虚位，以批判当下空言道德的社会和文化倾向。

《世说新语》拟孔门四科设"德行""言语""政事""文学"四门，《类林》无"德行"门，焦竑《玉堂丛话》相对门类为"行谊""文学""言语""政事"，变"德行"为"行谊"。《初潭集》卷二"夫妇"二设有与之相应的亚门类，依次是"才识""言语""文学"，却未立"德行"或"行谊"等相应门类，李贽《初潭集序》对自己不设"德行"门类的深意做了一番解说，他说：

> 《初潭》者何？言初落发龙潭时即纂此，故曰《初潭》也。夫卓吾子之落发也有故，故虽落发为僧，而实儒也。是以首纂儒书焉，首纂儒书而复以德行冠其首。然则善读儒书而善言德行者，实莫过于卓吾子也。
>
> 序曰：有德行而后有言语，非德行则言语不成矣；有德行而后有政事、文学，非德行则政事、文学亦不成矣。是德行者，虚位也；言语、政事、文学者，实施也。施内则有夫妇，有父子，有昆弟；施外则有朋友，有君臣。孰能阙一而可乎？
>
> 今且以夫妇言之，举夫妇一端，又且以许允阮新妇一人言之。

观其欲责许允之好色,而先诘以"士有百行"之一言,顿使允夫反情易向,来相敬重,则言语可少哉! 又知明主不可情求,而宜夺之以理;知无预诸儿事,而但教以如常;方允之被收也,妇犹在织而机不下;史赞其与允书,极为凄怆,则政事、文学又何如也! 一妇人之身,未尝不备此三者,何况人士!

　　故孔门列四科而首德行,言其该括于此也。故言德行则三者在其中,非三者则德行将何所见乎! 言夫妇则五常可知,岂有舍五常而别有言语、政事、文学乎! 此非臆说也,孔氏之说也。至为易知,至为简能者也。余既自幼习孔氏之学矣,是故亦以其学纂书焉。书诚可矣,何以可? 曰可也简。①

我一直疑惑:李贽《答何克斋尚书》约作于万历十三年,李贽说他一生"所参礼"的,乃"阳明先生之徒若孙及临济的派、丹阳正脉,但有一言之几乎道者",并表现对儒者的蔑视。②《寄答留都》作于万历十四年,"留都",指南京吏部尚书李世达。书中,李贽自称自己是"化外之民"。③《答李如真》,作于万历十五年,李如真是耿定向的追随者。根据书意,李如真来信抱怨李贽不与他们讨论"亲民""无恶""不厌""不倦"之旨,李贽回此信,说讨论这些问题,是"孔氏之徒"之事,而他是"学佛人也,异端者流","弟禅学也",与他们"路径不同",他还明确表示这正是他不听耿定向之言的原因,所谓"此弟于侗老之言不敢遽聆者以此"。④ 何以万历十六年刊刻的《初潭集》第一序,他起首即定性此书为儒书,宣称自己是最善于"读儒书而善言德行"者呢? 比较合理的解释是,这些信件虽写于万历十六年之前,但最终公开刊出是在万历十八年,而《初潭集》是李贽落发后所纂并刊刻的第一本书。与李贽将《焚书》定位为"专与朋辈往来谈佛乘

① 李贽《初潭集》,中华书局点校本,第1—2页。句读有不同。
② 李贽《李温陵集》卷一,《四库全书存目丛书》集部第126册,第169页。这些篇目当出于万历十八年本《焚书》,而不见于万历二十八年本《焚书》。已见第三章。
③ 李贽《李温陵集》卷四,《四库全书存目丛书》集部第126册,第211—213页。
④ 李贽《李温陵集》卷一,《四库全书存目丛书》集部第126册,第162—163页。

者"之书不同,《初潭集》为子部小说类之书,是"至为易知,至为简能者",将面向更广阔的大众,故其以儒者、儒行定位并定性之。又或者其自身身份定位万历十六年乃一大变?

《初潭集》一、二级目录皆无"德行"门,书中也不谈德行,何以要在序中大谈德行呢?想来这正是李贽用意高明之处。(1)《初潭集》的写作与《世说新语》有关,我们读《初潭集》,总有这一系统预设,但此序将德行、言语、政事、文学拉出《世说新语》框架,回归到孔门四科,给予《初潭集》以更深层的思想框架和更高远的思想文化追求。(2)不设置"德行"门,是强调"德行"的内核意义、本体意义。有德行的言语、政事和文学才构成其所言以及其所选材料中的"言语""政事"和"文学",故"德行"不与"言语""政事""文学"在一个层次上,序文一直用理论和书中实例来强调德行是本体,其他是德行施行之场所,而《初潭集》全书都是德行施行过程中产生的故事,故"施内则有夫妇,有父子,有昆弟;施外则有朋友,有君臣"。德行与全书五大门类(五用)构成本末体用关系。"德行者,虚位也;言语、政事、文学者,实施也",如《易》之"大衍之数五十,其用四十有九"①;一如《文心雕龙》一书,《序》为一,全书四十九篇的设置。所以,不设"德行"门类,实强调"德行"之本体意义。这也是李贽自言"善读儒书而善言德行者,实莫过于卓吾子也"的原因。(3)由此,李贽可以在《初潭集》中不谈德行,不引德行记事,而在德行的反面(如"声色",详下)从容立论举证。(4)悬置德行,实是不空言德行。这是李贽要显示对所厌弃的充斥时代的假道学者空言道德的批判态度和批判策略。

3. "性命""功业"自"声色中来"

《初潭集》卷三"夫妇"三设置"贤夫"亚门类,其中所收记事包括汉高祖后宫歌舞,"齐首高唱,声入云霄";项羽四面楚歌;李延年为汉武帝歌舞;汉武帝李夫人事;汉武帝陈皇后事;卓文君、司马相如事;阮籍越名教事;王戎悭吝事;八达裸裎事;阮孚母丧时穿孝服追鲜卑婢事……全部可归之为失德的声色之事。焦竑对此类之题目与内容就提出疑问:"集中

---

①　王弼等注,孔颖达等正义《周易正义》,阮元《十三经注疏》本,第80页。

所列笃于夫妇耳，未见贤也。岂卓吾所贤别有取耶?"①又在王戎俭啬条下提出疑问："王戎最鄙，何得列于贤夫? 误耶? 故耶?"②李贽确实通过此小类对"贤"重新定义，即焦竑所言之"故耶"。在诸记事下，李贽评点道：

> 甚矣，声色之迷人也。破家亡国，丧身失志，伤风败类，无不由此，可不慎欤! 然汉武以雄才而拓地万馀里，魏武以英雄而割据有中原，又何尝不自声色中来也。嗣宗、仲容流声后世，固以此耳。岂其所破败者固有在，或在彼而未必在此欤? 吾以是观之，若使夏不妹喜，吴不西施，亦必立而败亡也。周之共主寄食东西，与贫乞何殊，一饭不能自给，何声色之娱乎! 固知成身之理，其道甚大：建业之由，英雄为本。彼琐琐者，非恃才妄作，果于诛戮，则不才无断，威福在下也。此兴亡之所在也，不可不慎也。（第 37 页）

李贽指出"声色"（物质、欲望）追求可成就帝王的开疆拓土，如汉武、魏武；可成就思想家和践履者的留名青史，如阮籍、阮咸。他以正反之例论证"声色"非破国亡家的根本原因，夏末即使没有妹喜、吴即使没有西施，夏、吴照旧会败亡；东周的周天子与贫乞境遇相似，根本没有声色之娱，东周也照样被历史淘汰。从而得出声色本身没有问题，重要的是人是否能成人、成身。成身之人能建业，能为英雄；不能成身，则为"琐琐者"，琐琐者"非恃才妄作，果于诛戮，则不才无断，威福在下也"。又卷三"俗夫"下李贽评点道：

> 夫而不贤，则虽不溺志于声色，有国必亡国，有家必败家，有身必丧身，无惑矣。彼卑卑者乃专咎于好酒及色，而不察其本，此俗儒所以不可议于治也欤。（第 49—50 页）

---

① 闵邃等辑评本《初潭集》，第 105 页。

② 闵邃等辑评本《初潭集》，第 112 页。

同样重要的是成人、成贤，不在于消除世上的好酒和美色。不成贤，即使其人不好声色，也必亡国、败家或丧身，所以李贽称将乱政和世风归结于酒色或奢华的人为"卑卑者"和"俗儒"。李贽十分强调成人、成贤，即具有独立判断的个体，《初潭集》即用他书之故事建构和表达自己的这一核心思想。李贽用《世说新语》《类林》及正史等材料为历史事件、故事传说中的各色人等洗却好声色之污名，赋予声色以活力和动力，呼唤具有独立精神和判断的个体。

明代《世说新语》经典化过程的时代特点十分明显。由于明代文人图书拥有量剧增，较之前的时代，图书更易被刊刻，《世说新语》爱好者何良俊、焦竑可以依据自家丰盈的藏书而搜集到大量的《世说新语》式的材料，完成自己作为《世说新语》类作家的身份，并能将自己《世说新语》类著作刊刻出来，流传后代。王世贞《世说新语补》在明代十分流行，它呈现出明代图书市场翻新经典的物质能力和精神动力的强劲，《世说新语补》虽自明末起即备受诟病，但其传播《世说新语》的意义不容忽视，其对于《初潭集》的催生即是明证。即使云《世说新语》在明代因《世说新语补》而获得更多接受，也毫不为过，李贽对《世说新语补》的使用可能超过对《世说新语》原本的使用，提醒我们经典衍生物对经典传承的意义同样不可忽视。何良俊、王世贞、焦竑、李登、李贽、李绍文等都身兼作者和读者之职，他们依据自己的方式在《世说新语》写作和阅读传统中找到了自己的位置，尤其是李贽，他对《世说新语》式材料的创造性使用，使文献重新编码，赋予其新鲜的思想意义。从学术体系上看，其将说部书儒学化，即李贽自序所言的"虽落发为僧，而实儒也。是以首纂儒书焉"，明人也是这么看待《初潭集》的，如沈懋孝批评《初潭集》"以五伦品目分编《世说》，粗豪谈达，弄侠气于偏旁"，"灵气扫尽"①；以"夫妇"构建二元论以批判一元论和绝对权威；悬置孔门四科和《世说新语》中的"德行"门类，将之设定为《初潭集》的思想基石和追求，同时实践其对当时空言德行的

---

① 沈懋孝《书世说鼓吹之前》，《长水先生水云绪编》，《四库禁毁书丛刊》集部第 160 册，第 218 页。

世风的批判；以"声色"作为性命和功业之动力，建构成人、成身的思想追求。其理论对于置身于物质极大丰富的当代社会的我们也无疑具有深刻的借鉴意义。

第六章
竞争和使命：毛晋藏刻书与国家文化权力分享

　　毛晋(1599—1659)，常熟人，汲古阁主人，钱谦益学生，诸生，天启丁卯(1627)南京乡试失败，次年(戊辰，崇祯元年)开始大量刻书。毛晋的相关文献，《汲古阁丛书》做了完整的收录，[1]毛晋生平、藏书、校勘、刻书等的研究论著也极其丰富，[2]本章将在晚明帝国藏书、刻书优势地位丧失[3]的对比框架中讨论以毛晋为代表的民间资本和江南士绅的图书生产对于国家文化权力的承担和分享以及之于中华文化的意义。

---

　　① 《汲古阁丛书》(全七册)，全国图书馆文献缩微复制中心，2008年。

　　② 如钱大成《毛子晋年谱稿》(《国立中央图书馆馆刊》第一卷第四号，1947年)，三浦理一郎《毛晋交游研究》(华东师范大学出版社，2012年)，郑伟章、李万健《中国著名藏书家传略》(书目文献出版社，1986年)，曹之《毛晋藏书考略》(《山东图书馆季刊》2002年第1期)，章宏伟《毛晋刻书活动考论》(见氏著《十六—十九世纪中国出版研究》，上海人民出版社，2011年)，周彦文《毛晋汲古阁刻书考》(花木兰文化出版社，2006年)，汪绍楹《阮元重刻宋本十三经注疏考》(《文史》第三辑，1963年)，杜泽逊《"秦火未亡，亡于监刻"辨——对顾炎武批评北监〈十三经注疏〉的两点意见》(《文献》2013年第1期)，朱居易《毛刻宋六十家词勘误》(中华书局，1936年)，孔毅《汲古阁刻本〈津逮秘书〉杂考》(《四川图书馆学报》1989年第2期)等。

　　③ 许媛婷《藏书拼图：明代图书文化析论》认为："明代公家藏书体系，从初期兴盛，至中期以后趋于衰微的走向；跟私家藏书体系的发展，自初期的沉寂，其后转为繁盛，正好形成一个交错的走势。而这中间的交错点，在时间上大概是从正德年间到万历之间。"(花木兰文化出版社，2010年，第248页)

一、畏于宣谕的帝王和倒包的里长闾阎

万历十八年(1590)的明帝国官员明显地感觉到皇权影响力的减少，这既因为皇帝长期的消极怠工，[①]也体现在百姓对帝王的敷衍和忽略，其中最有象征意味的可能要数自明初开始的皇帝每月举行一次的宣谕仪式的终结。沈榜(1540—1597)万历十八年升任顺天府宛平县知县，他根据档册文件编著了《宛署杂记》一书，首列"宣谕"，这些记录皇帝口语的简短的充满人情味的叮嘱式的文书，显示了明代帝王将训诫通过自己的声音渗透到帝国每个民众生活和心中的努力。《宛署杂记》卷一"宣谕"云：

> 祖制：朔旦，文书房请旨传宣谕一道，顺天府府尹率宛、大二县知县自会极门领出，府首领一员捧之前，至承天门桥南，召两县耆老面谕之。月一行，著为令。语随时易。惟正月、十二月，以农事未兴，无之。

"文书房"隶属于内府机务衙门司礼监，掌管题奏本章的收进、管理和发放，每月初一从文书房中捧出的皇帝宣谕，由顺天府尹率领宛平、大兴两县县令自皇极殿前的会极门领出，庄严地走到承天门(今天安门)桥南，两县耆老早已等候在此，然后由顺天府尹向他们传达宣谕的内容。虽然只有顺天府官员和宛平、大兴两县耆老参加这一仪式，但象征性地表达了皇帝"欲其自畿内布之天下"的意图。[②]

《宛署杂记》收录了宛平县所存的正德十二、十四、十五年，嘉靖七、十七、二十二、三十三年，隆庆二年，万历四、五、十八年的宣谕文书。兹录嘉靖七年宣谕如下：

---

① 参黄仁宇《万历十五年》第三章《世间已无张居正》，中华书局，1982年，第76—79页。

② 沈榜《宛署杂记》，北京古籍出版社，1983年，第1页。

二月，说与百姓每：养生全靠着谷粟，不要懒惰农业。

三月，说与百姓每：农家须要勤力，不许耽误时月。

四月，说与百姓每：各安本分，不要生事害人。

五月，说与百姓每：各务生理，不要闲过。

六月，说与百姓每：各保身家，不许指称诓骗财物。

七月，说与百姓每：田禾收了，务要撙节用度。

八月，说与百姓每：不许将耕种田地投献势家。

九月，说与百姓每：秋成后须要积蓄多馀粮石，以备荒歉。

十月，说与百姓每：天气寒了，父母有年老的，好好奉养他，莫教冻馁。

十一月，说与百姓每：都安分守法，贫的不要歹勾当，富的不要骄奢。

据徐阶《常朝奏事答旨》，此宣谕，"每月初一日，顺天府官领耆老等听"。宣谕，"内阁先期拟谕词上进，司礼监官录一帖随侍"，等顺天府尹等奏事毕，"皇上以谕词面谕之，或命司礼监官以所录帖与之"。[①] 每条宣谕都记录了皇帝让地方官转述自己说话的口吻（"说与百姓每"），每月有不同的叮咛，除叮咛每个个体要各务生理外，还充分地表达了以农为本的思想，包括适时耕种收纳的提醒；面对嘉靖中土地兼并的日益严重，希望自耕农能守住土地；以及十二月、正月因农事未兴，故无宣谕。其次是提醒每个个体各守本分，安分守法，不生事害人，各保身家，虽然贫穷，但不作违法的事（"歹勾当"）。同时也不废品德教育，包括孝养父母，勤劳，节俭，富不骄等。沈榜赞美宣谕如家人父子般的殷勤亲切："谆切随时告诫，触景廑虑，宛然家人父子，拮据纤勤，蚤作夜思如斯之详且亹亹也"，并将明代帝王这一做法与五帝夏商周黄金时代的政治相比，认为"唐虞成周""以迄后稷树艺，司徒振德"，都局限在"在廷命官"之中，未能"如今

---

① 徐阶《世经堂集》卷六"奏疏一·礼文类"，《四库全书存目丛书》据万历徐氏刻本影印，集部第 79 册，第 469 页。

日家喻户晓"。沈榜认为即便如《诗经·豳风·七月》般的做法，也只是在"讽诵民俗"的层面，也不如今日这般政治制度化和常规持久，"颁之朝堂，布之方策，天子临轩，亲与野人相告语，面命耳提，月一举行，世世不替"，他认为明代使用宣谕文书，"使近自郊甸，远暨要荒，悉吾皇一身为之命令教诏，真若豳民家长之于其家众然"。① 宣谕使家国真正得以同构，帝王的教化和训诫渗透到了帝国每个公民的生活中和心中。

然而沈榜不无痛心地指出，嘉靖、隆庆末年，宣谕从外在仪式到内在精神都空洞化了。他说：

> 乃嘉、隆末，畿民困敝，不及时至，则雇市井无赖充之，名曰倒包。里长闾阎，无复知德意者。而且以称病，甚或有以代役持其短，宣谕遂浸失其初矣。遐迩小民，其谁知之！（第1页）
>
> 嗟嗟！谕之不从，民之愚也，奈之何畏于宣谕！至里老雇役以应命，并面从者无之矣。天颜咫尺尚尔，有司又安所辞其责哉！（第9页）

在百姓一方，首先因人口流动、畿民困敝等原因，不能保证每月初一宛平、大兴耆老都能聚集在承天门外听候宣谕，但既然这一仪式还得一如既往地进行，他们只能雇佣有时间的人来充任，沈榜称这些被雇佣者为"市井无赖"。② 既然他们是来充数的，当然难以指望其转告里长闾阎宣谕的内容，即使转告了也失去了严肃性，所以沈榜说天下人"无复知德意"。本来此段中"而且以称病，甚或有以代役持其短"这句话不易解，但若与下文"谕之不从，民之愚也，奈之何畏于宣谕"一并理解，则"称病"者是皇帝。在皇帝一方，是作为宣谕者的"畏于宣谕"。我颇怀疑这里的"以代役持其短"，可能是因为此宣谕并非真正的皇帝宣谕，或者文书房代皇帝所书之帖不得与皇帝所书等长，其尺寸会相应较小，故称"短"。

---

① 沈榜《宛署杂记》，第3、7—9页。

② 中国古代对闲人、游民存有戒心，闲人又称游手好闲之人，进而又有市井无赖之称。

沈榜面对宛平县档册中长短不齐的宣谕帖，特别是万历数年间的短帖，故而有"嘉、隆末"宣谕渐浸的时间设定，或者也是"万历以来"的隐晦表达。沈榜万历十八年任宛平知县，他应该是参加过宣谕仪式的，其《宛署杂记》万历二十年编成，①但沈榜宣谕帖只记录到万历十八年，考虑到沈榜对宣谕仪式评价如此之高，如果万历十九年依然举行这一仪式，即使没有宣谕帖，他也应该有所记忆或记录的，故颇怀疑万历十九年或许此仪式已告终结，所以沈榜感慨系之。他感慨"面从者无之"，"天颜咫尺尚尔"，更何况"遐迩小民，其谁知之"！皇帝与兆民沟通、向兆民发送信息的渠道和仪式在君民双方的漫不经心中已然关闭和消歇，宣谕文书成为遗迹。

二、宫廷藏书的优势地位丧失

宫廷因有接受前代遗书的优势，复能发动最强大的政治、经济力量求书，有最完善的机构和人员保存和管理图书，亦需用典籍显示一个王朝稽古右文的文治之道，故中国古代宫廷藏书，数量多，质量优，"是历朝历代藏书之主体"②。丘濬弘治五年（1492）《请访求遗书奏》从图书的性质以及自古帝王传递文化的职责的角度论及宫廷保存图书之重要：

> 惟（夫）所谓经籍图书者，乃万年百世之事（焉），是皆自古圣帝明王、贤人君子精神心术之微，道德文章之懿，行义事功之大，建置议论之详，今世赖之以知古，后世赖之以知今者（也）。……是以自古帝王任万世世道之责者，莫不以是为先务（焉）。③

---

① 沈榜《宛署杂记自序》作于万历二十年人日。

② 参张升《明清宫廷藏书研究》前言，商务印书馆，2006年，第1页。

③ 陈子龙等编《明经世文编》卷七十六收丘濬《访求遗书疏》（第1册，第649—650页），丘濬《琼台诗文会稿重编》卷八作《请访求遗书奏》，题下署"弘治壬子五月十二"（见《四库提要著录丛书》集部第264册，第177—178页）。此处以及下两段引文皆出此，其中（）为《会稿》仅有，〔〕为《文编》仅有。

他还与私家藏书比较以说明皇家藏书的优势以及由此而来的责任：

> 民庶之家，迁徙不常，好尚不一，既不能有所广储，虽储之，亦不能久，所赖石渠、延阁之中，积聚之多，收藏之密，扃钥之固，类聚者有掌故之官，阙略者有缮写之吏，损坏者有修补之工，散失者有购访之令，然后不致于浥烂散失尔。

相对于私人藏书的频繁易主、根据自己的爱好收藏，宫廷藏书有更强的稳定性和连续性，图书种类应当最全面，数量更大，而且保存条件最好，管理机构最严密，管理人员配置得最周全，等等。

明初搜求遗书的力度也是相当大的，成果也十分明显，但从现有的文献看，至少弘治年间丘濬已提出明代宫廷藏书数量上的不足以及图书管理方面存在的问题并提出一系列补救措施。他说：

> 我太祖高皇帝肇造之初，庶务草创，日不暇给，首求遗书于至正丙午之秋，是时犹未登宝位也。既平元都，得其馆阁秘藏，而又广购于民间，没入于罪籍，一时储积，不减前代。然藏蓄数多，不无乱杂，积历年久，不无鼠蠹，经该人众，不无散失，今内阁储书有匮，书目有簿，皆可查考。乞敕内阁大学士等计议，量委学士并讲读以下官数员，督同典籍等官，拨与吏典班匠人等，逐厨开盘，将书目一一比校，或有或无，或全或欠，或多或少，分为经史子集四类，及杂书、类书二类，每类若干部，（每）部若干卷，各类总数共若干，要见实在（的）数，明白开具奏报，又以木刻考校年月[日]、委官名衔为记识于每卷之末，立为案卷，永远存照。
>
> ……前代藏书之多，有至三十七万卷者，今内阁所藏不能什一。数十年来，在内者未闻有所考校，在外者未闻有所购求。臣恐数十年之后，日渐损耗，失今不为整治，将有后时无及之悔。伏望[皇上]体圣祖诏求遗书之心，任万世斯文在兹之责，毋使后世志艺文者以书籍散失之咎归焉，不胜千万世儒道之幸。

丘濬上奏有两大目的,即在内"考校""整治"现藏书,在外购求新书。奏疏提到宫廷现藏书存在三大问题:未经整理,故杂乱;保管不善,有破损;管理不善,有散失。明代废除了正六品的秘书监,掌管宫廷典籍的是从八品的两名典籍,实在人微言轻,故丘濬建议由皇帝出面,敕令内阁大学士们商议,酌情委派翰林院学士、讲读以下数名官员与典籍等管理人员合作,并配给相应的吏典班匠,一起对现藏图书进行清点和整理。奏书中提到的"书目有簿",或指正统六年(1441)杨士奇等人所编《文渊阁书目》,这是一本插架书目,故丘濬云用此书目,逐橱一一盘点,确定书目中书在书橱中是有还是无,如果有,图书状况是全还是缺,如果是缺,缺多少,每本书情况都要记录清楚上报,并且留下考校时间、考校人姓名及官职等,永远存照。今存读画斋丛书本《文渊阁书目》即留下完全、残、缺三等编次,不知是否与丘濬建议有关? 丘濬云明代内阁所藏书不及隋朝的三十七万卷的十分之一,即不足三万七千卷,故需要广泛购求图书,只有这样,宫廷藏书才能承担"万世斯文在兹之责"。

到万历时,因众人之觊觎,加上图书管理的混乱,中秘书中宋板书散失已非常严重。王肯堂(1552? —1638)描绘了万历己丑(十七年,1589)他在文渊阁借书的遭遇以及由此真切感受到的秘阁宋板书的严重流失:

> 文渊阁藏书,皆宋元秘阁所遗,虽不甚精,然无不宋板者。因典籍多赀生,既不知爱重,阁老亦漫不检省,往往为人取去,余尝于溧阳马氏楼中见种类甚多,每册皆有文渊阁印。己丑既入馆阁,师王荆石先生[王锡爵(1534—1611)]谓余与焦弱侯曰:"君等名为读中秘书而不读中秘书,何为?"吾命典籍以《书目》来,有欲观者可列其目以请。少顷典籍果以《书目》来,仅四册,凡余所见马氏书,已去其籍矣。及按目而索,则又十无一二,存者又多残缺。讯之,则曰:"丙戌馆中诸公领出未还故也。"时馆长彭肯亭烊已予告归,无从核问,试以讯院吏,院吏曰:"今在库中。"余大喜,亟命出诸库,视之,则皆易以时刻。人、事、书,非复秘阁之旧矣。余亟令交还典籍,典籍亦竟朦胧收入。今所存仅千万之一,然犹日销月耗,无一留心保护者,

不过十年，必至于无片纸只字乃已。甚可叹也！①

王肯堂与焦竑同为万历十七年进士，同年入馆阁，焦竑为翰林修撰，王肯堂为检讨。文渊阁大学士王锡爵鼓励他们读书，王肯堂于是请图书管理员典籍拿来《文渊阁书目》准备依据此目借书，很快，典籍就拿来了四册《书目》，王肯堂首先联想起了之前在溧阳马氏楼中曾见到过种类甚多的钤有文渊阁印的图书，于是检核《书目》，看是否还有那些书，发现那些书已从目录中去掉了，他确定了马氏楼中钤有文渊阁印的图书确实是从明文渊阁流失出去了。于是他又按目录索借他想读的其他书，结果也是十之八九找不到，即使少数找到了，也有很多不是全本。他问典籍何以如此，典籍说是上一任翰林院诸公借出去没还。彭烊是万历丙戌年（十四年，1586）进士，同年入职翰林，②他应该是上一届翰林中协助典籍管理图书的，故称其为馆长。但此时彭烊已出翰林院，王肯堂无法与之对质，于是他咨询翰林院旧吏，旧吏告诉他很多书放在翰林院库房中，王肯堂大喜，让院吏赶快将库房中书搬出，估计王肯堂想借看的都是宋本书，可院吏搬出来的都是当时的刻本，作者、内容、书本都不是秘阁之旧物，馆阁旧物已被调包了。王肯堂让院吏赶快将这些书交给图书管理人，典籍也不管宋本明本，糊里糊涂就收下了。尽管王肯堂将文渊阁图书流失的责任归结于图书管理员赀生的身份，因而他们不懂得爱重图书，而大学士们又不检查，不过读这一段文字，似乎王肯堂也不能判断这些流失的宋本，是典籍拿走了，还是翰林或翰林们调包了，甚或是院吏下手，也不能判断溧阳马家藏书楼中的文渊阁书是不是曾任职翰林的马一龙之类

---

① 王肯堂《郁冈斋笔麈》卷二，《续修四库全书》据万历三十年汪懋锟刻本影印，第1130册，第62—63页。

② 王世贞《弇山堂别集》卷八十四录有万历十四年四月由内阁吏礼二部翰林院堂上官会选的十八位庶吉士名单，名单第一位为袁宗道，第十一位是彭烊。本来内阁大臣申时行拟袁宗道第二，因为朗诵袁宗道文章的大学士许国方言太严重（"音楚"，许国，徽州歙县人），皇帝不高兴，降袁宗道为二甲第一。（王世贞撰，魏连科点校《弇山堂别集》，中华书局，1985年，第1594—1595页）

借出不还还是他买到的……唯一可以肯定的是文渊阁的许多宋板书流失了。图书管理员、院吏不懂书,也不爱惜书,可以接触到秘阁藏书的人,或觊觎之,或对之漫不经心,这应是万历秘阁图书管理的现状。

谢肇淛描绘了叶向高为首辅时(万历三十五—四十一年)文渊阁的宋板宋集保存情况:

> 内府秘阁所藏书甚寥寥,然宋人诸集,十九皆宋板也。书皆倒折,四周外向,故虽遭虫鼠啮而中未损。但文渊阁制既库狭,而牖复暗黑,抽阅者必秉炬以登。内阁老臣无暇留心及此,徒付管钥于中翰涓人之手,渐以汩没,良可叹也。吾乡叶进卿先生当国时,余为曹郎,获借钞得一二种,但苦无佣书之资,又在长安之日浅,不能尽窥东观之藏,殊为恨恨耳。①

> 宋集五十馀种,皆宋刻本,精工完美,而日月不及,日就湮腐,恐百年之外,尽成乌有矣。②

他指出万历后期秘阁中尚有宋板宋集五十馀种,这些书虽然四边受损,但中间内容部分犹可观,有鉴于秘阁图书管理的松懈,他对这些书的未来深表忧虑。

如果说弘治年间丘濬还是在积极提升宫廷藏书地位的意义上提议整理现藏书、求购新书,万历二十二年(1594),焦竑提议求购图书时,传承万世斯文已不成其主要理由,焦竑希望能利用中秘藏书勉强完成自己当下的修史任务。是年因大学士陈于陛举荐,焦竑入史馆修本朝国史,③其《修史条陈四事议》曰:

---

① 谢肇淛《五杂组》卷十三,第 1777 页。
② 谢肇淛《五杂组》卷十三,第 1774 页。
③ 参容肇祖《焦竑年谱》,《容肇祖全集》,第 2 册,第 830 页。

一书籍之当议。古之良史，多资故典会粹成书，未有无因而作者。即今金匮石室之中，当备有载籍，以称昭代右文之治。臣向从多士之后，读中秘之书，见散失甚多，存者无几，藉令班马名流，何以藉手？①

焦竑悲哀地发现，中秘之书不敷使用，感叹巧妇难为无米之炊，所以他提议地方提学官上交各地方刊刻当代之作以及向作者求书或购书，已见上引。

万历三十三年孙能传、张萱等编《内阁藏书目录》收书 2447 种，18000—19000 册，其中一半是正统之后所出之书，杨士奇《文渊阁书目》收书 7256 部，5000 馀种，42600 多册，两者比对，同者 1000 馀种。② 不过朱彝尊说："今以正统六年目录对勘，四部之书十亡其九，惟地志差详，然宋元图经旧本并不登载，著于录者，悉成弘以后所编，是则内阁藏书至万历年已不可问。重编之目，殆取诸刑部、行人司所储录之，以塞责尔。"③

---

① 陈子龙等编《明经世文编》卷 456，第 6 册，第 5004 页。又见焦竑《焦氏澹园集》卷五，第 237 页。

② 与众说以及统计数据不同的是沈懋孝。其万历二十九年(1601)《木天秘函目略叙》云："余尝叨典制命，三直文渊之署，后先八年，乃始见秘中书，约有二万馀部，九十万卷，富有溢前代。其书刻本者十之三，抄本者十之七。无此大力传其副，且人直者以辰人未出，不及详，又不敢借，第涉目而已。"(《长水先生四馀编》，《长水先生文钞》本，《四库禁毁书丛刊》集部第 159 册，第 650 页)据过庭训《本朝分省人物考》卷四十五沈懋孝条，沈懋孝确曾如其言有"直文渊之署"的经历，最早是在隆庆二年(1568)。但他只在文渊阁待了三个时辰，他还有美化当朝文化的习惯，如其《内阁藏书楼记》(《长水先生文钞》，《四库禁毁书丛刊》集部第 159 册，第 163—165 页)。其说恐不可信。

③ 朱彝尊《跋重编内阁书目》，《曝书亭集》卷四十四，《清代诗文集汇编》本，上海古籍出版社，2010 年，第 116 册，第 364 页。张升《明清宫廷藏书研究》云朱彝尊《文渊阁书目跋》有"(内阁藏书)万历间十仅存二三耳"语，他认为这种说法是准确的(见氏著，第 45—50 页)。朱彝尊《文渊阁书目跋》云："秘省所藏，土苴视之，盗窃听之，百年之后，无完书矣。迨万历乙巳辅臣谕内阁敕房办事大理寺左寺副孙能传、中书舍人张萱、秦焜、郭安民、吴大山校理遗籍，惟地志仅存，亦皆嘉隆后书，初非旧本。经典散失，寥寥无几。"(《曝书亭集》卷四十四，第 364 页)与张著所引内容不同，不知何故？

孙能传、张萱等在《内阁藏书目录》最后著录"旧书目二册",并在其下寄寓感慨和希望道:"国初秘阁所藏书目也。纵横三尺馀,细书。记其卷数,不下十万有奇。藏书之富,古今未有,今存之以志其盛。圣世右文,遣一介使购求遗书,浸复旧藏,亦一快也。"①《内阁藏书目录》著录明人别集约 180 种,这一数量远不及焦竑万历三十年本《国史经籍志》中同类书的数量,可见焦竑《国史经籍志》更多利用了其他的材料。

刘若愚《酌中志》所云万历中内府经板的散失也可与秘阁书散失参看。其《内板经书纪略》云:

> 凡司礼监经厂库内所藏祖宗累朝传遗秘书典籍,皆提督总其事,而掌司、监工分其细也。自神庙静摄年久,讲帷尘封,右文不终,官如传舍,遂多被匠夫厨役偷出货卖。柘黄之帖,公然罗列于市肆中,而有宝图书,再无人敢诘其来自何处者。或占空地为圃,以致板无晒处,湿损模糊,甚致劈毁以御寒,去字以改作。即库中见贮之书,屋漏浥损,鼠啮虫巢,有蛀如玲珑板者,有尘霉如泥板者,放失亏缺,日甚一日,若以万历初年较,盖已什减六七矣。既无多学博洽之官综核齐理,又无簿籍数目可考以凭销算。盖内官发迹,本不由此,而贫富升沉,又全不关乎贪廉勤惰。是以居官经营者,多长于避事,而鲜谙大体,故无怪乎泥沙视之也。然既属内廷库藏,在外之儒臣又不敢越俎条陈,曾不思难得易失者,世间书籍为最甚也。……今将有用图书尽掷无用之地,岂我祖宗求遗书于天下,垂典则于万世之至意乎? 想在天之灵,不知何如其恫然、何如叹息也!②

刘若愚将经厂书板因疏于管理而霉坏散失的时间定在万历中,与秘阁书的散失时间接近。

因此自万历中起,士人已对中秘藏书表现出彻底的失望和不屑。如

---

① 孙能传、张萱等《内阁藏书目录》,《续修四库全书》第 917 册,第 119 页。

② 刘若愚《酌中志》卷十八,第 453—455 页。

谢肇淛《五杂组》卷十三载："俗语谓京师有三不称，谓光禄寺茶汤、武库司刀枪、太医院药方。余谓尚不止于三者，如钦天监之推卜、中书科之字法、国子监之人材、太仓之畜积，皆大舛讹可笑。而内秘书之藏不及万卷，寥寥散逸，卷帙淆乱，徒以饱鼠蟫之腹，入胠箧之手，此亦古今所无之事也。"①明人对朝廷之政治，经济、军事储备，天文、医学等技术水平和茶点制作工艺，甚至朝廷选拔的人才等都极度不屑，中秘藏书更是一个古今以来的大笑话。自此时起，明人再不相信朝廷有意愿和能力搜集天下遗书。谢肇淛说："胡元瑞谓欲以三年之力，尽括四海之藏，而后大出秘书，分命儒臣，编摩论次。噫，谈何容易！不惟右文之主不可得，即知重文史者，在朝之臣，能有几人，而欲成万世不刊之典乎？内阁书目，门类次第，仅付之一二省郎之手，其泯淆鱼豕，不下蒙瞀，而不问也，何望其它哉！"②因为明代图书生产的发达，万历十七年前，胡应麟认为只要能仿前史"求书遗意"，必能"事半昔人，功必百之"，所以有秘阁"俟以三年之力，尽括四海之藏"之展望，③谢肇淛"谈何容易"的叹息，不是明代没有这样的图书生产能力，而是"右文之主不可得"，而"知重文史者"，不在朝臣之中。

可以说，自万历中后始，士人自豪于此时强大的图书生产能力，但舆论普遍认为中秘书数量不及士人藏书远甚。于慎行曰："汉唐宋开国之初，皆尝博求遗书，故其时内府之藏，尽天下之有，若史籍所志，何其富也！本朝则不及远矣。永乐间，亦尝遣使四购，不知所得几何，乃今秘阁之藏，不及士人积书之半，天禄、石渠之奥，空虚等此，亦大缺典也。"④谢肇淛云："余尝获观中秘之藏，其不及外人藏书家远甚。"⑤又认为知重文史者，不在朝廷，而在民间。同时于慎行又将坊肆图书生产剔除出去，

---

① 谢肇淛《五杂组》卷十三，第 1774 页。
② 谢肇淛《五杂组》卷十三，第 1774 页。
③ 胡应麟《少室山房笔丛》，《经籍会通四》甲部卷四，第 49—50 页。
④ 于慎行著，吕景琳点校《谷山笔麈》卷七，中华书局，1984 年，第 82 页。
⑤ 谢肇淛《五杂组》卷十三，第 1774 页。

"徒使坊肆讹刻,日滋月盛,毁瓦书墁,寝失旧本,其去秦火之灾,一间耳"①。如此可知,在明代士人眼中,图书生产的真正力量当在士人。

三、家国对比视野下的毛晋藏刻书意义建构

明末图书收藏和生产的最强有力的代表当推毛晋。据荥阳悔道人《汲古阁主人小传》,毛晋藏书"前后积至八万四千册,构汲古阁、自耕楼以庋藏之",不仅藏书极丰,而且刻书极广而精。毛晋同时代人已剖析过毛晋及其汲古阁藏刻书的多种意义。如陈瑚赞汲古阁是连接地脉天心之所在,而毛晋则是书仙。其《题汲古阁》诗有句曰:"赤文绿字分梨枣,玉轴牙签拥古今。山接南湖知地脉,桥依北斗见天心。自惭未食神仙在,输与君家脉望深。"②诗中"山"指常熟虞山,毛晋家在常熟隐湖南("南湖")有载德堂等,又称"七星('北斗')桥汲古阁毛氏家"③,陈瑚巧妙地将汲古阁旁景物之名与地脉天心连接起来,赋予汲古阁接续天地文脉的意义,又用《仙经》"蠹鱼三食神仙字,则化为此物,名曰脉望"④,自谦自己只是书虫,而毛晋已成为书仙,羡慕毛晋以刻书和藏书而拥有了古今。茅维则将毛晋刻书与俗儒以及南北国子监刻书相对照,突出汲古阁图书文化的优越以及影响广远。其《题汲古阁》吟道:"所忧世俗儒,讹谬成散佚。帝虎与焉乌,雠勘谁得失。遂将枕中秘,剖劂副子墨。先河而后海,从事始经籍。书成走天下,两雍未能匹。蜑户及鸡林,构之如拱璧。"⑤茅维认为俗儒刻书即是毁书,毛晋刻书则是为了挽救经籍,由此越刻越多,渐成如江河湖海之势,其文化生产力已经碾压国家的南北两

---

① 于慎行著,吕景琳点校《谷山笔麈》卷七,第 83 页。

② 毛晋等《隐湖唱和诗》,见《汲古阁丛书》第 1 册,第 45 页。

③ 前句见毛晋《重镌〈十三经〉〈十七史〉缘起》,见毛晋刻《十七史》卷首;后句参朱超然《汲古阁毛氏家谱序》,见《汲古阁毛氏家谱》,抄本。

④ 李昉等编《太平广记》卷四十二,中华书局,1961 年,第 265 页。

⑤ 毛晋等《隐湖唱和诗》,第 44 页。

监,汲古阁书盛行海外,为域内外读书人珍视无比。

若论多方位建构毛晋及其汲古阁的文化意义者,当数吴伟业(1609—1672)的《汲古阁歌》。《隐湖唱和诗》此歌前有小序,交代了吴伟业作歌缘起:

> 丁亥季秋,因访枫林,扁舟过子晋斋头,留宿汲古阁。牙签万轴,较勘精良,又多赵宋旧本,使人读之如桃源衣冠,非复今制。顾麟士(顾梦麟,1585—1653)同在坐,相与叹息,以为子晋嗜古笃学,结习编纂,虽欧公之于金石刻、王舜卿之于书画,不是过也。时刻佛藏将竟,全史已及《新唐书》矣,诧为盛事,作歌贻之。①

丁亥年为1647年,此时南京小朝廷已覆灭,吴伟业正隐居家乡太仓,以复社名宿主盟东南文社。深秋,梅村因访常熟枫林,留宿汲古阁,得知毛晋最新的刻书进展,作《汲古阁歌》赠毛晋。

《汲古阁歌》前八句曰:

> 嘉隆以后藏书家,天下毗陵与琅琊。整齐旧闻收放失,后来好事知谁及? 比闻充栋虞山翁,里中又得小毛公。搜求遗逸悬金购,缮写精能镂板工。

吴梅村首先构建了嘉靖、隆庆以来杰出的藏书家谱系:毗陵指唐顺之,琅琊指王世贞,然后是常熟绛云楼主人钱谦益,接下来就是钱谦益学生辈的毛晋,故毛晋被称小毛公。在这一明代藏书家系谱中,吴梅村特别强调了毛晋悬金公开搜求遗逸书之举,这也是上文丘濬、焦竑奏疏条陈建议的朝廷求书方式,也是前辈和同辈的私人藏书家未及进行之举。毛晋还大规模的刻书,这也是唐顺之等前辈都不曾做过的,所以吴梅村特致

① 见《隐湖唱和诗》,第37页。

赞美。接下来的八句，吴伟业赞美宋刻、宋藏，认为宋刻、宋藏因官私、皇家和学士等通力合作而成就了高品质和文化精神，以此作为毛晋藏刻书的品格参照以及其所接续的文化传统（"繇来斯事推赵宋"）。他说宋刻书法最妙（"欧虞楷法看飞动"），有官方学术部门印刷并有名家校雠，故印刷最好，校雠最精（"集贤院印校雠精"），宋藏本还十分重视装帧（"太清楼本装潢重"），复经帝王和名家之手欣赏题跋，增加了诸多的副文本（"损斋手跋为披图，苏氏题观在直庐"），宋代馆阁图书分四库井然收藏，一部书目将所有的书尽收其中（"馆阁百家分四库，巾箱一幅尽三都"①）。吴伟业从写、刻、刷、校、装、藏、编目等方面全面赞美宋刻、宋藏，而这些行为的发起者都指向宋宫廷或官方机构。如"集贤院"的印刷和校雠；"太清楼"是北宋皇宫的主要藏书楼，其书籍来源主要是抄录三馆所藏之书，故谈其"装潢"；"损斋"是宋高宗置书燕坐之所；苏轼书"表忠观碑"的"直庐"，是侍臣直宿之所。② 所以最后馆阁书所对应的书目，当指《崇文总目》《中兴馆阁书目》等官修书目。虽然宋代私家藏书、刻书、目录学也都极有成就，但吴伟业以通贯的宋宫廷和官方书籍文化建构为下文明代官方以及毛晋藏刻书事提供参照。

吴伟业接着叙述明代秘阁、南北监、经厂等宫廷和官方的藏、刻、修书情况道：

---

① 吴翌凤以巾箱本解此句（吴梅村著，吴翌凤注《吴梅村诗集笺注》，世界书局，1936年，第114—117页），不确。靳荣藩《吴诗集览》引《南史·齐衡阳王传》"手自细写五经部为一卷置于巾箱中，以备遗忘"以解（吴伟业著，靳荣藩注《吴诗集览》卷四下，《续修四库全书》据乾隆四十年凌云亭刻本影印，第1396册，第483页），是合理的。这里的巾箱用巾箱之本意，而非"巾箱本"之引申义。巾箱与馆阁对，意谓馆阁中、巾箱里。四库对三都，意谓百家书分为四库，一幅尽收三都之汪涉博富，则一幅当指藏书目录。又上引《内阁藏书目录》中载"旧书目二册"，此书目即非一般图书形制，而是在"纵横三尺馀"的纸/绢本上书写，宛如一幅图，故称。

② 苏轼《表忠观碑》四石，熙宁中立，时苏轼为杭州通判，碑为其所书。此碑二石约元末埋于杭州郡学，乾隆年间出土。参宋董嗣杲撰，明陈赟和韵《西湖百咏》卷下《表忠观》（《文渊阁四库全书》第1189册，第271页）、翁方纲《重立表忠观碑小记》（《复初斋文集》卷五，《续修四库全书》第1455册，第394页）等。

本朝儒臣典制作，累代缥缃输秘阁。徐广虽编石室书，孝徵好窃华林略。两京太学藏经史，奉诏重修赐金紫。高斋学士费餐钱，故事还如写黄纸。释典流传自洛阳，中官经厂护焚香。诸州各请名山藏，总目难窥内道场。

他首先谈到本朝秘阁，虽然明朝有历代图书输入秘阁，秘阁中也有儒臣掌管，但儒臣中虽有如刘宋时徐广那样的博学之人在秘阁校书编目，怎奈更有如北齐祖珽那样的屡窃官书之事发生。其次是南北监，明代南北监都藏有经史，帝王也下诏重修并给重修者加官进爵之赏赐，如南监重修《二十一史》，北监修《十三经注疏》等，然亦仅此而已。再次翰林学士修书，虽然明代也任命高斋学士抄撰众籍并为此丰其果馔，但这些人都不甘心做修书官，或只是敷衍了事。① 最后是写中官经厂刊佛道书，这些书虽然渊源有自，有经厂刊刻，如《酌中志》卷十八载司礼监经厂有"佛经一藏，计六百七十八函，十八万八十二叶"，"道经一藏，计五百十二函，十二万二千五百八十九叶"，"番经一藏，计一百四十七函，十五万七十四叶"②，但因藏于经厂，外人很难得见。经厂人也认为如此，刘若愚也说"既属内廷库藏，在外之儒臣又不敢越俎条陈"。吴伟业认为正因为明代秘阁藏书流失，宫廷和官方编刻书仅例行公事、态度敷衍，朝廷和国家丧失了领导、组织、创造图书文化的功能，毛晋为此叹息不已，所以长期费心费力从事藏刻书事业，毛晋是被动也是主动地承担起了宫廷和国家应该承担的藏书和刻书使命。吴伟业说：

南湖主人为叹息，十年心力恣收拾。史家编辑过神尧，律论流通到罗什。

---

① "故事还如写黄纸"，典出《晋书·刘卞传》，卞本为兵家子，后从县令至洛阳，得入太学，试经后为台四品吏，访问令其写黄纸一鹿车，刘卞曰："刘卞非为人写黄纸者也。"（房玄龄等《晋书》卷三六，中华书局点校本，1974 年，第 1078 页）可见，刘卞不甘心为抄书与修书者。

② 刘若愚《酌中志》卷十八，第 464—466 页。

靳荣藩云此四句"归重子晋","以'史家'句收儒臣制作一段,'律论'句收释典流传等语",①毛晋不仅在图书生产也在图书流传方面全面取代了国家和儒臣的作用。

不仅如此,吴伟业还将毛晋放在明末兵火和明清易代的历史背景中建构汲古阁巨大的文化功能:

> 当时海内多风尘,石经马矢高丘陵。已坏书囊缚作袴,复惊木册摧为薪。君家高阁偏无恙,主人留宿倾家酿。醉来烧烛夜摊书,双眼摩挲觉神王。

兵烬所经,玉石俱焚,更何况图书,吴伟业既用历史中书厄之典,又以石经、帛书、木册(简书、版刻等)指代所有介质的书籍在战火和乱世中的毁坏,以此映衬汲古阁的"偏无恙"之不可思议,如有神护,因此就必然要支撑文化传承之大任。诗歌最后,吴伟业赞颂毛晋作为私人藏书家的独立而崇高的身份和文化地位:

> 古人关书借三馆,羡君自致五千卷。又云献书辄拜官,羡君带索躬耕田。伏生藏壁遭书禁,中郎秘惜矜谈进。君获奇书好示人,鸡林巨贾争摹印。②

古人关书借三馆,今日则索书于毛晋,毛晋藏书已经超越了秘阁,承担了昔日馆阁的功能;又说古人用献书来换取官职,而毛晋不屑以献书拜官,更能也更愿意以私人藏书家的身份立于世,毛晋的这一身份选择令吴伟业羡慕。过去学者文人喜欢秘藏图书,毛晋有奇书则摹印示人,成就了刻书者这一文化人新身份,而这一新身份的影响力惊人。

---

① 吴伟业著,靳荣藩注《吴诗集览》卷四下,《续修四库全书》第1396册,第484页。

② 吴伟业著,李学颖集评标校《吴梅村全集》,上海古籍出版社,1990年,第68—69页。

四、南北监《十三经》《二十一史》与毛晋经史刊刻

数据的对比应该颇具说服力。据《汲古阁所刻书目》《汲古阁校刻书目补遗》以及陶湘编《明毛氏汲古阁刻书目录》统计，毛晋刻书 650 馀种。[①] 据《古今书刻》统计，经厂刻书 87 种，南监 55 种，北监 41 种；据《南雍志》卷十八统计，南雍藏有 304 种书的书板，其中包括从元代集庆路儒学继承的史书刻板、明时地方捐赠南雍的书板等，其中不少是残缺的；据《酌中志》卷十八统计，内府藏书板 156 种，即使以刘若愚"若以万历初年较，盖已十减六七"计算，万历初最鼎盛时，经厂书板应不到 520 种。凡此皆可见毛晋的刻书数量绝对完胜南北监。除内典外，[②]其外典刊刻数量也完胜经厂，而且毛晋所刻书涵盖经史子集的系统性，内容以及不少书版本的经典性，不落南北监、经厂下风。然而毛晋所刊众书中，以《十三经注疏》和《十七史》的刊刻最具争议和象征意味，毛晋对自己刊刻《十三经》《十七史》（原拟刻《二十一史》）也是有顾虑的。其《重镌〈十三经〉〈十七史〉缘起》曰："毛晋草莽之臣，梼昧之质，何敢从事于经史二大部？

---

① 周彦文《毛晋汲古阁刻书考》统计为 650 馀种（第 10 页）。陈秉钧辑《汲古阁所刻书目》（《汲古阁丛书》第 2 册，第 279—354 页）与隐湖毛氏原本、顾湘校《汲古阁校刻书目》（《丛书集成续编》据顾湘《小石山房丛书》本影印，上海书店，1994 年，史部第 71 册，第 713—729 页）内容相同，后者严格按照四部排序。《汲古阁丛书》本悔道人辑《汲古阁所刻书目补遗》仅录《道藏》八种（第 357—358 页），悔道人辑、顾湘参校《汲古阁校刻书目补遗》（《丛书集成续编》本，史部第 71 册，第 730—731 页）另增 53 种。《明毛氏汲古阁刻书目录》（陶湘编，窦水勇校点《书目丛刊》，辽宁教育出版社，2000 年，第 22—50 页）收毛刻 642 种，其中包括"知而未得者"73 种。今学者亦有增补，如苏晓君《毛晋与汲古阁刻书考略》（《中国典籍与文化》2006 年第 3 期）补刻书 9 种。综合来看，650 馀种说法较稳妥。

② 不过据上引《酌中志》，经厂有"佛经"（678 函，十八万八十二叶）、"道经"（512 函，十二万二千五百八十九叶）、"番经"（147 函，十五万七十四叶）三藏（第 465—466 页），规模超大，汲古阁佛道教书刊刻相对较少。汲古阁虽然参刻《嘉兴藏》，据《中国古籍总目》著录《嘉兴藏》版本，可知毛晋刊刻了其中的 58 部佛教典籍。《津逮秘书》第四、十、十一集刊刻道教典籍 9 部，顾湘校《汲古阁校刻书目》载其刻有《道藏》8 种。与经厂无法相比。

今斯剞劂告成，或有奖我为功臣者，或有罪我为僭分者。"①"罪我为僭分者"，就是因为经史定本以及传播原为官学所当承担，是国家文化和意识形态权威之象征。

在图书刊刻印刷不普遍的年代，官方往往用刻石来提供经典的官方定本，同时显示国家文化解释权威。熹平、正始、开成、蜀、北宋、南宋石经都曾承担或象征性地承担了这一功能。正史的修撰和传播自唐代也纳入了官方机制。弘治年间，丘濬上疏也说："乞命翰林儒臣将《九经》《十九史》及诸儒先所著述有补于正道名教者，严加校正，字画行款必须正当归一，命工锓梓，藏于国子监，付典籍掌之，遇天下板本有缺文疑义，咸来取正，是亦一道德以同文之一端也。"②在丘濬看来，《九经》《十九史》校订、刊刻、藏板，是国子监应该承担的，其本身就象征了国家的道德一统和文化一统。事实上，明代崇祯之前的《十三经注疏》刊刻，皆为官方行为。成化年间，丘濬曾上疏朝廷，希望能保护好元代留存下来保存在福州府学的《十三经注疏》书板，此本在明代屡有修补刷印。嘉靖年间，巡按御史李元阳、福建提学佥事江以达等在福建刊刻了《十三经注疏》。嘉靖三十三年至三十六年间，南京国子监有刊刻《十三经注疏》的动议，未果；万历十四年至二十一年，北京国子监太学官等以李元阳本为底本订定并刊出《十三经注疏》。③钱谦益即是在旧本以及北监本《十三经注疏》不能正讹的意义上肯定毛晋之新刻，其《新刻〈十三经注疏〉序》曰："《十三经注疏》，旧本多脱误，国学本尤为蹖驳。迩者儒臣奉旨雠正，而缪缺滋甚，不称圣明所以崇信表章至意。毛生凤苞，窃有忧焉，专勤校

---

① 见《十七史》卷首，毛晋刊本。

② 丘濬《大学衍义补》卷九四，《子海珍本编》第一辑第 9 册，第 254 页。

③ 参李明杰《明代国子监刻书考略（上）——补版及新刻图书、底本及校勘问题》，《大学图书馆学报》2009 年第 3 期。

勘，精良锓版，穷年累月，始告成事。"①

　　明代十七/二十一全史的刊刻，崇祯前也都是官方行为。明时，南宋绍兴年间所刻"眉山七史"和元大德年间江浙行省九路儒学所刻十史的书板，保存在南京国子监，一直有修补刷印。嘉靖八年，南京国子监大规模修补、刊刻二十一全史，十七史中《史记》《汉书》《后汉书》被重新翻刻；万历二十四年至三十四年，北京国子监以南监本为底本新刊二十一史。毛晋刊《十七史》，尽量选择好的底本。如《史记》，与南北监全史使用三家注本不同，毛晋选用的是裴骃《史记集解》单行本，其《史记索隐跋》谈到个中原因。他说：

　　　　读史家多尚《索隐》，宋诸儒尤推小司马《史记》与小颜氏《汉书》，如日月并照，故淳熙、咸淳间官本颇多。广汉张介仲削去褚少孙续补诸篇，以《索隐》为附庸，尊正史也；赵山甫病非全书，取所削者别刊一帙；澄江耿直之又病其未便流览，以少孙所续循其卷第而附入之。虽桐川郡有三刻，惟耿本最精，余家幸藏桐川本有二：拟从张本，恐流俗染人之深，难免山甫之嫌；拟从耿本，恐列《三皇本纪》为冠，大非太史公象闰馀而成岁之数。遂订裴骃《集解》而重新焉。每读至舜逸同异处，如"宰我未尝从田横"之类，辄不能忘情于小司马。幸又遇一《索隐》本子，凡三十卷，自序缀于二十八卷之尾，后二卷为赞述、为《三皇本纪》，乃北宋秘省大字刊本。晋亟正其讹谬重脱，附于裴骃《集解》之后，真读史第一快事也！倘有问张守节《正

---

① 钱谦益著，钱曾笺注，钱仲联标校《牧斋初学集》卷二十八，第850页。从版本、校勘的角度讲，钱说或可商。如有学者指出：毛晋本《十三经注疏》虽从北监本而来，但相比较而言，其误字或更多。然而毛晋刻《十三经注疏》也绝非无所作为，如汲古阁本《尚书注疏》虽以北监本为底本刊刻，但至少用宋魏县尉宅本校过。此参杜泽逊《明崇祯毛氏汲古阁本〈尚书注疏〉与宋本之关系》(《国学研究》第三十九卷，北京大学出版社，2017年)、《谈谈版本学与校勘学的相互为用——以〈十三经注疏汇校〉为例》(《文献》2019年第5期)。不过，钱说之意多半不在《十三经注疏》的版本或校勘上立意，更多是对毛晋刻书做政治功能化解读。

义》者,有王震泽先生行本在。古虞毛晋识。①

因为有王鏊所刻《正义》在,而家中没有《正义》更好的版本,故不刻《正义》。曾考虑刻《集解》《索隐》二家注本,苦于当时家中《索隐》无善本,所以当时选择《史记》裴骃单注本。虽然我们不能确知其《史记集解》底本,至少毛晋认为是完善和妥当的。经过几百年的沉淀,毛晋本《集解》依然被认为是较好的刊本。未收入《十七史》的毛晋本《史记索隐》亦称善本。

南北监《晋书》出自元大德江浙行省九路儒学所刻十史,毛晋《十七史》中《晋》当为宋刻。毛晋后来得另一种宋本《晋书》,其为之所作跋云:

> 此书为王弇洲先生所藏,"贞元"本唐德宗年号,印恰符先生名字,故其秘册往往摹而用之,下必继以三雅印,此属仲雅者。向曾遭割裂,想经先生改正。余"全史"中,原本亦系宋刻,每多缺字,而此本特全,洵可宝也。湖南毛晋识。②

清人常批评毛晋家有宋元本却不以宋元本为底本,由上两例可知,清人静止地看待毛晋藏刻书,而毛晋藏刻书是动态的。毛晋崇祯元年起陆续刊刻《十七史》,《晋书》是最早被刊刻的,可以推想,当时他认为家藏宋刻甚佳,可若干年后,他又得见王世贞藏另一宋本,而后者更胜。毛晋《十三经》《十七史》卷首《编年重镌经史目录》下有小注曰:"随遇宋板、精本考校,略无诠次。"③这也就可以解释何以毛晋刻书会有多次校勘(详下)。

毛晋《十七史》刊刻,也对明代国子监刻书产生影响。毛晋崇祯二年刻《唐书》,三年刻《五代史》,作者欧阳修不再如南北监《二十一史》作"欧

---

① 毛晋撰,潘景郑校订《汲古阁书跋》,第5页。
② 毛晋撰,潘景郑校订《汲古阁书跋》,第6页。
③ 《十七史》卷首,毛晋刊本。

阳脩"。二年后，北京国子监剜改万历二十八年旧板《五代史》，重新刷印时，作者由"脩"变成了"修"。北监本《唐书》也有同样的变化。[①]

五、使命和竞争：毛晋刻书与国家文化权力分享

在毛晋看来，自己的经史刊刻如有神助，冥冥中与崇祯新政有关。毛晋《重镌〈十三经〉〈十七史〉缘起》讲述了天启末和崇祯初他的三场相同而奇怪的梦以及梦对他的启示。他说：

> 天启丁卯（1627），初入南闱，设妄想，祈一梦。少选，梦登明远楼，中蟠一龙，口吐双珠，各隐隐籀文，唯顶光［硕元］中一"山"字皎皎露出，仰见两楹，分悬红牌，金书"十三经""十七史"六字，遂寤。三场复梦，梦无异，窃心异之。铩羽之后，此梦时时往来胸中。是年，余居城南市，除夕，梦归湖南载德堂，柱头亦悬"十三经""十七史"二牌，焕然一新，红光出户。元旦拜母，备告三梦如一之奇。母听然曰："梦神不过教子读尽经史耳。须亟还湖南旧庐，掩关谢客，虽穷通有命，庶不失为醇儒。"遂举历选吉，忽憬然大悟曰："太岁戊辰，崇祯改元，龙即辰也；珠顶露山，即崇字也。"奇验至此，遂誓愿：自今伊始，每岁订正经史各一部，寿之梨枣。及筑箭方兴，同人闻风而起，议联天下大社，列十三人任经部，十七人任史部，更有欲益四人，并合二十一部者。筑舍纷纷，[②]卒无定局。余惟闭户自课已耳。且幸天假奇缘，身无疾病，家无外侮，密尔自娱，十三年如一日。迨至庚辰（1640）除夕，十三部板斩新插架，赖巨公渊匠，不惜玄晏，流布寰宇。不意辛巳（1641）、壬午（1642）两岁灾祲，资斧告竭，亟弃负郭田三百亩以充之。甲申（1644）春仲，史亦裒然成帙矣。岂料兵兴

---

① 此例见辛德勇《明人刻书，书亦亡之》一文，见收氏著《那些书和那些人》，浙江大学出版社，2016年，第141页。但我不同意辛先生"明人刻书，书亦亡之"之说，详见下文。

② 刘奉文《毛晋与汲古阁研究献疑》（《大连图书馆学报》1993年第1期）引"及筑箭方兴""筑舍纷纷"一段，认为是毛晋始建汲古阁（第58页）。误。详下。

寇发,危如累卵。分贮板籍于湖边岩畔茆庵草舍中,水火鱼鼠,十伤二三,呼天号地,莫可谁何。犹幸数年以往,村居稍宁,扶病引雏,收其放失,补其遗亡,一十七部连床架屋,仍复旧观。然较之全经,其费倍蓰,奚止十年之田而不偿也。回首丁卯至今三十年,卷帙从衡,丹黄纷杂,夏不知暑,冬不知寒,昼不知出户,夜不知掩扉,迄今头颅如雪,目睛如雾,尚矻矻不休者,唯惧负吾母"读尽"之一言也。而今而后,可无憾矣。窃笑棘闱假寐,犹夫牧人一梦耳。何崇祯之改元,十三年之安堵,十七年之改步,如镜镜相照,不爽秋毫耶?至如奖我罪我,不过梦中说梦,余又岂愿人人与我同梦耶!顺治丙申年(顺治十三年,1656)丙申月(8月)丙申日(9日)丙申时(15—17时),题于七星桥西之汲古阁中。①

毛晋天启七年(1627)至南京乡试,进入贡院后,他祈求晚上能做一个梦,八月八日晚他果真做了一个梦,梦见自己登上江南贡院的明远楼,看到明远楼中间一龙盘踞,龙口吐出双珠,珠子上隐隐有籀文,龙头上清晰地露出一"山"字,抬头仰望,见两楹各挂一张红牌,分别金书"十三经""十七史"六字,毛晋从梦中惊醒。八月十四,第三场考试前夜,毛晋说他又做了一个同样的梦,故心中十分诧异。毛晋此次乡试失败,他时常想起这两个奇怪的梦。这一年除夕,他住在城南家中,除夕夜,又做了一个梦。梦见自己回到隐湖南载德堂,堂中柱头上也挂着写了"十三经""十七史"的两个牌子,牌子崭新,红光闪闪,映射出堂外。第二天是大年初一,毛晋去拜见母亲,告诉母亲自己三次做了相同的梦的怪事。母亲听了却很高兴,为儿子解梦道,这是梦神教你要"读尽经史",并让儿子赶快回旧居,关门谢客,好好读书,以做醇儒。毛晋听从母命,想择定吉日回旧庐。就在他拿起日历的时候,忽然对自己所做的奇梦有了新的理解。

---

① 此文《汲古阁书跋》(第123—124页)、《明毛氏汲古阁刻书目录》《书目丛刊》第22—23页)、《书林清话》卷七"明毛晋汲古阁刻书之五"(第246—247)都有收录,但前两者误字太多,不可据。此录自《十七史》卷首,毛晋刊本。

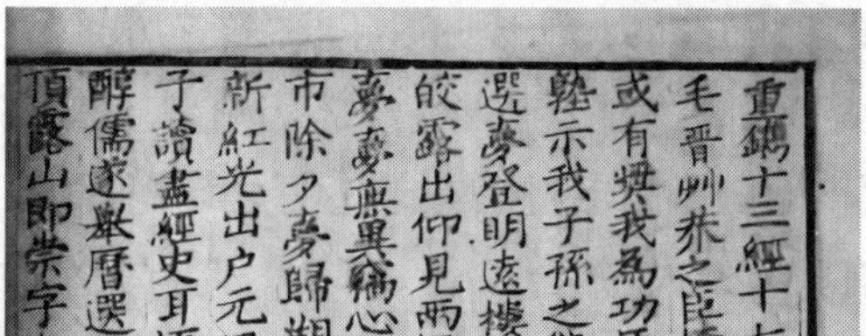
重鐫十三經十七史緣起
毛晉艸莽之臣檮昧之質何敢從事於經史二大部今斯剞劂告成
或有與我爲功臣者或有罪我爲僭分者因自述重鐫始末藏之家
塾示我子孫之能讀我書者天啟丁卯初入南闈誕妄想祈一夢少
選夢登明遠樓中蟠一龍口吐雙珠各隱隱籀文唯頂元中一山字皎
皎露出仰見兩楹分懸紅牌金書十三經十七史六字遂寤三場復
夢夢無異竊心異之鍛羽之後此夢時時往來胸中是年余居城南
市除夕夢歸湖南載德堂柱頭亦懸十三經十七史二牌煥然一
新紅光出戶元旦拜母備告三夢如一之奇母欣然曰夢神不過教
子讀盡經史耳須亟還湖南舊廬掩關謝客雖窮通有命庶不失爲
醇儒遂舉曆選吉忽憬然大悟曰太歲戊辰崇禎改元龍即辰也珠
頂露山即崇字也奇驗至此遂誓願自今伊始每歲訂正經史各一

图 18　毛晋《重镌〈十三经〉〈十七史〉缘起》

天启七年为丁卯年，此年八月二十四日，崇祯皇帝登基，宣布次年改元崇祯，崇祯元年为戊辰年，辰年是龙年。毛晋将去年八月初八晚所梦的明远楼蟠龙以及龙口珠中隐隐的籀文以及龙头上清晰的“山”字联系到一起，解读成崇祯登基。因为毛晋前两场梦分别发生在八月初八和八月十四，都在崇祯皇帝登基前不久，故毛晋说自己的梦“奇验至此”。进而他将两张牌子上所写的“十三经”“十七史”带入思考，发愿为崇祯皇帝每年“订正经史各一部”。“订正”两字尤当注意，也就是说毛晋刊刻《十三经》《十七史》不仅只是刻书而已，他承担的是为崇祯新时代“订正经史”的使命。我们虽然不能确定毛晋是否真有三梦之怪事，也未必能接受毛晋为崇祯皇帝刻书的立论逻辑，但毛晋将自己的刻书政治化，以天意和天启使其合理和神圣化的努力则昭然若揭。

当毛晋将此事告知同人,他说此时正是"筑箾方兴"之时,故"同人闻风而起,议联天下大社","列十三人任经部,十七人任史部",因为毛晋梦中牌子只出现"十七史",故毛晋只有十七史之计划,同人们则想做出更全的全史,"更有欲益四人,并合二十一部者",此可完全对接南北监刻史之数。一个人的天启,成为同人、同社的使命,也成为联天下大社的契机之一。① 然而毛晋同人以及江南文社的群体讨论,在毛晋看来不免效率低下,所谓"筑舍纷纷,卒无定局",而毛晋则是积极的行动派。这里的用典尤其值得注意。"筑箾方兴","筑"代乐,如唐代,"文宗好雅乐,诏太常卿冯定采开元雅乐制《云韶法曲》及《霓裳羽衣舞曲》。《云韶乐》有玉磬四虡,琴、瑟、筑、箫、篪、籥、跋膝、笙、竽皆一"②;"箾"代舞,《诗经·周颂·维天之命》之正义曰:"箾,舞曲名,言天下乐削去无道。"③皆指向新帝乐舞方兴之意。"筑舍纷纷",出《后汉书·曹褒传》,言汉章帝令博士曹褒修订礼乐,班固主张召集京城所有儒生共同研究,章帝引"作舍道边,三年不成"谚语加以反对,坚持让曹褒独自完成。可见毛晋以及毛晋同人都以为新帝制礼作乐来看待《十三经》和《十七/二十一史》的刊刻,即为新帝订正经史。

毛晋接着盘点自己刻《十三经》《十七史》的时间以及最终补齐的时间。其崇祯元年开始刻第一部经、第一部史,到崇祯十三年(1640),刻全了《十三经》,再四年的仲春(1644年二月),刻全了《十七史》,同年四月崇祯皇帝自缢。易代时的战乱,《十七史》书板"水火鱼鼠,十伤二三",稍安定后,他收放失、补遗亡,顺治十三年再复旧观,其时距离前梦正好三十年,其间毛晋还"弃负郭田三百亩"作为刊书之资。上述时间、数字、事

---

① 据陆世仪《复社纪略》,崇祯二年(1629),张溥等合江北匡社、中州端社、松江几社、莱阳邑社、浙东超社、浙西庄社、黄州质社、江南应社为"复社","期与庶方多士共兴复古学,将使异日者务为有用"(《续修四库全书》据清钞本影印,第438册,第485页)。虽不能确定毛晋所言"议联天下大社"与几社、复社有关,但其时间、氛围和政治动机都是十分吻合的,不妨连类思考。

② 欧阳修、宋祁撰《新唐书·礼乐志十二》,第478页。

③ 郑玄笺,孔颖达等正义《毛诗正义》,阮元《十三经注疏》本,第583页。

件等的巧合,毛晋用《诗经·小雅·无羊》诗加以解释,《诗序》曰:"《无羊》,宣王考牧也。"郑笺曰:"厉王之时,牧人之职废,宣王始兴而复之,至此而成,谓复先王牛羊之数。"其诗有"三十维物,尔牲则具","尔羊来思,矜矜兢兢,不骞不崩","牧人乃梦,众维鱼矣","大人占之,众维鱼矣,实维丰年"等句。① 毛晋云自己当年之梦何尝不是"牧人一梦",故其刊刻何尝不是为宣王中兴"考牧"呢! 其"奖我为功臣","罪我为僭分",绝非虚语。

钱谦益即是毛晋《缘起》文中提到的"巨公渊匠"之一,他为毛晋刻《十三经》《十七史》作序,所谓"不惜玄晏",两书"流布寰宇",钱谦益亦功不可没。钱谦益也认同毛晋经史刊刻具有国家权力的性质。钱谦益崇祯十二年所作《新刻〈十三经注疏〉序》曰:

> 《十三经》之有传注、笺解、义疏也,肇于汉晋,粹于唐,而是正于宋,欧阳子以谓诸儒章句之学,转相讲述,而圣道粗明者也。熙宁中,王介甫凭藉一家之学,创为新义,而经学一变;淳熙中,朱元晦折衷诸儒之学,集为传注,而经学再变。介甫之学,未百年而熸,而朱氏遂孤行于世。我太祖高皇帝设科取士,专用程朱,成祖文皇帝诏诸儒作《五经大全》,于是程朱之学益大明。然而再变之后,汉唐章句之学,或几乎灭熄矣。汉儒之言学也,十年而学幼仪,十三而学乐、诵诗、舞勺,成童而舞象,二十而学礼,惇行孝弟,三十而博学无方,孙友视志,春诵,夏弦,秋学礼,冬读书,其为学之科条如是而已。其言性、言天命也,木神则仁,金神则义,火神则礼,水神则知,土神则信,存恻隐羞恶恭敬是非之心,以长育仁义礼智之性,所谓知性知天者如是而已。宋之学者自谓得不传之学于遗经,扫除章句,而胥归之于身心性命。近代儒者,遂以讲道为能事,其言学愈精,其言知性知天愈眇,而穷究其指归,则或未必如章句之学有表可循而有坊可止也。汉儒谓之讲经,而今世谓之讲道,圣人之经即圣人之道也,

---

① 郑玄笺,孔颖达等正义《毛诗正义》,阮元《十三经注疏》本,第438页。

离经而讲道，贤者高自标目，务胜于前人，而不肖者汪洋自恣，莫可穷诘，则亦宋之诸儒扫除章句者导其先路也。修《宋史》者知其然，于是分儒林、道学，厘为两传，儒林则所谓章句之儒也，道学则所谓得不传之学者也。儒林与道学分，而古人传注、笺解、义疏之学转相讲述者，无复遗种。此亦古今经术升降绝续之大端也。经学之熄也，降而为经义；道学之偷也，流而为俗学，胥天下不知穷经学古，而冥行擿埴，以狂瞀相师，驯至于今，轻材小儒，敢于爔点六经，呰毁三传，非圣无法，先王所必诛不以听者，而流俗以为固然。生心而害政，作政而害事，学术蛊坏，世道偏颇，而夷狄寇盗之祸，亦相挺而起。孟子曰"我亦欲正人心"，"君子反经而已矣"。诚欲正人心，必自反经始；诚欲反经，必自正经学始。

圣天子广厦细旃，穆然深思，特诏儒臣，是正遗经进御，诚以反经正学为救世之先务，亦犹二祖之志也。不然，夫岂其王师在野，方隅未静，汲汲然横经籍传，如石渠、开阳故事，润色太平也哉？凤苞之校刻也，表遗经也，尊圣制也，砥俗学也，有三善焉，余故徇其请而为之序。肤浅末学，不揆梼昧，序赞圣经，譬诸测量天地，绘画日月，非愚则狂也。溯经传之源流，订俗学之舛驳，使世之儒者，孙志博闻，先河后海，无离经而讲道，无师今而非古。胥天下穷经学古，称圣明所以崇信表章至意。则是言也，于反经正学，其亦有小补矣夫！崇祯十二年十一月序。[①]

钱谦益勾勒了汉唐至明以来的学风转化，所谓"古今经术升降绝续之大端"，肯定汉唐章句之学言性言天命之直接简明，而宋代以来之道学至明代流为俗学，以至于狂瞀相师，故明末亟须"反经"——返回经典。毛晋《十三经注疏》的刊刻，正满足了崇祯皇帝"特诏儒臣，是正遗经"，"以反经正学为救世之先务"之需，既"表遗经"，复"尊圣制"，最终达到"砥俗学"之目的。

---

① 钱谦益著，钱曾笺注，钱仲联标校《牧斋初学集》卷二十八，第850—852页。

1647 年，吴伟业也是在对国家文化权力的承担和分享意义上来肯定毛晋的刻书。吴伟业曾以"史家编辑过神尧"总结毛晋在图书生产和文化传播中的贡献。这句用典也值得推敲。在吴伟业眼中，毛晋不仅是藏刻书者，他承担的是"史家编辑"的工作，而其成就"过神尧"，这里"神尧"表面意义是说五帝之一之尧，实指万历皇帝。《论语·泰伯》篇，子曰："大哉尧之为君也！巍巍乎，唯天为大，唯尧则之。荡荡乎，民无能名焉。巍巍乎其有成功也，焕乎其有文章。"[1]尧则天为君，故其广大浩瀚，一般人无法形容，所谓"民无能名"，故称神尧。《明神宗实录》卷一云万历皇帝："上独以深居静摄得之，周之成康，汉之文景，未足况也。至慈护先考，终始无间，尤非草野所得窥。而为尧为舜之旨，更谆谆以期，今上盖实知不世出之主足恢大有为之略，有万万不爽者，庙号曰神，殆真如神云。"[2]此句是对万历皇帝以来国家文化权威丧失的批判，是对毛晋承担、分享国家文化权威的肯定。

六、从毛晋解梦和实践方式看明代文献文化

孔子年盛时梦见周公，年老不复梦见周公，发出"甚矣吾衰也，久矣吾不复梦见周公"之叹，孔颖达解孔子之梦道："孔子叹其衰老，言我盛时尝梦见周公，欲行其道。"[3]孔子用周游天下欲传其道以及"自卫反鲁，然后乐正"的自身传道以及整理经典的方式实践其梦。刘勰在《文心雕龙·序志》中叙述自己两个梦，第二梦是将近而立之年，"梦执丹漆之礼器，随仲尼而南行"，刘勰解此梦为"乃小子之垂梦"，是夫子格外垂青自己，所以降梦给自己。他思考如何实践此梦，首先想到注经，然而在自己的时代，他认为论文是最当选择也最可选择的道路，于是《文心雕龙》横空出世。[4]毛晋向母亲讲述自己的奇梦后，母亲的解读是"梦神不过教

---

① 何晏等注，邢昺疏《论语注疏》，阮元《十三经注疏》本，第 2487 页。

② 《明神宗实录》卷一，《明实录》，第 96 册，第 3 页。

③ 何晏等注，邢昺疏《论语注疏》，阮元《十三经注疏》本，第 2481 页。

④ 刘勰著，范文澜注《文心雕龙注》，人民文学出版社，1958 年，第 725—726 页。

子读尽经史耳",希望儿子以读书人的身份实践己梦,最终"不失为醇儒"。但在图书生产能力极其强大的明末,在国家文化权力出现真空的万历以后,在崇祯可能有的新政之机,毛晋自然地设立了合乎自己时代的最合理的、最强有力的身份——作为图书生产者、传播者的身份,作为文化权威的身份,以刊刻四部书,特别是经史书的方式实践其梦。[1] 这也是晚明读书人的新身份标识。如闵邁《初潭集小引》云:"夫《初潭集》之行于世,而脍炙人口也有年矣,惟其集之美,是以行之广,则久之而或朦或昧,或湮或剥,不无鲁鱼帝虎之嫌,令读之者不能无遗憾,刷而新之,要不失为李氏忠臣。乃复构得焦太史、刘侍御品而评之,尤发诸所未满,而魏晋二百馀年间之清言微致,宛若面接而耳聆听之,斯不亦称愉快乎!是役也,虽无甚羽翼于卓老,然亦语所谓眉之于人故自不可少也。仆辈寡于才情,无能附毛发之末议于卷中,顾庀材鸠工校雠挑挞,不令有点画之讹,差足称为苦心矣,阅者当自得之。"[2]

顺治十三年,钱谦益作《汲古阁毛氏新刻十七史序》,也谈到毛晋之梦。他说:

> (客曰:)"如夫子之言,是役(指十七史全刻)也,功于史学伟矣!毛子有事经史,在崇祯时,正乙夜细旃,稽古右文之日,崇山示梦,龙光金书,大横兆占之初,神者告之矣。成均之典册,劫灰已燃;鸿都之石经,珠囊重理。圣有谟训,文不在兹? 东壁图书,光昱昱射南斗,此非其祥乎?"余曰:"唯!唯!"[3]

钱谦益借助客人之口,指出毛晋有事经史,最初是神告,在崇祯朝发挥了

① 陈瑚《为毛隐君六十乞言小传》说毛晋"垂髫时即好镂书,有屈陶二集之刻",然今未见此书,今存最早的毛晋刻书是天启元年《苏米志林》,毛晋时年 23。参周彦文《毛晋汲古阁刻书考》,第 8 页。

② 闵邁等辑评本《初潭集》,第 22—23 页。

③ 钱谦益著,钱曾笺注,钱仲联标校《牧斋有学集》卷十四,上海古籍出版社,1985 年,第682 页。

"稽古右文"之功。"成均之典册，劫灰已燃；鸿都之石经，珠囊重理"两句
实为互文，云朝廷经历了成均馆、鸿图阁典册、石经被破坏的劫难之后，
如果天不丧斯文，则其文正在此也。《论语·子罕》："子畏于匡，曰：文王
既没，文不在兹乎？天之将丧斯文也，后死者不得与于斯文也；天之未丧
斯文也，匡人其如予何？"①故"文不在兹"，正是"文在兹"，在汲古阁东
壁，其图书光芒万丈，"昱昱射南斗"，这是对毛晋经史之刻的最高礼赞。

叶德辉《书林清话》为汲古阁刻书写了八条，古今藏刻书家无有获此
殊荣者，其中第一条最能看出毛晋刻书在饱受称赞之时也饱受争议。叶
德辉《明毛晋汲古阁刻书之一》曰：

> 明季藏书家，以常熟之毛晋汲古阁为最著。当时遍刻《十三
> 经》、《十七史》、《津逮秘书》、唐宋元人别集，以至道藏、词曲，无不搜
> 刻传之。观顾湘《汲古阁板本考》，秘笈琳琅，诚前代所未有矣。即
> 其刻《说文解字》一书，使元明两朝未刻之本，一旦再出人间，其为功
> 于小学，尤非浅鲜。然其刻书不据所藏宋元旧本，校勘亦不甚精，数
> 百年来，传本虽多，不免贻佞宋者之口实。孙从添《藏书纪要》云：
> "毛氏汲古阁《十三经》《十七史》，校对草率，错误甚多。"又云："毛氏
> 所刻甚繁，好者仅数种。"黄《记》二（引者按：指黄丕烈《士礼居藏书
> 题跋记》卷二）元大德本《后汉书》载陈鳣跋云："菟圃尝曰：'汲古阁
> 刻书富矣，每见所藏底本极精，曾不一校，反多臆改，殊为恨事。'"又
> 校本陆游《南唐书》载顾涧薲临陆敕先校钱馨室本云："汲古阁初刻
> 《南唐书》，舛误特甚，此再刻者，已多所改正。然如《读书敏求记》所
> 云'卷例俱遵《史》《汉》体，首行书某纪、某传卷第几，而注《南唐书》
> 于下，今流俗本竟称《南唐书》本纪卷第一、卷二、卷三，列传亦如之，
> 开卷便见其谬'者，尚未改去。其他沿袭旧讹，可知其不少矣。"又
> 四，宋刻本《湘山野录》云："《湘山野录》曾刻入毛氏《津逮秘书》中，
> 此宋刻元人补钞本。略取《津逮》本相校，知毛刻尚多讹脱，想当日

---

① 何晏等注，邢昺疏《论语注疏》，阮元《十三经注疏》本，第 2490 页。

付梓未及见此耳。继于顾五痴家见有毛斧季手校本,即在《津逮》本上,实见过此本。取对至卷中时,'〇晏元献为翰林学士'一行前,竟脱落'备者惟陈康肃公尧咨可焉陈方以词职进用'十八字。初亦不解其故,反覆展玩,乃知此十八字,钞时脱落,后复添写于旁。斧季校时,犹及见此。而后来装潢穿线过进,遂灭此一行。向非别见校本,何从指其脱落耶。爰重装之,使倒折向内,览之益为醒目云。"又五,宋刻《李群玉集》三卷、《后集》五卷云:"毛刻《李文山集》,迥然不同。曾取宋刻校毛刻,其异不可胜记,且其谬不可胜言。信知宋刻之佳矣。毛刻非出宋本,故以体分统《前》《后》集并为三卷,或以意改之。"段玉裁《汲古阁说文订自序》略云:"毛晋及其子扆,得宋小字本,以大字开雕。周锡瓒出初印本,有扆亲署云'顺治癸巳汲古阁校改弟五次本'。卷中旁书朱字,复以蓝笔圈之。凡其所圈,一一剜改。考毛氏所得小字本,四次以前微有校改。至五次则校改特多,往往取诸小徐《系传》,亦间用他书。今世所存小徐本,乃宋张次立所更定,而非小徐真面目。而据次立剜改,又识见驽下,凡小徐佳处,少所采掇,而不必从者,乃多从之。学者得之,以为拱璧,岂知其缪戾多端哉!"略举黄、顾、陈、段诸家所纠,则其刻书之功,非独不能掩过,而且流传谬种,贻误后人。今所刻《十三经》《十七史》《说文解字》传本尤多,浅学者不知,或据其本以重雕,或奉其书为秘笈。昔人谓明人刻书而书亡,吾于毛氏不能不为贤者之责备矣。吾按:毛扆《汲古阁珍藏宋元秘本书目》北宋本《孔子家语》下云:"南宋本作'良药苦口利于病',此本作'药酒苦口利于病'。及读《盐铁论》,亦作'药酒苦口利于病',方知北宋本之善。"今汲古阁本仍作"良药苦口利于病",是毛氏于家藏宋本全不依据,自道之而自蹈之矣。①

叶德辉肯定毛晋汲古阁遍刻经史子集,实前代所未有,其刻书声名最著。他还以《说文解字》为例,云汲古阁刻书"使元明两朝未刻之本,一旦再出人间,其为功于小学,尤非浅鲜",指出汲古阁能将元明两朝未刻之书刻

---

① 叶德辉《书林清话》,第237—239页。

出,使这些书得以再现人间。叶德辉这里未谈汲古阁刻书对宋代图书以及宋元旧刻的意义,事实上埋藏着下文的两个攻击点:"不据所藏宋元旧本"刻书和刻印前"校勘亦不甚精"。后者多指未据"宋元旧本"校勘,故后者还是可归结至前者。① 接着叶德辉列举了孙从添(1692—1767)、段玉裁(1735—1815)、陈鳣(1753—1817)、黄丕烈(1763—1825)、顾广圻(1766—1835)几位校书大家有关毛晋刊书、校书不精的说法,最后叶德辉又补充一例来证成己说。孙从添是整体和定性批评,未提供例证,无从讨论,故对后六例略作考论。

(一)黄丕烈说汲古阁刻校书。黄丕烈指责汲古阁"刻书富矣,每见所藏底本极精,曾不一校,反多臆改,殊为恨事",黄丕烈见毛晋藏书目中多宋元善本,如上文所论,其将毛晋藏书看作是固定的存在,就必然以为毛晋是可以用藏书目中的善本作为底本或至少作为校本,实际上毛晋藏刻书都是开放变动的。此点毛晋刻《晋书》例已讨论。

(二)顾广圻谈汲古阁刻《南唐书》。顾广圻指出汲古阁初刻《南唐书》,舛误特甚,他后来又见过汲古阁再刻本,见原舛误处已多所改正,但还遗留下不少旧讹误。毛晋深知所刻《南唐书》不能算是善本,其《南唐书跋》交代道:"是书凡马令、胡恢、陆游三本,先辈云:'马、胡诠次、识力相似,而陆独逌迈得史迁家法。'今马本盛行,胡本不传,放翁书一十八卷,仅见于盐官胡孝辕《秘册函》中,又半烬于武林之火。庚午夏仲(崇祯三年,1630),购其焚馀板一百有奇,断蚀不能读,因检家藏钞本订正,附梓于《全集·逸稿》之末。至若与马玄康异同繁简,已详见胡、沈两公跋语云。"②毛晋刻陆游《南唐书》,有两个机缘:一是其崇祯三年买到了胡

————————————

① 有关此点,据周彦文《毛晋汲古阁刻书考》第二节《汲古阁刻书之实际情形》统计,知毛晋"可确知为据宋刻而梓者"41 种、"确知为据元刻而梓者"10 种、"确知为据抄宋本而梓者"3 种、"据抄元本而梓者"3 种。毛晋家藏秘本,其中有 52 种曾经其刊雕,馀 9 种,也"疑其据之"。毛晋家藏善本,而未据以刊雕者 10 种,然"或子晋得之于后,或别因《秘册汇函》旧本,或另有更善之本,而未之据也"。周著的最终结论是:"子晋尤于其所藏之善本,凡可据者悉据之。"(第14—15 页)

② 毛晋撰,潘景郑校订《汲古阁书跋》,第 7 页。

震亨《秘册汇函》中的《南唐书》的部分书板,作为刻书家,他需要处理使用这些书板;二是他正在刻《陆游全集》,他要用补遗的方式将之放入《陆游全集》中。所以,他用胡震亨书板为底本,以家藏钞本订补,成汲古阁初版《南唐书》。毛晋知道这一版本不能称之为完满,故一直在校补,这显示出毛晋作为出版家兼有务实和追求品质之特征。

(三)黄丕烈论毛晋父子刻抄校《湘山野录》。黄丕烈手中有毛晋《津逮秘书》本《湘山野录》,他后来又得宋刻元人补钞本一种,于是将两本对校,黄丕烈显然更欣赏宋刻,根据对校情况,他判断毛晋刻此书时,一定没见过这个宋刻本。后来黄丕烈又从顾应昌(1735—1796)[①]处看到毛扆抄校本《湘山野录》,此抄校本较《津逮秘书》本为优,黄丕烈判断毛扆本已使用过他手头的这个宋刻本。黄丕烈还遇到毛扆抄校本正文有脱落之处,他疑惑毛扆何以对此脱落不作处理呢? 后反复展玩毛扆本,发现原抄本漏抄,但毛扆校时已添写在正文旁边,后来人装订时将添写的部分装到装订线里面去了,黄丕烈于是对毛扆抄校本重新装订,使毛扆补录的部分露出。此例可见,毛晋父子,包括黄丕烈,对于一部书的各种版本并非能一次获得,从工作方式上看,也不是搜集全了各种版本后才开始确定底本加以抄刻,一部书的搜集、抄刻、校对在不断地进行当中,特别是宋元本以及善本搜集,很多是可遇而不可求的。后来《学津讨原》本,以宋本校毛本而梓,比毛刻更佳,[②]但毛刻无疑在此书动态生产环节中占据重要位置。

(四)黄丕烈谈汲古阁刻《李文山集》。李群玉诗集,毛晋《八唐人集》有《李文山集》三卷,黄丕烈从古董商处得临安陈宅书籍铺本《李群玉集》《后集》后,与毛刻本校,发现毛晋本有很多不同,黄丕烈认为宋本更佳,且得出毛本非出此宋本的结论,毛晋本出之何处不得而知。黄丕烈幸运地获得南宋本《李群玉集》,后《四部丛刊》据此影印,但在明清之间,

---

① 据钱大昕《顾桐井墓志铭》(见氏著《潜研堂集》卷四十四,《续修四库全书》第 1439 册,第 183—184 页),顾应昌,字殿舍,号桐井,行第五,又自号五痴。家富藏书。

② 参《学津讨原》本《湘山野录》末张海鹏"识"语(新文丰出版公司据秘册汇函本影印,1980 年,第 13 册,第 761 页),又参周彦文《毛晋汲古阁刻书考》,第 66 页。

毛刻《李群玉集》无疑影响最大，这也是黄丕烈得宋本后即校以毛本的原因。稍前于黄丕烈的吴焯（1676—1733），即认为"旧称《（李群玉）集》三卷、《后集》五卷，今汲古阁刻最佳"①，可为一证。

（五）段玉裁论毛氏父子刻校《说文》。叶德辉此段前评毛氏父子刻《说文解字》，"使元明两朝未刻之本，一旦再出人间，其为功于小学，尤非浅鲜"，后一段引段玉裁语对毛刻有所批评，形成了"刻有功而剜改有罪"以及识见低下、取舍不当等印象。对此，潘天祯、张宪荣等已撰文为毛晋、毛扆鸣不平。毛晋刻《说文解字》，确实是用家藏宋刻为底本，因嫌宋板"字小"，"以大字开雕"，版式疏朗，字划棱峭，十分精美。此书刻成后，毛扆不断校正，故今存校样本、初印本（好几种），此后书板易手，又有其他翻刻重印本，汲古阁本《说文解字》有复杂的演变路程，故绝不可以汲古阁本笼统称之并加以批判。② 陶湘在《明毛氏汲古阁刻书目录》前也指出当对毛晋原板初印本与其后的各种版本分开讨论。他说："（毛晋）经、史两部归苏州席氏扫叶山房，始而剜补，继则重雕，亥豕鲁鱼，触目皆是，读者病之。窃维毛氏雕工精审，无书不校，既校必跋，纸张洁炼，装式宏雅，如唐宋人诗词及丛书杂俎等刊，均可证明其良善，岂有煌煌经史，反如斯之恶劣耶？毛氏自刻均有'汲古阁'三字，代刊则无，或并其斋名亦代刊？于是刻意搜求，得《十三经注疏》原板初印，每经之后均有篆文或隶书印记，为通行本所无；《十七史》为开花纸印，内府有之，莫郘亭珍藏，是海内仅见；经史之钱谦益《序》，均未抽毁。《文选》字口如新，与通行汲古本迥判霄壤。而毛刻之含冤蒙诟，遂昭然大白。"③

（六）叶德辉对毛刻《孔子家语》的一字批判。叶德辉见毛扆《汲古阁珍藏宋元秘本书目》"北宋本《孔子家语》"下有"南宋本作'良药苦口利于病'。此本作'药酒苦口利于病'。及读《盐铁论》，亦作'药酒苦口利于病'，方知北宋本之善"之识语，于是检核汲古阁本《孔子家语》，发现仍作

---

① 吴焯《绣谷亭薰习录》，《清人书目题跋丛刊》本，中华书局，1990 年，第 10 册，第 563 页。

② 参潘天祯《汲古阁本〈说文解字〉的刊印源流》（《国家图书馆学刊》1997 年第 2 期），张宪荣、周晓文《毛氏汲古阁本〈说文解字〉刊印源流新考》（《励耘语言学刊》2019 年第 1 期）。

③ 陶湘编《明毛氏汲古阁刻书目录》，陶湘编，窦水勇校点《书目丛刊》，第 19 页。

"良药苦口利于病",于是得出"毛氏于家藏宋本全不依据"之结论。叶德辉语亦属静态批评。毛扆论北宋本《孔子家语》之善,玉海堂影宋蜀本《孔氏家语》书末载毛扆识语亦云:"扆又借得小字宋本参校,至《六本》篇(原注:见第四卷),小字本作'良药苦于口而利于病',此本独作'药酒'。及读《盐铁论》(原注:见第五卷)亦同,益证此本之善。苏文忠所谓蜀本大字最为善本,岂不信夫! 汲古后人毛扆谨识。"①毛扆两次提到"药酒苦口"之佳,但汲古阁本《孔氏家语》仍作"良药苦口",不是因为毛晋不以宋本为底本刻书,而是其搜集、刊刻《孔氏家语》是一个动态的过程。

毛晋《孔氏家语跋》记录其获得和刊刻《孔氏家语》的过程:

> 丁卯(天启七年,1627)秋,吴兴贾人持一编至,乃北宋板王肃注本子,大书深刻,与今本迥异,惜二卷十六叶已前皆已蠹蚀。……幸己卯(崇祯十二年,1639)春,从锡山酒家复靓一函,冠冕岿然,亦宋刻王氏注也,所逸者仅末二卷。余不觉合掌顿足,急倩能书者一补其首,一补其尾,二册俨然双璧矣。……亟公之同好。……虞山毛晋识。②

> 数年前,吴兴贾人持一编售余,犹是蜀大字宋版,亟付剞劂。惜二卷十六叶以前皆蠹蚀,未得为完书。今年秋,南都应试而旋,汲泉于惠山之下,偶登酒家蒋氏楼头,见残书三册,亦大字宋椠王注,恰是前半部,惊喜购归,倩善书者用宣纸补钞,遂无遗憾。子邕本书,庶几得以复存也。崇祯丙子(九年,1636)重九,隐湖毛晋识。③

虽然两识语所云得酒家本《孔氏家语》时间有三年之差,但都表明毛晋先

---

① 光绪二十四年贵池刘世珩玉海堂影宋蜀本《孔氏家语》书末。
② 崇祯毛氏汲古阁本《孔氏家语》书末。
③ 玉海堂影宋蜀本《孔氏家语》书末。

得北宋蜀大字板《孔氏家语》，①此本除卷二第十六叶前有蠹蚀外，馀皆完好，毛晋旋以此本为底本，以明嘉靖间陆深增删校补而成的新注本配补卷二第十六叶前，②刊刻了毛氏汲古阁《孔氏家语》。崇祯年间，毛晋偶得酒家本，此书前八卷完整，逸去后两卷，毛晋认为酒家本也是宋刻，于是请人以此本钞补前所购得之蜀大字本，又用蜀大字本钞补酒家本，于是其家就藏有两种宋本《孔氏家语》，但毛晋并没有用此配补本剜改原刻，也没有再刻。③ 莫友芝、莫绳孙、④瞿镛⑤批评多建立在卷二第十六叶前上，其实是不公平的。叶德辉所指之字虽非见于卷二第十六叶前，想亦有原据版本之原因。

　　书籍史的一个工作，是将注意力从权威的作者和他们的精英接收方式转向大范围的著述和阅读行为上。而且著者和著作的典范地位不被看作是既定的，而被看作是冗长的典范化过程的历史产物，这一过程是经过追随者、评论家和注释者，尤其是将要成为经典作家的作者们自己的努力而实现的。所以宋本固然重要，但不以宋本为底本并不必然丧失图书价值。同样值得注意的还有书籍的作用随时间而变化。比如毛晋

---

① 陆心源、孙诒让皆认为此本非北宋本。陆心源疑其为绍兴监本，云书上之"东坡印，亦甚劣"(《仪顾堂题跋》卷六，《古书题跋丛刊》第 23 册，第 73 页)。孙诒让也说："第十卷末叶有'东坡居士'白文方印，大书，贾伪作。"(孙诒让著，徐和雍、周立人辑校《籀庼遗文》同治十一年壬申《景写宋本孔氏家语校记》，中华书局，2013 年，第 91 页)

② 据张学谦《关于宋蜀大字本〈孔氏家语〉及其衍生版本的考察》，《中国典籍与文化》2017 年第 2 期。

③ 毛晋将此消息公之同好，后酒家本配补蜀大字本归其师钱谦益，顺治七年(1650)毁于绛云楼大火。蜀大字本配补酒家本，见毛扆《汲古阁珍藏秘本书目》，毛扆著录"北宋板《孔氏家语》五本"，"有东坡居士折角玉印，系蜀本大字，旧为东坡所藏"。(《续修四库全书》第 920 册，第 600 页)当时他想用"每本十两"的高价卖出，不知所终，其间黄丕烈曾见过真本，直到同治初，桐城萧穆从邑人姚世培处购得，光绪二十三年，转手归于贵池刘世珩，次年，刘世珩将之影刻行世，民国七年，刘世珩携书行箧，不幸焚毁于浦口客栈。参田鹤年《三部宋版书的命运》，《书屋》2009 年第 7 期。

④ 莫友芝撰，傅增湘补订《郘亭知见传本书目》，中华书局，2009 年，第 483—484 页。

⑤ 瞿镛《铁琴铜剑楼藏书目录》卷十三"子部·儒家类""《孔子家语》十卷校宋本"下，《续修四库全书》第 926 册，第 226 页。

当时急于刊刻《孔氏家语》,出于其对当时所存《孔子家语》文本局限性的认识,他说:"嗟乎,是书之亡久矣,一亡于胜国王氏,其病在割裂;一亡于包山陆氏,其病在倒颠。先辈每庆是书未遭秦焰,至于今日,何异与焦炬同烟销耶! 予每展读,即长跽宣尼像前,誓愿遄止。"①当时王广谋节略本、陆包山补次本《孔子家语》盛行,故毛晋急于恢复王肃注《孔子家语》系统,而文献流传也表明:汲古阁本《孔氏家语》的权威性和可信度维持甚久。

七、从异书、珍本角度重新讨论明代三种"伪书"

王士禛《居易录》卷六云:"万历间学士多撰伪书以欺世,如《天禄阁外史》之类,人多知之。今类书中所刻唐韩鄂《岁华纪丽》,乃海盐胡震亨孝辕所造;《於陵子》,其友姚士粦叔祥作也。"②王士禛之语被四库馆臣、叶昌炽等一代重复讲述,成为对明代图书生产的主流观念,《天禄阁外史》《於陵子》也成为明代最具代表性"伪书"。如果将这三种图书放在我上文讨论的嘉靖以来两汉文章受重视、明中后期对异书秘本的追求以及图书获得和生产的开放性等时代氛围中加以考察,或可对这些书有一番新认识。

王士禛提到的《天禄阁外史》的公案,是题名东汉黄宪所作的《天禄阁外史》,此书约嘉靖时横空出世,约在万历二十年左右始被指认为王逢年所撰之伪书。王士禛的"人多知之",主要指李诩、徐应雷、朱国祯、钱谦益诸人。

《戒庵老人漫笔》是江阴人李诩(1505—1593)晚年所写的笔记,其卷七"辨《天禄阁外史》"条云:"乃近年昆山王逢年所诡托者,逢年特一有笔性浪子耳。迩有馀姚人胡御史某,沾沾以文学自喜,杂此文于《左》、《国》、司马诸篇中刊行,颁于苏常四郡学宫,令诸生诵习之。殆亦一奇事

---

① 崇祯毛氏汲古阁刻本《孔氏家语》书末。

② 王士禛《居易录》卷六,见袁世硕主编《王士禛全集》,齐鲁书社,2007年,第3781页。

也。"①就馀姚、御史胡某、喜文学等条件，胡御史最可能是指胡维新。②胡维新，字文化，又字云屏，嘉靖三十八年（1559）进士。其友朱孟震在《河上楮谈》中说："胡宪使文化，名维新，馀姚人。初为御史，有直声，坐是谪为宁州判，后稍迁南刑曹郎。为人刚毅介特，至与人交，又和易，其所喜者，即吐肺腑示之，在曹中，与余最善。有隽才，喜蓄异书。人有才，辄称说不置。书有副本，即以与人，亦不吝也。性不能饮，然喜人饮。刑曹在南中僚友最称辑睦。"③突出其文才、"喜蓄异书"以及乐与人分享图书的个性特征。后其数任御史，每任皆刊刻大书。如嘉靖四十五年（1566），在福建监察御史任上，亲自督校、刊刻《文苑英华》一千卷，此书获福建巡抚涂泽民、总兵戚继光赞助，"率先捐廪奠费，则督抚公之首文也；刬谬证疑，诠次补逸则藩臬诸君之协襄也；鸠工厉程，缮书校刻，大将军孟诸戚公及福州太守胡君帛、泉州太守万君庆之奏劳也。不数阅月，苑文刻成。"④次年刻成，《古今书刻》入福州府下。隆庆二年（1568），胡维新父胡安《趋庭集》也在福建刊刻，《趋庭集》目录后有"福州府知府边维垣、同知梁符、通判周召，侯官县儒学训导庄敬、生员王应山校刊"⑤字样。《趋庭集》前有涂泽民所作《刻趋庭集引》，云："馀姚乐山胡先生以礼经起家，谈经者谓先生独步都运大夫踪趾，而衍藻于侍御。……观先生之长于礼，当知其启钥于诗；亲先生之得于诗，当信其正席于礼矣。……乃刻《趋庭集》。先生名安，余同举进士。侍御名维新，登己未上第，盖先生冢子云。隆庆戊辰中元暇日。"⑥都运大夫指胡安父胡轩，胡安以礼学鸣，胡维新以文学鸣。万历七年（1579），胡维新以"整饬大名等处兵备河

①　李诩著，魏连科点校《戒庵老人漫笔》，中华书局，1982年，第277页。

②　永瑢等《四库全书总目》卷一二四《天禄阁外史》提要引李诩此条下"案"云："即刻《两京遗编》之胡维新。"（第1065页）

③　朱孟震《河上楮谈》卷三，《续修四库全书》据万历刻本影印，第1128册，第637页。

④　胡维新《文苑英华序》，李昉等编《文苑英华》卷首，隆庆元年本。

⑤　胡安《趋庭集》卷首，《四库未收书辑刊》据隆庆二年福建刻本影印，第五辑第20册，第575页。

⑥　胡安《趋庭集》卷首，《四库未收书辑刊》第五辑第20册，第570—571页。

南按察司副使、前奉敕提督云南学校、巡按直隶福建江西道监察御史"身份刊刻了《记纂渊海》一百卷。① "往宪赵魏","会洱水令原君兴学好文,遂命鸠工聚材,即其县刻之",万历十年(1582),以"大中大夫广西右参政、前大名道兵备副使"身份刻成《两京遗编》。②《两京遗编》收录汉代典籍十一种六十三卷(另有《文心雕龙》十卷),包括《新语》《贾子》《春秋繁露》《盐铁论》《白虎通》《潜夫论》《仲长统论》《风俗通》《中论》《人物志》《申鉴》,是时人皆欲得之之书。③ 胡维新在汉魏之学中的声望因此丛书而得以奠定。万历十四年(1586),其为都察院江南"宪长"④,当时都察院最高长官("台长")是其同乡赵锦,其称之为"赵公麟阳"。⑤ 胡维新将《天禄阁外史》中文杂于"《左》、《国》、司马诸篇中刊行"并立于苏常四郡学宫,最可能在此时。

朱国祯《涌幢小品》卷十六引徐应雷⑥著《黄叔度二诬辨》,云《天禄阁外史》乃王逢年嘉靖末假托之作,目的乃"自鸣"。徐应雷自称其与王逢年孙辈王在公为好友,曾见过王逢年,故"知其著《外史》甚确",其云《外史》被刊出并被时人选入东汉文时,王逢年都在世。⑦ 徐应雷辩诬文

---

① 胡维新《记纂渊海序》,潘自牧《记纂渊海》卷首,万历七年刻本。

② 胡维新《刻两京遗编序》,《两京遗编》卷首,万历十年刻本。

③ 如梅鼎祚《与岳令希伯》:"《两京遗编》倘不作中郎帐中秘者,能以借我,无虑不还也。"(梅鼎祚《鹿裘石室集·书牍》卷五,《续修四库全书》第1379册,第526页)又《答姚国瑞先生》云:"《两京遗编》敬庋东壁,晴窗检点,即承明训矣。"(《书牍》卷二,第487页)

④ 胡维新在南直隶任职,现可知的尚有嘉靖时为南京刑曹郎,隆庆间为镇江知府。据王世懋《三山行送胡文化年丈守南徐》以及"丈夫一郡岂足难,君其更理三山展"(《王奉常集》卷四,《原国立北平图书馆甲库善本丛书》据万历十七年王氏家刻本影印,第797册,第429页)句可知。

⑤ 何三畏《云间志略》卷四《郡丞少麓吴公传》:"余丙戌偕计入都门,同陆君策万言往候姚江张公喻斋集义,时张亦为孝廉上公车,未任华亭令也。候张而并候其妇翁宪长胡公维新云屏……宪长曰:'如是,君也果廉,吾当以公道白之内台,赵公麟阳吾好友,素取信吾言者。'"(《四库禁毁书丛刊》据天启刻本影印,史部第8册,第239—240页)

⑥ 据其父徐显卿《天远楼集》卷二七《族谱》(《四库全书存目丛书补编》据万历刻本影印,第98册,第432、440页),其家世居长洲,后迁至宜兴并占籍。

⑦ 朱国祯《涌幢小品》,《四库全书存目丛书》子部第106册,第455—456页。

最早作于万历二十七年，因其所辩第二诬"近复有温陵李氏著论曰：牛医儿一脉颇为害事"出李贽《藏书》，《藏书》万历二十七年在南京刊刻后方大为流行。其云选入《外史》之东汉文，或指何镗圈定的《汉魏丛书》百种目，或指屠隆的《汉魏丛书》系列，①时约万历二十年或稍前。②

钱谦益《列朝诗集》丁集第十"玄阳山人王逢年"条，进一步指出王逢年为王同祖（1497—1551）之子，少时即好古文奇字，因而科举不利。袁炜嘉靖末为相时（1561—1565），王逢年为之掌书记，王逢年不满袁炜修改自己起草的文书，批评上司"恶知天下有古文"，愤而离职。王逢年还常排击李攀龙、王世贞诗，因而得罪很尊重他并奖掖他的王世贞，其著作《外史》被辑入东汉文，王逢年自喜、自矜"当吾世得追配古人"，其晚年见王世懋（1536—1588）并有一段趣事，年八十无疾端居而终。钱谦益（1582—1664）说王逢年与自己的父亲钱世扬（1554—1610）善，自己儿时见过王逢年。③综合以上三家之说，将王逢年生卒年设在正德五年（1510）至万历十六年（1588）间应相差不远。④

由此大致可排出有关《天禄阁外史》受追捧和受质疑的时间表以及双方阵营。第一方阵。作者：黄宪。时间：万历二十年之前。支持者：徐姚胡维新、何镗、屠隆等。文献：《天禄阁外史》刻本；胡维新编秦汉文选，并成为苏常四郡府学教材；入何镗或屠隆编《汉魏丛书》。对方阵营。作

---

① 永瑢等《四库全书总目》卷一二四《天禄阁外史》提要，第1065页。

② 王谟《增订汉魏丛书凡例》曰："《汉魏丛书》辑自括苍何镗旧目，原有百种，新安程氏板行，仅梓三十七种，武林何氏允中又搜益其半，合七十六种。"又曰："括苍何氏初辑丛书百种本，未板行。"（王谟辑《增订汉魏丛书　汉魏遗书钞》，西南师范大学出版社、东方出版社据乾隆五十六年金溪王氏刊本影印，2011年，第1册，第7页）知何镗《汉魏丛书》至少有完整书目，程荣、何允中依目刻书。《千顷堂书目》卷十五、《明史·艺文志三》著录"屠隆《汉魏丛书》六十卷"，今存屠隆《汉魏丛书序》（王谟辑《增订汉魏丛书　汉魏遗书钞》，第1册，第4—6页），何允中《广汉魏丛书跋》有"往见纬真氏别本，分典雅、奇古、闳肆、藻艳四家，以类从，殊为巨观"语（参王谟《增订汉魏丛书凡例》）。

③ 钱谦益撰集，许逸民、林淑敏点校《列朝诗集》丁集第十，第5019—5020页。

④ 张大复《昆山人物传》卷九"王逢年"条云王逢年"得年七十五"（《续修四库全书》第541册，第684页），卒年不变，其生年可推迟数年。

者:王逢年。时间:万历二十年之后。质疑者:李诩、钱世扬、徐应雷、朱国祯、钱谦益。而最大的支持者是说/戏说自己是作者,或者只是暗示自己是,或者对别人说其是不加澄清的王逢年本人?

王逢年在当时堪称异人。张大复《昆山人物志》云其"好眉目,晚年弥秀","五官秀发,骨稜稜起颧颊间,丰神愈出"。衣着言行好异,"行如御风,尝著淡黄衫子,冠鹔冠,捉麈谈咏,见者不知为世人";与垂青的子侄辈,则"呼为尔汝"。其读书好异,"手不捉秦汉以下书,好读《离骚》、漆园、列御寇、汲冢、天竺、《真诰》诸篇"。为人风流,除"心慕司马相如、李太白之为人",行动上也实践之,所谓"雅亦多临邛之遇","令给事捧砚而已,去不复省"。钱谦益有关其不满袁炜修改自己起草的文书而愤然辞职事,张大复记载为:"肃皇帝尚玄修,袁文荣械书币倩作青词上之,公答书:'君以时文得官,以玄文得相,何知古文词,而溷浮丘丈人为?'辄辞去。"情节虽不同,但看重古文词,耿介不事君相则是一致的。① 钱谦益《列朝诗集》云其自负,作《五敌》诗,谓"慢世敌嵇康,缀文敌马迁,赋诗敌阮籍,述骚敌屈宋,书法敌二王"②。总之,在那个时代,如果出现有文而又桀傲不逊之事,大家就会怀疑是王逢年所为。如李诩《戒庵老人漫笔》卷五"嘲弇园"条云:"太仓王氏园成,有题诗于壁以讽者,其诗曰:'丈夫垒石易,父祖积金难。未雪终天恨,翻成动地欢。峻岭悲高位,深池痛九泉。燕魂来路杳,拟作望云山。'盖凤洲公世贞乃翁思质忤因严分宜嵩之怨,死于西市,故云。"其下施一小注曰:"或云昆山王逢年作。"③

如果说一本书被别人加以引用可视为其产生影响的一个指标的话,我以为《天禄阁外史》产生广泛影响应该是在万历二十年之后。就我阅读所见,今可见较早使用《天禄阁外史》的是海门彭大翼(?—1618 前)万历二十三年刊《山堂肆考》。④《山堂肆考》卷一二六"文学"之"字挟风

---

① 张大复《昆山人物传》卷九"王逢年"条,《续修四库全书》第 541 册,第 683—684 页。

② 钱谦益撰集,许逸民、林淑敏点校《列朝诗集》丁集第十,第 5020 页。

③ 李诩著,魏连科点校《戒庵老人漫笔》卷五,第 190 页。

④ 参《山堂肆考》前诸序。张幼学万历四十六年《小记》有"梦楹既远,觿佩逾疏"句,知彭大翼万历四十六年(1618)前去世。

霜"条曰:

> 《西京杂记》:淮南王刘安撰《鸿烈》二十一篇,自云字中皆挟风
> 霜之气。扬子云以为一出一入,字直千金。又黄叔度弟子无间生李
> 玄曰:淮南王读书三壁,文如贯虹。[①]

有关黄叔度弟子无间生及其语,仅见于《天禄阁外史》。《天禄阁外史》卷
一《宾韩文二十一篇》之《论学》篇曰:

> 韩王好淮南之学,问于征君曰:"淮南之学,其博于孔子乎?"征
> 君曰:"臣未之敢闻也。"韩王曰:"昔有东方之客曰:无间生七岁而
> 隽,读书于无间之岳,容若处女,东人皆以为玉魄也。寡人觐之,问
> 以学,其言曰:臣有淮南之学而去其智则善矣。是以寡人好之。夫
> 无间生学于无间,必其以孔子为师也,而乃称淮南之学,可谓不博于
> 孔子乎?"征君对曰:"无间生即臣之弟子李玄也,今从臣于王之国,
> 臣闻其以庖希之学孔子之道而宗之,若淮南则固蔑之矣。何取于
> 博?"韩王轩然仰笑而堕冠曰:"征君果以无间生为弟子耶? 寡人亲
> 聘之以论古学。"征君曰:"王虽得无间生,不能用也。"韩王于是益遇
> 无间生。无间生谓韩王曰:"王何忘臣之言乎?"韩王曰:"何为其然
> 也?"无间生曰:"昔者王以淮南之事问臣,臣曰:淮南,汉之宗室也,
> 读书三壁,文如贯虹,然卒以灭身而亡国,此非君臣之义不明也,由
> 学博而贪生,智陋而昧时势也。若淮南之学博而约于衷,骋而归于
> 性,成章而润于质,则令名昭扬而可以帝汉矣,不然亦足以延子孙而
> 光辅乎汉室,于今犹赖焉。此臣之昔日之论也,而王忘之,非所谓善
> 用其言者也。"[②]

---

① 彭大翼《山堂肆考》卷一二六,万历二十三年刻本。又见《文渊阁四库全书》本,第 976
册,第 462 页。
② 题黄宪撰《天禄阁外史》,《四库全书存目丛书》据上海图书馆藏嘉靖二年王汝夔刻本
影印,子部第 83 册,第 29—30 页。

彭大翼此条从《天禄阁外史》出却不说明出处，是偶尔疏漏还是有所顾忌呢？另一可确考使用《天禄阁外史》之典的是徐火勃《鳌峰集》。《鳌峰集》卷十八《寄黄明立国博》诗颈联为："阁中外史修黄宪，白下传经拜郑玄。"《鳌峰集》此诗后隔一首即是《庚戌除夕》《除夕邀喻叔虞风雅堂守岁共得明字》《辛亥元日》等诗，①此诗很可能作于万历庚戌（三十八年，1610）。查《南雍志》，其"助教""黄居中"下曰："明立，福建晋江县人，由举人万历三十八年八月任。"②徐火勃用《外史》典确已至万历三十八年。

　　海门彭大翼较早引用《外史》而不注出处，提醒我们注意《外史》较早的刊刻本面貌。今上海图书馆藏本，序后题名"天禄阁外史"，但目录前以及每卷卷首皆题作"秘传天禄阁寓言外史"，其卷一至卷六以及卷八卷首书名后四行分别署："后汉汝南黄宪撰"，"宋后学韩泪赞"，"明守溪王鏊校"，"海门王汝夔③刻"④。卷首《序》末署"嘉靖二年乞恩致仕姑苏守溪王鏊序"。"秘传"对应的是《外史》"先贤评外史"所勾勒的晋谢安，唐田弘、陆贽，以及署名王鏊《序》所言的宋韩泪得自秘阁以及明翰林林瀚传给自己的一条书籍传递路线。虽然四库馆臣以及乾隆时王谟《增订汉魏丛书·天禄阁外史提要》以为此书、书中"先贤评外史"以及王鏊《序》"皆作赝书者创为之说，并序文亦非守溪作也"⑤，署名王鏊《序》也未见于《震泽集》，但《序》提到的诸多细节却非常符合王鏊（1450—1524）生平以及其学术倾向。如《序》云：

> 　　初予承乏翰林，三山林公手授是编，曰：'此某三世家藏也，吴中亦得见此不耶？'后二十馀年，乞归休老日，与仲山徐公论文林下，因检出以示人，佥曰是不传之秘也。一时学者争手抄而私宝之，予恐

① 徐火勃著，陈庆元、陈炜编著《鳌峰集》，广陵书社，2012年，第543—544页。

② 黄佐《南雍志》卷六，第617页。

③ 王汝夔，作为刻工、书工和出版者，未见其他刊书信息；我遍阅通州、海门诸志，亦未得此人信息，作为读书人，其亦未能进入地方举荐的秀才之列。

④ 题黄宪《天禄阁外史》，《四库全书存目丛书》子部第83册，第15、18、95页等。

⑤ 王谟辑《增订汉魏丛书 汉魏遗书钞》，第1册，第72页。

其未知所从得也，故书之简端。①

"林公"即林瀚（1434—1519），字亨大，号泉公。王鏊《送南京吏部尚书林先生序》云："三山林先生初在翰林，鏊犹及与之同事，及为国子祭酒，又与之同在经筵，今自吏侍擢冢宰之南京，鏊实继践其任。"②王鏊《经筵次林祭酒韵》诗小序给出了时间："弘治十年（1497）四月，太庙祫，罢，有旨改是月之三日，至日，雨，又改四日，盖圣学之勤，不以事而辍也。是日，鏊与大司成林亨大同讲，林有诗，因次韵。"③弘治十年林瀚已由翰林改为国子祭酒。正德间因刘瑾当政，王鏊致仕家居十六年，自弘治十年至其乞归确有二十餘年。仲山徐公指徐源，王鏊同乡，两人终身为友，王鏊《送徐季止仲山弟还南雍》诗曰："忆我行年十八九，来往君家最云久。"④其《瓜泾集序》叙其后两人论文及乞归后林下事甚详：

> 公与予同年进士而齿先于予，时同年三百人，予独善公，且相约为古文词，志甚锐，务追古作者为徒，相与劘切，倡和往来。……未几，公以水部分司山东之宁阳，地辟务简，益肆力于学，及官武选，时吴文定公在翰林，吴中名士皆集，倡和益富，而公出补外藩于浙、于岭南、于湖襄，最后以御史中丞巡抚齐鲁，所至不独以政事称，而尤以文学著闻，盖著述滋富矣。然予自是与公阔焉，久不闻问。弘治末，公上疏谢政事，予亦旋自内阁告归，乃复聚首吴中，追思往时之会，盖三十餘年矣……其存而复会于兹，独公与予也。……然公遇事感触必有作，作必以示予，顾予学殖荒落，不复能一一追和，与之上下其议论也，而以为恨。……公名源，字仲山，瓜泾其所家处也。⑤

①　题黄宪《天禄阁外史》，《四库全书存目丛书》子部第 83 册，第 16 页。
②　王鏊《震泽集》卷十二，《文渊阁四库全书》第 1256 册，第 267 页。
③　王鏊《震泽集》卷三，《文渊阁四库全书》第 1256 册，第 165 页。
④　王鏊《震泽集》卷一，《文渊阁四库全书》第 1256 册，第 137 页。
⑤　王鏊《震泽集》卷十三，《文渊阁四库全书》第 1256 册，第 274—275 页。

　　王鏊珍视汉学，不因其有真伪之辨而轻视之。如其《震泽长语》"经传"曰："汉初六经，皆出秦火煨烬之末，孔壁剥蚀之馀，然去古未远。……是时诸儒掇拾补葺，专门名家，各守其师之说，其后郑玄之徒笺注训释，不遗馀力，虽未尽得圣经微旨，而其功不可诬也。"他对于欧阳修疑《易》，其态度是"亦未敢遽疑"。他虽然知道朱子云《麻衣正易心法》四十二章为"伪作"，但看重其"立论亦甚奇"。对宋儒疑《诗小序》，他的态度是"姑从其旧，未为不可"。对《春秋繁露》，他说："世多以为伪书，余反覆考之，其《玉杯》《竹林》《玉英》至《十指》，皆说春秋事，宛然公羊之义、公羊之文也。虽或过差而笃信其师之说，可谓深于春秋者也。"①若以《震泽长语》对待汉代典籍的态度来看《外史》署名王鏊之《序》，则其间似有某种一致性。《外史序》云：

　　　　其文多自述之辞，虽或出弟子之所记，而事不征诸列国，以或类于左氏之诬未可知也。晋谢安直褒此书而不辨其同异，何耶？意者晋时隐君子值晋室之末运，忠愤激烈而不敢言，托为此书，引类属讽，言之者无罪，闻之者足以劝。其或然与？②

虽然有很多有关作者以及产生年代的疑问以及基于图书内容而发的猜测，但不轻易否定其存在价值，是王鏊对于疑似汉代典籍的一贯态度。

　　综上所述，《外史》嘉靖年间被刊刻出来应该是可信的，其抄本出现时间可能更早。③ 虽然没有直接证据云王鏊一定是此序作者，但更无证

---

① 王鏊《震泽长语》卷上，《子海珍本编》第二辑第 63 册，第 232、235、239、252 页。

② 王鏊《秘传天禄阁外史序》，题黄宪《天禄阁外史》，《四库全书存目丛书》子部第 83 册，第 16 页。

③ 毛晋汲古阁藏有"旧抄""《天禄阁外史》二本"（毛扆《汲古阁珍藏秘本书目》，《续修四库全书》第 920 册，第 560 页），《汲古阁珍藏秘本书目》"旧抄"，是一个统称，以区别于近抄而具体年代不可知者，包括明初以来不可辨识的各种抄本（亦不排除有元抄）。其中作者最晚近的被称之为"旧抄"的书是王鏊《震泽纪闻》（第 574 页）、都穆（1458—1525）《都穆游名山记》（第 557 页）、祝允明（1461—1527）《野记》（第 574 页），依此，《天禄阁外史》旧抄或许也不会晚于嘉靖。

据云此序非王鏊之作。好蓄异书并以《两京遗编》奠定其文学地位的胡维新，万历中发现了《外史》，约万历十四年左右，颁收录《外史》之文的秦汉文选于江南四郡学宫，此为《外史》产生广泛影响之始。万历二十年前，何镗以《外史》入汉魏丛书百种目，万历二十年，屠隆或将之收入所编《汉魏丛书》，此为《外史》引起广泛注意和探讨之始。《外史》卷首"先贤评外史"中，"唐田弘"已提出《外史》所谓黄宪宾诸国，"必不然也，大抵此史之作，率多寓言"；又载"陆贽"猜测"《外史》一书，世所罕有，其议论皆经济之学，王佐之才，或以为晋初竹林诸贤所作，未可知也"。[①] 上引题名王鏊《序》也说"类于左氏之诬未可知也"。作者"未可知"，应该也是第一阵营诸家，如胡维新、何镗、屠隆等的一致看法，但他们珍视《外史》，因为他们是古文词爱好者，所作"多古文词"，被人咄咄称之，"以为汉长卿复出"[②]；感慨"读汉人书辄津津艳慕焉，然史自马、班外，文自《文选》外，不能概见"[③]，故对汉异书不遗馀力地发现并推广。

彭大翼较早引用《外史》，或因《外史》为同乡王汝夔刊刻之故，但其不提此书，与今存程荣万历二十年（1592）刻《汉魏丛书》不收《天禄阁外史》，或许都反映了万历二十年代人们对《外史》的甚感疑虑的态度。二十年前，我曾提出万历十八年（1590）是明代文学的一个重要转折点，[④]此时"后七子"影响渐渐式微，时人对《外史》的态度，似也呼应了我当初的判断。《外史》是嘉靖复古思潮时代被发现或被生产出来的一部异书，其身世注定将信将疑然而永远不可忽视，就像当代编《两汉全书》也不得不将《天禄阁外史》收入一样。[⑤] 王谟《增订汉魏丛书》虽认为此书为伪

---

① 题黄宪《天禄阁外史》卷首"先贤评外史"，《四库全书存目丛书》子部第 83 册，第 16—17 页。

② 何三畏《云间志略》卷四《青浦令赤水屠侯传》，《四库禁毁书丛刊》史部第 8 册，第 241 页。

③ 胡维新《刻两京遗编序》，《两京遗编》，万历十年刻本。

④ 俞士玲《论明代中后期女性文学的兴起和发展》，见收张宏生编《明清文学与性别研究》，江苏古籍出版社，2002 年，第 169、180 页。

⑤ 董治安主编《两汉全书》之《外史》解题云徐应雷"虽言之凿凿，却无显据"（山东大学出版社，2009 年，第 22 册，第 12672 页）。

书,但依何允中例,仍将之收录其中,他为此书所作提要云:此书究不明为何人赝作,而王序作于嘉靖二年,"则自嘉靖以前,此书必尚未传于世,而其时何景明、李梦阳诸公方当剽窃周秦,割裂汉魏,自以为真古文,安知此书不即何、李之徒摹拟而作,而好事者又托为王序以重其书耶?"①王谟不采王逢年伪托之说,又以嘉靖二年为时间节点,推测此书为前七子领袖或信徒所为,虽无证据,但将之置于明代复古思潮中考虑一部书的发现和生产,也有其合理性。

《岁华纪丽》是明万历年间出现的一部异书。胡震亨等这样讲述唐韩鄂《岁华纪丽》的发现和生产。胡震亨《岁华纪丽》"识"语云:"吾盐藏书推郑简公家最多,其孙莐伯名忠材,博雅,能读祖书,余借观其书录,有《岁华纪丽》,目所未睹,其本从宋刻抄得,烂去末卷二纸,又差讹特甚,莐伯命余即从原本校正,凡改易增减千三百字,汝纳及友人姚孟承又改五百许字,然后可读。时俞羡长刻《唐类函》,并写一通贻之,令入岁时部也。海盐胡震亨识。"②胡震亨从同乡藏书家郑晓之孙处获观郑晓所藏这一稀见书之宋刻残本,此书当属胡应麟所云之"子之胜者",故胡震亨以及同好亟加整理,因为吴人俞安期正在刻《唐类函》,此书十分应景,故胡震亨抄写一部赠俞安期。俞安期万历三十一年自刻本《唐类函》卷六"春五"、卷七"夏五""秋五"、卷八"冬五"标题下都标明"《岁华纪丽》"作为出处,印证了胡震亨所言。③后来胡震亨刻《秘册汇函》,此书自然在列,沈士龙"识"语指出此书作为类书又兼及四六津梁的性质。其"识"语曰:"今观《岁时》一部,便有专帙,当时崇尚可知已。孝辕语'予编此书者,以作记事珠可尔,若欲借之为四六津梁,则去之愈远。'信哉!秀水沈士龙识。"④

① 王谟辑《增订汉魏丛书 汉魏遗书钞》,第1册,第72页。
② 韩鄂《岁华纪丽》,《四库全书存目丛书》据万历刻秘册汇函本影印,子部第166册,第16页。
③ 俞安期《唐类函》,《四库全书存目丛书》据万历三十一年刻四十六年重修本影印,子部第207册,第112、123、132、143页。
④ 韩鄂《岁华纪丽》,《四库全书存目丛书》子部第166册,第16页。

王士禛、四库馆臣以及叶昌炽则这样讲述《岁华纪丽》。上引王士禛语直接将首次发布此书者认定为作伪者："《岁华纪丽》，乃海盐胡震亨孝辕所造。"此说为四库馆臣所重视，《四库提要》虽提出此书有宋刻本之证据，但同时以文体以及内容错讹否定了此书为唐人书，维持了王士禛有关伪书的结论。叶昌炽《藏书纪事诗》"姚士粦"条再引王士禛语。① 余嘉锡《四库提要辩证》对馆臣的质疑逐条加以反驳，最后的结论是："（《岁华纪丽》）纵令不出于韩鄂，亦绝非宋以后人所能作，至谓为胡震亨所伪撰，则纯为臆测之词，毫无证据，《提要》必信王士禛而疑钱曾，是徒以名之轻重为是非，恐不足以服曾也。"②余嘉锡结论令人信服。

《於陵子》的整理者姚士粦也被王士禛指为伪"作者"。姚士粦《於陵子》"识"语交代此书来龙去脉甚详：

> 余同县王复元初尝为羽流，能书，尤长于鉴别古法书名画，戊戌（万历二十六年，1598）秋日，忽持行草一卷示余曰："此元学士邓文原手书《於陵子》也。"余读之殊喜，为留一宿，飞笔录之，烛不知三四跋也。时开之冯先生方谢大司成归，性好异书，因别录一编封寄。后先生见余拙园谈及是书，以为此疑后人推子终意为之，第造意遣词非唐宋间人所解，而一叙又逼真更生矣，岂千年断简别从金函石箧中出邪？未几邓书为新安吴孝甫以名画易去，闻至今尚在真州邸中，汝纳与孝辕共谋付梓，以公同好，因识其所从来如此。海盐姚士粦识。③

海盐人王复元，名初，能书，且善于鉴别古字画，故更有机会获观稀见书

---

① 叶昌炽撰，王锷、伏亚鹏点校《藏书纪事诗》，北京燕山出版社，2008 年，第 227 页。

② 可参《学津讨原》本《岁华纪丽》（第 2 册）末所附《四库提要》以及余嘉锡《四库提要辩证》（云南人民出版社，2004 年，第 311—312 页）。钱谦益《绛云楼书目》对三部书的真伪也表达了看法，其置《岁华纪丽》于子部"农家类"（第 426 页），置《於陵子》《天禄阁外史》于子部"伪书类"（第 556 页），也呼应了钱曾家藏宋本《岁华纪丽》之说。

③ 题陈仲子《於陵子》卷首，《丛书集成新编》据秘册汇函本影印，第 20 册，第 494 页。

法作品。邓文原是元初与赵孟𫖯齐名的书法家,善行、草,《於陵子》全篇有三千一百四十字(内缺一十六字),可以想见邓文原手卷定然云霞灿烂。此手卷不但具有书法价值,其元时来历,如邓文原《题辞》所述,"偶从道流获此"①,姚士粦还特别提到王初从道士还俗的经历,则此《於陵子》手卷,不仅与上引胡应麟所言"子之脞者"呼应,还对应了"畸流洽客","丹铅星历之谱,方技之所共珍","晋梁隐怪之谭,好事之所掇拾"的一个隐秘的文献世界。王初得此手卷应该很兴奋,故"忽"持此书来会姚士粦,姚士粦更兴奋,留下手卷,连夜"飞笔录之",别人为他换了三四根蜡烛,他都没有察觉。姚士粦的兴奋更多的可能是一部奇书、一部异书即将诞生。

姚士粦"飞笔录之"后,别录一编送冯梦祯。万历二十六年八月初冯梦祯离南京国子监祭酒任回籍听勘,《快雪堂日记》"戊戌"年下有清晰的记载,此即姚士粦"识"语"时开之冯先生方谢大司成归"之意。冯梦祯为南监祭酒期间,姚士粦曾受其聘为南监整理史书,《嘉禾征献录》姚士粦传载:"冯梦祯为南祭酒,较刻二十一史,属士粦校定。"②姚士粦约万历二十五年重阳前后结束工作还乡,冯梦祯作《送姚叔祥还檇李》诗云:

> 久饮建业水,迩来归梦频。思归未得归,不堪送归人。君来朱明初,倏忽佩萸辰。校史惜炎晷,剖疑扫馀尘。考索资发蒙,补缀惬知新。休文称益友,卯金亦忠臣。斯文既辍笔,离席何遽陈。游子恋故乡,一夕当九春。况君有妻孥,仳离多苦辛。客囊但市书,腹笥宁疗贫。放归必有期,开径希日亲。③

冯梦祯将姚士粦的工作总结为"校史""剖疑""考索""补缀",与沈约、

---

① 邓文原《於陵子题辞》,题陈仲子《於陵子》卷首,《丛书集成新编》第20册,第494页。

② 盛枫《嘉禾征献录》卷四十六,《续修四库全书》第544册,第727页。

③ 冯梦祯《快雪堂集》卷六十三,《四库全书存目丛书》据万历四十四年刻本影印,集部第165册,第106页。

刘向作比来肯定姚士粦工作的卓越。姚士粦则以冯梦祯"性好异书"解释他何以别录一编送之。"拙园"应是冯家在嘉兴郡城之园，自金陵归后，其常居杭州，若归嘉兴，常先诣此园，或与客期会于此。[①] 冯梦祯戊戌日记虽未提到在拙园见姚士粦，但十月二十五提到了"於陵仲子"，此日日记道："虞僧孺来。僧孺结庵灵鹫之傍，役使仅一峚，新建八角团瓢，每角可以藏书，又有一楼可以眺望，衣食足给，於陵仲子犹馀辟垆之妻，足称今之逸士矣。"[②] 姚士粦"识"语还交代了邓文原书《於陵子》手卷的下落，新安吴治（字孝甫）以名画换归。吴治也是著名书画家，富收藏，与董其昌等都有交往。董其昌题唐虞世南临《兰亭帖》中提到吴治："万历丁酉（万历二十五年，1597）观于真州，吴山人孝甫所藏以此为甲。"[③] 姚士粦写识语时，邓文原手卷还藏在吴治真州邸中，与董其昌所言正合。

《於陵子》自邓文原法书而为手抄书，姚士粦同好胡震亨、沈士龙也都有副本，胡震亨又抄副送赵开美（后名琦美），第一批获此书者对此书进行了阅读和考订。姚士粦"识"语提到冯梦祯对此书的一些推测：1. 疑此书是后人推究陈仲子之意而写的，意其作者应非为陈仲子。2. 此书遣词造意非唐宋间人所解，则此书之作当早于唐宋。3. 书中一叙疑真为刘向之作。沈士龙"识"语首先提出后人讨论此书作者的有趣和尴尬之处：我们可以因此书不见载于《汉书·艺文志》《隋书·经籍志》而谓其必不出于陈仲子，我们也无法论证此书必出于陈仲子。他选择悬置此问题，而认真读此书，他列举《於陵子》各篇中的齐方言，认为此书多齐语，陈仲子齐人，或暗示此书与陈仲子有某种渊源。又文中所谈之事与《竹书纪年》《战国策》《列女传》所记相表里，此既指出事实，或亦有所

---

① 参冯梦祯《维舟拙园书怀》（《快雪堂集》卷六十三，《四库全书存目丛书》集部第 165 册，第 111 页）、《快雪堂日记》"戊戌"九月三十日记（《快雪堂集》卷五十六，《四库全书存目丛书》集部第 164 册，第 770 页）等。

② 冯梦祯《快雪堂日记》"戊戌"十月二十五日记，《快雪堂集》卷五十六，《四库全书存目丛书》集部第 164 册，第 771 页。不过冯梦祯所用典出《孟子·滕文公》，而非《於陵子》。

③ 张照、梁诗正奉敕编《石渠宝笈》卷四十二，《文渊阁四库全书》第 825 册，第 579 页。

暗示。胡震亨从《孟子》到汉宋有关於陵所在的注释谈起,指出於陵很难确定在某一个地方,故於陵子书虽其言未必皆出陈仲子,"要亦慕仲子者之言之也"。他还指出书中很多词语乃"晋宋间丽语",推测是晋宋间人"藉重而为之者乎"?①

万历三十一年,赵开美认为此书有"欲以苦节而砭斯世之桀跖"之意,故刊刻了此书,其《后序》曰:"海盐友人孝廉胡孝辕氏以授予,悲夫於陵子之义也,于是刻之。……万历癸卯孟春谷旦海虞赵开美序。"②这应该是此书刊刻之始,后胡震亨将之收入《秘册汇函》,上引姚士粦"识"语即为《秘册汇函》而作。今尚可见徐渭评本、绿天馆本等。③

追溯此书的生产过程,很多人都是见证者,很难想象这么多人没有动机而集体作伪,其中包括德高望重的南京国子监祭酒,勤勉考索的学者们。万历后士人有一份自觉和热情去寻找稀见之书,姚士粦特别有意于"搜讨秦汉以来遗文秘简"④,对这些秘笈自有一种敏感,一旦偶遇这些异书、秘笈,则乐于分享,加以整理并投入生产,使这些书不再埋没。绝大部分之前见于著录的书,也是借助于明代图书生产能力和明人的图书生产热情而流传下来的,相对于这些有来历的书,明代忽然横空出世的书比例并不大,想想近代以来《红楼梦》各种脂评本的出现,就可以理解明代异书出现的可能性了。

---

① 沈士龙、胡震亨"识"语,并见《於陵子》,《丛书集成新编》第 20 册,第 494 页。有关《於陵子》六朝用语,可参林之鹏《〈於陵子〉成书时代平议》,《中国典籍与文化》2010 年第 2 期。

② 见《於陵子》,《丛书集成新编》第 20 册,第 498 页。

③ 绿天馆本《於陵子》,前有炀和真人《序》,吴郡黄姬水撰《陈仲子传》,正文书目后有"上元王澍慰露校"一行。《四库全书存目丛书》据绿天馆本影印,子部第 83 册,第 1—14 页。徐渭评本,前有不知何人之序(残),文中施圈点,天头、文末、句旁有评点。《子海珍本编》据徐渭评本影印,第 2 辑第 56 册,181—218 页。

④ 盛枫《嘉禾征献录》卷四十六云其生平落魄,"遂不复求仕。与华亭陈继儒、侯官曹学佺、同里胡震亨以奥博相尚,搜讨秦汉以来遗文秘简,撰《秘册汇函》跋尾,一一考据,具有原委。"《续修四库全书》第 544 册,第 727 页。

第七章
文书、书籍、印刷与纠纷社会史：
以明末《祝赵始末》为中心

崇祯十六年（1643）十一月初一，举人、丹阳县学教谕、常熟人祝化雍①家的墙壁被邻居进士赵士锦率众拆除，长期以来，赵士锦宣称祝化雍房产应归其媳陈氏，因为祝化雍先人是陈父的奴仆，祝化雍先人的房产就是陈父房产。祝化雍应对赵士锦挑衅的办法就是躲着他，即使赵士锦和家人在墙那边百般辱骂。但这次，墙壁被拆，祝化雍无处可躲，他被赵士锦抓住锁在屋中，逼他立刻签立房契。虽然身体无可逃，但灵魂可以，他上吊自杀了。常熟百姓虽然同情祝化雍，但更顾忌乡宦赵士锦，里甲地保不举报，邻里无人作证，祝化雍夫人王氏虽呈状署县，因祝化雍系自杀此事甚至无法立案。祝化雍已暴尸七日，王夫人不甘心丈夫就这样冤愤而死，她撰写揭帖，刊刻并大加刷印，一部分在常熟和丈夫任职地丹阳的街衢张贴，一部分送发丈夫的学生——丹阳诸生，她还随揭帖附上请求诸生帮助自己为丈夫复仇的信函。于是丹阳诸生浩浩荡荡奔赴常熟，此时，常熟乡绅开始介入此事，以钱谦益、瞿式耜为首的乡绅默许了祝化雍夫人、丹阳诸生和常熟士民的义愤，赵士锦房屋被瞬间夷为平地，

---

① 祝化雍，原姓祝，然以顾姓中举，黄之隽等撰《江南通志》（卷一二三，第 2212 页）、冯桂芬纂《（同治）苏州府志》"选举志"皆作"顾化雍"，"常熟人"，《（同治）苏州府志》卷六一名下有注："来仲，本姓祝，丹阳教谕。"《中国地方志集成·江苏府县志辑》据光绪八年江苏书局刻本影印，凤凰出版社，2008 年，第 8 册，第 651 页）《祝赵始末》《王氏复仇记》云："祝孝廉者，姓顾，名化雍，字仲求。"（详下）本章为叙述简便，统称祝化雍。

丹阳诸生在赵士锦堂基中掩埋了老师,完成了王夫人的意愿。①

上述事件,首先是一起因社会身份变动而引起的邻里财产纠纷事件,导致社会身份变动的原因是书籍和读书仕进,故本章将借此讨论书籍的权力及其与中国社会等级的复杂关系,比如知识如何帮助祝化雍完成了政治、法律身份的跨越,但又不足以消除社会生活和社会观念中身

① 有关祝赵纠纷的文献,主要有无名氏《祝赵始末》(于浩编《明清史料丛书续编》据丁祖荫编《虞阳说苑甲编》影印,国家图书馆出版社,2009年,第17册,第367—372页,下引此事均本此,随义标注页码)、无名氏《王氏复仇记》(土文濡辑《说库》,广陵书社,2008年,第1313—1314页),又见《香艳丛书》三集卷一(上海书店出版社影印本,2014年,第53—56页)、叶绍袁《启祯记闻录》卷三(于浩辑《明清史料丛书八种》本,北京图书馆出版社,2005年,第7册,第465页)、王应奎《柳南随笔》卷三(第50页)。前两种为详本,后三种为略本。详略之外,详本"祝氏"作丹阳教谕"祝化雍",字来仲;略本作《祝谦吉》,《柳南随笔》云其为桃源教谕,字"尊光"。据冯桂芬《(同治)苏州府志》,明末常熟确有祝化雍、祝谦吉两举人,祝化雍是天启元年举人,丹阳教谕,祝谦吉是崇祯六年举人("字尊光,桃源教谕",第653页),桃源教谕。我倾向于此事件中祝氏为祝化雍,因为:一,前两种文献虽作者不详,但详述纠纷始末,有些细节绝非听闻者或后人可杜撰。如王氏揭帖云崇祯十六年十一月初一日夫下第归。明朝会试、殿试三年一次,二、三月举行,何以云十一月下第归?实因崇祯十六年,会试时间推迟。叶绍袁《启祯记闻录》卷三载:"缘□骑内蹒践,破及临清等处,南北道梗,入觐各官及应试举人,俱不能北上。……□后北出境,更期于八月中会试,如乡试之期焉。"(第455页)王应奎虽为常熟本地人,但生活于康熙、乾隆时;叶氏虽为同时人,但其记事得自传闻。二,祝谦吉与赵士锦兄赵士春皆为复社成员(参陆世仪《复社纪略》卷一,《续修四库全书》438册,第486页),与张溥、蒋棻为好友,深受杨彝赏识(参张溥《祝尊光稿序》,《七录斋诗文合集·古文近稿》卷二,《续修四库全书》据崇祯九年刊本影印,第1387册,第296—297页),且兄弟三人(其二弟,即即《复社纪略》常熟复社成员中的祝升吉、祝泰吉,第486页),交友、编书,十分活跃(参张溥《三科文治序》,《七录斋诗文合集·古文存稿》卷五,第502—503页),在常熟算得上名流盛门,绝非势单力薄者。与之相对,祝化雍除登科记录名外,仅见其与常熟孙永祚有一次酬唱,孙诗形容祝化雍为一介贫儒[孙永祚《雪屋集》卷二《雨后访祝来仲破山山房》,有"子云起草处,凉雨过山微。石径携藤席,松枝挂葛衣"(《四库禁毁书丛刊》据崇祯五年古啸堂刻本影印,集部第110册,第437页)句],与事件中祝氏情形更吻合。三,桃源距常熟路途遥远,非合学诸生迅速可至,丹阳诸生至常熟为老师复仇更合理可信。当然即使此祝氏为祝谦吉,对本章论述影响也不大。巫仁恕《激变良民——传统中国城市群众集体行动之分析》将祝谦吉与祝化雍视为一人,称其为诸生,云其赴丹阳会试等,都是错误的(见巫仁恕《激变良民——传统中国城市群众集体行动之分析》,北京大学出版社,2011年,第105页、295—296页)。巫著所搜事件甚多,偶有疏漏也是可以理解的。

份的鸿沟。其次，这是一场强迫签立文书和拒绝签署文书间的博弈，赵士锦始终想得到祝化雍亲手签立的房产契约文书，甚至不惜以暴力相逼迫，故本章将据此讨论文书与基层社会习惯、秩序的形成，赵士锦想用文书建立两家关系的新秩序，殊不知其以暴力获得的契约本身就是违反契约精神的。再次，这是一起借助书籍和经典号召儿子为父亲、妻子为丈夫、学生为老师复仇的事件，故可借此分析书籍、经典的力量如何使针对自身和他人的暴力道德化。最后，这是女性以印刷揭帖和书信的方式有效动员诸生和市民，最终形成"士变"和"民变"，故可借此讨论印刷之于公共正义、社会新道德情感主体的形成的意义。

一、书籍与社会身份：可改变和难以改变的

据《江南通志》《（同治）苏州府志》之《选举志》，祝化雍是天启元年（1621）举人；赵士锦是崇祯九年（1636）举人，崇祯十年进士。[①] 祝化雍中举比赵士锦早十五年，但他没能更进一步，崇祯十六年被逼自杀时，"年未五十"，《祝赵始末》《王氏复仇记》皆云其"会试""下第旋里"，也就是说，十五年来，祝化雍始终奋战在科举道路上，社会身份未能持续上升而多有所阻，士气有衰。赵士锦，系出名门，祖父赵用贤，伯父赵琦美，父亲赵隆美，兄长赵士春，其虽中举较晚，但一鼓作气中举、成进士，且与兄长同年会试，其兄殿试更荣膺探花。可见，自崇祯九年，祝赵间科名态势出现逆转，这可以比较合理地解释何以崇祯后期赵士锦来与祝化雍争产，何以各记事都强调赵士锦"进士"身份，王应奎说："赵与兄同登甲榜，声势赫奕，迥出祝上。"王氏揭帖云赵士锦"觇夫下第归家"而大打出手，也暗示祝化雍科第失败与赵士锦行为间的关联。

祝赵冲突不仅是举人和进士间的冲突，之后有更复杂的社会关系背景和深刻的阶级矛盾。赵士锦背后是亲家陈必谦，祝化雍背后是作为陈

---

① 黄之隽等《江南通志》卷一三〇、卷一二三，第 2212、2218、2084 页；冯桂芬《（同治）苏州府志》卷六一、卷六〇，第 651、653、622 页。

必谦奴仆的先人,祝化雍先人与陈必谦的仆主关系使赵士锦占有祝化雍房产有了借口并成为可能。明帝国努力取消良贱划分,不承认奴仆身份的政治法律存在,但律学家每每发现法律中针对奴仆的条款,表明社会生活中奴仆关系的普遍存在。如雷梦麟《读律琐言》说:"庶民之家,当自服勤劳力作,故不准存养奴婢,则有官者而上皆所不禁矣。律言奴婢殴家长、奴婢为家长首、冒认他人奴婢,岂尽为功臣之家言哉?但功臣之家有给赐者,而有官者皆自存养耳。"①明代诉讼中,法官也事实承认良贱和奴仆关系的存在。如《唐明律合编》卷二十二"良贱相殴"条引《明律辑注》曰:"然今问刑衙门,凡卖身与士夫之家者,概以奴婢论。"②此外,现代研究者还指出:明代奴仆与主人不太稳定的一世相统关系有变为固定的世代相统关系的奴仆"世仆化"的倾向;③构成奴仆的身份要素是"佃主田、住主屋、葬主山";当主家的地产、房屋转卖、转赠他人后,原佃仆、奴仆转属新主人;明代地方法律执行和社会习俗中,主仆关系可以解除,前提是仆人离开主人的土地、房产、坟地等。④

以此来审视祝化雍身份以及祝赵纠纷的本质。尽管诸记事的叙述者都十分同情祝化雍,但都承认祝氏先人为陈必谦奴仆,则祝化雍乃世仆。王应奎《柳南随笔》记钱谦益论祝赵纠纷是:"幽有鬼神,明有王法。宿世有冤对,现在有报应。"《祝赵始末》《王氏复仇记》记丹阳诸生到常熟后钱谦益的表态:"在赵既可以无君,则祝亦可以无主。"可见,在钱谦益心目中,祝化雍确为陈氏奴仆。祝化雍夫妇从未反驳、也从未承认其与陈氏的仆主关系,只强调现宅乃"祖居"。祝化雍自杀前遗嘱云"恶邻赵士锦逼占祖基"(第 368 页),王夫人揭帖说"痛夫化雍祖居,与豪宦赵士锦邻,并百计谋吞"(第 369 页)。倘若其先人是陈必谦奴仆,则其祖居岂

---

① 薛允升撰,怀效锋、李鸣点校《唐明律合编》卷十二,法律出版社,1999 年,第 279 页。

② 薛允升撰,怀效锋、李鸣点校《唐明律合编》卷二十二,第 596 页。

③ 参蒿峰《试论明代奴仆制度》,《烟台大学学报(哲学社会科学版)》1989 年第 1 期。

④ 参中岛乐章著,郭万平、高飞译《明代乡村纠纷与秩序:以徽州文书为中心》,江苏人民出版社,2010 年,第 214—258 页。

非恰为陈必谦"故业"！陈必谦嫁女于赵家，赵士锦说陈必谦将祝氏世仆转赠其女，祝氏房产为其女"妆奁"，所以他理直气壮地宣称赵家是祝氏房产的拥有者。问题是，即使祝氏祖居为陈必谦故业，何以在漫长的时间里陈必谦从未与祝化雍有纠纷呢？如果主仆关系以某种服役的方式存在，主家有无权利自行收回房产，将仆家赶出庄屋呢？更何况明代通过"主奴法律身份的伦理化"，将主奴关系纳入家庭宗法关系中解决，明代陈确设想的主奴理想的相处之道是："家仆谓之义男，即有父子之义，于父仆则有兄弟之义矣，于义女、义男妇亦然。君子当一体万物，而况家人乎。"①则陈必谦赠予祝氏房产也并非不可能。无论如何，由赵士锦出面讨要房产都显怪异，但赵士锦利用了明代国家法律的灰色地带和社会习俗中主奴身份惯例挑起了这场纠纷。

祝化雍或许以某种方式摆脱祝姓以及相关身份，化雍参加科举、做官时都用的是顾姓，但习惯如此强大，乡人、亲友甚至家人依然称其旧姓。我认为即使其先人或祝化雍以金钱或其他方式解除了与陈必谦的主仆关系，买断了主家的房产，都无法真正改变其出身低贱的身份处境，祝化雍的悲哀来自于社会观念、社会心理方面的深刻歧视。在视"一日为师，终身为父""一与之醮，终身不改"为美德的社会文化观念中，一旦人与人之间建立某种关系，即希望永远保持这种社会关系。谢肇淛《五杂组》卷十四云："今世流品，可谓混淆之极。婚娶之家，惟论财势耳。有起自奴隶，骤得富贵，无不结姻高门，缔眷华胄者，余尝谓彼固侯景、李建勋之见，而为名族者，甘与秦晋而不耻，何无别之甚也。余邑长乐，长乐此禁甚厉，为人奴者，子孙不许读书应试，违者必群击之。余谓此亦太过。国家立贤无方，即奴隶而才且贤，能自致青云，何伤？但不当与为婚姻耳。及之新安，见其俗不禁出仕，而禁婚姻，此制最为得之。乃吾郡有大谬不然者，主家凌替落薄，反俯首于奴之子孙者多矣。

---

①　陈确《乾初先生遗集》卷十一《仆说》，《续修四库全书》据清餐霞轩抄本影印，第1395册，第77页。

世事悠悠,可为太息者此也。"①可见,长乐县甚至不让奴仆子弟读书应试,其他可考者,江西吉州、赣州亦复如此。② 祝化雍所在的常熟,或许比较宽容,祝化雍是成功的,他通过书籍,中举、入仕,在国家层面取得了政治法律地位,在地方公众社会,也得到了相应的名义上的待遇,"邑有公事",他可以出席"诸绅会议",但就在他出席乡绅会议时,沈孝廉公然嘲笑他的奴仆出身。《祝赵始末》载:"邑有公事,常集诸绅会议。值严寒,有孝廉沈某者,见化雍至,故作嘲语曰:'今日真寒甚,鼻中涕乃突然而出。'吴下以奴仆为鼻,沈故借景揶揄之。同座皆匿笑。"(第367页)《(万历)皇明常熟文献志》载常熟"风俗志",被认为"善俗十条"之一为:"单门贱子即暴起至大富,士论必下其品,凡婚姻交际称谓必无易与。"③即使如谢肇淛这样相当开明的文人,也只认同国家以贤招士,主张天下人在读书、科举之路上的平等,反对跨越阶级的联姻,尤其不认同因经济变化而建构的新的主仆关系。可见社会对国家权力的过滤,即钱谦益批评的"在赵既可以无君",而等级观念在社会生活、社会心理层面盘踞甚深,绝非书籍、仕进可以轻易消除。

二、文书秩序和逼订契约:契约精神及其悖反

中国古代很早就形成了以契约文书约束守信、治理邦国的意识。《周礼·天官·冢宰》第一"小宰"曰:"以官府之八成经邦治:一曰听政役

① 谢肇淛《五杂组》卷十四,第1804—1805页。又赵吉士《寄园寄所寄》卷十一引《苏谈》:"徽俗重门族,凡仆隶之裔,虽贵显,故家皆不与缔姻。他里则否,一遇科第之人,即絜其班辈,昧其祖先,忘其仇恨,行贿媒妁,求援亲党,倘可联姻,不恤讥笑,最恶风也。"(《续修四库全书》第1197册,第137页)

② 参邵长蘅《邵子湘全集·青门剩稿》卷七《奉政大夫提调江西学政按察使司金事加一级邵公墓碑》载:邵延龄(1635—1691)出为江西按察使司金事提调学政,"吉赣俗以佃为仆,子孙无得与童子试,公为按版籍,勒石永禁。破数百年陋俗,比自拔出就试者众,诸生争尸祝之"(《四库全书存目丛书》据康熙刻本影印,集部第248册,第211页)。

③ 管一德纂《(万历)皇明常熟文献志》卷十七"风俗",《北京师范大学图书馆藏稀见方志丛刊》据万历三十三年刻本影印,北京图书馆出版社,2007年,第7册,第515—516页。

以比居,二曰听师田以简稽,三曰听闾里以版图,四曰听称责以傅别,五曰听禄位以礼命,六曰听取予以书契,七曰听卖买以质剂,八曰听出入以要会。"据郑玄注,这里的"比居""简稽""版图""礼命""要会""质剂""傅别""书契"是各种形式的文书,①后三种分别是买卖、借贷、赠受双方订立的契约,②孙诒让还分析了三种契约的不同形式,傅别、质剂是一份契约一分为二,各执其半,以能对合为验证;书契则一式两份。③

敦煌文献中有不少契约文书实物,比较清晰地展示了文书订立过程。如伯 P.4525《放妻书》：

> 盖闻夫天妇地,结因于三世之中,男阴女阳,纳婚于六礼之下。理贵恩义,深极贪爱因浓。生前相守抱白头,死后要同于黄土。何期而情称怨,互角憎多,无秦晋之同欢,有参辰之别恨。偿了赤索非系,树阴莫同,宿世怨家,今相遇会。只是妻□敲不肯蘩,遂家贫须却少多,家活渐渐存活不得。今亲姻村老等与妻阿孟对众平论,判分离别,遣夫主留盈讫。自后,夫则任娶贤央同牢,延不死之龙;妻则再嫁良媒合卺,契长生之奉。虑却后忘有搅扰,贤圣证之,但于万劫千生,常处□□之趣。恐后无信,勒此文凭,略述尔由,用为验约。④

夫妇先在亲姻村老这些地方、家族主持公道者面前公开讲述("对众平论"),提出愿望,亲老做出判离决定,夫妇双方都表接受,最后为防"无信",订立此文书。这一契约的订立,体现了作为缔约者的夫妇双方的自由意志和平等精神,作为凭据,具有信用约束的作用。

中国古代社会存在较稳定的契约秩序,元杂剧《风雨像生货郎旦》为

---

① 参郑玄注,贾公彦疏《周礼注疏》,阮元《十三经注疏》本,第 878 页。

② 参《周礼·地官·司徒》第二"质人"条,郑玄注,贾公彦疏《周礼注疏》,阮元《十三经注疏》本,第 737 页。

③ 孙诒让《周礼正义》,《十三经清人注疏丛书》本,中华书局,1987 年,第 177 页。

④ 唐耕耦、陆宏基编《敦煌社会经济文献真迹释录(二)》,全国图书馆文献缩微复制中心,1990 年,第 196 页。识读和句读,引者略有修改。

我们提供一个好例。春郎和奶妈张三姑因家庭变故流落在外,张三姑担心这样下去会饿死孩子,于是将孩子卖给洛河边的完颜氏拈各千户,她虽然不识字,但也有意识要"得个立文书的人来,可也好那",正好遇上路过的货郎张憨古,张憨古为她写了一张文书:"长安人氏,省衙西住坐,父亲李彦和,奶母张三姑,孩儿春郎,年方七岁,胸前一点朱砂记,情愿卖与拈各千户为儿。恐后无凭,立此文书为照。""立文书人:张三姑。写文书人:张憨古。"张三姑"画了字",然后仔细保存这件文书。[①] 可见,立契、藏契已成为基层社会习惯,契约和立契行为影响着古代中国人的思维和行为方式。

明代社会,似乎凡事皆有契约。题名陈继儒辑《捷用云笺》为各式契约提供模本,可用来分析当时较为普遍的契约意识和契约精神。如兄弟分家所书"分关"文书曰:"兄弟和同同议,遣请尊长亲戚等,各将受分祖、父及自己续置基地、屋宇、田园、树木、财物、器用等项品搭均分,祝神拈阄为定,诸凡开载明白,俱系至公无私,各宜安分,照关管业,不得争长竞短,致伤和气。今恐无凭,立关书,几纸一样,永为子孙为照。"[②]分家兄弟自由、平等地讨论("和同同议"),决定缔约内容("各将受分祖、父及自己续置基地、屋宇、田园、树木、财物、器用等项品搭均分")和形式("祝神拈阄为定"),请尊长亲戚公证,保证分关程序、契约内容的公正、公平以及文书的真实有效,分关者"各宜安分,照关管业",显示出文书的约束力,目的是建立良好的家庭和社会秩序,"不得争长竞短,致伤和气"。

与祝赵纠纷相关的文书有"卖义男契"及卖、赠"房契"。明代《卖屋契》大致如下:"立卖房屋基地人某同某等,今因饥寒无措,情愿将自己受分房基地几间,东至某,西至某,南至某,北至某,已上四至明白,上连瓦盖,下连地基,门窗户扇,一任完全,寸土木石,不致损拆,托中某人,尽行出卖与某为业,当日三面言议,时值价银若干整,银契两相交讫,并无分

---

① 臧懋循《元曲选》,中华书局,1989 年重排版,第 1645—1646 页。
② 陈继儒辑《捷用云笺》卷六"关约类",《四库未收书辑刊》据明末刻本影印,第三辑第 30 册,第 548 页。

毫悬欠。先将尽过亲房族内人等，凡包套重叠典卖不明之类，一切俱无，如有不明，出卖人自管，明白不干买主之事。所作交易，系是二比情愿，故无逼抑、债负、准折等情。自卖已后，听从买主管住，无得别生异说，如有悔者，甘罚银内价银一半与不悔人用。恐后无凭，立此卖契为照。"①买卖房产必请中介，写清房屋四至、间数，特别强调买卖双方"情愿"买卖，买卖过程中绝无逼抑等情形存在。为了达到契约的平等精神，违背契约者（"有悔者"）受到"甘罚银内价银一半"制裁，受损害方则得到有利于自己的救助（"罚银""与不悔人用"），此契约较充分地体现了自由、平等、守信的精神。又如《卖义男契》："立婚书人某都某图某人，今有亲生男子立名某，年方几岁，为因家下贫穷，饥寒无奈，是以夫妇商议，同亲某人等，浼托中亲说合，与某名下养为义男，当日接受礼银若干，一并完足，言定抚养成人，与依婚娶，终身听从使唤，不致躲懒走闪。此系二比情愿，并无重叠来历不明等事，亦无货利准折、逼勒等情。自今以后，系是本主之人，生不归宗，死不归墓。如或逃归拐带，卖主与中人承当。倘风水不虞，系是天命，与主人无干。敬立婚书，并本男手印，悉付本主，收执存照。"②明代买卖义男在"婚书"的框架中进行，故有"中亲说合"，也起第三方公证的作用，卖义男费用被婉转地称为"礼银"，从此义男归主家所有，生主家，葬主墓。主家的义务是"抚养成人，与依婚姻"，义男的义务是"终身听从使唤"，不得"躲懒走闪"。契约中也特别强调买卖和契约订立过程中的双方都是"情愿"的，绝无"逼抑"情形存在。

依明代惯例，赵士锦若要在名义上拥有祝化雍现住房产，至少需要出示祝化雍先人为陈必谦义男（或奴仆、佃仆等）的文书、陈必谦将世仆（其先人至祝化雍）及房产转赠其女为妆奁的文书；祝化雍要证明其现居为祖居，则要出示相应文书，如其祖脱离"主仆之分"的文书、此房产受赠

---

① 陈继儒辑《捷用云笺》卷六"关约类"，《四库未收书辑刊》第三辑第 30 册，第 552—553 页。

② 陈继儒辑《捷用云笺》卷六"关约类"，《四库未收书辑刊》第三辑第 30 册，第 553—554 页。

或买卖文书等，但诸记事都没有提及这些过去订立的文书，似乎祝化雍、赵士锦都无法用旧文书对事情秩序进行还原，于是赵士锦想用新文书来重构秩序。怎样能得到祝化雍的新文书呢？祝赵纠纷在很大的意义上是围绕这一中心情节展开的。

赵士锦要得到祝化雍亲笔所书房契，必须要与祝化雍见面，祝化雍也了解此点，他就是不露面，一直让妻子王氏出头。于是赵士锦妻和媳让王氏来赵家，让王氏带信请祝化雍面谈，祝化雍还是没有出现，于是赵士锦妻子和媳妇隔墙辱骂，想激祝化雍出来，祝化雍是真能隐辱，记事说他"忍辱有年"，就是不出现。后来，他去丹阳做官，事情便搁置了下来，等到其崇祯十六年十一月归家，赵士锦看与祝化雍见面的机会又来了，[①]他让人拿着银子，假说要买祝化雍的房产，终于见到了祝化雍，"逼立文契"，祝化雍拒绝，赵士锦将祝化雍锁在房中，逼立文契，祝化雍应该是用逼其立契的纸笔写下了遗书，然后自杀。至此，赵士锦想用新文书重新构建秩序的努力宣告破灭。如果赵士锦对亲笔签署的文书没有迷恋的话，事件可以有不同的发展走向。如他可以伪照文书，因为明代伪照文书之类已是一种产业。赵士锦也可趁着祝化雍去丹阳任职，家中只剩妇孺，而暴力占有房产。但赵士锦没有选择这些做法。赵士锦将暴力用在强迫祝化雍签署文书上，违反了一切明代契约文书"系是二比情愿，故无逼抑等情"一条，违背了契约的自由、平等精神，即使契约被逼立，其本身也是不合法的，其用新契约建构新秩序的努力也是徒劳的。

七八十年后，自称陈必谦后人的陈庆在常熟打了一场与契约文书和奴仆身份有关的官司。何焯《与常熟□知县书》曰：

---

① 据钱谦益《中宪大夫四川叙州府知府赵君墓志铭》(《牧斋初学集》卷六十一，第 1464—1465 页)，赵士锦父赵隆美卒于崇祯十四年辛巳(1641)三月，年六十一。《大明会典》卷一一《吏部十》"丁忧"："凡内外官吏人等例合丁忧者"，"祖父母、父母承重丁忧外"，"开写是否承重祖父母及嫡亲父母"，"仍以闻丧月日为始，不计闰二十七月，服满起复。"(《续修四库全书》据内府本影印，第 789 册，第 191 页)崇祯十四、十五、十六年，赵士锦应守制在乡，但不计闰月，十六年十一月也应服满起服，不知为何还滞留在乡。

前月吴世兄偕宝官二世兄抵舍云：有家人陈庆于前岁窃去身契，反冒称前代陈益吾少司空之后，令伊父具控案下，复有不惜身名陈庆亲族为之证佐者，致蒙老父母世台先生差提陈庆从前所写甘服送赵，仰见仁人君子之用心，矜悯官裔沉沦下贱，亦欲南乐后人归于忠厚，长者其所严切批示者，皆所谓匪怒伊教，初非直据单词，独于南乐后人有所摧抑也。但此间所见南乐辛未同谱诸先生皆云南乐身后往吊，犹见陈庆在彼服役，生前并无少司空宗族公恳南乐捡还身契之事……而少司空去今已七十年，其陈庆之是否良贱不能周知的确……敢恳老父母世台先生暂霁威严，容治弟辈细询邑中老成，不欺读书自好之人。如果少司空的裔，自当立遵明谕，治弟辈焉敢左袒南乐后人，使栾郤降为皂隶。如其非也，则南乐亦本□进士，身没未几，其子弟即以虮蝨多而不能掉尾，尤为可哀，仍望电断，惩其奸伪，此实先后缙绅均被其赐者也。①

此事颇具讽刺和有趣之处在于：第一，因陈庆"窃去身契"，所以钱家无法证明陈庆是自家奴仆，在诉讼中，常熟县令判钱家败诉。可见文书契约的重要性。第二，何焯信中提出两条证据证明陈庆应是钱家奴仆，并且不是陈必谦嫡裔。第一条证据，钱南乐去世，"辛未同谱诸先生"（其中当包括陈必谦宗族中人）去吊唁，见陈庆在钱家"服役"，无人（特别是陈氏族人）因为陈庆是陈必谦后人而希望钱家放奴；第二条证据是钱氏生前陈必谦宗族并没有出面恳求钱氏"捡还身契之事"，可见奴仆关系可以以某种方式解除，同样文书也是重要的。第三，不管陈庆是否为陈必谦嫡裔，总之，在陈必谦去世七十年后，其后人即可能沦为他人奴仆，可见时人社会身份变化之快。

---

① 何焯《义门先生集》卷六，《清代诗文集汇编》本，上海古籍出版社，2010年，第207册，第207—208页。

三、书籍、典故与号召复仇:赋予复仇以正义

青城子《亦复如是》卷二讲述了一个"定罪二十四字,遂成十馀年铁案"的故事,显示文书、文学之于诉讼的影响力。神奇的二十四字是:"白骨烧成黑炭,黄金买转青天;十两能偿一命,万金可杀千人。"①祝赵纠纷中王夫人揭帖面向广大路人,也用近似的明白晓畅、夸张有力之文句,昭示赵士锦的罪恶:"广收亡命,蓄意叵测。抄万家,杀万命,今则杀及命官。目无国典,罪恶贯盈,人天共愤!"(第369页)但祝化雍对妻儿、王夫人对丹阳诸生表达复仇倡议时则用书籍和经典,以此彰显书写者的文化身份,激起读书人的身份和文化认同,并将倡导的暴力复仇行动纳入经典文化系谱中赋予其正义、道德和文化属性。

虽事发突然,祝化雍自杀前还是给儿子留下了简短的遗嘱:

> 行年未五十,被恶邻赵士锦逼占祖基,朝夕詈骂,辱及尔母,凌虐万状,含冤自经。虽类匹夫小谅,实出万不得已。横死之后,为伍尚者,为伍员者,听儿辈为之,我躬不阅,遑恤我后。
>
> 崇祯十六年十一月初一日父含泪遗嘱。(第368页)

"匹夫小谅",出自《论语・宪问》:"子曰:管仲相桓公,霸诸侯,一匡天下,民到于今受其赐。微管仲,吾其被发左衽矣。岂若匹夫匹妇之为谅也,自经于沟渎而莫之知也。"②祝化雍将自己的自杀行为归入孔子所言"匹夫匹妇之为谅"的系列,虽然"小谅"相对于管仲成大事显得微不足道,但就其本身而言,则是"信""节"的一种,可见他是将自己的自杀行为看作对凌虐的不屈服和反抗,而非软弱和无作为。"为伍尚者,为伍员者,听

---

① 孱弱的年轻人六次为兄长告状,都因其兄被害已逾十年而未能立案,善刀笔绅士为年轻人报仇决心感动,替他写诉状,臬台阅讫,当即口准。年轻人报仇成功。见青城子《亦复如是》卷二,《笔记小说精品丛书》本,重庆出版社,2005年,第46页。

② 何晏等注,邢昺疏《论语注疏》,阮元《十三经注疏》本,第2512—2513页。

儿辈为之"，典出《左传》。《左传》"昭公二十年"记楚平王执伍奢，费无极进言道："奢之子材，若在吴，必忧楚国，盍以免其父召之，彼仁必来，不然将为患。"于是楚王以"来，吾免而父"诈召伍奢二子，伍奢长子伍尚谓其弟员曰："尔适吴，我将归死，吾知不逮，我能死，尔能报。闻免父之命，不可以莫之奔也；亲戚为戮，不可以莫之报也。奔死免父，孝也；度功而行，仁也；择任而往，知也；知死不辟，勇也。父不可弃，名不可废，尔其勉之，相从为愈。"①于是伍尚归，与父同死，伍员逃，后为父报仇。祝化雍遗嘱，不管儿辈是"为伍尚"，凭着一股血气，激情杀人或被杀，与父同死，还是"为伍员"，以后为父报仇，全凭儿辈决定，但儿辈必得有所作为，方不辱父命。叶绍袁《启祯记闻录》云其"遗书嘱子复仇"，是恰当的解读。"我躬不阅"两句，出《诗经·邶风·谷风》。遗嘱虽短短数语，但全出经书，重要的是他妥帖地将自己的自杀行为、儿辈以后的行为与《论语》《左传》《诗经》等经典的世界连成一片，赋予其正义性和力量。

王夫人给丹阳诸生的倡议书也充分体现了书籍对人行动的指引，以及倡议者将一己当下行为纳入典籍框架所产生的感召力，甚至具胁迫的力量。其倡议书曰：

> 愿诸君敦侯芭之谊，举鲍宣之幡，助我未亡人，执兵随后，共报斯仇，则大义允堪千古。（第 370 页）

《汉书·扬雄传》云："时有好事者载酒肴从游学，而巨鹿侯芭常从雄居，受其《太玄》《法言》焉。刘歆亦尝观之，谓雄曰：'空自苦！今学者有禄利，然尚不能明《易》，又如《玄》何？吾恐后人用覆酱瓿也。'雄笑而不应。年七十一，天凤五年卒。侯芭为起坟，丧之三年。"②孙永祚诗将祝化雍比作扬雄，穷而不适时的纯粹学者，王夫人也作此比，因祝化雍时为丹阳教谕，此处用典更显贴切。她希望丹阳诸生皆为侯芭，能为师"起坟"，因此时祝化雍已暴尸七日，所以王夫人的"敦侯芭之谊"是实际的，也是非

---

① 杜预注，孔颖达等正义《春秋左传正义》，阮元《十三经注疏》本，第 2091 页。

② 班固撰，颜师古注《汉书·扬雄传》，第 3585 页。

常有难度的请求和召唤。"鲍宣之幡"出自《汉书·鲍宣传》，鲍宣为司隶时，敢对丞相孔光及其官属执法，两者纠纷交由御史中丞裁决，侍御史至司隶府逮捕司隶从事，鲍宣闭门拒绝让侍御史抓人，因此以无人臣礼、大不敬、不道等罪下廷尉狱。于是"博士弟子济南王咸举幡太学下，曰：'欲救鲍司隶者会此下。'诸生会者千馀人。朝日遮丞相孔光自言……又守阙上书"，声援鲍宣，最终"上遂抵宣罪减死一等，髡钳"，诸生在政治、司法上取得小胜利。① 王夫人让丹阳诸生"举鲍宣之幡"，号召诸生集合起来，形成声势浩大的队伍。"助我未亡人，执兵随后"，援用《礼记·檀弓上》孔子所云"居从父昆弟之仇如之何"之法，"不为魁。主人能，则执兵而陪其后"。② 祝化雍之子与未亡人为魁首，高举正义之旗，而诸生则手执兵器跟随其后，行进在进攻赵士锦的队伍中，一起为祝化雍报仇。王夫人用书籍和典故清晰地勾画了她的复仇战略部署和战术运用。而王夫人赋予学生的义务，比《周礼·地官·调人》"君之雠视父，师长之雠视兄弟，主友之雠视从父兄弟"③低一个档阶，又显示出王夫人"待人也轻以约"④的君子式行事风格。

通过书籍和经典，祝化雍将自己的自杀放置在"信""节"的层面上，将儿辈为父母报仇放在伦理道德框架中。通过书籍和经典，王夫人号召学生为老师聚集，接续儒家复仇之义，也接过汉博士弟子的正义大旗，帮助自己为丈夫复仇，也完成学生为老师复仇的使命，就这样，她将这一声势浩大的复仇行为置于不畏权贵、为正义斗争，儒家大义，以及学生运动史的系谱中赋予其不朽的意义："则大义允堪千古"。黑格尔说："精神上的道德力量发挥了它的潜能，举起了它的旗帜，于是我们的爱国热情和正义感在现实中均得施展其威力和作用。"⑤道德力量不分中西。

① 班固撰，颜师古注《汉书·鲍宣传》，第3093—3094页。
② 郑玄注，孔颖达等正义《礼记正义》，阮元《十三经注疏》本，第1285页。
③ 郑玄注，贾公彦疏《周礼注疏》，阮元《十三经注疏》本，第732页。
④ 韩愈《原毁》，韩愈撰，马其昶校注《韩昌黎文集校注》，上海古籍出版社，1986年，第23页。
⑤ 黑格尔《柏林大学开讲词》，收入《小逻辑》，商务印书馆，2009年，第31页。

四、印刷揭帖与生员、城市群众的集体事件：制造舆论与公共正义

在祝化雍尸体放置七日，地方官府、乡绅里长犹未强势介入、给予有利于祝家的结论时，王夫人采取行动，她写揭帖、写信，刊刻、散布这些印刷物，成功地发动了一场学生、群众的集体事件。揭帖，生员、城市群众集体事件是明末社会特有的景观，如上文，耿定向对"夫揭诉，乃近俗薄恶之极，市井无赖者所为"的认识，以及争辩双方皆利用揭帖宣传。此现象已引起学者的注意，如夫马进讨论明末反地方官的"士变"，将揭帖看作是"明季士变常见的方式"，[①]陈宝良称之为"明代生员参与地方事务的又一种方式"，[②]巫仁恕称其为"明清城市的'集体行动'"，并论及"揭帖对动员群众的效果"。[③] 但这些研究都是从诸生、城市群众角度展开，我将从女性效仿诸生揭帖的书写，她如何利用揭帖揭示地方官府、乡绅里老正义权威的丧失，而期待揭帖的阅读者、许多本不可能主持正义者主持公道，而揭帖的阅读者如何将自己定义为新的伦理王国的立法者和执法者，成为具备理想的道德及情感的社会主体。

明万历年间，有识者已认识到诸生作为一个社会群体的行动能力和力量，他们多以否定、批评的态度看待之。如范濂《云间据目抄》成书于万历二十一年（1593），在卷二《论风俗》中，他将生员集体行动的起点定在万历十五年（1587），称之为"士风之弊"。[④] 吕坤万历二十年（1592）著《明职》一书，其"明职"以"朝廷设官分职，衙门各命以名"的"专曹设职"

---

① 夫马进《明末反地方官士变》（《东方学报》第 52 册，1980 年 3 月，第 595—622 页）、《"明末反地方官士变"补论》（《富山大学人文学部纪要》第 4 号，1981 年 3 月，第 19—33 页）。

② 陈宝良《明代儒学生员与地方社会》，中国社会科学出版社，2005 年，第 374 页。

③ 巫仁恕《激变良民——传统中国城市群众集体行动之分析》，第 2、296 页。

④ 范濂《云间据目抄》，《笔记小说大观》本，江苏广陵古籍刻印社，1983 年，第 13 册，第 114 页。现代研究者也认为，明末民变是社会转型期各种社会关系和社会矛盾变化的结果。可参商传《关于晚明城市民变的几点思考》，《学习与探索》2011 年第 5 期。

为标准,讨论了二十五个地方职务,为之"发明职掌",其中亦有"弟子之职",且独一无二地设两章加以发明,可见此时生员在地方的影响力。吕坤"弟子之职"一谈"读书缘由",二谈"作人道理","作人道理"主要讨论"士风",这是明末清初谈论士风问题较早、态度较平和、较深入全面的一篇,可据此作些分析。吕坤首先指出生员在明代国家和地方社会受重视程度和影响力,然后拈出"士风""尤当首戒"的"三事"。这"三事",在吕坤眼中,已成为"士风"的严重问题。"三事"之一是近来社会舆论普遍认为生员对"高位者(尊)、年长者(长)"不够谦逊、恭敬。他从弟子"卑幼"的自然和社会特点出发,劝告生员当礼敬尊长,为防止卑幼对尊长非理性屈从,吕坤将礼敬尊长放在"尽道"的意义上加以强调,所谓"夫礼非以尊人,尽吾道耳","尊长尚存谦虚",更何况卑幼!吕坤从学生"清苦正直"(读书人物质条件清苦,但未染社会恶习,故正直、有理想)的特点出发,指出自古以来"学校"承担"公论"之责,然后指出近来"士风"的第二个问题"浮薄"。其表现是"以爱憎为毁誉",利用自己的"口舌""笔墨"之厉,"以口舌代戈矛","意所不快,造作谤言,写帖匿名",使学校失去了公论的力量。第三是从破坏国家法纪的角度批评学生的"朋党"(集体行动)行为。他的"朋党"行为所指"乃借斯文之名,倡义气之说,或一士见凌于乡党,则通学攘臂争告于有司,或一士见辱于有司,则通学抱冤奔诉于院道"。即学生以"斯文""道义"自任,互相声援,与"乡党"、地方"有司"对抗。他用归谬法论证学生不当采取集体行动,因为天下人都可以根据各自社会身份和社会关系联合起来,如"一民被刑,则百姓聚扰于公庭;一卒当诛,则三军聚扰于帅府;下至于工商吏卒里老,无不各有同衣,无不各重同雠",则社会会发生"民变"、"军变"、工人运动、商人运动等等,"势必至于私党横行,纪法尽废,此大乱之道也"。吕坤是站在相信有司和国家法纪可以主持公道的立场上论证诸生不必组成"朋党",他说:"即士为人侮,一士之口足以讼一人,即其人该灭族之罪,一士之力足以上告天子,下告方伯,明正典刑,况天下处处衙门,自有重士体面。"他还指出生员的集体行动,并非出于每个生员个体的独立意志,很多人只是受裹挟者:"朋党既成,去者以不去者为薄行,甚者以誓相要,以骂相激,以利相鼓舞,奈之何不强相从乎?"①从本质上瓦解生员群体行动的合理性。透过吕坤的指责,可以看到明万历年间,一个不敬畏尊长,以为自己道义在握,并努力行使自己的道义权威的生员群体在社会中已头角峥嵘,甚至横冲直撞。如万历四十四年,松江府五学生员联合发讨董其昌檄文所云:"苟有人心,谁无公愤? 凡我同类,勿作旁观! 当念悲狐,毋嫌投鼠,奉行天讨,以快人心。"②学生"同类"的集体意识和"奉行天讨"的代天行道的正义行动姿态十分清晰。

在晚明,如果当时人认为有司和乡党不能主持公道,则可能求助于地方生员,祝化雍夫人王氏就是这样思考和行动的。《民抄董宦事实》中松江《五学檄》开篇曰:"闻之恶盈而降罚,天理之公;冤惨而必伸,人心之正。"③王夫人揭帖也宣称赵士锦"罪恶贯盈,人天共愤",而人类谁能"奉行天讨"? 王夫人揭帖强调,丈夫含冤自杀后,"今署县公出,暴尸七日,地方不敢举报,诉捕不敢准呈,邻里不敢作证"(第369页),即地方官府、乡绅里长、邻里百姓,所有对此事知情者和对此事有调查权、裁决权的人都不能主持公道,既没有国家的审判,也没有乡绅的调停,人间公道缺失,达到了"地惨天昏,神号鬼哭"的地步,故王夫人以揭帖的方式告知无知情权和审判权的公众真相,期待这些人主持公道。

从历史事实的角度看,王夫人揭帖所揭示的地方政府不作为状况可能是真实的。据冯桂芬《(同治)苏州府志》,崇祯十五年闰十一月刘定勋任常熟县令,但其次年卒于官,新县令曹元芳崇祯十七年方履任,祝赵纠纷发生在崇祯十六年十一月,正是常熟县政府群龙无首之时。④ 而且,明末地方政府与地方乡绅间,乡绅往往处于强势地位。钱谦益《与蒋明府论优免事宜》最后云:"往年议清客户,杨父母每告人曰:'极欲周旋,只是钱老先生不肯为之。'听然解颐,今日口快手痒,不能自禁,复为台下发

---

① 吕坤《吕坤全集》,中华书局,2008 年,中册,第 992 页。

② 《民抄董宦事实》,《丛书集成续编》第 26 册,第 200 页。

③ 《民抄董宦事实》,《丛书集成续编》第 26 册,第 199 页。

④ 冯桂芬《(同治)苏州府志》卷五十三"常熟县·知县""刘定勋"下:"十五年闰十一月任,十六卒于官。""曹元芳":"崇祯十七年任。"(第 513 页)

此狂言,转复自笑也。如有可听,伏望留神采择。如其不可,如候虫之声,自作自止于篱落之间,冀高明无以聒耳为罪,此后亦不敢更置一喙矣。"①"蒋明府",名文运,崇祯十年、十一年间常熟县令;"杨父母",指杨鼎熙,崇祯初年常熟县令。虽然钱谦益语涉自嘲,杨鼎熙或许只是为自己不作为开脱,但亦可见地方官对乡绅表面或实质性的倚重,所以《王氏复仇记》"野史氏曰"发表感慨道:"祝虽出自卑微,然亦膺一命于朝矣,赵欲攘其居,又致之死,设长吏中有义纵、王温舒命断斯狱,岂不大快人心哉!"②然而明末难有汉代义纵、王温舒那样能搏击地方豪强的地方官。"野史氏"甚至认为虽然诸生将赵士锦宅夷为平地,在赵氏堂基筑坟,也只是私人复仇,并没有得到应有的帝国司法公正,所谓"卒之死者徒死,生者竟生。营兔窟而安身别业,势焰依然;覆马鬣而赍恨重泉,沉冤谁诉?"③王夫人揭帖所言当时常熟乡绅、长老未能调停也应是事实。《柳南随笔》说:"(祝赵)两家并赴其(钱谦益)门,请为主张,钱不应。"《祝赵始末》《王氏复仇记》都说等到丹阳诸生"云集"常熟时,瞿式耜始"不避嫌怨,特为侧身谨解约"。祝化雍自缢,确实人命关天,但陈必谦、赵士锦是常熟极重要的乡绅。赵士锦已如上述。陈必谦,字益吾,万历四十一年(1613)进士,天启中官南御史,以疏论梃击、移宫二案及劾戚臣郑养性而声名大著,崇祯初起原官,累擢都御史,抚河南,历工部尚书。④ 其为官清廉,能约束下属。⑤ 他是东林党重要人物,深得东林朋友的信任,⑥他

---

① 钱谦益著,钱曾笺注,钱仲联标校《牧斋初学集》卷八十七,第1832页。

② 《王氏复仇记》,《说库》,第1314页。

③ 叶绍袁《启祯记闻录》云:"通城士民及祝所莅本庠诸青衿……讼之各台,祝氏妻及子叩阍上疏,欲泄其冤。"不过叶绍袁推测:"但朝家忽遭改革,此等事恐置之不暇问矣。"(第465页)

④ 黄之隽等《江南通志》卷一五一《人物志·武功》"苏州府""陈必谦"条,第2543页。

⑤ 参王应奎《柳南随笔》卷五"前明之季有张景良者",王应奎撰,王彬、严英俊点校《柳南随笔 续笔》,第94页。

⑥ 参缪昌期《与钱牧斋》书:"陈益吾丈,真可以托妻寄子者也。"缪昌期《从野堂存稿》卷六,《四库禁毁书丛刊》据崇祯十年刻本影印,集部第67册,第325页。

是常熟享有名望的乡绅，钱谦益遇家乡事务首先就跟他商量，[①]他也是钱谦益的姻亲。[②] 非常难得的是，在乡人眼中，他有极好的声誉，即使是在发生了其亲家赵士锦逼死祝化雍事件之后，即使其明亡不死逃归家乡以后，[③]所以常熟乡绅不好站队。但祝赵纠纷中有些现象也值得思考。如果说当时常熟县令空缺，但不远处就有苏州知府、苏松巡按等衙门，似乎王夫人并没有积极主动寻求国家法律和地方乡绅来主持正义，她有自己的主动选择。

王夫人首先选择丹阳生员为之主持公道。王夫人为丹阳地区印刷了五百多份揭帖。根据明代科举史料，丹阳县学应有廪膳生二十名，增广生二十名，附生四五百名。[④] 王夫人的五百多份揭帖就是确保丹阳县"合学诸生"都能拿到一份揭帖和书信，她期待每个丹阳县学生员都能参与行动，事实上这一愿望得到实现，他们"云集响应而麇集于虞"。丹阳诸生来常熟是准备打持久战的，他们"担襆被，裹糇粮"，表现出高昂的斗志、狂暴的行动能力，"人人攘臂裂眦，欲甘心于天水氏以报师仇"。王夫人召唤丹阳诸生为之主持正义，不但因为其夫是丹阳县学教谕，与诸生有私人关系、私人情感和义务，更是建立在对明末诸生的群体特征和力

---

① 如钱谦益《与蒋明府论优免事宜》曰："有为调停之说者曰：每户优免其半以谢客绅，此法一行，为富室者各立宦户，各免半差，自此客宦麇至，如市贾之相求，不十年内，常熟无民田矣。凡立客户者，皆奸顽大户借荫避役者也。昨与陈益吾、赵景之二公面商……"（《牧斋初学集》卷八十七，第 1832 页）。

② 参孙奇逢《孙征君日谱录存》卷二十九"十三日"日记，《续修四库全书》据光绪十一年刻本影印，第 559 册，第 327 页。

③ 参计六奇《明季北略》卷二十二"陈必谦"条，《续修四库全书》据清活字本影印，第 440 册，第 358 页。

④ 据张廷玉等撰《明史·选举志·学校下》（第 1686—1687 页），洪武二年（1369），朝廷定府学生员数 40 人，州学 30 人，县学 20 人，给予廪膳，称廪膳生或廪生。洪武十三年（1380），在京府学增至 60 名。洪武二十年（1387），维持廪膳生定额外，招收增广生，人数不限。宣德二年（1427），控制增广生数量，在京府学 60 名，在外府学 40 名，州学 30 名，县学 20 名。正统十二年（1447），有大臣建议设立附生制度，学额不限。徐渭《养贤堂记》说："国初县学籍诸生廪膳二十人，增广倍之……迨弘正以来，至于今，附学者多至四五百人。"（徐渭《徐渭集·徐文长逸稿》卷十九，第 1005 页）

量的认识和信赖之上。丹阳诸生来常熟后不畏权贵，他们大声指责常熟乡绅没有公共道德良知："贵邑礼义之乡，固宜声罪致讨，共伸公愤。何乃首鼠两端，人各模棱坐视？"宣称作为诸生群体："晚辈虽懦儒，颇知在三之节。"宣称他们才能做出正义的裁决。当乡绅们听到"在三之节"时，一定想到晋哀侯大夫栾共子之语："民生于三事之如一，父生之，师教之，君食之……唯其所在则致死焉。"①诸生以及其舍生取义的姿态令人震慑。他们还威胁说如果不能为师伸张正义，一雪耻辱，他们会采取更大的行动："急走京师，击登闻鼓，泣诉九阍。"常熟乡绅嘿不发一言，钱谦益拂袖而去，认同诸生，可能也是因为势难阻挡。当丹阳诸生指责常熟乡绅时，常熟诸生可以选择站在同邑乡绅一边，实际上他们认同丹阳诸生，《祝赵始末》《王氏复仇记》载："于是丹阳诸生奋臂一呼，邑中士民响应数千百人。"可见明末诸生的群体和公义认同较地域的私义认同更为强烈。

其次，王夫人选择城市民众为之主持公道。王夫人在常熟、丹阳街衢贴满揭帖，告知不知情、无知情权、不能参与其事、敢怒不敢言的大众。明末社会存在着众多潜在的渴望参与社会事务的人，如上文提到的《民抄董宦事实》，松江五学生员发檄后，董其昌去走学院、抚台门路，"激动合郡不平之心"，于是"各处飞章投揭，布满街衢，儿童妇女竞传'若要柴米强，先杀董其昌'之谣。至于刊刻大书'兽宦董其昌，枭孽董祖常'等揭纸，沿街塞路，以致徽州湖广川陕山西等处客商，亦共有冤揭黏贴，娼妓、龟子游船等项，亦各有报纸相传，真正怨声载道，穷天罄地矣！"学生集体行动扩大为城市百姓的集体行动，揭帖、报纸在社会各色人中传递、流布，众人借此谈论同一话题、参与同一事件，董其昌方也以揭帖方式想争取群众，其"堂兄董乾庵、董光大等，犹持董宦冤揭分送"，但百姓拒绝接受董方揭帖，"被百姓各出扇于袖中，或拾砖块乱打"。② 可见众人不是被动地接受揭帖和舆论，他们相信自己有正义的同情和判断。《祝赵始末》《王氏复仇记》记载祝赵纠纷发生后，有许多虽远离此事、没有参与

---

① 《国语》卷七《晋语一》，上海书店影印本，第89页。
② 《民抄董宦事实》，《丛书集成续编》第26册，第200页。

权,只能沉默但内心同情弱者、有正义感的愤怒的大众存在,所谓"事闻阖邑,人心不平实甚。然畏赵势焰,无敢过而问者"①。王夫人揭帖为这些人提供了释放愤怒、表达同情和正义的契机,他们据此参与到这一事件中,当丹阳诸生奋臂一呼,即有数千百的响应者,"飞甍掷栋,尘烟蔽天,声振山谷,瞬息间赵居顿为平地"。

五、馀论和结论

本章尝试在纠纷社会史的框架中讨论文书、书籍、印刷与社会等级、社会秩序、社会行动、公众意见以及女性之间的复杂关系,可得出如下结论：

祝化雍通过书籍、读书,跻身明帝国官员行列,但其奴仆身世,使其在地方公共生活中倍受嘲笑,邻居赵士锦利用帝国法律的灰色地带和社会根深蒂固的身份观念与之争产,可见,书籍、读书可以改变其政治法律身份,但不足以消除社会生活和社会观念中身份的鸿沟。中国古代社会,契约意识深入人心,立契、藏契已成为基层社会习惯,契约意识和立契行为影响着古代中国人的思维和行为方式。依明代惯例,赵士锦若要拥有祝化雍现住房产,至少需要出示祝化雍先人为陈必谦义男(或奴仆、佃仆等)的文书,陈必谦将世仆(其先人至祝化雍)及房产转赠其女为妆奁的文书；祝化雍要证明其现居为祖基,则要出示其祖脱离"主仆之分"的文书,此房产受赠或买卖文书等。但诸记事都没有提及这些旧文书,祝化雍、赵士锦都无法用旧文书对事情秩序进行还原,于是赵士锦想用新文书来重构秩序,这使得祝赵争产过程仿佛是一场逼立文书和拒立文书间的博弈：赵士锦千方百计想获得对方亲笔签署的房产文书,不惜违反契约精神用暴力逼迫,祝化雍则用逼立文书的纸笔写下自己的宁死不屈和令子复仇的遗书。通过书籍和经典,祝化雍将自己的自杀放置在"信""节"的层面上,将儿辈为父报仇放在伦理道德框架中。通过书籍和

---

① 《王氏复仇记》,《说库》,第 1313 页。

经典,王夫人号召学生为老师聚集,她将这一声势浩大的复仇行为置于不畏权贵、为正义斗争和学生运动史的系谱中赋予其不朽的意义:"则大义允堪千古"。王氏仿效生员的做法书写、印刷揭帖,呼应了明万历以来生员作为群体参与社会事务、并宣称自己是正义道德的立法者和执法者的新士风。王氏宣称地方政府、乡绅里老以及所有知情者皆受制于恶人,呼吁揭帖的阅读者,主要是诸生和城市群众成为正义、道德的权威,为之主持公道。许多本没有参与权和审判权者,借印刷之功,聚合成众,完成了一场声势浩大的民间审判。

宣鼎《夜雨秋灯录》以文学笔法讲述了明末陆季真有关书籍、身份的故事,可与祝化雍事件参看。陆季真父本为农民,被乡里报充催租隶,沦为奴,因收租不易,常受县衙杖笞。陆季真幼嗜读书,通经史,因其家身份低贱,不得应童子试,但其好学如故。季真长大后,学贸易,家渐康,购田地,设市廛,一时名士乐与之游。一单姓孝廉亦每每折简苦邀季真,季真遂与之来往。其年秋,季真为父设七十大寿宴,邀单孝廉,单孝廉大书一额一联拜寿。额作:"天保正逢"。联作:"鼻祖定茶神,无怪殊荣,邀杖国;头衔书菊隐,正拈好句,怕催租。"额嵌"保正",上联嵌"杖",下联用"催租",讥笑季真父身份和季真身世。季真不禁唏嘘感慨:"仆自问生平无一得罪乡里,奈何文人戏谑,动辄訾吾父子短处?"①当然,文学是令人欣慰的,小说借狐精的无所不知狠狠地教训了单孝廉,批判了唯身份论者的可笑、可鄙,而历史中的祝化雍们就没有这么幸运了。

从图书(包括印刷揭帖等文书)生产、社会舆论制造和社会纠纷的关系角度看,万历十几年至万历三十三年约二十年间徽州方于鲁《墨谱》、程大约《墨苑》刊刻可为显例。潘之恒《水母泉记》云方于鲁之所以刊刻《方氏墨谱》就是为了通过刻书宣示其制墨正宗权以击败其他墨贾,特别是同族商人。其曰:"建元之为墨逾神而族贾之相失逾远也。初建元以法鸣则窃法者犹得其似,继以名高则窃名者已宾于法,终于谱成则窃谱者又宾于名,乃今得天、得泉,其品无上,其泽无方,其声施无穷,族贾莫

---

① 宣鼎《夜雨秋灯录》卷六《陆季真》,《续修四库全书》第1789册,第365—367页。

测其朕,无敢窃者,退而反走矣。"①万历三十三年程大约云其刊刻《程氏墨苑》是为了揭露方于鲁的剽窃。其云:"本家制墨,原非求市,实由方于鲁授术忘源,欺世罔利,忿激张肆十有六年,损本不訾,安望子息,盖墨高价减燥湿不同之故,知者百无一二,仅博一名耳。后遭积歇程文登乘见本家内构,计拴讼师徐柏芳、棍亲徐尚象指称打点,诓去银三千馀两,辄窃本家姓名负郭授廛卖墨,比怪珷玞乱玉,屡谕改正不悛,因直向取诓银,遂与亡赖聚讼,二仇交结群党济谋,以致当事者不按迹溯源,谓为争市。心切耻之,用亟闭肆以别薰莸,经今三年所矣。但本家采桐液于川楚,征胶麝于闽粤,烟则坐山监点,墨则构室专工,取材散于四方,积墨颇盈百柜,微名通于海内,质实见于毫端,购索云仍,不得不应时难,遽已欲罢不能。而于鲁、文登百计妒谋,钻票值月,幸当事执法,原罢业之由非售市之私,优加蠲免,不与等伦。第生殚精十年,成书《墨苑》,取侑藏墨,将事漫游,而家制原有成规,治业一皆亲故。凡知我者,誓不欺三尺之童;辱顾者,照新悬不二之价。……至于窃式盗名,比比不可胜数,具目君子尤当鉴之。"②冯时可云其刻《墨苑》乃"殚其精以塞其赝"。③ 董其昌

① 方于鲁《方氏墨谱》末,《四库全书存目丛书》据万历方氏美荫堂刻本影印,子部第 79 册,第 450 页。据《水母泉记》文末题署,此文作于万历十六年(1588)。

② 《程氏墨苑》附录卷九《不二价文》(引者按:据此叶版心所题),文末题署"万历乙巳孟夏日墨隐山人程大约书于宝墨斋中"(《原国立北平图书馆甲库善本丛书》第 522 册,第 315—316 页)。今见诸本《程氏墨苑》虽皆出滋兰堂,但各有同异,应是印期不同。《四库全书存目丛书》据北京图书馆藏万历程氏滋兰堂刻本影印(子部第 79 册),卷十四"墨苑跋"缺二十馀叶,无此文。此书亦未见"墨苑人文"、诗歌赞赋启记等。黄山书社据首都图书馆藏程氏滋兰堂刊本,"墨苑跋"完整,有此文,后有附录九卷,此文位于九卷末。《原国立北平图书馆甲库善本丛书》(第 522 册)所据明滋兰堂本"墨苑人文"等置于"墨苑"前,有此文,但位置有不同。后两种版本目录剜改处有不同,所收文亦有不同。郭立暄《中国古籍原刻翻刻与初印后印研究·图版编(通论)》第七章《刻印之结合研究》对《方氏墨谱》印本不同有揭示,分初印本、中印本、后印本、翻印本、原刻本、翻刻本。第 217—219 页。

③ 冯时可《程君房宝墨记》,见程大约《程氏墨苑》附录卷九,《原国立北平图书馆甲库善本丛书》第 522 册,第 314 页。

云:"君房曾有所不怿于方氏,而影穷其伎,故殚精于此,以一丸塞其关。"①是以图书刊刻介入商业、社会纠纷。《万历野获编》卷二十六"新安制墨"条云:"(方于鲁)所刻《墨谱》,穷极工巧。而同里程君房几超而上之,两人贸首深仇……程亦刻《墨苑》,斗奇角异,似又胜方。真墨妖亦墨兵矣。"②图书刊刻成为"兵",确是明末重要之文化现象。

---

① 董其昌《刻程氏墨苑序》,程大约《程氏墨苑》,《原国立北平图书馆甲库善本丛书》第522册,第167页。

② 沈德符《万历野获编》,第660—661页。

第八章
明末清初江南图书价格分析：以常熟毛扆《汲古阁珍藏秘本书目》为中心

　　书籍价格是书籍史研究的重要方面，因为了解一个时代价格体系中的书价有利于了解这个时代什么人可以拥有图书，有多少人可能拥有图书，反过来，可以了解图书在社会和文化中覆盖的广度、渗入的深度以及覆盖、渗入方式等。但中国古代一般不在图书上标出价格，从现存图书情况看，少数明万历以及之后所刻书有价格内容。价格信息分三种形式呈现：一，封面刻印价格信息。这非常少见，似仅见于万历辛亥（三十九年，1611）建阳书坊安正堂重修嘉靖丁巳（三十六年，1557）清白堂杨氏归仁斋新刊本《翰墨大全》（见图19—图20）。封面分三段。上段为出版者信息："安正堂梓"。中段为广告语。下段左右双行大字书书名，中间小字双行给出整补时间、纸张质量，最后是图书价格："每部价银壹两正"。二，封面有价格木记。如《陈眉公集》封面（图21），左右双行大字书书名，中间一行小字标明版权："史宅藏板，不许翻刻。"双行书名间上下各有一个长方木记，上木记为广告语，下木记标明价格："眉公初集，每部价银肆钱。"①虽然广告以及价格木记中有"洒无版可公天下""特补一时之缺""初集"等语，似乎与"史刻"以及书中"自序"信息吻合，但木记显然是后印上去的。三，封面有价格钤印。如《唐诗训解》封面（图22）右下之"每部纹价壹两"朱色钤印。《唐诗训解》图的左下可见一方"哈佛大学汉和图书馆珍藏印"朱色钤印，形象地告诉我们钤印时间的随机性以及价

---

① 《陈眉公集》价格信息未见沈津先生以及其他研究者提及。

图 19—图 22　图书上的价格等信息

格钤印者及时间的难以确定。一些学者上穷碧落式地寻找，方获得一点书价信息，如沈津先生公布钤有书价信息的书籍约三十种，[①]这是海量工作的成果并且是运气极佳方有的发现。但这些价格木记或钤印绝大多数与刻本并非浑然一体，我们并不能认为是刻书者所拟之价格，也不能确知是明代或是清代哪位售书者所拟之价格，但这些实物材料依然可以视为明刊本的一般的市场价格，[②]为我们的研究提供参照。

与刊刻图书价格信息难得、分散相比，毛扆(1640—1713)《汲古阁珍藏秘本书目》(以下称《秘本书目》)提供了近五百部书的转让价格。这些书有刻本，有抄本，刻本中有宋刻，有元板，也有明刻，抄本的类型更多、更复杂(详下文)，此外还有大量的其他文献文化信息。虽然研究者对此书有所使用，但十分有限，如沈津先生只引用了其中宋板、元板、影宋抄本的八种书(同上文)，周启荣先生关心的是其中一两银子以下的书籍的占比，从而得出"一两以下的书籍无论是富商官宦还是贫穷的士人抑或一般的工匠都可以根据自己的经济条件来购买"，"刊本书籍已经成为一般百姓的消费品"的结论。尚没有人关注此书中的明刻信息。

我以为此书至少在如下诸方面具有意义：第一，《秘本书目》并非都是脱离一般读者和受众的珍稀书，我将论证其中有 47 种书当为明刻，因此，此书至少可增加 47 种明代图书的清初售价。第二，明清人总说宋本昂贵，最著名的故事是王世贞"失一庄而得之"的宋本前、后《汉书》，[③]此

<hr>

① 参沈津《明代坊刻图书之流通与价格》(见氏著《书韵悠悠一脉香：沈津书目文献论集》，广西师大出版社，2006 年，第 103—112 页)、《再说明代的书价》(见"书丛老蠹鱼的博客" http://blog.sina.com.cn/harvardduyu，最后访问时间 2014 - 8 - 29)文。

② 参 Kai-wing Chow(周启荣)，"Cost of Production and Book Price," Chap. 1 of *Publishing*，*Culture and Power in Early Modern China* (standford University Press，2004，pp. 20 - 56.)、《明清印刷书籍成本、价格及其商品价值的研究》[《浙江大学学报(人文社会科学版)》2010 年第 1 期]。

③ 王世贞《弇州山人四部稿》卷一百三十《又前后汉书后》云："余平生所购《周易》《礼经》《左传》《史记》《三国志》《唐书》之类，过二千馀卷，皆宋本精绝，最后班、范二《汉书》，尤为诸本之冠。桑皮纸匀洁如玉，四旁宽广，字大者如钱，绝有欧柳笔法，细乍丝发肤致，墨色清纯，奚潘流沈。盖自真宗朝刻之秘阁，特赐两府，而其人亦自宝惜，四百年而手若未触者。前有赵吴兴小像，当是吴兴家物，入吾郡陆太宰，又转入顾光禄，失一庄而得之。嘻！余老矣，即以身作蠹鱼其间不惜，又恐兹书之饱我而损也。识其末以示后人。"(《明代论著丛刊》本，第 6019 页)。

书,钱谦益自言"以千金从徽人赎出"①,又云"以千二百金,从黄尚宝购之。崇祯癸未,损二百金,售诸四明谢氏"②。《秘本书目》中有宋板书 29 种,其价格可为上述故事提供理解参照。叶德辉是较早利用《秘本书目》所记图书价格的研究者,其《书林清话》卷六"宋元刻本历朝之贵贱"条,将汲古阁所列价格看作是静止的明代书价,得出"宋元刻本在明时尚不甚昂贵"的结论。并将之与"国初至康熙""乾嘉""近时"作比,从而得出宋刻本越来越贵的结论。③ 其实毛扆书目中已提到"宋中丞初下车"托人访求毛家朱性甫手书《铁网珊瑚》一书(第 600 页),据宋荦(1634—1714)自订《漫堂年谱》,宋荦康熙三十一年八月以江宁巡抚至苏州,后来高士奇又托徽州戴姓友人来求此书欲进献给南巡的康熙皇帝,两相结合,毛扆书目所言,最早也已到了康熙三十八年(1699),④因此,此书目中的书价必不能完全作为明代书价来立论。邓丽玲硕士学位论文《毛扆〈汲古阁珍藏秘本书目〉研究》第三章《著录价格》分析,对其中的宋、元刻本,旧抄、精抄的均价做了定量分析,得出了"宋板>影宋板>元板抄本>元板精抄>旧抄"的结论,⑤但未对明板书价以及其他因素措意,所以需要更全面的数据方可整体地把握宋刻的"不甚昂贵"和"昂贵"之间的辩证。本章除对各种单一因素分析外,还用线性回归法对其均价的影响因素进行综合评定。第三,《秘本书目》中有标注价格的抄本 349 种,其中包括图书作者年代、抄写年代、底本来源、抄写者、抄写纸张类型、如何抄写(影抄或其他)、有无附加文本等诸多信息,可以通过对诸多样本的统计,

---

① 钱谦益《跋前后汉书》,见氏著,钱曾笺注,钱仲联标校《牧斋初学集》卷八十五,第 1781 页。

② 钱谦益《书旧藏宋雕两汉书后》,见氏著,钱曾笺注,钱仲联标校《牧斋有学集》卷四十六,第 1529 页。王士禛著,张世林点校《分甘馀话》卷二"宋本两汉书"条亦作千二百金(中华书局,1989 年,第 35 页)。

③ 叶德辉《书林清话》卷六,第 213—214 页。

④ 士礼居藏板《汲古阁珍藏秘本书目》,《续修四库全书》第 920 册。以下所引皆出此,随文出页码。据《清史稿·圣祖本纪》,康熙六次南巡时间分别是康熙二十三年(1684)、二十八年(1689)、三十八年(1699)、四十二年(1703)、四十四年(1705)、四十六年(1707),高士奇是为康熙第三次南巡准备献礼,故作此推算。

⑤ 邓丽玲《毛扆〈汲古阁珍藏秘本书目〉研究》,江西师范大学 2016 年硕士学位论文。

得出影响书籍定价的诸多因素及其影响程度。第四，《秘本书目》不是汲古阁刻书目录，但"精抄"也是其制作图书的一种方式，通过对"毛抄"与其他明代所抄图书价格的对比，可以检测出毛氏的品牌商业价值，此对于研究毛刻价格、对理解明代家刻的盈利问题也颇具意义。

一、《秘本书目》中书价的性质分析

荥阳悔道人《汲古阁主人小传》说毛晋"性嗜卷轴"，为得到珍本，他大书榜文于门上，公开了他希望搜集的书籍类型和买价："有以宋椠本至者，门内主人计叶酬钱，每叶出二百；有以旧抄本至者，每叶出四十；有以时下善本至者，别家出一千，主人出一千二百。"①可见，在毛晋心目中，宋板书价格是旧抄本价格的 5 倍。其次，他愿意以高出其他买家两成的价格买进时下善本书。榜文所云宋板书、旧抄的价格比，《秘本书目》也提供了一些佐证。《秘本书目》有 29 种宋板书，211 种旧抄，其中宋板书每本均价为 2.386 两，旧抄每本均价为 0.523 两，宋板书价格是旧抄的 4.57 倍，接近榜文所言。

我们假定榜文所云价格为实，则其所收各种宋板书价格大概如何？虽然《秘本书目》记载本数，不记叶数，但现存宋板书可提供叶数上的参照。如今藏国家图书馆的宋板递修本《陶渊明集》原藏毛晋家，《秘本书目》载录此书云："与世本曼然不同……真奇书也。签题系元人笔，不敢易去。十六两。"（第 589 页）此书共 112 叶，依榜文每叶 200 文计算，则需要 32 两买入。② 宋本《骆宾王文集》（今藏国家图书馆），也曾经毛晋收藏，《秘本书目》云："宋板《骆宾王集》，二本，藏经纸面。八两。"（第 588 页）检此本，共 92 叶，以每叶 200 文计算，其买价达到 26.3 两。又如

---

①　顾湘校《汲古阁校刻书目》，《汲古阁丛书》第 2 册，第 275—276 页。下引汲古阁校刻书皆出此，随文出页码。

②　此依银 1 两兑 700 文计算，参看余耀华《中国价格史》（经济科学出版社，2013 年，第 508 页）。袁逸《明代书籍价格考——中国历代书价考之二》（《编辑之友》1993 年第 3 期）也是以此互换率进行计算的。

《韦苏州集》,《秘本书目》载"大字宋板,五本","十两"(第587页),后汲古阁刻即翻自此本,有132页,若依每页200文的价格,则买入价为37.7两。又如《孟东野诗集》,《秘本书目》云"宋板《孟东野诗集》,四本","十六两",这应是南宋棚本,毛晋曾精抄此书,全书167叶,若依每页200文计算,则需要47.7两。上述四种书买入价分别是售出价的2.0、3.29、3.77、2.98倍。

《秘本书目》有毛扆主动打折售书的记载一则,在《野记》书下,毛扆曰:"旧抄本。鬻书者谓是枝山亲笔,索价六金,余以半价购之。二两。"(第574页)这是毛扆所买书,其以3两买进,现在打算2两卖出,是原价的6.7折。另二则是其家光景不再而不得不低价售卖和典当的记录。一是在《秘本书目》最后,毛扆说:"至于精抄之书,每本有费四两之外者,今不敢多开,所谓裁衣不值缎子价也。在当年抄时,岂料有今日哉!"(第602页)可见,书目中有抄本的开价是低于原抄本成本的。其二是上面提到的朱性甫手书《铁网珊瑚》,毛扆云:"当年宋中丞初下车,访其书在常熟,特托陶令物色之,陶令许每本六两购之,余以先君当年得此,曾有咏歌,一时同人酬和,成一大卷,不忍轻弃。李海防每本加二两,余亦不允。后车驾南巡时,高江村托徽州友人戴姓来,许十两一本,欲以进上,余亦辞之。去年病中,无资觅参,止当银二十四两,买参四两,得以病愈,今犹未赎也。"(第600—601页)这一套书十四本,有地位的读书人曾陆续开出84两、112两、140两的价格,毛扆都因为是父亲故物舍不得出手,大约在康熙三十九年(1700)因病急需人参,以之抵押换了24两银子,买了四两人参。虽然24两不是这套书的成交价,毛扆完全可以赎回,但24两反映了当时典当铺老板对此书的典当估价,它至少说明了:相对于人参,宋本也并非奢侈品;相对于全社会都认为人参是奢侈品,书籍价值或只获得一部分人的认同,典当铺老板就未必完全认同;书籍的价格,特别是高价书,需要拥有者有足够的经济实力才能保证其价值。

毛扆对书目中一些图书表面看来不合情理的高价做了特别的说明,以证明其定价的合理性。如元杨钧《增广钟鼎篆韵》、北宋杜从古《集篆古文韵海》、北宋夏竦《新集古文四声韵》,三书皆系明抄。杨钩《增广钟鼎篆韵》275页,[1]依毛晋之榜文定价,值11两,而其定价"十四两",毛扆补充说明道:"从文渊阁原本钞,抄价大费。"文渊阁书不易借出,或者只能委托文渊阁抄手,抄书费用多出很多。夏竦《新集古文四声韵》约170叶,[2]依毛晋之榜文定价,值6.8两,但其定价是"10两",毛扆补充说明道:"世不知有此书。"杜从古《集篆古文韵海》,不少于182页,[3]值7.28两以上,毛扆报价"十两",因为"世无其书"。总之,"三书者,皆世间绝无仅有者"(第553页)之故,而报价变高。总体而言,毛扆《秘本书目》定价虽有折损,但仍希望实现售价与当初买价的相对平衡。

多方综合,我们大致可以确定:毛晋门上的榜文给出的收书价格略有点虚高,真的有人上门售书,其中亦有不小的杀价空间,但整体上是比较真实的,特别是宋本与抄本的价格比例是相当准确的。毛家因为盛况难再,其售书的定价比较真诚,但亦没有到自杀式甩卖的程度,其努力维持着与往日买入或抄书制作成本间的相对平衡,《秘本书目》中的价格应该可以折射毛扆所处的时代的各种高、中档刻本和抄本的价格。这是我下文讨论各种书价以及影响因素的认识基础。

二、《秘本书目》中的明板书及其书价

《秘本书目》中有定价的刻本107部,标注为北宋板的有3部、宋板29部、元板28部,有47种书,非抄本,也未标注何时之刻,我以为在其著录语境中,当为明刻。

---

① 　上海图书馆藏清抄本《增广钟鼎篆韵》末廷沪《记》云此书后有"摹写洪熙侯书籍印,盖内府所传本"(《续修四库全书》据此本影印,第237册,第561页),此书《宛委别藏》本后有"洪熙侯书籍印"一方(江苏古籍出版社,1988年,第21册,第526页)。此依《宛委别藏》本(卷首12页,正文263页,共275页)确定此书页数。

② 　是书《中华再造善本》据宋刻本影印,姑依之确定页数。北京图书馆出版社,2005年。

③ 　此依《宛委别藏》本确定此书页数,第19册,第1—364页。

　　第一,47 种书中,明人所作的图书 15 部,自然只能是明刊。① 第二,虽非明人所作,但一些著录信息表明这些书是明刊。1.《忠经》一部,益藩舒城王永仁篆书刻本。益藩是弘治八年分封在江西建昌府的诸侯王,舒城王朱载坄为益恭王朱厚炫(1557—1577 在位)第三子,"嘉靖三十八年(1559)封,万历六年(1578)薨。"②《忠经》卷首《篆忠经序》末题署"嘉靖乙卯十月既望,大明高皇帝八世孙益藩舒城王永仁道人制",书末有"嘉靖乙卯秋八月皇明宗室永仁篆"。书刻于嘉靖三十四年(1555)。③ 2.《权文公文集》一部,非抄本,毛扆云:"集止十卷,而细目五十卷完全,可贵在此。三钱。"(第 591 页)权德舆文集,虽然《新唐书·艺文志》④、《崇文总目》⑤、《直斋书录解题》(卷十六"别集中":"《权丞相集》五十卷",第 474 页)等都著录为五十卷,但不见于元明。嘉靖二十年刘大谟刻本有诗赋十卷,文四十卷,但有目无书,⑥与毛扆所云者吻合,可见《秘本书目》此书当为嘉靖刘大谟刻本或稍后之翻刻本。3.《张右史文集》。《秘本书目》著录为"六十卷,二十四本",下云:"世所行《文潜集》才十之五,《右史集》乃大全。"(第 597 页)现存张末文集,七十六卷《宛丘先生文

---

　　① 十五部书分别是:1. 明初赵谦(考古)《学范》(附《文则》,一本,一钱);2. 刘侗《帝京景物略精要》(一本,二钱);3. 顾孟容《冠谱》(一本,一钱);4. 权衡《庚申外史》(一本,二钱);5. 冯复京《焦螟集》(八本,二两四钱);6. 顾清《傍秋亭杂记》(一本,二钱);7. 周玄暐《泾林杂记》(一本,二钱);8. 姚宣《精骑集》(三本,一两);9. 姚宣《寅斋闻见》(一本,二钱);10. 张鸣凤《西迁注》(一本,二钱);11. 宋雷《西吴里语》(一本,二钱);12. 杨仪《高坡纪异》(一本,三钱);13. 姚福《青溪暇笔》(一本,三钱);14. 王达《笔畴》(一本,三钱);15. 朱高炽《天文玉历祥异赋注解》(二本,八钱)。

　　② 王圻《续文献通考》卷一九五《封建考》"益王祐宾"(第 19 册,第 11626 页),张廷玉等《明史·诸王列传四》"益端王祐槟"下(第 3641 页),邓里、许智苑《明朝益藩王墓探秘》(《大众考古》2014 年第 1 期)。

　　③ 《原国立北平图书馆甲库善本丛书》有此书影印本,第 472 册,第 471—516 页。

　　④ 欧阳修、宋祁撰《新唐书·艺文志四》著录其集三种:"权德舆《童蒙集》十卷,又《集》五十卷,《制集》五十卷。"(第 1606 页)

　　⑤ 王尧臣等撰,钱东垣等辑释,钱侗补遗《崇文总目辑释》卷五:"《权文公集》五十卷","鉴按今存十卷。"(《续修四库全书》第 916 册,第 774 页)

　　⑥ 关于权德舆文集版本,参万曼《唐集叙录》,中华书局,1980 年,第 162—166 页。

集》、六十卷及六十五卷《张右史文集》、五十卷《柯山集》三大系统的本子皆为抄本，刻本主要是嘉靖郝梁刻十三卷本《张文潜文集》，①毛扆所云"才十之五"的《文潜集》当即指此本，而毛扆欲转让的则是明刻六十卷《张右史文集》。此刻本明代应所印不多，故不见别家收藏，汲古阁本算得上是"秘本"了。4.《中州乐府》。《秘本书目》仅云"《中州乐府》，一本"，"三两"（第598页）。经考，这应该是嘉靖十五年四川嘉定九峰书院刊本，是毛晋刻《中州集》之《中州乐府》的底本。毛晋《中州乐府集跋》云："家藏《中州集》十卷，逸其乐府，梓人告成，殊快快然，既得《乐府》一帙，乃九峰书院刻本也，不胜剑合之喜。"②九峰书院本，是嘉靖十五年《中州乐府》的单刻本，据彭汝寔《叙》和毛凤韶《后序》，此书首先由四川左布政使陆深委托被罢官在家的嘉定人彭汝寔和嘉定州判官毛凤韶校雠，后彭、毛二人谋梓之，最后由嘉定守贵阳人高登请九峰书院刊刻出来。③

　　接着我要论证的是，《秘本书目》中明刻应当不包括毛氏汲古阁所刊书。将《秘本书目》与《汲古阁校刻书目》（下简称《校刻书目》）对照，发现有书名重合的，但"秘本"皆非毛刻本。1. 上文提到的《忠经》，汲古阁《津逮秘书》第四集中有刻，但"秘本"中《忠经》为益藩舒城王本，已见上考。2.《孝经》一本。在《忠经》后，《秘本书目》接言"篆书《孝经》，一本"，"一两"（第557页），根据《秘本书目》体例，此条很有可能省了"益藩舒城王"五字，即此《孝经》很可能也是益藩舒城王本，只是不敢必也。汲古阁《十三经注疏》中也刻过《孝经》，但未见篆书，即使"秘本"中非益藩本，也应该不是汲古阁本。3. 上文提到的明刻六十卷《张右史文集》，汲古阁代刻《苏门六君子集》中有张耒《宛丘集》二十二卷，汲古阁《苏门六君子集》内容与七十卷本《苏门六君子文钞》（又名《文粹》）同，《宛丘集》

---

①　此参张耒著，李逸安、孙通海、傅信点校《张耒集》之《前言》，中华书局，1998年，第5—8页。

②　毛晋撰，潘景郑校订《汲古阁书跋》，第115页。

③　参彭汝寔《近刻中州乐府叙》、毛凤韶《中州乐府后序》，见朱孝臧辑校《彊村丛书》本《中州乐府》，广陵书社，2005年，第55—56页。

为选本而非全本,两者绝非同刻。4. 周密《癸辛杂识》前、后、别三集。汲古阁《津逮秘书》第十四集校刻了《癸辛杂识》前、后、续、别四集,毛晋还为前、续、别三集撰写了题跋。据毛晋题跋,毛晋用闵元衢从乌程寄给他的"正本"《癸辛杂识》与《稗海》本、其他坊本以及家藏书中有相关内容者一起校订,取用了《稗海》本前、后、续、别的结构,将不见于《稗海》本的条目纳入其中,编订了《津逮秘书》本前、后、续、别四集。① 但《秘本书目》中的《癸辛杂识》只有前、后、别三集,应该不是《稗海》本,很可能是闵元衢寄送的"正本"。倘如此,则闵元衢寄送者当为明刻本,因所印无多,故可算得上"秘本"了。5. 徐铉《稽神录》。《汲古阁所刻书目》中《津逮秘书》第十一集下有"徐铉《稽神录》六卷《拾遗》一卷,一百十九页"(第 299 页)之记录,《秘本书目》云"《稽神录》六卷《拾遗》一卷,二本","六钱"(第 571 页),从书题、卷数来看,是最相似的,秘本之明刻应该是毛晋所订津逮秘书本之底本。由此可见,毛扆《秘本书目》之"秘本"确系珍本、秘本。

毛晋《汲古阁书跋》、毛扆《秘本书目》提到过《稗海》和陈继儒《秘笈》本,《秘本书目》47 种明刻书中的几种,《稗海》《秘笈》也刻过。如明王达《笔畴》,见《秘笈》正集,元代长谷真人《农田馀话》、明权衡《庚申外史》并见《秘笈》广集;周密《齐东野语》及《癸辛杂识》前、后、续、别四集,并见商濬《稗海》。毛晋在《汲古阁书跋》中说自己之所以刻《津逮秘书》,与《稗海》《秘笈》不无关系,他说:"讶《秘笈》及《稗海》诸书,甚多赝鼎,即真者,十逸其五,每思拈出有关风雅者逐一厘正流播,为古人吐气。"②似乎有点拨两书之乱而反正的意思,从这个意义上思考,毛晋或许并不视《稗海》《秘笈》本为珍本,更何况《稗海》《秘笈》本当时比较常见,似乎也不能称之为"秘本"。尽管《庚申外史》每本价 2 钱,《笔畴》3 钱,《癸辛杂识》4 钱,都低于《秘本书目》中明刻 4.21 钱的均值(详下,《农田馀话》5 钱,超

---

① 参毛晋撰,潘景郑校订《汲古阁书跋》(第 40—42 页)以及稗海本《癸辛杂识》(万历商氏半埜堂本)。

② 毛晋撰,潘景郑校订《汲古阁书跋》"《癸辛杂识别集》跋",第 42 页。

过均值），我还是倾向于《稗海》本、《秘笈》本应该还是低于这个价格的。一些其他的明代图书价格材料似乎也支持我这一假定。

上文提到沈津先生搜集到 27 种书上有价格木戳的明板书，这些书中，有 5 本来自建阳书坊，在明代图书价格体系中，应该是最低的，但 27 种书中，也有画谱、古印钤印本和朱墨套印本，这些书的价格相对高于一般图书，所以综合来看，沈先生搜集到的图书价格应该还是能提供一些明清一般图书的价格参考的。沈津先生 27 种图书价格的描述性统计如表五所示。

表五　沈津先生 27 种图书价格描述性统计（单位：钱）

册数	样本数	最小值	最大值	均值	标准差
添加①	26②	0.10	12	2.25	3.31
自带	21	0.10	12	2.61	3.60

两相比较，《秘本书目》中明刻图书是沈先生提供的材料中明刻图书价格的 1.61—1.87 倍，《秘本书目》中图书应该比常见明刻更稀见（"秘本"）一些。

---

① 沈津先生提供的带有价格木戳的图书，21 种有册数，5 种无册数，为计算每册书价，我借用了时代较接近的祁承爜《澹生堂藏书目》、徐乾学《传是楼书目》同一本书的册数，分别算出了 26 种书和 21 种书的书价均值。

② 沈先生的两篇文章中有价格的图书有 27 种，我没有将南京僧录司所刻《金陵梵刹志》一书纳入统计。傅增湘《藏园群书经眼录》卷五录其书末所附书价："印行每部太史纸两裁，计九百七十七张，连刷印银壹钱伍分伍厘，栗壳面太史双副叶，线钉六本，连揭套，银五分。管板僧银二分，共银二钱二分伍厘。"（第 383 页）可见此书刻板由僧录司承担了，求书人只要支付刷印费用，故不能看作是完整的图书成本和书价。因为样本量本身就少，再算入此书，会大大降低书价。井上进《中国出版文化史》（李俄宪译，第 179 页）一共 15 个样本，除《金陵梵刹志》外，还有嘉兴《大藏经》，嘉兴《大藏经》有大量的化缘和捐助资金的注入，其买价也偏低于一般图书，故我也不取井上进先生的均价［4 分（30 文）］作为参照。张升《古代书价述略》（《中国出版史研究》2016 年第 3 期）依据井上进样本对其表格略作简化，得出每册 4.65 分的结论，故本章亦不取其均价进行对比。当然，《金陵梵刹志》、嘉兴《大藏经》的书价也是明清书价的一部分，本章只是更想将所有的成本包含其中而已。

三、宋板书到底贵不贵？有多贵？

价格高低是相对的，在对比中最能说明问题。胡应麟在《经籍会通四》中给出各种书的价格比，他说："凡本，刻者十不当钞一，钞者十不当宋一。……凡刻，闽中十不当越中七，越中七不当吴中五，吴中五不当燕中三，（引者按：此以地论，即吴、越、闽书之至燕者，非燕中刻也。）燕中三不当内府一。"[1]这里有两组价格比：一是刻本（疑指明刻）、抄本、宋本价格比≥1∶10∶100，也就是说抄本价格是明刻价格十倍以上，宋本是抄本的十倍以上，宋本是明刻的百倍以上；一是不同地域刻书/买书之价格比，闽、越、吴、燕地、内府书价比≥1∶10/7∶2∶10/3∶10，也就是说，越刻书价是闽刻书的 1.3 倍以上，吴刻书是闽刻书的 2 倍以上，在首都买书比在各地方买书平均要贵 3.3 倍以上，内府本是闽本价格的 10 倍以上。

参照胡应麟所云各种版本书价，我将《秘本书目》与之相应因素做了统计。《秘本书目》中每部书册数不等，我以每部书的总价除以册数，得到每册书的均价（以下所有价格都为每册均价），然后将宋板、明板、抄本以类相从，统计出宋板、明板、抄本每册书价格的均值、最小值和最大值（见表六）。

表六　刻本、抄本、宋本每册均价的描述性统计（单位：钱）

	样本数	最小值	最大值	均值	标准差
刻总数	107	1	100	11.67	15.97
宋板（含北宋）	32	2	100	26.62	21.61
明刻	47	1	30	4.21	4.51
抄总数	349	0.33	100	6.74	8.80

从表六的均值来看，胡应麟的明刻价格低于抄本价格、抄本价格低于宋本价

---

[1]　胡应麟《少室山房笔丛》甲部卷四《经籍会通四》，第 43 页。

格的说法是成立的,但其比例是 4.21:6.74:26.62＝1:1.6:6.32,与胡应麟 1:10:100 的比例差距甚大。

我根据《秘本书目》标注的"北宋板""宋板""元板"刻本信息以及我考证的明板,对每册均价做了统计。

表七 明刻、元刻、宋刻、北宋刻每册均价的描述性统计(单位:钱)

刻本	样本数	最小值	最大值	均值	标准差
北宋板	3	20	100	53.33	41.63
宋板	29	2	80	23.86	18.61
元板	28	3	15	7.12	2.88
明刻	47	1	30	4.21	4.51

四类中,北宋板价格最高,每册均价是宋板书的 2.24 倍、元板书的 7.5 倍、明板书的 12.7 倍。北宋本每册均价达到 5.33 两,但同是北宋板,一种北宋板价格可以是另一种价格的 5 倍,这其中的影响因素很多(详下文),就《秘本书目》中的三部标明北宋板书而言,两种都是一本二两,而《孔氏家语》每本拟价十两,虽然部分是因为此本较南宋本内容更准确合理,但最主要影响因素是此书有"东坡居士折角玉印",其"旧为东坡所藏"之故,可见名人收藏,特别是苏轼这样级别的且其存世收藏品极为稀少的名人收藏,具有极大的商业价值。

宋本,每册均价 2.386 两,但同是宋板,一种宋板的价格可以是另一种价格的 40 倍,就《秘本书目》而言,宋本《陶渊明集》是其中最昂贵的,达到每册 8 两,高于一般的北宋本,在《秘本书目》中仅次于上文提到的《孔子家语》。毛扆给出的理由是:与世本相比,此书文字精准,内容更完整,是一部"奇书"。宋板《群经音辨》三本,15 两,每册 5 两,也算是比较昂贵的,此书为绍兴十二年汀州宁化县学刻本,先归唐寅,后归毛晋汲古阁,①也因当世名人收藏而增值。

---

① 袁克文《群经音辨跋》云:"《群经音辨》七卷,唐六如旧物,后归汲古阁毛斧季,举以售诸潘稼堂,未几入石渠。"(见周一良主编《自庄严堪善本书影·附录》,第 1585 页)

相比较而言,元板书书价标准差最小,单册价格在 3 钱和 15 钱之间。单册价最高的一部是宋末元初人俞德邻的《佩韦斋文集》,二十卷,四本,此书明代未见刊刻,故明代收藏极其稀少,除毛晋家这部刻本外,仅黄虞稷《千顷堂书目》著录一部,抄刻不详,① 徐乾学《传是楼书目》著录了一部抄本。近代此书较常见,乃因《天禄琳琅丛书》第一辑有《景元刊本佩韦斋文集》一部,而其底本则是清宫所藏元本《佩韦斋文集》(今藏台北故宫博物院),很可能即是当年毛晋所藏之物。此书半叶十行,行十七字,四周双边,双黑鱼尾,细黑口。上鱼尾之上记每页

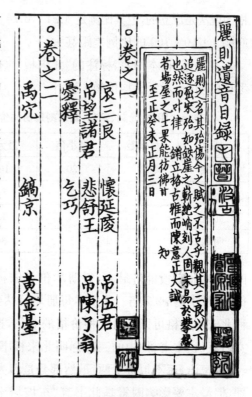

图 23 毛晋藏元板《丽则遗音》

字数,下记"佩韦集卷第几";下鱼尾之上记页数,下记刻工姓名。开本宽大,刻印精美。汲古阁虽刻有《元人十集》《元四大家诗》,但未刻此书,此书也因稀见而成为《秘本书目》中元刻价格之冠。《秘本书目》宣称的"最精元板"是杨维桢《丽则遗音》。毛晋得元代乙亥科(1335)乡试《荆山璞玉赋》一册,后附杨维桢拟赋三十二篇,共四卷,标其首为"新刊丽则遗音古赋程式",第二、三行分别题"丁卯进士绍兴杨维桢廉夫著","丁卯同年

---

① 黄虞稷《四朝经籍志补》"别集类·宋"此书下注曰:"字宗大,号太玉山人,与熊禾同举癸酉进士,集有禾序。"(《原国立北平图书馆甲库善本丛书》第 459 册,第 1072 页)

邵武黄清老子肃评"。① 毛晋将杨维桢赋析出，编成杨维桢《丽则遗音》一部，毛刻"《丽则遗音》四卷"，共"八十八页"②。此元板即毛刻《丽则遗音》之底本。此书虽为元刻，但经过了毛晋的重新编辑，毛晋将元刻为科考古赋服务的目的转化为杨维桢文集的搜集和整理目的，从而弥补了"《东维子集》""不载一赋"和《铁崖文集》"仅有""三作"的缺憾。③ 从书籍的物质层面看，毛晋一定拆散了元刻书的装订，去掉了原来的正集（科场赋部分），以附录为正文，重新命名了该书，重新装订为一册，成了《丽则遗音》一书。毛扆称此书"藏经纸面，虽系元刻，精妙绝伦，亦至宝也"，售价一本"一两二钱"。

上引建阳安正堂本《翰墨大全》与史刻《陈眉公集》都保存完整，前者134 卷，约 2100 叶，10 册，售价 1 两。假设《陈眉公集》木记售价代表了万历四十五年史辰伯刻《陈眉公集》的价格，《陈眉公集》17 卷，约 520叶，4 册，价格 4 钱。按册数算，是每册 1 钱，是《秘本书目》明本的最低价。按叶数来算，《陈眉公集》价格约为《翰墨全书》价格的 1.6 倍。这与建本、苏本应该关系密切。相比较而言，《秘本书目》明刻要比苏刻《陈眉公集》更贵，算得上是"秘本"。《秘本书目》最贵的明刻是上考嘉靖本《中州乐府》，此书一册，拟售价 3 两，超过元板书最高价 1 倍。我想可能因为：第一，此书刻于蜀地，吴地流传不广，明清书志中明确有此刻的仅有毛扆此书目和《天一阁书目》④。第二，《中州乐府》常见的是 111 首本，《百川书志》所收即是，而此刻收词 124 首，多出 13 首。第三，流传的元刻《中州乐府》都是一页 30 行，每行 28 字，属小字本，故一册《中州乐府》仅 19 页，而嘉靖本或许比元刻疏朗，一本页数更多因而成本更高吧？

---

① 毛晋藏元刊《丽则遗音》，《中华再造善本》影印出版。《丽则遗音目录》下有"毛""晋""汲古阁"等印，后有黄丕烈跋，云："往从香岩周文借观《丽则遗音》，叹为精妙绝伦。首钤毛氏父子印记，是即《汲古阁珍藏秘本书目》中所载最精元板《丽则遗音》也。"元刊本半页 13 行，行23 字，正文 40 页，共 42 页。

② 顾湘校《汲古阁校刻书目》，第 331 页。

③ 见《丽则遗音》末"毛晋识"。

④ 范邦甸《天一阁书目》卷四之四，《续修四库全书》第 920 册，第 290—291 页。

　　综上所述，总体而言，明刻低于抄本价格，抄本低于宋元板价格，宋板书是元板书的 7.5 倍，是明板书的 12.7 倍，确实是很贵的，但更引人注目的是书本和书本之间的价格差距，同样是宋板书，一本书可以是另一本书价格的 40 倍，精美元刻也能超过一般宋刻的价格，甚至个别明刻书也能高于宋刻书的均价，其中包括地域、稀见、副文本等各种因素。

四、影响图书价格的各种因素分析

　　胡应麟在《经籍会通四》中谈到影响书籍价格的诸多因素，他说：

　　　　凡书之直之等差，视其本，视其刻，视其纸，视其装，视其刷，视其缓急，视其有无。本视其钞刻，钞视其讹正，刻视其精粗，纸视其美恶，装视其工拙，印视其初终，缓急视其时又视其用，远近视其代又视其方，合此七者参伍而错综之，天下之书之直之等定矣。①

胡应麟将书分为抄本和刻本，影响刻本价格的因素有：1. 刻的精粗；2. 印刷的清晰度（虽云初印本或终印本，但最终关心的还是印刷的清晰度和易于读者辨识）；3. 纸张的好坏（纸张成本）；4. 装订的工拙；5. 书籍是否合于时宜（"时"）或需求（"用"）；6. 作者和刻书者的古今（"代"）；7. 刊刻地点的远近（"方"，主要考虑运输成本）。而影响抄本价格的因素，除抄本与底本的正确率之外，皆同于刻本 3—7。毛扆在《秘本书目》中也谈到影响图书价格的因素，他说：

　　　　抄本书，看字之工拙，笔贵之贵贱，本之厚薄，其书之秘否，然后定价。就宋元板而言，亦看板之工拙，纸之精粗，印之前后，书之秘否，不可一例，所以有极贵极贱之不同。

他补充了影响抄本价格的因素有：1. 字之工拙；2. 抄书者（工钱贵贱）；

---

① 　胡应麟《少室山房笔丛》甲部卷四《经籍会通四》，第 43 页。

3. 书的厚度包括书的字数以及由此而来的纸张需求等；4. 书的珍秘程度。谈到影响宋元板书价格的因素，与胡应麟所言相关但表述层面有所不同的，一是书板的工拙，二是书之秘否。

参照胡、毛两家之说，我清理了《秘本书目》提到的书籍的所有特征。首先，《秘本书目》分刻本和抄本，刻本如上述，分北宋本、宋本、元刻和明刻，少数给出字号（大字有 6 种、小字 3 种）、字体（篆书 3 种）、纸张（藏经纸面 5 种、高丽纸 1 种）、刊刻地（蜀 3 种），但后面诸因素的样本数都较小。

抄本情形更复杂，可分为：

1. 根据抄写者不同可分为：稿本、元人抄、旧抄、精抄（毛抄）、吴宽丛书堂抄、明代名人抄（包括吴岫方山、项靖药师、李开先中麓、秦四麟酉岩、薛应旂、朱凯尧民、冯武窦伯、玄素斋、冯班定远抄等）、其他名人抄（赵孟頫、周密等）、文渊阁或内府。

表八　不同抄者每册均价的描述性统计（单位：钱）

抄本	样本数	最小值	最大值	均值	标准差
所有	349	0.33	100	6.74	8.80
旧抄	211	0.33	100	5.23	10.10
精抄	49	2	20	7.82	4.58
元抄	4	5	10	8.75	2.50
丛书堂抄①	7	2	5	3.57	1.13
明名人抄	15	1	20	9.23	6.99
稿本	3	15	20	18.33	2.89
其他名人	3	6	20	12.00	7.21
文渊阁、内府抄	2	10	20	15.00	7.07

---

① 朱彝尊《书尊前集后》记其在吴下时，有书肆送来吴宽抄本《尊前集》。其曰："康熙辛酉（二十年，1681）冬，予留吴下，有持吴文定公手抄本告售。书法精楷，卷首识以私印，书肆索直三十金。"（《曝书亭集》卷四十三，《清代诗文集汇编》第 116 册，第 351 页）朱彝尊没有买这本吴抄，但与手中万历十年嘉兴顾梧芳刻本《尊前集》校勘，并写了此篇书后。《尊前集》收词 260首，仅两卷篇幅，三十金若是书肆对这两卷吴抄的报价，不可说不昂贵。

由表八可以看出,上述八类抄书者中,稿本价格最高,每册达到 18.33
钱,仅次于宋刻本。文渊阁或内府抄本因文渊阁、内府抄手价格高而增
加了书价,处于第二高位。第三高价的是宋元名人抄,如抄本《两汉策
要》,因疑似赵孟頫抄而达到每册 2 两,此书 2011 年嘉德拍卖行以 4830
万元人民币拍出。① 第四是明代名人抄本,第五是不知名的元人抄,第
六是毛抄,毛扆称之为"精抄"。书目中,被称之为"旧抄"的抄本最多,是
一个统称,区别于近抄而具体年代不可知者(亦不排除有元抄),包括明
初以来不可辨识的各种抄本之总和,其价格次于精抄而高于吴宽丛书堂
抄本。一般而言,丛书堂抄本颇为人看重,叶德辉《书林清话》卷十"明以
来之钞本"列举"明以来钞本书最为藏书家所秘宝者",第一个就是"吴
钞"的丛书堂抄本,②但《秘本书目》中,丛书堂抄本均价却是最低的,这
固然因为汲古阁收藏的这 7 种丛书堂抄本皆非如《嵇康集》那样经吴匏
庵手自雠校,所以不能有特别的高价,但这依然能雄辩地说明《秘本书
目》中抄本的高级和珍贵。

  2. 根据抄写方式,分为旧抄、精抄、影抄、影精抄、影旧抄五种。

表九　不同抄写方式每册均价的描述性统计(单位:钱)

抄本	样本数	最小值	最大值	均值	标准差
旧抄	211	0.33	100	5.23	10.10
精抄	49	2	20	7.82	4.58
影抄	37	3	20	8.59	4.51
影精抄	15	6	30	14.27	6.39
影旧抄	3	3	6	4.67	1.53

由表九可知,因为影抄的精致准确和约束性应该会降低抄写的速度,增
加抄写的时间和技术成本,所以影抄的价格高于旧抄和精抄,因精抄价

①　孙冰《史上最贵中国古书诞生:〈两汉策要〉天价背后的古书热》,《中国经济周刊》2011
年 6 月 27 日。

②　叶德辉《书林清话》,第 332 页。

格高于旧抄,所以影精抄高于影旧抄,也就十分好理解。但三种影旧抄为影抄本,均价却低于旧抄,这应与这三本图书的其他因素有关。

3. 根据抄本底本的不同,可分为抄自北宋本、宋本、元本、文渊阁/内府。

表一〇　不同底本的抄本每册均价的描述性统计(单位:钱)

底本	样本数	最小值	最大值	均值	标准差
所有	83	3	30	10.52	6.08
宋本	69	3	30	10.33	6.16
元本	7	3	15	8.29	3.86
北宋	3	12	20	17.33	4.62
文渊阁/内府	4	5	20	12.50	6.45

北宋本、宋本的价值通过抄本底本的价格影响也能清晰地看出。《秘本书目》中三种以北宋本为底本的抄本书价是最高的,是宋本为底本的抄本的1.65倍,是元板为底本的抄本的2.1倍。这三种北宋本毛晋时代都藏在钱谦益的绛云楼中。抄自文渊阁/内府所藏之珍本图书价格甚至高于抄自宋本的价格,更多也是因为底本得之不易以及抄手费用的增加。

4. 根据纸张,可分为绵纸、竹纸、旧纸。

表一一　不同纸张的抄本每册均价的描述性统计(单位:钱)

纸张	样本数	最小值	最大值	均值	标准差
所有	85	1	100	7.18	14.61
旧纸	1	20	20	20	0.00
绵纸	69	1	100	8.03	16.29
竹纸	15	2	6	3.47	1.25

这里的"旧纸"是最贵的。汲古阁借到绛云楼的北宋本《李太白集》,为了与北宋本相匹配,特别"觅旧纸"①(非今纸,或为唐宋纸吗?)并请名家

---

① 叶德辉《书林清话》卷十"古人钞书用旧纸"条(第342—343页),"旧纸"指一面已使用过的废纸,毛扆此处所言或与之不同。

(冯武窦伯)影抄,所以成本与售价都是最高的。非常明显的是,绵纸抄本价格是竹纸抄本价格的 2.3 倍。

以下几种因素为抄本和刻本所共有:

5. 书目在 22 种图书下,特别提到此书为"世间绝无""无""世无""罕有""稀见""真本"等,我将之称为稀缺书,得出其每册书之均价,并将之与抄本、刻本图书对照如下:

表一二　稀缺本每册均价的描述性统计(单位:钱)

图书	样本数	最小值	最大值	均值	标准差
刻本	107	1	100	11.67	15.97
抄本	349	0.33	100	6.74	8.80
稀缺	22	3	80	18.03	18.64

可见书之稀缺与否确实影响图书的价格。

6. 书目中有 8 种书有经名家或内府收藏、题签的记录,这些附加文本是否也影响价格呢? 这 8 种书的均价为 2.325 两,明显高于元刻、明刻、刻本和抄本均价,但低于北宋刻本均价,接近于宋本,可见经名人收藏应该可以让图书增值不少。

7. 书目中,有 4 部书被特别提到是全本,有 4 部书特别标注是残本,这样的书籍特征是否可能影响书价呢? 我也将其均价作了统计:

表一三　全本、残本每册均价描述性统计(单位:钱)

	样本数	最小值	最大值	均值	标准差
所有	8	4	100	28.63	32.81
全本	4	5	100	42.50	42.91
残本	4	4	30	14.75	12.53

尽管只有 4 个样本,而 4 个样本中有宋刻残本加名家影宋抄本的《杜工部集》在内,也无法挽救残本价格的颓势,残本价格只有标榜为"全本"的图书的 1/3 强一点。可见残全是衡量图书价格的重要因素。

8. 图书作者的年代。我尽可能地考察了每本书的作者,得到可以确定作者年代的图书 421 种，分先唐、唐五代、北宋、南北宋之交、南宋、辽金元、明七段统计了各个时代作者的每册书的均价：

表一四　不同年代作者每册图书均值的描述性统计（单位：钱）

年代	样本数	最小值	最大值	均值	标准差
所有	421	0.33	100	8.07	11.50
先唐	48	1	100	11.55	18.21
唐五代	59	0.5	100	10.57	14.90
北宋	77	1	60	7.67	10.22
南宋之交	7	1	20	5.81	6.69
南宋	116	0.5	100	8.07	10.25
辽金元	54	1	60	7.30	8.73
明	60	0.33	20	4.32	3.89

七组数据大致呈现出作者时代越早其书籍价格越高的趋势。

以上对八个影响图书价格的因素分别进行了分析，但这些因素对图书价格的影响并非孤立，而是同时存在的，若不对其他影响因素加以控制，只是从单一角度进行分析，得出的结论可能是片面甚至是错误的。因此，本章采用社会学研究中最为常用的统计分析方法多元线性回归（OLS）对这些因素进行综合分析，将这些影响因素同时纳入回归模型，以观察在控制了其他因素后，这些因素对图书价格的影响是否仍然存在，以及影响大小。

表一五　图书价格（每册均价）的多元回归结果[①]

变量	系数	T 值	P 值
常数	6.660 ***	2.741	0.006
册数	−0.098	−1.148	0.252
稀缺	**5.828 *****	**2.680**	**0.008**

---

① 回归部分由南京大学商学院苏文兵教授协助完成，特此致谢！

变量	系数	T值	P值
篆书题签	**7.953****	**2.111**	**0.035**
同时代名家题跋	−0.550	−0.216	0.829
经名家或内府收藏	**10.735*****	**3.011**	**0.003**
残本	−1.214	−0.248	0.804
元板	2.040	0.696	0.487
宋板（含北宋本）	**19.032*****	**6.863**	**0.000**
明刻	−0.711	−0.263	0.793
宋底本	2.840	1.282	0.201
旧抄	−0.121	−0.051	0.959
精抄	3.199	1.373	0.171
影抄	0.599	0.209	0.835
元抄	3.383	0.641	0.522
丛书堂抄本	−2.117	−0.495	0.621
名人抄	4.808	1.486	0.138
稿本	**11.794***	**1.934**	**0.054**
文渊阁/内阁抄	2.691	0.371	0.711
唐五代作者	−0.803	−0.498	0.619
宋代作者	**−2.013***	**−1.666**	**0.096**
辽金元作者	−1.384	−0.810	0.418
明代作者	**−2.939***	**−1.782**	**0.075**
F	8.883 *** (0.000)		
R²（Ad−R²）	0.307(0.272)		

注1：模型中除了"册数"为每本书的实际册数外，其他变量均为 0 或 1 的二值变量。例如当某书为稀缺图书时，变量"稀缺"为 1，否则为 0；其他变量均类似赋值，其中作者年代包括先唐、唐五代、宋代、辽金元和明代，回归中以先唐为基准（即赋值为 0）。

注2：***、**、* 分别在 10%、5%、10% 水平下显著。

由表一五可知，F 统计量为 8.883，在 1‰ 的水平上显著，表明图书价格与模型中篆书题签等自变量存在线性关系，线性假设成立，能够采用线性回归分析；R^2 为 0.307，表明该模型的拟合系数为 30.7%，拟合效果较好，能够满足本章分析的需要。

从回归结果看，图书价格（每册均价）受到图书稀缺程度、是否由名家收藏或题签，以及刊刻时间、抄者身份、作者年代等因素的显著影响。稀缺图书、名家收藏和篆书题签的回归系数均显著大于零，表明这些图书比其他图书的价格明显更高；名家题跋和残本图书的回归系数在统计上不显著，表明这些图书的价格与其他图书的价格并无明显不同。从刊刻时间来看，只有宋板的回归显著大于零，而元板和明刻的回归系数不显著，意味着宋板图书的价格明显更高，元板和明刻图书的价格与抄本的差异不明显。从抄者身份看，只有稿本的回归系数显著为正，其他抄本的系数均不显著，表明只有稿本图书的价格明显更高，其他抄本的图书价格并无明显差异。从作者年代来看，唐五代、宋、辽金元和明代的回归系数均为负数，表明先唐以后作者的图书价格低于先唐时期作者的图书，但只有宋代和明代作者的回归系数显著小于零，意味着只有宋代和明代作者的图书价格明显低于先唐作者的图书，唐五代和辽金元作者的图书价格虽低于先唐作者的图书，但与先唐作者的图书价格并无显著差异。

从有显著影响的变量系数大小来看，对图书价格影响最大的因素是刊刻时间，宋板（含北宋板）图书的价格明显更高（系数为 19.032）；其次是抄者身份和是否由名家收藏，稿本和由名家收藏的图书价格明显占优（系数分别 11.794、10.735）；再次为是否有篆书题签和是否为稀缺图书，篆书题签和稀缺的图书能获得额外溢价（系数分别为 7.953、5.828）；影响相对较小的因素是作者年代，宋代和明代作者的图书虽然明显低于先唐，但回归系数相对最小（分别为 -2.013、-2.939），表明其对图书价格的影响最小。

毛扆《秘本书目》为我们提供了 474 种图书的拟价，其中 459 种图书交代了是刻本还是抄本，且有价格和册数，可以让我们计算出每册书的均价，以便于进行比较研究，因而是十分珍贵的研究明末清初图书价格的材料。从毛晋汲古阁门上榜文提供的收书价格切入，利用各种材料提供的与图书价格有关的细节，我以为《秘本书目》售书拟价是相当真诚的，其拟价努力维持着与往日买入价或抄书制作成本间的相对平衡，尚没有沦落到甩卖的程度，故《秘本书目》中的价格应该可以折射出毛扆所处时代的各种高、中档刻本和抄本的价格，可以作为认识明末清初图书价格的重要依据之一。我还论证了《秘本书目》中的47种没有交代刊刻时代的图书应该是明刻书，尽管是明刻书，但其依然维持在珍本、稀见本等水准之上，应当不包括明万历以来刊刻的《稗海》《宝颜堂秘笈》等图书，也不包括毛刻。《秘本书目》中的许多毛抄，是毛刻的底本，或是毛扆《秘本书目》最后不无遗憾指出的"欲刊刻行世与天下后世共之"而不得的图书的底本。通过大量的价格对比，我们得出了一系列结论：如明刻低于抄本价格，抄本低于宋元板价格，北宋板书是元板书的7.5倍，是明板书的12.7倍，宋板书确实很贵，书价受到刊刻时间、抄者身份、图书稀缺程度、名家收藏和题签的显著影响，甚至受到作者年代等因素的影响。但更引人注目的是书本和书本之间的价格差距，同样是宋板书，一本书可以是另一本书价格的40倍，精美元刻也能超过一般宋刻的价格，甚至个别明刻书也能高于宋刻书的均价。毛扆所言"不可一例，所以有极贵、极贱之不同"，是十分准确的对明代图书价格的描绘。可以说，明代人，只要有图书需要，他们可以从寺庙或僧录司求得几部经文或其他图书，也完全可用一只鸡换得一部闽刻教科书，也就是说，明代人只要有读书之心，应该都能获得其相应层次的图书。但作为艺术品和奢侈品的图书也大量存在着，而毛晋汲古阁则在收藏图书的同时，也在为将收藏品转化为可以与天下人共享的实用图书而努力着。

结语
换一些角度思考明代图书生产与文化

一、被遮蔽和曲解的明代图书生产的文化功能

明代是图书大发现的时代,这得益于明人的淘书热情,也得益于便利的图书生产条件。上文提及赵琦美在吴中集市的小书摊上淘书,胡震亨也与同好在杭州徐姓书贾的如山的废册中淘宝:

> 戊子岁(万历十六年,1588)余就试临安,同友人姚叔祥、吕锡侯[名兆禧(1573—1590)]诣徐贾检书,废册山积,每抽一编,则飞尘嚏人,最后得刘敬叔《异苑》,是宋纸所抄,三人目顾色飞,即罄酒赏易归,各录一通,随各证定讹漏,互录简端。……又十年为戊戌,下第南归,与友人沈汝纳同舟,出示之,复共证定百许字,遂称善本。……考《南史》《宋书》,通无敬叔传,因汇其事之散在史书者为小传,俾读者有考焉。己亥(1599)六月望,武原胡震亨识。①

因为胡震亨,刘敬叔有了传,《异苑》也因胡震亨、姚士粦、吕兆禧、沈汝纳的整理有了"善本",并得以刊刻,《异苑》收入《津逮秘书》后,更因化身千万不再有消失之虞。此书《隋书·经籍志》有著录,但宋元明颇罕见,可

① 胡震亨《异苑题辞》,《学津讨原》本《异苑》,第12册,第340页。

以说是晚明人抢救式整理和传播使其获得重生。顾廷龙《明代版本图录初编叙》提到明代作为书籍史中的一环所具的传承之功："经史百家之中，若郑注《周礼》《仪礼》，《纪年》《周书》《家语》《孔丛》等书，无不以明覆宋本为最善，赖其一脉之延。"假如不持"佞宋"态度，明人的图书生产就不仅因为其能"覆宋"，更因为其扩大了经典文献的生产和传播，切实稳妥地承担了文化传承使命。顾廷龙云："人惟宋元旧钞相尚⋯⋯引为至宝，则又惑矣，不知宋元本于今日非经摹刻，即曾景印，或已校补重梓，或已勘列异同、撰记别行，其确为孤椠秘笈者有几何哉！明本之于今日，其可贵诚不在宋元之下。盖清初之去北宋末叶与今日之距洪武纪元，其历年相若。"①从时间上来看，明代对于我们，就好像北宋对于清初人一样，故我们没有理由不重视明本。

因为一些书在明代横空出世，得不到书目文献的支持，而被怀疑系明人作伪，如上文论及的王逢年与《天禄阁外史》、胡震亨与《岁华纪丽》、姚士粦与《於陵子》。即便似乎已成定论的丰坊（1492—1563）伪书，也有讨论伪书判定标准、如何论证作伪以及反思明人喜作伪预设的必要。丰坊同时代人看重丰坊治经，不是因为其能传古，而是因为他有新异的经学发明，明人不指责其作伪，是作伪并非此时唯一关注的话题。如较早对丰坊其人其学做出评价的王世贞曰：

> 坊高材博学，精法书。其于《十三经》，自为训诂，多所发明，稍诞而僻者，则托名古注疏，或创称外国本。于构诗文，下笔数千言立就，则多刻它名士大夫印章。伪撰字稍怪拙，则假曰："此某碑某碑体也。"又为人撰定法书，以真易赝，不可穷诘。又用蓄毒蛇药杀人，强淫子女，夺攘财产，事露，人畏而耻之。吾友沈嘉则云："蓄毒蛇以下事无之，第狂僻纵口，若含沙之蛊，且类得心疾者。"⋯⋯此极大可笑。②

① 顾廷龙《明代版本图录初编叙》，见潘承弼、顾廷龙纂《明代版本图录》，《民国丛书》第五编第 100 册，第 2 页。
② 王世贞著，罗仲鼎校注《艺苑卮言校注》卷六，齐鲁书社，1992 年，第 326 页。

王世贞将丰坊经学视为多所发明的训诂,而丰坊所称之古注疏或外国本只是掩饰其怪诞、生僻经说的托词。王世贞不将丰坊的所作所为视为文化现象或时代风气,而解释成个体的性格怪诞或身体、精神上的疾病。钱谦益在《列朝诗集》中指出丰坊"今所传《石经大学》《子贡诗传》,皆其伪撰也",将其《古易世学》《古书世学》《鲁诗世说》《春秋世说》归入"于《十三经》皆别为训诂,钩新索异,每托名古本或外国本"之列,①后半部分同王世贞。顾炎武则不相信到了明代,朝鲜、日本还有中国未见之书,近代以来大量的汉籍回流显然不支持当年顾炎武的判断。顾炎武还认为不能"神经文而助圣道"之经传都是"异端",②倘如此,则无疑取消了后世经学研究和阐释的权利,也未为允当。

其实明人有辨伪能力并存在自纠意识,有关明人的图书作伪基本上都是明人首先提出的,只是到清代,作伪被放大为明人整体形象并被刻板化。比如杨士奇就曾指出同郡晏璧有欲窃元吴澄《三礼考注》一书为自家世本的企图和行为。杨士奇《新刊三礼考注跋》云:

> 右录《三礼考注》六册,此书本吴文正公澄用朱子之意考定,为《仪礼》十七篇,《仪礼逸经》八篇,《仪礼传》十篇,《周官》六篇,《考工记》别为一卷,见公文集中《三礼叙录》及《虞文靖公行状》如此。尝闻长老言:吾邑康震宗武受学于公,元季兵乱,其书藏康氏,乱后,郡中晏璧彦文从康之孙求得之,遂掩为己作。余近岁于邹侍讲仲熙家见璧所录初本,注内有称"澄曰"者皆改作"先君曰",称"澄按"者改作"愚谓",用粉涂其旧而书之,其迹隐隐可见,至后《曲礼》八篇,皆无所涂改,与向所闻颇同。遂与邹各录一本,凡其涂改者皆从旧书之而参之叙录。③

---

①　钱谦益撰集,许逸民、林淑敏点校《列朝诗集》丁集第三,第4205页。

②　顾炎武著,黄汝成集释,栾保群、吕宗力校点《日知录集释》卷二"丰坊伪尚书"条,上海古籍出版社,2014年,第50页。

③　吴澄《三礼考注》卷首,《原国立北平图书馆甲库善本丛书》据嘉靖七年詹氏进贤堂刻清江书堂本影印,第19册,第6页。

晏璧与杨士奇同乡,永乐初同时任职翰林,晏璧曾以"文渊阁修书总裁、奉议大夫、山东等处提刑按察司佥事"身份编辑过《史钺》,[①]写作过《济南七十二泉诗》等,然而杨士奇揭其作伪丝毫不留情面。成化间江西建昌府刊刻《三礼考注》时,除收杨士奇此序外,所收罗伦《序》又再次提及此事,并进一步清理晏璧之所作所为:

> 我朝东里杨文贞公曰:吾邑康宗武受学于公,元季兵乱,书藏康氏,乱后,郡人晏璧彦文从康之孙求得之,掩为己作。以公《支言》叙录考之:《逸礼》八篇,今存者六篇,《仪传》十篇,今增者五篇,传外又增《曲礼》八篇,凡增十三篇。又闻长老言,文正晚年于此书欲复加考订,不及,临没,授其意于孙当,当尝为之而未就。今此书增入者,礼义率混淆无别,决非当所为,岂璧所增邪?文贞之疑是矣。……疑公定其篇目,未及成书,临没授其意于孙当,其谓是与?故后人因而窜入之,文贞所闻其诚然邪,然与《纂言》不合,又未可深考也。……惜其书未及成而为后人所乱者如此。成化庚寅,大理寺卿仁和夏公时正巡逻江右,得是本于宪副夏正夫,正夫得于编修张廷祥,张廷祥得于祭酒胡若思,若思之本,其文贞之所录者与?长乐谢公仲仁时守建昌,时正昪绣梓以传,且属伦校雠之,乃访善本于临川文正之子孙,已不知有是书矣。……圣贤之遗经因是而传焉,三公之用心,亦可尚矣。河南按察使何廷秀谓予曰:"沅州刘有年永乐初守太平府,进《仪礼逸经》十八篇。逸礼,唐初已亡,宋元大儒皆未之见,有年何从而得哉?"然廷秀之言非妄也,好古君子上请逸经,继类成编,传以《戴记》,其不入《传》者,从《纂言》所类,别为记以附焉,则先王之典庶乎无遗矣。[②]

---

① 参潘承弼、顾廷龙《明代版本图录》,《民国丛书》第五编第100册,第22—24页。此书今存景泰七年京兆刘氏翠岩精舍新刊本。

② 吴澄《三礼考注》卷首,《原国立北平图书馆甲库善本丛书》第19册,第1—3页。

嘉靖重刊本也收录二《序》，晏璧此事永留。罗伦不认同河南按察使何廷秀所谓"逸礼，唐初已亡，宋元大儒皆未之见，有年何从而得哉"的说法，以开放的态度看待明代横空出世的"逸经"，至少将之与有实据的晏璧作伪区别对待，其观念和处理方式更为可取。

胡应麟以亲身经历谈到嘉靖间因图书大量生产使原本来路不明的图书有了清晰的出处。其《读古今说海》曰：

> 云间迻辑《说海》，余稚岁从人借读，大诧为奇书，即该洽亦往往见欺纂人，以家藏秘本也。比长，博考诸说家，乃知此书就日、潇湘等《录》，多出《说郛》，灵应、洛神等《传》，多出《广记》，仅卷首《北征》《半①夏》诸编，杂汇本朝故实，又皆人所常见家有之书也。盖是时《广记》未行，《说郛》罕蓄，一时老宿订证无从。如前此《陆氏小说三十家》，后此《顾氏小说四十家》，皆《广记》钞出，杂他书，不过什一二耳。惟《百川学海》，当是宋人遗书，近海盐王文禄拟而为《学山》，割裂亡当，大可笑也。②

顾元庆《顾氏文房小说》在正德、嘉靖间相继刊出。③ 陆楫《古今说海》嘉靖甲辰（二十三年，1544）刻出，连《四库全书总目》也肯定此书所收"多今人所未见"，故"蒐罗之力""不可没"④。《古今说海》卷首唐锦《古今说海引》云此书"凡古今野史、外记、丛说、脞语、艺书、怪录、虞初、稗官之流，

---

① "半"当为"平"，；陆楫《古今说海》总目"说选部"下"偏记家二十卷"下作"平夏录"（《原国立北平图书馆甲库善本丛书》据嘉靖二十三年陆楫俨山书院刻本影印，第635册，第197页），正文等亦作"平夏录"（如第227页等）。

② 胡应麟《少室山房集》卷一○四，《文渊阁四库全书》1290册，第754页。

③ 《顾氏文房小说》中，《钟嵘诗品》卷终有"正德丁丑（十二年，1517）长洲埭川顾氏雕"（《北京图书馆古籍珍本丛刊》据明刻本影印，第84册，第513页）字样，《芥隐笔记》末有"正德庚辰（十五年，1520）阳山顾氏宋本翻刻"（第315页）字样，《松窗杂录》末有"嘉靖辛卯（十年，1531）夷白斋重雕"（第290页）字样，《山家清事》末有"嘉靖壬午（元年，1522）长洲顾氏家塾梓行"（第262页）字样。

④ 永瑢等《四库全书总目》卷一二三《古今说海》提要，第1062页。

其间有可以裨名教、资政理、备法制、广见闻、考同异、昭劝戒者,靡不品骘决择,区别汇分,勒成一书"。①陆楫还给出此书之"校书名氏",列出藏书、校书者姓名、身份以及所出藏书和校书卷数,在在表明此书所收有明确的文献来源,但此书"'说渊'一部,至六十四种,其间除宋、明人所著……四种之外,馀皆自《太平广记》录出,而没其撰人及出处",没有撰人,其实袭自《太平广记》,因为《太平广记》也未书撰人。但未言出自《太平广记》,确可视为《说海》之失,造成胡应麟所谓"该洽亦往往见欺纂人"之事,余嘉锡认为"是犹未免欺人技俩"②。嘉靖四十五年(1566)无锡谈恺重新刊刻《太平广记》,《太平广记》始传播广泛,故长大后的胡应麟方知幼年叹为奇书的《说海》很多出自《太平广记》等书。可见因为书籍的大量生产,藏书家、刻书家以秘本欺人的可能性不是变大了,而是变得微乎其微。由本书之写作,我强烈感觉到明人寻找图书的热情,明代潜藏图书以及图书生产皆丰富复杂,对待此时横空出世的书籍和文书,理当细加寻绎,绝不可不假思索地以视为伪书而搁置研究。

二、"明人刻书而书亡"之说的文化反思立场

上文已述,明嘉靖、万历图书生产兴盛伊始,就伴随着对明代图书生产的自省和批判。这种对文化繁荣可能流于表面的忧患,特别是因图书易得而表现出来的表面繁荣,宋人就有很警觉、深刻的理性思考。叶梦得已有类似于"宋人刻书而书亡"的说法,其《石林燕语》曰:

> 唐以前,凡书籍皆写本,未有摹印之法,人以藏书为贵。人不多

---

① 陆楫《古今说海》卷首,《原国立北平图书馆甲库善本丛书》第 635 册,第 195 页。

② 余嘉锡《四库提要辩证》卷十五子部六"杂家类七"《古今说海》条,第 796 页。胡应麟、余嘉锡云《古今说海》"见欺""欺人"是克制和有保留的,比较可取。李剑国《唐五代志怪传奇叙录》云《古今说海》"肇伪妄之端"(南开大学出版社,1993 年,第 1159 页),陈大康云其"开启了后期小说丛书编纂中'妄造书名而且乱题撰人'的风气"(《明代小说史》,上海文艺出版社,2000 年,第 312 页),不扬其是,且追究后失之责,非论之平也。

有,而藏者精于雠对,故往往皆有善本。学者以传录之艰,故其诵读亦精详。五代时,冯道始奏请官镂六经板印行。国朝淳化中,复以《史记》、前后《汉》付有司摹印,自是书籍刊镂者益多,士大夫不复以藏书为意。学者易于得书,其诵读亦因灭裂,然板本初不是正,不无讹误。世既一以板本为正,而藏本日亡,其讹谬者遂不可正,甚可惜也。[①]

他的"书亡"有多重含义。一,从版本角度云,是写/藏本亡。有了批量生产、形式更稳定的刻书,世人渐以刻本为正,写/藏本不被爱惜,故写/藏本亡。二,从校雠的角度云,其中又分两层:1. 无古写本、善本,刻本即无好底本和校本("讹谬者遂不可正");2. 因图书易于产出,图书生产者校雠的认真程度可能降低。两者都导致刻本质量下降,长此以往,以致"书亡"。三,从阅读角度云,图书的生命本质是被阅读,而且是在读者生命中留下痕迹的"精详""诵读",这也是图书传承的根本保证。图书易得,可能改变人们的读书方式,精详阅读为破碎的、对生命不产生影响的阅读所代替,而"灭裂"式的读书,对书而言,就是死"亡"。

宋代郑樵"秦人焚书而书存,诸儒穷经而经绝"的说法尤其振聋发聩。其《通志·校雠略》之《秦不绝儒学论二篇》曰:

> 陆贾,秦之巨儒也。郦食其,秦之儒生也。叔孙通,秦时以文学召,待诏博士。数岁,陈胜起,二世召博士诸儒生三十馀人而问其故,皆引《春秋》之义以对,是则秦时未尝不用儒生与经学也。况叔孙通降汉时,自有弟子百馀人,齐鲁之风亦未尝替。故项羽既亡之后,而鲁为守节礼义之国。则知秦时未尝废儒,而始皇所坑者,盖一时议论不合者耳。
>
> 萧何入咸阳,收秦律令图书,则秦亦未尝无书籍也。其所焚者,

① 叶梦得《石林燕语》卷八,《宋元笔记小说大观》本,上海古籍出版社,2007 年,第2546 页。

一时间事耳。后世不明经者,皆归之秦火,使学者不睹全书,未免乎疑以传疑。然则《易》固为全书矣,何尝见后世有明全《易》之人哉!臣向谓秦人焚书而书存,诸儒穷经而经绝,盖为此发也。《诗》有六亡篇,乃六笙诗,本无辞,《书》有逸篇,仲尼之时已无矣,皆不因秦火。自汉已来,书籍至于今日,百不存一二,非秦人亡之也,学者自亡之耳。[①]

郑樵用历史细节论证秦焚书是一时之事,坑儒也是针对一时议论不合的少数人之举,他不是要为秦始皇以势权迫害文化开脱,而是以此质疑世人最根深蒂固、最不容置疑的观念,从而将文化问题与政治暂且剥离,进入纯文化场域进行思考。他说一般认为"后世不明经"的原因是秦焚书坑儒后,汉人所见经籍既不全,内容也有疑问,所以不免"疑以传疑"。他反驳道:《易经》不在秦焚书之列,为什么也未见"明全《易》之人"呢?因而得出秦人虽焚书但犹有"书存",汉人治经却"经绝"的发人深省的观点。这一观点是可以推扩的,顺着说,则有"魏晋人治三玄而三玄绝","宋明理学家治理学而理学绝"……此说也可修正,如王尔膂修正为"魏晋以后""穷经而经亡"。他说:"汉儒有家法,七十子之大义,赖汉以存,穷经而经亡,当在魏晋以后。盖荀、虞之《易》乱于王辅嗣,马、郑之《书》亡于伪孔氏,贾、服之《春秋》淆于杜元凯。"[②]这是有关学术流派与学术正统的争论。郑樵也引导读者推扩此问题的思考,他的《秦不绝儒学论》最后的结论是:"自汉已来,书籍至于今日,百不存一二,非秦人亡之也,学者自亡之耳。"已经将其说推扩到了"今日"。实际上,书籍生产和亡佚可以说是书籍的常态,因为宋人的刊刻,许多书可以留存到现在;正因为汉人治经,直至今日,我们仍然"以毛、何、郑为主"穷经,所以,"汉人穷经而经亡""宋人刻书而书亡"之说,是一种文化反省和文化批评的立场,不是书籍质量和亡佚事实的论断,更无关乎具体的书籍质量和亡佚。

---

① 郑樵撰,王树民点校《通志二十略》,第 1803 页。

② 江藩《国朝汉学师承记》卷一"马骕"后附,中华书局,1983 年,第 18 页。

　　"明人刻书而书亡",也当在这一文化反思和批评的思想谱系中加以思考和定位,而明末清初对明代政治衰亡的反思更强化、也深化了这一文化批评的力度,同时因校勘学、考据学萌芽和发展,使得这一文化批评似乎更多建立在了考据学、校勘学的意义之上。此可以顾炎武《日知录》卷十八"监本二十一史"条为代表。其曰:

　　　　宋时止有"十七史",今则并宋、辽、金、元四史为"二十一史",但辽、金二《史》向无刻本,南北齐、梁、陈、周《书》,人间传者亦罕,故前人引书多用南、北《史》及《通鉴》,而不及诸《书》,亦不复采《辽》、《金》者,以行世之本少也。嘉靖初,南京国子监祭酒张邦奇等请校刻史书,欲差官购索民间古本,部议恐滋烦扰,上命将监中"十七史"旧板考对修补,仍取广东《宋史》板付监,辽、金二《史》无板者,购求善本翻刻。十一年七月成,祭酒林文俊等表进。至万历中,北监又刻《十三经》《二十一史》,其板视南稍工,而士大夫遂家有其书,历代之事迹粲然于人间矣。然校勘不精,讹舛弥甚,且有不知而妄改者,偶举一二。如《魏书·崔孝芬传》:"李彪谓崔挺曰:'比见贤子谒帝,旨谕殊优,今当为群拜纪。'"此《三国志·陈群传》中事,非为隐僻,今所刻《北史》改云:"今当为绝群耳。"不知纪、群之为名,而改"纪"为"绝",又倒其文。此已可笑。南、北板同。又如《晋书·华谭传》末云:"始淮南袁甫,字公胄,亦好学,与谭齐名。"今本误于"始"字绝句,左方跳行,添列一"袁甫名题"而再以淮字起行。南、北板同。《齐王冏传》末云:"郑方者,字子回。"此姓郑名方,即上文所云南阳处士郑方,露版极谏而别叙其人与书及冏答书于后耳,今乃跳行添列一"郑方者"三字名题。北板无者。《唐书·李敬玄传》末附敬玄弟元素,今以敬玄属上文,而弟元素跳行。此不适足以彰大学之无人而贻后来之栅笑乎? 惟冯梦祯为南祭酒,手校《三国志》,犹不免误,终胜他本。《十三经》中《仪礼》脱误尤多,《士昏礼》脱"婿授绥姆辞曰未教不足与为礼也"一节十四字,赖有长安石经据以补此一节,而其注疏遂亡。《乡射礼》脱"士鹿中翿旌以获"七字,《士虞礼》脱"哭止告事毕宾出"七字,《特牲馈食礼》脱"举觯者祭卒觯拜长者答拜"十一字,《少牢馈食礼》脱"以授尸坐取箪兴"七字,此则秦火之所未亡,而亡于监刻矣。至于历官任满,必刻一书以充馈遗,此亦甚雅,而卤莽就工,殊不堪读。陆文裕深。《金台纪闻》曰:"元时州县皆有学田,所入谓之学租,以供师生廪饩,馀则刻书,工大者合数处为之,故雠校刻画颇有精者。洪武初,悉收上国学;今南监《十七史》诸书地里、岁月、勘校、工役并存可识也。今学既无田,不复刻书,而有司间或刻之,然只以供馈贶之用,其不工反出坊本下,工者,不数见也。"昔时入觐之官,其馈遗一书一帕而已,谓之书帕,自万历以后,改用白金。闻之宋、元刻书,皆在书院山长主之,通儒订之,学者则互相易而传布之,故书院之刻有三善焉:山长无事而勤于校雠,一也;不惜费而工精,二也;板不贮官而易印行,三也。有右文之主出焉,其复此非难也。而书之已为劣生刊改者,不可得而正矣。是故信而好古,则旧本不可无存;多闻阙疑,则群书亦当并订。此非后之君子之责而谁任哉![1]

顾炎武承认经过南监校补、南北监相继刊刻《二十一史》,向无刻本的辽、金《史》有了刻本,南北齐、梁、陈、周《书》等人间罕传史籍都成了常见书,士大夫可以家有《二十一史》,于是"历代之事迹粲然于人间矣",他肯定南北监传承文化之大功,其传播力度更是空前。然后他指出《二十一史》《十三经》中存在的校勘问题。第一个例子是因没能识别一个典故,为了史文文意的贯通,校书者就改一字并改一语序;之后三例都因一两字是属上还是属下之判断失当,为了文意通顺,校书者就加一人名:总之,四例都犯了校雠学中"轻改"之大忌。关于北监《十三经》,顾炎武以脱误问题最严重的《仪礼》为例,列举其中五处共脱 46 字,说这 46 字经历秦火而留下来,却在北监的这一刻本中脱漏,因此说"此则秦火之所未亡,而亡于监刻矣"。但据专家考证,这五处脱文不自北监本始,元刊明修本亦脱,甚至唐陆德明《经典释文》时有无此五处都不能保证。即使这 46 字

---

[1] 顾炎武撰,黄汝成集释,栾保群、吕宗力校点《日知录集释》,第 405—406 页。

脱自监本,《仪礼》十七章,全经 56115 字,注 79811 字,疏 475848 字,[①]经的脱字率达万分之八以上,确实有点高,但若云此书因此而不可读/亡,则尚不至于,这一判断更不能上升到《十三经》。[②]

随着清代考据学、校勘学的发达,清人为突出本朝学术成就,[③]常以刻/抄书易、校书难相对立并以此构建明清书籍的价值判断模式,[④]在此框架中,明人刻/抄书被贬低,其校勘实践也往往被抹杀,"明人刻书而书亡"在很大意义上失去了文化批判的力量,而沦为刻板印象,并延续至今。如毛晋影抄《集韵》,存宋本之真,此宋本不同于《古逸丛书》三编所收的南宋湖南地区刊本,而通行本曹寅扬州使院本近后者,可见毛晋影抄本之独特价值。段玉裁《校本集韵跋》二曰:

> 毛子晋影钞宋本,每叶版心之底,皆有某人重开,某人重刊,某人重雕。某人者,刻工姓名也。每误处用白涂之,乃更墨书之。每卷前后皆有毛晋子晋图书,毛扆斧季小图书。予既为之跋,还漪塘,又书于此,欲令子孙宝之,传之其人。玉裁。[⑤]

据此,毛氏既精准影抄《集韵》,也作了校勘。毛氏校勘成果,赵振铎文作了较充分的展现,并下结论道:"用这个本子校曹本,发现这个本子差误

---

① 郑玄注,贾公彦疏《仪礼注疏》,阮元《十三经注疏》本,第 1219 页。

② 有关《仪礼》脱文的可能情形以及北监本《十三经注疏》校勘成就高于元刊明修等的判断,并参杜泽逊《"秦火未亡,亡于监刻"辨:对顾炎武批评北监本〈十三经注疏〉的两点意见》(《文献》2013 年第 1 期)。

③ 有关清人贬低明人刻书的手段以及心态,可参尧育飞《"明人刻书而书亡"发覆》一文,《图书馆理论与实践》2019 年第 11 期。该文以为"如顺着叶德辉等人评衡明人刻书的思路去苛评清刻书,'清人刻书而书亡'似亦能成立。"

④ 当然,清人也常用这种模式批评本朝刻书而校雠不力者。如顾广圻批评吴骞拜经楼所刻五卷本《谗书》:"《唐文粹》所载亦未全校,可谓草草矣。刻书易,校书难,岂不洵然耶?"(顾广圻撰,王欣夫点校《顾千里集》,中华书局,2007 年,第 364 页)

⑤ 段玉裁撰,钟敬华校点《经韵楼集》之《补编》卷上,上海古籍出版社,2008 年,第 381 页。

较少,它行款格式虽还保存南宋杭州刻本的面貌,但是错讹似比原来要少一些,这正是由于粉涂改字的缘故。"①但道光年间阮元见毛抄本,在扉页上留下了这样的题辞:

> 此毛氏影抄本,精审已极,首钤"稀世之珍"小印,真稀世之珍也。书末有段茂堂先生跋,足见此书之蕴。毛氏但知此书之佳,而不知其蕴也。
>
> 道光十三年四月廿日野云山人出此书属题,以得见此原本为幸。阮元识。②

阮元粗暴地否定了毛晋父子的校书之功,在表面的"书之佳"和深层的"书之蕴"的对立框架中,其实也是在明与清的对立框架中,将毛晋父子/明置于只知"书之佳"一极,为映衬和抬高段玉裁/清,而贬抑了毛晋父子。清抄本元宋褧《燕石集》之上两通跋语也有类型倾向,但颇见戏剧性。此抄本十五卷附录一卷,卷末过录无名氏跋语云:"此系澹生堂抄本。有好书之名,实少校雠之功,其中舛谬脱落异常,改正者什之一二,而阙疑者什之七八。"徐时栋校本《跋》对清抄本发表评论道:"今此本又从祁本录出,错误更不胜记。前余偶以《滋溪文集》校此集附录卷中墓志,一篇之中脱讹倒衍至三十七字之多,馀可知已。"③清人指责明人少校雠之功,又被后人指出更不及前者。

总之,就校勘论图书之优劣,我们固然可以以大时段(如宋、元、明、清)、小时段(如明嘉靖以前、嘉靖以后、万历等)下某种判断,也相信图书生产者的名家效应(如毛晋、顾广圻),但最校雠不精的时代也有校雠精审之书,名家也因各种主客观原因使得其校本有水平参差。关于"明人刻书而书亡",我们当看重其中的文化立场和学术理性,论版本校勘之优

---

① 赵振铎《记汲古阁影宋抄本〈集韵〉》,《四川大学学报(哲学社会科学版)》1993年第1期。

② 录自赵振铎《记汲古阁影宋抄本〈集韵〉》文。

③ 录自陈先行等《中国古籍稿钞校本图录》,第874页。

劣,最有效的可能还是确定一本书或某一版之状况,而不是抽象地为一代下结论。当然,文化反思和批判的立场永远是可贵的。

三、被刊刻改变了的读书、征稿、编书、写作方式

明末图书生产的公众化与日常化达到一种令人惊奇的程度。比如有士人最终决定编辑文集时,不是自整书箧存稿,而是发广告求助于公众。崇祯六年(1633)长洲陈仁锡(1579—1634)在《无梦园初集自叙》中交代自己编辑文集缘起乃应朋友之请,其曰:"忆余读书焦山,年四十矣,有客过之,请古文辞行世,余迟之十年。居亡何,承匮中秘,而客亦列庶常,修后辈礼谒,坐定曰:'记江上约乎?'曰:'忘之矣。'为理前诺,余无以应。桐封予假,蒔花种竹之馀,略简旧帙成若干卷⋯⋯且以谢客请也。其文目凡十有四⋯⋯大都三十年来存稿千百之一二耳,唯制诰、代言,与腐儒析理、读史、漫评,未敢遽出,亦藏拙之初念也。"《初集》的文稿来源则"多得之僧舍山寮、破瓮败壁间"。[①] 因搜求不全,他在刻本《初集》此序后附《征文自引》一则:

> 海内征文于吴门,滥及予者,间亦不少,然随构随发,别无副本,更苦记忆。初集多出友人觅寄,而至者甚少,伏恳续发。他如游客假序以自媒,贾客伪书而滋蔓,不在此集,其赝明矣。澹退居士启。[②]

从陈礼锡《跋伯氏遗集》可知,征文广告是有用的,"购求编辑,补《初集》

---

① 陈仁锡《无梦园初集》,《续修四库全书》据崇祯六年吴门张一鸣刻本影印,第1381—1383册,此《叙》见第1381册,第631—633页。

② 陈仁锡《无梦园初集》,《续修四库全书》第1381册,第634页。《域外汉籍珍本文库》第四辑集部影印美国国会图书馆藏明刊本《无梦园初集》(包括《初集》三十五卷《遗集》八卷《小品》二卷《家乘》一卷),《征文自引》置于《初集》末(第15册,第640页),原《征文自引》位置有陈仁锡手绘《山海关内外手摹边图》(第14册,第162—163页)。

未备","《初集》不遑遍搜",则在《无梦园遗集》中"广罗而并录焉"。有趣的是崇祯八年,在其弟陈礼锡及子偀为陈仁锡所刻的《无梦园遗集》中,再次收录了此篇《征文自引》,①似乎对公众社会仍有所期待。同样,文章作为社交媒介、图书生产之快捷以及公众社会的文献存储量和搜索能力的巨大,也能从陈仁锡文集的生产中得到一定程度的说明。

明末图书生产过程中一边编辑一边刊刻的编刊同步现象也可以此时出现的一些刻本的物质形态加以说明。如万历四十七年刻王演畴《古学斋文集》十卷。② 半叶八行,行十八字。目录书板每卷自起讫,如卷九,仅刻"古学斋文集卷之九目录"和"像赞"两行,也占一整板。卷一至卷六,每篇文章自起讫,如卷一《洪太夫人九十寿序》共四叶,其中第四叶仅一行零一字亦占一整板。卷一《尚书集解序》一篇应该是后来加刻的,因打破了原来的书页编码顺序,故此篇页码作"又六""又七""又八""又九"。③

目录每卷自起讫,卷中每篇自起讫,短期来看,可能有较多的版面浪费,但也为书籍增删增加了灵活度,可以合理使用原板片,长期来看,或许可以节约成本。因为明末刻书的日常化,书籍内容的适时变化成为需要。明代图书生产具灵活性,比如以篇起讫,卷数划分不讲究均衡,而以内容或文体等为标准以类相从,可以叶向高《苍霞草》、郭正域《黄离草》以及上文所云陈仁锡无梦园系列文集等比较有代表性的刊刻物做些说明。万历二十六年(1598),郭正域(1554—1612)为南京国子监祭酒,次年,其同年叶向高(1559—1627)为南京礼部右侍郎,两人关系"最善",④相约互定文集,郭正域刻《黄离草》,也请叶向高刻集。此稿奠定了叶向

---

① 陈仁锡《无梦园遗集》,《续修四库全书》据崇祯八年陈礼锡等刻本影印,第 1383 册。《跋伯氏遗集》《征文自引》并见第 347 页。

② 此书见《四库未收书辑刊》第五辑第 17 册,其弟王演文校,前有焦竑《序》。

③ 王演畴《古学斋文集》卷一,《四库未收书辑刊》第五辑第 17 册,第 658—659 页。

④ 参叶向高《蘧编》卷一"万历二十六年""二十七年"条(《北京图书馆珍藏年谱丛刊》第 53 册,第 521—523 页);黄儒炳撰《南雍续志》卷十《职官志》,郭正域"万历二十六年八月内任"(伟文图书出版社,1976 年,第 584 页)。

高《苍霞草》、郭正域《黄离草》系列的基础，但两人应该都有这些文集绝非定稿的认知，所以一开始两人的文集就设计成开放式的。每卷按文体分，不管体量大小，如今北京大学图书馆藏叶向高《苍霞草》，卷二收"议""解""评"文，13叶；卷三收"颂""赋""辞"，才11叶；卷四收"序"文，有71叶；卷二十"考"类，更达79叶。北京大学图书馆藏郭正域《黄离草》，卷一"奏疏"，有91叶；卷三"讲章"，达108叶；卷四"赋"，仅2叶；卷五"应制对联"，10叶。万历二十七年《苍霞草》在南京初刻，或许此书板归叶向高个人保管。数年后，叶向高再次整理刊刻文集，依其仕宦，此时当在礼部尚书任上。其所写《苍霞草自叙》云："美命（郭正域字）教南雍，而余来贰秩宗，清署优闲，各衰其生平所作相质定，客有梓美命文者，因及余，余不欲出而美命固强之，然中常不自得也。又更数岁，复成百馀篇，考功檇李徐君、北海董君（董应举）暨诸同曹请梓之署中……乃取旧刻汰其十之三，益近作十之四，合刻焉……题曰'苍霞'，则余乡亭名，考亭先生所手书。"[1]"合刻"者，或即《苍霞草》与《苍霞续草》。因为是署中刊刻，今《苍霞续草》大部分页面每叶中缝最下都留下了本叶字数与刻工题名一字缩写。《苍霞草》大部分仍使用了原来的南京刻板，其卷一、卷五、卷六末有"溧水武宜中书，新安黄一桂刻"[2]字样；卷二、卷四、卷七、卷十、卷二十末有"新安黄一桂刻"字样。因《续草》中无"论"之一体，故将续刻《人君尽下则宗明开》一篇"论体"文置于《苍霞草》卷一之末，合刻本《苍霞草》在原刻卷一末"溧水武宜中书，新安黄一桂刻"后多出此篇，但卷一目录未加此文。此文五叶，此五叶中缝最下有"二百七六 少""三百六 少"（三处）和"三百三 少"字样，此刻工在《苍霞续草》留下不少记录，如卷一第七叶中缝最下有"三百八十四 少"、第八叶有"三百六十六 少"

---

① 叶向高《苍霞草》卷首，《四库禁毁书丛刊》集部第124册，第15—16页。

② 此刻工万历间为吴勉学刻过不少书，如郭造卿撰、叶向高校《海岳山房存稿诗部》五卷、《文部》十五卷、《附录》一卷、《别稿》五卷，吴勉学师古斋刻本；吴勉学刻《医说》十卷等。参李国庆《明代刊工姓名索引》，第165页。

字样。① 叶向高《苍霞馀草》当刻于家，时当天启三年以后，②形制与《草》
《续草》相同。与《草》较，《馀草》卷末无书工、刻工题名；与《续草》较，中
缝无每页字数和刻工名缩写。叶向高《苍霞馀草叙》曰："余既刻有《苍霞
草》矣，其后自纶扉归，又有《续草》，顷者谢事，检箧中，复得数十篇……
乃稍汰而存之，名曰'馀草'……姑梓而藏之家。"③云其《续草》刻于家，
似乎与我上文推测叶向高署中"合刻"指《苍霞草》《苍霞续草》矛盾，今
《续草》中确实有一部分（卷十二、卷十三、卷十六）书页中缝没有本页字
数和刻工名缩写，据其中一些篇目提供的时间考证，当作于万历四十六
年以后，如卷十三《亡儿成学圹志》，有"数月病亡，时万历甲寅年十二月
初一日……葬于万历戊午年正月初六日"④句，万历戊午为万历四十六
年(1618)。其中的一些文章确实只能是叶氏第一次为首辅后归家所作。
合理的解释是叶向高《苍霞续草》也不一定定型或一次刊刻成型，完全可
以根据自己的需要增删修补。郭正域文集虽不及叶向高文集复杂，但也
是合并之产物。万历四十年巡按湖广监察御史史记事《郭美命先生合并
黄离草叙》曰："公集自命'黄离'，曩且梓而布之南中，兹复益以近稿如
干，合为一帙。余不佞忝公维桑之役，请得并刻，因谬为之序。"⑤北京大
学图书馆藏万历四十年史记事刻《合并黄离草》，与叶向高文集版式大致
相同，半叶九行，行二十字，双边，单黑鱼尾，鱼尾上刻书名，下刻卷数等。
只要图书生产者认为图书或图书某些部分尚有拓展空间，都可以合理运
用木刻书的这一优势，比如万历四十年徐象橒刻焦竑《国朝献征录》，其
中卷一百十九"胜国英雄"、一百二十"四夷"，可能也因为内容的待填充

---

① 叶向高《苍霞草》卷一，《四库禁毁书丛刊》集部第 124 册，第 40—42 页，第 596、597 页。

② 如《苍霞馀草》卷十二《明中大夫福建布政司右参政萝阳程公墓志铭》有"出葬以天启
三年十一月某日"（《四库禁毁书丛刊》集部第 125 册，第 549 页）句。

③ 叶向高《苍霞馀草》卷首，《四库禁毁书丛刊》集部第 125 册，第 366 页。

④ 叶向高《苍霞续草》，《四库禁毁书丛刊》集部第 125 册，第 186—187 页。

⑤ 郭正域《合并黄离草》，《四库禁毁书丛刊》集部 13—14 册，此《叙》见第 13 册，第
332 页。

型而使用了自为起讫的开放性的刊刻方式。① 因为刊刻的便利,明末不少子弟、学生、朋友分工合作为某人刻集,往往也采用每篇自为起讫的形式。如陈继儒《陈眉公全集》,每卷目录后挖一小框标识此卷负责人,如卷一"门人吴震元/耐庵父较梓"、卷二"门人单恂/质生父较梓"、卷三"友人熊汝学/自福父较梓"②……因为一边编辑一边刊刻,"今一刻中,新旧间杂,亦从友人处抄录幸存者插入"③,比如卷一"序"下小字"计二十篇",实际目录中有二十二篇;卷二"序"下注"计十九篇",实际二十一篇;卷三"序"下"计十七篇",实际十九篇;卷四"序"下未刻篇数,目录为十七篇,卷中多出《秦上生集序》两页,因为是后来插入的,所以此卷之前页版心皆作"卷之四",自此作"四"(第1070—1072页)。

我们还可以闵凌《世说新语》八卷本、六卷本四色套印本为例了解板刻图书如何既利用旧板节约成本,又能最有效快捷地完成新书的制作。在四色套印本前,闵凌刻过两种《世说新语》,一是万历十年凌瀛初单色墨刻本,此为八卷本,其底本当为元刻刘应登本④;一种是凌濛初订《世说新语鼓吹》本,其中"《世说》原本,本上中下各有上下,而为六卷"⑤,与宋本卷数合。凌瀛初四色套印八卷本、六卷本《世说新语》,可视为用套印新技术提升翻新自家原有的《世说新语》版本。四色套印本凌瀛初《识》曰:"余弱冠时幸睹王次公批点《世说》一书,发明详备,可称巨观,以刻自豫章藩司中,不能家传户诵为恨。壬午秋,尝命之梓,杀青无几,惜

① 焦竑《国朝献征录》,第5262—5344页,共164叶;第5249—5261页,共24叶。

② 陈继儒《陈眉公全集》,《原国立北平图书馆甲库善本丛书》第899—901册,引文见第899册,第980、1005、1026页。

③ 陈梦莲《识语》,见陈继儒《陈眉公全集》目录后,《原国立北平图书馆甲库善本丛书》第899册,第950页。

④ 凌瀛初墨刻八卷本《世说新语》版本以及源流,参潘建国《〈世说新语〉元刻本考——兼论"刘辰翁"评点实系元代坊肆伪托》一文,《文学遗产》2009年第6期。

⑤ 凌濛初《世说新语鼓吹·凡例》,《凌濛初全集》第7册,第2页。依《凡例》,完整的《鼓吹》本还包括《世说新语补》四卷,不过凌濛初《鼓吹》也有《世说新语》原本单本流传的。参潘建国《凌濛初刊刻、评点〈世说新语〉考述》,《上海师范大学学报(哲学社会科学版)》2004年第5期。

板忽星失,余唯是有志而未逮也。嗣后家弟初成得冯开之先生所秘辰翁、应登两家批注本,刻之为《鼓吹》,欣然曰:'向年蠹简残编已成煨烬,今获捃摭其全,良为快事。'行之已久,独失载圈点,未免有遗珠之叹。予复合三先生手泽,耘庐缀以黄,须溪缀以蓝,敬美缀以朱,分次井然,庶览者便于别识云。"①今存四色套印八卷本书高 26.9 厘米,宽 14.7 厘米;六卷本高 29.5 厘米,宽 19 厘米,但两者板框大小相当接近,中华书局影印本给出的尺寸是:八卷本是 21.2(高)、14.7(宽)厘米,六卷本是 21.1、14.5 厘米,两书共用板片的可能性非常大,即使不是同板,也一定是以一种为模照样翻刻,减少了编辑、上板筹划的功夫。两种卷首均包括:1. 王世懋《批点世说新语序》,2. 旧序三篇(刘应登、袁褧、乔懋敬),3. 旧题,4. 旧跋两篇(董弅、陆游),5. 蓝色印凌瀛初识语,6. 世说名字。版式行款、内容以及各叶起讫完全相同。因卷数不同,目录分合以及每页起讫始有异。六卷本"言语""赏誉"分上下,前两卷包含"德行""言语""政事""文学"四门,第三卷自"方正"门始,第五卷自"容止"门始,与宋以来三卷本系统分合同。八卷本"言语""文学""赏誉""轻诋"门都分了上下,虽同为八卷,但与八卷元刻本、正德赵俊刻本每卷包含的门类和条目有不同。② 凌瀛初牺牲元刻本以及自家万历十年墨刻本分卷的原因就是要最大限度地利用六卷本的板片。如卷三"文学下"自"殷中军见佛经云"始,因为六卷本此条前仅两行,正可容纳卷首"世说新语""文学下"两

---

① 两种刻本,《辽宁省图书馆藏陶湘旧藏闵凌刻本集成》均有影印,分别见第 43—44 册(八卷本)、第 45—46 册(六卷本)。"识"语,第 45、47 册均有,并见第 17—18 页。

② 元刻本八卷是:卷一,德行、言语二门,39 叶;卷二,政事、文学二门,28 叶;卷三,方正、雅量二门,26 叶;卷四,识鉴、赏誉二门,26 叶;卷五,品藻、规箴、捷悟、夙惠、豪爽五门,26 叶;卷六,容止、自新、企慕、伤逝、栖逸、贤媛、术解、巧艺八门,27 叶;卷七,宠礼、任诞、简傲、排解四门,29 叶;卷八,轻诋、假谲、黜免、俭啬、汰侈、忿狷、谗险、尤悔、纰漏、惑溺、仇隙十一门,30 叶。四色套印本八卷是:卷一,德行、言语上,34 叶;卷二,言语下、政事、文学上,55 叶;卷三,文学下、方正,62 叶;卷四,雅量、识鉴、赏誉上,56 叶;卷五,赏誉下、品藻、规箴、捷悟、夙惠、豪爽,58 叶;卷六,容止、自新、企慕、伤逝、栖逸、贤媛、术解、巧艺、宠礼,49 叶;卷七,任诞、简傲、排解、轻诋上,48 叶;卷八,轻诋下、假谲、黜免、俭啬、汰侈、忿狷、谗险、尤悔、纰漏、惑溺、仇隙,47 叶。

行,卷六原两行,作为前卷最后一叶。① 卷八自"桓公入洛"分为"轻诋下"原因同。② 又如六卷本卷二最后一叶仅两行,第二行仅三字,八卷本删注文五字,使其成为一行,因此自"方正"始,两书又完全一致。③ 从这一意义上看,凌瀛初八卷本刊印应该在六卷本之后。④ 八卷本卷四自"雅量"门始,故此叶多出书名一行,八卷本删除第一则"豫章太守顾劭"下注文作者名、"年二十七""举善以教民,风化大行"数字、"自围棋"下注文中"《吴志》曰"三字以及同则末注中两个"其"字加以解决。⑤

　　我们假定六卷本板片在前,凌瀛初又要刊行一个八卷本的《世说新语》以回应元刻本以及早前自己所刻的八卷墨刻本,如何能最高效快捷地完成呢? 八卷本主要通过新刊卷首一页以及内容调整,迅速地接续原六卷本板片。六卷本、八卷本卷一至34叶都各叶起讫相同。"晋武帝始登阼"条,八卷本设置为卷二首条,因卷二卷首出现"世说新语""言语下"各一行,于是八卷本对第二卷的第一条、第二条注文作了一些删除。第一条"晋武帝始登阼,探策得一"下,六卷本孝标注为:"《晋世谱》曰:世祖讳炎,字安宇,咸熙二年受魏禅。"八卷本删去"咸熙二年"四字,又删除此条末六卷本孝标注引"王弼《老子注》云"三十二字,因此腾出了一行的空间。第三条"诸葛靓在吴,于朝堂大会"下,六卷本孝标注为:"《晋诸公赞》曰:靓字仲思,琅邪人,司空诞少子也。雅正有才望,诞以寿阳叛,遣靓入质于吴。以靓为右将军、大司马。"八卷本缩减为:"按:靓字仲思,琅

---

　　① 《辽宁省图书馆藏陶湘旧藏闵凌刻本集成》第43册,第225—227页;第45册,第229页。

　　② 《辽宁省图书馆藏陶湘旧藏闵凌刻本集成》第44册,第313页;第46册,第335页。

　　③ 《辽宁省图书馆藏陶湘旧藏闵凌刻本集成》第43册,第288—289页;第45册,第290—293页。

　　④ 郭立暄《中国古籍原刻翻刻与初印后印研究·图版编(通论)》第三章"初印与后印(上)"称凌刻八卷本"刓去前二行,改刻文字",似亦以六卷本为初印,八卷本为后印。第147页。

　　⑤ 《辽宁省图书馆藏陶湘旧藏闵凌刻本集成》第43册,第351—352页;第45册,第355—356页。

邪人,诞少子。诞叛,遣靓入质于吴,以靓为右将军、大司马。"①又腾出了一行。所以只需重刻一叶,八卷本与六卷本就可再次各叶起讫相同。虽然试图最大限度地利用六卷本板片,但八卷本也不惜重刊从而对六卷本失当之处做出补救。如"言语"门"简文在暗室中"条,六卷本置于"刘尹云:清风朗月,辄思玄度"后,宋本、元本、嘉趣堂本,包括凌濛初《世说新语鼓吹》本,此条都在"简文入华林园"则前,可判六卷本排序有误,故八卷本重刊了"言语"第十七页,将此条复位。与《世说新语鼓吹》校,四色套印本对孝标注删削较多。此条六卷本无注,八卷本只取"《论语注》:历告坐中人也"一句,与宋本、嘉趣堂本校,《鼓吹》注是完整的。②因为多出此条,八卷本对其后两条孝标注作了删削。"简文入华林园"条删去了"濠梁,二水名也"六字。"谢太傅语王右军"条,六卷本有关王羲之注为:"《文字志》曰:王羲之,字逸少,琅邪临沂人。父旷,淮南太守。羲之少朗拔,为叔父廙所赏,善草隶,累迁江州刺史、右军将军、会稽内史。"宋本、《鼓吹》本皆同。八卷本删削为:"按:王羲之,字逸少,琅邪人。父旷,淮南太守。羲之少朗拔,为叔廙所赏,善草隶,累迁江州刺史、右军将军、会稽内史。"③八卷本的删除原则:不是特别重要的细节,如琅琊临沂仅取琅琊;不影响文意,如叔父去"父"字;如果删削引文内容,则会删除书名,而以"按"代之。虽然删去书名,有出处不明之患,但既是删削,若出书名,则反而不如不出书名严谨。同样,八卷本也是用重刻一叶解决了六卷本此条位次失当的问题。后面八卷本重刻四叶一并解决了"简文在暗室中"条前移以及六卷本卷二分合与卷八不同而出现的位置歧变。④

---

① 《辽宁省图书馆藏陶湘旧藏闵凌刻本集成》第 43 册,第 115—116 页;第 45 册,第 117—118 页。

② 此处宋本,用《日本宫内厅书陵部藏宋元版汉籍选刊》影印之南宋本(第 106 册,第 75 页);袁褧嘉趣堂本,《四部丛刊初编》据此影印,第 116 册,第 81 页;《世说新语鼓吹》,《凌濛初全集》第 7 册,第 60 页。

③ 《辽宁省图书馆藏陶湘旧藏闵凌刻本集成》第 43 册,第 150 页;第 45 册,第 152 页。

④ 《辽宁省图书馆藏陶湘旧藏闵凌刻本集成》第 43 册,第 155—160 页;第 45 册,第 157—164 页。

八卷本并不只是删削注文,偶也有增加注文的,如卷四"赏誉"门"王太尉曰:见裴令公精明朗然"则,八卷本增加了"郑玄曰:九原,《礼记》作九京,京与原通用"十五字,此十五字不见于宋本、嘉趣堂本、六卷本。因为字数增加,其对继后条目的注文略有删削。①

最终,六卷本成了八卷本,全书 430 叶,只有 25 叶需要重新排版刊刻,可以想象,凌瀛初精美的八卷本问世,因为筹划得当,所需工期并不太长,又最大限度地节省了开支,以此可说明板刻书的灵活性、效率和节约。

四、再思监察御史参与的图书生产

明代元而立国,自开国伊始,即以仿古为治,所谓"明礼以导民,定律以绳顽"②,明代中央政府图书生产是推行"明礼""定律""教化"这一价值系统、达到有效统御的重要环节。有关明代中央政府刻书及其文化政策,已有专论。③ 而作为中央派往地方的官员刻书长期以来饱受争议。海瑞曾出告示"禁印书籍",其所针对的主要是礼品书。海瑞以"钦差总理粮储提督军务兼巡抚应天等府地方都察院右佥都御史"身份"谕道府州县听嘱咐"道:

> 抚院海示:访得各抚院、按院临将复命,往往牌行府县印刷书籍为入京封帕,用费以数十两计,至数百两亦有之,合各府县算,不啻数百两矣。有假称动支本院赃罚,有不动赃罚,借称无碍官银者,此等皆是府县剥民充之,纵是赃罚,原无可作此用之理,朝廷原无许作此用之法。宪司官犯法,法当参究,念是俗套相沿,办送,在外使之办,而送之者致之在内,私人私事,其来已久。为此票仰某府官吏,

---

① 《辽宁省图书馆藏陶湘旧藏闵凌刻本集成》第 43 册,第 430—431 页;第 45 册,第 434—435 页。

② 《明太祖实录》卷二五三"洪武三十年五月壬子朔日"下,《明实录》第 8 册,第 3647 页。

③ 如张璉《明代中央政府出版与文化政策之研究》等。

即行各州县官,但有各院道刷印书籍,并取送乡官长夫礼物等项,即抄本院前后禁约,将原取牌面申缴,其有一意阿奉,不恤民艰,不顾国法者,定行究治。此等事在内谓之礼,在外执律论之便是赃,府州县官识之。①

动用地方物资,即便是动用都察院赃罚银刊刻礼品书,也是贪赃枉法行为。不过,我在上文多次论及御史的图书生产,如李元阳刻《十三经注疏》,陈凤梧刻《新刊仪礼注疏》,胡维新刻《两京遗编》《记纂渊海》《文苑英华》,崔世节刻《博物志》《续博物志》,甄敬刻《古诗纪》,张稷刻《古文苑》,贺泰刻《唐文鉴》,王文、曹镃修补《宋文鉴》,刘谦刻《梅溪文集》,戴君用刻《诚意伯文集》,胡文静刻《李忠定公奏议》……或利用地方善本,或顺应一代思想文化需要,或为引领文化趋向,或为提升地域文化,或为彰显地方风教,或为保存一代之文,或为天下之士供书……共同促进了明代帝国文化的发展。胡维新《文苑英华序》记录了他参与图书生产的顾虑以及顾虑的消解,他说:

> 丙寅岁,余祗命按闽,遘侍御颜君冲宇,论文于武林道中,因语之曰:"《苑》之传也,宋有刻也,然藏之御府,昔非掌中秘之书者不获见,而今并逸之矣。儒林家传有善本,又以卷帙繁灏,缮录非经年不可,故寒畯之士慕而观之且弗能也,又何暇录而传也。余是行其将梓之,又恒虑观风者,兹非务之先,而委材命工之须,更不免于扰者,或有所未敢也。"冲宇君曰:"是何伤哉!盖御史按治,非止贞邪肃条是任,弘文阐教,与有责焉,则传兹集而导之士,曷非务之先也。且属帑所贮,惟听御史橇移给焉,故输公蓄而塞交仪,比为例矣,哀交仪之冗而改为工作之赍,又何扰也。"余闻兹言而意决。②

---

① 海瑞《备忘集》卷六《都察院政事》,《四库提要著录丛书》据万历三十年海迈刻清康熙五年六代孙海廷芳补修本影印,集部第 278 册,第 314 页。

② 李昉等编《文苑英华》卷首,隆庆元年刊本。

胡维新的顾虑之一是,御史作为观风者,虽然"贞邪肃条"和"弘文阐教"皆为其职责,但何者为急务,所行先后,需要考虑;其二,御史虽然可以动用"属帑所贮",但图书生产,必须"委材命工",后者可能给地方带来困扰。颜御史鼓励胡维新刻书,除了御史有弘文阐教、导民的职责外,他提到御史刻书有不同的类型和功用,"比为例"者是"输公蓄而塞交仪"之刻,即海瑞所禁行者,而胡御史之刻是"衰交仪之冗而改为工作之赏",非为交仪之冗杂和冗费,而是有利于帝国文化事业的"工作之赏",这是观察明代官方图书生产的另一视角。

明代中央政府刻书刻往籍多,刻当代著作少,以张璉《明代中央政府刊刻之现存书目》306 种图书为例,当代著作,或为御制,或奉敕撰,或政书,或钦天监历,未见其他明人别集。[1] 进入《古今书刻》的明人文集,仅限于名臣、理学家、前七子和王阳明之作。明人云明代名贤巨公身后著作刊刻在万历之后始兴盛起来。如徐(火勃)《续笔精》云:

> 吾郡国初以来文献甚盛,名贤巨公皆有著作,生前皆不刻板,至身后,或子孙门人始取而授梓焉,至万历中,林双台方伯(林懋和,字惟介,闽县人,嘉靖辛丑进士,有《栎寄集》四卷)、王云竹参知(王应钟,字懋复,侯官人,嘉靖辛丑进士,山东参政)、林仲山司空因当道门人之请,三公谦让,强之始梓。方伯名其集曰《栎寄》,参知名其集曰《缶音》,司空名其集曰《覆瓿》,前辈之不敢以作者自居如此,然诗文不亲自经理,后世子孙往往弃若土苴,竟泯泯无传,咸遭不刻之弊也。曹能始锐意搜罗,或得于糜烂醯鸡之中,选而行之,功亦不浅。[2]

他特别肯定曹学佺对诗文选而行之之功,作品不刊刻流传就难免于泯泯无传的命运。李诩将明代名公时艺坊刻的兴盛也大致划定在隆万之后。

---

① 张璉《明代中央政府出版与文化政策之研究》附录,第 91—114 页。

② 引自佚名撰《福建版本志》,见贾贵荣、王冠辑《宋元版书目题跋辑刊》,北京图书馆出版社,2003 年,第 4 册,第 3—4 页。

他说：

> 余少时学举子业，并无刊本窗稿。有书贾在利考，朋友家往来，抄得灯窗下课数十篇，每篇誊写二三十纸，到余家塾拣其几篇，每篇酬钱或二文或三文。忆荆川［唐顺之(1507—1560)］中会元［嘉靖八年(1529)会元］，其稿亦是无锡门人蔡瀛与一姻家同刻。方山中会魁［薛应旂，嘉靖十四年(1535)会魁］，其三试卷，余为怂恿其常熟门人钱梦玉以东湖书院活字印行，未闻有坊间板。今满目皆坊刻矣，亦世风华实之一验也。①

在批评明人滥刻同时，我们亦当有明人图书生产保存了当代文献的积极认知。

万历以后，明代书籍（包括文书等）生产极为丰富，与之相应，书籍生产深度切入社会生活，塑造士风、民风和世风。这引起了言官的重视。万历四十四年九月十九日礼科给事中姚永济奏上一本，集中呈现了其时书籍生产与臣民、道路、朝野言论、行为以及思想方式之间的深刻关联。当然，他是从支离、混乱、动荡等消极意义上看待这一社会状况的。他说：

> 为文体上关国运，讹言默坏人心，伏乞圣明申饬严禁以还正始、以遏横议事。职惟治安之世，臣民路朝野同风。读其文，有高明广大之音，而治象可知；采其俗，皆忠厚正直之事，而雅道可知。迩年文体渐就支离，讹言日以昌炽，职藿食而忧之久矣，今幸遇皇上登明简义，职亦备员礼垣，敢为皇上略陈之。夫士子终身用舍，决于一日之短长，凭藉数篇遂将责之展效，非细事也，故以文理之纯粹觇其学，复以条答之详明觇其才，而彼险怪叫跳之谈，浮游肤浅之说，论不高古，策不经济，此何为者也？至于章疏上达圣听，假使皇上不时

---

① 李诩著，魏连科点校《戒庵老人漫笔》卷八"时艺坊刻"，第 334 页。

临御，不时召对，则今日所书之笔皆当日诵之殿廷者也。……若夫杂说炽，则正学衰，缪书传，则清评混，匿名布，则奸术行，其所妒害，尤为不小。职请得更言之。职闻古昔贤王，搜聚邪书，焚之通市，今延漫不经之帙，盛播长安，反相矜尚，甚至寇贼奸宄之徒、舞机弄智之事，犹且大加批阅，表章示人，人亦靡然好之，都门纸贵。又有一种愤激险刻之人，臧否由己，升沉在心，纸费木灾，希图传布，近地或知其妄，他方必以为真，目今尚且半疑，久后能无全信，将使吉人堕体，凶夫掉臂，累德伤化，莫此为尤。又有一种阴谲诡秘之人，论事捕风，挟仇射影，专造匿名榜揭，欲求颠倒是非，或潜投要路，或明布通衢，甚且宸居禁地，粘贴公行，无人查究。即使罪状果实，亦不宜因此相讧，此皆讹言之属，端不可开。及今不一挽回流弊，更当叵测。伏乞敕下该部，申明文体，严禁讹言，考试责成于主司，令进退之权一，诰敕责成于撰官，令朝廷之体尊。章疏亟为剖别，则妄秽自清，杂说悉与搜除，则诐淫亦息，谬书出自谁手，并宜罪及刻工，匿名帖自何时，固可责诸逻卒，庶几体统正而风俗淳，其于维持泰宁，岂浅浅哉。无任恳切待命之至。职按：宋时魏泰作《碧云骃》诬范仲淹，林希作《东轩记》攻元祐诸君子，私史流传，足为正史之蠹。近时又有批点《水浒传》，教人为乱臣贼子者，左道妖民，此为先驱，不可不严禁也。[①]

姚永济指出社会各色人等，不仅大臣、士子，还有"舞机弄智"之人，甚至"寇贼奸宄"都可以通过书籍生产而发声。文理纯粹之文外，"延漫不经"之说，甚至于一己"愤激险刻"之论，都可以通过书籍（文书）盛播长安，甚至流布他方。人们靡然好之，都参与到这些议论中来。他还谈到社会生活中各种匿名传播的文书，假托历史人物的书写和评点，这些言论掌控历史和社会话语，引领着当下的社会，故希望中央政府要对当时的图书

---

① 见董其昌辑《神庙留中奏疏汇要》礼部类卷二，第 4 册，第 427—434 页。

生产实施监管，以求遏制处士横议。此奏书被留中，并未施行。

五、明代图书生产以及图书生产者身份的混杂性

《山堂肆考》万历二十三年由作者方与金陵书林周显合作刊刻，万历二十三年本《山堂肆考》书名页书名两侧留下周显大段告白：

图24 《山堂肆考》书名页上书商之告白

维扬一鹤彭先生，当代博雅名家也。学山峰秀，笔海澜清，匪翅列三坟朝九流已。先生乘艺苑之暇，搜厥奥闻，勤加纂辑，汇成一集，名曰《山堂肆考》。嗣君允登父详校而精镂之，公诸四方，以广先

生之惠。但与不佞有夙契，因以剞劂之务属焉。不佞谛阅之，门类
森列，若霞灿星罗；偶对巧符，如珠联璧合。制举义，资之而典则；古
文词，籍之而宏深。是集一出，翰墨之奇观，种种备矣，海内嗜学士
大夫宜共珍赏之。万历乙未仲冬金陵书林周显汝达父谨白。①

此书书板应该一直藏于金陵书坊，故二十馀年后，冯重夫鼓励彭大翼孙
婿张幼学"就金陵订正修全"原《山堂肆考》书板，张幼学"力荷补修，务期
完善，遂邀伯馨、伯韶诸内兄，拮据数月，始睹成事"②。万历四十七年，
彭大翼诸孙、孙婿出钱出力完成修补，但书板应该仍归书坊所有。张幼
学在"凡例"中谈到此书之前被其他书商盗版以及盗版方法："迩来书贾
射利，窥书业有成价，私将卷末裁割，十存八九，散乱淆杂，比年为甚。更
有无藉之徒，改头换面，并序目亦半存者，学甚痛之。"他谈到修板后的书
板管理并趁机做广告道："兹后并书林严惩此弊，重加增定，一篇不遗，一
篇不混。识者鉴之。"③作者家属与书坊一起努力保护此书不被侵权。
今存万历四十七年京都文锦堂重订本。可见坊刻、家刻之长期互动和联
手，明代图书生产的灵活性可见一斑。

明代图书生产者身份的混杂性也令人印象深刻，如第三章提到的焦
竑姻亲陈大来、第四章生产朝鲜诗选的众人等。又如被谢肇淛称为"吾
友"、帮助徐㶿购置藏书的林志尹④，就既是书贾又是谒选者、为掾者。
万历三十年(1602)，徐㶿作《送林志尹之吴越贩书》，知林志尹在贩书同

① 彭大翼《山堂肆考》，万历二十三刊本。
② 《重订山堂肆考》卷首，万历四十七年京都文锦堂刻本；又见《文渊阁四库全书》第974
册，第7页。
③ 彭大翼《山堂肆考》，《文渊阁四库全书》第974册，第8页。
④ 谢肇淛《五杂组》卷十三提到林志尹，他说："昭武谢伯元一意搜罗，智力毕尽，吾郡徐
兴公独耽奇僻，骊牝皆忘。合二家架上之藏，富侔敌国矣。吾友又有林志尹者，家贫为掾，不读
书而最耽书，其于四部篇目皆能成诵，每与俱入书肆中，披沙见金，触目即得，人弃我取，悉中肯
繁。兴公数年之藏，十七出其目中也。"(第1777页)徐㶿异母姊是谢肇淛庶母，两家关系亲近，
其说应可信。

时也抄书、校书。① 次年,林志尹至京师谒选,②似未成功。万历三十七年(1609)林志尹去世后,③徐㷆对他的追悼是"资身无故业,付子但遗文。委巷生寒草,书楼锁暮云"④,更多着眼其读书人的身份。许多图书生产者,作为个人的声名不显,如徐象橒不及焦竑有声望,嘉兴众人不及陈继儒有声望,新安人方时化、汪本钶、夏道甫不及李贽有声誉,但正因为众多知名和不知名的读书人的参与,才成就了明代的文化兴盛,而图书生产赋予他们以新身份。

六、识字率与夜航船

张岱《夜航船序》曰:

> 天下学问,惟夜航船中最难对付。盖村夫俗子,其学问皆预先备办,如瀛洲十八学士、云台二十八将之类,稍差其姓名,辄掩口笑之。彼盖不知,十八学士、二十八将,虽失记其姓名,实无害于学问文理,而反谓错落一人,则可耻孰甚。故道听途说,只办口头数十个名氏,便为博学才子矣。

---

① 徐㷆云林志尹亦商亦读,所谓:"江湖浪迹欲何如,为觅名山访异书。白发不辞雠亥豕,黄金宁惜买虫鱼。借将竹简勤抄录,挟得芸编任卷舒。"而自己亦耕亦读:"我亦未忘吟诵癖,一犁春雨带经锄。"(《鳌峰集》卷十五,《续修四库全书》第 1381 册,第 257 页)《鳌峰集》卷十五,此诗处在《壬寅元日》《壬寅除夕》之间,故作此系年。

② 徐㷆《送林志尹谒选之京》有"博得一官堪寄隐,功曹曾是汉儒生"(《鳌峰集》卷十五,《续修四库全书》第 1381 册,第 267 页)句。《鳌峰集》卷十五,此诗处在《癸卯元日》《癸卯除夕》之间,故作此系年。又《鳌峰集》卷七《陆沉金马歌送林志尹之京》诗云:"林生少小耽章句,壮岁怀书俱不遇。垂老都门乞俸钱,疏狂却与东方似。"(《续修四库全书》第 1381 册,第 73 页)也叙及林之尹谒选事。

③ 徐㷆《闻林志尹讣》二首之二云:"往岁家兄殁,多君哭附棺。今年君弗禄,含敛我违看。知己枉云密,交情殊未安。客中凶问至,累日不成欢。"(《鳌峰集》卷十一,《续修四库全书》第 1381 册,第 165 页)检徐㷆《鳌峰集》卷十一著作及其系年,林志尹当卒于己酉年(万历三十七年,1609),时徐㷆游于江西鄱阳。

④ 徐㷆《闻林志尹讣》二首之一,《鳌峰集》卷十一,《续修四库全书》第 1381 册,第 165 页。

余因想吾八越，惟馀姚风俗，后生小子无不读书，及至二十无成，然后习为手艺。故凡百工贱业，其《性理》《纲鉴》，皆全部烂熟。偶问及一事，则人名、官爵、年号、地方，枚举之未尝少错。学问之富，真是两脚书厨，而其无益于文理考校，与彼目不识丁之人无以异也。或曰："信如此言，则古人姓名总不必记忆矣。"余曰："不然。姓名有不关于文理，不记不妨，如八元、八恺、厨、俊、顾、及之类是也；有关于文理者，不可不记，如四岳、三老、臧谷、徐夫人之类是也。"

昔有一僧人与一士子同宿夜航船，士子高谈阔论，僧畏慑，卷足而睡。僧人听其语有破绽，乃曰："请问相公，澹台灭明是一个人、两个人？"士子曰："是两个人。"僧曰："这等，尧舜是一个人、两个人？"士子曰："自然是一个人。"僧乃笑曰："这等说起来，且待小僧伸伸脚。"余所记载，皆眼前极肤浅之事，吾辈聊且记取，但勿使僧人伸脚则可已矣。故即命其名曰《夜航船》。古剑陶庵老人张岱书。[①]

依张岱之言，八越地区的男性识字率也不相同，其中馀姚地区男性的识字率达到 100％，因为此地风俗，读书是基本教育，成年后才根据情况进行职业选择。然而夜航船中的知识不限于以书籍或阅读加以展示，甚至可以说，更多是通过记诵和高谈阔论展现出来的。村夫俗子未必识字，但熟记"瀛洲十八学士、云台二十八将"者甚多；虽然不知道澹台灭明是一个人、尧舜是两个人，但无碍于士子高谈阔论；僧人未必识字，但知道澹台灭明是一个人、尧舜是两个人，伸伸脚之后，可能就有了高谈阔论的勇气；夜航船中有心的听者在另一个场合即便复述所听闻也可能成为乡人眼中的有学问者……从这一意义上讲，识字率并不能完全说明明代社会重视文化、重视学问的程度。

---

① 张岱《夜航船》卷首，《续修四库全书》据观术斋抄本影印，第 1135 册，第 469 页。

征引文献

A

《爱日精庐藏书志》，[清]张金吾撰，冯惠民整理，中华书局，2012年

《安得长者言》，[明]陈继儒撰，《丛书集成新编》本，新文丰出版公司，1986年

《鳌峰集》，[明]徐𤊹撰，陈庆元、陈炜编，广陵书社，2012年

B

《八千卷楼书目》，[清]丁立中撰，[清]丁丙著，曹海花点校《善本书室藏书志（外一种）》本，浙江古籍出版社，2016年

《白鹿洞书院志》，[清]毛德琦原订，[清]周兆兰重修，赵所生、薛正兴主编《中国历代书院志》本，江苏教育出版社，1995年

《百部丛书集成研究》，洪湛侯撰，艺文印书馆，2008年

《百川书志》，[明]高儒撰，上海古籍出版社，2005年

《拜经楼藏书题跋记》，[清]吴寿旸撰，《续修四库全书》本

《班马异同》，[宋]倪思撰，《四库全书存目丛书》本

《宝颜堂广秘笈》，泰昌元年刊本

《宝颜堂秘笈》，万历刊本

《宝颜堂普秘笈》，泰昌元年刊本

《宝颜堂续秘笈》，万历刊本

《宝颜堂正秘笈》，万历刊本

《北梦琐言》，[宋]孙光宪撰，贾二强点校，中华书局，2002年

《备忘集》，[明]海瑞撰，《四库提要著录丛书》本

《本朝分省人物考》，[明]过庭训纂集，成文出版社有限公司据明天启二年本影印，1971年

《皕宋楼藏书志》，[清]陆心源撰，《续修四库全书》本

《薜荔山房藏稿》，[明]敖文祯撰，《续修四库全书》本

《炳烛斋稿》，[明]顾大韶撰，《四库禁毁书丛刊》本

《病榻遗言》，[明]高拱撰，《丛书集成新编》本

C

《蔡文庄公集》，[明]蔡清著，沈云龙选辑《明人文集丛刊》影印本，文海出版社，1970年；张吉昌、廖渊泉点校，《泉州文库》本，商务印书馆，2018年

《苍谷全集》，[明]王尚𗄯撰，《四库未收书辑刊》本

《苍霞草》《苍霞馀草》《苍霞续草》，[明]叶向高撰，《四库禁毁书丛刊》本

《藏书纪事诗》，[清]叶昌炽撰，王锷、伏亚鹏点校，北京燕山出版社，2008年

《藏书拼图：明代图书文化析论》，许媛婷撰，花木兰文化出版社，2010年

《藏园群书经眼录》，傅增湘撰，中华书局，2009年

《长水先生文钞》，[明]沈懋孝撰，《四库禁毁书丛刊》本

《晁氏宝文堂书目》，[明]晁瑮撰，上海古籍出版社，2005年

《朝鲜金石总览》，朝鲜总督府编，朝鲜总督府，1919年

《朝鲜诗选》，[明]蓝芳威编，美国加州大学伯克利分校东亚图书馆藏本

《〈朝鲜诗选〉编辑出版背景研究》，黄有福撰，《当代韩国》2002年第3期

《朝鲜诗选校注》，[明]吴明济编，祁庆富校注，辽宁民族出版社，1999年

《陈继儒研究：历史与文献》，高明撰，花木兰文化出版社，2014年

《陈眉公集》，[明]陈继儒撰，《续修四库全书》本

《〈陈眉公家藏秘笈续函〉小说类作品之研究》，薛雅文撰，花木兰文化出版社，2012年

《陈眉公全集》，[明]陈继儒撰，《原国立北平图书馆甲库善本丛书》本

《陈梦莲〈眉公府君年谱〉订误》，李斌撰，《黑龙江史学》2011年第13期

《（成化）湖州府志》，[明]劳钺、张渊编纂，《日本藏中国罕见地方志丛刊》本

《（成化）金华府志》，[明]周宗智纂修，《上海图书馆藏稀见方志丛刊》本

《（成化）宁波府简要志》，[明]黄润玉纂，《四库全书存目丛书》本

《(成化)宁波郡志》,[明]杨寔纂修,《中国方志丛书·华中地方》本

《(成化)山西通志》,[明]李侃、胡谧纂修,《四库全书存目丛书》本

《程敏政〈明文衡〉版本源流考》,郭玉撰,《南昌工程学院学报》2014年第2期

《程氏墨苑》,[明]程大约编刻,《原国立北平图书馆甲库善本丛书》本;《四库全书存目丛书》本

《崇文总目辑释》,[宋]王尧臣等撰,[清]钱东垣等辑释,[清]钱侗补遗,《续修四库全书》本

《(崇祯)清江县志》,[明]秦镛纂修,《四库全书存目丛书》本

《(崇祯)松江府志》,[明]方岳贡修,[明]陈继儒等纂,《上海图书馆藏稀见方志丛刊》本

《出像点板霍小玉紫钗记定本》,[明]汤显祖撰,《日本所藏稀见中国戏曲文献丛刊》本

《初潭集》,[明]李贽撰,闵迈、闵杲辑评,闵氏朱墨套印本;《续修四库全书》本;中华书局点校本,1974年;《李贽全集注》本,社会科学文献出版社,2010年

《处实堂续集》,[明]张凤翼撰,《续修四库全书》本

《传是楼书目》,[清]徐乾学撰,《续修四库全书》本

《春草斋集》,[明]乌斯道撰,《丛书集成续编》本

《从出版史到书籍的社会史》,张献忠撰,《中国史研究动态》2017年第2期

《从传统士到现代知识人》,余英时撰,《文汇报》2002年11月16日

《从精英文化到大众传播:明代商业出版研究》,张献忠撰,广西师范大学出版社,2015年

《从野堂存稿》,[明]缪昌期撰,《四库禁毁书丛刊》本

D

《大明会典》,[明]李东阳等纂,《续修四库全书》本

《大明一统志》,[明]李贤等纂修,《四部丛刊四编》本影印内府本;慎独斋本

《〈大明一统志)的版本差异及其史料价值》,杜洪涛撰,《中国地方志》2014年第10期

《大学衍义补》,[明]丘濬撰,《子海珍本编》本

《岱史》,[明]查志隆撰,《四库禁毁书丛刊》本

《澹生堂藏书目》,[明]祁承㸁撰,郑诚整理,《中国历代书目题跋丛书》本,上海

古籍出版社,2015 年

《澹园集》,[明]焦竑撰,李剑雄点校,中华书局,1999 年

《道德与道统:明代方孝孺形象建构研究》,何芹撰,南京大学 2016 年硕士论文

《丁应泰弹劾事件与明清史籍之建构》,孙卫国撰,《南开学报(哲学社会科学版)》2012 年第 3 期

《东湖丛记》,[清]蒋光煦撰,《国家图书馆藏古籍题跋丛刊》本,北京图书馆出版社,2002 年

《东里文集》,[明]杨士奇撰,《原国立北平图书馆甲库善本丛书》本

《东里续集》,[明]杨士奇撰,《明代基本史料丛刊·文集卷(第二辑)》本

《董其昌年谱》,郑威撰,上海书画出版社,1989 年

《都公谈纂》,[明]都穆撰,《四库全书存目丛书》本

《读书管见》,[元]王充耘撰,慎独斋本

《敦煌社会经济文献真迹释录(二)》,唐耕耦、陆宏基编,全国图书馆文献缩微复制中心,1990 年

E

《鄂国金佗稡编续编校注》,[宋]岳珂编,王曾瑜校注,中华书局,1989 年

《耳谈类增》,[明]王同轨撰,《续修四库全书》本

F

《法国大革命前的畅销禁书》,[美]罗伯特·达恩顿撰,郑国强译,华东师范大学出版社,2012 年

《法国汉学家桀溺藏书及其汉学研究》,刘蕊、岑咏芳撰,《文献》2017 年第 6 期

《法国近代史上的书报审查逻辑》,[法]雷吉斯·德布雷撰,《国际新闻界》2014 年第 8 期

《方氏墨谱》,[明]方于鲁编刻,《四库全书存目丛书》本

《方斋存稿》,[明]林文俊撰,《文渊阁四库全书》本

《方众甫集》,[明]方应选撰,《四库全书存目丛书》本

《分甘馀话》,[清]王士禛撰,张世林点校,中华书局,1989 年

《〈焚书〉刊刻过程、版本及真伪》,许建平撰,《复旦学报(社会科学版)》2008 年第 5 期

《福建刻书论稿》,方彦寿撰,花木兰文化出版社,2011年

《复初斋文集》,[清]翁方纲撰,《续修四库全书》本

《〈复焦弱侯〉异文与李贽、焦竑、耿定向关系》,邬国平撰,《中华文史论丛》2010年第4期

《复社纪略》,[清]陆世仪撰,《续修四库全书》本

G

《纲鉴易知录》,[清]吴乘权等辑,中华书局,1960年

《高青丘集》,[明]高启著,金檀辑注,徐澄宇、沈北宗校点,上海古籍出版社,1985年

《亘史钞》,[明]潘之恒撰,《四库全书存目丛书》本

《耿天台先生文集》,[明]耿定向撰,《四库全书存目丛书》本

《古代书价述略》,张升撰,《中国出版史研究》2016年第3期

《古今识鉴》,[明]袁忠彻撰,《四库全书存目丛书》本

《古今书刻》,[明]周弘祖撰,上海古籍出版社,2005年

《〈古今书刻〉版本考》,陈清慧撰,《文献》2007年第4期

《古今说海》,[明]陆楫编,《原国立北平图书馆甲库善本丛书》本

《古今小品》,[明]陈天定编,《四库禁毁书丛刊》本

《古今小说》,[明]冯梦龙撰,《续修四库全书》本

《古今韵会举要》,[元]黄公绍、熊忠撰,《原国立北平图书馆甲库善本丛书》本

《古诗纪》,[明]冯惟讷,万历本;万历合刻本;方天眷重订本

《古文集》,[明]何景明编,《中国古籍珍本丛刊·天津图书馆卷》本

《古文苑》,[宋]章樵注,《四部丛刊初编》本;成化本

《古学斋文集》,[明]王演畴撰,《四库未收书辑刊》本

《谷城山馆诗集》,[明]于慎行撰,《四库提要著录丛书》本

《谷山笔麈》,[明]于慎行著,吕景琳点校,中华书局,1984年

《顾千里集》,[清]顾广圻撰,王欣夫点校,中华书局,2007年

《顾氏文房小说》,[明]顾元庆辑,《北京图书馆古籍珍本丛刊》本

《关于〈剪灯新话〉的版本》,[日]市成直子撰,《上海大学学报(社会科学版)》1995年第3期

《关于伯克利大学藏本蓝芳威编〈朝鲜诗选全集〉》,[韩]李钟默撰,《域外汉籍研

究集刊》第四辑，2008 年

《关于宋蜀大字本〈孔氏家语〉及其衍生版本的考察》，张学谦撰，《中国典籍与文化》2017 年第 2 期

《关于晚明城市民变的几点思考》，商传撰，《学习与探索》，2011 年第 5 期

《观生纪》，[明]耿定向撰，《北京图书馆藏珍本年谱丛刊》本

《(光绪)宁海县志》，[清]王端成修，张濬等纂，《中国方志丛书·华中地方》本

《广文选》，[明]刘节编，《原国立北平图书馆甲库善本丛书》本

《郭青螺六省听讼录新民公案》，《古本小说集成》本

《国朝典汇》，[明]徐学聚编撰，《四库全书存目丛书》本

《国朝宫史续编》，[清]庆桂撰，《故宫珍本丛刊》本

《国朝汉学师承记》，[清]江藩撰，中华书局，1983 年

《国朝列卿纪》，[明]雷礼纂辑，成文出版社，1960 年

《国朝列卿年表》，[明]雷礼辑，徐鉴补，《中国古籍珍本丛刊·天津图书馆卷》本

《国朝献征录》，[明]焦竑撰，广陵书社据徐象橒刊本影印，2013 年

《国史经籍志》，[明]焦竑编纂，《四库全书存目丛书》本；《原国立北平图书馆甲库善本丛书》本

《国学大师论国学》，胡道静主编，东方出版中心，1998 年

《国语》，《士礼居丛书》本；嘉靖初许宗鲁刊本；上海书店影印本

H

《海外所藏〈西游记〉珍稀版本丛刊》，潘建国编，北京大学出版社，2017 年

《韩国金石总目》，[韩]张忠植编，东国大学校出版部，1984 年

《韩国诗话丛编》，[韩]赵钟业编，太学社，1996 年

《汉隽》，[宋]林钺编，广陵书社，2003 年

《汉书》，[汉]班固撰，[唐]颜师古注，中华书局点校本，1962 年

《汉阴文稿》，[朝鲜]李德馨撰，《韩国文集丛刊》本

《翰林记》，[明]黄佐撰，《金陵全书》本

《〈翰墨全书〉编纂及其版本考略》，全建平撰，《图书情报工作》2010 年第 21 期

《合并黄离草》，[明]郭正域撰，《四库禁毁书丛刊》本

《河上楮谈》，[明]朱孟震撰，《续修四库全书》本

《(弘治)八闽通志》，[明]陈道、黄仲昭纂修，《四库全书存目丛书》本

《(弘治)赤城新志》,[明]谢铎编,《四库全书存目丛书》本

《(弘治)嘉兴府志》,[明]柳琰纂修,《上海图书馆藏稀见方志丛刊》本

《后汉书》,[南朝宋]范晔撰,[唐]李贤等注,中华书局点校本,1965 年

《后山居士文集》,[宋]陈师道撰,《四库提要著录丛书》本

《虎荟》,[明]陈继儒编撰,《四库全书存目丛书》本

《淮南子》,[汉]刘安著,[汉]高诱注,《诸子集成》本

《环碧斋尺牍》,[明]祝世禄撰,《四库全书存目丛书》本

《皇霸文纪》,[明]梅鼎祚编,《原国立北平图书馆甲库善本丛书》本

《皇明大政记》,[明]雷礼编撰,《四库全书存目丛书》本

《皇明贡举考》,[明]张朝瑞辑,《四库全书存目丛书》本

《皇明书》,[明]邓元锡撰,《四库全书存目丛书》本

《皇明通纪法传全录》,[明]陈建撰,《续修四库全书》本

《皇明文衡》,[明]程敏政编,东京大学东洋文化研究所藏正德五年序刊本;《四部丛刊初编》本;嘉靖宗文堂本

《篁墩程先生文集》,[明]程敏政撰,《原国立北平图书馆甲库善本丛书》本

《徽州:书业与地域文化》,[意]米盖拉、朱万曙主编,中华书局,2010 年

《晦庵先生朱文公文集》,[宋]朱熹撰,《四部丛刊初编》本

J

《激变良民——传统中国城市群众集体行动之分析》,巫仁恕撰,北京大学出版社,2011 年

《汲古阁本〈说文解字〉的刊印源流》,潘天祯撰,《国家图书馆学刊》1997 年第 2 期

《汲古阁丛书》(全七册),全国图书馆文献缩微复制中心,2008 年

《汲古阁刻本〈津逮秘书〉杂考》,孔毅撰,《四川图书馆学报》1989 年第 2 期

《汲古阁书跋》,[清]毛晋撰,潘景郑校订,上海古籍出版社,2005 年

《汲古阁校刻书目补遗》,[清]悔道人辑,[清]顾湘参校,《丛书集成续编》本

《汲古阁珍藏秘本书目》,[清]毛扆撰,《续修四库全书》本

《汲古堂集》,[明]何白撰,《四库禁毁书丛刊》本

《集篆古文韵海》,[宋]杜从古撰,《中华再造善本》

《记汲古阁影宋抄本〈集韵〉》,赵振铎撰,《四川大学学报(哲学社会科学版)》,

1993 年第 1 期

《记忆的文本：〈朝鲜诗选〉文献研究的另一视角》，俞士玲撰，《南京大学学报（哲学·人文科学·社会科学）》2012 年第 3 期

《记纂渊海》，[宋]潘自牧编，万历七年胡维新刻本

《季沧苇藏书目》，[清]季振宜撰，《续修四库全书》本

《寄园寄所寄》，[明]赵吉士撰，《续修四库全书》本

《霁湖集》，[朝鲜]梁庆遇撰，《韩国文集丛刊》本

《嘉禾征献录》，[清]盛枫撰，《续修四库全书》本

《（嘉靖）常熟县志》，[明]邓韨修纂，学生书局影印本，1965 年

《（嘉靖）建宁府志》，[明]汪佃等修纂，《天一阁藏明代方志选刊》本

《（嘉靖）建阳县志》，[明]冯继科修纂，《天一阁藏明代方志选刊》本

《（嘉靖）莱芜县志》，[明]陈甘雨修纂，《天一阁藏明代方志选刊》本

《（嘉靖）宁波府志》，[明]张时彻等修纂，《宁波历史文献丛书》本

《（嘉靖）普安州志》，[明]高廷愉修纂，《天一阁藏明代方志选刊》本

《（嘉靖）邵武府志》，[明]孙维礼修，[明]陈让纂，《天一阁藏明代方志选刊》本

《嘉靖事例》，[明]范钦等编，《北京图书馆古籍珍本丛刊》本

《嘉靖惟扬志》，[明]朱怀幹、盛仪修纂，《四库全书存目丛书》本

《（嘉靖）武康县志》，[明]骆文盛修，《天一阁藏明代方志选刊》本

《（嘉靖）萧山县志》，[明]林策修，《天一阁藏明代方志选刊续编》本

《甲辰漫录》，[朝鲜]尹国馨撰，《大东野乘》本

《〈剪灯新话〉的版本流传考述》，乔光辉撰，《中国典籍与文化》2006 年第 1 期

《剪灯馀话》，[明]李昌祺编撰，《古本小说集成》本

《简论中国古代"佣书"职业》，李明君撰，《经济研究导刊》2013 年第 16 期

《见闻录》，[明]陈继儒撰，《四库全书存目丛书》本

《建文朝野汇编》，[明]屠叔芳撰，《四库全书存目丛书》本

《建炎以来系年要录》，[宋]李心传编撰，胡坤点校，中华书局，2013 年

《建阳书坊接受官私方委托刊印之书》，方彦寿撰，《文献》2002 年第 3 期

《江南通志》，[清]黄之隽等撰，《中国省志汇编》本，华文书局，1967 年

《江苏刻书》，江澄波等编著，江苏人民出版社，1993 年

《蒋南冷集》，[明]蒋山卿撰，《四库全书存目丛书》本

《绛云楼书目》，[清]钱谦益撰，《稿抄本明清藏书目三种》本，北京图书馆出版社，2003 年

《椒丘文集》，[明]何乔新撰，《域外汉籍珍本文库》本

《焦竑年谱》，容肇祖撰，《容肇祖全集》本，齐鲁书社，2014年

《焦氏笔乘》，[明]焦竑撰，《四库全书存目丛书》本

《焦氏澹园集》，[明]焦竑撰，伟文出版公司，1971年

《焦氏类林》，[明]焦竑撰，《四库全书存目丛书》本；《丛书集成新编》本

《捷用云笺》，[明]陈继儒辑，《四库未收书辑刊》本

《戒庵老人漫笔》，[明]李诩著，魏连科点校，中华书局，1982年

《经籍访古志》，[日]森立之撰，《古书题跋丛刊》本，学苑出版社，2009年

《经略复国要编》，[明]宋应昌撰，《四库禁毁书丛刊》本

《经义考新校》，[清]朱彝尊撰，林庆彰等主编，上海古籍出版社，2010年

《经韵楼集》，[清]段玉裁撰，钟敬华点校，上海古籍出版社，2008年

《旌义编》，[元]郑太和、[明]郑钦等编，《美国哈佛大学哈佛燕京图书馆藏中文善本汇刊》本

《（景定）建康志》，[宋]周应合撰，《宋元地方志丛书》本

《（景泰）建阳县志续集》，[明]黄镟等纂修，《四库全书存目丛书》本

《居业次编》，[明]孙矿撰，《四库禁毁书丛刊》本

《居易录》，[清]王士禛撰，《王士禛全集》本，齐鲁书社，2007年

《镌重校出像点板窃符记》，[明]张凤翼撰，《日本所藏稀见中国戏曲文献丛刊》本

《郡斋读书志校证》[宋]晁公武撰，孙猛校证，上海古籍出版社，1990年

K

《（康熙）黄安县志》，[清]刘承启修，《天津图书馆孤本秘籍丛书》本

《珂雪斋集》，[明]袁中道撰，上海古籍出版社，1989年

《空同先生集》，[明]李梦阳撰，《明代论著丛刊》本

《孔氏家语》，光绪二十四年玉海堂影宋蜀本；毛氏汲古阁本

《会稽志》，[宋]施宿修纂，《宋元地方志丛刊》本

《快雪堂集》，[明]冯梦祯撰，《四库全书存目丛书》本

《昆山人物传》，[明]张大复撰，《续修四库全书》本

L

《老子本义》，魏源撰，《诸子集成》本

《老子翼》,[明]焦竑撰,黄曙辉点校,华东师范大学出版社,2011年

《类聚三台万用正宗》,[明]余象斗编,《域外汉籍珍本文库(修订本)》本

《礼部志稿》,[明]俞汝楫等编,《文渊阁四库全书》本

《李东阳集》,[明]李东阳撰,周寅宾校点,《湖湘文库》本,岳麓书社,2008年

《李温陵集》,[明]李贽撰,《四库全书存目丛书》本

《李温陵外纪》,[明]潘曾纮编,《四库禁毁书丛刊补编》本;《明季史料集珍》本,伟文图书公司印行,1977年

《李贽评传》,张建业撰,福建人民出版社,1992年

《李贽全集注》,张建业主编,社会科学文献出版社,2010年

《李贽思想演变史》,许建平撰,人民出版社,2005年

《李贽文集》,张建业主编,刘幼生整理,社会科学文献出版社,2000年

《李贽著作研究》,王冠文撰,花木兰文化出版社,2011年

《李卓吾批点世说新语补》,[明]王世贞等,广文书局影印,1970年

《李卓吾事迹系年》,林其贤撰,花木兰文化出版社,2011年

《李卓吾先生遗书》,[明]李贽撰,《四库禁毁书丛刊补编》本

《丽则遗音》,[元]杨维桢撰,毛晋藏元刊本,《中华再造善本》

《两汉全书》,董治安主编,山东大学出版社,2009年

《两京遗编》,万历十年胡维新刻本

《辽宁省图书馆藏陶湘旧藏闵凌刻本集成》,中华书局影印,2015年

《列朝诗集》,[清]钱谦益撰集,许逸民、林淑敏点校,中华书局,2007年

《〈列朝诗集〉编纂再探:以两种稿本为中心》,都轶伦撰,《文学遗产》2014年第3期

《麟溪集》,[元]郑太和辑,《北京图书馆古籍珍本丛刊》本

《凌濛初刊刻、评点〈世说新语〉考述》,潘建国撰,《上海师范大学学报(哲学社会科学版)》2004年第5期

《凌濛初全集》,[明]凌濛初撰,安平秋、魏同贤主编,凤凰出版社,2010年

《刘向新序》,[汉]刘向撰,《子海珍本编》本

《流通古书约》,[清]曹溶撰,《丛书集成新编》本

《柳南随笔 续笔》,[清]王应奎撰,王彬、严英俊点校,中华书局,1983年

《龙皋文稿》,[明]陆简撰,《四库全书存目丛书》本

《(隆庆)临江府志》,[明]刘松修纂,《天一阁藏明代方志选刊》本

《鹿裘石室集》,[明]梅鼎祚撰,《续修四库全书》本

《菉竹堂稿》，[明]叶盛撰，《四库全书存目丛书》本

《露书》，[明]姚旅撰，《续修四库全书》本

《乱中杂录》，[朝鲜]赵庆男撰，《大东野乘》本

《论"历史是什么"？——从卡尔和艾尔顿到罗蒂和怀特》，[英]基思·詹金斯撰，江政宽译，商务印书馆，2007 年

《论明代中后期女性文学的兴起和发展》，俞士玲撰，张宏生编《明清文学与性别研究》，江苏古籍出版社，2002 年

《〈论学绳尺〉版本问题再探》，慈波撰，《文学遗产》2015 年第 4 期

《吕坤全集》，[明]吕坤撰，中华书局，2008 年

《吕祖谦〈皇朝文鉴〉版本考》，刘树伟撰，《图书馆学刊》2015 年第 1 期

《邵亭知见传本书目》，[清]莫友芝撰，傅增湘补订，中华书局，2009 年

M

《毛晋藏书考略》，曹之撰，《山东图书馆季刊》2002 年第 1 期

《毛晋汲古阁刻书考》，周彦文撰，花木兰文化出版社，2006 年

《毛晋交游研究》，[日]三浦理一郎撰，华东师范大学出版社，2012 年

《毛晋与汲古阁刻书考略》，苏晓君撰，《中国典籍与文化》2006 年第 3 期

《毛晋与汲古阁研究献疑》，刘奉文撰，《大连图书馆学报》1993 年第 1 期

《毛刻宋六十家词勘误》，朱居易撰，中华书局，1936 年

《毛诗正义》，[汉]郑玄笺，[唐]孔颖达等正义，阮元《十三经注疏》本

《毛氏汲古阁本〈说文解字〉刊印源流新考》，张宪荣、周晓文撰，《励耘语言学刊》2019 年第 1 期

《毛扆〈汲古阁珍藏秘本书目〉研究》，邓丽玲撰，江西师范大学 2016 年硕士学位论文

《毛子晋年谱稿》，钱大成撰，《国立中央图书馆馆刊》第一卷第四号，1947 年

《眉山刊明递修三朝本七史》，《域外汉籍珍本文库》本

《梅中丞遗稿》，[明]梅之焕撰，《四库未收书辑刊》本

《孟子正义》，[清]焦循撰，《诸子集成》本

《民抄董宦事实》，[明]阙名撰，《丛书集成续编》本

《(民国)杭州府志》，吴庆坻等撰，《续修四库全书》本

《明本》，赵前撰，江苏古籍出版社，2003 年

《明朝益藩王墓探秘》，邓里、许智苑撰，《大众考古》2014年第1期

《明代"古诗"总集的编纂、出版、接受》，陈婧撰，卞东波编《中国古典文学与文本的新阐释——海外汉学论文新集》，安徽教育出版社，2019年

《明代版本图录》，潘承弼、顾廷龙撰，《民国丛书》本

《明代版刻综录》，杜信孚撰，江苏广陵古籍刻印社，1983年

《明代出版史稿》，缪咏禾撰，江苏人民出版社，2000年

《明代的翻版及其收藏著录》，郭立暄撰，《文献》2012年第4期

《明代的社会与国家》，[加]卜正民著，陈时龙译，黄山书社，2009年

《明代国子监刻书考略(上)——补版及新刻图书、底本及校勘》，李明杰撰，《大学图书馆学报》2009年第3期

《明代杭州商业出版述略》，张献忠撰，《北京联合大学学报(人文社会科学版)》2013年第4期

《明代杭州私人刻书机构的新考察》，章宏伟撰，《浙江学刊》2012年第1期

《明代建阳的书户与书坊》，李子归撰，《中国文化研究所学报》(*Journal of Chinese Studies*)，第66期，2018年1月

《明代建阳书坊之小说刊刻》，涂秀虹撰，人民出版社，2017年

《明代刊工姓名索引》，李国庆编纂，上海古籍出版社，1998年

《明代南京国子监刻书经费来源探析》，杨军撰，《图书馆杂志》2006年第7期

《明代南京商业出版述略》，张献忠撰，《明史研究论丛》第10辑，2012年

《明代内府刻书机构探析》，马学良撰，《河北大学学报(哲学社会科学版)》2014年第3期

《明代儒学生员与地方社会》，陈宝良撰，中国社会科学出版社，2005年

《明代书坊与小说研究》，程国赋撰，中华书局，2008年

《明代书籍价格考——中国历代书价考之二》，袁逸撰，《编辑之友》1993年第3期

《明代乡村纠纷与秩序：以徽州文书为中心》，[日]中岛乐章著，郭万平、高飞译，江苏人民出版社，2010年

《明代小说史》，陈大康撰，上海文艺出版社，2000年

《明代隐逸思想的变迁》，张德建撰，方铭主编《儒学与二十一世纪文化建设：首善文化的价值阐释与世界传播》，学苑出版社，2010年

《明赣州府刻〈埤雅〉版本述略》，窦秀艳撰，《东方论坛》2012年第3期

《明宫史》，[明]吕毖撰，《文渊阁四库全书》本

《明季北略》,[清]计六奇撰,《续修四库全书》本

《明经世文编》,[明]陈子龙等编,中华书局,1962 年

《明科场由尊〈大全〉到不读〈大全〉考》,侯美珍撰,《中国文化研究》2016 年夏之卷

《明毛氏汲古阁刻书目录》,陶湘编,窦水勇校点《书目丛刊》本,辽宁教育出版社,2000 年

《明末反地方官士变》,[日]夫马进撰,《东方学报》第 52 册,1980 年 3 月

《"明末反地方官士变"补论》,[日]夫马进撰,《富山大学人文学部纪要》第 4 号,1981 年 3 月

《明末江南の出版文化》,[日]大木康撰,研文出版,2004 年

《明末吴兴凌氏刻书活动考:凌濛初和出版》,[日]表野和江撰,《中国典籍与文化》2003 年第 3 期

《明末中国典籍误题兰雪轩诗及其原因考论》,俞士玲撰,张伯伟编《风起云扬:首届南京大学域外汉籍研究国际学术研讨会论文集》,中华书局,2009 年

《明内府本〈三国志通俗演义〉考略》,马学良、陈明、金颖撰,《衡水学院学报》2016 年第 3 期

《明清宫廷藏书研究》,张升撰,商务印书馆,2006 年

《明清江南城市商业出版与文化传播》,刘天振撰,中国社会科学出版社,2011 年

《明清印刷书籍成本、价格及其商品价值的研究》,[美]周启荣撰,《浙江大学学报(人文社会科学版)》2010 年第 1 期

《"明人刻书而书亡"发覆》,尧育飞撰,《图书馆理论与实践》2019 年第 11 期

《明儒学案》,[清]黄宗羲撰,沈芝盈点校,中华书局,1985 年

《明实录》,"中央研究院"历史语言研究所校印,1962 年

《明史》,[清]万斯同撰,《续修四库全书》本

《明史》,[清]张廷玉等撰,中华书局点校本,1974 年

《明书经籍志》,[明]杨士奇、[清]傅维鳞撰,《书目类编》本,成文出版社,1978 年

《明晚期中国和朝鲜的相互认识:以丁应泰和李廷龟的辩论为中心》,刘宝全撰,《韩国学论文集》第十九辑,2011 年

《牧斋初学集》,[清]钱谦益著,钱曾笺注,钱仲联标校,上海古籍出版社,1985 年

《牧斋有学集》，[清]钱谦益著，钱曾笺注，钱仲联标校，上海古籍出版社，1985年

N

《那些书和那些人》，辛德勇撰，浙江大学出版社，2016年

《南京都察院志》，[明]徐必达领修，[明]施沛等协纂，《四库全书存目丛书补编》本

《南雍续志》，[明]黄儒炳撰，伟文图书出版社，1976年

《南雍志》，[明]黄佐撰，伟文图书出版社，1976年

《内阁藏书目录》，孙能传、张萱等撰，《续修四库全书》本

《妮古录》，[明]陈继儒撰，《四库全书存目丛书》本

《鸟鼠山人小集》，[明]胡缵宗撰，《中国西北文献丛书》本，兰州古籍书店，1990年

O

《欧阳修全集》，[宋]欧阳修著，李逸安点校，中华书局，2001年

P

《佩文斋书画谱》，[清]孙岳颁、[清]王原祁等撰，《文渊阁四库全书》本

《批点分格类意句解论学绳尺行文要法》，[宋]魏天应编，日本内阁文库本

《曝书亭集》，[清]朱彝尊撰，《清代诗文集汇编》本

Q

《七录斋诗文合集》，[明]张溥撰，《续修四库全书》本

《七修类稿》，[明]郎瑛撰，《历代笔记丛书》本，上海书店出版社，2001年

《栖真馆集》，[明]屠隆撰，《续修四库全书》本

《启蒙的生意：晚明商业出版与启蒙思潮的兴起和传播》，张献忠撰，《河北学刊》2017年第1期

《启蒙运动的生意》，[美]罗伯特·达恩顿著，叶桐、顾杭译，生活·读书·新知三联书店，2005年

《启祯记闻录》，[明]叶绍袁撰，《明清史料丛书八种》本，北京图书馆出版社，

2005 年

　　《千顷堂书目》，[清]黄虞稷撰，《原国立北平图书馆甲库善本丛书》本

　　《前唐十二家诗》，[明]许自昌辑，《域外汉籍珍本文库》本

　　《钱遵王述古堂藏书目录》，[清]钱曾撰，《续修四库全书》本

　　《乾初先生遗集》，[清]陈确撰，《续修四库全书》本

　　《秦汉文脍》，[明]陈继儒编，《四库全书存目丛书》本

　　《"秦火未亡，亡于监刻"辨——对顾炎武批评北监本〈十三经注疏〉的两点意见》，杜泽逊撰，《文献》2013 年第 1 期

　　《青庄馆全书》，[朝鲜]李德懋撰，《韩国文集丛刊》本

　　《琼台诗文会稿重编》，[明]丘濬撰，《四库提要著录丛书》本

　　《趋庭集》，[明]胡安撰，《四库未收书辑刊》本

　　《蘧编》，[明]叶向高撰，《北京图书馆珍藏年谱丛刊》本

　　《全唐文》，[清]董诰等编，中华书局，1983 年

　　《群碧楼善本书录》，邓邦述撰，程仁桃选编《清末民国古籍书目题跋七种》本，国家图书馆出版社，2009 年

　　《群书集事渊海》，[明]佚名辑，《原国立北平图书馆甲库善本丛书》本

<h2 style="text-align:center">R</h2>

　　《日本访书志》，[清]杨守敬撰，《续修四库全书》本

　　《日知录集释》，[清]顾炎武著，[清]黄汝成集释，栾保群、吕宗力校点，上海古籍出版社，2014 年

　　《容安斋苏谈》，[明]白胤昌撰，江苏大学出版社，2018 年

　　《容春堂集》，[明]邵宝撰，《原国立北平图书馆甲库善本丛书》本

　　《儒林外史》，[清]吴敬梓撰，人民文学出版社，1958 年

　　《儒志编》，[宋]王开祖撰，《子海珍本编》本

　　《阮元重刻宋本十三经注疏考》，汪绍楹撰，《文史》第三辑，1963 年

<h2 style="text-align:center">S</h2>

　　《三部宋版书的命运》，田鹤年撰，《书屋》2009 年第 7 期

　　《三国志通俗演义》，《古本小说集成》影印嘉靖本；万卷楼本

　　《三礼考注》，[元]吴澄撰，《原国立北平图书馆甲库善本丛书》本

《三史文类》，[明]赵文华编，《中国古籍珍本丛刊·天津图书馆卷》本

《山堂考索》，[宋]章如愚撰，正德刊本

《山堂肆考》，[明]彭大翼撰，万历二十三年刻本；《文渊阁四库全书》本

《珊瑚网》，[明]汪砢玉撰，《丛书集成续编》本

《剡溪漫笔》，[明]孙能传撰，中国书店，1987年

《善本书室藏书志（外一种）》，[清]丁丙撰，曹海花点校，浙江古籍出版社，2016年

《伤寒论校注》，刘渡舟主编，人民卫生出版社，1991年

《商文毅公全集》，[明]商辂撰，《北京师范大学图书馆藏明刻孤本秘笈丛刊》本

《上虞县志校续》，[清]储家藻修，徐致靖纂，《中国方志丛书·华中地方》本

《少室山房笔丛》，[明]胡应麟著，上海书店出版社，2001年

《少室山房集》，[明]胡应麟撰，《文渊阁四库全书》本

《少微通鉴节要》，[宋]江贽，《四库全书存目丛书》本

《邵子湘全集》，[清]邵长蘅撰，《四库全书存目丛书》本

《神庙留中奏议汇要》，[明]董其昌编，中华书局，2013年

《十六—十九世纪中国出版研究》，章宏伟撰，上海人民出版社，2011年

《石经考异》，[清]杭世骏撰，《四库提要著录丛书》本

《石林燕语》，[宋]叶梦得撰，上海古籍出版社，2007年

《石渠宝笈》，[清]张照、[清]梁诗正奉敕编，《文渊阁四库全书》本

《史记钞》，[明]陈继儒编，《辽宁省图书馆藏陶湘旧藏闵凌刻本集成》本

《士与中国文化》，余英时撰，上海人民出版社，2003年

《世经堂集》，[明]徐阶撰，《四库全书存目丛书》本

《世说新语》，[南朝宋]刘义庆撰，《日本宫内厅书陵部藏宋元版汉籍选刊》影印之；《四部丛刊初编》本；《凌濛初全集》本《世说新语鼓吹》；《辽宁省图书馆藏陶湘旧藏闵凌刻本集成》凌刻六卷本；八卷本

《〈世说新语〉元刻本考——兼论"刘辰翁"评点实系元代坊肆伪托》，潘建国撰，《文学遗产》2009年第6期

《事文类聚翰墨大全》，[宋]刘应李编，宗文堂修本

《〈事文类聚〉的成书与版本》，沈乃文撰，《文献》2004年第3期

《试论明代奴仆制度》，蒿峰撰，《烟台大学学报（哲学社会科学版）》1989年第1期

《书画鉴影》，[清]李佐贤编撰，《续修四库全书》本

《书集传》,[宋]蔡沈撰,正统司礼监刊本

《书籍的社会史:中华帝国晚期的书籍与士人文化》,[美]周绍明撰,何朝晖译,北京大学出版社,2009 年

《书籍的秩序》,[法]罗杰·夏蒂埃著,吴泓缈、张璐译,商务印书馆,2013 年

《书林清话》,叶德辉著,漆永祥点校,北京联合出版有限公司,2018 年

《书史导论》,[英]芬克尔斯坦、[英]麦克利里撰,何朝晖译,商务印书馆,2012 年

《书韵悠悠一脉香:沈津书目文献论集》,沈津撰,广西师大出版社,2006 年

《书传会选》,[明]刘三吾撰,《原国立北平图书馆甲库善本丛书》本;赵府味经堂刻本;《文渊阁四库全书》本

《菽园杂记》,[明]陆容撰,中华书局,1997 年

《水东日记》,[明]叶盛撰,中华书局,1980 年

《水浒传》,天都外臣叙本

《水浒二论》,马幼垣撰,生活·读书·新知三联书店,2007 年

《说文解字》,[汉]许慎撰,《中华再造善本》

《硕斋稿》,[朝鲜]尹行恁撰,《韩国文集丛刊》本

《四朝经籍志补》,[清]黄虞稷撰,《原国立北平图书馆甲库善本丛书》本

《四库全书总目》,[清]永瑢等撰,中华书局,1995 年

《〈四库全书总目〉纠谬》,何宗美撰,《成都师范学院学报》2014 年第 7 期

《〈四库全书总目·山堂考索〉条辨证——兼谈〈山堂考索〉的版本源流》,李红英撰,《文津学志》第三辑,北京图书馆出版社,2010 年

《四库提要辩证》,余嘉锡撰,云南人民出版社,2004 年

《四友斋丛说》,[明]何良俊撰,中华书局,1959 年

《宋代禁书研究》,林平撰,四川大学出版社,2010 年

《宋会要辑稿》,[清]徐松编,刘琳等点校,上海古籍出版社,2014 年

《宋濂全集》,[明]宋濂著,黄灵庚编辑校点,人民文学出版社,2014 年

《宋人选宋文之典范——〈宋文鉴〉编纂、价值及影响考述》,李建军撰,《古籍整理研究学刊》2011 年第 6 期

《宋史》,[元]脱脱等撰,中华书局点校本,1977 年

《宋史纪事本末》,[明]冯琦原编,[明]张邦瞻纂辑,万历刊本

《宋史全文》,[明]游明校正,《中华再造善本》

《宋文鉴》,[宋]吕祖谦编,《北京市文物局图书资料中心藏古籍珍本丛刊》本;明

嘉靖晋藩刻本

《宋元版书目题跋辑刊》，贾贵荣、王冠辑，北京图书馆出版社，2003年

《宋元日用类书〈事林广记〉研究》，王珂撰，上海师范大学2010年博士论文

《苏轼文集》，苏轼著，孔凡礼点校，中华书局，1986年

《隋书》，［唐］魏徵等撰，中华书局点校本，1973年

《岁华纪丽》，［唐］韩鄂撰，《四库全书存目丛书》本

《孙征君日谱录存》，［清］孙奇逢撰，《续修四库全书》本

《所见中国古代小说戏曲版本图录》，吴希贤编，中国全国图书馆文献缩微复制中心，1995年

T

《太函集》，［明］汪道昆撰，《四库全书存目丛书》本

《太平广记》，［宋］李昉等编，中华书局，1961年

《太平清话》，［明］陈继儒撰，《四库全书存目丛书》本

《谈谈〈通志〉的几种版本》，黎恩撰，《图书馆学刊》1985年第1期

《唐集叙录》，万曼撰，中华书局，1980年

《唐类函》，［明］俞安期编，《四库全书存目丛书》本

《唐律疏议》，［唐］长孙无忌等撰，刘俊文点校，中华书局，1983年

《唐明律合编》，［清］薛允升撰，怀效锋、李鸣点校，法律出版社，1999年

《〈唐诗纪〉作者吴琯生平考辨》，韩震军撰，《中国典籍与文化》2013年第1期

《唐文鉴》，［明］贺泰编，《四库全书存目丛书补编》本

《唐五代志怪传奇叙录》，李剑国撰，南开大学出版社，1993年

《唐语林校证》，［宋］王谠撰，周师勋初校证，中华书局，2008年

《陶庵梦忆》，［明］张岱撰，马兴荣点校，中华书局，2007年

《天爵堂文集》，［明］薛冈撰，《四库未收书辑刊》本

《天禄阁外史》，题［汉］黄宪撰，《四库全书存目丛书》本

《天禄琳琅书目》，［清］于敏中等编，《明清以来公藏书目汇刊》本

《天禄琳琅书目后编》，［清］彭元瑞等编，《明清以来公藏书目汇刊》本

《天一阁书目》，［明］范邦甸撰，《续修四库全书》本

《天远楼集》，［明］徐显卿撰，《四库全书存目丛书补编》本

《田叔禾小集》，［明］田汝成撰，《四库全书存目丛书》本

《铁琴铜剑楼藏书目录》,[清]瞿镛撰,《续修四库全书》本

《通鉴纪事本末前编》,[明]沈朝阳编纂,《四库未收书辑刊》本

《通志二十略》,[宋]郑樵撰,王树民点校,中华书局,1995 年

《(同治)苏州府志》,[清]冯桂芬撰,《中国地方志集成·江苏府县志辑》本

W

《宛署杂记》,[明]沈榜撰,北京古籍出版社,1983 年

《晚明曲家年谱》,徐朔方撰,浙江古籍出版社,1993 年

《晚明商业出版》,郭孟良撰,中国书籍出版社,2010 年

《晚明士人与商业出版》,何朝晖撰,上海古籍出版社,2019 年

《晚明世说体著作研究》,官廷森撰,花木兰文化出版社,2007 年

《晚香堂小品》,[明]陈继儒撰,《原国立北平图书馆甲库善本丛书》本

《(万历)慈利县志》,[明]陈光前修纂,《天一阁藏明代方志选刊》本

《(万历)湖州府志》,[明]栗祁、唐枢纂修,《四库全书存目丛书》本

《(万历)皇明常熟文献志》,[明]管一德撰,《北京师范大学图书馆藏稀见方志丛刊》本

《(万历)建阳县志》,[明]魏时泰修,[明]张榜等纂,《稀见中国地方志汇刊》本

《万历〈雷州府志〉点校》,[明]欧阳保等纂,刘世杰、彭洁莹点校,中国社会科学出版社,2014 年

《(万历)上虞县志》,[明]徐待聘等修,《中国方志丛书·华中地方》本

《(万历)绍兴府志》,[明]萧良幹等修,《四库全书存目丛书》本

《万历十五年》,[美]黄仁宇撰,中华书局,1982 年

《万历疏抄》,[明]吴亮辑,《续修四库全书》本

《(万历)新修南昌府志》,[明]章潢撰,《日本藏中国罕见地方志丛刊》本

《(万历)严州府志》,[明]杨守仁主修,《日本藏中国罕见地方志丛刊》本

《万历野获编》,[明]沈德符撰,中华书局,1959 年

《汪世清艺苑查疑补证散考》,汪世清撰,河北教育出版社,2009 年

《王奉常集》,[明]王世懋撰,《原国立北平图书馆甲库善本丛书》本

《王明清与〈玉照新志〉》,贺姝祎撰,华东师范大学 2006 年硕士论文

《王人姓名记》,[朝鲜]吴庆元撰,李光涛编《朝鲜壬辰倭祸史料》本,台北"中央研究院"历史语言研究所,1970 年

《王氏复仇记》，[明]阙名撰，王文濡辑《说库》本，广陵书社，2008 年

《王氏家藏集》[明]王廷相撰，《明代论著丛刊》本

《王忠文公集》，[明]王祎撰，《北京图书馆古籍珍本丛刊》本

《为善阴骘》，[明]朱棣编，《中国古籍珍本丛刊·天津图书馆卷》本

《味水轩日记》，[明]李日华撰，上海远东出版社，1996 年

《魏文靖公摘稿》，[明]魏骥撰，《四库全书存目丛书》本

《文公家礼仪节》，题[宋]朱熹编，弘治三年；弘治十年；正德；崇祯等刊本

《文献通考》，[元]马端临撰，经厂本；慎独斋本

《〈文献通考〉版本考》，刘兆祐撰，《"国家图书馆"馆刊》2005 年第 2 期

《文心雕龙注》，[南朝梁]刘勰撰，范文澜注，人民文学出版社，1958 年

《文毅集》，[明]解缙撰，《文渊阁四库全书》本

《文渊阁书目》，[明]杨士奇编撰，《文渊阁四库全书》本

《文苑英华》，[宋]李昉等编，隆庆元年胡维新刊本

《闻韶漫录》，[朝鲜]尹国馨撰，《大东野乘》本

《闻雁斋笔谈》，[明]张大复撰，《北京图书馆古籍珍本丛刊》本

《无梦园初集》，[明]陈仁锡撰，《续修四库全书》本、《域外汉籍珍本文库》本

《吴梅村全集》，[清]吴伟业撰，李学颖集评标校，上海古籍出版社，1990 年

《吴梅村诗集笺注》，[清]吴梅村撰，[清]吴翌凤注，世界书局，1936 年

《吴门表隐》，[清]顾震涛撰，江苏古籍出版社，1991 年

《吴诗集览》，[清]吴伟业撰，[清]靳荣藩注，《续修四库全书》本

《五清集》，[明]刘瑞撰，《四库未收书辑刊》本

《五杂组》，[明]谢肇淛撰，《明代笔记小说大观》本，上海古籍出版社，2005 年

《武编》，[明]唐顺之编，万历四十六年曼山馆刻本

《武林藏书录》，[清]丁申撰，《书目类编》本

《武林石刻记》，[清]倪涛撰，《石刻史料新编》本，新文丰出版公司，1979 年

X

《西湖百咏》，[宋]董嗣杲撰，[明]陈贽和韵，《文渊阁四库全书》本

《西崖集》，[朝鲜]柳成龙撰，《韩国文集丛刊》本

《熙丰变法时期市易机构的分布特征与作用分析》，陈晓珊撰，《中国经济史研究》2015 年第 4 期

《郋园读书志》,叶德辉撰,杨洪升点校,上海古籍出版社,2010 年

《现存宋人著述总录》,刘琳、沈治宏撰,巴蜀书社,1995 年

《现代儒学论》(第二版),余英时撰,上海人民出版社,2010 年

《现代性的追求:李欧梵文化评论精选集》,李欧梵撰,生活·读书·新知三联书店,2000 年

《香案牍》,[明]陈继儒撰,《四库全书存目丛书》本

《象村稿》,[朝鲜]申钦撰,《韩国文集丛刊》本

《小逻辑》,[德]黑格尔撰,商务印书馆,2009 年

《孝顺事实》,[明]朱棣编,《北京图书馆古籍珍本丛刊》本

《新编四六必用方舆胜览》,《日本宫内厅书陵部藏宋元版汉籍选刊》本

《新集古文四声韵》,[宋]夏竦撰,《中华再造善本》

《新镌古今大雅南宫词纪》,[明]陈所闻、[明]陈邦泰辑,《原国立北平图书馆甲库善本丛书》本

《新刻京板青阳时调词林一枝》,《域外汉籍珍本文库(修订本)》本

《新刻御颁新例三台明律招判正宗》,[明]余员注招,[明]叶仮示判,《域外汉籍珍本文库(修订本)》本

《新唐书》,[宋]欧阳修、宋祁撰,中华书局点校本,1975 年

《新语》,[汉]陆贾撰,《子海珍本编》影印弘治本;正德八年李梦阳刻本

《惺所覆瓿稿》,[朝鲜]许筠撰,《韩国文集丛刊》本

《绣谷亭薰习录》,[清]吴焯撰,《清人书目题跋丛刊》本,中华书局,1990 年

《徐氏笔精》,[明]徐𤊹撰,《原国立北平图书馆甲库善本丛书》本

《徐渭集》,[明]徐渭撰,中华书局,1983 年

《许白云先生文集》,[元]许谦撰,《四部丛刊续编》本

《续编两朝纲目备要》,[宋]佚名编,汝企和点校,中华书局,1995 年

《续文献通考》,[明]王圻撰,文海出版社,1984 年

《续资治通鉴长编》,[宋]李焘撰,中华书局,1995 年

《宣祖实录》,《朝鲜王朝实录》本

《〈学古编〉版本考评》,[日]野田悟撰,《美苑》2010 年第 2 期

《学津讨原》,[清]张海鹏编,新文丰出版公司影印本,1980 年

《雪堂集》,[明]沈守正撰,《四库禁毁书丛刊》本

《雪堂随笔》,[明]顾起元撰,《四库禁毁书丛刊》本

《雪屋集》,[明]孙永祚撰,《四库禁毁书丛刊》本

Y

《雅债：文徵明的社交性艺术》，[英]柯律格撰，刘宇珍、邱士华、胡隽译，生活·读书·新知三联书店，2012年

《岩栖幽事》，[明]陈继儒撰，《四库全书存目丛书》本

《研几图》，[宋]王柏撰，《丛书集成新编》本，

《盐铁论》，[汉]桓宽撰，《子海珍本编》本；《四部丛刊初编》本

《弇山堂别集》，[明]王世贞撰，魏连科点校，中华书局，1985年

《弇州山人四部稿》，[明]王世贞撰，《明代论著丛刊》本

《弇州山人续稿》，[明]王世贞撰，《明人文集丛刊》本

《偃曝谈馀》，[明]陈继儒撰，《四库全书存目丛书》本

《扬州画舫录》，[清]李斗撰，陈文和点校，广陵书社，2010年

《杨文懿公文集》，[明]杨守陈撰，《四库未收书辑刊》本

《姚文敏公遗稿》，[明]姚夔撰，《四库全书存目丛书》本

《也谈〈焚书〉原本的问题》，邬国平撰，《清华大学学报（哲学社会科学版）》2004年第2期

《〈野客丛书〉杂考》，郑明撰，《古籍整理研究学刊》1986年第3期

《夜航船》，[明]张岱撰，《续修四库全书》本

《夜雨秋灯录》，[清]宣鼎撰，《续修四库全书》本

《仪顾堂集》，[清]陆心源撰，《续修四库全书》本

《疑辨录》，[明]周洪谟撰，《续修四库全书》本；《丛书集成三编》本

《疑耀》，题[明]李贽撰，《子海珍本编》本；[明]张萱撰，《丛书集成新编》本

《〈疑耀〉著作权之"张"冠"李"戴》，毛庆耆撰，《中国典籍与文化》1998年第3期

《义门先生集》，[清]何焯撰，《清代诗文集汇编》本

《艺苑卮言校注》，[明]王世贞撰，罗仲鼎校注，齐鲁书社，1992年

《亦复如是》，[清]青城子撰，《笔记小说精品丛书》本，重庆出版社，2005年

《隐居通议》，[宋]刘壎撰，潘仕成辑《海山仙馆丛书》本，凤凰出版社，2010年

《印刷的世界：书籍、出版文化和中华帝国晚期的社会》，[美]梅尔清撰，《史林》2008年第4期

《（雍正）浙江通志》，[清]嵇曾筠等修，[清]沈翼机等撰，《中国省志汇编》本

《永乐大典》，中华书局影印本，1986年

《涌幢小品》，[明]朱国祯撰，《四库全书存目丛书》本；《子海珍本编》本

《酉阳杂俎》，[唐]段成式著，《子海珍本编》本

《幽闲鼓吹》，[唐]张固撰，《丛书集成新编》本

《右编》，[明]唐顺之，《四库全书存目丛书》本

《於陵子》，题[战国齐]陈仲子撰，《丛书集成新编》本；《四库全书存目丛书》本；《子海珍本编》本

《〈於陵子〉成书时代平议》，林之鹏撰，《中国典籍与文化》2010 年第 2 期

《虞山钱遵王藏书目录汇编》，[明]钱曾撰，瞿凤起编，上海古籍出版社，2005 年

《庾肩吾〈书品〉研究》，尹冬民撰，首都师范大学 2009 年硕士论文

《玉海》，[宋]王应麟撰，江苏古籍出版社、上海书店，1988 年

《郁冈斋笔麈》，[明]王肯堂撰，《续修四库全书》本

《寓意录》，[清]缪曰藻撰，清刻本

《元曲选》，[明]臧懋循编刊，中华书局，1989 年重排版

《元史艺文志》，[清]钱大昕著，田汉云点校，《钱大昕全集》本，江苏古籍出版社，1997 年

《元中统本史记》，[汉]司马迁撰，《中华再造善本》

《袁宏道集笺校》，[明]袁宏道著，钱伯城笺校，上海古籍出版社，1981 年

《袁宏道著作的印行及其文坛影响》，李瑄撰，《北京大学学报（哲学社会科学版）》2016 年第 2 期

《愿学集》，[明]邹元标撰，《四库提要著录丛书》本

《月令广义》，[明]冯应京编，《四库全书存目丛书》本

《云间据目抄》，[明]范濂撰，《笔记小说大观》本，江苏广陵古籍刻印社，1983 年

《云间志略》，[明]何三畏撰，《四库禁毁书丛刊》本

《韵府群玉》，[元]阴时夫编，[元]阴中夫注，元刊本

Z

《增订汉魏丛书 汉魏遗书钞》，[清]王谟辑，西南师范大学出版社、东方出版社，2011 年

《增广钟鼎篆韵》，[元]杨铇撰，《续修四库全书》本、《宛委别藏》本

《张耒集》，[宋]张耒著，李逸安、孙通海、傅信点校，中华书局，1998 年

《长物：早期现代中国的物质文化与社会状况》，[英]柯律格著，高昕丹、陈恒译，

洪再新校,生活·读书·新知三联书店,2015 年

《枕谭》,[明]陈继儒撰,《四库全书存目丛书》本

《震泽集》,[明]王鏊撰,《文渊阁四库全书》本

《震泽长语》,[明]王鏊撰,《子海珍本编》本

《(正德)建昌府志》,[明]夏良胜纂修,《天一阁藏明代方志选刊》本

《郑堂读书记》,[清]周中孚撰,《清人书目题跋丛刊》本

《知识考古学》,[法]米歇尔·福柯撰,谢强、马月译,顾嘉琛校,生活·读书·新知三联书店,2003 年

《直斋书录解题》,[宋]陈振孙撰,徐小蛮、顾美华点校,上海古籍出版社,1987 年

《止斋文集》,[宋]陈傅良撰,《丛书集成续编》本

《至正金陵新志》,[元]张铉纂修,《宋元方志丛刊》本

《中国版权史研究文献》,周林、李明山主编,中国方正出版社,1999 年

《中国出版文化史》,[日]井上进撰,李俄宪译,华中师范大学出版社,2015 年

《中国古典小说论集》,聂绀弩撰,复旦大学出版社,2005 年

《中国古籍稿钞校本图录》,陈先行等编著,上海书店出版社,2014 年

《中国古籍善本总目》,翁连溪编校,线装书局,2005 年

《中国古籍原刻翻刻与初印后印研究》之《图版编(通论)》《图版编(实例)》,郭立暄撰,中西书局,2015 年

《中国禁书简史》,陈正宏、谈培芳撰,学林出版社,2004 年

《中国历代小说序跋集》,丁锡根编著,人民文学出版社,1996 年

《中国善本书提要》,王重民撰,上海古籍出版社,1983 年

《中国印刷史》,张秀民撰,韩琦增订,浙江古籍出版社,2007 年

《中国著名藏书家传略》,郑伟章、李万健撰,书目文献出版社,1986 年

《中州乐府》,[金]元好问编,朱孝臧辑校《彊村丛书》本,广陵书社,2005 年

《忠经》,[汉]马融撰,《原国立北平图书馆甲库善本丛书》本

《忠义水浒全传》,《古本小说集成》本

《周洪谟现存著作考论》,蔡东洲撰,《西华师范大学学报(哲学社会科学版)》2013 年第 6 期

《周礼集说》,[宋]陈友仁编,明刻本

《周礼正义》,[清]孙诒让撰,中华书局,1987 年

《周礼注疏》，[汉]郑玄注，[唐]贾公彦疏，阮元《十三经注疏》本

《周密〈云烟过眼录〉版本考述》，于少飞撰，《山东青年政治学院学报》2017 年第 3 期

《周南太史王公遗集》，[明]王守诚撰，《四库未收书辑刊》本

《籀庼遗文》，[清]孙诒让著，徐和雍、周立人辑校，中华书局，2013 年

《朱子语类》，[宋]黎靖德编，王星贤点校，中华书局点校本，1986 年

《竹斋集》，[元]王冕撰，《文渊阁四库全书》本

《祝赵始末》，[明]无名氏撰，《明清史料丛书续编》本，国家图书馆出版社，2009 年

《庄渠遗书》，[明]魏校撰，嘉靖本；《文渊阁四库全书》本

《酌中志》，[明]刘若愚撰，伟文图书出版社，1976 年

《濯缨亭笔记》，[明]戴冠撰，《续修四库全书》本

《资治通鉴》，[宋]司马光撰，中华书局，1956 年

《自庄严堪善本书影》，周一良主编，国家图书馆出版社，2010 年

《宗忠简公文集》，[宋]宗泽撰，《中国古籍珍本丛刊·澳门大学图书馆卷》本；《宋集珍本丛刊》本

《纂图增新群书类要事林广记》，[宋]陈元靓编，《日本宫内厅书陵部藏宋元版汉籍选刊》本

《槜李诗系》，[清]沈季友撰，《文渊阁四库全书》本

《作为变革动因的印刷机》，[美]伊丽莎白·爱森斯坦撰，北京大学出版社，2010 年

Chia, Lucille. *Printing for Profit：The Commercial Publishers of Jianyang, Fujian（11th－17th Centuries）*, Harvard University Press, 2002.

Chia, Lucille. "Of Three Mountains Street：The Commercial Publishers of Nanjing," in Cynthia J. Brokaw and Kai-wing Chow eds., *Printing and Book Culture in Late Imperial China*, University of California Press, 2005.

Chow, Kai-wing. *Publishing, Culture and Power in Early Modern China*, Stanford University Press, 2004.

Handler-Spitz, Rivi. "Provocative Texts：Li zhi, Montaigne, and the

Promotion pf Critical Judgment in Early Modern Readers," *Chinese Literature*: *Essays*, *Articles*, *Reviews*, 2013.10.

Jiang, Jin. "Heresy and Persecution in the Late Ming Society: Reinterpreting the Case of Li Zhi," *Late Imperial China*, 2001.12.